경성학파의 인류학

식민주의에서 군국주의로

서울대학교 아시아연구소총서 기초연구시리즈 25

경성학파의 인류학

식민주의에서 군국주의로

초판 1쇄 발행 2023년 12월 25일

지은이 전경수

펴낸곳 서울대학교출판문화원
주소 08826 서울 관악구 관악로 1
도서주문 02-889-4424, 02-880-7995
홈페이지 www.snupress.com
페이스북 @snupress1947
인스타그램 @snupress
이메일 snubook@snu.ac.kr
출판등록 제15-3호

ISBN 978-89-521-3159-1 94380
978-89-521-1475-4 (세트)

이 연구는 2013년도 서울대학교 아시아연구소 아시아기초연구사업의
지원을 받아 수행되었음.

서울대학교 아시아연구소총서
기초연구시리즈 25

경성학파의 인류학

식민주의에서 군국주의로

전경수 지음

서울대학교출판문화원

Anthropology of Keijo School:

From Colonialism to Militarism

CHUN Kyung-soo

Seoul National University Press

머리말

한때 정치 제스처에 놀아난 사람들이 '역사 바로 세우기'를 한답시고 구 조선총독부 건물을 없애 버리는 데 동참한 적이 있었다. 나는 당시에 그것을 보존해야 한다는 측에서 적극적으로 반대 운동을 했다. 당시 '공간' 사장을 담당하던 장세양 형에게도 문의했다. 총독부 건물을 지하에 그대로 가라앉혀 활용할 방법을 찾아보자는 논의를 하기도 했다. 그 위를 유리 효과가 나는 두터운 재료로 덮어서 사람들이 밟고 지나다닐 수 있도록 설계하는 계획이었다. 어쨌든 정치 바람이 거센 이 땅에서 심사숙고하는 일은 되는 법이 없는 모양이다. 나는 지금도 당시 대통령의 과오는 구 총독부 건물을 해체한 것이라고 생각한다. 오판과 오판의 실천에 몰입하고 예산을 투입하다 보니, 제대로 신경 써서 챙겨야 할 나라 살림이 거덜나는 일이 벌어진 결과가 'IMF 경제 위기'였다고 생각한다.

역사를 바로 세우기 위해서는 우선 그 과정에 대한 '복기(復碁)'를 정밀하게 해보아야 한다. 그 과정이 식민지 역사에 대한 이해를 깊게 할 것이고, 그 이해는 제대로 된 반성의 기회를 자연스럽게 제공할 수 있기 때문이다. 아직도 그늘에서 햇빛을 보지 못하고 있는 식민지 시대의 자료들이 무수하다. 진정 '역사 바로 세우기'를 하려거든, 직·간접적으로 관련된 자료들을 빠짐없이 조사하고 정밀하게 분석해서 이념에 휘둘리지 않는 보고서들을 간행해야 한다. 세밀하게 정리된 자료는 자료 스스로 많은 이야기를 전해줄 것으로 믿는다. 그다음에 주장이 등장하는 것은 당연하다. 허술한 자료와 애매한 이념의 하수인이 된 공허한 주장은 이제 그만하기 바란다. 그런 주장은 학문도 아니다. 학문의 탈을 쓰고, 입에 맞는 자료들만 간추려서 제작된 고함용 책자들이 설 자리가 없어질 날을 기다린다.

이 책의 내용에는 다음과 같은 것들이 연재되어 있다. 한국인들이 보지 못하였던 것들, 또는 한국인이기 때문에 볼 수 없었던 것들, 또는 한국인이기 때문에 보지 않으려고 했던 것들이다. 동시에 다음과 같은 것들도 들어 있다. 일본인들이 보지 못하였던 것들, 또는 일본인이기 때문에 볼 수 없었던 것들, 또는 일본인이기 때문에 보지 않으려고 했던 것들이다. 필자는 최소한 그렇게 하려고 노력하였고, 그 결과가 어느 정도 만족스러운지에 대해서는 독자의 판단에 맡기려고 한다. 그러한 내용들이 필자에게 보이기 시작한 계기가 있다. 양자가 서로의 거울 역할을 하면서, 서로를 비추어주는 기능이 작동하면서, 서로의 그늘진 부분들과 뒷면들을 보여주게 되었다. 식민지는 제국의 그림자를 비추었고, 제국은 식민지의 그림자를 비추었다. 그러한 과정을 거쳐서 필자는 제국과 식민지가 따로가 아닌 전체라는 그림에 다가설 수 있었다. 결과적으로 제국을 모르면 식민지를 모르게 되는 것이고, 식민지를 모르면 제국을 모르게 된다. 그래서 필자는 지일(知日)을 넘어선 통일(通日)이라는 실천양식을 생각하게 되었다.

이 책의 제목에 있는 '인류학'이라는 단어에 대해서 약간의 사전 설명이 필요하다. 경성제국대학이 활동하던 시기에, 그 대학의 소속으로 활동했던 사람들이 사용했던 '인류학'은 완벽하게 체질인류학을 의미했다. 독일과 유럽 대륙의 영향을 강하게 받았던 일본학계의 용례를 따른 것이었다. 당시 일본에서 문화인류학이라는 용어는 거의 사용된 적이 없었다. 문화인류학이란 용어 대신에 사용되었던 단어가 '민족학' 또는 '민속학'이다. 현재 내가 사용하는 '인류학'이란 단어는 일반적으로 통용되는 것으로서 체질인류학과 문화인류학 내용을 두루 통틀어 의미한다. 경성제대에서 사용했던 용어를 현대적으로 재해석해서 이 책의 제목에 '인류학'이란 용어로 나타내는 것이 큰 무리가 없으리라 생각한다.

그러나 1940년대와 1950년대 일본 학계에서 언급되었던 '경성학파 인류학'이란 용어와 이 책의 제목으로 쓰인 '경성학파 인류학'의 의미는 다르다. 전자는 그야말로 체질인류학에 한정된 '인류학' 의미를 지니고 있으며, 식민지 시대 경성제대에서 해부학교실을 중심으로 수행되었던 학술 조사 연구의 주제를 의미한다. 후자는 경성제대를 중심으로 이루어졌던 범인류학적 작업을 통괄해 지칭하기 위하여 전자를 벤치마킹한 용어다. 형식상 같은 글자이지만, 엄밀한 의미에서 둘은 서로 다른 내용으로 구성되어 있다. 즉, 책의 제목으로 쓴 '경성학파 인류학'은 전자를 비롯한 경성제대 시절의 문화인류학 작업을 광범위하게 포함하여 재해석한 작명이라고 이해하는 것이 바람직하다.

책 제목을 영어로 표기해 달라는 편집자의 요구에 응하다 보니, 또 다른 문제가 발생했다. '경성'이라는 지명을 영어로 표기할 경우에 당연히 'Kyungsung'이라고 해야 할 것이지만, 그렇게 할 수 없는 식민지 경험적인 과거가 되살아난다. 경성은 한자로 京城이라고 적었고, 당시에 그것을 '케이조'라고 읽었다. 당시의 발음을 존중해 'Keijo'라고 적기로 했다. 식민지 경험이란 것은 이토록 질기다. 떼려야 뗄 수 없는, 지독히도 끈질기게 달라붙어 있는 것이다. 그것을 떼어 내려고 노력할 것이 아니라 그것의 속성에 대해서 천착하는 노력이 필요하다.

관련 자료를 정리하는 과정에서 적지 않은 도서관을 방문했고, 아카이브들을 찾아다녔다. 많은 자료가 정리되었다고 여기저기서 광고하지만, 세밀하고 제대로 정리된 상태는 아직도 멀었다. 식민지 시대의 자료라며 돌아다니는 것들도 정밀하게 정리되지 못한 상태라 혼란이 거듭되고 있다. 예를 들면 "동일한 사진 한 장이 한편으로는 아키바의 것으로, 다른 한편으로는 송석하의 것으로 사용되고 있다."(이경민 2002.3: 401)라는 사진 전문가의 따끔한 지적이다. 자료들에 대한 정밀한 조사와 분석이 따르지 않기에, 또는 그 과정을 방해하는 세력이 있기에, 지금도 군 '위안부' 문제와 강제징용 문제 등이 표류하고 있다. 이 책에는 사진들을 포함한 미간행 자료들을 많이 실었다. 편지, 일기, 야장, 사진 들을 포함하는 미간행 자료들로부터 풀어낸 정보들이 동떨어진 조각난 사실들을 엮어내는 데 중요한 역할을 했다. 미간행 자료들의 공헌이 없었다면, '경성학파'라는 하나의 조직명을 사용하는 것이 불가능했을지도 모른다. 학문도 인간관계의 토양 위에서 성립할 수 있다는 점을 외면할 수 없다.

모든 설명은 사실에 입각해야 한다고 학문을 하는 과정에서 배웠다. 사회 현실(reality) 설명에 있어 모든 것이 사실로 입증되는 것은 불가능하다. 상황을 편리 목적으로 이용하는 사람들이 담론이라는 기제에 기대어서 추론에만 급급한 경우를 본다. 추론을 하지 않을 수는 없다. 다만 사실과 추론 사이에 존재하는 연구자가 둘의 관계에 대해 생각해보아야 한다. 가능한 한 사실을 밝히는 과정이 선행되어야 하고, 추론은 될 수 있으면 최소화하는 것이 내가 해온 학문의 방법론이다. 사실을 논증하기 위한 사진 자료를 제시해도 사진을 읽는 사람의 관점에 따라서 해석이 달라질 수 있다. 그럼에도 인류학자는 사회적 사실이라는 명제에 충실하려는 노력을 우선시해야 한다.

이러한 사정은 일본에서도 마찬가지다. 일본 정부 산하의 여러 연구소에 보관된 자료들이 제대로 공개되지 못하고 있는 것도 넘어야 할

벽이다. '비(秘)' 자가 찍힌 자료들, 그와 유사하게 취급되는 과거의 문서들이 과감하게 공개되도록 강한 투쟁이 필요하다. 식민지 및 전쟁과 관련된 자료들이, 그야말로 인간을 위해 공개되어야 한다고 생각한다. 인간이 만든 자료는 인간을 위해서 사용되는 것이 도리다. 도서관에서도 자료를 명료하게 보여 주지 않는 경우가 있었다. 이용자 신분에 따른 차별이 존재한다는 느낌도 받았다. 도서관이 도서관(盜書館) 아닌가 하는 의구심을 가질 만한 상황이 아직도 벌어지고 있다. 모든 자료가 이념을 넘어 제대로 투명하게 정리되는 분위기가 절실하게 필요하다. 미네소타대학의 역사학자 미즈노 히로미(Mizuno Hiromi) 교수도 다음과 같은 술회를 남긴다.

"전시일본과 과학적 민족주의의 상관성에 대해 그동안 삭제되었던 부분을 회복함에 의해서, '과학적' 문제에 관한 나의 지적 문화사의 노력이 오늘날 일본에 대하여 비판적 관점을 제시하는 길을 제공했다."(Mizuno 2009: 188)는 데 전적으로 동의한다. 그리고 그 연구 결과에 경의를 표한다. 그러나 삭제(erasure)되었던 부분이 아직도 거대한 형태로 남겨져 있음을 외면할 수는 없다. 삭제의 형태도 다양한 방식이라고 생각한다. 은폐에 의한 삭제, 말살에 의한 삭제, 침묵에 의한 삭제, 합의에 의한 삭제, 망각에 의한 삭제 등, 또 다른 삭제의 문제를 제기하지 않을 수 없다. 미즈노 교수가 언급한 "삭제되었던 부분"은 저급한 수준의 삭제라는 생각도 든다.

책의 말미에 「결론」 장을 마련해 복잡한 내용을 일목요연하게 정리하려고 시도했다. 이 결론도 따지고 보면 미완이다. 그래서 학문이라는 것은 동학과 후속 세대의 비판과 질정이 필수라고 생각한다.

미력한 보고서지만 작성하는 과정에서 여러 단체와 개인들에 가없는 신세를 지고 말았다. 특히 일본 토요타재단(豊田財團)에서 2000년부터 3년간 한화로 약 7,000만 원에 해당하는 연구비를 제공함으로써 자료 발굴을 위한 여행 경비 및 국제회의 개최 비용을 감당해 주셨다. 제목이 약간 다른 과제였지만 그 과제를 수행하는 과정에서 획득된 자료들이 이 책의 작성에 상당한 도움이 되었음을 밝힌다. 3년간의 과제로 지원된 연구 자금이었지만, 절약 정신을 발휘하여 네 차례에 걸친 국제 학술회의를 개최했다. 4년간 회의가 진행되는 과정에 헌신적으로 필자를 도와주신 두 분에게 머리 숙여 감사의 말씀을 드린다. 전북대학교 임경택 교수와 오비린대학의 나카오 카츠미 교수다. 서울대학교 인류학과 교수들도 물심양면으로 도와주셨고, 4년간 회의는 모두 서울대학교의 시설을 이용했다. 토요타재단의 재정적 도움은 앞으로 전개될 과제인 '일본인류학사'의 정리에서도 이어질 것이다. 이 책은 사실상 동 재단이 지원했던 연구의 일부분에 지나지 않는다. 토요타재단에 진심으로 감사의 말씀을 드리고 싶다.

강정원, 권숙인(이상 서울대학교 인류학과), 오영식(근대서지학회), 이두현(서울대학교 명예교수), 이문웅(서울대학교 명예교수), 이종철, 천진기(이상 국립민속박물관), 임경택(전북대학교), 장주근(경기대학교 명예교수), 정근식(서울대학교 사회학과), 조윤미 박사, 진필수(서울대학교 일본연구소), 하영휘(아단문고), 김필동(충남대학교 사회학과), 인터뷰에 응해 주신 코하라 유키나리(香原志勢) 선생에게 감사드린다. 이즈미 세이이치에 관련된 자료 수집(2009.12.21-12.23)은 이즈미 타쿠라(泉 拓良, 이즈미 세이이치의 장남, 교토대학) 교수의 허락을 얻어서 센슈대학(專修大學)의 이즈미 루이(泉 留維, 이즈미 세이이치의 손자) 교수 연구실에서 이루어졌고, 이덕우군(당시 도쿄대학 문화인류학연구실 대학원 재학)이 함께 작업했다. 리츠메이칸대학 하라지리 히데키(原尻英樹) 교수의 도움에도 감사드린다. 스즈키 마코토(鈴木 誠)가 남긴 자료들을 제공해 주신 스즈키 아키코(鈴木淑子) 부인, 몽강학술탐험대(蒙疆學術探險隊)의 사진 자료를 제공해 주신 소마 히로아키(相馬廣明) 박사, 아키바 타카시(秋葉 隆) 관련 사진 자료를 제공해 주신 아키바 마리코(秋葉万里子) 여사, 후쿠오카시(福岡市) 후쿠후쿠프라자에 보관된 인양 관련 자료의 열람을 가능하게 해주신 후쿠오카시 사회복지협의회 하리 마사스키(張 正好) 선생, 쇼후쿠지(聖福寺)로 안내해준 오사카의 오노 사치오(大野左千夫) 선생, 읽기 어려운 문장들을 해독해주신 야마구치현립대학의 안케이 유지(安溪遊地) 교수, 후쿠오카에서 자료 수집이 가능하도록 자리를 마련해주신 규슈대학 마츠바라 타카토시(松原孝俊) 교수, 경성제국대학 졸업생들과의 만남을 주선해준 시모노세키 여자단기대학 타카스기 시호(高杉志緒) 교수, 파푸아의 비악에서 안내를 해준 움베르토 아르왐(Umberto Arwam) 선생, 서울대학교박물관의 사진 자료를 제공해 주신 선일(宣逸) 학예사, 도서관에서 신문 자료를 찾는 데 도움을 준 김지은 석사(서울대학교 인류학과 대학원생) 등께 감사드린다.

그밖에도 일본에서 많은 분에게 신세를 졌다. 도쿄대학 문화인류학연구실의 이토 아비토(伊藤亞人), 국립민족학박물관의 소푸에 타카오(祖父江孝男), 스기다 시게하루(杉田繁治), 아사쿠라 토시오(朝倉敏夫), 도요대학의 마쓰모토 세이이치(松本誠一), 우에노 히로코(植野弘子), 시라이 준(白井 順), 오비린대학의 나카오 카츠미(中生勝美), 류큐대학의 츠하타카시(津波高志), 가미야 도모아키(神谷智昭), 가나가와대학의 사노 켄지(佐野賢治), 오구마 마코토(小熊 誠), 센스이 히데카즈(泉水英計), 쿠보타 료코(窪田涼子), 야마구치대학의 츠보고 히데히코(坪郷英彦), 도쿄학예대학의 이시이 마사미(石井正巳), 김광식(金廣植), 칸사이카쿠인대학의 야마 요시유키(山 泰幸), 오사카에 거주하는 이즈미 노리히코(泉 紀彦), 도시샤대학의 이타가키 류타(板垣竜太), 도쿄대학의 사토 켄지(佐藤健二), 가고시마대학의 나가시마 슌스케(長嶋俊介), 동아대학의 최길성(崔吉城), 고베대학의 오카다 히로키(岡田浩樹), 국립민족학박물관의 고정자(高正子), 도야마대학의 후지모토 유키오(藤本幸夫), 미야타 세츠코(宮田節子),

붓쿄대학의 스즈키 후미코(鈴木文子), 교토대학의 이즈미 타쿠라(泉 拓良), 도쿄대학의 미야하라 요코(官原葉子), 일본 문화청 종무실의 오사와 히로시(大澤広嗣), 오차노미즈여자대학의 하라 히로코(原 弘子), 호세이대학의 요제프 크라이너(Josef Kreiner), 토호쿠대학 명예교수 스기야마 코이치(杉山孝一) 선생에게 감사드린다.

대만대학 인류학과의 송문훈, 대만 중앙연구원 민족학연구소의 황수민, 황지혜, 임메이롱, 미국 세인트 마틴 칼리지의 데이비드 프라이스(David Price), 스미소니언박물관 인류학부의 앨런 베인(Alan Bain), 덴마크 코펜하겐박물관의 마틴 피터슨(Martin Petersen) 박사 등 여러 분들께 충심으로 감사의 말씀을 올린다. 도쿄대학 이학부 동물학교실 도서실, 도쿄대학 문화인류학연구실 도서실, 국립민족학박물관 도서실, 서울대학교 중앙도서관, 보성고등학교 도서실, 가나가와대학 일본상민문화연구소, 고려대학교박물관, 서울대학교박물관, 숙명여자대학교 숙명역사관, 야마구치대학 도서관, 서울대학교 연구처, 가나가와대학 도서관 등 여러 기관들에 대해서도 이 지면을 빌어 고마움을 표하고 싶다. 규슈대학 도서관, 정토진종혼간지파 토쿠오지 주직 아카마쓰 타이조(赤松泰城) 씨와 유족에게도 감사드린다.

세월이 지나면서 위에 언급된 여러 분이 유명을 달리하셨다. 고인이 되신 분들의 명복을 빈다. 이 지면에서 일일이 고마움의 인사를 올리지 못하는 분들과 단체에 대해서는 본문에서 기회가 되는 대로 인사를 올리고자 한다. 2004년 4월 16일 도쿄대학 이토 아비토(伊藤亞人) 교수의 도움으로 이토 교수와 함께 아키바 교수의 따님 아키바 마리코 씨를 방문하고 인터뷰를 할 수 있었다. 마리코 씨와 그녀의 딸 아카기시 아츠미(赤岸あつみ) 씨에게 감사드린다.

연구 결과의 제출 기일 한도를 넘기고 이제야 어설픈 꾸러미를 제출하게 되어 서울대학교 아시아연구소에 미안한 마음을 가지고 있다.

정년 이전에 제출했어야 하는데 해를 몇 번이나 넘겨 겨우 제출하게 되었음에 대해서 너그러운 혜량이 있기를 바라 마지않는다. 대하소설을 엮어 나가듯 정리되어야 할 '경성제국대학의 인류학적 조사 연구'는 형식상 조각의 모습으로 드러날 수밖에 없었다. 과정이야 어떻든 간에 내가 부족한 결과다. 독자들께서 조각의 연결 고리를 충분히 헤아려 주시기를 바란다. 구체적인 자료들을 정리하는 과정의 매끄러움이 부족해서 중복되는 내용에 대해서도 양해를 구한다. 연구소에 보고서로 제출했던 제목과 책의 제목이 달라진 점은 '전체와 부분'이라는 문제를 부각시키려는 의도이기도 하다. 경성제국대학은 식민지 조선에 설립되었던 제국의 대학이었다는 엄정한 사실을 먼저 숙지하는 것이 중요하다. 경성제대에서 이루어진 작업은 일본제국의 고등교육기관과 그것을 통괄했던 제국 정부의 권력에서 생산된 것들이다. 식민지의 경성은 제국 일본의 부분이었던 것이다.

끝으로, 이 책에 그야말로 가차 없는 비판과 질정이 있기를 간곡하게 염원한다. 이념에 휘둘려 정신 못 차린 세월에 더해 비판의 부재로 보내는 세월을 더하면, 그야말로 이 땅에서 학문이 설 자리는 요원하다. 이 땅에서 이루어지는 학문이란 것이 색깔도 불분명하고 주변적 정체성을 면치 못하고 있는 가장 큰 이유는 비판 없는 학문이 진행되고 있기 때문이라고 단언한다. 사회적 관계와 사적인 인연에 가로막힌 학문이 설 자리는 없다. 이 책은 허울 좋은 찬사보다는 추상같은 비판을 원한다. 관계와 인연의 공간을 대체할 비판의 날을 세우는 것이 학자들의 소명이다. 비판 없이는 학문도 없다. 비판은 강하면 강할수록 그 기능을 다하는 것이다. 비판에는 일말의 사정이 있어서도 안 된다. 비판은 사실에 입각한 비판이 우선이다. 수사학으로 엮인 비판은 제 기능을 떨어뜨린다. 책 내용에 대한 비판이 지나쳐 나 개인에 대한 헐뜯음으로 이어지더라도 개의치 않는다.

"Standing on the shoulders of giants."라는 영어 표현이 있다. 석남 송석하 선생께서 작고하시기(1948년 8월 5일) 한 해 전에 병상에서 쓰신 글 중에 "내 머리짱배기를 밟고 올라서라."는 문장이 있다. 후학들과 독자들의 추상같은 비판이 내게 지침을 주고, 내가 가는 학문의 길을 열어주리라 믿어 의심치 않는다.

"구슬이 서 말이라도 꿰어야 보배"란 말이 있다. 단편의 논문들이 하나의 단행본이란 작품으로 등장하는 과정에는 서울대학교출판문화원 관계자들의 간단없는 노력이 있었다. 그리고 마지막으로 이 작업의 긴 여정에 실제로 동참하여 필자를 도운 아내에게 감사를 전한다.

2021년 중추절 코로나 바이러스로 봉쇄된 베트남 다낭의 우거에서,
그리고 2023년 여름 요코하마의 가나가와대학 일본상민문화연구소에서
전경수 삼가 지음

차례

표 차례

사진 차례

제1장 서언: 불멸의 식민지 경험

대동아전쟁(大東亞戰爭)이 제국 일본의 패전으로 종료된 뒤, 1940년대 말과 1950년대에 걸쳐 일본학계 일부에서는 '경성학파'라는 용어가 회자되었다. 이 책은 그 용어의 실체가 무엇인지, 실체가 있으면, 그 내용이 무엇인지 궁금증을 갖고 시작된 작업의 일환이다. 인류학이란 학문이 경성학파와 결합된 배경에 대해 논의하는 것이 이 책의 본론이다. 경성제국대학(경성제대, 城大 '조다이'라고 읽음)을 중심으로 실천된 학술적 조사 연구 내용을 인류학 분야에 초점을 맞추어서 구체적으로 소개하고자 한다. '학파'라는 이름에 걸맞은 내용이 있다면 그 내용은 무엇인지, 그 내용은 어느 정도 계승되었는지를 밝히는 것도 이 책의 임무로 설정했다. 경성제대라는 고등교육기관의 존재는 시기적인 제한성을 자동으로 내포한다. 조선이 제국 일본의 식민지였던 기간의 학술적인 조사 연구가 주된 내용을 이룬다. 따라서 이 책은 기본적으로 식민주의(colonialism)와 식민주의의 이면에서 실질적인 작동을 담당하였던 군국주의(militarism)의 문제를 분석하는 관점을 갖고 있다. 모든 문제를 들여다보는 기본 관점은 '전체와 부분'(하이젠베르크식의 문제의식을 말함)의 문제라고 생각한다.

관점 차원에서 엄밀하게 언급한다면, 이 연구는 제국 일본에 관한 연구의 일환이지, 식민지 조선에 관한 연구가 아니다. 조선이 무수히 언급되지만, 그것은 제국의 일부분으로서의 조선이다. 식민지는 제국의 부분이었다. 제국에는 이런 부분들이 여기저기 산재해 있었다. 따라서 전체로서의 제국과 부분으로서의 식민지라는 구도 속에 문제가 고찰되어야 관점 전체가 혼돈되지 않는다. 이어서 부분들 간의 비교 연구도 필수 과제다. 부분들 사이에 차이가 나타나는 이유는 무엇일까? 그래서 부분적이지만 대만과 만주에 관한 자료들을 본론에서 제시한다. 전체에서 해독되지 않는 부분에 대한 각개격파식 패권과 헤게모니의 결과들이 식민지에서 제국의 모습으로 간파되는 장면이 연출될 수 있다. 식민지를 연구하는 이유는 식민지만을 알기 위해서가 아니다. 식민지 상황을 통해 제국이라는 전체 구조와 기능을 해독하는 관점이 중요하다. 따라서 졸견으로는, 한국 현대사의 식민지 시대와 그로 인한 후속 영향에 대한 관심을 제국 일본 전체의 부분으로서 살피는 것이 기본 관점을 만족시킬 수 있다.

이 책을 읽는 독자들에게 한 가지 드릴 말씀이 있다. 이념은 학문의 적이다. 이념은 사실을 호도하기 때문이다. 이념에 치우친 시각으로 이 책을 읽지 말기를 바란다. 사람이 살아가면서, 더군다나 이념 충돌이 복잡한 현대의 삶 속에서 어떻게 이념으로부터 자유로울 수 있냐는 반문을 할 수도 있다. 식민지 문제를 다루면서 어떻게 이념에서 자유로울 수 있느냐는 반문을 할 수도 있다. 그렇기 때문에, 독자들에게 이념으로 충만한 눈으로는 이 책을 읽지 말아 달라고 부탁하고 싶다. 나는 이념 문제와 방향은 가능한 한 제외하고 사회적 사실들을 대하려고 노력하고 있다. 나도 이념에서(그것이 어떤 종류의 이념이든) 완전히 자유로울 수 없다. 그럴 수 있는 인간은 이 세상에 존재하지 않는다고 생각한다. 그래서 이념 또는 이념과 관련된 문제로부터 가능한 한 떨어지려 노력하고 있다. 이 책의 작성 과정에서도 노력은 끊임없이 계속되었다. 이념의 유혹이 펜을 자극하는 경우도 부지기수였다. 그러나 이념에 충

[사진 1-1] 경성제국대학 법문학부 제9회 졸업생 97회 기념앨범(1937년 경성 독립사진관 제작)

실하려는 노력을 털끝만큼도 하지 않았다. 이념이라는 현상을 하나의 주제로 설정할 수도 있으나 학문을 하는 사람이 이념의 시녀나 포로가 되는 행위와 사고를 하는 순간 그 작업은 학문이 아니다. 이념으로 인해 사라져 간 수많은 학자와 그들의 족적을 보면서 이 책을 준비했다. 다시 한번 반복한다. 학문의 제일 큰 적은 이념이다.

경성제대가 설립된 1926년부터 일본이 패전한 1945년 사이에 시간적으로 구획을 긋는 결정적인 사건은 1931년 9월 18일에 발발한 만주사변이다. 만주사변 이후 조선은 대륙 침략을 위한 병참기지 역할을 했기 때문에, 경성제대의 학술 실천은 두 시기로 나누어야 내용을 제대로 파악할 수 있다. 만주사변 이전인 1926년부터 1931년 사이의 5년은 전쟁의 영향을 받지 않았던 시기다. 1932년부터는 본격적으로 전쟁의 소용돌이 속에 경성제대의 학술적 임무가 진행되었고, 경성제대 구성원들은 식민 지배라는 헤게모니보다 전쟁 동원이라는 헤게모니에 연루되었음을 인식하는 것이 중요하다. 전쟁 상황에 비한다면 식민 상황은 일종의 평화 시대였기 때문이다. 따라서 15년간 전쟁 동원 헤게모니에 연루되었던 경성학파의 활동은 필연적으로 '전쟁과 인류학'이라는 구도를 설정하게 된다. 경성제대와 관련된 식민주의와 군국주의를 간단한 양화로 대비해본다면, 1 대 3이라고 말할 수 있다. 경성제대의 실천이 식민주의에 1이 투여되었다면, 군국주의에 3이 투여되었다는 말이다. 경성제대 구성원들의 학술 활동은 식민주의에 더해 군국주의(militarism) 문제를 안고 있었다는 이해가 필요하다. 인류학과 군사 문제의 관련성에 관한 연구는 세계적으로도 진행된 것이 얼마 없다.

나는 2004년부터 '전쟁과 인류학'이라는 주제와 관련된 일련의 논문들을 한국과 일본의 학계에 지속적으로 발표해왔다. 예를 들면, "전쟁인류학(anthropology of war)"(全京秀 2004.1.5; 2005.3.25)이라는 용어도 사용하였고, 식민주의의 일본식 표현인 "식민지주의(colonialism)"에 대하여 "점령지주의(militarism)"(全京秀 2004.5.31)라는 단어도 창작한 바 있다. "군속인류학(軍屬人類學, military anthropology)"(全京秀 2013.3.1) 또는 "전시인류학(wartime anthropology)"(全京秀 2013.3.29)이라는 용어를 구사하면서 '대동아전쟁과 학문'이라는 주제에 배태되어 있는 군국주의와 관련된 구체적인 사례를 동원하여 분석을 시도한 바 있다. 지난 20년 간 축적된 논문들을 배경으로 전체를 아우르는 용어로서 정리한 결과를 이 책에서 군국주의(militarism)라고 확정하였다. 상기의 다양한 용어들은 군국주의적인 상황하의 구체적인 맥락에 따라서 약간씩 달리 적용할 수도 있을 것이다. 나는 처음부터 군국주의라는 안목이 필요하다는 가설을 세워놓고 작업을 한 것이 아니었다. 자료를 따라가다 보니, 드러나는 자료들을 설명하기 위한 관점이 필요하였고, 사회문화적 현상의 증거로서 드러난 자료들을 설명하기 위한 개념이 필요했던 것이다.

즉 기존의 식민주의라는 개념과 관점만으로는 드러난 자료를 설명하기가 적합하지 않은 부분들이 축적되면서, 자료가 요구하는 새로운 개념과 관점을 찾게 되었다. 결과적으로 하나의 관점으로서 군국주의라는 개념이 등장하게 된 것이다. 이제 군국주의라는 개념은 하나의 가설로서 성립한 차원에 이르게 되었다고 생각한다. 상황에 따라서 약간씩 다를 수 있지만, 이 가설은 최소한 제국 일본의 판도가 영향을 미쳤던 지역에서는 검토될 수 있다고 말해도 안전하다. 세계인류학계에서 통용되어 왔던 식민주의 인류학(anthropology of colonialism)에 대하여 장차 군국주의 인류학(anthropology of militarism)에 관한 연구가 진척될 수 있기를 희망하는 바이다. '식민주의 인류학'으로부터 '군국주의 인류학'으로의 전환은 하나의 커다란 패러다임 변화로 인식되는 것이 바람직하다. 시대적 상황이나 통치체제의 측면에서 고려한다면, 전자는 '평화' 체제에, 후자는 '전쟁' 체제에 수반된 것이기 때문이다. 인간과 문화의 주제를 다룸에 있어서 '전쟁과 평화'의 문제를 말하고자 하는 것이다. 말하자면, 일상생활을 좌지우지하는 사회 체제의 패러다임이 평화에서 전쟁으로 전환됨을 전제로 하는 것이다. 전쟁과 일상생활의 관련성에 관한 인류학적인 연구가 더욱더 적극적으로 진행되어야 한다는 점을 강조하고 싶다.

2018년에 *Military Anthropology*(군사인류학)라는 제목의 책이 출간되었다. 미국 중앙정보국(CIA)에서 페르시아만(걸프전쟁) 전쟁 이후에 추진했던 육군의 군사작전을 중심으로 '인간지형체계(Human Terrain System, HTS)'라는 조직을 운영한 적이 있었다. 인류학을 필두로 사회과학자들이 직접 군사작전에 개입함으로써, 학자들에게 군사적 현장을 경험하게 했다. 전장에서 전개되는 군사작전을 사회적 현상으로 간주하고 연구하는 프로젝트였다. 저자인 몽고메리 맥페이트는 HTS의 상급 사회과학자로 근무하면서 전쟁과 군사 관련 자료들과 이라크 전쟁, 아프가니스탄 전쟁 등 미국의 군사적 경험을 바탕으로 인류학적 분석을 시도한 것이었다(Mcfate 2018). 맥페이트의 연구는 군사작전 과정에서 필연적으로 발생하는 대민 관계를 주된 주제로 다룬다지만, 나는 그 결과에 대해서 많은 의문을 가지게 되었다. 저자가 얼마나 많은 기밀 자료에 접근할 수 있었을까? 중동에서 전개되었던 미군의 군사 작전과 관련된 핵심 자료들에 접근 불가능한 상황을 인정하지 않을 수 없다. 결과적으로 맥페이트의 연구 결과는 수박 겉핥기라고 말할 수밖에 없다. 현재 미국 해군전쟁대학(US Naval War College)의 교수로 근무하고 있는 맥페이트는 군사인류학 분야의 개척자로 조명되기에는 충분하다. 그러나 그녀가 겨냥했던 핵심 자료들이 공개되지 않으면, 인류학자들의 군국주의 연구는 전쟁을 주도하는 군사 조직의 장신구 역할에 지나지 않을 것이라는 우려가 앞선다. 군사인류학과 군국주의 연구가 상호 혼동될 필요는 없다. 전자는 군사적인 문제를 사회문화적 현상으로서 이해하려는 입장이고, 후자는 통치시스템으로서의 문제를 고찰하는 것이다.

인류학과 제국주의에 관한 논의는 일찍이 캐슬린 구프(Kathleen Gough 1968)에 의해서 제기되었지만, 그 논의는 선언적인 차원의 제안으로서 인류학자들에게 반성을 촉구하는 의미가 컸었다. 제국주의에 의해 억압받은 사람들의 입장에서 학문을 해야 한다는 당위적인 설파였기 때문에, 구체성을 결여한 내용이었다. 인류학이란 학문의 실천 과정과 결과가 제국주의자들의 사생아 역할밖에 되지 않았던 과거에 대한 반성을 촉구함에 대해서는 전혀 거부감이 없지만, 인류학적인 학문의 성격상 구체적인 민속지 차원의 논의에 대한 전개가 없었음에 대해서 아쉬움이 있었다. 과연 이론(theoria) 차원의 제국주의는 어떤 방법으로 실천(praxis)되었으며, 그것은 어떻게 구체적인 공정(poesis) 과정을 밟았는가에 대한 관심이 필연적이다. 서구의 제국주의자들이 밟았던 과정에서 드러난 것을 축약해서 정돈하는 하나의 가설을 세운다면, 그 하부에는 관료와 군대가 역할을 했다. 관료는 식민주의를 실천했고, 군대는 군국주의를 담당했던 귀납적 역사를 무시할 수 없다. 두 실천적 이념이 뒷받침되어서 제국주의의 결실이 가능했음은 역사적 사실들이 잘 증명해 주고 있다. 그리고 적지 않은 인류학자들과 그들의 작업이 양자의 하수인 역할을 했음에 대해서는 이론(異論)이 있을 수 없다. 구프의 제창 이래로 많은 인류학적인 작업이 식민주의에 초점을 맞추어서 연구 결과를 생산했다(Asad 1973; Pels & Salemink 2000). 아사드, 펠스와 살레민크의 작업이 모두 집합적인 편집의 결과로 생산되었음은 식민주의와 인류학의 관계에 대한 학계의 높은 관심을 반영한다.

그러나 군국주의나 군대와 관련된 인류학적 관심이 상대적으로 미약하다는 반증은 무엇을 겨냥하는 메시지일까? 군대와 전쟁에 직접 관련된 인류학적인 작업으로서는 제럴드 힛키(Gerald C. Hickey 2002)의 것이 돋보이는 사례가 아닐까 한다. 나아가서 맥페이트(McFate 2018)가 적극적으로 힛키를 비롯한 몇 가지 사례를 리뷰한 서적이 군사인류학이란 분야의 지평 전체를 보여 주고 있다고 말해도 과언이 아니다. 식민지와 관련된 문제보다도 전쟁과 관련된 군사적인 문제에 관한 자료를 구해야 하는 연구 과정 자체가 상대적으로 쉽지 않은 상태가 빚은 결과일 것이다. 경우에 따라서 군사인류학은 군국주의 연구에 포함될 수도 있다.

경성학파와 관련된 자료들이 보여 주는 객관적 사실이 압도적으로 군사적 관련성에 있음을 대하면서, 군사인류학 또는 군사적인 인류학적 연구에 관심이 소홀해진 이유를 생각해 보지 않을 수 없다. 세계 인류학계의 흐름과 맥을 함께하는 것으로 생각되는데, 제국 일본이 통치했던 대만과 조선에 관한 대부분의 연구가 '식민주의' 또는 '식민지주의'라는 제목하에서 연구되었던 점은 의문의 여지가 없다. 그 내용 대부분은 전쟁과 군사와 관련된 것이었음에도, '군국주의'라는 독립

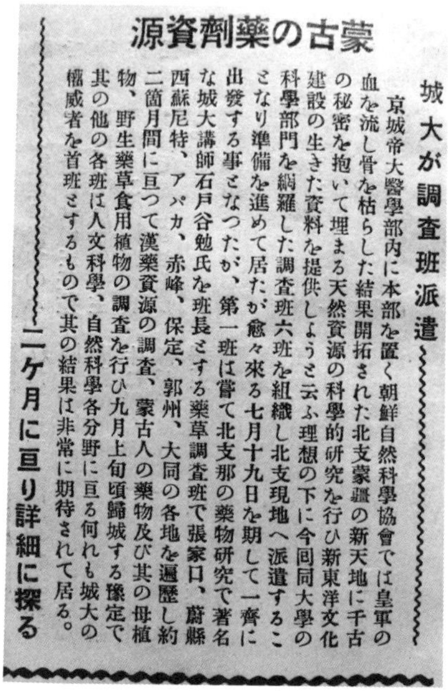

蒙古の藥劑資源

城大が調査班派遣

二ケ月に亘り詳細に探る

京城帝大醫學部内に本部を置く朝鮮自然科學協會では皇軍の血を流し骨を枯らした結果開拓された北支蒙疆の新天地に千古の秘密を抱いて埋まる天然資源の科學的研究を行ひ新東洋文化建設の生きた資料を提供しようと云ふ理想の下に今回同大學の科學部門を網羅した調査班六班を組織し北支現地へ派遣することなり準備を進めて居たが愈々來る七月十九日を期して一齊に出發する事となつたが、第一班は嘗て北支那の藥物研究で著名な城大講師石戸谷勉氏を班長とする藥草調査班で張家口、蔚縣西蘇尼特、アパカ、赤峰、保定、郭州、大同の各地を遍歴し約二箇月間に亘つて漢藥資源の調査、蒙古人の藥物及び其の母植物、野生藥草食用植物の調査を行ひ九月上旬頃歸城する豫定で其の他の各班は人文科學、自然科學各分野に亘る何れも城大の權威者を首班とするもので其の結果は非常に期待されて居る。

[사진 1-2] 중일전쟁 이후 동일궤적의 군사작전과 자원 조사(鮮滿醫藥時報 2(7) 1938.7.15)

적인 제목하에서 또는 점령지와 전쟁에 직접 관련된 논의를 하지 않고 있는 학계의 편협성에 대해서 지적하고 싶다.

일본의 경우, 인류학이라는 학문이 동시대에 대한 비판의 학으로서 모습을 드러낸 것은 군정학(軍政學)이란 이름을 요청한 야마구치 마사오(山口昌男 1966.10: 24)의 주장이 있으며, 아마 군국주의적 관심의 거의 유일한 사례가 아닐까 한다. 그런 요청은 서양에서도 1960년대 이후가 되는 시점이 되어야 등장한다. 제2차 세계대전 전에는 그런 모습을 어디에서도 찾아볼 수 없었던 것이 인류학이라는 학계의 비극적인 모습인데, 당시 일본인류학계에 그런 비판적 문제의식을 요구한다는 것은 무리라고 생각된다. 시대적 중압이라는 점을 고려하지 않을 수 없다. 시대적 중압은 정치적인 외압으로 비롯될 수도 있고, 내면적인 문제의식의 상실이나 결여에서도 비롯될 수도 있다. 이 책에서 전개할

‘군속인류학’이란 문제가 야마구치 마사오의 ‘군정학’과 궤를 함께하는 것이라고 생각한다.

군 ‘위안부’나 징용 문제에 관한 논의를 하는 경우에도 유독 ‘식민’이라는 제하에 갇혀 있는 것이 사실이다. 개념과 관점을 제대로 알맞게 설정하는 작업이 과학적 작업의 기초임을 망각하지 말아야 한다. 사회적 사실로서의 군사 또는 전쟁을 분명하게 드러냄으로써 문제의 본질에 대해 더욱더 적극적인 접근이 가능할 것이다. 경성제국대학이 학문적 성과를 보여 준 20년 중, 초반 5년간은 식민주의라는 이념의 적용이 가능하지만, 그 후 15년간은 그야말로 제국 일본의 “15년 전쟁”과 궤를 같이하는 군국주의의 문제임은 명백하다(사진 1-2 참조). 이 책은 식민주의로부터 군국주의로 진화해 간 경성제국대학의 학문적 경향으로서의 경성학파를 추적하는 작업의 일환이다. 환언하면, 군국주의적인 경성학파에 관한 논의가 식민주의라는 틀에 갇힌 전쟁과 군사의 문제를 더욱더 사실적으로 논증할 수 있다고 생각한다. 나아가서 제국 일본의 제국주의를 구성하는 양대 축은 식민주의와 군국주의라는 문제의식을 천명하고자 한다.

이 책의 연구는 제국 일본의 소위 ‘15년 전쟁기(1931년 만주사변부터 1945년 대동아전쟁이 종료되는 기간)’ 시점에 경성제국대학에 근무하면서 인류학적 연구 조사 활동을 한 인물들을 중점적으로 다룬다. 이 기간에 만들어진 자료와 보고서 그리고 책자 대부분이 ‘식민주의(colonialism)’라는 인식 틀 속에서 분석되어 온 것이 현재까지 학계(일본, 대만, 한국 포함)의 연구 결과다. 나는 식민주의라는 인식 틀과 아울러 군국주의(militarism)라는 인식 틀을 가지고 동 시기의 자료들을 분석하는 데 주력하고 있다(全京秀 2004.5.31 참조). 내가 사용하는 인식 틀은 후자에 무게가 더 실려 있다. 제국 일본의 15년 전쟁기가 제국 일본의 모든 지역 내에서 똑같이 경험된 것이 아니다. 조선에서 경험한 15년 전쟁기와 도쿄에서 경험한 것이 다른 양상을 보였기 때문이다. 같은 시기에 조선에서는 전쟁 동원 움직임이 있었지만, 도쿄에서는 그러지 않았다. 동일한 시기에 제국 일본 내에는 '전쟁과 평화'가 공존하고 있었다. 그럼에도 군국주의에 부화뇌동한 대학이라는 학술 기관이 준군사화(para-militarization)하기 시작한 것은 만주사변과 궤적을 같이하고, 지역별로 약간의 차이를 보이는 정도였다. 자료가 나로 하여금 군국주의적 인식 틀을 갖도록 유도한 면이 없지 않다. 그런 점에서 내 연구는 군사인류학적 경향을 띤다고 말할 수도 있다. 맥페이트가 시도했던 것과는 상당한 차이가 있다. 내 시도는 인류학사 차원에서 군사인류학적 연구 결과를 추진하는 것이다. 이 책에서 시도하는 군사인류학은 전시인류학(wartime anthropology)이라고도 할 수 있다. 앞으로 기회가 닿는 대로 군사인류학과 전시인류학의 유사성과 상이성에 대한 논의의 장까지 나아가기를 희망한다.

1967년 가을 학기, 문리대 본관의 한 강의실에서 '서양사강독' 강의가 있었다. 검고 굵은 테의 안경을 쓰신 양병우(梁秉祐 1923-2003) 선생님께서 책걸상을 학생들을 바라보는 방향으로 놓고 칠판을 등진 채 앞자리에 앉으셨고, 사학과(그때는 국사, 동양사, 서양사 세 과로 분리되기 전이었음) 학생들 사이에서 인정이 내 앞에 앉아 있었다. 선생님께서 갑자기 "이인정 군" 하고 호명하자, 인정 양이 온몸을 움찔하며 책걸상이 흔들리는 잔잔한 진동이 주변에 전해졌다. 그 강의는 철학자 시드니 훅(Sidney Hook 1902-1989)의 *Hero in History: A Study in Limitation and Possibility*(1943)를 독해하는 강독 시간이었다. 책이 없었기 때문에 선생님께서 '가리방(줄판)'으로 긁어서 만든 8절지 종이 유인물을 준비해 나누어 주셨고, 학생들은 그것을 교재로 예습을 해야 했다. 당시 훅의 서적은 금서로 지정되어 일반 서적상에서 구입할 수 없었다. 해석하다 얼버무리기 일쑤였기 때문에, 호명받은 학생은 죽을 맛이었다. 차례를 정해서 번역을 하는 것이 아니라 무작위로 호명하셔서 항상 조마조마한 시간이었다. 하루는 누군가가 얼버무리기 시작하자마자 선생님의 불호령이 떨어졌다. "지꾸쇼나리도 안 봤나? 지꾸쇼나리!" 세월이 한참 지난 뒤에 안 것인데 '지꾸쇼나리'는 영어 단어 dictionary를 일본식으로 발음하신 것이었다. 당시에는 선생님이 무슨 말씀을 하시는지 도무지 알 수 없어, 모두 고개를 푹 숙인 채 고요하고 긴 시간이 흐르다 수업이 끝났다. 나중에 안 사실이지만 고향이 제주도인 선생님께서는 어린 시절에 부모와 함께 오사카로 이주했고, 쿠마모토 제5고등학교를 졸업한 후 교토제대 사학과에 입학해 1년을 수학한 후 해방을 맞이하셨다. 양 선생님의 강독 지도에 영향을 받은 나는 후일 혹의 그 서적을 다 읽었고, 기회가 되는 대로 학생들에게 일독을 권하기도 했다.

고고학을 공부하라는 선고의 조언으로 문리대에 진학했던 나는 김원룡(金元龍 1922-1993) 선생님을 가까이에서 뵙게 되었다. 입학 직후 동부연구실 2층의 '고고인류학과' 연구실에 들어서는 순간, 엄청난 충격에 휩싸였다. 연구실 안 높은 천장까지 닿아 있던 서가에는 『인류학잡지(人類學雜誌)』와 『고고학잡지(考古學雜誌)』라고 적힌 일본어 전문 서적이 가득했다. 강의실은 주로 문리대 본관 건물 2층이었는데, 강의실에 들어오시는 선생님이 가끔 국립박물관 학예 관계자들과 일본인 교수를 대동할 때가 있었다. 그럴 때마다 어리둥절할 수밖에 없었다. 한마디도 못 알아듣는 말들이 왔다 갔다 하는 시간을 보냈던 기억이 난다. 아마도 단기 방문한 일본인 학자들과 담화회를 겸하는 식이 아니었나 생각이 들기도 한다. 나는 교토대학의 고고학자 아리미츠 쿄이치(有光教一 1907-2011) 교수도 그렇게 문리대 강의실에서 처음 뵈었다. 어느 날 강의 도중에 선생님께서 칠판에 적으신 일본인 학자의 이름이 지금도 생각난다. 시모노세키에 있는 바이코 여학원의 코쿠부 나오이치(國分直一

1908-2005) 교수와 교토에 있는 도시샤대학의 모리 코이치(森 浩一 1928-2013) 교수였다. 코쿠부 교수에게는 1998년에 전화로 질문을 드린 적이 있었고, 모리 선생은 교토에서 두 번 뵌 적이 있다. 선생님의 제자인 오노 사치오(大野左千夫 1949-) 씨가 중간 역할을 해주었다.

처음 모리 선생을 뵈었을 때, 생선회와 초밥을 곁들인 식사를 한 뒤에, 선생께서는 좁은 골목길에 위치한 '스낙쿠(スナック, 작은 술집)'로 인도했다. 가게 이름이 "란(蘭)"이었고, 탁자가 세 개 정도였던 기억이 나는데 그날은 다른 손님이 없었다. 모리 선생의 단골 가게였고, 선생께서 그날 가게를 대절했던 것이다. 몇 순배의 정종이 비워진 후, '마마상'이 넓은 보자기에 싸인 보따리 한 개를 가지고 나왔다. 펼쳐지는 문인화는 첫눈에 보아도 나의 은사 김원룡 선생의 그림들이었다. 완성 작품은 십여 점은 충분히 넘어 보였고, 미완성품도 제법 많았다. 선생님께서는 경성제국대학의 마지막 졸업생이었는데, 졸업 직후 해방을 맞이해 국립박물관(구 조선총독부박물관)에 취직하셨다고 들었다. 그 박물관의 해방 당시 책임자는 앞에 거명된 아리미츠 선생이었고, 미군정에 의해서 10개월간 억류 아닌 억류(전문 용어로 '유용(留用)'이라고 했음)를 당하면서 한국인 고고학자들에게 발굴법을 훈련시켰던 기록이 남아 있다. 우리 은사들은 이런 학력 배경을 가지고 있었으며, 1960년대에 문리대를 다닌 나는 그런 분들에게 학업을 배운 경력을 갖게 되었다. 그렇다고 우리가 일본어를 편하게 공부할 수 있는 분위기는 아니었다.

학과 연구실의 일본어 잡지들에 충격을 받았던 나는 4월부터 문리대 앞에 있던 작은 일본어 학원에 등록했다. 수업 첫날인 4월 3일은 비가 내렸다. 학원에서 한 시간 일본어 학습을 하고 대학의 정문이 있는 '미라보'로 걸어오는데, 학과 선배가 술 냄새를 피우며 다가와 "1학년이 왜 이리 빨리 와!" 하고 다그쳤다. 자초지종을 설명했더니 "이놈이 정신 나갔네. 어떤 시절인데 일본어를 배워?"라고 소리질렀다. 고등학생 시절 한일회담 반대 데모에 나갔던 나는 또 다른 충격에 휩싸였다. '아차, 내가 정신이 나갔구나.' 싶었다. 그 길로 학원으로 달려가 등록비 환불을 요청했고, '일본'이라는 단어는 나로부터 영영 떠나는 듯했다. 그리고 미국 유학을 가면서 학문에 관한 한 일본이란 궤적은 안중에 없게 되었다. 그러나 현실은 그렇지 않았다. 항상 머릿속과 주변을 맴도는 '반일'과 '친일파'라는 단어는 엄청난 괴력을 가지고 있었고, 괴력은 지금도 현재 진행형으로 유감없이 발휘되고 있다.

1994년 가을, 관악산에 있는 내 연구실로 전화 한 통이 걸려 왔다. 일지사의 김성재 사장이었다. "내년이 해방 50년인데, 학문별로 해방 50년사를 정리해야 하지 않겠는가?"라는 말씀을 하셨다. 놀라운 제안이었지만 단숨에 응낙하고 자료를 찾기 시작했다. 결과적으로 나는 그 과제를 수행할 수 없었다. 중앙도서관에 소장된 경성제국대학의 자료들을 대하면서, 반세기가 아니라 한 세기까지 거슬러 올라가는 학문의 역사를 외면할 수가 없었다. 그래서 후일 『한국인류학 백년』(1999)이라는 졸작도 만들었다. 자료를 정리하는 과정에서 나는 끊임없이 반복되는 '경성제국대학'의 족적에 휘말리게 되었고, 두 번의 연구년도 결국은 일본행으로 결정할 수밖에 없었다.

경성제국대학의 학문적 족적은 서울대학교 중앙도서관의 고문헌 자료실에만 남아 있는 것이 아니고, 일본 곳곳에 여러 형태로 흩어져 있었기 때문에 대학의 구성원들이 학업을 수행했던 원조(元祖)들을 찾아 나설 수밖에 없었다. 내가 여태껏 해온 학문의 방식은 야연(野硏, field research)과 야로(野勞, fieldwork)였기에 그 방식대로 수행하는 수밖에 없었다. 역사 자료들을 정리할 때도 야연에 의해 충실해질 수 있음을 깨달은 새로운 경험도 할 수 있었다. 경성제국대학과 관련된 자료들은, 아니나 다를까 일본에서 도도히 이어지고 있었다. 나는 새로운 자료 발굴 및 그 자료를 추심할 수 있는 도서관과 박물관의 자료들을 결합하는 방식으로 경성제국대학의 족적을 정리했고, 특히 인류학(체질인류학과 문화인류학)과 관련해 정리한 결과를 이번에 책 한 권으로 제출하게 된 것이다.

경성제국대학을 배경으로 이루어졌던 학술 사업들은 여러 형태로 드러나 있었고, 그것들을 이해하기 위해 전체 배경으로 경성제국대학과 관련된 사항들을 설명할 수밖에 없는 사정이 있다. 사진 자료를 많이 제공한 이유는 문서와 전언의 부족분을 메워 줄 수 있기를 기대하는 마음에서 비롯된 것이다. 나의 논문은 2004년부터 간행되었는데, 독자들은 주로 일본 측 연구자들이었고, 상당수의 학회 발표와 논문 간행은 일본 학계에서 진행되었다. 이 책에 포함된 문서들이 기왕에 출판된 기록을 배경으로 하기 때문에, 출처를 밝힘으로써 보고서가 형성되는 과정을 보여드리고 싶다. 독자들께서 보시다시피 다수가 일본어로 발행된 논문집에 실린 것들이다. 그동안 내가 작성한 논문들의 독자 대부분은 일본어에 익숙한 분들이었다는 점을 보여 주기에 충분하다. 이제 이 책을 통해 한국 독자들로부터 비판과 질정을 받을 수 있기를 기대해 본다. 미숙한 일본어를 구사했던 결과가 답습과 인용을 통해 미숙한 한국어로 오염된 부분이 있는 점에도 너그러운 양해를 구한다. 일본어로 논문을 발표하는 데는 나의 한글 원고가 일본어로 번역되는 과정이 있었다. 여기에 대해서는 독자 제현의 큰 양해를 구하는 바이다. 한편 내가 관련 논문들을 작성하고, 책을 준비하는 사이에 경성제대와 관련된 우수한 논문들이 많이 발표되었다. 나의 부족으로 일일이 옥고들을 섭렵하지 못한 점에 대해서도 양해를 바라는 마음 간절하다.

2005.9.30 "學問과 帝國 사이의 秋葉 隆; 京城帝國大學教授論(1)", 韓國學報 120: 133-192.

2005.10.15 "赤松智城の學問世界に關する一考察: 京城帝國大學時代を

中心に", 韓國-朝鮮の文化と社會 4: 156-192.

2010.3.26 "京城帝國大學の學術調査と'京城學派'の誕生: 人類學分野にフォーカスを合わせて", 朝鮮學報 214: 1-62.

2013.3.29 "京城學派の人骨研究と戰時人類學-今村豊の南柯一夢と絆(?)", 酒井哲哉·松田利彦 編. 帝國と高等教育-東アジアの文脈から. 京都: 國際日本文化研究センター. pp. 73-113.

2015.3.20 이즈미 세이이치와 군속인류학. 서울: 서울대학교출판문화원.

2017.3.31 "赤松智城の宗教學散策: 未刊原稿と写真資料を中心に", やまぐち地域社會研究 14: 1-12.

2018.3.31 "赤松智城の宗教學散策(2): 未刊原稿と写真資料を中心に", やまぐち地域社會研究 15: 65-76.

2020.12.21 "京城帝國大學第三次蒙疆學術調査隊報告〈油印本〉에 대하여", 근대서지 22: 310-323.

현재까지 경성제국대학에 초점을 맞추어서 수행된 연구 업적들로는 '경성제국대학의 일반적인 현황에 관한 연구'(정규영 1995; 정선이 1998; 정준영 2009; 정근식 외 2011.10.31), '예과에 관한 연구'(稲葉繼雄, 2004), '법학 관계의 연구'(石川健治 2006; 通堂あゆみ 2008), '조선어문학과에 관한 연구'(이준식 2002; 박광현 2007), '교육학 관계의 연구'(김성학 1996), '한약연구'(신창건 2007), '동양사학 관련 연구'(박광현 2005), '조선학 연구'(박광현 2003) 등이 있다. 이 외에 내가 인류학 분야에 집중하여 수행한 연구로는 '인류학 분야 일반'(2010.3.26), '종교학자 아카마쓰 치조(赤松智城)에 관한 연구'(2005.10.15; 2008.1.30), '사회학자 아키바 타카시(秋葉隆)에 관한 연구'(2005.9.30) 등이 있다.

경성제대에서 수행된 종교학자와 사회학자의 연구들은 넓은 의미에서 인류학 연구에 속할 수 있다고 생각한다. 특히 아카마쓰 치조와 아키바 타카시가 공동으로 수행했던 조선과 만몽(만주와 몽골)의 무속과 민족에 관한 연구들은 직접적인 인류학 연구들이다. 아카마쓰와 아키바의 제자인 이즈미 세이이치(泉 靖一)가 수행했던 만몽과 중국 그리고 뉴기니에 관한 연구들이 앞으로 더 정리될 필요가 있다. 그러면 경성제국대학에서 수행되었던 문화인류학 연구 분야의 자료들이 정리되고, 성과와 연구의 의미 및 문제점이 드러날 것이다. 의학부 해부학교실 이마무라 유타카(今村 豊 1896-1971)가 수행했던 체질인류학 연구를 정리하면 선행 문화인류학 분야의 정리와 함께 어우러져, 경성제국대학에서 수행된 적 있는 인류학 연구에 관한 종합적 평가가 가능해지리라고 생각한다.

제2장 경성제국대학의 학술 조사와 '경성학파'의 탄생[1]

1. 서론: '희망' vs. '상황'

식민지 조선에 대학 설립안이 나온 것은 비교적 이른 시기였다(金澤庄三郎 1915.11.1)고 생각되지만, 실제로 내지연장주의가 적용된(松田利彦 2014.2.25) 경성제대 건립은 '조선제국대학창설위원회 규정(朝鮮帝國大學創設委員會 規程, 1923.11.27 관보)'에서 시작된다. 위원장은 조선총독부 정무총감이며, 전체 위원은 15명이고, 위원의 임명은 조선총독에 위탁되었다. 당시 한 건축 관계 잡지에는 12월 15일 "조선대학 예과교실 준공(朝鮮大學豫科敎室竣工)" 예정이라는 기사와 함께 예산은 107만 4,804엔이라고 쓰였다(匿名 1923.12.1: 9). 교수들의 직원록은 조선총독부 직원록 속에 포함되어 있었다. 식민지제대(植民地帝大)는 '내지(內地)'제대와 달랐다. 경성제대 예과는 '관립고등학교'가 아니고 '고등전문학교'라는 관제하에 놓였다(京城帝國大學豫科, 1925.6). 경성제대의 경우 문부대신 직할의 직무를 조선총독이 대행하는 관리 방식이었다. 당초 '조선제국대학(朝鮮帝國大學)'이라는 명칭이 준비되었었는데, '조선 제국의 대학'으로 오인될 수 있어 내각 법제국에서 문제를 제기해 '조선'을 '경성'으로 변경했던 것이다(藤本英夫 1994: 63). 식민지 조선의 제국대학은 조선

[사진 2-1 (좌)] 경성제국대학 정문의 교패(현재 없음)
[사진 2-2 (우)] 경성제국대학 의학부 건물(현재의 서울대학교 의과대학 본관)

총독의 존재와 공동 운명이었다고 이해할 수 있다.

따라서 식민지 조선의 경성제대 차원에서 실시되었던 각종 학술 조사가 제국 일본이 수행했던 전쟁과 어떤 연관을 보여 주는지 고찰해 보고, 학술 조사 내용 중에서도 인류학 분야에 초점을 맞추어 성과와 영향에 대해서 평가해 보는 것이 이 책의 과제다. 그 과정에서 한 '학파(學派)'로 인식될 정도의 위상을 보여 준 '경성학파'의 탄생과 형성 과정에 기여했던 주요 인물들을 조명하면 하나의 연구 목적을 이룰 수 있다.

'경성제국대학 예과규정(京城帝國大學豫科規程, 1924.5.2)'은 예과를 문과와 이과로 구성하고, 수업연한은 2년(1934년 이후 3년제로 전환했다가 1943년 1월 다시 2년제로 환원)으로 규정했다. 본과(법문학부 23강좌, 의학부 12강좌로 규정, 칙령 제4호)는 1926년 5월에 시작했다. 1938년 4월 이공학부 신설이 결정되었고(칙령 제251호), 예과에 이과갑류(理科甲類)가 설치되었으며, 전쟁 수행과 깊은 관계가 있는 이공학부 본과는 1941년 4월 7학과로 시작했다. 이공학부장은 해군화약창장(海軍火藥廠長)을 역임한 해군기술 중장 야마가 노부지(山家信次, 후일 경성제대의 마지막 총장 역임)였다. 부속생약연구소(附屬生藥硏究所 1939), 부속고지요양연구소(附

屬高地療養研究所 1942), 대륙자원과학연구소(大陸資源科學研究所, 1945) 등이 순차적으로 설치되어 경성제대의 연구 기능이 강화되었다. "일연의 학부(學部)와 부속 연구소의 신설은 만주 건국 이후 일본의 중국 대륙 관여, 그 병참기지(兵站基地)로서 조선의 역할 관계로 설치되었다. '제대 모델' 이식은 조선민의 필요에 의한 것이 아니라 '제국'의 필요에 의했던 것이 분명한 사실이다"(馬越 徹 1995: 126). 1944년 4월 부속 이과교원양성소(理科敎員養成所)가 신설된 것은 학생들이 전선(戰線)으로 떠나 학부 폐쇄에 준하는 상황에서 급조된 경성제대의 하부 조직이었다. 소장은 물리학자이자 당시 이공학부장이었던 오츠카 아키로(大塚明郞 1899-1994)가 맡았다. 즉, 이공학부와 연구소, 이과교원양성소 등의 설치는 제국 일본의 '대륙 전진기지'로서 조선에 부여된 임무 수행에 교육과 연구라는 이름으로 조직 차원에서 동원되는 외지 제국대학의 모습을 보인다.

이 동원 조직과 활동에 관한 공문서 차원의 자료들은 현재 거의 남아 있지 않다. 증언에 의하면, 패전 직후 경성제대 운동장에서 경성제대 직원들이 3일간 대학의 각종 서류들을 불태웠다고 한다. 경성사범학교에서도 "그때까지 교장이었던 일본인 타카하시 하마키치(高橋濱吉 1887-?)가 8월 16-17일경에 학교 비품 대장을 불태워 버린 사실"(張利郁 1950.2.1: 26)이 있다는 증언도 있다. 당시 조선의 관공서와 대학에서 유사한 일들이 일관되게 자행되었음을 추측할 수 있다. 어딘가 남아 있을지 모르는 공문서를 찾는 작업은 지금도 진행 중이다. 따라서 이 책을 작성하기 위해 사용한 자료 대부분은 책이나 잡지 그리고 신문 같은 인쇄 매체로 남아 있는 것들과 인터뷰에 의존하고 있음을 밝혀 둔다. 가장 핵심 자료가 될 수 있는 경성제대의 공문서들이 전혀 보이지 않아 유감이다. 경성제국대학의 전모를 보여 줄 수 있는 문서로서 한 가지 남아 있는 것은 「경성제국대학학보(京城帝國大學學報)」다. 이 문서는 경성제국대학 서무과가 발행 주체로, 1927년 4월 5일 제1호가 발행되었으며 매월 5일이 발행일자다. 주로 대학의 일정과 인사 및 주요 행사를 간략히 전달하는 내용이다.

전쟁 경제 차원에서 본다면, 전쟁은 산업 부문의 생산 능력과 대학 부문의 연구 능력을 제고하는 데 가장 효과적인 메커니즘이라는 점이 역사적으로 입증되고 있다. 노엄 촘스키가 지적한 대로, 기존 권력과 기득권이 유지되는 최선의 방안은 '군사 케인즈주의(military Keynesianism)'라는 것이다(Chomsky 1985: 209). 전쟁 준비와 전쟁 중에 발전했던 고도의 기술이 종전(終戰)으로 급속도 쇠락을 경험함으로써 전쟁 준비를 위한 생산은 쓸모없는 작업이 되는데, 국가가 전시 중 생산을 보장하는 시장 창출 현상을 말하는 용어다. 군사 케인즈주의와 더불어 전쟁 상황이 요구하는 '지피(知彼)'라는 개설적 차원뿐만 아니라 구체적인 인적·물적자원 조사를 위해 대학에 부여되었던 역할이 일종의 싱크탱크였다고 생각한다. 제2차 세계대전 중 미국의 펜타곤은 '대학-군 협력'을 바탕으로 전쟁 기계 개발을 담당하는 조직인 과학연구개발국(Office of Scientific Research and Development, OSRD)을 설치하고 운영함으로써 대학의 군사화에 적지 않은 영향을 끼쳤다(Feldman 1989: 148). 제국 일본의 경우도 예외가 아니었다. 그중에서도 침략 전쟁에 선수동참했던 외지 제국대학의 역사를 조명해 보는 것은 현재와 미래의 대학에 부여된 사명을 자성적(自省的)으로 판단하는 계기를 제공할 수 있다는 점과 아울러 미래의 대학상 논의에 큰 의미를 지닌다고 할 수 있다. 더군다나 식민지 조선에 존재했던 고등교육기관과 그 조직의 학술 조사에 대한 연구는, 현재 대한민국 서울대학교의 정체성과 위상에 관한 논의를 할 때도 적지 않은 논쟁을 야기할 것이다.

이 책은 전시 상황과 연관된 대학이라는 조직에 대해 언급하고 있지만, 대학이라는 조직이 태생적으로 지향하는 목적을 도외시할 수 없다. 보편적 차원에서 대학의 본질적 문제를 전제하지 않고 전쟁 상황의 대학에 대해서만 논의한다면, 그 논의는 대학이라는 조직의 존재론을 부정하는 논의가 될 수 있다. 대학에 부여된 본질 기능이 전쟁이라는 맥락 속에서 어떠한 경험을 했는가에 대한 논의가 이 책의 저변에 깔린 내용이다.

이 책이 식민지조선에 실시되었던 일제(日帝) 군국주의의 특성에 초점을 맞추어서 논의를 하고 있기 때문에, 일제의 군국주의에 대한 논의를 간략하게나마 정리해보는 것이 책을 이해함에 있어서 도움이 될 것이라고 생각한다. 특히 이 책의 부제에 '군국주의'라는 용어가 제기되었기 때문에, 식민주의와의 의미상뿐만 아니라 구체적인 차별성에 대한 이해를 제고하는 과정이 필요하다. 일본에서 발양되었던 군국주의의 근원은 메이지헌법으로부터 비롯된다고 이해하는 것이 정확하다. 왜냐하면, 메이지헌법이 군부의 독립된 권한을 부여한 조문을 내포하고 있기 때문이다. 제11조는 통수대권(統帥大權)에 관한 것이고, 제12조는 편제대권(編制大權)에 관한 것이다. 즉 군부의 대표가 내각을 경유하지 않고 천황에게 직소할 수 있는 길을 열었던 것이며, 이것이 일본근대사에서 외교의 이원화를 초래한 기틀이 되기도 하였다. 또한 군부대신은 무관제로 하도록 규정하였다. 따라서 일제의 군국주의는 근대적인 메이지헌법에서 기원한다고 보는 것이 타당하다. 그럼에도 불구하고, 법조항을 어떻게 운영하는가 하는 문제가 보다 더 실천적인 측면을 보여줄 수 있을 것이라고 생각되며, 그 부분에 대해서 문외한인 필자가 언급하는 것은 부담스러운 일이다.

일제가 조선을 지배하려는 의도를 갖고 침략활동의 개시부터 시행되었던 본질적인 움직임은 군사 활동이었음이 명백한 사실이고, 통감부 설치와 총독부로 확장되는 과정에서도 외교라는 것은 대미(對美), 대러시아, 대청과의 교섭 과정이었을 뿐 조선에 대해서는 하나에서부터 열까지 군사활동으로 이어졌다. 외교관인 공사나 영사들이 군사활동의 첨병역할을 하였음은 잘 알려진 사실들이다. 1894년 동학농민전쟁의 진압에 개입하였던 때부터 지속적으로 일제의 군사활동은 확대되어 갔다. 초대총독이 육군대장 출신으로서 헌병을 앞세운 무단통치를 하였다가 삼일운동의 항일폭풍에 대응하기 위해서 소위 문화통치라는 방향전환을 내세웠다. 예를 들면, 당시 육군대학교수였던 이나바 군잔(稲葉君山, 1876-1940 본명은 稲葉岩吉)은 다음과 같은 감언이설을 제시하였다. "일본이라는 국가는 기실 지나민족을 수용하여 일본민족이 되었다. 이어서 조선병합의 결과로 일천 칠백만 조선인을 수용하여 일본이라는 명칭하에서 통치하게 되었다. 실로 커다란 변화다. 이와 같은 변화는 일본의 개국 이래 미증유의 일이다. 우리들은 이러한 점들을 생각하여 볼 때, 조선민족이 갖고 있었던 문화, 지나(支那)인들이 갖고 있었던 문화에 대하여 주의 깊게 요해해야 한다. 이것은 총체적인 논의이지만 조선과 지나에 대해 성공하기 위해서는 그들 민족과 악수해야 한다."(稲葉君山 1922.10.30: 40)고 주장하였다. 삼일운동과 중국의 '5·4운동'이 발발하였던 1919년 후, 문화통치의 기반을 조성하자는 취지였다. 그러나 그러한 주장에서도 사실상 무늬만 문화통치였을 뿐이었다.

식민지조선에서는 육군대장 출신의 총독으로부터 해군대장 출신의 총독으로 바뀌었고, 문화통치의 기구로서 경성제국대학 설립이 추진된 것이었다. 식민지 비교라는 측면에서 먼저 식민지로 편입되었던 대만과 후발인 조선을 비교하더라도, 초대 대만총독은 민간인이었다. 식민지에서 총독이 군인이었는지 민간인이었는지의 구분은 중요하다. 그만큼 조선에서 일제의 식민통치는 군사에 편중되어 있었음을 증언하고 있다. 따라서 군사활동 중심의 식민지 통치를 이 책에서는 군국주의라고 말하며, 군사활동을 중심으로 모든 사회편제를 조직하고 운영하던 과정이 군국주의의 실천과정에 포함된다. 경성제국대학이라는 학

國策研究俱樂部
交渉團體數を突破
民政六支部も解散して
新黨準備會を作る模樣

革新俱樂部が—
安達氏一派に合流
兩派の意見愈よ一致

外相と調査團
けふ第二次會見

趣味實益納涼
—新興滿蒙博が持つ—
誇りのかず〱
二十一日から訓練院で

軍國ニホンの偉容

[사진 2-3] "군국일본의 위용(軍國ニホンの偉容)"(京城日報 8847號, 1932.7.14)

문의 전당에서도 군국주의를 피해 갈 수 없었음을 이 책에서 논증하고 있다.

[사진 2-3]은 만주사변(1931년 9월 18일)을 일으킨 후 일주년을 기념하기 위하여 봉천성(奉天城) 부근에서 '신흥만몽박람회(新興滿蒙博覽會)'를 개최한 내용을 세 종의 사진(신문의 왼쪽 윗부분)으로 보여주고 있다. 이 신문이 발행되는 일주일 뒤인 7월 21일부터 개막한다는 설명을 보면, 박람회의 준비과정을 미리 선전하고 있음을 알 수 있다. 위로부터 만몽박(滿蒙博)의 백미(白眉)인 '국방관(國防館)', 내부의 파노라마 '근대전(近代戰)', 여순표충탑(旅順表忠塔)을 제시하고 그것을 아우르는 제목으로 '군국일본'이라고 선전하고 있는 것이다. '군국'이라는 단어는 상당히 일상화된 듯한 느낌을 주고 있으며, 공공매체들이 그 단어를 일상적인 신문기사의 선전용으로 사용하는 것에 대해서 거부감이 없음

을 지적할 수 있다. 부정적인 이미지의 단어라기보다는 진취적이고 승리감에 가득찬 의미로 받아들여지고 있다.

필자는 앞에서 군국주의에 대한 설명을 시도하였다. 그것은 보편적으로 적용할 수 있는 개념을 정립하려는 시도였는데, 일본의 경우는 보편적인 개념 위에 일본의 특수한 현상으로서 군국주의를 설명해야 할 필요성을 느낀다. 즉 군국주의의 핵심 개념인 '군국(軍國)'이라는 단어에 대한 일본적인 특수 인식을 추가적으로 논의할 필요가 있다. 사무라이가 지배했던 전국시대의 일본이 토쿠가와 시대의 평화를 맛보면서 수면 아래 도사리고 있다가, 메이지유신의 근대화로 돌입하면서 다시 한번 천황을 앞세운 군국 헤게모니가 부상하여 러일전쟁의 승전을 이끌었다. 그것은 단순히 러시아에 대한 승전이 아니라 서구 중심의 세상을 일순간에 뒤집어 놓았던 저력의 발휘였다. 군국이 제국 일본의 밝은 미래일 수밖에 없다는 실질적 경험이 사회의 구석구석에 축적되는 부수적 효과를 얻게 됨으로써 제국 일본에 대한 자신감을 구축하였다. 러일전쟁 도중인 1904년부터 1905년 사이에 발행되었던 신문들이 구사했던 키워드는 '군국부녀(軍國婦女)', '군국가정(軍國家庭)', '군국여자(軍國女子)' 등이었음이 『부녀신문(婦女新聞)』(1900년 5월 11일 창간)을 비롯한 주요 일간지에 잘 드러나 있다. '군국'은 일본 사회가 지향해야 할 이상적 가치로 자리를 잡았다고 볼 수 있다.

타이쇼 데모크라시의 1910년대와 1920년대에는 잠시 '군국'이 '애국(愛國)'으로 변신하였다가, 대(對)중국 침략의 신호탄이었던 만주사변을 계기로 '러일전쟁 승리'라는 주술력의 에너지원인 '군국'이 다시 한번 부활하고 있었음을 외면할 수 없다. 일본에서 '군국'이라는 단어는 사회동학에 의해 결과적으로 빚어진 사회적 현상을 말하는 것일 뿐만 아니라 전체 사회가 지향해야 할 가치 지향적 비전(vision)으로서 의미화되어 있었으며, 일종의 문화전통으로 자리잡은 측면이 있다는 인식이 필요하다. 문화전통의 하나이자 곧 가치 지향적인 비전으로서의 군국주의가 일본적인 특수한 현상이라고 말할 수 있다. 따라서 일본적인 군국주의에 도덕적 가치판단을 적용하여 옳고 그름의 시시비비를 가리는 것은 또 다른 문제로 고려하는 것이 바람직하다.

일제의 군국주의가 저변으로부터 최상층부에 이르기까지 통일된 사상으로 집결되는 곳이 황도사상이며, 메이지유신이라는 근대화 과정의 신성부여를 목적으로 만들어진 것이 군국주의와 황도사상의 결합일 것이다. "황도주의의 본질(皇道主義の本質)"(井上哲次郞 1939.4)을 설파하였던 도쿄제국대학의 철학교수이며 일본사상사의 중심인물인 이노우에 테츠지로(井上哲次郞 1856-1944)가 사망 직전, 인생 마지막의 순간에 작성한 논문에 일본인의 군국주의적 사상이 잘 녹아 있다. 더군다나 당시는 대동아전쟁의 말기에 이르러서 모든 것이 본토방어를 위한 '결전(決戰)'이란 용어로 집결되었을 때다. 구십세에 작성한다는 의미심장한 문구로 시작하는 글은 '신국(神國)'을 지향하는 '황도정치(皇道政治)'가 나라를 구한다는 논지에서 펼친 일종의 혈서와 같은 느낌(井上哲次郞 1944.3.1: 37-39)으로 견강부회의 과정이 후속적으로 이어진다.

황도를 신봉하는 역사학은 황국사관(白鳥庫吉 1920.11)을 만들어낼 수밖에 없고, 황도사상을 농촌발전에 접목시키는 사람들은 "황국농촌"을 부르짖었다. "일본의 별명은 쿠와시호코치타루노쿠니(細戈千足國)라고 하여 상무(尙武)가 국시(國是)"(中山太郎 1942.10.20: 297)였음이 강조되었기에, 따라서 모든 군사행동은 황도사상을 기반으로 하고, 신민은 '현인신(現人神)인 천황을 위하여 살고 죽는다'는 황도사상이 일제 군국주의와 그 실천을 조장하는 사상적 기반이 된다는 특징을 갖고 있다. 조상숭배와 가족제도를 군사적인 목적으로 이용해야 한다는 관점(町田經宇 1913.2)으로부터 "전력(戰力)으로서의 '이에(家)'"(吉田三郞 1943.7)를 주장하는 두 논객의 시간차는 30년이지만, 시대의 변화와는 상관없이 지속적으로 이어지고 있는 일본 사회의 저변에 장착된 사상이 군국주의의 표현이다.

대동아전쟁 발발 전에 중일전쟁이 한창 무르익어 갈 무렵 일반인으로부터 제시된 "군국자장가(軍國子守唄)"[2]는 군국주의가 일본인들의 생활 저변에 깔려 있는 사상의 발로라는 점을 의심할 여지 없이 보여주는 사례라고 말할 수 있다. "전쟁은 사회적으로 축적된 제종(諸種)의 불합리와 모순을 급격히 해결하는 하나의 수단"(中山太郎 1942.10.20: 2)이라는 민속학자 나카야마 타로의 해설은 사회적 모순을 전쟁으로 해결한다는 소박한 아이디어이고, 대동아전쟁은 황도황령(皇道皇靈)이 영도하는 성전(建部遯吾 1944.2.1)임을 거대담론으로 옹립하는 도쿄제국대학 사회학교수 출신의 타케베 돈고(1871-1945)와 당시 현직 도쿄제대 사회학교수였던 신메이 마사미치(1898-1984)의 "황국사상이 신일본의 이상"(新明正道 1942)이라는 주장은 일관되게 일제 군국주의의 특성을 드러내고 있다. 최정예의 지식인들이 전개하였던 전쟁선동언설도 결국은 문화전통으로서 드러난 군국주의의 발호인 것이다. 황도사상을 제도화한 표현인 천황제(天皇制)가 학문과 학계, 특히 인류학계를 지배하고 있었다는 고발이 역사학자 하니 고로(羽仁五郎 1901-1983)의 발설로 가능한 시점은 대동아전쟁의 패전 후였다. "일본에서 인류학, 고고학, 역사학의 행방에 대해서는 항시적으로 천황제가 검열과 경찰과 검사국과 재판소 등을 장악한 완벽한 테러리즘 체계를 갖고 있었다"(羽仁五郎 1947.8.5: 1).

황도사상이 요람으로 펼쳐진 일제의 군국주의가 드러나는 구체적인 조선의 현장에 대한 이해가 필요하다. 조선체육진흥회(朝鮮體育振興會) 주최 제2차 백두산탐구동행연성단이 조직되었다. 제3회 즉 조선체육회가 두 번째 실시하였던 행사에 총무반, 동식물반, 기상천상반, 동물지리반, 농림반, 의학반, 호소반, 보도반, 문화반, 운송반이 조직되었

[사진 2-4] 백두산탐구동행연성단이 찍은 사진들: 위의 두 사진과 아래 왼쪽 사진의 이면에 "혼조(本城)"라는 글씨가 적혀 있다(송석하 사진, 국립민속박물관 소장). 의학반 소속으로 구호를 담당하였던 혼조 케이조(本城敬三, 南商會主人)로부터 입수한 사진이라는 표기일 것 같다. 아래의 왼쪽 사진은 시로야마의 저서 〈비경백두산천지(祕景白頭山天池)〉(城山正三 1970.6.5: 144-145)에도 실려 있다. 아래의 오른쪽 사진은 백두산으로 올라가는 입구의 한 모습이다.

으며, 총 42명의 대원이었다. 양정중 생도 17명이 양정반(養正班)이라는 이름으로 참가하였고, 14일간이었다. 등산 도중 7월 29일에는 대정봉(大正峰, 백두산 정상을 말함)에서 대동아전쟁필승기념제를 지냈고, 7월 30일에는 천지(天池)에서 아마테라스 오미카미 어제전(御祭典)이 있었다(每日新報 12926호, 1943.8.6). 등반대의 귀환 후 조선총독부백두산탐구연성보고(朝鮮總督府白頭山探究鍊成報告)가 있었는데, 문화반(文化班)에 민속학자 송석하가 포함되어 있음(每日新報 12928호, 1943.8.8)이 기록되었다.

〈비경백두산천지(祕景白頭山天池)〉(城山正三 1970.6.5)는 1943년 백

두산탐구등행대 대장을 맡았던 시로야마 쇼조(城山正三)[3]가 1944년부터 보관하고 있었던 자료들을 수습하여 1970년에 출판한 것이다. 모두 181쪽에 달하는 46배판의 책인데, 상당한 양의 사진이 실려 있다. 시로야마에 의하면, 백두산 등정의 목적은 "1. 백두산 천지에서 제선령(諸先靈)의 위령 및 평화기원, 2. 장백산맥의 종합과학적 탐구"(城山正三 1970.6.5)에 있다고 적었다. 1번의 목적은 전후의 상황에 맞추어서 위장된 진술을 하고 있다. 매일신보에 게재되었던 등행의 목적에서는 대동아전쟁 승전을 위한 제전이라고 밝혔던 부분이다. 그가 주도하였던 1차의 백두산 등반은 1942년 여름이었고, 대원 43명과 수송원 및 호위원을 포함하여 모두 75명이었다. 2차인 1943년 여름에는 대원은 전회와 동수이고 수송원 및 호위원을 포함해서 85명이라고 하였다. 총무반, 문화반(제전반으로 개명), 지리반, 호소반, 기상반, 동물반, 식물반, 농림반, 의학반, 수송반, 보도반에 이어서 경호반원으로 조직하였다(城山正三 1970.6.5: 39-41). 7월 23일 경성을 출발하여 8월 7일에 귀성한 총 18일간의 여정이었다. 호소반 반장 코타니(小谷) 교수가 붕어(鮒)와 잉어(鯉) 치어 500마리를 천지에 방류하였다(城山正三 1970.6.5: 46).

7월 30일 12시 30분 산정에서 텐트를 철거하고 문화반을 제전반으로 개명하였다. 일본내지에서 이마무라(今村), 타니모토(谷元), 하타(秦), 만주에서 시라이시(白石)와 후지노(藤野) 씨, 조선에서 코바야시(小林)와 토리카이(鳥飼) 씨 모두 7명으로 제전반을 편성하여 저녁 7시 30분부터 제를 시작하였는데, 60여 명이 제단 앞에 정렬하였다. 제전반원 7명은 '시로쇼우조쿠(白裝束)'라는 법의(法衣)를 입고, 도사(道士)가 되어서 코바야시 사제의 주제로 제를 시작하여 선령위령과 세계평화를 기원하였다. 제차는 1. 수불(修祓), 2. 헌찬(獻饌), 3. 축사주상(祝詞奏上), 4. 옥관봉전(玉串奉奠)과 선령위령(先靈慰靈) 및 세계평화기원(世界平和祈願), 5. 철찬(撤饌), 6. 암야(暗夜)의 호심(湖心)에 신이봉진(神爾奉鎮: 관

[사진 2-5] 백두산 천지에서 '대동아전쟁 승전'을 기원하는 일본인 사제(1943.7.30 야간)(城山正三 1970.6.5: 149)

측용 보트 사용), 7. 대불축사주상(大祓祝詞奏上)의 순서였으며, 21시 30분에 종료되었다(城山正三 1970.6.5: 66 & 149사진). 제차에서도 용어를 변조하였음이 드러났다.

시로야마가 서적의 말미에 제시한 등반참여자 명부는 반별로 정리되어 있는데, 이 명단에는 아예 '문화반'이라는 조직명은 빠지고, 그 대신에 '제전반(祭典班)' 7명으로 적었다. 조선에서 참가한 두 사람의 이름은 코바야시 슌이치로(小林春一郎)와 토리카이 야스타카(鳥飼康隆)이다(城山正三 1970.6.5: 90). 이 서적에는 송석하의 이름이 어디에도 기록되어 있지 않다. 조선산악회로부터 참여하였던 "신카이 야스오 씨(辰海泰夫氏=金鼎泰氏)"(城山正三 1970.6.5: 90)는 기록되어 있다. 시로야마가 책을 만드는 과정 중에 여러 가지 내용을 조정하면서 송석하의 이름을 누락한 것임에 틀림없고, 재가승이라는 단어도 등장하지 않으며, 시로야마는 "나이 많은 여진족 농부 4명이 열심히 기도하였다."고 기록하였다. 그들이 여진족이었는지, 아니면 재가승들이었는지도 확실하지 않다.

이 등반이 종료된 직후 「매일신문」에 게재되었던 기사와 시로야마가 1970년에 발행한 서적의 기술에는 등반 목적과 내용에서 차이를 보이고 있다. 가장 두드러지게 차이를 보이는 부분이 등반목적이다. 1943년 7월 백두산 등반에서는 대동아전쟁 승전 기원을 위하여 천조대신에게 제사를 드리러 간 것이 궁극적인 목적이었다. 당시의 일간지에도 분명하게 그렇게 기록되었는데도 불구하고, 1970년도의 출판물에서는 그 부분을 "세계평화기원"으로 날조하였다. 황도사상이 기반이 되어 있는 일제의 군국주의를 은폐하기 위한 가림막으로 세계평화를 내세우고 있는 것이다.

일제의 군국주의가 경성제대에는 어떻게 스며들 수 있었을까? 경성제대의 시발점에서 표현되었던 아베 요시시게(安倍能成)[4]의 '희망'을 인용해 보자. "우리들이 삼고 있는 이상을 말하라고 다잡는다면, 동서 대륙의 교통이 점점 더 편리해지고 (왕래가) 빈번하게 되는 장래에 경성제국대학의 위치는, 단연코 이 대학에서 하는 동양 연구의 중심에 머무르지 않고, 서양 연구에 있어서도 역시 신생의 면모를 발휘하는 장소로 자리 잡을 가능성이 있다. 이리하여 과한 언설이 허락된다면, 지극히 곤란한 동서 문화의 융합이라는 사업에도 이 대학은 어느 정도의 공헌을 이루게 된다. 그리스의 소아시아(小亞細亞)에 있는 밀레토스가 그리스 철학의 탄생지라는 것을 생각해 보면, 경성제국대학의 사명도 역시 가볍지 않다는 점을 생각"(安倍能成 1926.6: 17)한다면서 경성과 아테네를 직접 대비하는 언설을 지속적으로 펴고 있다(安倍能成 1928.11). 대륙을 바라보고 동서 문화의 융합을 가정하며 학문의 융성을 기대하는 웅대한 포부로 출발한 경성제대의 '희망', 그것이 조선에 건립되었던 제국대학의 존재를 지지할 수 있는 본질적 문제의식이다. 따라서 아베의 '희망'으로 요약되는 경성제대의 본질이 전쟁을 통해 어떤 과정을 경험했는지에 대한 논의는 전전(戰前)과 전후(戰後)의 제국대학의 역동성과 향방을 가늠할 기초적인 틀이 될 수 있다. 전전과 전후라는 단어의 시간적 분기점은 1931년부터 1945년까지 제국 일본의 소위 '15년 전쟁'을 말한다.

그러나 "소위 문화정치가 실시되면서 그 결과 경성제국대학까지 나타나게 되었다."(安倍能成 1935.2.1: 119)라는 점, 다시 말해 경성제대의 출현은 학문 추구보다는 우선 문화정치라는 판도 위에 존재, 즉 당시의 식민 통치를 위한 체제가 요구한 결과의 산물이라는 점을 확인할 필요가 있다. 따라서 경성제대의 '희망'은 체제가 허용하는 한도 내의 '희망'이었다는 전제가 필요하다. '희망'이 체제의 한계를 넘어서는 사건은 교토제대와 도쿄제대 교수들의 신분 박탈과 구속 사건들로 이어졌음은 익히 알려진 일이다. 경성제대에서도 규모가 작긴 하지만, 유사한 사건이 있었다. 다만 '희망'과 체제 사이의 긴장 관계에 관한 문제는 이 책의 논지를 넘어서는 것이다.

식민통치자들이 조선에서 지속적으로 긴장감을 늦추지 않았던 핵심적인 문제가 사상과 관련된 것이었다. 경성제대의 교수들 중에서는 이러한 문제에 대하여 적극적으로 대응하는 행동으로서 저작뿐만 아니라 실질적인 현장답사의 경험을 축적하였고, 사상통제를 위한 방법으로서 감정순화라는 차원에까지 구체적으로 접근하였음을 알 수 있다. 『경성제국대학학보』 039호(1930년 6월 5일 발행)에 의하면, 교육학이 전문이었던 성대교수 마츠즈키 히데오(松月秀雄 1892-1993)와 조수 카마츠카 타모츠(鎌塚 扶 1896-1985)는 7일간의 일정으로 황해도 내 학사시찰(黃海道內學事視察)을 다녀온 뒤 1930년 3월 26일 보고서를 제출하였다. 그들의 시찰 일정과 보고내용을 간략하게 살펴보면 아래와 같다.

"제1일 경성(京城)-사리원(沙里院), 사리원공립농학교(沙里院公立農學校)와 사리원공립보통학교(沙里院公立普通學校), 제2일 사리원(沙里院)-서종(西鍾)-재령(載寧)-신천(信川), 서종고보(西鍾高普), 재령고보(載寧

高普)를 시찰 (…) 유래 재령은 경북(慶北)의 안동(安東), 평북 신천(平北信川)과 함께 조선삼대난치군(朝鮮三大難治郡)의 하나로 사상 및 감정(思想及感情) 온(穩)하지 않고, 권리주장하고, 사태격화하면 적화(赤化)가 용이하여, (…) 감화가 어렵다. 감정순화를 위하여 화훼 재배도 시키고, 동물사육도 해야 한다. 사리원보통학교의 완구붕 및 화원(玩具棚及花園) 설치와도 일치한다. 양돈, 양잠, 양계의 설비로 근로정신을 조장해야 한다. 사상악화와 관련해서는 처음부터 이곳 기독교선교사 등의 제도로 문제가 발생한 것이다. 사립명신학교(私立明信學校)에 유의하다. 제3일 신천온천(信川溫泉)-해주(海州), 남산고분(南山古墳)-구중탑(九重塔)-약마지(躍馬池)-범자탑(梵字塔)-청성묘(清聖廟). 그중 약마지의 전설과 청성묘의 '백세청풍(百世清風)' 대비(大碑)에 주의했다. 제4일 해주(海州), 해주고보(海州高普), 제1공립보통학교, 부설공업보습학교(목공부, 금공부), 도립사범학교, 제2보통학교, 공립고등여학교(내선공학), 공립소학교. 제5일 해주, 석담(石潭) 시찰, 율곡저서가 많았고, 판본유물이었다. 율곡(栗谷) 12대 후손 종문(種文) 씨를 만났다. 제6일 해주-연안(延安), 연안공립보통학교는 1911년 개교하였고, 농사강습회를 가졌다. 공립농업실습학교를 보았다. 제7일 연안-벽란도(碧瀾渡)-개성(開城)-경성(京城)".

이들이 시찰 중에서 가장 염두에 두었던 문제가 사상악화로 인한 통제불능이었다는 결론은 쉽사리 파악된다. 순화를 위하여 구체적인 방안들을 모색하고 제안하는 점에 주목하고 싶다. 사회주의와 민족주의를 경계하는 사상감시의 일환으로 경성제국대학 교수에 의한 시찰이 이루어졌다. 경제적 착취를 위한 고전적인 식민주의로서 물적자원 조사와 획득에 집중했던 서양의 경험과 비추어서 제국 일본의 식민주의라는 것은 사상통제에 상당한 비중을 두고 있었음을 알 수 있으며,

황도세뇌(皇道洗腦)를 위한 전 단계의 정지작업으로서 사상순화의 정책화가 진행되었다는 판단이 가능하다. 제국 일본의 조선에 대한 식민정책은 물적자원뿐 아니라 인적자원에 대해서 특별한 정책을 모색할 수밖에 없었던 것이다. 전쟁동원을 위한 인적자원이란 측면에서 황국신민의 연성을 염두에 두었기 때문이다. 군국주의의 단계로 진행하기 위한 전 단계의 정책이 인적자원에 대한 순화정책이었고, 그 작업과정에 경성제국대학 교수가 동원되었음을 알 수 있다.

'상황'과 시국[5]은 전쟁이라는 맥락이 '희망'의 자리에 대체되었음을 부인할 수 없고, 이 책에서 제한적으로 논의하는 주제는 '희망'의 자리를 찬탈한 '상황'으로서의 대학 병영화(兵營化)와 학문의 전쟁 도구화 과정이다. 이런 점에서 우리는 경성제대 중심으로 실행되었던 학술조사 과정과 내용에 군국주의와 전시인류학의 접목을 가늠해 볼 수 있다. 즉, 전쟁의 소용돌이 속에서 진행된 경성제대 중심의 학술 조사가 보여 주는 구체적인 진행 과정을 논의하는 것이 이 책의 목적이다. 문제는 '희망'과 '상황'의 모순적인 갈등을 국가 체제에서 작동하는 대학이라는 조직의 본질로 볼 것인가, 아닌가이다. 대학은 원래 그런 모순을 안고 태생된 것인가, 아니면 어쩔 수 없는 상황에서 벌어진 일회적 문제로 볼 것인가 하는 입장 사이의 긴장 관계인 것이다. 아베 교수의 '희망'이 궁극적으로는 달성 불가능한 한 자유주의자의 일시적 '희망'으로 끝나는 것인가, 아니면 대학이라는 조직 속에서 달성 가능한 현실인가의 문제이기도 하다. 따라서 식민지와 점령지의 상황에서 이 문제가 실질적으로 드러나기 때문에, 전시의 경성제대 상황에 대한 논의는 현재와 미래의 대학을 논의할 때 반면교사의 의미를 갖기에 충분하다.

'희망'과 '상황' 사이에 교묘한 줄타기, 즉 양자의 입장이 공존하는 것이 제국 일본의 '대학령' 제1조에 "국가에 수요(須要)한 학술"의 "온오(蘊奧)를 고구(攻究)"한다고 명시된 부분이다. '국가에 수요한 학술'의 범위를 어디까지 확장해 적용할 것인가? 전쟁 물자를 담당하는 병참기지 기능까지 적용될 수 있을 것인가? '내지'(일본열도를 말하는 당시의 용어)와 '외지'(식민지를 일컫던 당시의 용어)에 따라 다른 요건이 부여된 점은 없을까? 이 부분에 대해서는 외지의 제국대학들(홋카이도제대, 대북제대, 경성제대)과 내지의 제국대학들 사이의 자세한 비교라는 또 다른 작업이 필요하지만, 내지와 외지의 차이가 발견된다면 그것은 본질적인 차이가 아니라 정도의 차이라고 생각한다.

아베 같은 자유주의자들의 눈이 지향한 것도 대륙이었음을 외면할 수 없다. 유럽을 바라보는 그리스의 밀레토스 같은 위상을 경성제대에서 구현하려는 '희망'이 제국주의 시대에 필연적으로 만날 수밖에 없는 것은 '상황'이었다고 생각된다. 경성제대에 부여된 '희망'적인 기능 중 하나가 '동양' 연구였다. 그 주제는 공시적으로만 존재할 수 없는 통시적인 과제였기에, 시대적 욕구를 반영하는 통시성이라는 차원에서 필연적으로 '상황'과 조우할 수밖에 없었던 것 같다. '동양'은 일본을 포함하는 '대륙'이다. 연구 과제로서의 '대륙'이 구체화되면서 '만선(滿鮮)'으로, '상황'이 변하면서 '만선'은 다시 '만몽(滿蒙)'으로, '상황'이 또다시 변하면서 '만몽'은 다시 '몽강(蒙疆)'으로. '희망'의 방향으로 설정되었던 '동양'은 '상황'의 도미노에 따라 내용이 변질되었다. 결국 동양이란 단어의 궁극적 지향점은 대륙이었다. 그 대륙은 학습 대상으로서가 아니라 침략 대상으로 보아야 하는 역사적 경험을 논할 수 있다. 20년간 존재했던 경성제대의 경험은 "'희망'의 '동양'에서 '상황'의 '동양'으로"라는 구도 속에서 이해될 수 있다고 생각한다.

결과적으로 '동양'이란 단어는 맥락에 따라 침략적 의미를 포함하는 운명을 피할 수 없게 되었다. 그래서 심리학자 하야미 히로시(速水滉 1876-1943)의 경성제대 총장 '퇴관(退官) 인사'는 "나는 대학의 사명은 학문 연구라고 말하는 것이 제1의 적이라고 믿는 사람이면서, 그것이 다른 종류의 학교들과는 취지를 달리하는 것이라 생각합니다. 금일 시국에 있어서 대학도 역시 국책 입장에서 노력하고 분투할 수밖에 없습니다. 상아탑에 들어앉아 시세(時勢)에 초연한다는 것은 허용될 수 없습니다. 그 본령은 무엇보다 학문 연구를 통해 국가적 봉공(奉公)에 이르는 것입니다. 이것이 소위 학문봉국(學問奉國)에 임하는 믿음입니다."(速水滉 1940.8.5: 890)로 끝을 맺는다. '학문봉국'이란 학문 행위의 최종 목표를 진리 탐구가 아니라 국가봉공으로 설정했음을 명시하는 것이고, 방법은 '희망'을 지향하는 것이 아니라 1940년 당시의 전시 '상황'에 충실해야 함을 요구한다. "국가 위급 존망의 시대였다. 대학 연구실도 군사 연구에 협력해야만 했다."(黑田嘉一郎 1975.8.31: 269)라는 경성제대 생화학자의 회상은 군사력에 종속되었던 대학의 본질적 문제를 지적하기에 충분하다.

대동아전쟁기 동안 전체주의(安倍能成 1943.3.20: 116)를 주장했던 아베의 또 다른 글은 "국민과 국가의 통일 강화를 실현하는 경향"(安倍能成 1943.3.20: 8-9)으로 전체주의를 미화했다. 신체제를 옹호하는 수사법은 전시연성(戰時鍊成)을 학문으로 미화하는(安倍能成 1943.3.20: 60-70) 논리적 구성을 이루었다. 그가 기회가 주어질 때마다 아돌프 히틀러의 서서 『나의 투쟁』을 반복적으로 인용하는 것도 주목할 일이다. 국가 발전이라는 명제를 넘어서지 못하는 진리 탐구 의지가 당대 일본 학문의 한계였다.

2. MAB 복합과 학술 조사

헤게모니 기획이라는 차원에서 식민지 시대의 학술 활동과 지식 생산의 결과를 평가하려는 경향에 대해 생각해 볼 필요가 있다. 식민지와 전쟁이라는 전체 상황에서 지식 생산이 헤게모니 기획의 한 과정일 수 있으므로 양자의 관계에 대한 선입견에 의해 식민지 시대의 지식 생산 활동에 기여한 학자와 단체에 관한 평가를 하는 경향이 있다. 예를 들면, "대만의 대북제국대학 교수 카나세키 타케오(金關丈夫 1897-1983), 조선의 경성제국대학 사회학 교수였던 아키바 타카시와 만주의 건국대학 교수 오마치 토쿠조(大間知篤三 1900-1970), 이들은 모두 일본인이며 식민지에 만들어진 '제국대학'에서 식민지 연구에 종사했던 학자들이었다."(川村 湊 1996.7.10: 7)라는 평가를 들 수 있다. 전쟁 종식 후 반세기가 지난 시점에 나온 카와무라 미나토의 연구물이 일본 학계의 형편을 보여 주는 일면이다. 이런 평가는 전체적인 자료 정리와 엄정하고 구체적인 분석에 의하지 않고, 암묵리에 표적이 된 특정 학자에 대해 감상적 평가에 기초한 일반화의 문제가 있다. 즉, 식민지 시대와 전쟁 상황에서 활동했던 연구자들은 모두 식민 통치와 전쟁 수행의 협력자였다는 구도를 만족시키려 만들어진 인식 틀의 일종이다. 구체적인 자료 분석보다 암묵적 판단이 선행된 틀에 맞추어 식민지 시대에 종사한 학자들을 평가하는 인식이 저변에 깔려 있다는 심증을 갖기에 모자람이 없다.

선입견을 토대로 한 평가를 진리 탐구라는 본연의 목적을 갖고 태생된 대학의 제도와 조직에 적용할 경우, 우리는 문제의 출발점부터 확인되지 않은 질문을 잉태하고 있는 셈이다. 따라서 지식 생산을 통한 진리 탐구를 지향하는 대학과 총독부의 관방문서과(官房文書課)나 산하 연구소들이 시행했던 작업 결과 사이에는 일단 경계선을 긋고, 대학 구성원들과 조직이 어떤 활동을 했는지 검토가 필요하다. 즉, 식민지 시대의 학문을 평가함에 있어 헤게모니 기획을 주도했던 정치 군사 조직과 지식 생산을 담당했던 대학이 어떤 상황에서 구체적으로 어떤 방식으로 결착 관계를 형성하는지에 대해 질문함으로써 헤게모니 기획과 지식 생산 관계를 규명하는 작업이 필요하다.

식민지에 대학을 건립하는 목적은 대체로 세 가지로 압축할 수 있다. 첫째, 식민지에 거주하는 모국 출신 거주자, 즉 거류민의 자녀들이 고등교육을 받을 수 있는 계기를 마련한다. 둘째, 식민지 관리를 위한 고도의 지식을 갖춘 인재를 양성함으로써 식민지 경영에 만전을 기할 수 있는 전문 조직의 풀(pool)을 구성한다. 셋째, 식민지를 경영할 수 있는 식민지에 대한 기초 지식을 확보한다. 이런 점에서, 제국 일본의 외지에 건설되었던 제국대학들의 설립 목적은 같은 궤적에 속한다. 홋카이도에 설립되었던 홋카이도제국대학(1918년 설립), 조선의 경성제국대학(1926년 본과 설립), 대만의 대북제국대학(1928년 설립)이 여기에 해당한다. 제국 육군인 관동군(關東軍)에 의해 좌지우지되었던 만주국의 건국대학(1938년 설립)도 내용상 동일한 범주에 속한다. 그 외 중국 영토 내에 건설했던 동아동문서원(東亞同文書院, 상하이), 하얼빈학원, 대동학원(大同學院, 신경 소재), 몽강학원(蒙疆學院, 1939년 6월 1일 장가구에서 개교), 흥안학원(興安學院, 왕야묘 소재) 등도 대상 지역의 상황에 맞춘 유사 조직으로 볼 수 있기에 이들에 대한 비교론적 관심도 흥미로운 주제다.

학술 조사라는 이름으로 수행되었던 여러 활동은 대학이라는 조직이 수행한 특수한 것이었다. 특정 분야의 전문 지식을 지닌 전문가들이 포진한 조직으로서는 최고 유리한 입장에 있는 것이 대학이었다. 행정을 전문으로 하는 관료 조직, 전투를 전문으로 하는 군사 조직, 그리고 학문을 전문으로 하는 대학이라는 조직의 삼자를 연계한 것이 전쟁 상황의 식민지와 점령지 경영 방법이었다. 특히 전쟁경제를 수행해야 하는 관료 조직과 군사 조직은 자신의 고유 업무에 매진하기 위한다는 조건뿐 아니라 '촉탁(囑託)'과 '위촉(委囑)' 등으로 세부 분야별 고도의 전문 지식을 갖춘 전문가들을 초빙하는 방식으로 학자들을 동원했다. 다른 한편으로는, 식민지의 효율적 경영과 점령지의 관리를 위한 인적·물적자원 자료를 획득한다는 실리 부합용으로 대학 중심의 학술 조사에 긴밀한 협조와 지원을 아끼지 않았다.

따라서 대학을 중심으로 수행된 각종 학술 조사의 내용을 정밀하게 분석하는 것은 학술 조사의 협조 및 지원 체제의 '상황'을 이해할 때 필수 과정이며, 그 내용은 전쟁 상황에서 전개되었던 군(Military)-학(Academic)-관(Bureaucrats) 복합(complex, 이하 MAB 복합이라고 약칭)에 대한 이해의 기초가 된다. '관'의 범위 내에는 행정 조직이 구성했던 관변 외곽 조직 및 유사 단체들도 모두 포함된다. "국책과 학리(學理)는 차의 양륜(兩輪)이고, (…) 대륙의 정치적·경제적 경영은 먼저 대륙의 풍토, 대륙의 문화에 대한 냉정주도한 과학 인식에 입각해야 한다. 단적으로, 군기(軍旗)가 가는 곳에 과학기(科學旗)도 함께 나가지 않으면 안 된다. 대륙 진출의 제일선에 있어, 어떻게 군사 시설과 정치 경영이 학술 조사 및 과학 연구와 내적으로 서로를 포용할 수 있는가를 이번 체험으로 얻은 셈이다. 우리가 대륙문화전(大陸文化戰)을 목적으로 하는 첨병의 역할"(尾高朝雄 1939.6.14: 15-16)을 주장하는 경성제대 법리학(법철학) 교수의 글이 있다. 군기와 학기라는 물건에 관한 일본인의 인식론이란 차원에서 검토되어야 할 문제가 있다. 민속학자 나카야마 타로(中山太郎)의 견해를 인용해본다. 일본인들 중에는 "무기에 정령을 인정하고 신앙대상으로 삼았고"(中山太郎 1942.10.20: 298), "무가(武家)에서는 군기(軍旗)에 신령이 깃들어 있다는 신앙"(中山太郎 1942.10.20: 301)을 갖고 있기 때문에, 오타카의 애니미즘적인 진술은 예사로 넘길 일이 아니다.

오타카 토모오의 주장은 분명히 MAB 복합을 인식하고 작성했음을 알 수 있다. 바꾸어 말하면 MAB 복합은 당시의 지식인들, 특히 경성제대 교수들이 공감하고 실천했던 대학상(大學像)의 한 면, 즉 관변화(官邊化)·무장화(武裝化)된 대학을 설명할 수 있는 용어로 받아들여질 수 있다.

MAB 복합과 "총검으로서의 펜(the pen as a bayonet)"(Shillony 1981: 110)이란 현상은 제국 일본에 대해서만 적용할 수 있는 개념은 아니다. 그것은 구미에서 일찍부터 목격되어 왔다. "제1차 세계대전 시, 뒤르켐은 선전 팸플릿을 제작했고"(Price 2002: 14), "(제2차 세계대전 중) 에반스-프리차드는 1940년에 에티오피아, 수단, 리비아(시레나이카)에서 영국군 전투에 참전과 동시에 사누시(Sanusi)족의 민속지를 작성했다. 나델(S. F. Nadel)은 수단 방위군에 가담해 에리트레아(Eritrea)의 영국 육군 사령부에서 근무했고, 종전 당시 트리폴리타니아(Tripolitania) 군정부의 고위 장교"(Price 2002: 15)였다. "1940년대 칼턴 쿤(Carleton Coon)은 전략정보국(Office of Strategic Services, OSS) 정보원으로 무기와 폭약을 프랑스 레지스탕스에게 전달했고, 동시에 모로코에서 생생한 정보를 수집"(Price 2002: 17)했다. 그레고리 베잇슨(Gregory Bateson)은 전략정보국 요원이었으며, 후일 남태평양행 병사들을 위한 피진 잉글리쉬(Pidgin-English) 교관으로 참여했고, 1944-1945년 미얀마 아라칸(Arakan)산으로 나간 정보팀의 민간 자격으로 미얀마와 태국의 비밀 지역에서 원격으로 흑색 선전(black propaganda) 라디오 방송의 디자인 작업을 수행했으며, 중국, 인도, 세일론에서도 적진 교란을 위해 그의 분열촉발(schismogenesis) 이론을 적용했다. 그는 "1945년 8월 포로가 된 연합군 정보원을 구출하는 10일 작전에도 참가"(Price, 1998: 380)했고, "빅터 터너(Victor Turner)는 불발탄 해체반에서 작업"(Wax, 2003: 23)했다. 개인 차원에서뿐만 아니라 조직 차원에서도 태평양전쟁 중 미국이 보여 준 MAB 복합은 괄목할 만한 성과를 창출했다.

1942년 미국인류학협회 연차 회의는 전쟁으로 취소되었고, 그 대신 군과 정보 작업을 한 50여 명의 인류학자들이 워싱턴 D.C. 근처에서 인류학의 전쟁 공헌에 대해 논의했다. 프레드 에간(Fred Eggan)은 1943년 미국 과학증진협회(American Association for the Advancement of

Science, AAAS)에 인류학자의 작업이 육군과 해군 그리고 여러 전쟁 관련 정보기관들에 막대한 가치가 있을 것이라 보고했고, 민속지리학이사회(Ethnogeographic Board), 오세아니아 및 아프리카 인류학위원회(Committee on the Anthropology of Oceania and Africa), 라틴아메리카연구위원회(Committee for Latin American Studies) 구성에 협조하기로 결정했다. 이에 대해 1943년 미국인류학협회는 인류학과 전쟁노력위원회(Committee on Anthropology and the War Effort)를 구성해, 의장에 랄프 빌스(Ralph Beals), 마거릿 미드(Margaret Mead), 데이비드 맨들바움(David Mandelbaum)을 선출했다(Price 2002: 16). 민속지리학이사회(소장 윌리엄 던컨 스트롱-William Duncan Strong)는 인류학자, 언어학자, 문화지리학들로 하여금 예상되는 전장(戰場)에 적합한 문화적 정보를 생산하는 전시 싱크탱크이고, 여기에 많은 인류학자가 참가했다. 전시경제국(Office of Economic Warfare)에서는 클렐런 포드(Clellan Ford)가, 육군정보부(Army Intelligence Division)에서는 웨슬리 블리스(Wesley Bliss), 육군특수훈련프로그램(Army Special Training Program)에서 모티머 그레이브스(Mortimer Graves), 공군정보부(Air Force Intelligence)에서는 할람 모비우스(Hallam Movius), 인종주의와 전쟁문제에 관한 대통령 보좌역으로 필레오 내쉬(Philleo Nash)가 역할을 맡았다(Price 2002: 17). 전시정보국(Officc of War Information, OWI)의 극동 지역 부소장이었던 조지 테일러(George Taylor, 중국사 전공)는 문화 이해가 관건이라 믿고 인류학자들을 동원해 일본연구와 선전을 기획했다. 여기에 동원된 인류학자들은 클라이드 클럭혼(Clyde Kluckhohn 1905-1960), 플로렌스 클럭혼(Florence Kluckhohn 1906-1986), 알렉산더 레이턴(Alexander Leighton 1908-2007), 도러시 레이턴(Dorothea Leighton 1908-1989), 알렉산더 레서(Alexander Lesser 1902-1982), 제프리 고어(Geoffrey Gorer 1905-1985), 루스 베네딕트(Ruth Benedict 1887-1948), 모리스 오플러(Morris Opler 1907-1996), 존 엠브리(John Embree

1908-1950), 로열 하스릭(Royal Hassrick 1917-1989), 프레드 헐스(Fred Hulse 1906-1990), 캐서린 스펜서(Katherine Spencer, 결혼 후 Katherine Spencer Halpern 1913-2004) 등이다(Price 2002: 18). 베네딕트를 제외하면 참가했던 인류학자들은 1902년생부터 1917년생의 젊은 연구자들이었다. 그들은 후일 미국 인류학계에 중추적 역할을 담당했다.

헤게모니 기획의 한 현상으로 MAB 복합이 이해의 전제가 되지 않으면, 소위 '15년 전쟁기'를 포함한 전전(戰前)의 제국 일본과 식민지 및 점령지에 대한 이해는 거의 불가능하다. 또한 현재 평화 시대에 진행 중인 각종 산학 협력 모델이 전시의 MAB 복합에서 비롯되었다는 주장이 제기된다면, 우리는 당면한 산학 협력이라는 모델에 대해 재고해야 한다는 점을 과제로 안고 있다. 경성제대에서 실행했던 학술 조사가 식민지 제국대학이 독점한 활동은 아니다. 그것은 더 커다란 MAB 복합이라는 시스템 작동 안에서 진행되었다는 점을 먼저 확인하는 것이 필수다.

"'열하성전(熱河聖戰, 만주사변)'이 끝난 다음 해인 1933년 당시 육군 정무차관 자작(子爵) 토키 아키라(土岐 章 1892-1979)가 열하에 대한 자연과학조사단 조직을 도모했고, 단장 토쿠나가 시게야스(德永重康 1874-1940) 교수를 중심으로 와세다대학에 설치되어 1933년 6월부터 10월까지 현지 활동을 했으며, 1934년부터 조사 결과를 출판해 1940년 5월 마지막으로 결문, 총목록, 추기 등을 출판"(德永重康 1940.5)했다. 조사단의 구성을 보면 다음과 같다.

단장 토쿠나가 시게야스(와세다대, 이학박사/공학박사)

① 생물학부, 식물학: 나가이 타케노신(中井猛之進, 도쿄대 교수, 이학박사), 혼다 마사지(本田正次, 도쿄대 조수, 이학박사), 키타가와 마사오(北川政夫, 도쿄대 식물학교실); 동물학: 기시다 히사요시(岸田

久吉, 농림성 촉탁), 모리 타메조(森 爲三, 경성제대 예과교수); 인류학: 야하타 이치로(八幡一郎, 도쿄대 촉탁)

② 지학부, 지질학, 고생물학: 시미즈 사부로(清水三郎, 상하이 자연과학연구소원, 이학박사), 마쓰자와 이즈루(松澤 勳, 도쿄대 부수); 구조지질학, 암석학, 광물학: 이하라 게이노스케(伊原敬之助, 前지질조사소 기사), 사토 스테조(佐藤捨三, 상하이 자연과학연구소 조수); 지리학: 타다 후미오(多田文男, 도쿄대 조교수)

③ 서무: 코난 후지오(小南不二男)

④ 회계: 야마모토 타케시(山本 武, 와세다대 서기)

그 외 동물학 조수, 의사, 측량수 각 1명, 통역 4명, 경비를 담당한 육군 장교 2명과 병사 약 40명이 참가했고, 인부는 약 30명을 상용으로 고용했다. 7월 23일 도쿄를 출발해 신경을 거쳐 8월 5일 북표(北票)를 발단으로 하여 이후 능원(凌原), 평원(平泉), 승덕(承德), 변평(欒枰), 풍녕(豊寧), 황고둔(黃姑屯), 양포부(粮捕府), 적봉(赤峰), 오단성(烏丹城), 건평(建平), 조양(朝陽) 등을 방문, 10월 20일 북표에서 해산(人類學雜誌, 1948(7): 419-420)했다. 다양한 분야의 학자들과 잡역부 및 군인들을 포함해 100여 명이 동원되었음을 알 수 있다.

'희망'의 운명은 격동하는 대륙의 '상황'에 의해 시험대에 올랐다. 다름 아닌 만주사변의 발발로 시험대가 마련된 셈이었다. 경성제대 본과가 시작한 지 5년 뒤에 일어난 시련이었다. 아직 제대로 성숙하지 못한 어린 경성제대에 너무 빨리 다가온 시험대였다. '희망'의 목소리가 겨우 새어 나오기에 너무나 험난한 시련을 맞이한 셈이었다. 식민지 조선의 현실 문제에 부응하기 위해 설치된 법문학부와 의학부의 교육과 연구가 달성한 업적이 '희망'을 논하기에는 아직 갈 길이 먼 시점이었다. '대륙병참기지로서의 조선'(佐々木清治, 1939.6.1: 38)이라는 총독부의 모토 앞에 '희망'은 왜소해질 수밖에 없었다. 경성제대의 학술조사는 '희망'의 방향을 향한 것이 아니라 '상황'을 충족시키는 도구 역할이 되면서, 식민지와 전쟁기의 헤게모니 기획 실천에 동원되었다. 이후 '다이쇼(大正) 데모크라시'의 자양분을 받고 성장했던 경성제대 자유주의자들의 '희망'은 총독부와 헌병대의 사상 조사와 검열의 대상이 되었던 점은 잘 알고 있는 사실이다.

MAB 복합으로 이루어진 경성제대 중심의 학술 조사 사례들을 열거하고, 개별 사례들이 구체적으로 어떤 과정과 결과를 보여 주었는지 살펴보는 것이 이 책의 내용이다. 그 내용의 충실도와 설득력에 따라 'MAB 복합'이란 신조어가 안착될 가능성이 시험되리라 생각한다. 경성제대 중심의 학술 조사 차원에서 역사 사건들이 재조명되는 기회가 이 책이 생산하는 부산물의 하나라고 이해할 수 있다. 이 책에서 중점적으로 다루는 사례들은 주로 인류학(체질인류학과 문화인류학을 포함) 조사와 연구에 연결된 것들이지만, 경성제대 범위 내에서 이루어진 '상황'에 따른 학술 조사의 내용과 변천 과정을 읽어 내기에 모자람이 없다. 이 책에서는 주요 두 사례를 중심으로 경성제대의 학술 조사가 갖는 의미를 살펴볼 것이다. 그 두 가지는 ① 만몽문화연구회(滿蒙文化研究會, 1933.5 발회)-대륙문화연구회(大陸文化研究會, 중일전쟁 이후 개명): 몽강학술탐험대(蒙疆學術探險隊, 총 3회) ② 대륙자원과학연구소(大陸資源科學研究所, 1945.6 설립)다.

제도(帝都) 도쿄 중심으로 구성된 커다란 시스템 아래, MAB 복합의 식민지판은 어떻게 진행되었는지가 연구 질문 중 하나가 될 수 있다. 식민지 조선의 지식 집단인 경성제대와 구성원들의 학술 조사라는 활동 속에서 커다란 시스템인 '상황'이 어떻게 접목되었는지를 구체적으로 살피는 것이 이 책의 내용이다. 상황의 도미노 현상이 증대되면서 총력전(總力戰) 맥락에서 대학은 어떠한 경험을 했는가? 이것이 우리에게 주어진 연구 질문이다.

만몽문화연구회(이하 만연)-대륙문화연구회(이하 대연)와 대륙자원과학연구소(이하 대륙연)의 활동에 대한 정밀한 자료의 정리와 분석은 20년간 경성제대의 학술 조사가 갖는 의미를 읽어 내기 충분하고, 그 과정에서 중심적으로 활동했던 인물들이 소위 '경성학파'의 핵심을 구성하게 되었다고 볼 수 있다. 이 책을 정리하는 과정에서 '경성학파'의 핵심 인물들이 어떻게 구성되는지에 대해서도 그림을 그릴 수 있을 것이라 기대한다. '경성학파'의 그림을 뚜렷하게 그리려는 근본적 의도는 전후 일본학계의 움직임과 '경성학파'의 인맥 및 활동이 밀접한 관련성을 갖고 있다는 가설 때문이고, 이 책의 진행 과정 속에서 그 가설을 증명해 보이고자 한다.

3. '만몽'에서 '대륙'까지: 경성제국대학 중심의 '문화연구회'

제1차 러일협상(日露協商, 1907)은 러시아와 일본 사이에 각각 외몽고(外蒙古)와 조선 반도에 대한 외교상 '특수 이익(special interests)'을 상호 승인하는 작업이었고, 협상 결과의 우월적 지위 인정을 근거로 조선은 일본의 식민지로 전락했다(1910). 1910년 제2차 러일협상은 '만주'의 세력 범위를 일본과 러시아가 나누는 것을 명확하게 했다. '북만주(北滿洲)'는 러시아, '남만주(南滿洲)'는 일본의 세력 범위임을 각각 상호 승인했으나, '남만주'와 '내몽고(內蒙古)'의 경계는 모호하게 남게 되었다. 이에 대해 '만몽일로세력분계선협정안(滿蒙日露勢力分界線協定案)'(1912.1.12)이라는 우치다(內田) 외상사안(外相私案)이 제출되었는데, 이에 대해 제3차 러일협상(1912)의 결말로 귀착된 것이 외무성의 '대지나만몽정책개요(對支那滿蒙政策概要)'다. 그것을 근거로 일본 정부는 대청(對淸) 협상 카드로 '대화21개조요구(對華二十一個條要求)'를 제안한다. 그 결과, 당시 국제법상 배타적인 법적 권리 행사가 가능한 '특수 권익(special rights and interests)'을 인정하는 '남만주 및 동부내몽고에 관한 조약(南滿洲及東部內蒙古に關する條約)'이 성립되었다(中見立夫 2007.3.30: 25-26).

즉, '만몽'이라는 용어는 1912년 일본 외무성에서 만든 것이며, 지리적 범위는 '남만주'와 '동부 내몽고'에 한정해 지칭하는 용어로 사용되었음을 알 수 있다. 토리이 류조(鳥居龍藏)가 도쿄제국대학 문학부에 제출했던 박사 학위 논문 제목('滿蒙の有史以前', 1921)에 '만몽'이 자리한 것은 이런 용어 사용의 역사를 반영하는 것으로 이해할 수 있다. 이 만몽이란 단어 이면에 도사린 국제정치적이고 군사적 의미를, 인류학자 토리이는 얼마나 인식하고 있었는지 궁금해진다.

의화단사건(義和團事件, 1900) 직후 러시아군이 '만주'를 점령했다가 러일전쟁(1904-1905)으로 만주가 남북으로 분할되어, '남만주'는 일본의 특수 권익 지역에 포함되고 '북만주'는 러시아 관할로 남게 되었다. 즉 만주는 일본과 러시아의 대결로 긴장을 안고 있는 지역이었으나, 관동군의 단독 군사 행동으로 시발한 만주사변으로 일거에 '북만주'를 포함한 만주 전체가 일본의 특수 권익 지역으로 포함되는 이변이 일어난 것이었다. 1932년 만주국 수립에 절대 권력을 행사했던 관동군은 화북분리 공작(華北分離工作)과 내몽고공작(內蒙古工作)의 신호탄으로 1933년 4월 열하작전(熱河作戰)을 개시했다. 관동군은 1935년 4월부터 1936년 2월 사이에 몽고군 정부(蒙古軍政府)를 수립했고, 그해 8월 내몽고군 편성을 완료했다. 1935년에 동청철도(東淸鐵道, Chinese Eastern Railways)가 러시아에서 만주국으로 매각된 동시에 관동군은 대소(對蘇) 군사 거점으로 북만의 치치하얼(齋齋哈爾)과 하이라루(海拉爾)를 군사 점령 근거지로 설정했다.

"소비에트는 만주령 훈춘현(琿春縣)과 함경북도에 접하는 소련 국경에 적군(赤軍)을 증강시키고 있다. 1936년 3월에는 훈춘현 장령자(長嶺子)에서 소련령을 시찰 중이던 일본군 장교가 소련 감시병에게 사살된 것을 계기로, 조선 국경의 경비는 경찰에게 넘어갔고, 수비대는 훈춘으로 이동해 소련군에 대비하는 상황"(古野直也 1990.12: 200)이 되었다. 북만주의 군사적 긴장 관계는 이렇게 고조되었고, 1937년 7월 7일 노구교(蘆溝橋) 사건으로 중일전쟁 발발 후, 동만(東滿)의 목단강(牡丹江)에는 관동군이 병참기지를 건설하고 수분하(綏芬河, 하얼빈 동쪽 55킬로미터)에는 특무기관(特務機關)과 수비대를 존치시켰다.

관동군은 점령지에 괴뢰정권을 수립했는데, 1937년 9월 4일 찰남자치정부(察南自治政府)를 장가구(張家口)에, 10월 15일에 진북자치정부(晉北自治政府)를 대동(大同)에, 10월 27일에 몽고연맹자치정부(蒙古聯盟自治政府)를 후화(厚和)에 각각 수립했다. 11월 22일에 세 자치 정부를 통합하는 몽강연합위원회(蒙疆聯合委員會)를 설립하고, 의사 출신의 카나이 쇼지(金井章次 1886-1967)가 최고고문에 취임했다. 관동군은 1939년 9월 1일 세 정권을 해체하고, 몽강 지역의 단일 정권으로 몽고연합자치정부(蒙古聯合自治政府)를 발족시켰다. 1940년 9월 2일, 정권 통합 1주년을 기념해 카나이는 "정치적으로 동아 신질서 건설과 일만몽지(日滿蒙支) 연결 고리의 중요한 일익"(蒙疆新聞社, 1941: 11)이라며 몽고연합자치정부 설립 의미를 강조했다. 중요한 군사적 사건들로는 국가총동원법(國家總動員法, 1938.2.26)이 발효되었으며, 이에 따라 방첩령(防諜令)이 제정되었다. 엄격한 사상 통제와 감시 및 인력 동원이 시작되어 대학의 대응도 달라질 수밖에 없었다. 70만 병력이 동원된 관동군 특별 연습(關東軍特別演習, 1941.7.2)이 실시되었고, 진주만 공격(1941.12.8)으로 대동아전쟁이 시작되었다.

만주사변 이후로 전개된 대륙의 격동 상황은 조선과 경성제대에도 커다란 영향을 미쳤다. 경성제대는 대륙 상황에 따른 실질적 조처로 대학 내 공식 조직인 '만연'을 창립하고, 총장이 회장을 맡았다. 1933년 6월 2일, 야마다 사부로(山田三良 1869-1965) 총장의 주창으로 '만연' 창립을 위한 발회식이 있었다. '만연'의 규약(1932년 12월 17일 설정, 〈부록 1〉 참조)이 만들어진 직후 1933년 1월 17일에 사전 강연회('만몽 사정'에 관한 관동군 사령부 육군 기병대위 윤상필-關東軍司令部附陸軍騎兵大衛 尹相弼, 1887-?)가 한 차례 있었고, 발회식 때에는 스기하라 토쿠유키(杉原德行, 의학부 교수)의 '훈춘 및 간도지방시찰담(琿春及間島地方視察談)'과 법문학부장인 역사학자 토리야마 키이치(鳥山喜一 1887-1959)의 '고대 만주의 민족과 문화' 강연회가 이어졌다. 6월 6일, 8일, 10일, 13일, 15일에는 조선총독부 수사관(修史官) 이나바 이와키치(稻葉岩吉 1876-1940)의 '청조(淸朝)를 중심으로 한 만주사'에 관한 5회 연속 강연이 있었다.

'만연'은 출발부터 관동군-경성제대-총독부로 형성된 전형적인 MAB 복합 모습을 보여 주고 있다. 삼자의 역할 분담은 활동 내용뿐만 아니라 활동이 수행되는 지역의 관할 구역에 따라서도 다르게 나타난다. 강연회라는 맥락이 실천되는 관할 구역 내에서는 경성제대의 역할이 상대적으로 크지만, 현지 조사라는 맥락이 요구하는 관할 구역 내 역할의 무게는 관동군 쪽으로 쏠릴 수밖에 없다. 삼자의 역할은 맥락에 따라 각각 전면부와 후면부를 구성하면서 사업이 요구하는 방향과 범위를 만족시켰다고 생각한다. 총독부와 외무성은 자금을 지원하는 역할로, 주로 후면부 지원 담당이었다.

MAB 복합 내에서는 '희망'을 향한 행위와 의지는 전혀 발견할 수 없을까? 그렇지 않다고 생각한다. '규약'에 의하면, 총 10부문(인문과학 6, 자연과학 4)으로 구성된 '만연'에서 '만몽제민족(滿蒙諸民族)'에 관한 연구 주제를 정한 부문은 인문과학과 자연과학에서 각각임을 알 수 있고, 이 두 부문이 주축이 된 '만몽민족학(滿蒙民族學)'의 출범을 예측할 수 있다. 즉, '종교 및 민속(宗教及ビ民俗)'과 '체질인류학(體質人類學)'이 만몽민족학을 구성하는 양대 기둥이 된 셈이다. 전자는 법문학부의 종교 및 사회학연구실(宗教及社會學研究室, 주임교수 아카마쓰 치조-赤松智城)을 중심으로, 후자는 의학부의 해부학교실(解剖學教室, 주임교수 이마무라 유타카-今村 豊)을 중심으로 진행되었고, 양자의 결합이 후일 '경성학파' 인류학의 모습으로 귀결되었다고 생각한다. 아카마쓰와 이마무라는 제5고-교토제대 라인의 돈독한 선후배 관계임도 적기해 둘 만한 사항이다.

아카마쓰와 아키바의 공저인 『만몽의 민족과 종교(滿蒙の民族と宗教)』(1941.3.20)는 두 사람이 종교학과 사회학 두 학문을 결합해 추진했던 '만몽'에 관한 훌륭한 업적으로 평가되며, 현재까지도 만몽 연구의 교과서처럼 인식된다. 두 사람이 이 연구를 위해서 하나의 공동 연구실을 만들고(1932년), 함께 연구비를 획득해 현지 답사를 실시해서 얻어 낸 귀중한 자료들을 기초로 한 명작이다. 그러나 해부학교실을 주축으로 체질인류학을 연구한 이마무라와 그의 제자들이 만들어 낸 업적은 현재 상당 부분 잊혀져 버렸다. "1936년 선생(이마무라-필자주)이 쓴 「나의 염원(私の念願)」이라는 작은 글에 따르면 (…) '금후 이십 년 정년까지 만몽과 시베리아의 재료까지 (…)', 그 후 십 년간 조선인 전신 골격 300체, 만주에서는 북지인골(北支人骨) 100체, 몽고에서 몽고인골 200체, 뉴기니에서 파푸아 인두골(人頭骨) 70과(髁)를 수집 (…) 세계에 과시할 만한 수집품"(島 五郎 1957.11: i)을 확보했다. 해부학교실에서 체질인류학을 연구하는 사람들이 지역별로 인골을 수집하는 것이 당시의 관행이었던 점을 알 수 있다.

제국 일본의 전체 구도에서 바라볼 때, 체질인류학은 상대적으로 경성제대의 해부학 3강좌가 업적을 많이 냈다. 도쿄제국대학 이학부에 인류학과가 창설되어 일본 최초의 인류학 전문 교육이 시작된 시기는 1939년(日本人類學會 編 1955.7.15)이고, 대북제대에서 체질인류학을 주관했던 카나세키의 부임이 1936년이었던 점과 비교하면, 경성제대의 체질인류학 교실은 일찍이 자리를 잡고 대륙을 향한 자료 수집과 연구 결과를 생산했다. 경성제대의 연구 수준은 제국 일본 내에서도 질적으로 최고의 수준을 달성했다. 한편 현재까지도 지구상에 이 정도 규모의 체질인류학 표본실을 갖춘 곳이 드물다는 점을 볼 때, 당시 경성제대의 체질인류학 연구는 세계 최고 수준을 목표로 조성되었다는 점을 알 수 있다. 만몽과 몽강의 체질인류학 연구는 경성제대 해부학교실의 독보적 업적으로서, 그 지역의 체질인류학적 업적의 선구적인 작업이 되었다(木下眞澄 1939.5.1; 山本 昇 1940.9.1). 그런데 최소 도합 670체가량의 인골 표본이 전후 어디론가 사라져 버린 상태에서 그 업적을 논할 물증이 없다. 그러나 증거품이 사라졌다고 해서 기억도 사라진 것은 아니다. 엄청난 양의 인골 표본들은 지구상 어딘가에 은밀하게 보관되어 있을 것이라 생각한다. 그것을 찾아내어 선학의 업적과 업적들이 이루어지는 과정에 벌어졌던 문제점들에 대해 객관적으로 평가할 수 있는 기반을 조성하는 것이 후학의 임무일 것이다.

1933년부터 3년간 경성제대 순회 진료반이 가동되었다. 총장과 의학부장을 수반으로 하고, 조선총독부 외사과의 보조와 제약 회사의 기부로 이동병원을 운영했다. 순회 진료반 반장은 이마무라 교수가 맡았고, 반원으로는 조선인 학생들도 다수 참여했다. 진료 대상 지역은 중국 동북의 조선 동포가 많은 곳을 선택했다.[6] 1935년에는 순회 진료를 4월에 실시해 총 1,757명을 무료로 진료했다(今村 豊 1935.7.15). 오족협화(五族協和)의 기치를 내건 만주국 건국에 맞추어서 경성제대의 순회 진료반이 조선족 집중 거주지인 동북 지역을 대상으로 선정한 것은 여러 해석이 가능하다. 만주국 입장에서 본다면, 동북 지역은 조선과 소련의 국경이기 때문에 군사적으로 중요한 곳이다. 따라서 조선족 중심의 선무 활동(宣撫活動)이 절대적으로 필요한 곳인 동시에 국경 지역에 대한 정보 획득 기회를 마련할 수도 있다. 당시 중국 동북 지역은 조선

독립운동가들을 지원하는 지하 세력들이 비교적 활발하게 활동하던 지역이었던 점으로 봤을 때, 경성제대 순회 진료반의 전면부에 연결된 후면부의 의도라는 점을 부인하기는 힘들다.

일본인류학회 평의원이기도 했던 이마무라 교수는 '만연'의 일환으로 1935년 여름 북만주에서 한 달간 체질인류학 조사를 실시했고, 이 조사에 포함된 민족은 만주족, 색륜족(索倫族), 달호이족(達呼爾族), 액로특족(額魯特族), 악윤춘족(顎倫春族), 석백족(錫伯族) 등이다. '동북'의 순회 진료에서 '북만'으로 연장되는 체질인류학 학술 조사가 그 지역의 소수민족을 대상으로 한 것은 지역의 성격이 국경이라는 점과 무관하지 않다. 특히 아무르강 연변을 주 거주지로 하는 소수민족인 ᄋ르첸(顎倫春族)[7]에 대한 자료 수집은 관동군 소속 특무기관원과 밀접한 관련성을 갖고 진행되었음을 간파할 수 있다. 이마무라 교수 자신이 자료 수집에 있어서 일만군부(日滿軍部)의 호의를 술회하고 있을 뿐만 아니라, 자신의 보고서에 특무기관장 마쓰무로 타카요시(松室孝良 1886-1969) 대좌의 민족 분포 지도 기록을 그대로 옮겨서 수록하는 모습을 보인다(今村 豊 1935.10.1). 군기(軍旗)가 가는 곳에 학기(學旗)가 따라가던 전형적인 학술 조사의 모습이라고나 할까.

"1931년 9·18사변 후 일본제국주의적 마수는 악윤춘족 지구에도 손을 뻗쳐서 흥안령 지구의 악윤춘족에 특수 정책을 실시했다. 악윤춘족을 모두 산동네로 집결시키고 치치하얼에 있는 일본 특무기관에서 직접 관할했다. 일본 침략자들은 악윤춘족을 '잠시 이용, 최후 소멸'이라는 대책을 공개적으로 선포했다. (…) 일구(日寇)들은 악윤춘족을 '산림대(山林隊)'로 편성했으며, 경제상으로 배급제를 실시하고, 사냥감들은 '만주축산주식회사(滿洲畜産株式會社)'에 팔도록 했다. 일구는 1932년 2월 하얼빈을, 11월에는 치치하얼을 점령했다. 9월 흑하 특무기관(黑河特務機關) 마키노 지로(牧野二郎)가 호마이로(庫碼爾路)에 도착해 (악윤춘족) 병대를 편성하고, 현공서(縣公署)의 현경(縣警)을 보조해 산림을 유지하도록 했다. 흑하 특무기관장 미야자키 요시카즈(宮崎義一, 육군 보병 대위)가 악윤춘족 60명으로 철로엄호대를 편성"(關小云 2003.7: 28-29)했다. "만주 오룬첸족 총인구가 3,000명인데, 군정부는 일찍부터 그들의 생태연구하에 생업 원조를 했다. 오룬첸 공작은 1941년 하얼빈 특무기관의 소관이 되면서 일계군관(日系軍官)의 지도담당이었고, 오룬첸 장정 300명에게 38식 보병총을 대여했으며, 오룬첸 공작의 일면은 생활 향상 및 도모를 위한 생업 원조도 포함했다. 군사 방면에서는 첩보 공작과 게릴라전이 주요 임무였다. 스즈키 키이치(鈴木喜一) 소교(小校)가 지도한 오룬첸 부대가 소련 오지의 귀중한 병요지지(兵要地誌) 자료를 조사, 제공함으로써 군사령관으로부터 파격적인 상금을 수령했다. 전시에 소련군 부대 교란 목적의 게릴라 훈련"(小澤親光 1976: 102)이었다. 오룬첸 측의 기록과 기억에 의존해 작성된 중국 측 연구자의 진술과 일본인의 회고록이 일치함은 물론이고, 두 기록이 당시 일본 측의 자료와도 부합되는 정황을 보여 주고 있다.

즉, "오룬첸족의 지도(指導)에 관해서는 상당한 연구를 요구하는 것이며, 그것이 지도 공작에 딱 맞아떨어지면, 소련에 대한 모략 방책상 상당한 효과가 있을 것으로 사료된다. 그러나 반대로 흥안령(興安嶺)을 소련 측에 이용당하면, 그로 인한 손해가 막대할 것이다. 장래 그들을 지도함에 관해 충분한 연구의 여지가 있고, 오룬첸족의 동정을 엄밀하게 시찰할 것이 요구된다."(齊齊哈爾事務所 1934.7: 218)는 기록을 군사정보 측면에서 본다면, 아무르강 연변의 국경 양쪽 지리에 밝은 오룬첸족을 정보원으로 이용함으로써 소련 쪽 군사정보를 획득하려는 기본 전략이 당시 현안이었던 점을 간과할 수 없다. 이 상황 속으로 빨려 들어간 경성제대의 체질인류학 연구팀이 만들어 낸 자료들이 군사 목적으로 사용될 수밖에 없었던 점은 '상황'의 손바닥 위에서 놀아난 '희망'

의 순진함이었다고 평가하는 수밖에 없다.

제국학사원(帝國學士院)의 연구비를 받아 함께 조선의 샤머니즘을 연구했던 아카마쓰와 아키바는 외무성 문화사업부의 지원금으로 '만몽' 연구를 시작해, 1935년 9월에는 오로첸족이 거주하는 부헤토(博克圖) 후면부의 흥안령으로 현지 답사를 나갔다. 이어서 1936년 여름에는 연구실 제자인 학생 이즈미 세이이치가 단독으로 관동군 특무기관 공작원인 요시오카 요시토(吉岡義人)의 안내를 받아 흥안령의 '칸토라' 지역에 들어갔다. 칸토라는 백계(白系) 러시아인촌으로서 교역소들 중의 하나다. 이즈미는 부헤토에서 오로첸족 쿠보촌을 만났고, 그가 이즈미의 안내역을 맡았다(泉 靖一 1971.11.10: 91-95). 요시오카는 아키바가 1935년에 처음 그곳을 방문했을 때도 안내를 담당했다.

경성제대 교수들의 활동은 관동군의 요구로 좀 더 적극적으로 '만몽'의 문제에 개입하게 되는데, 대표적인 사례가 아카마쓰의 만주국 촉탁 임명 건이다(全京秀 2005.3.25; 2005.9.30; 2005.10.15; 2006.5.25; 2008.1.30). 아카마쓰의 만주국 촉탁 관련 공문서들이 진행되는 시기가 절묘하게 중일전쟁 발발 즈음이었다는 점, 즉 관동군 참모장 도조 히데키(東條英機)가 육군 차관 우메즈 요시지로(梅津美治郎 1882-1949)에게 공문을 발송한 날짜가 6월 29일이고, 우메즈가 조선총독부 정무총감 오노 로쿠이치로(大野綠一郎 1887-1985)에게 공문을 발송한 날짜는 7월 7일 개전일이었다는 점은 경성제대 교수들의 활동이 대륙의 군사 문제와 관련해 중요하게 인식되었다고 할 수 있다(〈부록 2〉 참조). 전쟁 상황의 긴박함 속에 진행되었던 경성제대 교수 아카마쓰의 만주국 촉탁 발령 문제가 의미하는 바는 소홀하게 취급될 사건이 아니다.

1932년 12월 창립된 일본학술진흥회 산하의 조선위원회가 1938년 12월에 설치되었으며, 이사장에 요시다(吉田) 육군대장, 총무부장에는 자이부(財部) 해군대장이 취임했다(速水 滉 1939.3.1). 조선위원회의 설립

城大學報

學生大陸學術調査團報告號

學生・大陸學術調査團の『行動と收穫』に就て

團長(教授) 天野利武

明日を憶ふ若さ

蒙疆の"民族と政治"

法三 鈴木昇

蒙疆の風物二題

[黄河と豚との寸景]

哲二 池田實

[사진 2-6]「성대학보(城大學報)」 제30호(1939.10.1)

시기가 중일전쟁이 발발한 이후, 일본이 대중국 전쟁의 수렁 속으로 빨려 들어가고 있을 때였다는 점이 특별하게 의미하는 바가 있다. 식민지 조선의 경성제대가 수행하는 학술 조사가 한계에 부딪힌 셈이다. 군사 목적 학술의 한계라는 해석이 전혀 억측일 수 없는 상황을 보여 주고 있다. 즉, 퇴역 대장 출신들, 바꾸어 말해 군부가 장악한 '일본 학술진흥'의 한계를 명백히 지적할 수 있으며, 조선총독부의 감독을 받았던 경성제대의 활동이 지향할 수 있는 한계도 동심원 내에 위치할 수밖에 없었다는 점을 간과할 수 없다. 그 결과는 '제대 아카데미즘'이 반영된 일련의 연구들로서 조선총독부와의 공동 조사 및 연구, 식민지 지배 정당화에 연결되는 연구 논문(馬越 徹 1995: 132)으로 나타날 수밖에 없었다는 판단이 정확하다.

중일전쟁은 경성제대 '만연'의 이름을 '대연'으로 바꾸는 직접 계기가 되었다. 즉, 경성제대의 활동 범위가 '만몽'에서 '대륙'으로 확장되었고, '만연'의 사업은 '대연'에 승계되었다. "금회 성전(聖戰)의 목적을 달성할 때 일본 정신 연구, 일본 문화 연구도 필요하지만, 동시에 대륙에 관한 전반 지식을 갖는 것이 필요하기 때문에, 대륙인의 기질, 성격, 풍습을 이해해야 한다고 생각한 것이 이 강좌를 개설한 이유다. 경성대학으로서는 개학 당초부터 대륙에 관한 학술 연구에 특히 큰 관심을 가져 왔다. 만주사변 직후 만몽문화연구회를 조직해 제반의 조사연구를 했다. 금회 일지사변(日支事變, 중일전쟁) 발발을 기회로 그 갈래를 개편해 대륙문화연구회를 결성, 만몽에 머무르지 않고 더 넓은 대륙의 역사, 지리, 산업, 경제, 기타 여러 방면에 걸친 조사와 연구를 통한 결과를 보고 및 간행하고 강연회를 개최한다."(速水 滉 1940.7.30: 4)라는 총장의 주장은 당시 경성제대 교수들의 견해를 대표한다고 볼 수 있다. '상황' 변화에 따른 경성제대 차원의 조치인 셈이다. "경성제국대학은 제국의 대륙 전진 기지인 조선 반도에 위치하고, 북지몽강(北支蒙疆)으로 진출이 용이하여"(尾高朝雄 1939: 3) 경성제대가 담당하는 관심 및 책임 지역이 '만몽'에서부터 '대륙'으로 확대되었다. 만몽에서 '북지몽강'으로 확대된 영역을 포함하는 표현으로 '대륙'이란 단어가 쓰인 것이다. 영역 확대와 변경된 표현은 후일 만주국의 건국대학(1938년 설립) 활동과 국립중앙박물관(1939년 설립) 및 1942년경에 시작하는 만주민족학회(滿洲民族學會)의 활동과 연계되는 모습을 보이는 점도 흥미롭다.

중일전쟁 발발과 발맞추어 경성제국대학은 1938년 6월 4일 만몽문화연구회를 대륙문화연구회로 확대·개편했다. 첫 번째 과제로 학술

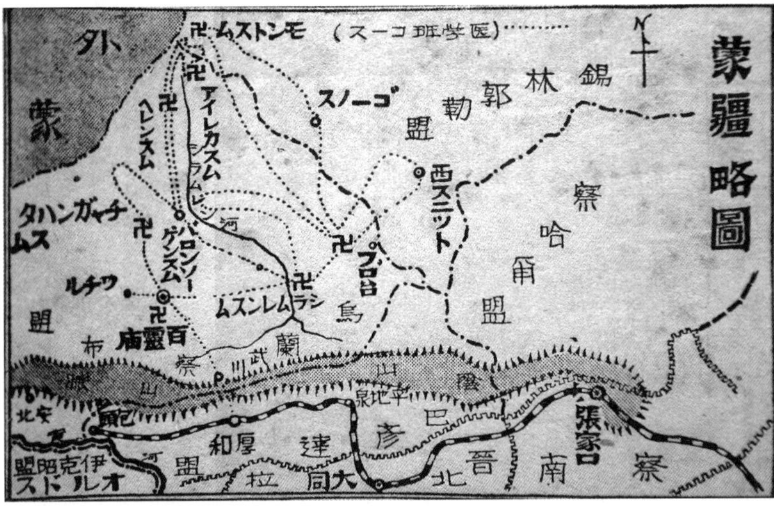

[사진 2-7] 몽강약도(蒙疆略圖)

조사대를 6월부터 8월까지 3개월간 몽강 지역으로 파견했다(사진 2-7 참조). 조선총독부와 조선군사령부가 전면 지원함으로써 해당 지역의 관동군까지 힘을 보태는 대규모 작업이었다. 법철학자 오타카 토모오(尾高朝雄, 법문학부 법리학강좌 교수)가 제창했던 "군기(軍旗)가 가는 곳에 학기(學旗)가 함께하는", 이른바 '경성제국대학 몽강학술탐험대'의 제1차 학술 조사가 시행되었다.

제1회 몽강학술탐험대의 선발대로 나섰던 사람이 이즈미 세이이치다. 그는 그해 4월에 제주도에 관한 사회인류학 논문을 작성해 경성제대 법문학부를 졸업했고, 아카마쓰와 아키바가 공동으로 만든 종교 및 사회학연구실 조수를 담당하고 있었다. 이즈미는 학술조사대의 민족 분야를 담당했을 뿐만 아니라 본부대의 총무 역할도 수행해 뛰어난 조직력을 인정받았다. 경성제대 국제법 강좌 담당 이즈미 아키라(泉 哲 1873-1943) 교수의 장남인 그의 취미는 등산이었다. 예과 시절부터 산악반에서 등산대를 이끌었고, 대학 신문인 「성대학보(城大學報)」 편집도 담당했던 '경성제대맨'이었다. 산악반 반장이었던 그는 조직 관리에 뛰어난 역량을 발휘했다. 등산은 혼자 하는 것이 아니고 항상 팀으로 움직인다. 각기 다른 능력을 가진 사람들을 하나의 팀으로 엮어야 산악활동이 가능해진다는 점에서, 이즈미는 경성제대 '대연'을 배경으로 조직된 학술조사대, 즉 종합 학술팀에서 총무 직책으로 활동했다. 그의 활약은 기왕에 미약하게나마 이어져 있던 '체질'과 '종교 및 민속'의 두 분야를 후일 더욱 돈독하게 연결하는 파이프 또는 접착제 역할을 한 것으로 생각된다.

만몽문화연구회가 확대, 개편되면서 대륙문화연구회로 명칭을 바꾼 데에는 또 다른 이유가 있다. 1938년 5월 만주국(滿洲國)의 수도 신경(新京)에서 개교한 건국대학(建國大學)의 존재다. 학술 조사라는 장르 속에서 지역 분할 시도가 진행된 결과로 경성제대는 대상 지역을 만몽에서 몽강(蒙疆)으로 이동시킨 것으로 이해할 수 있다. 즉, 만주국의 영역 내에 있는 만몽은 건국대학에서 담당하고, 경성제국대학은 새로 개척된 몽강으로 진출한다는 역할 분담이었을 것이다. 물론 역할 분담을 명시적으로 제시한 문서나 언설은 존재하지 않는다. 상황에 따라서 암묵리에 조정이 이루어지는 것이 일본 문화라는 점을 이해할 필요가 있다.

몽강(사진 2-7 참조)이란 몽한회(蒙漢回) 세 민족으로 구성된 지나(支那, 당시의 명칭)의 서북 4성(닝샤-寧河, 간쑤-甘肅, 칭하이-青海, 신장-新疆)으로, 종교적으로 보면 이 지역은 회교권(回敎圈)이다. 서쪽으로 바라보는 회교 민족, 북에서 가장 중요한 역할을 담당하는 몽고 민족, 경포(京包, 북경과 포두)를 잇는 도로 주변에서 전통적인 힘을 가진 한민족의 삼자가 합류한 곳이 몽강이다. 몽강의 총인구는 600만 명으로 몽고인 30만 명, 회민 10만 명, 나머지는 한민족이다. 서수닛기(西スニット旗) 왕공 덕왕(德王)이 1934년 초 백령묘(百靈廟)에서 몽고 부흥운동을 주도하면서 몽고 연맹, 찰남(察南), 진북(晉北) 세 곳의 연락 주체로서 몽강연합위원

회(蒙疆聯合委員會)가 결성되었다가, 1939년 9월 1일에는 몽고연합자치정부(蒙古聯合自治政府) 성립 선언이 있었다. 관동군과 선린협회는 이 자치 정부의 수도 역할을 하는 장가구에 몽강학원을 설립했고, 장래 몽고연합의 직무를 담당할 엘리트를 양성할 목적이었던 몽강학원은 프랑스 사회학에 정통했던 부원장 타나베 주리(田邊壽利 1894-1962) 교수가 주도했다(鈴木 昇 1939.10.1).

경성제대는 대륙문화연구회를 기반으로 제1회 대륙문화강좌(大陸文化講座, 1939.9.9-11.8)에 교수 총 24명이 참가하는 강연회를 개최했다. 그 결과물인 원고가 대륙문화연구회 편, 『대륙문화연구(大陸文化研究)』(岩波書店, 1940.7)라는 이름으로 출간되었다. 그중에서 제1회는 체질인류학의 이마무라 교수가 "북아시아인종개론", 문화인류학의 아키바 교수가 '북아시아의 민속'을 담당했다. 즉, '체질'과 '문화'의 두 인류학적 영역이 '북아시아'라는 지역을 배경으로 근접하는 모습을 볼 수 있었다. 제2회 대륙문화강좌는 1941년 5월 5일부터 6월 18일까지 개최되었고, 그 결과도 대륙문화연구회 편, 『속대륙문화연구(續大陸文化研究)』(岩波書店, 1943)로 엮였다. 여기서 오타카는 "대동아 공영권의 문화 이념", 시마 고로(島 五郞 1906-1983, 해부학교실 조교수)는 "동남아시아의 인종상-태인(泰人)을 중심으로"라는 제목으로 강연을 했다. 후자는 이마무라의 첫 번째 제자이자 해부학 제3강좌의 조교수를 담당하고 있었다.

만몽민족학의 확립에 헌신했던 아키바 교수의 ᄋᆞᄅᆞ첸에 대한 조사 활동은 관동군에 소속된 정보원 요시오카와의 호혜적 관계에서 시작하고 있음을 지적할 수 있다. 1935년 9월, 아키바 교수의 ᄋᆞᄅᆞ첸 방문에 이어 1936년 5월에는 요시오카가 경성제대 아키바의 연구실을 방문했다. 그 결과 아키바 교수의 보고서에는 양자의 관계가 상세히 기록되었다. "요시오카 요시토 군으로부터 아극석(牙克石)에서 250리 떨어진 하이라루강 상류의 오지인 카레이강에 있는 ᄋᆞᄅᆞ첸 부락에서 본

사만(サマン) 행사의 일기(日記)를 증정받았다. 여기에 그것을 부기해 요시오카 군의 호의에 감사드리고자 한다"(秋葉 隆 1936.10.10: 41). "토인과 의형제를 맺어서 두목으로부터 '토케브(トケブ, 높은 신분이라는 의미)'라는 오로첸 이름을 부여받고 (…) 군(요시오카를 말함-필자주)의 일기는 분명히 학술적 연구를 목적으로 한 결사적인 여행에 의해서 얻은 대단히 귀중한 체험의 기록이다. 학문상으로 보더라도 결코 쉽사리 얻어지는 자료가 아니라고 생각한다"(秋葉 隆 1936.7.1: 140-141). 특무기관에서 파견한 공작원의 체험이 담긴 기록을 학문상으로 높이 평가하는 경성제대 교수의 증언은 어떻게 받아들여질 수 있는가? 기록의 정확성과 사실성을 높이 평가해 공작원의 보고와 일기 내용을 거의 그대로 자신의 이름으로 발간한 아키바 교수의 입장은 어떻게 평가될 수 있는가?

아키바 교수는 군복을 입고 허리에 권총을 차고 군마를 타고 공작원과 함께 흥안령 산중의 오로첸족을 답사하였다. 결과 보고문 내용이 공작원의 정보 보고를 거의 그대로 옮겨 적었다고 진술하는 경성제대 교수의 심신은 군사작전 공작원과 더불어 군사화되었다고밖에 이해할 수 없다. 또한 그 글을 아무런 거름 장치 없이 게재하는 당시의 잡지 편집자들과 관리자인 행정 책임자들은 이런 사건과 전혀 무관하다고 말할 수 있느냐의 문제를 방기할 수 없다. 이런 사건이 만주사변 후에 나타난 점에 주목하면서, 이 현상을 MAB 복합을 논의할 수 있는 실례의 하나라고 표현하고 싶다.

"9월 2일 (…) 9시 반 하얼빈발, 목단강 열차로 아성(阿城)으로 향함. (…) 이번 여행은 문자 그대로 비적(匪賊) 속으로 여행하는 것이라고 해도 무리가 아니다. (…) 10시 42분 아성에 도착. 먼저 역장에게 안내되어서 코바야시(小林) 부대를 방문했고, 지참해 간 샌드위치로 점심을 때웠다. 대장의 호의를 받아 사병 4명과 함께 성내로 향했다. (…) 구가(舊家)로 보이는 민가의 정원 앞에 색윤간자(索倫杆子, 제천을 위한 신간)

가 서 있는 것을 보았다"(秋葉 隆 1937.12.15: 8). 1937년 9월 만주국 삼강성(三江省) 가목사(佳木斯)에서 열래진(悅來鎭, 구 화천)과 소소둔(蘇蘇屯)에 이르는 지역을 조사했던 아카마쓰와 이즈미는 "동행한 카와세(川瀨) 참사관, 왕(王) 통역, 호위해 준 만인 경관들에게 감사드린다."(赤松智城·泉 靖一 1938.7: 33)고 적었다. 소련과 국경이 가깝고 비적이 출몰하는 지역에서 군인들과 함께 답사를 다니는 학자들의 모습을 볼 수 있었다. 1935년 11월 말 현재, 북만주 지역은 "공비(共匪), 군비(群匪), 정치비(政治匪) 등이 소련과 중국 방면에 밀접한 연계가 있어 상당액의 물질원조와 정신적 지도를 받고, 그들의 무기 탄약은 소련에서 반입"(匿名 1936.6.1: 57)되는 상태였다. 즉, '만연'의 연구팀은 아직 완전한 치안이 확보되지 않은 상태의 북만주 현지 답사를 나갔던 것이다. 그 상태에서 경성제대 교수들은 필요한 자료의 수집 과정에 필연적으로 군경의 보호를 받아야만 하는 상황이었다.

"1935년 9월 6일, 흥안동성 박극도에 주둔하고 있는 흥안기병제1여사령부(興安騎兵第一旅司令部) 내의 관동군 특무기관의 옥상에서 이전에 샤먼이었던 다우르 몽고병(일등병) 김해정(金海亭, 42세)의 행사를 실사했다"(赤松智城·秋葉 隆 1941.3.20: 273). 아카마쓰와 아키바의 만몽무속 연구 배경에 가려진 군대와의 관계가 언급된 후속 연구는 한 건도 없었다. 관동군이 설정한 무대 위에서 연행되었던 무속 행사 관찰 결과를 만몽 무속의 학문적 성과라고 설명하기 위해서는 무속 연행 무대를 제공한 관동군의 존재를 확인하는 것이 후일의 연구 착시 현상을 감소시킬 수 있는 기틀이 된다. 아카마쓰와 아키바의 만몽 무속에 관한 연구에 뒤섞여 있는 점령군의 냄새를 외면한다면, 학문과 전쟁의 혼재 상황은 지리멸렬로 낙착되고 말 것이다. 최소한 그런 혼재 상황이 없었던 것처럼 가장해서는 학문의 미래가 없다. 군경의 보호 없이 그들의 학술조사는 이루어질 수 없는 상황이었지만, 군경의 학자 보호는 또 다른 측면을 내포한다.

경성제대 교수들의 출판물에서 확인할 수 있는 지엽적이지만 지속적인 현상들 중 하나는 '검열(檢閱)'이다. 1936년 9월 16일 흥안북성 합륜하이산(興安北省 哈倫阿爾山)에서 촬영한 '오보[鄂博]'와 '온천(溫泉)'에 관련된 여섯 장의 사진들(참고도록 도판 102-107)이 모두 검열제(赤松智城·秋葉 隆 1941.3.20: 102-106)임을 명확히 하고, "참고도록 80 장생(長性, Tjangsoung) 경상남도 통영 일본입석조장생(一本立石造長性), 토지대장군각진(土地大將軍刻珍), 진해요항부검열제(鎭海要港部檢閱濟)임"(赤松智城 1938.10.30: 寫眞 41)을 명시하고 있다. 전쟁 중 경성제대 교수들의 학술조사는 검열 과정에 의해 군 조직의 통제를 받을 수밖에 없었다는 사실을 역추적하면, 학술 조사 과정에 동행했던 군경의 학자 보호는 검열에 준하는 감시(監視) 의미도 포함한다는 생각을 하게 된다. 따라서 당시 상황에서 이루어진 학술 조사를 대하는 지금의 우리는 양면성을 생각하지 않을 수 없다. 즉, 학술 조사에 동행했던 군경의 존재는 보호와 아울러 감시와 검열의 의미가 내포되었다는 점이다.

1938년 11월 17일 경성제대에서는 특별한 행사를 거행하였다. 몽강연합의 정치적 지위를 공고히 하기 위한 몽강자치정부의 요인들이 도쿄행을 하는 도중에 경성제대를 방문한 것이다. 덕왕(德王), 천품경(千品卿), 하공(夏恭), 이수신(李守信) 장군 일행을 맞아서 경성제대는 몽강학술탐험대 보고강연회인 표품전람회를 개최하였다(京城帝國大學學報 1901호, 1938.12.5). 즉 이 행사가 경성제대 내에서 '몽강학술탐험대'라는 조직 구성의 효시를 이룬다는 점에서 군국주의의 프레임에 걸려든 경성제대의 구체적인 모습을 보여주고 있는 것이다. 따라서 덕왕을 중심으로 조직되었던 몽강자치정부의 전말에 대해서 관심을 갖지 않을 수 없다.

'만연'의 혈통을 이은 '대연'은 종합 학술조사대를 구성하는 방식을 최초로 택해, '경성제대만몽학술조사대'를 조직했다. 13명(단장 아마노 토시타케-天野利武 1904-1980, 심리학 교수 및 법문학부 학생 5명, 의학부 학생 7명)으로 구성되어 1939년 7월 18일 경성을 출발했으며, 법문반은 당해 지방의 회교도에 주안점을 두었고, 의학반은 몽고인에 대한 의학 조사를 실시했다. 두 반이 각각 활동하다 8월 28일 북경에서 재회해 9월 5일 함께 귀성(歸城)했다. 장가구, 포두(包頭), 후화(厚和)를 중심으로 답사했으며, 한편 경성제대에서는 경성제대 졸업생의 몽강 방면 진출이 용이하도록 홍보하는 목적도 수반했다. 장가구조선총독부출장소(張家口朝鮮總督府出張所), 진북자치정부(晉北自治政府), 몽고연맹자치정부(蒙古聯盟自治政府), 선린협회(善隣協會), 관립후화의원(官立厚和醫院), 북경조선총독부출장소(北京朝鮮總督府出張所) 등의 도움이 있었다(天野利武, 1939.10.1). 조사대가 장가구에 소재한 몽강학원을 방문했고, 사회학자이며 부원장 타나베 주리(田邊壽利) 교수를 만난 일이 당시 경성제대 3학년 학생에 의해서 대학 신문에 보고되었다(鈴木 昇 1939.10.1). 이 사건은 도쿄에서 발행되는 잡지에도 사진들 중심으로 소개되기도 하였다(京城大學蒙疆探檢団 1941.7).

'대연'은 1939년 9월 9일부터 11월 8일까지 매주 3회, 제1회 대륙문화강좌를 개최했으며, 그 결과를 19편의 논문으로 묶어 단행본 한 권 『대륙문화연구(大陸文化硏究)』(1940.7.30)로 출간했다. 그 목차와 구성 내용이 '동아신질서(東亞新秩序)'라는 새로운 상황과 그에 적응한 경성제대의 대륙 지향적 관점을 잘 반영하는 것 같다.[8] '대연'의 제2회 대륙문화강좌는 1942년 5월 5일부터 6월 18일까지 매주 3회 개최되었으며, "전회(前回)가 북방아시아를 주제로 한 것에 대해서 이번에는 동남아시아에 관한 제 문제에 중점을 두었다. (…) 남방공영권에 관한 문화과학, 자연과학 공개 강좌를 개설"(篠田治策 1943.4.30: 2)했다. 그 결과를 『속대륙문화연구(續大陸文化硏究)』(1943.4.30)로 간행했다.[9] 대동아전쟁에서 경성제대가 취한 입장은 총장의 주장에서 잘 표현된다. “이번 성전(聖戰)의 종국적 목표로서 우리에게 주어진 역사적 임무가 되었다. 이런 시국의 진전은 우리들의 공영권 확립을 대동아의 범위까지 확대하게 되었다. (…) 우리 경성제국대학은 대륙에 소재한 유일의 제국대학(篠田治策 1943.4.30: 1)이다.” 외지에 존재했던 제국대학들 중 하나라는 인식에서 탈피해 대륙의 유일한 제국대학이라는 ‘경성제대’의 정체성을 만들어내는 과정이 제국 일본의 침략 전쟁 및 전쟁 확산과 밀접한 관련이 있음을 확인할 수 있다. 대륙의 경성제대라는 정체성은 총장의 주장에서뿐만 아니라 개개 경성제대인(城大人)들에게도 깊이 내재되어 있었다.

그들의 ‘희망’은 몽강을 넘어 티베트와 타클라마칸 사막이 있는 신강(新疆)으로 향하고 있었다. 전쟁 말기에 아키바의 티베트 연구 계획이 패전으로 중단되었으며(무라타케 세이이치-村武精一 인터뷰: 2004.4.9. 도쿄대 이토 아비토 교수 연구실에서), “사막을 좋아했던”(泉 靖一 1969.12: 12) 이즈미는 첫째 아들 이름에 타클라마칸을 연상하는 ‘타쿠라(拓良)’를 썼다는 지인의 증언도 있다. 어떤 의미에서든 대륙은 경성제대의 희망으로 연결되어 있었음이 분명했고, 그 희망은 전쟁과 무관하지 않다는 점을 지적하려고 한다.

‘동아신질서’에서 ‘대동아 공영권’ 창출로 이어지는 상황 변화에 따라서 경성제대의 학술 조사는 ‘대동아’라는 지역 범위를 만족시키기 위해 ‘남방공영권(南方共榮圈)’으로까지 확대되었다. ‘대륙’의 의미는 남방까지 연장되어 ‘대연’의 활동 내용을 확장했음을 알 수 있다. 중일전쟁을 맞이해 설정된 ‘대륙’의 의미와 대동아전쟁 이후 ‘대륙’의 의미는 차이가 있다. 전자는 ‘만몽’이 연장되어 북만주와 몽강을 포함하는 대륙의 의미이고, 후자는 남방과 동남아시아를 포함하는 대동아권을 의미하는 것으로 해석할 수 있다. 그 과정에서 교수가 ‘정전(征戰)’이라는 단어로, 총장은 ‘성전(聖戰)’이라는 인식으로 중일전쟁의 담론을 전개한 점에 주목할 필요성이 있다. 이상의 두 가지 중후한 단행본 서적을 출간한 이외에 '대연'은 '보고서'와 '팸플릿' 그리고 '도서 목록'을 간행했다(〈부록 2〉 참조).

"조선 반도는 일본의 대륙 전진 문화 기지로서의 역할을 부여받아 행할 수밖에 없다. 거기에 대륙 문화 공작을 일익으로 하여 조선의 사명이 개척되지 않으면 안 된다고 생각한다"(尾高朝雄 1943.4.30: 22-23). 학문 활동으로 경성제대가 실시했던 학술 조사와 현지 답사는 경성제대 교수에 의해서 '문화 공작(文化工作)'으로 인식되었음은 전혀 놀랄 일이 아니다. 학문 활동이 군사시스템이라는 틀 속에서 이해되고 있음과 동시에, 학술 조사는 군사용이라는 의미가 '공작'이라는 용어 속에 포함되어 있다. 경성제대 교수들의 학술 조사가 군사작전을 위한 복무 지침에 포함된다는 적극적인 표현이 한 일본어학 교수에 의해 제안 및 주장되는 점도 흥미롭다. "황군의 부대들이 점점 장기간 한 지역에 주둔하게 되면, 반드시 지방민 선무(宣撫)의 한 방법으로 지나(支那)의 아동을 모아서 간단한 일본어 회화나 일본 노래 등을 가르치게 된다"(近藤時司 1943.4.30: 206). 따라서 준비를 제대로 하자는 제안이다. 콘도(近藤) 교수가 공작의 구체적 방법 중 하나인 '선무' 활동을 위한 자료 발굴과 지침에 대해 제시한 내용은 놀라우리만큼 구체적이다. "황군의 점령지구의 치안이 일단 담보가 되면, 선무반은 그 지역을 장악해 직접적으로 문화 공작과 경제 공작에 착수하는데 (…) 지나인 선무반원에는 일본어를 할 수 있는 사람들을 임용해야 한다. (…) 북지(北支)에서 선무반원은 작년 3월 말 현재 약 3천 명에 이르고, 그중 약 천 명은 일본어를 할 수 있는 지나인 반원이었다"(近藤時司 1943.4.30: 207). 사업이 진행되는 내용은 MAB 복합의 틀 속에 철저하게 녹아든 무장언어학(武裝言語學)의 모습이라고 생각된다.

'대연'이 1938년부터 1944년에 걸쳐 3회 실시했던 대규모 학술 조사의 결정판은 '경성제국대학 몽강학술탐험대'라는 이름으로 몽강에 집결되었다. "몽강자치정부가 탄생하는 1938년에 조선 반도와 몽강 간의 경제적 유대를 강고히 하기 위해 제1차 조사가 이루어졌고 (…) 제3차인 1944년에는 이마무라 교수를 대장으로 해 물적자원 조사반과 인적자원 조사반으로 편성되었다. (…) 행동 구역으로 물적자원 조사반 중 지질희원소, 두 반은 바인보구도와 고양(固陽)을 연결하는 선, 광산반은 대청산(大青山)과 우-라산의 ○○조사, 토목반은 포두(包頭) 주변의 황하 관개 조사, 약초반은 대수만(大樹灣)과 소군묘(昭君墓) 및 백령묘(百靈廟) 부근 조사, 인적자원반은 백령묘와 대수만 및 소군묘 부근의 조사"(「朝鮮」 351, 1944.8.1: 50)로 이루어졌다(〈부록 2〉 참조). 그러나 "(1944년) 그해의 조사는 어떤 것을 쓰더라도 군사기밀에 저촉되었기 때문에 보고서는 활자로 만들 수 없었다. 그래서 등사지로 인쇄해 비인(秘印)을 찍어 중간에 배포했다"(藤本英夫 1994: 189).

제1차는 그야말로 MAB 복합의 전형적 사례를 보여 주는 것으로 사상 최대의 학술조사단을 구성했으며, 그 결과가 『몽강의 자연과 문화(蒙疆の自然と文化)』(경성제국대학대륙문화연구회 편, 1939.6.14)라는 책 한 권으로 출간되었다.[10] 학술 조사를 위한 "비용은 조선총독 미나미 지로(南次郎) 각하가 (…) 1천 원을 갹출해 주었고, 총독부 외무부에서 5백 원, 조선은행, 조선식산은행, 코바야시 우네오(小林采男 1894-1979) 씨로부터 각 1천 원씩, 동양척식주식회사에서 5백 원의 기부금 (…) 외무성 문화사업부에서 3천 원의 보조금 지급이 결정되었고, 오사카 매일신문사가 후원으로 1천 원을 보조 (…) 조선총독부 철도국, 만주국 철도총국 그리고 남만주 철도주식회사는 인원과 하물의 무임 수송의 호의"(尾高朝雄 1939.6.14: 5)를 보였다. "본대는 7월 14일 조선총독부와 조선군 사령부를 방문해 미나미 조선총독, 오노 정무총감, 오자키 조선군 사령관 세 각하에게 출발 신고 후, 조선 신궁에 참배해 탐험의 성공을 빌었

다. 7월 21일 경성 출발. 본대는 ○○부대 ××부대, 육군특무기관, 몽강연합위원회, 찰남자치정부 등을 역방, 대(隊)의 행동에 대한 지시를 받았다. 육군특무기관과 몽고연맹자치정부로부터 내몽(內蒙) 여행의 양해를 구했다. (…) ××부대로부터 특별 임무를 부여받은 원호대(援護隊)가 분파되어 탐험대와 행동을 함께했다"(尾高朝雄 1939.6.14: 9-10).

'흑하 지방에서 체질인류학적 언어학적 조사대(黑河地方に於る體質人類學的言語學的調査隊)'는 한 달 예정으로 7월 10일 출발했다. 이마무라 교수가 수반으로서 인류학반은 이마무라 교수, 의학 3학년 사카모토 카즈히데(坂本和英), 법의학반은 카츠메 스스무(勝目 進) 조수, 법문 2학년 후지노 요시헤이(藤野吉平), 언어학반은 코노(河野) 조교수, 법문 1학년 스기타 사부로(杉田三郞) 등 총 6명으로 구성했다. 선발대로 이마무라 교수와 사카모토 군은 7월 10일 경성을 출발해 신경의 관동군과 만일문화협회(滿日文化協會)에 연락했다. 후속 4명은 12일 경성을 출발해 신경과 하얼빈을 경유, 17일 흑하(黑河)에 도착해 국경 경비대와의 연락 지원을 요청했다. 7월 19일 빈북선(濱北線) 조수(朝水)에서 자동차로 북만주 초원 지대 제1조사기지인 흑룡강 안의 기인부락(旗人部落) 대오가자둔(大五家子屯)에 도착했다. 대오가자둔은 150호에 870명이 거주했고, 그 속에 131호의 660명은 만주기인(滿洲旗人)이었다. 나머지는 한인과 다우르족이었다. 의학반은 인체 계측과 지문 채집, 법문반은 만주어를 구사하는 기인의 이야기를 채록하면서 민속과 사회제도를 조사했다. 7월 23일 부근 2-3개 마을의 조사를 완료했고, 의학반은 8월 4일 흑하로, 법문반은 7월 26일 흑하로 떠났다. 귀로 중 스기타 군은 길림현오랍(吉林縣烏拉)을 시찰했고, 이마무라 교수는 통화(通化)에서 학술집회를 하는 카신벡학회에 참석했다(京城帝國大學學報 74號, 1943.10.1).

경성제대의 몸과 마음이 항상 대륙의 최전선을 지향하고 있었음은 구성원들의 학술 조사, 특히 '만연'으로부터 '대연'으로 이어지는

11년간의 학술 조사와 자료 발간에서 증명된다. 관동군의 전선(戰線)은 소련과 맞닿아 있었고, 소수민족들이 거주하며 관동군에 의한 불안전한 군사작전이 좌우되는 국경 지대를 답사하는 어려움을 극복하는 모습이었다. 오타카가 주장한 대로 경성제대 구성원들은 여러 명목으로 군기(軍旗)가 가는 곳에 학기(學旗)를 추종시켰다. 학자들의 학술 조사에 깃발이 필요했던 이유는 무엇이었을까? 학기가 상징하는 바는 무엇이었을까? 학술조사단은 군사 조직을 흉내 냈음과 동시에 군대의 하부 조직, 즉 군속(軍屬)의 모습을 갖추었다는 점을 의미한다. 학술조사단이 보여 준 활동은 대학이 군대의 하부 조직으로서 활동했음을 증언하고, '학기'가 상징하는 바라고 생각한다. 그들의 목적은 아베 교수가 전망했던 '희망'보다 정치 및 군사 권력이 요구하는 '상황'에 밀접하게 적응한 것임을 구체적 자료와 행동을 통해 증명할 수 있다. 그러나 '희망'이 완벽하게 절멸되지 않았음을 전후(戰後) 학계가 재구성되는 훗날의 경험을 통해 알 수 있다.

70여 년 만에 대조되는 동일한 '학기'의 두 사진(사진 2-8, 2-9)이 현재 우리에게 전하는 언명은, 기록과 기억의 퍼즐을 엮어서 과거 사실을 제대로 정리하는 일이다. 과거 행적에 이데올로기 문제가 있는지 없는지에 대해, 사실을 자세하고 정확하게 정리한 다음 검토할 일이라고 생각한다. 사실대로 정확하게 정리해 나가는 동안 많은 문제가 스스로 해결될 수 있을 것이라 생각한다. 그러지 않으면, 소위 '문화론적 연구(cultural study)'라는 것이 횡행할 자리를 내주고 만다. 그렇게 되면 사실(事實)에 비해 담론(談論)의 자리가 커지는 기회가 되어 버린다. 담론이 전혀 없을 수는 없다. 그러나 사실보다 담론의 비중이 커지는 것은 곤란하다. 상상은 자유다. 그러나 상상의 나래가 사실을 덮어 버리는 상태를 용납할 수 없다. 담론의 비중이 커지면 커질수록 그 내용은 사실과 거리가 멀어져 거짓을 내포할 가능성이 커진다.

[사진 2-8] ‘대기(隊旗)’와 ‘테미린 노인의 딸들: 백화(白い花, 우)와 금화(金の花, 좌)’ 1938년 7월 31일 내몽고에서 촬영(京城帝國大學大陸文化研究會, 1939.6.14). 같은 날짜에 찍힌 또 다른 사진이 이즈미의 저서 『머나먼 산들』에 게재되어 있다. 백화는 ‘챠간치쿠(姉)’, 금화는 ‘아루단치쿠(妹)’. 노인은 몽고 민속 악기인 마두금(馬頭琴)을 타고, 두 딸은 ‘에리보로카릇아루카(갈색의 응조)’라는 노래를 불렀다. ‘에리보로카릇’이 ‘응조’다(泉 靖一 1971.11.10: 137).

[사진 2-9] 스즈키 선생의 부인 스즈키 아키코(鈴木淑子) 씨에게 기증받은 대기(103×76cm)를 보는 경성제대 졸업생 요코미조 히로아키(横溝公明)[11] 선생과 시모노세키(下關) 여자단기대학의 타카스기 시호(高杉志緒) 교수. 2011년 4월 9일 코쿠라(小倉)에서.

나는 1938년에 촬영된 사진에 등장한 두 소녀(당시 10대 중반)를 만나서 이 사진과 깃발을 보여 주고 싶다. 그때 사진을 찍었던 사람들이 어떤 행동을 했으며 무슨 이야기를 했는지 소상히 듣고 싶다. 세월이 너무 흘렀다. 흘러 버린 세월이 만든 빈 공간을 채울 사실들이 사라진 상황은 그대로 남겨 두는 것이 낫다. 빈 공간을 어설픈 허구적 담론으로 메꾸는 작업은 또 다른 가능성을 차단하게 마련이다. 선무당이 사람을 잡는다고 했다. 사실에 자신이 없으면 입을 닫고 빈 공간을 보존해 다음 기회가 생길 가능성을 기다리는 편이 낫다.

4. 대학 병영화와 대륙자원과학연구소

"금차정전"(今次征戰, 森谷克己 1940.7.30: 41)에 이어, 1938년 6월 13일 경성제대 강당에서 육군병 지원자 훈련소 입소식이 거행됨으로써 총후시대(銃後時代)에 걸맞은 대학의 병영화 모습을 보게 되었다. 그에 보조를 맞추어 대학 경영 철학은 "제1 학업보국(學業報國), 제2 신도실천(臣道實踐), 제3 질실강건(質實剛健), 제4 친화협력(親和協力), 제5 반성자중(反省自重)을 모토로 삼았고, 구 학우회를 해산하고 국민총력경성제국대학연맹(國民總力京城帝國大學聯盟)을 조직"(篠田城大總長 1941.4.1: 3)했다. 모리타니 카츠미(森谷克己 1904-1964) 교수는 중일전쟁을 '정복 전쟁'이라 인식하고, '황도 교육의 신념'이 투철했던 시노다 총장(石森久彌 1942.3.10: 19)이 '학업보국'을 지상 과제로 삼았던 표현들은 대학 존재의 본질적 방향이 '희망'에서 점점 멀어진 채 커져만 가는 '상황' 속으로 급속히 빨려 들어가는 모습을 보인다. 그런 '상황'을 주체적으로 만들어 가는 일원으로 대학이 스스로를 동참시키고 있는 모습을 볼 수 있다.

1940년 7월 제2차 코노에(近衛) 내각은 '대동아 공영권' 건설을 기본 국책으로 삼았다. 이 시기에 학술 조사의 주요 자금줄이었던 외무성 문화사업부(대지문화사업에 관한 사무를 전담하기 위해 1927년 6월 23일 설치)는 1940년 12월 6일 대동아성의 동아국(東亞局)으로 흡수되었다. 침략 전쟁에 가담한 대학의 학술 조사는 식민지 제국대학에서만 이루어진 것이 아니다. 도쿄제국대학은 1941년 3월 남방자원과학연구회(南方資源科學硏究會, 총장이 회장, 농학부장이 부회장)를 창설해 학술 조사라는 이름으로 전쟁 지역의 자원 조사를 나갔고(東京帝國大學南方資源科學硏究會資源部 編 1943.9.30), 경응의숙대학 아시아연구소는 대학령 제1조에 충실해 "현재의 대학은 현하 전시 상태에 적응해, (…) 대학의 국가적 목적을 달성할 노력, (…) 경응의식(慶應意識)도 전학(全學)을 통해 전시체제의 완성에 노력 (…) 학생 보국대 결성, 강의 제목과 체력의 전시화 (…) 1943년 10월 신학년도부터 일층 정비해 현하의 결전 상태에 조응해 교육보국 (…) 황국의 진운에 기여할 목적으로 아세아에 관한 학술 연구를 실시한다."(慶應義塾大學 亞細亞硏究所槪要, 1943-1944)라고 기본 방향을 설정했다.

대동아전쟁으로 인한 전장 확대는 필연적으로 징병 확대로 이어졌고, 수업연한의 단축으로 학생들을 전장으로 내모는 비상사태의 대학 운영이 이어지면서 대학에는 극소수 학생들만 남게 되었다. 패전 당시 경성제대 법문학부 3학년에 재학 중이었던 이이지마 미츠타카(飯島光孝 1924-?)의 진술은 다음과 같다. "1941년 4월 예과에 입학했다. 그 해 12월에 전쟁이 시작되었고, 고교 취학 연한이 2년 반으로 축소되었다. 1943년 10월 학부(법문학부 법학과)로 진학했다. 당시 문과계 학생 징용 연기 제도가 폐지됨으로써 1943년 12월부터 법문학부에서는 대부분의 학생이 사라지고 있었다. '학도 출진'. 특별 지원병의 이름으로 반도 출신 학생들이 같은 운명을 맞았다. 당시 학부 전체 학생 수보다 직원 수가 많았다"(飯島光孝 1996.7: 7). 대학의 주요 기능인 교육은 더 이상 이루어질 수 없었고, 대학 교수들과 교원들은 모두 전쟁 수행을 위한 물적 자원의 탐색에 동원되었다. 배속장교(配屬將校)가 배치되어 학생들에게 군사 훈련을 담당하는 수준을 넘어 대학의 모든 구성원이 전장으로 나가야 하는 상황이었다. 대학은 그야말로 군속으로 전락하고 말았다.

패색이 짙어진 전쟁 상황에서 가장 시급한 것은 전쟁 수행을 위한 물자 확보와 인력 조달이었다. 인적·물적자원을 어떻게 조달하느냐가 대동아전쟁 지휘 본부였던 대본영의 최대 관심사였고, 총동원령은 대학의 조직과 인력을 징발하기에도 모자랐다. "대륙의 병참기지인 조선은 동시에 또 대륙과학(大陸科學)의 기지일 수밖에 없음은 논할 필요도 없다"(保柳睦美 1943.8.1: 64). 전쟁 물자 확보에 혈안이 된 상황에서 전개된 지리학자의 주장과 마찬가지로 '대륙과학의 기지'인 식민지 조선의 경성제대는 시국의 요청에 따라 관제로 뒷받침된 대륙자원과학연구소(大陸資源科學硏究所)를 설립했다. 1943년 1월 제국 전체에 해군자원조사대가 결성되어 뉴기니로 석탄과 석유를 포함하는 전쟁 물자 발굴에 동원되었던 것과 동일한 모습을 갖춘 것이 바로 경성제대의 '대륙연'이었다. 대륙연은 제국 일본이 대학이라는 조직에서 설립했던 최후의 연구소였으며, 경성제대라는 대학에 설립되었다는 조직상의 문제일 뿐, 유사 군사 조직일 수밖에 없었다.

경성제대가 마련한 결전 체제(決戰體制)의 공동 연구 내용은 주로 법문학부 소속 교수들을 중심으로 작성된 것이고, 내용을 보면 다음과 같다. 자연과학을 말하는 이공학부와 의학부 소속 교수들은 이미 전쟁과 직접 관련된 프로젝트 속에 깊이 관여되어 있었다.

1. 선전방책(宣傳方策, 토자와-戶澤 교수)

東亞醫學會 城大から三氏を派遣

共同研究に重點
城大の決戰體制全し

スハに備へて
列車に救急隊を編成

賣出 四月二十日⇔五月五日

國債・債券で

[사진 2-10] 경성제국대학의 결전 체제(京城日報 1944.4.15)

2. 계엄령 적용상의 제 문제(戒嚴令適用上의 諸問題, 우카이-鵜飼 교수)
3. 노무 공급원(勞務供給源)으로서의 조선 인구 조사(시가타-四方 교수)
4. 경성에서 인구소 개방책(人口疏開方策, 시가타-四方 교수)
5. 조선 생활 필수 물자 수급기관 확립(朝鮮生活必需物資需給機關確立)의 구체적 방안(스즈키-鈴木 교수)
6. 정회 애국반 기구 정비 방책(町會愛國班機構整備方策, 마쓰오카-松岡 교수)
7. 반도인 황민화 촉진(半島人皇民化促進)의 구체적 방책(하세가와-長谷川 교수)
8. 조선에서 식량 증산상(食糧增産上)으로 본 부락 계몽 단체(部落啓蒙團體) 분석(오우치-大內 교수)

9. 일본상대도신(日本上代稻神)의 연구(敬神: 마쓰츠키-松月 교수; 도교 사상: 미야지마-宮島 조교수; 신화에 관한 연구: 하기와라-秋原 조교수)
10. 국사 교육 철저(國史教育徹底)의 방책(마쓰모토-松本 교수)
11. 조선에서 가족 제도(아키바-秋葉 교수)
12. 반도인(半島人)의 노무 소질(勞務素質) 연구(아마노-天野 교수)
13. 조선에서 단체 적응 방책(團體適應方策, 마쓰모토-松本 교수)
14. 현 시국하에서 조선 사상 동향(朝鮮思想動向, 후지타-藤田 교수)
15. 조선에서 황민 연성 문제(皇民錬成問題, 마쓰츠키-松月 교수)
16. 황민사관(皇民史觀)에 기초한 아시아사의 검토(토리야마-鳥山 교수, 마쓰다-松田 조교수)

연구 제목이 한 개의 연구반이고, 한 연구반에는 1-10여 명의 교수와 조교수가 반원으로 참가해 주임을 도와 시행했다. 예를 들어 12번의 아마노(天野)가 주임인 연구에는 스에마쓰(末松) 교수가 "반도에서 근로관의 사적 고찰", 코지마(小島) 교수가 "반도인의 인생관과 근로 사상", 아키바 교수가 "반도인의 가의 관념과 근로 정신", 스즈키(鈴木) 조교수가 "반도에서 노무의 관행적 단조직(團組織)"과 "반도에서 여자 근로관의 최근 동향", 와다 사토루(和田 覺) 스님은 "반도 노무자의 특수 능력" 등의 방식으로, 발표회와 연구 논문집 제작 준비를 했다. 이상의 계획이 어느 정도 시행되어 얼마의 성과를 냈는지는 알지 못한다. 현재까지 그 결과물은 발견되지 않았다. 다만 계획으로 볼 때, 경성제국대학 교수단은 학문을 포기한 집단이었음을 상기하지 않을 수 없다. 전쟁 중 군사작전반이 수행하는 업무와 전혀 다를 것이 없는 내용이었다. 당시 대학이란 존재는 군속(軍屬)이기를 자청하고 나설 수밖에 없는 입장이었다는 사실을 충분히 이해할 수 있다.

대륙자원과학연구소 설립을 위한 관제가 마련된 시점은 최악의

'상황'에 처한 때였다. 해군이 담당했던 남양군도와 태평양 대미항전(對美抗戰)은 병력이 부족했고, 대본영은 대소방위(對蘇防衛)를 담당하고 있던 관동군의 상당 부분을 태평양에 산재한 작은 섬들로 이동시킨 상태였다. 바다로 가야 했던 대륙의 육군은 이동 중 선박 속에서 멀미에 시달렸다. 군사 식량 자급자족 명령을 받았던 군인들은 남태평양 도서지방의 원주민들과 식량 쟁탈 경쟁 관계에 놓일 수밖에 없었다. 따라서 전투로 사망한 병사보다 기아와 말라리아로 사망한 병사가 훨씬 많았다는 보고에 수긍이 간다. 대체로 대대 병력 단위로 섬에 들어간 육군은 도착하면서부터 옥쇄작전(玉碎作戰)에 휘말렸고, 1943년 초부터 남양군도는 연합군이 장악하기 시작했다. 대본영이 본토 결전을 준비하던 최후 시점에 경성제대는 학문봉공이라는 이름으로 대륙 전쟁에 동원되는 연구소 설립을 준비하고 작업을 시작했다. 대륙자원과학연구소 설립 과정에 관한 구체적 설명이 이즈미의 저서에 자세히 기록되어 있다(泉 靖一 1971.11.10: 205-208).

내무성조관제46호(內務省朝管第四六號, 大陸科學研究所官制制定件, 1945.4.14)에 의하면, 처음 계획 단계에서는 경성제국대학에 부치하는 '대륙과학연구소(大陸科學研究所)'는 3부로 '배치 예정'되었던 것 같다: 제1부(지하자원), 제2부(지상자원), 제3부(총무). 그 후 6월 5일에 '가리방'으로 제작된 『대륙자원과학연구소요람(大陸資源科學研究所要覽)』은 약간의 조정을 거쳐서 아래와 같이 실현되었다. '대륙과학'은 전쟁 물자 획득을 위한 대륙의 자원 확보에 목적이 있었기에, 최종적인 연구소 명칭에 '자원'이란 단어를 삽입했던 점을 지적할 수 있다. 연구소는 연구 분과로서 지하자원, 지상자원, 인적자원(인적자원의 심리학적·사회과학적 조사 연구, 인적자원의 의학적·인류학적 연구), 조사부 등 4부를 존치하도록 계획되었고, 다음의 업적 발표 기관지 간행도 계획되었다: 정기 간행물 『대륙연구(大陸研究)』, 비정기 간행물 『대륙자원과학연구소연구보고(大

陸資源科學硏究所硏究報告)』, 『대륙자원과학연구소기요(大陸資源科學硏究所紀要)』. 또한 연구회, 강연회, 전람회 등도 개최하기로 했다. 직원에는 소장 1명(이마무라), 소원(교수 9명, 조교수 6명), 촉탁(교수 7명, 조교수 1명, 강사 2명, 예과 교수 3명, 법문학부장, 의학부장, 이공학부장, 부속도서관장, 학생과장, 보건소장, 회계과장, 기수), 조사부실에 6명, 사무실에 7명을 두었다. 소원에는 아키바(교수), 이즈미(조교수)가 포함되어 있음을 주목하게 된다. 촉탁은 따로 구분되어 있었다. 연구소가 설립된 첫해의 연구 계획을 보면, 구체적 계획이 개인별로 할당되어 있다.

• 이마무라
-인적자원으로서 몽고인 및 이주한인의 체능·체격 연구
-인적자원으로서 만주 국내의 한인 이주민 연구
-조선인의 전투력과 체격 관계 연구
-조선인 표준 체격 결정
• 아키바
-만주에서 이주 한인의 사회구조(이즈미 공동)
• 이즈미
-몽고인의 인구, 특히 유·청년층의 실태
-조선에서 농민이촌 연구
-만주에서 이주 한인의 사회구조(아키바 공동)

지하자원과 지상자원뿐 아니라 사람도 전쟁 수행을 위한 '자원'인 '인적자원'으로 명명되었다. "인적자원에 대한 관찰과학인 민족학"(中野朝明 1942.6.20: 309)이라는 종교학 전공자의 인식이 있었기에, 인적자원 조사를 위한 작업은 인류학자들에게 배당되었음이 분명하며, 인적자원 확보를 위한 기초 자료 조사에 체질인류학자와 문화인류학자가 동원되었다는 사실이 나타나 있다. 구체적 대상은 대륙에 분포하는 몽고인, 한인(漢人), 조선인에 집중하고 있으며, 조선인의 표준 체격과 전투력 연구는 실제 전쟁 대비를 위한 자료의 수집이라는 점을 명백하게 증언한다.

> "전시에 새로운 자재를 요구하는 마당에 연구소가 설립되었다. (…) 소원은 각자 종래 속한 기관 내지 학부의 것들을 이용하는 상태다. 연구소에 부여된 사명은 조선-만몽-북지를 하나로 엮는 강력한 자급권 건설을 목적으로 권내 자원의 급속한 개발과 고도 이용에 관한 기초 연구에 있다. (…) 소장에 3년, 소원에 2년 임기를 부여한다. 유능하지 않은 자는 도태된다. 쇼와 20년 6월 5일"(今村 豊 1945: 4)

1945년 6월 5일, 패색(敗色)이 짙어진 전황에 소장의 마지막 말은 생사의 갈림길에 선 의미심장함을 과장하지 않은 표현으로 받아들일 수 있다. 이 사건들이 진행되고 있었던 시기는 이미 오키나와 전투가 격렬해진 때였고, 대동아전쟁이 격화된 곳곳에서 일본군들의 옥쇄작전이 극에 달한 시점이었던 점을 통감하면서 읽어야 할 부분이다.

소장인 이마무라 교수의 체질인류학 연구가 '인적자원'과 '조선인의 전투력'을 겨냥하고 있음은 간과할 수 없는 부분이다. 아키바와 이즈미의 공동 연구 주제인 '한인과 몽고인 인구에 관한 사항'은 연구 과정 중에 종전을 맞았다. 이즈미는 황하 북편의 오르도스(Ordos, 鄂尔多斯, 황하가 북에서 정남으로 흐르는 내몽고의 최남단 지방)에서 자료를 수집하는 도중에 전보를 받고 경성으로 귀환했다. 그가 수집한 인구 관계의 자료들은 카드 상태로 남아 있으며, 아직도 미정리 상태로 오사카의 국립민족학박물관 도서실에 보관되어 있다.

"1945년 여름, 이즈미는 대동 탄광에서 사회인류학적 조사를 했고, 소마(相馬. 소마 히로아키를 말함-필자주. 泉 靖一 1971.11.10: 210)가 부락에 있는 동안에 이즈미는 북경으로 나가 8일에 전화를 걸어 왔다. 원폭 투하와 소련군 참전 소식을 알려주고 북경으로 오라고 했다. 북경에서 재회하고, 조선은행의 관사에서 숙박했다. (…) 봉천(奉天)으로 가는 군용 열차였기 때문에, 봉천까지 가서 하차하고, 이즈미는 법문 동급생 카야마 요헤이(香山陽坪)[12] 씨의 집을 찾았다. 그는 전장으로 소집되었고, 그의 모친과 부인, 아이 세 명이 경성까지 데려다 달라고 요청했다. 동시에 하북교통(河北交通)의 장가구 상사로부터 부탁받은 심장병 환자인 간호부까지 모두 네 명을 데리고 남하했다. 만철(滿鐵)의 역장으로부터 상이병열차에 타는 것이 허락되었다, 그날 저녁 열차 안에서 술에 취했던 이즈미는 '나미다노 와타리 도리(涙の渡り鳥, 눈물의 철새)'라는 유행가를 불렀다. 열차의 종착역은 안동(安東)이었고, 안동에서 개업한 경성제대 조선인 선배의 도움으로 다시 열차를 탈 수 있었다"(座談會 1996.3: 7). '희망'은 '상황'과 함께 만신창이가 되었고 모든 것은 수포로 돌아갔다. 그런 상태에서 8월 16일 경성으로 돌아온 이즈미는 10여 일 뒤, 아수라장 속을 뚫고 가져온 자료들을 정리하고 있었다. 인생은 짧고 예술은 길다고 했던가. 전쟁은 짧고 학문은 길다. 학문이 전쟁을 지휘했던 어떤 힘보다 강했다는 점을 증언하는 대목이다.

그의 카드에는 종전 직후인 1945년 8월 하순, 혼란 속에 자료를 정리하다 멎은 필체가 남아 있다. 패전 뒤에도 지속되었던 자료 정리 작업 과정이 의미하는 것은 패전이라는 상황 종료가 연구까지 종료시키지는 않았다는 점이다. 전쟁 도구로서 자원과학을 위한 작업이 패전이라는 상황을 맞으면서 더 이상 의미 없게 되었지만, 연구는 전쟁 상황을 넘어선 지향점을 바라보고 있었다는 점에서 우리는 학문의 의미를 되새기게 된다. 전쟁은 종료되었지만, 학문은 지속되고 있었던 점을 증언하는 이즈미의 작업이 우리에게 아베 교수의 희망 메시지를 언급할 수 있는 등댓불이 되고 있다. 패전 후 즉시 경성제국대학이 '경성대학'으로 전환되었고, 학생 규찰대가 대학 캠퍼스를 휘젓는 격랑의 소용돌이 속에서, 조용히 홀로 현지에서 수집했던 자료를 정리하고 분석하는 작업에 매진하고 있던 이즈미가 보여 주는 이미지가 필자에게는 희망의 등댓불이다.

5. 패전에서 폐교까지: '상황' 종료와 '희망' 재생

무조건 항복 방송이 전파를 타고 전선에서 후방까지 전달된 8월 15일 이후 약간의 혼란이 있긴 했지만, 제국의 경성제대가 폐교되고 군정의 경성대학으로 탈바꿈하는 작업이 이루어졌다. 미군정이 지명한 미군 장교가 총장으로 임명되었지만, 구체적인 작업은 조선인들에 의해 진행되었다. 경성대학의 기본 조직들은 경성대학 이후 거의 그대로 유지되었으며, 대표적으로 법문학부의 모습만 약간 변동을 보였을 뿐, 과거의 체제를 상당 부분 승계하는 모습이었다.

그러나 다른 한편에서, 조선총독부 '폐청'과 경성제대 교수들의 '자연퇴관(自然退官)'이란 신분 변동은 칙령 제287호(1946.5.31)에 의해 이루어졌다. 즉, 제국의 법령에 따라 움직였던 제국대학과 교수들이 공식 '폐교'를 맞은 시기가 제기하는 문제점이 남아 있다. 대만에서는 대북제대를 승계한 새로운 대학으로서 국립대만대학이 출범했고, 과거의 대북제대는 '유용(留用)'이라는 이름으로 새로운 정책을 시행하였다. 이는 조선의 '인양(引揚)'과는 전혀 다른 모습이었다. 대만에서는 과거의 일본인 연구자들 중 상당수가 새로 발족한 대만대학에 남아 정권 교체에 따른 대학 체제와 제도의 연착륙과 유연한 인수인계를 시도했다.

대북제국대학에서 강의도 했고, 대만총독부에도 근무했던 미야모토 노부토(宮本延人 1901-1987)는 종전 후 3년이 경과한 1948년 12월 말, 20년의 대만 생활을 뒤로하고 귀국했다. 2·28사건으로 대만 정치에 요동이 있었지만, 최초로 대륙으로부터 대만에 온 중국학자 대부분은 일본 유학 경험이 있는 사람들로서 일본인 잔류 학자와 접촉도 비교적 원활했다. 민족학연구실이 존속되어야 한다는 미야모토의 주장이 받아들여져 민족학자 코쿠부 나오이치(國分直一 1908-2005)와 화가 타테이시 테츠오미(立石鐵臣 1905-1980)는 대만대학의 민족학연구실로 전입되었고, 그들에게는 야외조사 기회도 부여되었다. 예를 들면, 1947년 5월 대만대학의 지질학자 마정영(馬廷英 1899-1979) 박사를 단장으로 일행 약 50명의 난도(蘭島, 일명 홍두서-紅頭嶼, Orchid island=Botel Tobago)학술조사단이 조직되었고, 거기에 해부학 교수이며 체질인류학자인 카나세키 타케오(金關丈夫)와 코쿠부 나오이치도 참가했다(宮本延人, 1949.6: 117). 이렇듯 대만에서 약 3년간의 유용 상황과는 달리, 조선의 일본인들은 거의 완벽히 즉시 인양되었다. 잠시 피난하는 준비 정도로 인양길에 올랐던 경성제대 일본인 교수들은 영원히 돌아오지 못하는 신세가 되었다.

경성일본인세화회(京城日本人世話會)는 1945년 8월 18일 발족되었고, 경성전기회사 사장실에서 '경성내지인세화회규약(京城內地人世話會規約)'이 작성됨으로써 경성내지인사무국 역할을 했다. 8월 27일 정보, 보도, 금융, 운수, 의료, 자재의 각 위원회가 구성되었으며, 8월 29일 교육문화위원회도 발족했다(森田芳夫, 1964: 133-138). 「경성내지인세화회회보(京城內地人世話會會報)」가 9월 2일부터 발행되었고, 경성일보사 야스이 토시오(安井俊雄)가 편집 겸 발행인을 맡았다(森田芳夫, 1964: 316). 경성에서 인양항(引揚港) 부산까지 인양자와 함께 이동하는 의료 구호의 필요성이 제기되었으며, 이 구상은 경성제대 조교수 스에 모쿠지로(須江杢二郎), 이즈미, 동 강사 타나카 마사시(田中正四) 등에 의해 추진되었다. 이 계획이 미군정의 방역 과장에게 전달되었다. 의료반이 열차에 동승해 환자들을 차 안에서 진료하는 '이동의료국(移動醫療局, Medical Relief Union, MRU)'이 10월 11일 명명되었고, 국장은 스즈키 키요시(鈴木 淸) 교수가 맡았다(森田芳夫 1964: 369-370). 10월 15일의 각서에 '내지수입사무소(內地受入事務所)'를 설치했고, 그중 하나가 후쿠오카에 있는 하카다(博多)항이었다. "우선 10월 18일 GHQ는 인양에 관한 중앙 책임성으로 후생성을 지정했다"(木村健二 2005.5.25: 132). 10월 23일부터 경인지구 일본인 수송이 시작되었으며, 24일부터 매일 두 편의 열차가 경성에서 부산으로 떠났다(森田芳夫 1964: 364). "11월 24일 일본 정부는 '지방인양원호국관제(地方引揚援護局官制)'를 공포했고 (…) 인양항에 후생성 지방인양원호국을 설치함으로써"(木村健二 2005.5.25: 133) 하카다에 출장소가 설치되었다(森田芳夫 1964: 336-337).

그 직전인 1945년 10월 1일 경성대학 의학부가 시작되었다. 조선에는 1945년 9월 9일 미군 상륙 이후 군정이 실시되면서 군정청법령 15호(1945.10.16)에 의해 경성제국대학의 명칭은 경성대학(Seoul University)으로 확정되었다. 사실상 '경성대학(京城大學)'이라는 명칭은 8월 16일 대학 정문에 걸려 있던 교명 간판 '경성제국대학(京城帝國大學)'의 '제국'이라는 두 글자 위에 누군가에 의해 흰 종이가 붙으면서 시작된 것이다. 종전과 함께 또 다른 식민지였던 대만과는 사뭇 다른 방향으로 전후 처리가 진행되었다. 조선군정청장의 '면직사령제12호(免職辭令第12號)'로 1945년 10월 10일에 경성제대 법문학부와 예과 교수 29명이 면직되었고, '면직사령제28호'(1945.11.3)에 의해 의학부 교수 28명이 면직되었다. 이때 이마무라와 시마가 포함되었다. '면직사령제32호'(1945.11.5)에 의해서 이공학부 교수와 함께 의학부 교수 8명이 면직 처리되었다.

그해 12월 8일 서울역을 출발한 제1차 인양 병원 열차(引揚病院列車)의 대장과 부대장은 이마무라 교수와 스즈키 선생이었고, 이즈미는 18일 인양되었다(泉 貴美子 1972, 105-107; 田中正四 編 1972.3.15: 28). 경성의 일본인 세화회와는 별도로 하카다에는 재외동포원호회구료부(在外同胞援護會救療部)가 조직되었고, 부장은 이마무라 교수, 이즈미는 회계과장, 타나카 마사시가 서무과장으로 활약했으며, 본부는 하카다의 쇼후쿠지(聖福寺) 경내에 두었다(泉 貴美子 1972: 111). 쇼후쿠지에는 혼란와중에 발생한 인양 고아를 수용하는 '쇼후쿠료(聖福寮)'가 조성되었다. "1946년 3월 13일 은사재단동포원회(恩賜財團同胞援護會, 이하 동포원호회)가 설립되었다. (…) 동포원호회는 타카마츠노미야(高松宮)를 총재로 해 (…) 1부 3국으로 시작되었다"(木村健二 2005.5.25: 134-135). 타카마츠노미야가 황족 개인 자격으로 방문한 것이 아니라 동포원호회 총재로서 동포원호회에서 운영하는 병원을 방문한 적이 있었다.

"동포원호회 구료부가 조직되어 (…) 그 중핵적 존재는 문화인류학자 이즈미 세이이치였다. 이즈미의 손에 의해, 1946년 3월 25일 개소된 것이 후츠카이치 보양소(二日市保養所)라는 비밀 병원이었다"(佐野眞一 2000.12.6: 86). "후츠카이치 보양소에 이이야마 씨를 안내한 것이 바로 그의 우인인 이즈미 세이이치였다. 이즈미는 이이야마 씨에게 '이 사실도 참상으로 기록되지 않으면 안 되오. 이이야마 씨 부탁드립니다'라고 말하면서 이이야마 씨를 수술실로 안내했다. 목욕탕이라고 쓰인 방 한가운데에는 낙태 수술이 행해지고 있었다"(上坪 隆 1979.8.10: 168). 이이야마는 이즈미가 경성에서 중학생이었을 때부터 함께 산악 활동을 했던 조선 철도국의 이이야마 타츠오(飯山達雄 1904-1993)다. 그는 후일 이즈미와 함께 남미의 안데스 발굴 현장까지 사진가로 동행했던 사람이다.

패전 직후 당시의 현행법상 불법이었던 낙태 수술의 비극적 상황을 기록해야 한다는 이즈미의 입장은 어떻게 설명될 수 있을까? 낙태 장면을 기록하겠다는 그의 결단은 역사적인 것이며, 동시에 인류학자의 관문참여(觀問參與) 정신에서 비롯된 것이라 생각하고 싶다. '상황'이 제공한 역사의 현장을 기록한 것은 기본적으로 그리고 결과적으로도

'희망'에 근거한 것이라 해석해야 한다.

전후 일본은 모든 것이 점령군인 GHQ의 명령으로 다시 시작되었다. '전전(戰前)'이라는 과거가 만들어지면서, 일본의 시간과 공간은 GHQ에 의해 가공되기 시작했다. 천황과 대본영으로부터 '맥아더 장군과 GHQ로' 맥락을 바꾸어 계승되는 모습을 보였다. 농지개혁 추진과 농촌 조사, 어업권개혁과 어업 및 어촌 조사, 국세 조사의 기초로 가족 조사, 산림 개혁과 임업 조사 등이 GHQ 산하의 민간정보교육국(CIE)의 프로젝트로 실시되었고, 그 과정에 적지 않은 일본인 학자들이 동원되었다(中生勝美 2006.4.26: 153-164). 일본민족학협회가 발행했던 학회의 학술지 『민족학연구』는 1947년부터 이시다 에이이치로(石田英一郎 1903-1968)가 편집장(編集長) 역할을 맡으면서 새롭게 복간되었다. 이 과정에도 민간 정보교육국이 개입되었음을 나카오 카츠미(中生勝美)가 소상히 밝히고 있다(中生勝美 2006.4.26: 164).

미군정이 시작되면서 학계가 서서히 움직이기 시작했고, 하카타에서 재외동포원호회의 일을 하던 이즈미는 1947년 가을 원호회의 구료부(救療部)가 도쿄로 이사하면서, 자신의 거처도 도쿄로 옮겼다. 그가 근무하던 장소에 이시다 에이이치로가 방문하면서(泉 靖一 1971.11.10: 222), 이즈미의 학계 복귀가 시작되었다. 우메사오 타다오는 "이즈미를 학계로 이끈 사람은 이시다"(梅棹忠夫 1971.11.10: 371)라고 증언한 적도 있다. 그 시기 이즈미는 어머니의 주선으로 메이지대학 정경학부 부장이었던 코지마 켄(小島 憲 1893-1987) 교수를 만났고, 코지마 학부장은 작고하신 이즈미 아버지의 메이지대학 제자였다. 메이지대학의 사회학 교수 자리는 아카가미 요시츠구(赤神智壤 1892-1953. 이즈미가 良讓을 잘못 썼음)가 정부의 교육자 추방 명단에 포함되면서 공석이었다. 이즈미가 이 자리를 잡게 되었다.

이즈미에게 거의 같은 시점에 원호회의 이토 타케오(伊藤武雄 1895-

1984) 이사에게서 전후 일본 경제 회복을 위해 설치된 경제안정본부의 자원조사회 전문위원 자리에 대한 교섭이 왔다. 이즈미는 1948년 3월 원호회를 정식으로 사직(泉 靖一 1971.11.10: 223)했고, 4월 1일부터 메이지대학의 사회학 교수로 근무하게 되었다. 경성에서 인양되었던 대부분의 경성제대 출신 학자들도 개별 인간관계의 연을 따라 학계에 복귀하는 과정이 있었고, 그 과정은 대부분 신제대학이라는 제도가 자리를 잡는 1947년 전후에 진행되었다.

GHQ에 의해서 가공된 '전후(戰後)'는 학계 재편에도 영향을 미치면서, 소위 '학회연합(學會連合)' 형태로 나타났다. 특징은 전후 일본의 자기 발견 과정으로 진행되었다는 점이다. 민족학, 민속학, 언어학, 인류학, 고고학, 사회학의 6학회 연합으로 시작되었다가 추가로 종교학과 지리학이 포함되어 8학회 연합으로 결성된 '8학회 대마조사(對馬調査)'(위원장 시부사와 케이조-澁澤敬三, 사무국장(世話役) 이즈미 세이이치)는 전전에 실시했던 대규모 학술 조사의 모습을 재현하고 있었다. 그 본부를 구성하는 핵심 인물에는 "위원장 도쿄대 교수 츠치무라 타로(辻村太郎, 地), 부위원장(현지조사대장, 히로시마 의대 교수 이마무라 유타카(人)), 동(나가사키 대학반장 나가사키 의대 교수 키타무라 세이이치(北村精一, 人)),[13] 동(인문제과학종합반장 규슈대 교수 후루노 키요토(古野清人, 宗)), 간사장 메이지대 교수 이즈미 세이이치(族), 간사 와세다대 강사 스즈키 지로(鈴木二郎, 族), 간사 도쿄대 조수 코보리 이와오(小堀 巖, 地), 조수 히로시마 의대 조수 가모 마사오(蒲生正男, 人)"가 포진하고 있다(小堀 巖 1951.5: 7).

조직 실무 책임자의 핵심 라인에 이마무라와 이즈미 그리고 가모 마사오 같은 이름이 있다. 이마무라와 이즈미 그리고 키타무라는 경성제대 출신들이고, 가모는 이즈미의 메이지대학 제자다. 어떤 면에서 본다면, 8학회 연합의 대마조사는 '경성학파' 인물들이 중심이 되어 진행되었다고 말할 수 있다. 만몽에서 대륙으로 전개되었던 경성제대의 종합 조사로 축적된 경험이 유감없이 발휘되었다.

나는 1997년과 2003년 두 차례에 걸쳐서 가모(蒲生)의 부인을 만난 적이 있다. 메이지대학의 이즈미 연구실에서 사회인류학을 전공한 가모가 히로시마 의대 해부학교실 이마무라의 연구실 부수(副手)로 취직하는 것을 일상적인 일로 받아들이기 쉽지 않았다. 이마무라와 이즈미로 이어지는 경성학파의 인맥 속에서 가능한 특별한 일이었다. '경성학파 인류학(京城學派人類學)'이라는 것은 일본의 자연인류학자 사이에서 잘 알려진 숙어다. 이 말이 처음 나타나는 것은 1983년 『인류학잡지(人類學雜誌)』(91-3)에 키무라 쿠니히코(木村邦彦 1927-?)가 시마에 관해 쓴 글에 나온다. "이즈미 선생은 그 학파의 사무국장격 위치였다"(藤本英夫 1994: 284).

도쿄에 있는 세이조대학(成城大學) 근처 카페에서 2008년 1월 12일 코하라 유키나리(香原志勢 1928-2014, 릿쿄대학 명예교수)[14] 교수를 인터뷰한 적이 있다. 그때 재확인한 사실은 '경성학파'가 하나의 고유명사로 이어지고 있었다는 점이다. 6·25전쟁 당시(8학회의 대마조사와 동일한 시기) 미군에게 인수받은 시체들을 점검하고 분류하는 작업을 했던 코하라(도쿄대학 인류학교실 출신)는 이즈미의 추천으로 신슈대학(信州大學)의 체질인류학자 스즈키 마코토(鈴木 誠 1914-1972) 연구실에 취직했다. 코하라는 다음과 같이 증언한다. "오사카시립대학의 시마 선생은 항상 '경성학파'라고 말했다. '교토학파'라는 말이 사용되듯이, '경성학파'라는 용어는 항상 우리 주변에서는 사용하던 말이다. '경성학파'의 중심에는 항상 이즈미 세이이치가 있었다. 이즈미 선생을 중심으로 '경성학파'는 결속력이 강했다". 코하라는 이즈미를 경성학파의 중심으로 지목했다. 유사한 진술은 무라타케 세이이치(村武精一 1928-?, 도쿄도립대학 명예교수) 선생에게서도 나왔다. 무라타케의 이즈미에 대한 상념은 글로도 남아 있다. 전후 사회인류학적 성과를 활발하게 전개했던 도립대학의 무라타케가 술회한 내용은 단순히 개인 감정을 실토했다고 생각되지만, 거기에 내재된 인간관계 맥락은 또 다른 모습을 보여 주기에 충분하다. 즉, 경성제대에서 비롯된 '경성학파'의 학문 성과 및 그 성과의 축적 과정에서 나타난 문제에 대한 논의와 경성학파의 내력 속에 '전전'과 '전후'가 이어지고 있음을 읽어 내는 것이 우리들의 과제라고 생각한다.

'학파'라는 용어를 적용하기 위해서는 그 단어를 만족시킬 수 있는 조건들이 구비되어야 한다. 학문과 관련된 하나의 집단을 말하는 이 단어는 그 구성원들이 존재해야 하고, 구성원들의 외부에서 객관적으로 그 집단에 대해서 학파라는 용어를 적용하는 용례들이 있음으로써 어느 정도 인정이 가능한 상황이 마련될 수 있다. 일본의 학계에서 '학파'라는 용어가 적용되었던 선행 사례로는 '교토학파(京都學派)'가 있으며, 그에 해당되는 용례 두 가지가 발견된다. 일반적으로 니시타 키타로(西田幾多郎 1870-1945)와 타나베 하지메(田辺 元 1885-1962) 그리고 그들에게 사사했던 철학자들이 형성한 철학 학파를 이르는 경우가 있고, 또 다른 하나는 교토대학 인문과학연구소를 중심으로 한 학제적 연구를 특색으로 하는 하나의 학파를 일컫는 것이라고 생각된다. 교토제대 의학부 해부학교실의 체질인류학 분야에 대해서도 "키요노 켄지(清野謙次)를 중핵(中核)으로 경도학파(京都學派)"(小山榮三 1928.4.23)라는 명칭이 따라다닌 적도 있었다. 따라서 '교토학파'라는 용어가 사용되어 왔음에 대해서는 그리 큰 이의가 없는 것 같다.

이 책에서 사용하는 '경성학파'는 과거 한때 사용되었던, 그래서 근래 거의 용례가 발견되지 않는 경우다. 그 용례들을 수합해 검토해 봄으로써, '일본인류학사'를 정리하는 과정에 '경성학파'라는 단어의 사용을 익숙하게 하려는 것이 나의 의도다. "경성제국대학 시대는 대학 자체가 초창기였고, 우에다 츠네키치(上田常吉 1887-1966), 이마무라 선생의 지도를 기반으로 해 코하마 모토츠구(小濱基次 1904-1970), 스즈키 마코토 선생 등과 함께 특이하게도 이즈미 선생의 이름도 첨부된 경성학파 인류학의 탄생과 성장 중에 길러졌다. (…) 경성학파 인류학은 일본의 인류학에 강한 인상을 남겼고, 일본인류학의 발전과 오늘날의 형성에 기여한 바가 크다."(木村邦彦 1983: 303)라는 해부학자의 평가에 귀를 기울이게 된다. 위에 언급된 다섯 명은 식민지 시대의 경성제국대학과 밀접한 관련을 맺고 있는 사람들이다. 경성제국대학의 교수를 역임한 사람도 있고, 그 대학을 졸업하고 교원으로 근무한 경력을 소지한 사람들일 뿐만 아니라 경성제국대학 시절 '학술 탐험'이란 이름으로 실시했던 그들의 집단 연구 활동이 특별히 돋보이는 부분이 있다.

'경성학파'에 대한 또 다른 언급은 '경성법학파(京城法學派)' 또는 '경성학파공법학(京城學派公法學)'의 검토 과정에서 제안된 용례다. "경성학파 (…) 그들의 눈에, 도쿄제국대학에는 없었던 조선 반도의 대륙적 기풍 가운데 베를린대학을 라이벌로 간주하는 경성학파의 기풍은 장대했다. 그들은 경성 시대 숙달된 독일어로 논문과 서평을 썼다. 20세기 사회과학의 최전위로서 유럽의 친우들과 대열을 나란히 해 학문을 시도했다. 반도에서 단련된 사색의 성과를 갖고 '제국(帝國)' 일본적 학지(學知)의 도국적(島國的) 협소성을 타파하려 했고, 그런 기도(企圖)가 있었다."(石川健治 2006.2: 174)라는 평가는 경성학파의 성격을 가늠하게 하는 진술이다. 이런 평가가 다른 분야에까지 적용이 가능한 것인지에 대한 검토가 필요할 것이다.

이상의 두 가지 용례는 1945년 이전 경성제국대학의 일원으로 활동했던 해부학과 공법학 쪽에서 발견된 것이다. 전자는 의학부 소속이고, 후자는 법문학부 소속이었다. 전자를 언급한 키무라 쿠니히코(木村邦彦)는 해부학 계통의 학자이고, 후자를 주장한 이시카와 켄지(石川健治)는 공법학계의 분위기를 전달하고 있다. 양자의 경우와 배경을 읽어 보면, 각 학문 내에서 학문의 새로운 경향을 만들어 가는 과정에서 용출하는 움직임의 하나로서 '학파'라는 단어가 적용되고, 그런 학문적 활동은 개별 학문 속에서 자신들의 정체성과 관련된 문제이기도 하다. 이 책에서 관심을 갖고 있는 전자의 경우, '경성학파'의 모임과 활동 내에서 가장 중심적인 인물이 의학부 출신이 아닌 "이즈미 선생은 그 학파의 사무국장격 위치"(藤本英夫 1994: 284)였다는 지적에 대해서 특별한 생각을 하게 된다. 이시카와 켄지가 공법학 쪽에서 지적한 "'제국' 일본적 학지의 도국적 협소성을 타파한다."라는 점이 경성학파의 한 특징이라고 말할 수 있다. 그런 분위기는 해부학(체질인류학을 말함) 쪽에서도 적용될 수 있을 뿐만 아니라 이즈미(경성제국대학 법문학부 출신으로 후일 도쿄대학 문화인류학연구실 주임교수 역임)란 한 개인의 활동으로 인해 그 영역이 해부학 내부에만 적용되는 것이 아니라 인류학 분야로 확대되었음을 알 수 있다. 환언하면, 경성학파란 경성제국대학의 학문 활동을 배경으로 한 대륙적 기질을 보여 줌으로써 제국 일본 내의 다른 제국대학과는 차별성을 제공하고 있다는 주장이 가능하다.

경성제국대학에서 대륙을 배경으로 실시했던 각종 학술 활동의 면모들을 구체적으로 살펴봄으로써 경성학파가 형성되는 배경과 분위기 파악이 가능하다고 생각한다. 내가 경성학파를 조작하겠다는 것이 아니라 경성제국대학을 중심으로 전개되었던 학술 활동과 구성원들의 움직임을 살펴봄으로써 후일 등장하는 '경성학파'라는 용어가 어느 정도 타당성을 보여 주고 있는가 하는 문제, 즉 경성학파의 형성 과정에 관한 기록들을 수집, 정리하려고 한다. 이런 작업을 하는 이유는 학사를 정리하는 과정에서 필수 내용이라고 생각하기 때문이다. 한 지역 내에서 학문 활동의 구심점을 찾고, 그 구심점을 중심으로 이루어진 활동과 업적을 정리하고 평가하는 것이 학사를 구성하는 1차 자료의 역할이 될 수 있다고 생각한다. 그러지 않으면, 학사라는 영역은 기반이 없게 된다. 현재까지 제대로 된 학사 관련 저작물들이 등장하지 못했던 주된 이유 중의 하나가 이런 기초 작업 결여에서 기인되었다고 생각할 수 있다. 하나의 학파라고 불릴 수 있는 근거가 빈약하면 빈약한 대로 기초적 자료 정리에 의미를 부여하고, 선학들의 업적 평가에 대해 인색하지 말아야 하는 것이 이 작업을 하는 사람의 도리일 것이다. '만들어진 전통'에 대한 의미를 되새길 필요가 있다.

'경성학파'란 용어가 부분적으로나마 가끔씩 회자되는 즈음에 말석에서 활동했던 분들이 아직 생존해 계시고, 그분들의 기억력에 의존하는 작업이 보태어져 [표 2-1]을 작성할 수 있었다(全京秀 2010.3.26: 42-43 참조). 이 표는 두 가지 축을 중심으로 구성되었다. 하나는 점선을 중심으로 한 좌우의 축이고, 다른 하나는 점선의 오른편에만 적용되는 상중하 삼단 축이다. 가운데 점선은 전쟁 종료의 이전과 이후를 나타내는 것으로서 점선 오른쪽 부분이 경성제국대학 시절의 활동이라고 생각하면 되고, 점선 왼쪽 부분이 전후(戰後) 인류학 분야와 관련된 중요한 활동과 경성제대 출신 인물들과 관련성이 깊은 부분들을 정리해 본 것이다. 점선의 오른쪽 즉 전전(戰前)과 점선의 왼쪽 즉 전후(戰後)를 통틀어서 일맥상통하는 부분을 정리해 냄으로써 경성학파라 불릴 수 있는 집단의 활동 내용과 인물들을 일목요연하게 보여 주기 위함이다. 상단은 법문학부 중심의 내용이고, 중단은 대학 차원의 활동 중에서 인류학 분야와 밀접한 관련을 맺었던 사항들이며, 하단은 의학부 해부학 교실에서 체질인류학 중심으로 활동했던 인물들을 주축으로 해 구성한 것이다. 점선의 오른쪽 부분은 앞으로 인류학 분야의 '경성학파'를 재구성하기 위해서 가능한 인물들을 총망라해 등장시킨 일종의 초안인 셈이다. 따라서 이 표 자체가 인류학 분야의 '경성학파'를 대변하는 것은 아니라는 점을 미리 밝혀 둔다. 사실관계에 대한 면밀한 재검토와 등장인물들 간의 비중과 균형을 고려해 재조정을 기다리는 상황이라

[표 2-1] '경성학파' 인류학의 관련 인물과 내력(1926.5-1945.10)

법문학부		의학부
		해부학교실(체질인류학)
아카마쓰 치조(赤松智城 1886-1960) 1927.9-1941.3		이마무라 유타카(今村 豊 1896-1971) 1926.5-1945.10
아키바 타카시(秋葉 隆 1888-1954) 1927.1-1945.10	민속참고품실(1928-진열관 1942)	
종교 및 사회학연구실(1932-1942) (민족학 = 문화인류학)		
이와사키 츠구오(岩崎繼生 1907-1969) 1930.4-1933.8	만몽문화연구회(1932)	
유홍렬(柳洪烈 1911-1995) 1935.4-1938.3 조수		시마 고로(島 五郎 1906-1977)
마키 린(眞木 琳 = 任 晳宰 1903-1997)	대륙문화연구회(1937): 만몽 학술조사대(1937-1944)	
안도 키이치로(安藤喜一郎)	오타카 토모오(尾高朝雄 1899-1956)	
이즈미 세이이치(泉 靖一 1915-1970)		
조선불교사학회(1938)		방태의학친선단(1940)
스즈키 에이타로(鈴木榮太郎 1894-1966) 1942.4-1945.10	남선농촌조사대(1942년 여름) 아키바 타카시 대장	
조명기(以和明基 1905-1988) 1942.4- 조수		
경성사회학회(1942.5)		스즈키 마코토(鈴木 誠 1914-1973)

대륙자원과학연구소(1945.6)

군정청 이동사령제28호 "파면(罷免)"(1945.11.3)
이동의료국(移動醫療局, Medical Relief Union)(1945.12)
조선총독부 폐청 "자연퇴관(自然退官)"(1946.5)
후생성 하카다 인양자구료부 후츠카이치 보양소(二日市保養所 1946-1947)

"팔학련(八學連)"(1950-1951 대마조사)

위원장: 츠치무라 타로(辻村太郎, 地, 도쿄대학)
부위원장: 이마무라 유타카(人, 현지조사대장), 키타무라 세이이치(人, 나가사키대학 반장), 후루노 키요토(宗, 규슈대학, 인문제과학종합반장)
간사장: 이즈미 세이이치(族, 메이지대학)
간사: 스즈키 지로(族, 와세다대학), 코보리 이와오(地, 도쿄대학)
조수: 가모 마사오(人, 히로시마대학)

무라타케 세이이치(1928-?)	코하라 유키나리(1928-2014)

[사진 2-11] 1952년 인류학·민족학 연합대회(人類學民族學連合大會, 나가노현 마쓰모토시) 후 카미코지(上高地) 여행에서. 왼쪽부터 시마, 아키바 부인, 가모 마사오(蒲生正男), 아키바, 미상, 스즈키 부인과 자녀, 이마무라, 스즈키 마코토. 앉은 사람은 미상. 이즈미 세이이치는 그해 9월 이민 연구를 위해서 브라질로 떠났기 때문에 사진에 없다(아키바 마리코 여사 제공).

는 점에 대한 이해를 구한다.

표를 경성제대의 조직상 '법문학부 종교 및 사회학연구실' 측과 '의학부 해부학교실' 측으로 나누어 살펴보면 하나의 특징을 볼 수 있다. 전자에는 여러 사람이 들쑥날쑥 등장하는데, 후자는 조직이 단일한 선으로 유지되고 있다. 조직이라는 측면에서 볼 때, 전자는 조직으로서 생명력이 약하고 후자는 교실 중심의 강한 조직력을 발휘한다. '경성학파'의 조직력은 후자에서 기인되었다고 이해하는 것이 안전하고, 전자 출신인 이즈미가 후자의 조직력과 결합되어 '경성학파'의 면모를 보여준다고 생각된다. 이즈미의 조직 관리 능력이 후자의 조직력 속에서 한껏 발휘될 수 있었던 점은 '경성학파'의 역사 속에서 간과할 수 없는 부분이며, 일본인류학이라는 틀 내에서 체질인류학과 문화인류학이 암묵적으로 연결되는 모습을 보여 주는 단서로 이해하는 것이 바람직하다. 후일 도쿄대학 문화인류학연구실이 조직 운영되었을 때, 주임교수였던 이즈미가 문화인류학연구실 속에서도 체질인류학의 측면을 유지하려는 조직적 의지를 보여 준 부분이 새롭게 돋보인다. 개인의 인간관계가 전체 조직에 영향을 미치고 있음을 지적할 수 있고, 이런 측면이 일본 문화로 이해되어야 바람직하다고 생각한다.

경성제대 의학부 3학년 때 '경성제국대학 의학부 특수세민조사회'를 조직해 '토막민의 생활·위생 조사'를 주도했던 타나카 마사시(田中正四, 후일 히로시마대학 의학부 위생학교실 교수)가 편집한 '이마무라가 보낸 엽서 편지'에는 과거 경성제대인들과 경성학파를 구성하는 인물의 활동이 사적 차원에서 자세히 묘사되어 있다. 이마무라가 과거의 일들에 대해 내밀한 묘사에 이어 "우리가 조선 시대를 반성해 보면, 그렇게도 고약했다. 개인으로서도 나라의 차원에서도 약자에게 도저히 해서는 안 되는 일들이었다."(田中正四 編 1972.3.15: 24)라고 술회했다. 1953년 12월 28일 자 이마무라의 엽서에는 "텐리(天理)에서 (개최되었던) 인류학·민족학회에는 전원이 나카야마(中山) 관장에게 초대되었는데, 호걸인 관장은 삼백 명 정도의 손님들 한 사람도 빼놓지 않고 술을 권하는 천연덕스러운 모습도 보였다."(田中正四 編 1972.3.15: 28)라는 기록도 남겼다. 이토록 세밀한 이마무라의 술회는 경성학파의 활동뿐만이 아니라 식민지 조선에서 제국 일본 차원에서 저지른 행위들을 판단할 때 곱씹어 보아야 할 대목이다. 한 지식인의 경험이 농축된 고백과 술회가 어떤 다른 숫자나 기록 증거보다 강한 힘을 발휘하고 있다는 점을 외면하지 말아야 한다. 1952년부터 1970년까지 이마무라의 신변잡기 기록이지만, 그 속에는 경성학파의 움직임을 읽어 낼 수 있는 인물과 사건에 관련된 소식들이 자세히 담겨 있다.

경성학파가 추구했던 미완의 '희망'은 전후에 이즈미가 발표한 뉴기니 웨나타니자미헤자티자티자(Wenatanijamihejatijatija) 부족의 식물민족학(plant ethnology, 泉 靖一 1949.6)에 관한 논문과 이마무라의 '형질과 문화'의 양자 관계를 천착하는 글(今村 豊 1962.9)에서 새로운 학문적 시도를 추구하고 있다. "유전의 출발점은 통혼인데, 통혼의 전제 조건으로 문화 일치가 불가결하다면, 문화 쪽이 형질을 제한하는 것이 된다. 이런 의미로 볼 때 문화와 형질은 전혀 관계가 없다고 말할 수 없다. (…) 문화에도 현상의 심오한 부분이 내재된 인자와 같은 것이 있을까 없을까. 만약에 있다면, 어느 정도까지 분석이 가능할까. 민족학자의 가르침을 구걸할 것이 아니라, 형질과 문화 각각의 깊이 내재된 인자가 판명된다면, 양자관계가 더욱 확실하게 드러날 것이다"(今村 豊 1962.9: 64). 다년간 인문사회과학(문화인류학)과 자연과학(체질인류학)이 함께 자리했던 대규모 학술 조사 경험에서 비롯된 새로운 학문의 시도에 대한 논의가 '희망'을 거론할 수 있는 근거가 된다. 개인 관계를 기반으로 종합 학술 조사에서 축적되었던 과거 경험을 배경 삼아 새로운 학문 방향을 추구하는 모습이 이즈미와 이마무라 두 사람에 의해 시도되었던 점에 일말의 경외감을 느낀다. 미국 인류학계에서 1960년대에 시작된 민속과학(ethnoscience) 경향이나 1990년대에 결실을 본 공진화(共進化, coevolution) 논의(Durham 1991)로 향하는 아이디어들이 1930년대와 1940년대에 경성제대를 배경으로 실천했던 이즈미와 이마무라의 시도로부터 시작되었던 궤적이라는 사실을 상기한다면, 경성학파의 가능성과 그들이 추구했던 '희망'을 결코 과소평가하지 말아야 한다.

그런 '희망'을 지향한 바탕은 함께 산을 오르고 탐험하고, 실천을 통해 만들어진 행동의 인맥과 '코네(연줄)'를 배경으로 형성되었다는 사실을 간과할 수 없다. 바꾸어 말하면 경성학파의 구성원들에 의해서 제안된 '학제간 연구(interdisciplinary)' 지향은 장기간의 학술 탐험이라는 공동체적 활동의 과정을 통해 신체화된 것이라고 말할 수 있다. 머릿속에 계산된 필요에 의해 시도되어야 한다는 당위성을 전제로 한 '학제간 연구'가 아니라 동시동소(同時同所)에서 공동으로 학문을 해온 일본인들의 생활 속에서 발현된 것이라는 점이 학문적 특성이라고 지적할 수 있다. 따라서 이는 학문 이전의 인간관계에 의해 만들어졌다는 점을 다시 한번 깨우치는 것이 앞으로 이어질 학문의 미래 모습에 대해 의미를 지닐 수 있다고 생각한다.

가모의 입장에서 볼 때, 가모와 아키바의 관계는 '마고데시(孫弟子)'가 된다. 아키바의 제자가 이즈미이고, 이즈미의 제자가 가모이기 때문이다. 경성학파의 영향력은 전후(戰後)에도 미미하게 이어지고 있었다.

6. 소결: '경성학파'의 학통 잇기

제국 일본 내에서 인류학이란 학문 분야에 중점을 두고 연구한 곳은 세 군데 지역이다. 첫 번째, 제국의 중심이었던 도쿄다. 1884년에 도쿄 인류학회가 발족되고, 1894년 츠보이 쇼고로(坪井正五郎)를 교수로 맞이해 종합인류학 강좌를 시작한 도쿄제국대학을 들 수 있다. 그 영향으로 와세다대학(早稻田大學)에서 1918년 니시무라 신지(西村眞次)가 인류학 담임 교수로 임명되었다. 이후 도쿄제국대학의 인류학교실이 이학부에서 체질인류학에 초점을 맞추어 발족한 것은 1939년이었다. 이에 비해 1928년 식민지 대만에 설립된 대북제국대학에서는 문정학부의 공식 교실로 토속·인종학연구실을 설립했고, 그 중심에 인류학자 우츠시카와 네노조(移川子之藏)가 활동하면서 대만과 동남아시아에 대한 심도있는 업적을 축적했다. 1926년 발족한 식민지 조선의 경성제국대학이 인류학적 학문의 모양새를 보여 주기 시작하는 것은 1932년에 아카마쓰의 종교학 강좌와 아키바의 사회학 강좌가 결합해 만몽문화연구에 목표를 두고 조성된 종교 및 사회학연구실이라고 말할 수 있다. 물론 도쿄와 대북 그리고 경성에서 공히 제국대학의 해부학교실들을 중심으로 이루어진 체질인류학의 업적이 간과될 수는 없다.

요약하면, 도쿄의 활동은 상대적으로 구심점이 약했고, 두 식민지에서 이루어졌던 인류학 분야의 활동이 상당한 업적을 보여 주었다. 즉, 식민지와 인류학은 한 세트로 움직이는 모습이었다는 점을 지적하기에 충분하다고 생각한다. '제국 일본의 인류학'이라는 틀에서 본다면, 경성제대의 역할과 경성제대 중심으로 이루어졌던 여러 학술 조사에서 나온 인류학적인 업적들이 결코 간과될 수 없다. 학술 조사들은 여러 형태의 팀을 구성해 수행되었으며, 그런 팀워크가 만들어 낸 업적들은 궁극적으로 '경성학파'를 지향함에 공헌했다고 판단된다. 그중에서도 공법학 분야와 인류학 분야에서 오래전부터 공공연히 '경성학파'라는 용어가 사용된 적이 있었고, 최근 학문사에 대해 관심을 가진 연구자들에 의해서 조심스럽게 거론되기에 이르렀다(全京秀 1999.12.25; 石川健治 2006.2.24). 제국 일본의 인류학이라는 학문의 역사에 관심이 있는 나는 경성학파가 이룩한 인류학 분야의 업적에 '과공(過功, 공과를 시간상으로 정리함)'을 논의하기에 이르렀다.

아베 교수의 '희망'이 대동아 공영권을 지지하고 총력전을 감행했던 체제 내의 '희망'이었다는 점은 분명히 정리할 필요가 있다. 아베가 "전쟁 중에 작성했던 문장을 읽노라면, 과시하고 싶은 생각보다는 오히려 수치심을 느낀다."(安倍能成 1946.6.15: 2)라고 술회하는 것은 체제의 내외, 즉 '전중(戰中)'이라는 체제와 '전후(戰後)'라는 체제를 가로지르는 삶을 살아본 지식인의 고뇌일 것이다. 아베가 제안했던 '희망'은 결코 달성될 수 없었다. 1938년 8월 3일 경성제대 몽강학술탐험대는 '대륙해양설'을 증명할 수 있는 자료인 해서동물화석을 발견하는 '희망'의

개가를 올리기도 했다. 그러나 이는 제국의 욕망이라는 에너지 앞에서 물거품이 될 수밖에 없었다. '희망'이 결실을 맺기에는 현실의 벽이 너무나도 높았고 두터웠다. "학문과 교육은 사변처리를 위한 일대 국책에 속하므로 전시 체제의 일익이 될 수밖에 없었던"(吉田熊次 1941.11: 12) 상황이 제공하는 엄청난 대가, 즉 전쟁을 위한 총동원과 '피폭'이라는 대량 살상의 대가를 치르고 나서야 다가오는 것이 '희망'이었고, 그것이 '공(功)'으로 전환되는 극적 긴장감을 보여 준 과정을 읽어 내는 것이 이 책이 지향하는 궁극적인 목표다.

역사의 진행 단계는 건너뛰는 법이 없다. '과(過)'라는 대가를 치르지 않고 '공(功)'이 얻어지는 법은 없는 모양이다. 제국의 욕망은 제국의 파멸을 초래했고, 그 파멸 끝에서 '공'의 '희망'이라는 체험을 했던 것이 경성제대 학술 조사와 그 과정에서 학습되었던 점을 지적하고 싶다. 그 과정에서 경성학파의 싹이 텄고, 제국 욕망의 종결 시점에 경성학파가 열매를 맺었다고 볼 수 있다. 우리는 그것을 학문의 결실이라고 말할 수 있으며 이 책에서는 '공'이라고 언급하는 것이다. 철학자 아베의 '희망'은 너무 낭만적이었다. 아베가 거론했던 '희망'은 "대동아전쟁 필승을 위해 대학의 직역 봉공"(尾高朝雄 1944.4.1)이라는 처절한 고통 뒤에 오는 것이지, 상상으로만 주어지는 것은 아니었던 모양이고, 이것이 역사의 학습인 셈이다.

경성제대의 대학 차원에서 이루어진 학술 활동은 상당 부분 MAB 복합의 전형적 모습을 나타낸다. 조선총독부와 외무성 문화사업부를 비롯한 관(官)과 관동군과 조선군 사령부를 비롯한 군 당국과 경성제대를 중심으로 형성된 학자 집단이 합작해서 학술 조사를 시행한 과정이 나타난다. 전시기 권력 소재의 순서로 본다면, 군사(M)-관료(B)-학문(A)으로 순번을 정해 'MBA'로 표시할 수 있지만, 내가 'MAB'를 선택한 것은 이유가 있다. 'M'과 'B' 사이에서 샌드위치 된 'A'를 강조하기 위해서다. "조선은 (…) 대동아 건설의 병참기지로 그 중요한 임무는 변하지 않는다."(高田 實 1942.6: 6)라는 주장이 있다. 식민지 조선에 존재했던 경성제대가 조선에 부여된 정치구조 틀 속에서 학문 활동을 할 수밖에 없던 점을 확인할 수 있다. 전시라는 '상황'에서 대학에 부여되었던 학술 조사 과제가 대학이라는 조직이 끊임없이 추구해 온 궁극적 존재 목적의 본질을 위협했다는 점을 논의하고 싶다.

그 문제를 지적하는 것으로 논의를 종결시킨다면, MAB 복합에 참여했던 선학들을 군사·정치적으로만 바라보는 인식을 노정하는 것이라 생각한다. 그 인식에서 논의가 멈추면 미완성 평가가 된다. 학계에서 책임감 있게 감당해야 할 과제는 학문 차원에서 MAB 복합 관련 활동을 했던 선학들의 업적을 자세하게 분석하는 것이다. 전후 일본의 학계는 '선반 위에서 툭 떨어진 것'도 아니고 맥아더 사령부에 의해 제공된 것도 아니다. 어떤 형태로든 MAB 복합에 참여했던 선학들의 학통을 잇고 있다는 사실을 잊지 말아야 한다. 나의 논의는 전시기의 MAB 복합 시스템 속에서 학술 조사라는 이름으로 행해진 학문 공동체와 그 주축을 이루었던 대학이 어떤 변질을 경험하는가 하는 측면을 조명한다.

폭압적 MAB 복합 속에서 대학 존재 목적의 연속을 확인하는 작업이 미래의 학문 발전에 기여할 씨앗이 된다는 확신에서, 경성제대 구성원들이 남긴 업적을 전쟁이라는 판 위에서 검토하는 것은 쉽게 달성하기 어려운 과제지만, 그만큼 값진 선물이 되리라 생각한다. 전범(戰犯) 또는 전쟁 협력이라는 기준을 먼저 정해 놓고 그들의 업적을 선별하고 분석하는 것은 어렵지 않다. '상황'이라는 전쟁의 판이 이미 마련되어 있기 때문이다. 그러나 전쟁이라는 판 위에서 진행되었던 작업에 내재하는 '희망'의 결정(結晶)들을 선별해서 그것들이 담고 있는 진리 탐구의 경향을 논하는 것이 후학에게 남겨진 과제일 것이다. 교육과 연구를 담당했던 학문 수행 기구로서 경성제대와 그 구성원들이 달성한 학문 업적에 대한 평가에는 인색하지 말아야 할 것이다.

> “경성학파, (…) 그들의 안중에 도쿄제국대학은 없었다. 조선 반도의 대륙적 기풍 가운데서 베를린대학을 라이벌로 간주했던 경성학파의 기상은 장대했다. 그들은 경성시대에 왕성하게 독일어로 논문과 서평을 작성했다. 20세기 사회과학의 최전위에서 유럽 동료들과 어깨를 나란히 해 학문을 하고자 했다. 반도에서 단련되었던 사색의 성과를 가지고, ‘제국’ 일본적 학지(學知)의 도국적(島國的) 협소성을 타파하는 것조차 그곳에서 기도되었다”(石川健治 2006.2.24: 174).

이시카와 켄지의 논문은 원대한 포부를 갖고 있었던 아베의 ‘희망’을 증언하려는 노력의 하나로 과장이 없지는 않다. 이시카와의 경성학파 공법학에 대한 평가에는 그 범주에 포함되는 인물에 대한 정밀한 검토 위에 새롭게 다른 자리를 마련해 분석할 여지가 있다. 각설하고, 그가 제시하는 “경성법학파”(石川健治 2006.2: 172) 또는 “경성학파 공법학”(石川健治 2006.2: 174)이라는 단어는 우리가 논의하려는 대학상과 학문의 문을 두드리는 표현의 하나다. ‘경성학파’는 공법학 차원의 제안에서 끝나지 않으며, 경성제대 구성원들이 달성하려 했던 ‘희망’의 자태를 내포하고 있다.

‘만몽’과 ‘대륙’이라는 외교적·군사적·제국주의적 용어의 범주와 분위기 속에서도 ‘희망’을 향한 작업이 전혀 없던 것은 아니다. ‘상황’ 속에 ‘희망’의 촛불이 자라고 있었다는 생각이 ‘상황’의 억압 속에서 ‘희망’을 추구했던 선학들에 대한 객관적이고도 진지한 평가일 것이다. ‘상황’의 폭풍 속에서 ‘희망’의 촛불이 꺼지지 않도록 온몸을 던져 학문을 지키려 노력했던 부분을 외면하지 말아야 한다. 그 노력이 아무리 미미하게 평가된다고 하더라도 ‘희망’의 촛불을 이어지게 한 선학들의 노력에 대한 평가는 엄정하고도 겸손해야 할 것이다. 물론 그 과정에서 생긴 문제점에도 엄밀한 논의를 병행하는 것이 미래의 대학을 위한 초석이 될 수 있다.

서구의 인류학 진행 과정에서 보여 준 식민주의와 밀접한 관련성이 제국 일본에서는 약간 다른 양상으로 전개되었음을 경성제대와 경성학파의 활동 속에서 감지할 수 있다. 그것은 식민주의를 배경으로 한 군국주의(軍國主義, militarism)와 결탁이라는 특징이다. 이는 제국 일본의 인류학이 보여 주는 특징 중 하나라고 지적해도 문제가 없다. 그 증거가 조선의 경성학파와 대만의 '대북학파'가 보여 준 활동 일부에서 확인될 수 있다.

그래서 필자는 제국 일본의 인류학이란 틀 속에서 나타난 활동 과정과 결과를 점검하기 위해 식민주의와 군국주의를 분리해야 한다는 생각을 강하게 하고, 서구의 식민주의 인류학에 대비해 제국 일본의 군사주의 인류학이라는 문제를 생각해야 한다고 믿는다. 물론 이 현상이 제국 일본에서만 나타난 것은 아니다. 서구에서도 세계대전 중에 나타난 현상이지만, '15년 전쟁' 동안 제국 일본에서 나타난 현상이라는 점은 분명하다.

주

1 이 장의 내용 중 일부는 칸사이카쿠인대학(關西學院大學) 사회학부의 세미나(2009년 3월 7일, 오기노 마사히로-荻野昌弘 교수 주관)에서 "제국 일본의 전쟁과 경성제국대학의 학술 조사: 대륙문화연구회의 활동을 중심으로(帝國日本の戦争と京城帝國大學の學術調査: 大陸文化研究會の活動を中心に)"라는 제목으로 구두로 발표된 바 있다.

2 '군국자장가'의 가사는 다음과 같다. 전통적으로 일본 전역에서 가장 넓게 보급되어 불리던 자장가의 내용을 배경으로 하고 있음을 알 수 있다. 특히 시작 부분과 끝나는 부분의 가사 배열 내용이 전통적인 자장가와 흡사하다. 전통적인 자장가에 '군국'색을 입힌 것으로 이해할 수 있다.

"ねんねよ ほろろん 鳩が鳴く ほろろん ほろろん 鳩が鳴く
坊やの坊やの ほろろんが ねんね ねんねと 鳴いてます
坊やの父さま いくさびと あの山超えて 海超えて
あかい夕陽の 支那の國 いまごろ起きてか およててか
ねんねよ ほろろん 鳩が鳴く 父さまもうすぐ おかへりよ
坊やのお土産は 何と何 背嚢に銃劍 鐵 兜"(天沼ないみ 1939.5: 37).

3 시로야마는 수산강습소(현재 도쿄수산대학원양어업과)를 졸업한 후, 강습소의 연구소에 있다가 부친의 사업인 '일본어망선구'에 입사하여, 대만에도 근무하였다. 군대에 징집되기 전에 그는 포항의 조선어망주식회사에 근무한 기록이 있다. 대만에 근무할 때는 중앙산맥의 주봉들을 등산하였다. 그는 해양조사기재와 원양어업장비를 취급하는 회사를 경영하면서 등산에 정진하였다. 1932년에 발행되었던 『산과 계곡(山と溪谷)』이란 잡지에 「북양기행(北洋紀行)」이란 글이 실려 있다. 그는 해기(海技) 자격증을 갖고 있었기에, 1944년 7월 육군선박병으로 소집되어서 독립기동수송제21중대장으로 SB艇의 선장으로 복무하였다. 1945년 8월 6일 히로시마 우지나항(廣島宇品港)에 정박하였는데, 원폭으로 인한 아비규환의 현장에서 구조활동도 하였다고 한다. 1954년에는 일본극지연구소의 대표로서 활약하였다. 1973년 1월 23일 지병인 고혈압으로 사망하였다(木村義昌 1973.7.10 참조).

4 아베 요시시게(1883-1966)는 도쿄제대를 졸업하고 호세이대학 교수로 근무하다가 유럽 유학(1924.9-1926.3) 후, 경성제국대학 교수(1926.3 부임)와 同 법문학부장(1928.9)을 거쳐 제일고 교장(1940.9) 및 문부대신(1946.1-5), 제실박물관총장, 학습원장, 학습원 대학장을 역임했다. 쇼와(昭和)시대 최고의 지성이라고 칭할 수 있는 철학자였다.

5 시국(時局)이란 단어는 제1차 세계대전이 종료된 뒤, 1918년 1월부터 유행한 단어다.

6 시라이 준(白井 順) 박사가 미키 사카에(三木 榮, 수원도립병원장, 전 경성제대 내과 조교수)에 관한 자료를 정리하는 가운데 발견된 것을 필자에게 제공했으며(2009년 10월 5일 편지) 그 내용은 다음과 같다. 유인물로 작성된 것으로 '간도지방순회진료반인명

(間島地方巡廻診療班人名)', '간도지방순회진료일정(間島地方巡廻診療日程)', '진료일정(診療日程)' 및 '만주국진료지요도(滿洲國診療地要圖)'(1/800만)로 구성되었다. '간도 지방으로 이주한 조선인 가족이 농사일을 하는' 사진이 한 장 첨부되어 있다.

間島地方巡廻診療班人名(班長: 教授 醫學博士, 今村 豊; 內科: 助教授 醫學博士 三木 榮; 內科: 醫學士 李義植; 外科: 醫學士 金晟鎭; 耳鼻科: 東京 醫學士 崔益鎭; 眼科: 醫學士 柳冀勳; 皮膚科: 醫學士 趙榮植; 藥局 九州 藥學士 伊東 競 以上 八名).

間島地方巡廻診療日程(三月三十日 京城發 後 3.50, 三十一日 圖們着 後 12.30 泊 診療, 四月一日 滯在 泊 診療, 二日 圖們發 朝 局子街着 診療 局子街發 圖們着 泊, 三日 圖們發 前 6.30 東京城着 後 2.18 泊, 四日 滯在 泊 診療, 五日 東京城發 後 2.30 寧安着 後 4.00 泊, 六日 寧安發 後 4.00 牧丹江着 後 5.18 泊, 七日 滯在 泊 診療, 八日 牧丹江發 午前 海林着 午前 泊 診療, 九日 海林發 午前 烏吉密着 午後 泊, 十日 滯在 泊 診療, 十一日 烏吉密發 午前 ハルピン着 午後 泊, 解散 奉天, 大連, 旅順 旅行). 도문(圖們)에서 3일, 동경성(東京城)과 목단강(牧丹江)에서 이틀 숙박하고 나머지 지역에서는 하루씩 숙박했다.

7 이 집단의 이름을 일본인들이 발음하는 것을 한글로 표기하면 '오로촌' 정도가 된다. 그러나 일본어의 모음 체계가 워낙 폭이 좁기 때문에, 정상적으로 원음을 기록해 낼 수 없는 점을 고려해야 한다. 아이바라 스스무(栗飯原晋)는 불교 에스페란토를 전문적으로 한 사람으로 국제연맹사무국도쿄지국원(國際連盟事務局東京支局員)으로 있었다. 그가 번역한 문건의 원문은 아래와 같다. Dro Teodoro Schwartz 1924 *Modernaj Robinzonoj en la Siberia Praarbara*. 90쪽 정도의 이 소책자는 부다페스트에서 발행되었던 『문학세계총화(文學世界叢話)』의 하나였다. 슈바르츠는 제1차 세계대전 중에 포로가 되어 시베리아에 억류되었던 동안 그곳에 거주하는 소수집단들의 언어 학습 기회를 가졌다. 이 책은 그가 하바로프스크 교외에서 포로 생활을 하면서 경험했던 기록이다. 아이바라가 책의 일부를 번역했고, 원음에 상당히 가까운 발음을 일본어로 적고 있다. 예를 들면, "アラチョン人!"(栗飯原晋 1927.5.1: 35)이다. 흔히 일본인들이 적고 있는 '오로촌'과 아이바라가 기록한 단어, 양쪽을 참고해서 발음을 적는 것이 타당하다고 생각한다. 내가 흑룡강성 모허의 그쪽 사람들에게 들었던 발음은 정확하게 아래아, 즉 ㅇ였다. 그래서 ㅇㄹ첸이라고 적는다.

8 책의 구성은 다음과 같다. '國家の目的と大陸經營'(尾高朝雄), '東亞新秩序の建設'(森谷克己), '北アジア史概論'(鳥山喜一), '北アジア人種概論'(今村 豊), '北アジアの民俗'(秋葉 隆), '支那民族性論'(天野利武), '西域文化史概論'(大谷勝眞), '支那佛教史'(佐藤泰舜), '支那幣制論'(鈴木武雄), '滿洲産業の開發過程'(靜田 均), '滿洲國財政の特質'(小田忠夫), '內蒙古に於ける農耕地帶と遊牧地帶の境界線とその移動'(多田文男), '日滿の人口問題-內鮮滿人の生命表と眞の人口自然增加率-'(水島治夫), '韓方醫學想念に就て'(杉原德行), '北亞細亞の動物'(森 爲三), '北亞細亞の植物資源'(石戶谷勉), '滿洲及北支の傳染病及寄生蟲病'(小林晴治郞), 附錄(支那事變の處理に關聯して: 涉谷禮治, 武人の見たる山西の資源: 西原 貢). 책의 말미에 부록으로 글을 게재한 두 사람은 각각 조선무역협회부회장(朝鮮貿易協會副會長)과 조선군경리부장소장(朝鮮軍經理部長少將)이다.

9 책의 구성은 다음과 같다. '大東亞共榮圈の文化理念'(尾高朝雄), '東南アジア史概論'(鳥山喜一), '東南亞細亞の人種相-泰人を中心として'(島 五郎), '東洋史上より見たる印度史'(大谷勝眞), '支那古文化と考古學'(藤田亮策), '英支關係の初期'(奥平武彦), '東亞地圖の歷史的變遷'(中村 拓), '北京に於ける文教問題'(萩原淺男), '北支及中支に於ける日本語問題'(近藤時司), '占領地行政論'(篠田治策), '新中國の司法制度'(花村美樹), '東亞幣制論'(鈴木武雄), '英領印度の財政'(小田忠夫), '南洋農業とその經濟的特質'(伊藤俊夫), '滿洲國の燃料資源と人造石油工業'(石橋弘毅), '東亞共榮圈內に於ける動物資源に就て'(森爲三), '東亞乾燥地帶の植物景觀'(竹中 要), '血液型より見たる東亞諸民族の移動'(佐藤武雄), '支那治療醫學への回顧'(大澤 勝), '醫學より視たる泰國'(岩井誠四郎), '南方支那及び泰國に於ける地方病並に風土病の常識'(小杉虎一), '東亞共榮圈に於ける性病問題'(北村精一).

10 그 목차가 내용을 잘 보여 준다. '京城帝國大學蒙疆學術探險隊の成立と探險旅行の經過'(尾高朝雄), '張家口より阿巴哈那爾貝子廟まで'(泉 靖一), '阿巴哈那爾貝子廟より張家口まで'(藤原正義), '小五臺山登攀記'(泉 靖一), '地理學的に見た內蒙古'(多田文男), '蒙疆の地質と地下資源'(波多江信廣), '蒙疆地方の動植物'(森 爲三), '內蒙古の植物'(竹中 要), '小五臺山の植物'(竹中 要), '內蒙古の樹木昆蟲類'(齋藤孝藏), '樹木及樹木昆蟲より觀たる小五臺山'(齋藤孝藏), '北支蒙疆地方動物採集品目錄'(森 爲三,趙 福成), '蒙疆の政治と經濟'(鈴木武雄), '內蒙古の民俗'(泉 靖一), '代王城出土品に就いて'(藤原正義), '探險隊の裝備と食糧'(服部 敏), '醫療狀況'(伊藤武男·武藤 明·大西雅郞).

11 성대의 학부 재학생으로서 MRU의 학생봉사단장을 역임했다. 전후 규슈대학을 졸업했다.

12 이 부분에 관한 이즈미의 기록이 있다(泉 靖一 1971.11.10: 211). 카야마 요헤이(1915-2005)가 남긴 자료들은 동해대학 부속도서관 소서당분고(東海大學 附屬圖書館 蘇書堂文庫)에 보존되어 있다. 그의 이름으로 발표된 글 중에는 다음과 같은 것들이 있다.

1966 "アフラシアブの発掘ーサマルカンド新発見の壁画", 東海史學 1: 25-35.

1967 "死者哀哭図のあるオスアリーカラカルパク自治共和國トク·カラ出土品", 東海史學 3: 51-54.

1967 "マルギアナの仏教遺跡", 東海史學 4: 45-47.

1970.7 "塩砂に埋もれた文明ホラズム〈発掘〉(55)", 芸術新潮 21(7): 148-152.

1981 "中央アジア史文献目録を作成して", 東海史學 15: 51-55.

1982 "第一回國際ブルガリア學學會に参加して", 東海史學 16: 45-46.

匿名 1989 "香山陽坪教授著作目録", 東海史學 23: 65-69.

1993 "ロシア帝政時代の中央アジア研究", 東海史學 27: 1-22.

1994 "ロシア帝政時代の中央アジア研究 (2) V. V. バルトリドを めぐって (2)", 東海史學 28: 114-85. V. V. Bartolyd 共著.

1995 "ロシア帝政時代の中央アジア研究(3)", 東海史學 29: 140-116.

1996 "ロシア帝政時代の中央アジア研究(補遺)", 東海史學 30: 130-123.

1999 "「ロシア帝政時代の中央アジア研究」の補訂にあたって", 東海史學 33: 148-136.

13 경성제대 의학부 피부과 교수를 역임한 그의 글 중에는 다음과 같은 것들이 있다.

1938 "食餌性「アレルギー」性疾患の對策", 日本医事新報 807: 5-8.

1940 "皮膚科に於ける食餌", 日本医事新報 924: 3-4.

14 그의 대중용 저술로는 다음과 같은 글들이 있다.

1970 "人類社會の形成(上)", 朝日ジャーナル 12(50): 66.

1970.2 "日本人の顔と表情 顔は人格と行動予定の表現である", 科學朝日 30(2): 111-117.

1971.8 "ヒトのたどった"動き"の歴史 旅路のなかで適応分散をくり返す", 科學朝日 31(8): 39-45.

부록 1: 京城帝國大學滿蒙文化研究會規約(昭和七年十二月十七日設定)

第一章 名稱及ビ目的

第一條 本會ハ京城帝國大學滿蒙文化研究會ト稱ス

第二條 本會ハ滿蒙文化ノ學術的研究及ビ調査ヲ目的トシ併セテ滿蒙ニ關スル知識ノ普及ヲ圖ル

第二章 事業

第三條 本會ハ前條ノ目的ヲ達成スルタメ左ノ部門ニ従ヒ研究及べ調査ヲ行フ

甲 人文科學

一. 滿蒙ニ關スル歷史及ビ地理

一. 滿蒙ニ於ケル遺跡及ビ遺物

一. 滿蒙諸民族ノ言語, 宗教及ビ民俗

一. 滿蒙ニ關スル經濟及ビ産業

一. 滿蒙ニ關スル舊慣及ビ法制

一. 其他滿蒙ニ關スル人文科學的研究事項

乙 自然科學

一. 滿蒙諸民族ノ體質人類學

一. 滿蒙ニ關スル藥物學

一. 滿蒙ニ於ケル動物, 植物及ビ鑛物

一. 其他滿蒙ニ關スル自然科學的研究事項

부록 2: 京城帝國大學大陸文化研究會刊行物

朴文圭 編 1934.11. 京城帝國大學圖書館及同大學經濟研究室所藏 滿蒙關係圖書分類目錄(昭和九年九月三十日現在). 京城帝國大學滿蒙文化研究會 發行.

一. 報告書

第一冊 滿洲農業事情概況(1934年 5月 13日 發行: 三宅鹿之助·大內武次·四方 博 共著) 會長

序文: はしがき

第一章 滿洲國産業の特質(第一節 滿洲國の地理的·自然的諸條件, 第二節 滿洲國の人口, 第三節 滿洲國の資源, 第四節 主要資源利用の現況, 第五節 滿洲國産業の現段階とその特殊性)

第二章 滿洲國農業の鳥瞰(第一節 農業に於ける自然的條件, 第二節 農業の技術的形態, 第三節 農業に於ける經濟的諸關係, 第四節 總括的考察, 附錄: 京城帝國大學大陸文化硏究會規約)

第二冊 北滿の二大古都址: 東京城と白城(1935年 5月 27日 發行: 鳥山喜一 著) 渤海國國都址の發掘に就いて, 金國國都址の踏査に就いて

第三冊 滿洲諸民族の民族性硏究(一)(1937年 3月 23日 發行: 天理利武 著)

第一篇 方法(第一章 民族性の槪念, 第二章 民族性の硏究法)

第二篇 漢民族の民族性(第一章 漢民族の民族性に就いて從來の觀察, 未完)

第四冊 蒙古族及び通古史族の體質人類學的硏究補遺(1938年 4月 人類學雜誌 53-4: 23-78. 所收: 今村 豊·島 五郎 共著)

第五冊 熱河·北京の史的管見(1939年 4月 17日 發行: 末松保和 著) 一 錦州.熱河兩省の特殊的位置, 二 錦州.熱河兩省の過去, 三 主なる史蹟の二三, 四 朝鮮史と錦州.熱河地方, 五 朝鮮史と北京, 結び.

第六冊 蒙疆調査報告: 京城帝國大學學生大陸調査團(昭和十四年)報告書(1940年 9月 28日 發行)

緖言: 天理利武

調査日誌(法文班調査日誌: 茂野直弘, 醫學班調査日誌: 李圭瑢)

調査報告(蒙疆の民族的構成: 鈴木 昇, 蒙疆に於ける宗敎及び敎育狀況の瞥見: 池田 實, 西北貿易小論: 淸田康久, ワチル部落に於ける診療成績について: 中島 昇, 蒙疆に於ける醫學的昆蟲: 加藤卓治·李圭瑢, 蒙疆旅行に於ける裝備其他について: 鈴木 誠, 蒙古風俗瞥見: 土持元, ワチルと水: 大利茂久)

寫眞集(厚和淸眞寺他十種: 中島 昇·梅田健治)

附圖(學生大陸調査團行程圖)

第七冊 滿洲開拓青年義勇隊勃利訓練所に於ける衛生調査報告(1942年 7月 10日 發行: 森 有吉·宮崎正德·中馬忠男·原 齋·早川眞澄·兼松幸四郞·江口秋藏·岡戶達雄·岡本 垣·二·相良 徹·森 正夫·端野正治·朝木信成·金榮燦·原 大二·原 雄三 共著)

第一 'ツベルクリン'皮內反應陽性率に就て(第一章 緖言, 第二章 調査方法, 第三章 調査成績, 第四章 總括)

第二 赤血球沈降反應に就て(第一章 緖言, 第二章 檢査方法, 第三章 判定法, 第四章 檢査成績, 第五章 總括)

第三 身長體重胸圍比體重比腦圍に就て(第一章 身長に就て, 第二章 體重に就て, 第三章 胸圍に就て, 第四章 比體重に就て, 第五章 比胸圍に就て)

第四 齲蝕齒に就て(第一章 齲蝕齒保持者と年齢その關係, 第二章 齲蝕齒罹患率, 第三章 齲蝕

齒個數保持者別に關して, 第四章 顎別による齲蝕齒保持者數)

第五 赤血球沈降速度と各種檢査その比較(第一章 赤血球沈降速度と'ツベルクリン'反應との關係, 第二章 赤血球沈降速度と比體重との關係, 第三章 赤血球沈降速度と比胸圍との關係, 第四章 赤血球沈降速度と齲蝕齒との關係, 第五章 總括) 附, 其の他の疾病に就て

第六 水質檢査

第七 住居調査(第一章 位置, 第二章 生活, 第三章 敷地及び宿舍方向)

第八 結辭

二. パムプレツト

第一冊 古代滿洲の民族と文化(1938年 3月 20日 發行: 鳥山喜一 著)

第二冊 所謂北鮮ルートに就いて(1938年 3月 5日 發行: 鈴木武雄 著)

第三冊 滿蒙民族の體質(今村 豊)·大陸ルート論(鈴木武雄)·雲崗石窟に就いて(鳥山喜一)(1939年 3月 20日 發行)

第四冊 滿洲國の醫學的昆蟲一斑(小林晴治郎)·北支地方病の槪況調査(小杉虎一, 1940年 3月 20日 發行)

第五冊 五個年計劃と滿洲の工業(1940年 5月 12日 發行: 靜田均 著)

一 滿洲經濟の現段階

二 時局產業大觀

三 油房工業と大豆專管制

四 新興工業都市を探る

第六冊 血液型檢査準備調査並ニ法醫學上ノ調査槪況(佐藤武雄)/北支並滿洲醫業現況(附. 喇嘛醫ニ就テ, 北村精一 1942年 6月 20日 發行)

제3장 아카마쓰 치조의 원시문화학과 무파론

1. 서론: 오해의 시발

특정한 학자를 거론함에 있어 특별한 이유가 있을 수 있다. 저명한 학자들이 연구사 측면에서나 이론사 측면에서 중첩적인 연구 대상이 되는 경우는 흔하다. 이 장의 주인공이 된 아카마쓰 치조 선생이 논문이나 책 제목에 등장한 경우는 그의 사후, 동료가 작성한 비교적 짧은 추도문(羽溪了諦 1960.3)과 제자가 일간 신문에 소개한 짤막한 회고록(泉 靖一 1969.6)이 전부라고 생각된다. 두 글의 내용은 그의 학문적 공헌 및 성과에 대한 것이라고 평가하기에는 턱없이 모자라다. 내가 이 시점에서 아카마쓰의 학문 세계를 논하는 이유는 다음과 같다.

첫째, 경성제대의 역사와 학문 성과에 관심을 가지고 있다. 아카마쓰는 1927년 가을 법문학부의 교수로 임관해 종교학·종교사 강좌를 담당하면서(京城帝國大學學報 1927.9.5) 조선과 만주의 샤머니즘을 집중적으로 연구했다. 지금까지 경성제대에서 이루어진 조선의 샤머니즘 관련 연구사는 아키바 타카시를 중심으로 소개되었다고 해도 과언이 아니다. 즉, 아키바가 샤머니즘 연구와 조선민속학에 주요 역할을 한 것으로 소개되었으며, "그가 바로 한국 '무속연구 학도들(이) (…) 모범 또는 모형'으로 삼고 있는 아키바"(南根祐 1998.9: 69)라는 것이 현재까지의 평가이며 연구 성과다.[1] 이 현상은 일본에서도 유사하게 전개되었다. "조선의 종교민족학·사회인류학 연구는 경성제국대학 법문학부에서 아키바의 부임에 의해, 또 다른 사람으로 당시 신진 종교민족학자인 동시에 뒤르켐을 추종한 아카마쓰가 결합해 이루어진 공동연구의 발족"(泉 靖一·村武精一 1966.3.28: 259)에서 시작되었다는 평가도 있었다. 어처구니없고 철저한 오해의 소산이다. 나이뿐 아니라 학문적으로도 엄연히 한 세대 위였고, 제국대학의 위계질서상에도 위 직급이었던 아카마쓰가 아키바보다 '신진'이라는 인상이 심어진 이유가 어디에서 비롯되었을까. 더군다나 두 사람의 관계에 대해 누구보다 잘 알고 있던 이즈미 세이이치가 주 저자로 공저한 글에서 이런 오류가 발생했다는 점은 분명한 해명이 필요하다. 이즈미와 무라타케 세이이치는 일본 문화인류학계에서 현재까지도 중후한 평가를 받는 인물들이며, 학계에서의 위상은 두말할 필요도 없다. 오해는 너무 어처구니없게 시작되었다.

아카마쓰와 아키바, 두 교수가 구성한 연구실에서 학문을 시작한 이즈미가 공동 필자로 되어 있는 문장에 이런 오해가 발생한 이유를 알고 싶어서 나는 무라타케 씨에게 이즈미와의 관계에 대한 질문을 했고, 인터뷰 내용에 다음과 같은 내용이 있었다. "내 마음속의 이즈미 선생은 '동경하는 형제자(兄弟子)'로 우상화되어 있었다. 아키바 선생의 대학장(大學葬) 때, 참석했던 이즈미 선생과 여러 선생에 둘러싸여 아키바 선생에 대한 추억의 연회가 있었지만, '형제자'(이즈미 세이이치를 말함-필자주)를 맞이해 아키바 선생의 추억에 빠지면 빠져들수록 도저히 어쩔 수 없는 슬픔과 불안, '형제자'에게 친애의 표현을 하지 못하는 이 촌놈은 무턱대고 술로 목을 축이다 인사불성으로 취해 버리고 말았다. 이즈미 선생과의 유일한 공저인 「조선」이라는 작은 글(『일본민족학의 회고와 전망-日本民族學の回顧と展望』에 수록된 글, 1966-필자주)도 내가 원문을

집필했는데, 우리 공동의 은사인 아키바 선생에 대해 함께 간직한 추억과 그 기분을 살짝이 삽입시킨 것이었다"(村武精一 1972.12: 6). 이즈미는 무라타케의 작업과 그 결과에 기쁨을 표시했다고 했다. 즉, 1966년 이즈미와 무라타케의 공동 명의로 발표되었던 글은 무라타케가 썼고, 이즈미는 이름만 올렸을 뿐이라는 심증이 짙다. 무라타케가 작성한 원고를 점검하지 않은 상태에서 이즈미는 자신의 이름이 주 저자로 기록되도록 한 것이라고 이해할 수밖에 없다. 바꾸어 말하면, 아카마쓰에 대해 사전 지식이 전혀 없던 아키바의 제자 무라타케가 기록한 결과라고 말할 수밖에 없다. 무라타케의 학문적 업적을 신뢰하는 많은 후학은 무라타케의 글을 읽을 수밖에 없고, 이 과정을 통해 오해의 계보가 견고해졌음을 알 수 있다.

아키바의 조선민속학이 전개되고 축적되는 과정에 아카마쓰가 어떤 역할을 했는지 논의를 하고 싶은 것이 이 장의 의도다. 다시 말해 당시 학계 시스템 속에 아키바의 업적 평가가 필요한 작업이고, 그 시스템 속에서 아카마쓰의 업적과 역할이 어땠는가 하는 시각이 공정한 평가의 시발점이 될 수 있으리라 생각한다. 말하자면, 전체와 부분의 논리가 개입된 문제다. 현재까지 거론된 아키바 중심의 조선 연구 구도에 대한 인식 가능성이 허락된다고 하더라도, 역사는 주연으로만 이루어지는 것은 아니다. 아키바라는 주연의 활동에 아카마쓰의 '조연'(말하자면) 역할은 어땠으며, 당시 시대 배경에서 아카마쓰를 어떻게 평가할 수 있는가. 한 걸음 더 나아간 논리를 전개하는 것이 허락된다면, 과연 주연과 조연 역할로 나누었을 때 누가 주연이었고, 누가 조연이었는지 분명히 판가름할 연구가 필요하다.

둘째, 일본인류학사(민족학 및 문화인류학 중심) 정리에 관심이 있다. 아카마쓰를 인류학자라고 단정할 수 없지만, 그의 연구활동은 최소한 인류학과 밀접한 관련이 있다고 평가할 수 있다. 그의 종교사와 샤머니즘에 관한 연구는 종교학자로서의 작업이었음이 분명하다. 종교사라는 분야가 기본적으로 인류학적 자료들을 기반으로 하고 있음은 주지의 사실이다. 그러나 경성제대 사회학 강좌 담당의 아키바 교수가 아카마쓰로부터 직접 영향을 받고 조선과 만몽의 샤머니즘에 관한 연구 업적을 남겼다는 점을 입증한다면, 일본인류학사에서 차지하는 아키바의 위치를 평가하는 것과 병행된 차원에서 아카마쓰에 관한 논의가 가능하다. 한편 학문의 발달 정도와 분화 과정이 보이는 시대적 흐름을 고려할 때, 아카마쓰의 학문 활동이 왕성하던 시기를 일본인류학사 차원에서 평가할 수 있는 부분이 있다. 나는 아카마쓰의 학문 업적을 일본인류학사의 범주 내에서 다루는 것이 타당하다고 생각한다.

아카마쓰는 종교학으로 학문에 입문해, 학문의 범위를 종교인류학으로 확장한 기록을 남기고 있다. 당대 학계 구도상 종교학은 위치가 탄탄했고 인류학은 제대로 소개조차 되지 않았던 점을 고려하면, 아카마쓰의 학문은 기본적으로 종교학 분야에서 선제적인 평가가 있어야 한다고 생각한다. 문제는 그동안 일본종교학계에서 아카마쓰를 대했던 역사에 문제가 있음을 알게 되었다. 예를 들면, "아네자키(姉崎)는 『종교학개론(宗教學概論)』(1900)에서 종교학의 분야를 종교심리학·종교병리학·종교사회학·종교윤리학으로 나누어서 연구고찰"(小口偉一 1981.3.30: 4)했는데, 여기서 빠진 부문을 아카마쓰가 종교인류학으로 설정해 독자적으로 개척했다. 그럼에도 "류바(J. H. Leuba)는 심리학적 입장에서 인간 정신의 세 양상인 지·정·의(知·情·意)를 추적하는 종교를 분석했는데, 일본에서는 우노 엔쿠(宇野圓空 1885-1949)가 이것을 받아들였고"(小口偉一 1981.3.30: 2), "종교현상이라는 것으로서 우리들의 주위에는 종교일까 아닐까 잘 모르는 현상도 보인다. 많은 경우, 그것은 주술(magic)이다. 주술은 일상용어로는 마술이라고 많이 번역하는데, 학문적으로 엄밀하게 말한다면, 주술은 '마(魔)'의 존재가 없다고 하더라도, 어떤 종류의 힘[呪力]이 작동하여 가능하게 되면, 종교학에서는 주술이라고 부른다. 이 주술에도 여러 가지 종류가 있고, 종교현상의 종류에 들어가는 것이다. 즉, 순수한 종교현상이 아니고 복합적인 주술-종교적 현상이 보이는 것이다. 이러한 복합 현상의 연구는 종교의 기원 문제와 함께 종교인류학(=종교민족학)의 과제다. 일본에서는 우노 엔쿠와 후루노 키요토(古野清人 1899-1979)의 업적이 여기에 해당된다."(小口偉一 1981.3.30: 5)는 평가가 지배적이다. 우노와 후루노보다 먼저 종교인류학을 논의했던 아카마쓰는 제외되는 논설인 셈이다. 마나(mana)를 설명하면서(佐々木宏幹 1981.3.30: 19)도 전혀 아카마쓰에 대한 언급이 없다. 일본종교학계에서 잊혀진 아카마쓰라는 현실을 증언해 주고 있다. 종교인류학의 분야에 분명히 아카마쓰가 있었음에도 그러한 사실을 간과하는 일본종교학계에 문제가 있다는 지적을 하고 싶다.

셋째, 아카마쓰의 연구 활동 과정에서 드러나는 시대적 의미에 대한 평가를 일본제국의 조선총독부와 만주국 지배 및 대륙 침략의 연관성에 관한 논의에 연결할 수 있다. 학술 활동과 식민지 통치 및 군사 점령의 연관 관계를 아카마쓰의 연구 과정에서 입증하는 것이 어느 정도 가능한가. 조선이나 만주를 상대로 학술 조사 활동을 했던 연구자들은 대부분 일제의 패전과 함께 인양자(引揚者) 신분으로 강제 귀환 과정을 거쳤다. 그 과정에서 자신들이 수집했던 자료들을 제대로 수습할 수 있는 심적·시간적 여유를 가질 수 없었고, 귀환 과정에 가져갈 수 있는 짐의 양이 제한되어 자신들의 연구 업적물이나 자료들을 제대로 챙길 수 없었다. 그러나 아카마쓰는 대동아전쟁 발발 전인 1941년 봄, 경성제대 교관직을 사임하고 귀향해 일반 이사 절차를 밟았다. 따라서 그는 적지 않은 자료들을 이삿짐으로 운반할 수 있었다. 짐 속에서 다른 연구자들에게서 발견되지 않은 중요한 자료들이 일본으로 운반되었고, 그 자료들의 일부를 필자가 직접 확인한 적이 있다. 이 기회에 자료의 일부를 소개하고자 한다.

한 학자의 생애와 업적을 평가하는 것은 객관적으로 수집된 풍부한 자료에 의해 가능한 작업이다. 아카마쓰의 경우는 다른 연구자들과 달리 유족들이 상대적으로 많은 개인 자료를 보관하고 있지만, 유족들이 보존해 온 자료들이 얼마나 깊이 있게 외부 연구자들에게 제공될 수 있는지 언급하기 쉽지 않다. 한 사람의 학문 업적을 평가하는 것이 일대기를 중심으로 자서전을 작성하는 수준을 넘을 수밖에 없다. '학문 업적에 대한 평가' 부분 때문이다. 나는 아카마쓰가 남긴 연구 업적과 연구 활동에서 발견되는 시대를 반영하는 자료들에 집중적인 관심이 있으며, 아카마쓰가 활동하던 시대의 동료 및 선후배들과의 학문 관계를 중심으로 자료를 정리해 보려고 한다.

나는 2003년 4월 고베대학(神戶大學) 오카다 히로키(岡田浩樹) 교수의 안내를 받아 야마구치현 슈난시(山口縣 周南市)에 있는 토쿠오지(德應寺)와 야마구치대학 도서관 아카마쓰문고를 방문할 수 있었다. 자료 수집 과정에는 당시 전북대학교 동양어문학부의 임경택 교수가 동행했다.

2. 가계와 학통의 약보

아카마쓰(1886.12.23-1960.3.12)의 본적은 야마구치현 토쿠야마초 3438이다. 조부 아카마쓰 렌조(赤松連城 1841-1919)는 가나자와(金澤) 태생으로 불교대학 종리(綜理)를 역임했으며, 보초(防長) 유신(維新)의 정치적 배경을 가진 승려다. 그는 1871년 일본 승려로는 구미 유학 제1호를 기록해 영국에 다녀왔으며, 승려 중에서도 웅변가로 통했고, 8년 동안 대만에 선교를 갔다가 질병을 얻기도 했다. 교토의 니시혼간지(西本願寺)를 배경으로 하는 토쿠야마(德山)의 토쿠오지 주직(住職)이었다. 아버지인 아카마쓰 쇼도우(赤松照憧 1862-1921, 아카마쓰 렌조의 딸 아카마쓰 야스코-赤松安子와 결혼해 토쿠오지의 주직이 됨)는 교토 엔조지(願成寺)의 승려 요사노 레간(與謝野禮嚴 1823-1898)의 아들이며, 시인이자 사상가로 유명한 요사노 테칸(與謝野鐵幹 1873-1935)과 형제다. 아카마쓰 렌조와 요사노 레간은 승려로서 메이지유신에 참여했던 정치적 동지라고 말할 수 있다. 즉, 아카마쓰 쇼도우는 아카마쓰 렌조가 양자로 삼은 사위(서양자)로서 토쿠오지의 주직을 승계했다. 아카마쓰의 어머니는 여성 교육가 아카마쓰 야스코(1865-1913)이고, 참의원을 역임한 아카마쓰 츠네코(赤松常子 1897-1965) 여사와 좌익의 사회운동가로 유명한 아카마쓰 카쓰마로(赤松克磨 1894-1955)는 치조의 동생이다.[2]

아카마쓰 치조는 1904년 3월 현립 토쿠야마 중학교를 졸업하고, 그해 7월 쿠마모토 제5고등학교에 입학했다. 1907년 6월 고등학교를 졸업하고, 그해 9월 교토제국대학 문과대학 철학과(종교학 전공)에 입학했다. 그의 은사 마쓰모토 분자부로(松本文三郎 1869-1944)는 인도불교와 기신론 연구자이며, 1910년경부터 돈황석실 사경 연구도 했다. 아카마쓰는 1910년 7월 교토제대 졸업 시에 최고의 영예인 은사(恩賜, 천황으로부터의 선물)의 은시계(회중시계로서 뚜껑에 '御賜'라고 음각된 것)를 받았으며, 그해 9월 교토제대 대학원에 특선급비 학생(特選給費學生)으로 입학했다. 그는 "과자를 아주 좋아했고"(北漢山人 1938.10.1: 28), "교토의 모든 학생이 부러워했던 연애쟁이로 부인과 로맨스가 유명하며, 젊은 시절에는 정열한이었다"(岡本濱吉 1937.6.5: 42). 그는 당뇨병을 앓아서 과자를 좋아했다고 전해진다. 만년에 결핵으로 사망했는데, 당뇨병 때문에 결핵 치료약을 복용할 수 없었다고 그의 며느리가 말했다.

그는 1911년 진언종연합교토대학(眞言宗聯合京都大學)의 불교 전문학 교수가 되었고, 1915년 우노와 함께 일본종교학회 설립을 계획했다. 1920년 4월 불교대학과 류코쿠대학 교수로 종교학, 종교사, 종교철학,

철학사, 철학개론 등을 강의했다. 1920년 10월부터 1923년 6월까지 유럽에서 공부했다. 1920년 9월 26일 교토의 인도종교학회 9월 예회 겸 양학사(아카마쓰와 우노)의 유럽행 송별회가 열리기도 했다.

아카마쓰는 당시 독일종교학과 프랑스사회학을 주로 공부했으며, 특히 유학 기간 중에 이슬람에 관한 문헌을 많이 접했던 것 같다. 1922년 4월 15일 혼간지(本願寺)의 해외 연구생 자격으로 연구비 연액금 8백 원을 받았고, 5월 15일 이집트 여행 증명서를 발급받아 6월 3일 이집트로 건너갔다. 1922년 12월, 교토대학에서 문학박사 학위를 받았다. 1924년 4월 1일 류코쿠대학 종교학·종교사 제1강좌 주임에 임명되었고, 심리학 강좌도 겸했다. 1925년 9월 28일 진언종 코야산대학(眞言宗高野山大學) 교수(진언종각파연합 총재 대승정천지사의 임명)가 되었다.

1924년 예과를 개설한 경성제대는 본과 교수 선발에 박차를 가했다. 경성제대 요원으로 내정된 인물들은 "도쿄제대 강사 도키와 다이조(常盤大定, 종교학), 도쿄제대 조교수 야부키 케이키(東大助敎授 矢吹慶輝, 종교학), 모리슨문고 촉탁 아키바(毛斯倫文庫囑託 秋葉 隆, 사회학), 도쿄제대 대학원생 시카타 히로시(東大大學院生 四方 博, 경제학) 등"(每日申報 6077호, 1924.11.13)이었다. 종교학에는 도키와 다이조(1870-1945)와 야부키 케이키(1879-1939)가 내정되었다. 그야말로 도쿄제국대학 졸업생만으로 구성원을 갖추려 힘썼다. 경성제대는 종교학 및 종교사 강좌를 개설할 예정이어서 교수요원 두 사람이 필요했을 것이다. '문화통치기구'로서의 경성제대의 역할을 고려할 때, 문부성과 조선총독부는 조선의 종교 문제를 그만큼 심각하게 고려했다는 증거로 볼 수 있다. 도키와는 1917년부터 중국의 불교와 유교, 도교에 관한 사적을 심도있게 답사했다는 것이 장점으로 작용했을 수도 있다. 야부키는 후일 타이쇼대학 종교학 교수로 부임했고, 도키와는 왜 경성제대에 부임하지 않았는지 알 수 없다. 따라서 경성제대의 종교학 및 종교사 강좌는 공석인 상태에서 본과를 설치할 수밖에 없었다. 아카마쓰가 강좌를 담당하기 전까지 약 1년 반 동안 공석이었다.

1927년 8월 경성제대로 이직한 아카마쓰는 교토의 류코쿠대학 강사직을 유지하고(1927년 8월 13일, 경성제국대학 총장의 허가), 코야산대학 종교학 교수와 야마구치에 있는 토쿠오지의 주직도 겸하는(그가 자리를 비우는 동안 토쿠오지에 부주직을 두었음) 동시에 경성의 종교학 강좌도 담당해야 했다. 1928년 봄학기 그의 강의과목은 '종교학개론', '현대의 종교철학', '종교학강독'이었다(京城帝國大學學報 1928.5.5). 그의 "종교사 강의는 기독교사와 불교사를 격년으로 개설했는데, 두 강의는 표리일체였다. (…) 세미나에는 옷토의 『성스러운 것』과 뒤르켐의 『종교생활의 원초 형태』를 각각 독일어와 프랑스어로 읽었는데, 학생들이 독일어와 프랑스어를 이해하는지는 아랑곳하지 않았다. 어려운 외국어 책을 읽을 때, 50쪽마다 5원짜리 지폐를 한 장씩 끼워 넣었다. 책장을 넘기면서 읽으면 지폐가 나왔고, 그 돈으로 시내에 나가 실컷 마시곤 했다. (…) 이것이 가장 좋았는데, 바로 아카마쓰 선생이 학생들을 가르치는 방법이었다. 아카마쓰 선생은 술을 잘 드셨다"(泉 靖一 1969. 6: 13). 영어, 독일어, 프랑스어의 외국어를 기초로 강의했던 아카마쓰의 학문적 일면과 학생들을 이끌어 가는 독특한 방법이 있었던 점을 알 수 있다.

그는 1925년 11월 현재 일본종교학회 상임위원 9명 중 한 명이고, 당시의 주소는 교토시 카미교구 오카자키미나미고쇼초 7(京都市 上京區 岡崎南御所町 七)이었다. 1929-1931년경 아카마쓰는 일본사회학회 협의원, 1934년에 출범한 일본민족학회 발기인에 속했고, 1935년 일본민족학회 유지회원 겸 평의원으로 주소는 교토시 햐쿠만벤(百萬遍) 야마우치(山內)였다. 1938년 현재 그는 일본종교학회위원, 일본종교학회유지회원으로 기록되어 있다. 만주의 건국대학(建國大學)에서 1940년 후기 제1학년 학과목(문교학과 14과목 중) 종교론(2, 반 단위)을 강사직으로 가르친 경력도 있다(建國大學研究院月報 第三號, 康德7年 10.25). 교토제대 강사 경력으로는 1938년 4월 20일 문학부 강사 촉탁, 1941년 3월 31일 문학부 강사 촉탁, 1942년 9월 30일 1년간 문학부 강사 촉탁(연수당 금 400원 급여)이었다. 1943년 1월 6일 규슈제국대학 법문학부 종교학 강의 촉탁을 받았다. 1943년 11월 발행된 「민족학연구1(제11권)」 67쪽 회비 영수자 명단에 아카마쓰의 이름이 있다. 1947년 7월 일본종교학회 임원 선거가 있었는데, 아카마쓰는 평의원이었다. 같은 평의원 명단에 야나기타 쿠니오(柳田國男), 후루노, 마루카와 히토오(丸川仁夫 1902-1995) 등이 있었으며, 우노는 상무이사였다.

1949년 10월 9일 토호쿠대학에서 개최된 일본학술회의와 공동 주최한 제9회 일본종교학회 학술 대회에서, 상무이사의 수가 15명으로 늘었으며, 여기에는 후루노도 포함되었다. 이사는 16명으로 오리쿠치 시노부(折口信夫), 타나세 유지(柵瀬襄爾), 호리 이치로(堀 一郎) 등이 있고, 평의원 26명 명단에 야나기타, 후루노, 마루카와 등이 포함되었다. 그러나 아카마쓰의 이름은 없다. 당시 우노 사후 일본종교학회의 조직상 큰 변화가 있었다고 생각되며, 늦어도 이때 아카마쓰는 학계로부터 절연된 것 같다. 전후 문서상에는 야마구치대학의 교수를 역임했으나, 한 번도 강의를 한 적은 없다고 한다.[3] 토쿠야마 전재부흥묘지정리(戰災復興墓地整理) 조합장으로 그가 작성한 것으로 보이는 「토쿠야마 전재부흥묘지정리조합 결산 보고서」(1952.2.1)가 아카마쓰가에 남아 있다.

궁내성이 발부한 사령장(1941.4.12)에는 "종4위훈3등 아카마쓰 치조 서정4위 쇼와16년 4월 12일 궁내대신 정2위훈1등 마쓰히라 츠네오 봉(從四位勳三等赤松智城 敍正四位 昭和十六年四月十二日 宮內大臣正二位勳一等松平恒雄 奉)"이라고 적혀 있다. 즉, 그는 1941년 4월 12일 자로 종4위에서 정4위로 진급했다. 그의 관등 경력은 1930년 9월 30일에 고등관3등, 1934년 12월 28일에 고등관2등, 1940년 1월 10일에 고등관1등이 되었다. 그는 코야산대학에서 교수 근속 10년 명목으로 1940년 10월 30일에 표창장을 받았다. 이 표창장은 고의진언종관장대승정(古義眞言宗管長大僧正) 카토 타이켄(加藤諦見 1864-1940)이 내린 것이며, 표창장 외에 금일봉과 염주 1연이 있었다.

3. '원시문화학': 종교학과 민족학의 가교

니시혼간지 계통의 사찰 혈통을 이어받고, 스스로 불사의 주직을 담당했던 아카마쓰의 학문 배경은 '종교학 및 종교사'[4]였다. 말하자면, 아카마쓰는 불교라는 종교와 종교학이라는 학문을 양면에서 실천한 불승이자 종교학자였다. 아카마쓰가에 보관된 자료 중에는 아카마쓰가 공부하며 작성했던 노트들이 상당히 많았다. 1924년 11월 노트는 독일식 '종교현상학'이 중점 정리되어 있다. 그가 프랑스어, 독일어, 영어에 능통했음을 알 수 있다. 심리학, 생리학, 서양교육사, 역사철학, 경제학사, 지나철학, 구주근세교육사, 윤리학, 물리학, 세계역사, 비교심리학, 일본미술, 일본문학, 서양철학 등 노트들도 여러 권씩 있었다.

1915년 5월 일본종교학회 석상에서 아카마쓰가 연구 업적을 기관지로 출판하자고 제안했으며, 아카마쓰, 우노, 하타니(羽溪了諦를 말함) 세 명(당시 우노는 교토제대 대학원생, 아카마쓰는 불교대학 출강, 하타니는 임제대학 출강)이 그 업무를 위탁받았다. 도쿄제대의 아네자키 마사시(姉崎正治), 타카쿠스 준지로(高楠順次郎) 교수와 교토제대의 마쓰모토 분자부로(松本文三郎), 사카키 료자부로(榊亮三郎) 교수를 고문으로 했다. 최종 협의는 우에노 공원의 모 요정에서 이루어졌으며, 기관지의 이름은 『종교연구』로 하고, 편집은 아카마쓰 히데카게(赤松秀景)가 담당해, 1916년 4월 8일 출판되었다. 창간호는 아카마쓰의 「최근의 종교심리학과 종교사회학」 논문을 권두에 게재했다(羽溪了諦 1960.3: 129-130). 잡지는 1923년 가을 관동대지진으로 일시 중단되었다가 1924년 9월 1일부터 신제1권 제1호로 복간되었다. 아카마쓰는 교토제대 문과대학 제9교실에서 열린 일본종교학회 예회(1918.3.20)에서 「종교의 본질 요소로서 공희관념(供犧觀念)」을 오후 6시 반부터 발표했다.

일본종교학 초창기에 아카마쓰는 교토대학을 졸업하는 시점부터 근대 학문으로서의 종교학을 정리하고 소개하는 역할을 했다. 그가 가장 먼저 주목했던 부분은 "인류학적 종교학(anthropological science of religion)의 두 중심으로서 타일러의 애니미즘과 스펜서의 영혼 이론"(赤松智城 1911.7.1: 85)이라는 관점이었다. 불교학이나 신학이 아닌 과학 측면의 종교 연구를 위해 인류학적 방법을 모색했던 것 같다. 이후 그는 우노와 공동으로 『현대철학에서 과학과 종교』(1919.7.8)와 『종교사개론(상)』(1922.7.8)을 번역해 출판했다. 전자는 에밀 부투(Emile Bourtoux)의 *Science et Religion dans la philosophie comtemporaine*(1908), 후자는 크로퍼드 토이(Crawford H. Toy)의 *Introduction to the History of Religion*(1913)이 원본이다. 전자는 두 사람의 유럽 유학 전에 번역, 출판된 것이고, 후자는 그들의 유럽 유학 전에 번역된 책이 유학 중에 출판된 것으로 보인다. 후자의 역자 서문에는 역자의 소재가 '파리와 베를린'으로 되어 있다. 당시 우노는 파리에, 아카마쓰는 베를린에 체류하고 있었다. 아카마쓰는 베를린에서 이슬람에 관한 공부를 집중적으로 하고 있었다.

『만근종교학설의 연구』(1929)는 '종교연구총서1'로 발간된 책이며 종교학회가 적극적으로 독서를 권장했다. 『종교연구』 편집에 참여했던 후루노가 잡지 편집 후기에 필독을 권장하는 글을 쓰기도 했다. 타이쇼대학 종교학연구실은 조수인 토다(戶田)를 중심으로 1935년에 1학년 학생들을 위한 연습 과목을 열었는데, 『만근종교학설의 연구』가 교과서였다(大正大學學報 20: 154). 동일한 교육이 후임 부수 김효경(金孝敬)

에 의해서도 주도되었다. 이 책은 교과서로 썼을 정도로 당시 일본종교학계에서 배출한 수작이었다. 『종교사방법론』(1932.12)에서는 종교사 연구 방법의 하나로서 '문화사적 방법(Kulturhistorische Methode)'을 제시했다. 내용은 당시 일본종교학계로서는 새로운 "민속학 방법의 적용이고, '민속학적, 역사적 방법'의 특징을 골자로 하는 것으로 (…) 실증적(positive), 비교적(comparative), 역사적(historical)으로 구체적인 방법이 논의되었다"(赤松智城 1932.12: 105-106). 따라서 아카마쓰가 "일본 종교학계의 권위자라는 것은 사실"(岡本濱吉 1937.6.5: 42)이라는 평가는 전혀 손색이 없다.

일본 진언밀교(眞言密教)의 특색이 주문(spell)과 기도(prayer)인 점에 착안한 아카마쓰는 "멜라네시아(Melanesia)의 마나(mana), 이로코이 인디언(Iroquois Indians)의 오렌다(orenda), 알곤킨(Algonquins)의 마니토우(manitou) 등"(赤松智城 1912: 16), '만족(蠻族)의 원시적 신비력'과 비교 연구를 시도함으로써 일찍부터 인류학적으로 접근한 종교연구에 관심을 기울였다. 그의 관심은 에밀 뒤르켐(Emile Durkheim)의 종교사회학으로 연장되어 "동족 관계는 단지 혈통 관계로만 성립되지 않고 다른 면이 반드시 있는데, 그것은 공동 숭배를 수반해야 한다. 즉, 동족 단체는 첫째, 혈통 관계이며, 둘째, 반드시 공동의 신을 숭배하는 공통의식을 행하는 것을 요체로 하고 있다."(赤松智城 1914.11.15: 34)라는 주장에 이른다. 혈통 관계와 아울러 공동 숭배라는 의례로 드러나는 "집합표상으로서의 종교현상"(赤松智城 1914.11.15: 29)을 제시하는 것이 아카마쓰 학문의 기초를 이룬 것이라 이해할 수 있다. 아카마쓰는 철저한 뒤르켐 추종자임을 자처한다. 주문과 기도라는 진언밀교의 일본적 특색이 뒤르켐의 집합 표상 개념과 만나는 것은 이론과 실제가 결합하는 아카마쓰학의 한 결절점이라고 할 수 있으며, 그 이론적 전개가 "종교 인식의 본질로써 신성관념"(赤松智城 1916.4; 1916.7; 1917.3; 1917.9; 1917.12; 1918.8)

으로 압축되어 있다. 아카마쓰가 가장 심혈을 기울여 종교본질론을 추구했던 요체가 신성관념(神聖觀念, heiligkeit)에 집약되어 있다.

초창기 서구 인류학의 중심적인 한 축을 구성했던 원시종교에 관한 논의가 애니미즘과 토테미즘에 대한 진화론적 관심으로부터 기능론적 설명으로 이행한 뒤의 상황에 주목한 아카마쓰는 "종교의 기능(…) 즉, 종교는 하나의 사회적 기능"(赤松智城 1914.11.15: 46)이라는 문제에 관심을 가지고 "원시적 범신론적 관념은 레비-브륄이 말한 것처럼 특수한 의미의 신비라고 칭하는 것일 수밖에 없고, 그것은 소위 마나와 터부를 포함해 모든 원시적 집합 표상의 산물"(赤松智城 1915.9.1: 46)이라고 정리했다. 아카마쓰의 정리와 입장은 이후 일본에서 전개되는 종교민족학의 기틀을 마련한 셈이기 때문에, 이후 일본의 종교민족학에서 아카마쓰의 오리지널리티를 존중해야 한다는 점이 분명하다. 아카마쓰는 로버트슨 스미스(Robertson Smith)의 셈족(Semite) 연구에서 토테미즘의 기원에 관심을 두었고, 허버트 스펜서(Herbert Spencer), 제임스 프레이저(James Frazer), 앤드류 랑(Andrew Lang), 뒤르켐, 앙리 위베르(Henri Hubert), 마르셀 모스(Marcel Mauss), 뤼시앵 레비-브륄(Lucien Lévy-Bruhl) 등으로 이어지는 프랑스 사회학파의 종교 이론 속에서 신성관념 개념에 집중 주목했다. 그것이 신앙의 여러 형태에서 어떻게 '종교현상'이 성립되는가에 대한 질문의 핵심이었다. 아카마쓰는 이런 논리가 일본의 종교현상을 설명하는 기초 작업이라고 믿었다. 터부와 마나에 대해 많은 글을 발표한 그는 로버트 커드링턴(Robert H. Codrington 1830-1922)과 로버트 마렛(Robert Marett 1866-1943)의 멜라네시아인 연구 문헌들을 보고 서구 유학의 필요성을 생각했던 것 같다.

약 3년간의 유럽 유학 기간에 그의 관심은 인류학과 회교 방면으로 확대되었다. 당시 도쿄에서 새롭게 창간된 『민족』 제1권 제3호부터 제6호까지 4회에 걸쳐서 연재된 아카마쓰의 「고대 문화 민족에서 마나의 관념에 대하여」라는 논문과 그 내용[5]이 이 사실을 입증하기에 충분하고, 아카마쓰가 우노와 공동으로 기획 편찬한 『원시문화총서』가 학계를 향한 새로운 방향 제시였다. 새로운 방향은 '원시문화학(primitivologie)'으로 압축 명명되었고, 번역총서의 구성은 당대의 서구 인류학자들(하틀란드-Hartland, 해든-Haddon, 리버스-Rivers, 마렛-Marett, 프로이쓰-Preuiss, 모스-Mauss, 말리노브스키-Malinowski)의 주요 업적이었다.[6] 유럽 유학 전, 아카마쓰가 집중적으로 관심을 가졌던 신성관념이 유럽 유학 후에 마나에 대한 관심으로 이어진 것은 인류학을 매개로 한 자연스러운 학문 발전 단계라고 생각된다.

영국의 인류학자이자 원시종교 연구가인 에드윈 하틀란드(Edwin S. Hartland 1848-1927)의 저서가 『원시민족의 종교와 주술』 제1편으로 1927년 4월 15일에 발행되었는데, 아카마쓰는 이 책의 서문(1927년 3월, 교토에서 작성)에서 타일러, 랑, 프레이저에 의한 개척과 프랑스 '종교사회학파'의 연구를 기초로 한 종교와 주술의 관계가 핵심인 책이라고 평했다. 그는 이런 연구 경향을 "민속학적 방향을 섭취한 종교학(Die ethnologisch orientierte Religionswissenschaft)"이라고 독일어로 별칭했다. 원래 계획과 약간 달리 마렛의 저서가 1930년 4월 20일 제4편 『선령관』으로 간행되었다. 역자인 노무라 료혼(野村了本)은 "아카마쓰 치조 선생의 간절한 지도가 번역 과정"이라고 술회했고 'pre-animism'을 선령관(仙靈觀)이라고 번역했다. 제5편으로 간행된 윌리엄 리버스(William Halse Rivers 1864-1922)의 논문 모음집 제목은 『원시문화전파설』로 정해졌으며, 번역자인 류코쿠대학 종교 연구원 나가오카 쿄쟈쿠(長岡曠若)는 'ethnology'를 민속학으로 번역했고, 은사 아카마쓰 박사가 제공한 출판물이 기초가 되었다고 밝혔다. 후일 1927년에 발간된 말리노브스키의 저서가 '류코쿠대학 학예부 학예총서1'로 번역되어 『원시 심리에서 아버지』(松井了穩 역, 1938)로 출판된 것도 아카마쓰가 제창했던 '원시문화학'의 영향권이다.

종교학으로 학문을 시작한 아카마쓰가 종교현상에 대한 "민속지적 유동"(民俗誌的類同, ethnographical analogue, 赤松智城 1932.12: 103)이라는 방법으로 창안한 '원시문화학'을 가교로 민족학으로 건너가는 길을 조성했다고 생각한다. "(우노 엔쿠가) 아카마쓰 치조 선생 등과 함께 원시문화총서를 간행해 우리 나라 민족학 발달의 원동력이 되는 (…) 족적을 생각하지 않을 수 없다."(棚瀨襄爾 1949: 90)라는 평가는 전혀 과장된 것이 아니다. "(스기우라 켄이치는) (…) 우노 엔쿠와 아카마쓰 치조 교수의 학풍에 친숙해, 민족학자의 길을 걷게 되었다."(泉 靖一 1954.7: 72)라는 인식은 일본인류학계에 대한 아카마쓰의 학문적 역할을 정당하게 평가하는 것이다. 즉, 일본의 인류학계와 종교학계 내에서 우노의 공헌을 평가하는 만큼 아카마쓰에 대해서도 평가되어야 할 점이 있음을 간과할 수 없으나, 그렇지 못한 현실을 말하고 싶다. 종교민족학 분야를 다루는 현재의 학자들 중에 아카마쓰를 언급하는 경우는 지극히 희귀한 것이 사실이다.

"일본의 민족학(문화인류학)계는 고양기를 맞이하게 되었다. (…) 아카마쓰, 우노 두 박사는 모두 종교학 출신으로, 기성종교와는 달리 말하자면 '자연종교' 분석을 통해 문화의 실태를 취급했다. 당시 문화인류학의 한 측면을 대표했다. 아카마쓰 선생의 「만근종교학설의 연구」와 우노 박사의 「인도네시아의 도미의례(インドネシアの稲米儀禮)」(이즈미가 マライシアに於ける稲米儀禮를 잘못 적은 것임-필자주)에는 이런 경향이 선명하게 드러난다"(泉 靖一 1969.6: 12). 1920년대 후반과 1930년대 전반을 일본에서 문화인류학의 고양기라고 평가한 이즈미가 그 한가운데에서 활약한 아카마쓰를 바라보는 눈은 신선한 충격으로 받아들이고 싶다. 오카서원에서 출판을 계획한 『인류학총서』 1928년 4월 20일의 광고는 모두 9편으로 기획되었는데,[7] 아카마쓰가 그중 한 꼭지인

「제9편 종교사회학」을 담당했다. 불발로 끝난 아카마쓰의 집필 계획에 그 나름대로 평가는 가능하겠지만, 당시 일본인류학계에서 차지하는 아카마쓰의 학문적 무게가 어느 정도였는지를 이해하는 척도가 『원시문화총서』와 『인류학총서』에 의해 증명되고 있다는 사실을 부인할 수 없다.

4. 무파론

1927년 가을 경성제대 법문학부의 종교학 및 종교사 강좌 담임 교수로 부임한 "아카마쓰 치조 교수의 전공은 불교이고 (…) 저널리즘과 절연한 분"(岡本濱吉 1937.6.5: 42)이라고 소개되었다. 종교학 교수로 부임한 아카마쓰가 연구실을 정상적으로 운영하기 위해서는 조교수와 조수로 이어지는 위계적 조직이 필요했다. 종교학의 조교수는 테라지마 후미쿠라(手島文倉)가 있었는데, 병약했던 그는 1932년에 사망했다. 이 기간 중에 법문학부 3회 졸업생인 김문경(金文卿)이 임시종교학연구실 사무촉탁이 되었었다(京城帝國大學學報 049호, 1931.4.6). 어떠한 연유인지는 분명하지 않지만, 테라지마는 아카마쓰의 보조 역할을 하지 못했다.

테라지마가 사망한 즉시 아카마쓰는 도쿄제대 인도철학 전공의 코야산대학 교수 나카노 요시테루(中野義照 1981-1977)를 조교수로 추천했는데, 그는 학생시절 군사훈련을 기피했다는 명목으로 당국으로부터 거절당했다. 제국대학의 교수직은 당국의 사상 검열이 심각했음을 알 수 있다. 2년이 지난 뒤 사토 타이쥰(佐藤泰舜)이 1934년에 종교학 조교수로 부임했다(大澤広嗣 2023.2: 33-62). 종교학 분야의 이러한 사정이 아카마쓰가 아키바와 함께 연구실을 구성하는 배경이 되었을 가능성도 배제할 수 없다. 연구실의 조직구성이라는 측면에서 본다면, 대단히 특이하게 조직된 것이 경성제대의 종교 및 사회학연구실인 셈이다.

당시 교수의 "강좌료는 1년에 금 5백 원, 연구 여행비는 1년에 약 2백 원 정도"(江間俊太郎 1932: 52, 당시의 100원은 지금 금액으로 환산하면 약 1,500만 원 정도임-필자주)였다. 이 연구 여행비가 종잣돈이 되어 아카마쓰와 아키바의 조선무속에 관한 동반 현장답사가 시작된 것 같다. 아키바는 "아카마쓰 치조와 함께 1928년 5월 말 처음 개성의 덕물산 상장군당(上將軍堂)을 방문한 이래로, 1930년 10월 아카마쓰 박사와 함께 함경북도 회령"(秋葉 隆 1931.5.1: 112)을 방문하기도 했다. "1931년 5월 초, 세 번째 덕물산에 올라서 배무녀의 도당굿(都堂賽神)을 아카마쓰 교수와 김(金), 엔조지(圓城寺) 두 사람과 함께 관찰했다"(秋葉 隆 1931.11). 두 사람은 공동으로 경성제대의 연구 보조금을 받아 1930년부터 조선무속을 연구하기 시작했으며(1,200원 지원 결정 통보 1930년 2월 21일, 京城帝國大學學報 1930.3.5), 동일한 제목으로 두 사람의 연구에 제국학술원 학술 연구비 보조(1,500원)를 1931년부터 신청했다(京城帝國大學學報 1931.3.5). 대학 차원에서 전폭적인 지지가 있었다는 얘기다. 1932년도 제국학사원 연구 보조 수령자 제1부(인문과학)에는 아카마쓰와 아키바의 연구 프로젝트가 선정되었다. 그러한 공동 연구 배경을 기초로 하여 "(종교 및)사회학연구실은 1932년 봄, 법문학부 본관 2층에 '성과 속의 합성 세대(聖と俗の寄合世帶)'를 구성"(以和明基 1943: 120, 글 저자의 본명은 趙明基이다)한 것 같다.

아카마쓰는 덕물산을 방문한 뒤 곧바로 제주도를 다녀왔다. "1928년 5월 24일 부산에서 승선했고, 12시 조금 전에 선박이 출발했다. 25일 합포-거제도-여수 (저녁에 도착해), 하룻밤 잤다. 26일 아침 출발해, 돌산도-금오도-거문도를 거쳐서 제주도에 닿았다. 성산포에는 저녁에 도착했다"(安倍能成 1932.9.25: 200). "27일 김녕과 조천을 거쳐 10시 좀 지나 제주읍에 도착했다. 부산에서 4일간 60시간이 걸린 셈이다. 동행한 A씨(아카마쓰의 영문 이니셜-필자주)의 이야기로는 해안이 시

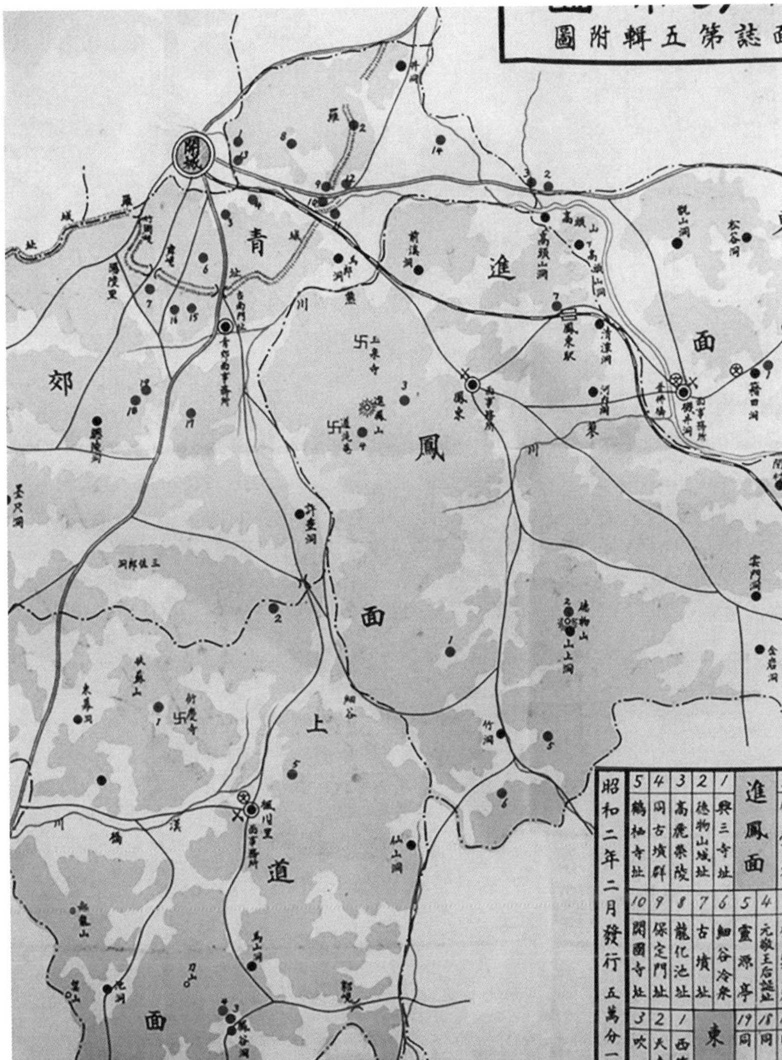

[사진 3-1] 개성군 진봉면 덕물산 성지 지도(川口卯橘 1927.2)

[사진 3-2] 도라산 전망대에서 바라본 덕물산을 포함한 비무장지대(2008.6). 가운데 검은 가로선은 전망대 유리창의 철물 프레임이다. 도라산 경비 초소의 관계자에 의하면, 덕물산에서 김포공항이 내려다보인다고 했다. 산 아래에 북쪽의 마을이 있고, 그 앞으로 약간 우측으로 보이는 구불구불한 길이 남한에서 개성공단으로 연결되는 도로다.

리아를 생각나게 한다."(安倍能成 1932.9.25: 201)라는 아베 요시시게의 여행 기록이 있다. 1923년에 튀르키예와 이집트를 갔던 아카마쓰가 시리아를 경유했다는 사실을 알 수 있다. "(제주도는) 원시종교를 연구하는 사람들에게 좋은 곳인데, 동행한 A씨와 K씨는 바로 이 연구를 위해서 섬에 왔다."(安倍能成 1932.9.25: 214)라는 진술에서 보듯이, A씨와 K씨는 각각 아카마쓰와 카토 칸카쿠(加藤灌覺)를 말한다. 후자는 총독부의 촉탁으로 근무했던 사람이며, 조선에서 생활했던 기간이 길었던 카토가 여행에서 통역 겸 길잡이를 한 것으로 생각된다. 무슨 이유인지 그는 항상 선글라스를 끼고 있었기 때문에, 사진에 등장하는 그를 알아보기는 어렵지 않다. 아카마쓰가 1928년 봄, 덕물산과 제주도를 방문한 목적이 조선의 원시종교 연구 때문이었다는 점이 확실하며, 원시종교는 곧 샤머니즘인 셈이다.

아카마쓰와 아키바가 함께 자리한 정황도 샤머니즘 맥락에서 포착된다. 경성제대 법문학부 내에 별개로 시작했던 종교학 강좌와 사회학 강좌가 샤머니즘 연구를 바탕으로 하나의 연구실을 구성했다는 이야기가 된다. 종교학의 아카마쓰는 성(聖) 쪽, 사회학의 아키바는 속(俗) 쪽, 즉 샤머니즘의 종교와 사회 양 측면을 공동으로 연구하는 연구실을 구성해 아카마쓰가 주임교수 역할을 맡았다. 그러나 성과 속의 공동 작업이 보여 주는 한계도 지적된다.[8] 그들의 샤머니즘 연구는 만몽(滿蒙)으로 확대되는 경성제국대학의 역할과 발맞추어 만주와 몽고로 이어졌으며, 만몽으로 향한 연구 조성금은 외무성 문화사업부가 주로 부담했다. 경성제대 총장 핫토리 우노키치(服部宇之吉)가 1927년 12월 문화사업부의 대지문화사업(對支文化事業) 조사위원회 위원으로 추대되었기 때문에, 아카마쓰와 아키바의 연구 조성금 획득에 도움이 있었을 것이다.[9] 두 사람은 1933년 9월 8일 봉천의 고궁박물원에 있는 청령궁(淸寧宮)을 방문했다. 만주족 샤머니즘의 핵심인 이곳에서 아카마쓰는 샤먼의 무구인 요령(腰鈴)을 허리에 차고 기념 촬영을 했다. "1935년 2월 5일 오후 (…) 봉천의 소동문 밖 어시소당호동문패(魚市召棠胡同門牌) 329호에 있는 무의(巫醫) 석광옥(石廣玉, 여의사로 자칭, 52세)을 방문했다"(赤松智城·秋葉 隆 1941.3.20: 343, 그림 137, 138). 그리고 아카마쓰는 그녀에게 족통 치료를 받는 장면을 연출했다.

"1935년, 1936년에는 핫토리보공회(服部公報會)가 연구보고의 편찬과 출판비 원조"(赤松智城·秋葉 隆 1937.6: 1) "2000원과"(京城帝國大學學報 1935.4.5) 연이어 "1000원을 지원하였고"(京城帝國大學學報 1936.7.5), 출판을 위해 "김동필(金東弼), 이대지(李大志), 장홍식(張鴻植 1864-1940?), 문학사 손진태(孫晉泰), 문학사 권직주(權稷周) 등의 도움과 문학사 유홍렬이 주로 자료 정리 및 번역 검토 등"(赤松智城·秋葉 隆 1937.6: 3)을 맡았다.[10] "색인 제작과 교정은 유홍렬, 장지태(張之兌), 이즈미 세이이치, 츠쿠다 타카조(筑田隆藏), 콘도 토키오(近藤時雄)의 도움, 무가의 채보는 이왕직 아악부의 이종태(李鍾泰) 씨에게 의뢰했음"(赤松智城·秋葉 隆 1938.10a: 2)을 미루어 보아, 작업 과정에는 적지 않은 조선인들의 협조가 있었음을 알 수 있다. 참고 서적으로는 토리이 류조(鳥居龍藏)의 『일본 주위 민족의 원시종교』, 차플리카(M. A. Czaplicka)의 『시베리아의 원주민(*Aboriginal Siberia*)』, 보고라스(W. Bogoras)의 『척치족(*The Chukchee*)』, 레비-브륄의 『원시심성(*La Mentalite Primitive*)』, 뒤르켐의 『종교생활의 원초 형태(*Les Formes Elementaires de la vie Religieuse*)』, 니오라체(G. Nioradze)의 『시베리아 제 민족의 샤머니즘(*Der Schamanismus bei den Sibirischen Völken*)』, 이능화(李能和 1869-1943)의 『조선무속고』, 무라야마 지준(村山智順)의 『조선의 무격』 등이 포함되어 있다.

아키바는 아카마쓰와 함께 1928년 5월 처음 개성의 덕물산 상장군당을 방문한 후, "1928년 10월 9일 경성 교외 도화동 고개에서 노무(老巫) 서성녀(徐姓女)의 집을 방문한 이래 전선(全鮮) 60여의 지점을 방문, 무가의 수는 대략 삼백이 넘는다."(赤松智城·秋葉 隆 1938.10: 251)라고 했다. 아키바는 "아카마쓰 박사와 함께 금년 봄(1930년 봄-필자주) 부여 교외 자왕리의 한 무가에서 실견했다. (…) 실은 공동 연구자 아카마쓰 박사가 진지하게 암시한 것이라고 생각하지만, 일체 조선에서는 아주 옛날부터 tan이라고 말해 온 일종의 성어(聖語), 성소(聖所), 성물(聖物), 신성인(神聖人)을 의미하는 tan"(秋葉 隆 1931: 87-88)이 있었다는 관찰 보고를 한다. 그것은 사실상 아카마쓰에게 배운 학습 과정을 보고한 것이다. 신성관념에 대해 일찍부터 논의를 해왔던 아카마쓰가 언질을 준 '성'스러움의 개념을 습득한 아키바의 증언에 주목하게 된다. 아카마쓰는 집합 표상으로서의 '성'이라는 점에 주목하면서 조선의 샤머니즘을 관찰했다. 그러나 아키바는 이 문제에 대해서 심도 있는 논의를 하지는 않았다. 그의 학문 배경으로는 쉽게 접근할 수 있는 주제가 아니었다고

[사진 3-3] 산상동 "최영묘사(崔瑩廟祠)"(川口卯橘 1927.2). 본래 이 건물의 고유 명칭인지는 알 수 없다. 이 책자를 제작한 사람들의 표현일 가능성이 높다. 이 건물은 일종의 당이고, 최영 장군 부처양위(崔瑩將軍夫妻兩位)를 모신 사당이라는 것이 일반적인 인식이었다.

생각된다.

"1932년 10월 1일 계룡산으로 향해, 김천에서 추풍령을 거쳐 연산으로 갔다. 연산역에는 K군이 마중 나왔다. 신도안 제일의 설비를 과시하는 상제교주(上帝敎主) K씨[11]의 객실에서 일박했다. K군은 K씨의 아들로서 경성제대를 졸업한 문학사다. A교수(아카마쓰-필자주)가 동행했다."(秋葉 隆 1937.8.1: 23-25)라는 진술은 아카마쓰와 아키바의 관계를 모호하게 표현하는 부분이 있다. 'A'라는 이니셜을 사용하는 의도도 불분명하다. 전혀 그럴 필요가 없고, 또 두 사람의 관계가 모호해도 안 될 상황인데, 이런 부분이 모여 이미 언급한 적 있는 두 사람의 관계와 관련된 '오해'가 생겼을 것이다. 두 사람이 함께 수행했던 조선과 만몽의 무속 연구에 관한 한 주요 역할은 아카마쓰가 담당했고, 아키바는 부수적 위치에 있었다는 사실을 분명히 인식하는 것이 역사를 제대로 읽는 길이다. 엄정해야 할 학문 계보 관계가 불분명해지는 상황에 대해 지적하지 않을 수 없다. 아키바의 말이 훗날 이런 관계를 정확하게 이해되지 못하도록 한 정황이 매우 아쉽다.

전후(戰後), 조선무속의 이론화를 시도하는 아키바가 "부정소지(不淨燒紙)"가 "성화(聖火)"의 기능과 의미를 지닌다는 결론(秋葉 隆 1949.9)을 내린 것은 이미 아카마쓰가 1935년 9월 2일 아키바와 함께 흥안북성 해랍이 서둔(興安北省 海拉爾 西屯)의 소론족 아우운핀(アウウンピン, 42세) 방문과 관찰 결과로 제안했던 "성화의 행사"(赤松智城 1936.11.25: 114-123)를 정확하게 답습한다. 그전에 작성했던 무속에 관한 아키바의 글들은 지극히 초보 수준의 사회학적 분류 시도였다. 그 분류가 잘못되었다거나 모자라다고 말하려는 것이 아니다. 샤머니즘에 대한 사회학적 이해의 노력을 피력했던 아키바의 공은 인정되어야 한다. 그러나 한편, 샤머니즘이라는 종교현상에 대해서 아키바가 종교학적 영역을 언급하기에는 역부족이었음을 인정해야 한다. 그럼에도 아키바는 결론 부분에서 아카마쓰의 문헌을 인용하거나 아카마쓰의 업적을 언급하지 않았다. 이런 과정을 거쳐 아카마쓰의 연구 족적이 조금씩 지워지고 있었던 것이다. 그러나 실제로 아키바의 무속 연구는 시종일관 아카마쓰의 그늘에서 크게 벗어나지 못했다고 말할 수밖에 없다.

아키바가 무속 연구에 흥미를 가지고 열중하는 과정은 다음과 같이 정리될 수 있다. 아키바는 1928년 5월 아카마쓰 교수를 따라서 처음으로 덕물산 상장군당을 방문한 후, 그해 10월 9일 경성교외의 노무 서성녀를 방문 답사했고, 1930년 봄부터 제국학사원의 연구비를 아카마쓰 교수와 공동으로 수령했다. 1929년 6월 아카마쓰 교수는 카토 촉탁(加藤囑託, 加藤灌覺를 말함-필자주)과 함께 제주도를 방문했고, 같은 달 22일에 경성제대 민속참고품실에서 개최된 무유담회(無有談會) 제

4회 모임에서 답사 보고를 실시했다. 제주도 수집품과 민속 사진을 감상하는 자리였다(秋葉 隆 1930.1)는 사실을 볼 때, 아카마쓰와 아키바는 1929년 가을에 제국학사원의 연구비를 신청했고, 그 결과 두 사람은 1930년 봄부터 본격적으로 조선 샤머니즘에 관해 공동 답사를 실시했다고 생각된다. 즉, 조선 샤머니즘에 관한 아카마쓰와 아키바의 공동 작업을 위한 준비 여행 기간이 있었으며, 이는 1928년 5월 말부터 시작해 경성제대의 지원과 제국학사원에 공동 연구비를 신청하는 1931년 사이라고 추정할 수 있다. 이 기간이 아키바에게는 아카마쓰로부터 상당한 이론을 학습하는 기간이었을 것이다. 아카마쓰는 샤머니즘을 포함한 종교학 분야의 대가이자 당시 일본종교학계가 인정하는 학자였고, 아키바는 종교 분야에 관해 초보자였다.

아카마쓰가 아키바의 무속 연구를 이끌어 낸 멘토(정신적 지주)라 주장해도 전혀 무리가 없다. 그 과정에서 1929년에 발간된 아카마쓰의 논문 「북방민족의 무술의 기원」은 아키바의 무속 연구 입문에 훌륭한 텍스트 역할을 한 듯하다. 아카마쓰는 조선 샤머니즘을 에스키모나 부리야트 등 북방에서 온 "무술문화의 파(巫術文化の波, Schamanistische Kulturwelle)"(赤松智城 1929b: 101)의 한 계통으로 파악하고, 종교현상의 거시적 비교를 통한 조선과 만몽 샤머니즘 연구의 기본 틀을 조성했다. 후일 아키바가 「조선무속 문화권」(秋葉 隆 1935.4b)이란 논문에서 만주와 일본 등과 비교된 조선무속의 특성을 논하면서, '동아시아'라는 광범위한 시각을 사용한 것은 아카마쓰가 제시했던 무파론(巫波論-필자가 독일어 Schamanistische Kulturwelle를 번역해 조어한 것임)의 연장선상에서 이해될 수 있다. 아카마쓰의 무파론은 후일 1960년대 후반 이즈미에 의해 재발견된다. 이즈미가 샤머니즘과 문화에 관심을 가지고 아마미오시마(奄美大島)와 키카이지마(喜界島)의 야연을 시도했으며, 샤머니즘 연구 결과 총서를 암파서점의 여성 편집자와 함께 기획했다(1969년)는 증언이 남아 있다(2015년 경기대학교 장주근 교수 인터뷰). 아카마쓰의 무파론에 의하면 조선무속 문화권이 아마미오시마와 오키나와에까지 연장될 가능성이 있음을 외면할 수 없다.

시베리아 샤머니즘에 관한 연구자들인 차플리카와 니오라체 그리고 아카마쓰의 안목이 연결되는 모습이 보인다. 북방에서 조선으로 연결되는 '무파(巫波)'를 타고 거꾸로 조선에서 대륙으로 거슬러 올라가면서 답사의 행적을 만든 것이 아카마쓰와 아키바의 만몽 연구 과정이었다. 아카마쓰는 조선의 성수(聖樹)에 대한 "종교민속지적으로 두세 개의 관찰과 조사를 통해 (…) 종교학상의 소위 Baumkultus(수목 숭배)의 한 종류"(赤松智城 1931.9: 17)라 규정짓고, "신명상(神名上)으로 본 성수의 종류를 구분했다. (…) 1. 성황목(城隍木) 2. 산신목(山神木) 3. 부군목(府君(付根)木) 4. 대감목(大監木) 5. 무목(巫木) (…) 무목은 조선에서 내가 주로 무당과 무가의 측면에서 특정의 성수라고 이름 지은 것이며, 이것은 시베리아에서 소위 무목(Schmanenbaum)과 상응하는 성수"(赤松智城 1931.9: 20)라고 연결해 시베리아에서 이어지는 무파론을 확인하고 있다. 성수에 대해 무속과 연관된 분석을 제시한 사례는 아카마쓰가 처음인데, 그의 안목은 한 세기가 가까워지는 동안 아직까지 누구에게도 제대로 주목받지 못하고 있다.

후일 한국과 일본의 연구자들이 공통으로 아키바를 주(主) 아카마쓰를 부(副)로 간주하는 경향이 굳어졌다. 두 사람의 연구실에서 조수였던 유홍렬은 "나는 조선민속학연구실의 조수로 채용되어 이후 3년간 연구생활에 잠기게 되었다. 나는 일본인 교수 아키바, 아카마쓰들이 편찬하고 있던 『조선무속의 연구』라는 두 권의 책을 발간하는 일을 도와주는 한편 (…)"(유홍렬 1971.3.30: 28)이라고 회고했다. 일본에서는 샤머니즘에 관한 심도 있는 최근 연구에서조차 "아키바·아카마쓰(秋葉 隆·赤松智城), 1941, 『만몽의 민족과 종교(満蒙の民族と宗教)』"(増井寛也 2017.3:

86)라고 인용하는 모습을 본다. 아카마쓰와 아키바의 이름 순서가 뒤바뀌어 있다. 그만큼 아카마쓰가 잊혀진 결과라고 말할 수밖에 없다.

물론 뒤르켐식의 신실증주의를 표방하고 있지만, 아카마쓰의 연구 과정에도 한계는 분명히 발견된다. 사실관계를 분명하게 설정하는 문제와 자료 수집 과정에 등장하는 경찰의 존재다. 먼저 사실관계를 다른 연구자들의 보고와 대조하는 과정이 남아 있다. 예를 들면 "소론족이 살만교도인데 (…) 그들이 가장 숭배하는 신은 보가 또는 엔도우리이다. 보가는 천국을 의미하며 자애가 가득한 신이다. 그 밑에 역사가 오래된 퉁구스족의 정령, 즉 부르칸(마로부르칸과 멘게부르칸 등)이 있다. 우상은 여러 나무와 목피로 만들었다. 그 밑에 있는 동물의 영혼에 제를 모시는데, 그것을 오레부르칸이라고 한다. 장기간 북만주에서 자료 수집을 했던 뽀노소프에 의하면, 동물에 제를 모신다는 생각은 다우르족에게서 왔다고 생각된다"(ポノソフ.ヴイ.ヴイ. 1942.6: 109-110). 샤머니즘을 생각했던 아카마쓰가 동물의 영혼과 관련된 문제는 구체적 언급을 하지 않았다. 충분한 자료 수집이 진행되지 않았던 탓이라고 생각하는 편이 안전할 것 같다. 이런 문제들이 아직 정리가 되지 않은 채 남아 있다. 앞으로 러시아 학자들이 시베리아를 대상으로 수집하려 했던 자료들과 비교 연구가 절실하게 필요한 부분이다.

시대의 요구인지, 아니면 당시 연구자들의 연구 태도인지 분명히 구분되지 않지만, 아카마쓰를 비롯한 일본인 연구자들의 답사에 거의 경찰관이 등장한다. 1934년 10월 29일이라고 적힌 경기도 포천의 답사지에서 찍은 사진에도 경찰관이 있다. 개성의 덕물산 상장군당을 올라갈 때도 경찰관의 안내를 받았다는 기록이 있다. 몽고족의 샤먼을 보기 위해 "영사관의 경사 쿠와타(桑田) 군과 나(아카마쓰-필자주)만 실내에 있었다."(赤松智城 1941.3.20a: 271)라고 진술되었고, 1940년 9월 6일 흥안동성 부헤토(博克圖)에 주둔하는 흥안기병 제1여사령부 내 관동군 특무기관의 누상에서, 원래 살만(薩滿)이었던 다후루 몽고병(1등병) 김해정(金海亭, 42세)의 행사를 실사했다(赤松智城 1936.11.25: 125). 흥안기병 제1여사령부 장관 육군소장 주올라바투르(綽羅巴圖爾) 장군과 관동군 특무기관의 제장사(諸將士)의 후의에 대한 감사(赤松智城 1936.11.25: 129)도 외면할 수 없다.

경찰과 군대가 함께 참가한 상황에 수집된 자료의 질적 수준을 검토할 필요가 있지만, 당시의 전쟁 분위기가 만든 연구의 한계가 현실인 점을 확인할 수 있다. 식민지와 점령지에서 활동하는 일본인 학자를 보호하는 방안으로 경찰을 대동했다는 설명도 있다. 보호와 감시는 동전의 양면이라는 점도 무시할 수 없다. 그것이 식민지에서 학문 활동의 한계였음을 이해할 수 있다. 지역 특수성 속에서 권력의 향배와 연관된 헤게모니가 어떤 작동 양상을 보였는지 이해가 필요하다. 특히 군국주의가 지배하는 점령지에서는 그 문제가 더욱 심화되었을 것이 자명하다.

5. 조선인 연구자들과의 관계

1927년 가을부터 1941년 초까지, 약 14년간 경성제국대학 교수로 몸담은 아카마쓰에게 직접 배운 조선인 제자는 분명하게 드러나지 않는다. 그러나 조사(早死)한 김문경(金文卿)이 아카마쓰의 제자였다는 이혜구 선생의 증언이 있으며, 김문경이 종교학연구실 임시 사무 촉탁으로 임명되었던(1931년 4월 1일) 기록이 있다(京城帝國大學學報 1931.5.5). 김문경과 이혜구는 경성제대 3회 졸업생으로서 동기다. 종교 및 사회학연구실에서 조수 역할을 했던 조선인 두 사람이 있었다. 한 사람은 유홍렬이고 또 다른 한 사람은 조명기다. 전자는 경성제국대학 법문학부 조선사 전공으로 종교 및 사회학연구실의 조수직을 수행하며 아카마쓰와 아키바의 샤머니즘에 관한 공동 연구를 뒷바라지했다. 그는 주로 수집된 무가(巫歌)와 무경(巫經)을 필사하고 해독, 번역하는 작업을 했던 것 같다. 후자는 일본의 토요대학(東洋大學)에서 불교를 전공한 후 경성제대 종교 및 사회학연구실에서 조수를 했다. 아카마쓰가 경성제대에 재직하는 동안 그는 이 연구실의 연구생이었으며, 아카마쓰 퇴임 후에 연구실 조수가 되었다. 유홍렬과 조명기의 연구실 근무 기간은 연속적이지 않고, 유홍렬이 이직한 뒤에 조명기가 부임했다.

아카마쓰가 조선인 연구자들과 밀접한 관계를 보이는 대상들은 경성제대를 벗어나 조선민속학회의 구심점 역할을 담당했던 송석하와 손진태 등이다. 아카마쓰가 경성제국대학 불교청년회의 이름으로 '부내 안국동 51-2 송석하 씨, 손진태 씨'에게 보낸 안내장의 우체국 소인은 1934년 5월 18일로 되어 있고, 조선불교전적전람회의 기념 강연회를 개최한다는 내용으로 두 사람의 참가를 요청한다. 일시는 5월 19일과 20일, 전람회 장소는 경성제국대학 법문학부 제1회의실, 강연회 장

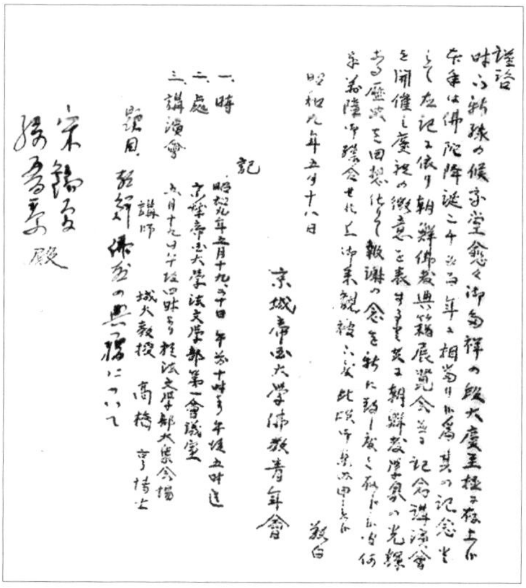
謹啓

昭和九年五月十八日

京城帝國大學佛教青年會

記

一、時 昭和九年五月十九、二十日 午前十時ヨリ午後五時迄

二、處 京城帝國大學法文學部第一會議室

三、講演會 五月十九日午後四時より 法文學部大講堂

講師 城大教授 高橋亨博士

宋錫夏

孫晋泰 殿

[사진 3-4] "경성제국대학 불교청년회" 이름으로 보낸 강연회 안내장 (1934년 5월 18일 자)

소는 법문학부 대집회장(문리대 본관의 오른편 뒤쪽에 있었던 강당-필자주), 강사는 타카하시 토오루(高橋 亨 1878-1967) 박사이며, 강연 제목은 '조선 불교의 전적에 대하여'였다(京城帝國大學學報 1934.6.50).

한편, 송석하와 손진태가 아카마쓰와 아키바와 함께 등장하는 흥미로운 사진이 있다. 1934년 10월 28일 백운장(白雲莊, Hakuunso, 우이동에 있었던 여관 겸 음식점-필자주)에서 찍은 기념사진이다(사진 3-5). 일본인 두 사람은 뒷짐을 진 모습이고, 조선인 두 사람은 양손을 바지 주머니에 찔러 넣은 모습이 대조적이다. 그날 그들은 백운장에서 숙박했고, 다음 날 함께 경기도 포천으로 답사를 떠나 장승도 보고 박씨 문중에 들러서 기념사진도 찍었다(사진 3-6). 이후 교토의 집으로 돌아갔던 아카마쓰가 교토에서 '경성부 계동정72의 송석하'에게 보낸 우편 엽서 내용은 두 사람의 친분 정도를 증명할 만한 자료가 된다.

[사진 3-7]은 당시 일본인 연구자들과 조선인 연구자들 사이의 친목 관계를 알 수 있는 중요한 자료라고 생각되며, 같은 사진이 아키바의 딸이 보관했던 앨범과 송석하가 보관했던 사진 속에서 발견된 점이 시사하는 바가 크다. 송석하의 유족이 간직했던 사진의 오른쪽 아래에는 기념사진을 찍게 된 경위와 일시 및 장소가 적혀 있다("赤松秋葉今村村山諸氏出版記念及民俗談話會 戊寅三月五日 於京城太西館"). 아카마쓰·아키바, 이마무라·무라야마 제씨의 저서 출판 기념과 동시에 민속담화회를 개최하는데, 1938년 3월 5일 경성 태서관에서 개최했다는 설명이다. 태서관(太西館)은 경성부 공평동 78번지(종로통 이전골)에서 1920년 8월 15일 이덕준(李德俊)이 개점한 서양 식당이었다. 아키바의 딸인 아키바 마리코(秋葉万里子) 씨가 보관하고 있는 아키바의 앨범 속 사진의 뒷면에 참석한 사람들의 이름과 이마무라옹 칠순 축하연이라는 설명이 있다. 이 설명은 아키바의 글씨가 분명하다. 사진의 왼쪽부터 '송석하, 무라야마(村山), 아카마쓰(赤松), 이마무라(今村), 아키바(秋葉), 손진태(孫晉

[사진 3-5] 백운장에서. 왼쪽부터 아키바, 송석하, 아카마쓰, 손진태

[사진 3-6] 포천에서. 왼쪽부터 경찰관, 박씨, 아카마쓰, 박씨 문중 부인, 손진태, 아키바, 송석하(강아지를 안고 있음)

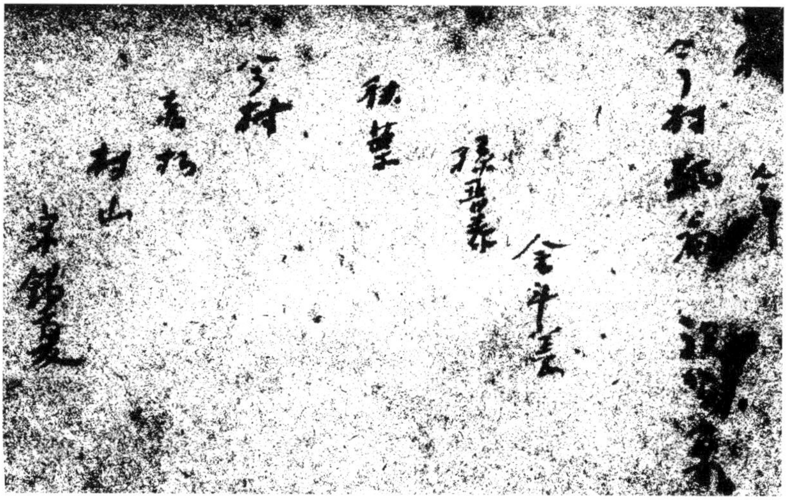

[사진 3-7] 아카마쓰·아키바·이마무라·무라야마 제씨출판기념 및 민속담화회 사진과 그 뒷면(아키바 교수의 앨범 속에 있는 사진)

[사진 3-8] 아카마쓰·아키바·이마무라·무라야마 제씨출판기념 및 민속담화회 도중

泰), 김두헌(金斗憲)'이다. 문제는 이마무라 토모에의 "칠순 축하연"이라고 적은 부분이다. 이마무라는 1870년생인데 1938년에 칠순을 맞았다는 것은 아키바의 착오라고 생각할 수밖에 없다. 민속담화회는 고정된 학회 명칭으로 사용된 것이 아니라 일회적 모임에도 쓴 말이라고 생각된다. 이들은 당대 조선민속학계의 중추 역할을 했으며, 조선민속학 분야에서 가장 많은 연구물을 발표한 사람들이다. 출판 기념을 겸했다는 것은 이 사진을 촬영하기 전 수년 동안 발간된 서적들을 대상으로 한 것이다.

[사진 3-8]은 같은 축하연에서 같은 인물들이 윗옷을 벗고 잔치를 벌이는 도중에 찍은 것으로, 참석한 7명 외에 시중을 드는 조선 여인 1명의 얼굴도 보인다. [사진 3-7] 맨 왼쪽 끝에 앉아 있던 송석하와 맨 오른쪽 끝에 있던 김두헌이 각각 이마무라 토모에(今村 鞆 1870-1943)의 양옆으로 옮긴 상태다. 이 방은 태서관의 내부로서, 송석하가 주로 손

님들을 접대하던 장소였다고 한다. 뒤에 설치된 병풍의 서화는 오세창(吳世昌 1864-1953)의 작품으로 고증되었다.

아카마쓰가 조선인들 중에도 특히 송석하와 밀접한 관계였던 것은 위에 있는 사진과 엽서 그리고 편지의 분석에서 논증될 수 있다. "경성제국대학 불교청년회" 이름으로 보낸 강연회 안내장은 송석하의 주소로 되어 있고 "송석하 씨 손진태 씨(宋錫夏樣 孫晉泰樣)"라고 세로 글씨로, 오른쪽에서 왼쪽으로 이름이 쓰여 있다. 안내장 내부에도 송석하(1904-1948)와 손진태(1900-1965?)의 이름을 나란히 오른쪽에서 왼쪽의 순으로 썼고 아래의 중간 부분에 '도노(殿)' 자를 적었다. 나이가 4살 아래인 송석하의 이름을 먼저 기록했다는 사실에 어떤 의미가 있을 것이라 생각할 수 있다.

더욱더 중요한 것은 이미 앞에서 제시된 아카마쓰가 등장하고 아카마쓰가 관계된 사진들이 모두 송석하의 가방 속에서 발견되었다는 점이며, 그중에 어떤 사진들은 "송석하 소장(宋錫夏所藏)"이라고 인쇄된 유물 카드식의 자료철(사진 3-9)이다. 카드의 제작 시기는 일제시대임이 분명하다. 연도 표시에 '쇼와'라는 단어가 적혀 있기 때문이다. 즉, 송석하는 자신의 연구를 위한 사진 자료를 정리하면서, 아카마쓰와 아키바의 연구 과정에서 생산된 사진 자료를 부분적으로 포함시켰다. 사진 설명 중에 일본어로 적힌 것이 있는 것으로 보아 이 사진들은 해방 이전에 송석하 스스로 정리했다고 이해할 수 있다. 송석하의 학문 속에 아카마쓰와 아키바의 연구 계보를 이은 점이 보인다는 사실을 무시할 수 없다. 이는 송석하의 이름으로 발표된 논문들을 정밀하게 분석해 논증될 수 있으리라 생각한다.

[사진 3-9] "송석하 소장(宋錫夏所藏)"이라고 인쇄된 카드

6. 제대교수–만주국 촉탁–의원면본관

아카마쓰 교수가 일본종교학계의 거두였다는 점은, 그만큼 조선과 대륙의 종교 문제가 식민지 경영과 깊은 관련이 있다고 생각한 일본 제국주의자들과 조선총독부의 인식을 반영하는 것이다. "경성제대는 궁극적으로 식민 통치 수단으로 창설된 대학"(馬越 徹 1995: 104)이며, "일시동인(一視同仁)이라는 슬로건을 걸고 동화 정책을 기둥으로 삼는 일본형 식민지 통치 방식의 대학판(大學版)이라는 의미"(馬越 徹 1995: 106)를 담고 있다. 식민지 조선의 경영과 그것을 발판으로 대륙 진출 전진기지의 역할을 부여받은 경성제국대학의 종교학 강좌 담당교수로 아카마쓰가 채용된 것을 비롯하여, 총독부 관방문서과의 촉탁으로 '사상조사' 임무를 지닌 무라야마 지준(村山智順)의 역할은 식민지 조선인에 대한 정신 지배와 무관한 구도가 아닐 것이다. 그들은 조사와 자료 수집을 위한 연구만 한 것이 아니라 신앙 분야의 전문가로서 식민지 통

치 방안 마련에도 참여 또는 동원된 것으로 기록되어 있다.

우가키 카즈시게(宇垣一成) 조선총독의 최대 정책 중 하나가 심전개발(心田開發)이었다. 정책 추진과 세부 사항 논의를 위해 1935년 4월 27일 조선총독부 중추원 회의는 신앙심사위원회를 설치하고 위원 17명을 구성했다. 최남선(崔南善), 이능화, 아키바, 무라야마, 아카마쓰 등이 참여했으며, 1935년 6월 신앙심사위원회는 '조선의 고유 신앙에 대하여'라는 강연회를 개최했다. 여기에 앞의 5명이 참여했다(『中樞院通信』 號外, 1935). 한편 조선초등교육연구회 주최로 경성사범학교 순화 회관에서 1935년 11월 27일 심전개발 좌담회가 열렸는데, 아카마쓰 외 15명이 참가했다. 이 좌담회에서 아카마쓰는 심전개발을 종교 교육 차원에서 출발해야 한다는 논지를 펴기도 했다(心田開發座談會 1936.1.1). 불교에서 빌려 온 개념인 '심전'을 어떻게 통치 목적에 맞도록 개발할 것인가가 주된 과제였고, 그 작업을 위해 신앙을 심사하는 과정이 필요했다. 심사 대상이 된 신앙과 종교에 대해 종교 교육을 제안했던 아카마쓰의 입장과 총독부의 정책 방향 사이에는 미묘한 긴장감이 감지된다. '신앙 심사'라는 정책에 대하여 종교 교육이라는 본질론을 제시한 아카마쓰의 대응은 몇 년 후 제국대학 교수직 사직으로 이어졌다고 나는 판단한다. 이 부분에 대해 아카마쓰에 관심이 있는 연구자들의 면밀한 검토를 기대해 본다. 위원회 기록으로 남아 있는 문서의 행간을 읽어 내는 작업 또한 필요하다. 나는 그러한 능력을 갖고 있지 못하다.

종교학과 종교사를 전공한 아카마쓰의 또 다른 관심 분야는 회교(回教)였으며, 유학 도중인 1922년 후반에는 이집트, 1923년 1월에는 튀르키예 등 근동(近東)으로 여행을 했고, 회교도의 신성전쟁(神聖戰爭) 및 복고와 근대화 사이의 회교도 사회에 관한 관심을 보였다(赤松智城 1924.2). "아카마쓰는 같은 시기, 전전(戰前)의 이슬람 연구에 대해 획기적인 논고를 이어서 발표했고, 중요한 족적을 남겼다"(安藤礼二 2004.12:

196). 1924년부터 1928년 사이, 즉 아카마쓰가 유학 직후부터 경성제국대학에 부임해 샤머니즘 논문들을 발표하기 직전까지 집중 발표했던 회교 관련 논문과 저서들은 당시 일본 학계에서 회교 연구에 관한 최고의 작업이었을 뿐 아니라, 종교학이라는 학문 속에서 회교와 관련된 문제를 체계적으로 다룬 최초의 업적이었다.

이후 그는 회교 사상과 회교 민족에 관해 지속적으로 집필했으며, "1935년 2월 4일 봉천에서 만주에 있는 타타르 회교도 제1회 대회에 참석한 후, 타타르계, 지나계 등 만주의 회교도들은 친일적"(赤松智城 1939.11.15: 67)이라는 보고를 계기로 만주와 몽고의 회교도에 대한 조사도 실시했다. 이 근거를 바탕으로 "'경성제대의 이슬람 그룹'은 아카마쓰 박사의 세미나를 받기도 했으며, 본정통 3정목 부근에 소재한 경성 이슬람교회 겸 예배소는 양복지 라시야(ラシャ, 羅紗, 아주 조밀하게 짜여진 모직물로 12세기 세르비아의 수도 라사에서 시작된 직물이라는 유래가 있다.-필자주) 전문점을 경영하는 타타르계의 무슬림가(家)였다. 타타르계 십수 세대 30여 명을 중심으로 한 이 교회에 최초로 접근한 일본인은 코바야시 유타로(小林由太郎)와 조선총독부 농림국에서 근무하던 야마다 타케시(山田 斌) 부부가 있었다. 교회에는 경성제대 학생 7-8명이 방문했고, 리더는 경성제대를 졸업하고 연구생으로 남았던 시마자키 아키라(島崎 昌 1914-1974, 嶋崎의 오류-필자주)와 시게노(茂野)라는 학생이었다. 그 두 명은 2-3년 뒤 내몽(內蒙)으로 갔고, 시마자키는 전후 개성고교 교원에서 중앙대학장(1969.11-1972.11)이 되었으며, 시게노는 육군병원에 입원 중 일본도로 자살했다"(小村不二男 1988.4: 444). 중앙아시아사 전공자(특히 고창국 연구)인 시마자키 아키라가 남긴 자료 내용이 궁금해진다. 아카마쓰의 영향을 받았으리라 생각되는 후진들이 남긴 자료들에 면밀히 접근해야 하는 이유가 있다. 그 과정이 선학의 족적을 제대로 이해하는 첩경이기 때문이다.

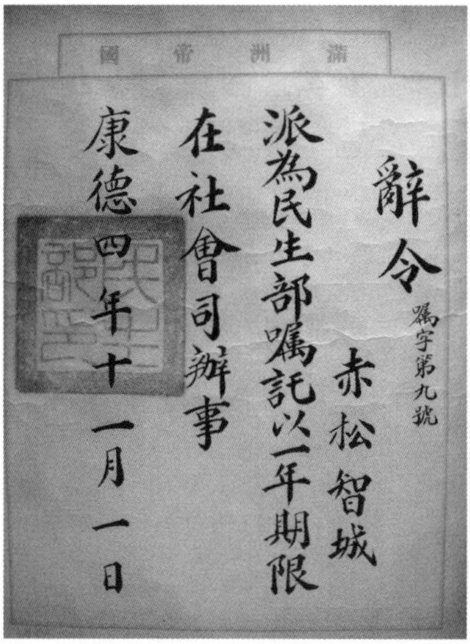
滿洲帝國

辭令

囑字第九號

赤松智城

派爲民生部囑託以一年期限

在社會司辦事

康德四年十一月一日

[사진 3-10] 아카마쓰가 만주국 민생부 촉탁 발령을 받은 사령장(1937년 11월 1일 자)

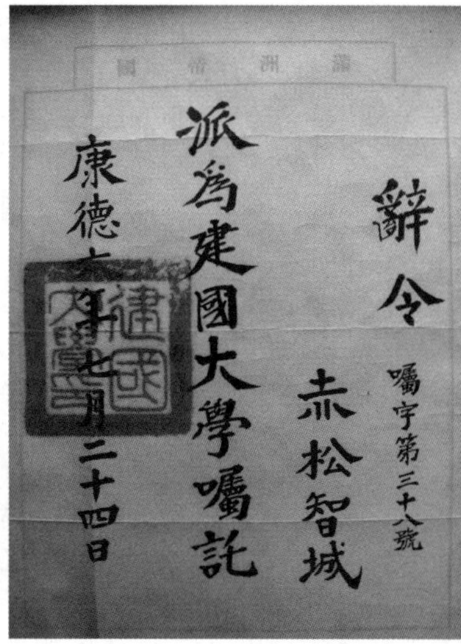
滿洲帝國

辭令

囑字第三十八號

赤松智城

派爲建國大學囑託

康德六年七月二十四日

[사진 3-11] 아카마쓰가 만주국 건국대학 촉탁 발령을 받은 사령장(1939년 7월 24일 자)

만주를 지배하던 관동군이 아카마쓰의 이슬람과 관련된 배경에 관심을 가지게 된 계기의 직접 증거가 있다. 1937년 6월 29일(중일전쟁 직전) 관동군 참모장 도조 히데키(東條英機)가 육군 차관에게 '관참만(關參滿) 제136호'의 공문으로 아카마쓰의 만주 종교 조사 위촉을 요구했다. 1937년 7월 7일 육군 차관은 조선총독부 정무총감에게 '육만밀(陸滿密) 제293호' 공문을 송달했고, 1937년 9월 24일 내각총리대신이 조선총독에게 '내각척((內閣拓) 제1443호' 공문으로 경성제대 교수 아카마쓰를 만주국 정부의 촉탁으로 발령 내라는 지령서를 보냈다. 내각의 지령서가 조선총독에게 하달될 즈음, 아카마쓰는 제자 이즈미와 함께 만주국 삼강성(三江省)의 가목사(佳木斯)와 열래진(悅來鎭) 및 소소둔(蘇蘇屯)을 방문해 혁철족(赫哲族=허전)에 관련된 자료를 수집하고 있었다(赤松智城 1941.3.20a: 178). 경성제대에서는 아카마쓰 교수를 11월 1일 자로 1년간 만주국 민생부 촉탁으로 발령조치하였다(京城帝國大學學報

1937.12.6). 1937년 11월 2일 만주국 민생부 차장은 경성제대 총장에게 사령장을 보내는 절차의 공문을 발송했다. 즉 내각이 관동군의 요청을 받아들여 아카마쓰를 만주국 정부의 촉탁으로 일 년간 파견했으며, 임무는 만주의 종교 조사였다.[12] 이 문제는 제국 일본 정부의 입장에서 생각해야 할 일이며, 당시 제국 일본 관점에서 만주 종교를 연구할 최적임자로 아카마쓰를 선택했다는 점에도 주목해야 한다. 그가 제출했을 최종 보고서는 극비 처리되었을 것이며, 그 보고서의 내용이 궁금해진다.

관동군의 요청과 제국 내각총리의 지령으로 경성제국대학 교수가 만주국 촉탁이 되었다는 것은 사실상 전쟁 수행과 관련된 군속(軍屬) 기능이었음을 알 수 있다. 아카마쓰가 만주국 정부의 촉탁으로 임명되는 과정에서 제국 일본 정치의 수반인 내각총리의 서명이 있었다는 사실은 간단하게 넘어갈 일이 아니다. 연구를 주업으로 하는 교수에게 연구비를 지급하는 것이 아니라 '지령'에 의해 현직 관리에 준하는 '여비'를 지급해 활동을 보장하는 방식에 주목하지 않을 수 없다. 조선이라는 식민지에서 만주국이라는 '괴뢰국, 사실상 또 다른 식민지'로 파견하는 과정의 의미도 생각해 볼 필요가 있다. 아카마쓰의 파견 요구가 진행되던 시기는 노구교 사건 직전이고, 그 과정에 중일전쟁이 일어나는 일시(1937년 7월 7일)의 공문까지 포함된 것은 일본의 대륙 침략 전쟁과 밀접한 관계라는 사실을 배제할 수 없다. 이 사건이 중일전쟁의 핵심 군사 역할을 수행했던 관동군의 요청이었던 점에 주목할 필요가 있다.

만주에서는 이미 종교 문제가 통치의 중요한 과제로 대두되어 있었고,[13] 그 사정을 반영하는 것이 1935년 만주국 정부가 출간한 두 권의 중후한 서적인 『만주의 회교도문제(滿洲の回教徒問題)』(1935), 『만주의 불교와 제 문제(滿洲の佛教と其の諸問題)』(1935)다. 만주국 자체에서 수행했던 조사 자료들이 있었음에도 불구하고 외부 종교학 전문가인

[사진 3-12] 1937년 10월 1일 우이동에서 촬영된 아카마쓰 환송연 후의 단체 사진. 맨 왼쪽에 아카마쓰, 이즈미 세이이치(가장 위), 아카마쓰 부인(앉은 사람들 중 왼쪽), 아키바 타카시(맨 오른쪽), 아키바 부인(앉은 사람들 중 오른쪽), 아키바의 딸(아키바와 부인 사이)

아카마쓰를 촉탁으로 초빙해 만주의 종교 조사를 담당하도록 했던 배경은 군사 목적 이외에는 생각할 여지가 없다. 군사 목적으로 사용될 수밖에 없는 보고서 작성에 아카마쓰가 어떻게 대처했는지는 보고서를 분석해야 알 수 있다. 토쿠오지 생가에 소장되어 있는 아카마쓰의 유품 속에 사본이 있을 가능성이 있지만, 내가 유족들로부터 보았던 자료들 속에서는 관련 문건을 발견할 수 없었다. 생가의 유족들도 문서를 일정 정도 관리하고는 있었는데, 소장된 유품 전체를 내가 확인할 기회는 없었다. 경성 근교 우이동에서 콘도(近藤)가 촬영한 아카마쓰 부부, 아키바 가족, 이즈미의 사진(사진 3-12)은 아카마쓰가 만주국으로 출발하기 직전 송별 기념으로 찍은 것임이 틀림없다.[14]

중일전쟁 당시 연해주에서는 18만 명 전체가 간첩 협의를 받은 조선인들이 스탈린에 의해 중앙아시아로 강제 이주당했고, 전운이 감도는 극동 지역은 관동군의 대(對)소련, 대공산주의 작전 지역이었다. 라마불교가 강한 외몽고가 소련 영향 아래 들어가고, 중앙아시아와 연결되는 회교도들을 만주 내에 보유한 관동군으로서는 만주국 통치에 있어 종교가 중요한 과제라고 생각했기에, 당시 최고의 종교학자이자 회교 전문가인 아카마쓰를 촉탁으로 초빙했던 것 같다. 당시 도쿄제대 사회학교실 출신으로 경성제대에서 3년 동안 임시사회학연구실 사무촉탁과 임시 민속참고품에 관한 사무촉탁의 명목(京城帝國大學學報 049호, 1931.4.6)과 연구생으로 지냈던 이와사키 츠구오(岩崎繼生)[15]가 만주국 관리를 거쳐 몽강 지역 대동과 장가구에서 관동군의 촉탁으로 활동 중이었다. 경성을 떠났던 이와사키가 만주국 관리직에서 몽고 연맹의 관리로 이직한 배경도 군사적 정세와 무관하지 않다. 격해지는 전쟁의 포연 속으로 학자를 보내는 관동군이 관동군 산하의 각종 정보 관계 인력만으로 해결하지 못하는, 절실하게 필요한 부분이 있었다. 총후 시대의 서막에서 관동군은 부처님이고, 학자들은 손오공 같은 역할 분담 모양새였다. 손오공 신세였던 아카마쓰에게 회교 전문 종교학자로서 학문적 자율성이 얼마나 보장되었을까?

"1934년에 (일본) 육군은 새롭게 건국된 만주국과 일본의 관계를 관리하기 위해 대만(対滿) 사무국 설치에 성공했다. 동국(同局)의 설치로 만주 문제에 관하여는 외무성과 척무성의 발언권은 박탈당했고, 만주 문제는 전면적으로 육군 장교의 통제에 놓이게 되었으며"(Berger 1977: 61), "일계관리(日系官吏)는 총무장관 이하 총무청의 주요 간부와 각부의 총무사장(각 성의 선임국장에 상당) 이하를 배치, 형식상 만인(滿人)우선주의를 취했다. 그러나 총무청 중심주의를 채용해 실권은 관동군 사령관이 임면하는 일본 정부로부터 출향 관리들로 구성되었다"(秦郁彦 1981: 722). 전자에 언급했던 도쿄대 사회학과 출신 이와사키도 출향 관리였다.

만주국은 1937년 6월 5일 조직법 일부를 개편해 민생부를 설치했고, 아카마쓰는 민생부의 촉탁이 되었다. 만주국 행정조직의 특수성을 장악했던 관동군은 아카마쓰의 신분을 '위촉(委囑)'으로 요구했는데, 결론은 '촉탁'으로 되었으며, 대우는 간임관(簡任官)에 준했다. 간임관은 만주국의 건국대학 부총장(총장은 만주국 총리가 겸임), 과학연구원장, 국립중앙박물관 부관장(관장은 만주국 총리가 겸임) 등도 간임관이었다. 즉, 아카마쓰의 촉탁 신분은 일본인 출향 관리들로서는 최상층 위치였음 또한 당시 아카마쓰 작업의 의미를 소홀하게 볼 수 없도록 만드는 이유가 된다. 그가 작성해 제출했던 보고서가 극비로 취급될 수밖에 없는 정황이다.

군사적 긴장으로, 이 시기에 아키바가 만주에 올 수 없었다는 것도 알아 두어야 할 일이다. 아카마쓰가 만주국 촉탁으로 근무한 기간의 흔적으로 보이는 자료들은 다음과 같다. 물론 이 자료들이 그가 관동군에게 제출한 공식 최종 보고서는 아닐 것이다. 제국 일본의 국가총동원법이 1938년 4월 1일 공포되었다는 시점에 주목한다. "1938년 6월 승덕(承德)의 8대 라마묘(喇嘛廟)의 하나인 보타종승묘(普陀宗乘廟)에서 주승에게 자료를 얻었다"(赤松智城 1941.3.20b: 326). 그가 몽고 민족의 종교인 라마교에 관한 자료도 수집했음을 알 수 있다. 「회민과 근대 사상」이라는 논문 마지막 부분에서, 그는 "대동아의 회교 민족에 대한 이해가 필요하다."(赤松智城 1942.7: 223)는 주장을 했으며, 대동아 공영권 제 문화 조사 연구를 목적으로 교토에 설립된 대동아학술협회(회장 신무라 이즈루-新村 出)가 1943년 8월 1일부터 3일 사이에 교토제대 낙우회관에서 강사 6명으로 제1회 대동아문화강좌를 실시했는데, "전 경성제대 교수 문학박사 아카마쓰 치조 씨"가 '회교의 유래와 특색'에 대해 강연을 했다(『學芸』 1권 3호, 1943.8.10). 이 강연에 관동군에 제출했던 보고서 내용이 얼마나 포함되었을까? 당시의 강연 기록은 지금 찾아볼 수 없다. 아마구치 고향의 승직으로 돌아간 이후에도 회교에 관한 강연을 요청받았던 것을 보면, 아카마쓰는 회교 분야에 적지 않은 연구 업적을 축적했다고 생각된다. 그가 독일 베를린에서 유학했던 기간에, 회교에 대해 집중적으로 수업을 받았던 경험의 반영이다. 관동군이 아카마쓰에게 얻어 내려 했던 자료는 몽고 민족의 라마교와 중국 회민과 관련된 자료였으리라는 추측이 가능하다.

아카마쓰는 1941년 3월 15일 자로 '의원면본관 내각 총리대신 코노에 후미마로(近衛文磨) 봉'의 사령장을 받았다. 중국 대륙 곳곳과 동남아시아 여러 곳에서 일본군의 전투가 치열해지고, 제국 일본의 점령지가 급격히 확산되던 시점이었다. 1927년 가을부터 근무한 경성제국대학 법문학부 교수직을 본인의 바람으로 사직한 것이다. 퇴관이 아닌 '면관(免官)'이었으며, 그것도 '의원(依願)'이었던 점이 궁금해진다. 정년까지 신분이 보장된 고등관 1등의 칙임관(勅任官, 칙령에 의해 임명)의 제국대학 교수가 의원면관한 점을 어떻게 해석할 수 있을까? 그의 나이 55세였다. 자동 퇴임이 5년이나 남았던 시기였다. 학문이 원숙한 단계로 접어들 즈음에 대학을 자진 사직한 이유가 무엇이었을까?

식민지 조선에서는 일상생활뿐만 아니라 사회 전체에 제도적 차원에서 '황국신민의 서사' 암송과 신사참배가 강요되었고(1937년 10월부터), 1938년 3월에는 조선어 교육이 철폐되었으며, 1938년 6월 13일 경성제대 강당에서 육군병 지원자 훈련소 입소식을 거행, 이틀 후 대학 강당이 임시 훈련소가 되어 조선총독부 지원병 훈련소 개소식이 있었다. 중일전쟁 이후 총후 시대에 접한 대학의 병영화였다. 교육을 위한 캠퍼스가 훈련을 위한 캠프로 바뀌었다. 경성제대 대륙문화연구회(총장이 회장)에서는 1939년 9월 9일부터 11월 8일 사이, 거교적으로 교수 24명을 강연자로 내세운 제1회 대륙문화강좌를 개최했다. 이마무라 유타카의 「북아시아 인종론」과 아키바의 「북아시아의 민속」 등이 발표되었다(大陸文化研究會 編 1940). 1939년 11월에는 창씨개명 정책이 공포되었다. 1940년 7월 '대동아 공영권' 건설 기본 국책이 등장한 후, 제국 일본의 문부성은 1940년 9월 학교를 황국민 연성의 수련도장으로 활용할 것을 지시했고, 1941년 2월 11일 기원절(紀元節)에 각 대학에는 수련단(修練團)이 발족되었다.

경성제대는 1941년 5월 5일에서 6월 18일 사이 제2회 대륙문화강좌를 개최했다. 경성제대 이공학부 교수가 '대륙병참기지'로서 조선의 역할을 수행하기 위한 거국적인 연구 기구 설립을 제안하는 논문을 발표했고(山家信次 1941), 이 상황 속에 아키바는 "지역 봉공에 정진하고 신도 실천(臣道實踐)에 매진해 내선일체(內鮮一體)를 실천하자"는 주장을 하였다(秋葉 隆 1941.8.10). 1941년 4월 이공학부를 개강한 경성제국대학은 대학 보도부(책임자 오타카 토모오 교수)를 중심으로 『전시과학총서(戰時科學叢書)』를 발간했다. 일련의 과정에서 경성제대 내에서는 더 이상 아카마쓰의 이름은 보이지 않는다. 만주국 촉탁을 수행한 이후의 아카마쓰는 조용한 생활을 유지했다.

말하자면 대학의 병영화와 학문의 전쟁 도구화 과정이 격해지는 전쟁의 소용돌이 속에 아카마쓰는 '의원면본관(依願免本官)'이라는 결단을 내린 듯하다. 조선총독부의 신앙심사위원회에서부터 보였던 아카마쓰의 '마지못한 참여자(reluctant participant)' 입장이 발전했다고 생각된다. 이어서 1년간의 만주국 촉탁 전과 후를 비교했을 때, 아카마쓰의 연구 업적은 현격한 차이를 보인다. 촉탁 임무를 고비로 그의 연구는 정지 상태에 들어간다. 같은 시기에 상대적으로 왕성하게 여러 활동을 했던 아키바를 비롯한 전시기 경성제대 교수들의 행보와 비교하면, 아카마쓰의 입장은 더욱 확연히 드러난다. 학문의 원숙기에 접어들던 때에 연구를 중단하고, 절필 각오의 결단을 내리는 학자의 심정은 예사롭지 않다. 아카마쓰는 일찍부터 승려 신분을 유지하고 있었다. 면관 직후 그는 가족 전래의 토쿠오지 주직으로 복귀했다. 면관 이유가 개인 차원의 주직 복귀라고만 해석하기에는 '시대의 중압'이라는 문제가 미해결 상태로 남는다. 만주국 촉탁이라는 신분은 기능적으로 보면 사실상 관동군의 군속과 다를 바가 없었다. 아카마쓰의 귀향은 군복을 벗고 승의로 갈아입은 스탕달의 『적과 흑』을 연상하게 한다. 대동아전쟁이 격렬해진 상황에서 혼간지(本願寺)에서 1944년 9월 21일 '근황승추모법회와 강연회'를 열었다. 아카마쓰는 "근황승 레간(勤皇僧禮嚴은 與謝野禮嚴을 말함-필자주)의 손자이며, 아카마쓰 렌조의 손자로 승직을 이은 아카마쓰 치조"라고 소개되었다(本願寺新報 1024號, 1944.9.25). 근황승이란 존황양이(尊皇攘夷)운동과 도막운동(倒幕運動, 막부 타도)에 관여했던 불교 승려들을 이른다.

총동원령이 내려진 대동아전쟁은 승복을 입고 귀향했던 아카마쓰를 가만히 내버려 두지 않았다. 학창 시절 아카마쓰의 학문적 고향이었던 교토에서는 대동아학술협회가 "1942년 6월 7일, 교토호텔에서 발회식"(久保田裕次 2019.3.20: 15)을 가졌으며, 회장에 신무라 이즈루(新村 出, 교토제대 명예교수), 고문에 마쓰모토 분자부로(松本文三郎, 동방문화연구소장), 하타 도오루(羽田 亨, 교토제대 총장), 니시타 나오지로(西田直二郎, 교토제대 문학부 교수)가 선출되었다.

한편 여태까지 잘 알려지지 않았던 사실인데, "협회에는 발기인이 있었고, 무라타 지로(村田治郎, 교토제대 공학부 교수)가 대표였다. 협회의 사무국은 동방문화연구소에 설치했다"(久保田裕次 2019.3.20: 37). 협회에서 개최한 "제1회 '대동아강좌'는 1943년 8월 1일부터 3일까지 교토제대 낙우회관에서 열렸고, 매일신문사가 후원하여 개최되었다"(久保田裕次 2019.3.20: 51). "강사와 주제는 미야자키 이치사타(宮崎市定, 교토제대 조교수)의 '서남아시아 여행담', 아카마쓰 치조(전 경성제대교수 문학박사)의 '회교의 유래와 특색', 츠카모토 센타카(塚本善隆, 동방문화연구소원)의 '불교의 일본적 성격과 지나적 성격', 무라타 지로의 '지나의 회교 건축', 사보타 츠루시(佐保田鶴治, 입명관대학 강사-이상 인물 소속은 필자주)의 '인도에서 카스트 문제', 마쓰모토 분자부로의 '고대 인도의 문화'였다. (…) 1944년 7월 26일부터 28일까지 제2회 하계 강좌의 강사와 주제는 다음과 같다"(久保田裕次 2019.3.20: 55). "신무라 이즈루의 '대동아 이상(理想)의 특질', 시바타 미노루(柴田 実)의 '대동아에서 일본문화', 아카마쓰 치조의 '태평양 제 민족과 종교', 오가와 시게키(小川茂樹)의 '대동아 공영권과 지나 세계', 타무라 지츠조(田村実造)의 '화교(華僑)와 대동아 공영권', 우에노 테루오(上野照夫)의 '인도 문화의 특질'"(久保田裕次 2019.3.20: 43)이었다. 아카마쓰의 경력란에는 "원경성제대, 교토제대 문학부 강사-신도사(神道史)"(久保田裕次 2019.3.20: 45)라고 표기되었다. 아카마쓰가 교토제대 문학부에서 신도사의 강사를 역임했다는 부분은 앞으로 자료 확인이 필요하다.

아카마쓰의 승적 고향인 니시혼간지 교단은 "1937년 8월 '국가총동원과 종교의 각오'"(赤松徹眞 1996: 116)로 보국신앙운동을 표명했고, 1943년의 중앙심의회 위원장에 아시카가 주이기(足利瑞義), 위원에 하타니 료테(羽渓了諦), 우노 엔쿠, 야마우치 토쿠류(山内得立, 교토대 교수), 카가이 오키타카(利井興隆), 사사키 켄토쿠(佐々木憲徳), 스기 시로(杉 紫朗), 우치타 코유(内田晃融), 아카마쓰 치조를 올렸다(赤松徹眞 1996: 139). "제3전중앙협력회의가 1944년 8월 5-6일 개최되었는데 (…) 위원 임명이 있었다. 각계 대표 중 '학사' 5명 중 아카마쓰 치조(야마구치)의 이름이 올라 있다. 그러나 아카마쓰는 출석하지 않았다"(赤松徹眞 1996: 142). 이어 "제3전중앙협력회의가 1945년 7월 2일 개최되었다. (…) 이때 의장은 하타니 료테인데 아카마쓰의 이름은 '학사'에서도 보이지 않는다"(赤松徹眞 1996: 148). "류코쿠대학을 중심으로 사상연구회가 개최되었는데, 1943년의 참가한 11명 중에 아카마쓰의 이름이 있다"(赤松徹眞

1996: 150). 사상연구회는 전시 교학지도본부 역할을 했으며, 3부회로 "1. 신도의의 건설(新道義の建設) 2. 황도와 진종(皇道と真宗) 3. 사생관(死生觀)으로 분과를 설정했다. 분과마다 심의원을 두었는데, 아카마쓰는 1분과, 우노는 2분과, 하타니는 3분과였다"(赤松徹眞 1996: 150-151). 세 사람은 1920년대 같은 날짜에 함께 유럽으로 유학 가는 배를 탔던 친구 사이다.

경성제대를 면직하고 승복으로 갈아입었던 아카마쓰는 자신이 속한 교단이 총동원령에 협력하는 구도의 부름을 피할 수 없었다. 그러나 전시 비상 상태에서 야마구치에서 교토까지 왕복하기도 쉽지 않았을 것이다. 그의 이름이 간헐적으로 오르내리는 것은 학계와 종교계에서 쌓아 올렸던 그의 명성을 증언하기에 충분하다. 1921년 8월 파리의 한 카페에서 아카마쓰, 우노, 하타니 세 명이 함께 찍었던 사진이 떠오른다(사진 4-4 참조). 승적과 인간관계로 인해 피할 수 없는 전쟁 동원령에 '마지못한 참여자'로 이름을 올린 아카마쓰의 처지를 살피지 않을 수 없다. 대학의 학자도 사찰의 승려도 군국주의가 일상화된 대동아전쟁의 총동원령 앞에서 자유로울 수 없었음을 증언하는 대목이다.

7. 소결: 전쟁이라는 '블랙홀'

통치 대상으로서 조선과 조선 사람들이라는 구도 속에 조선총독부는 조선의 민간신앙이라는 과제를 지대하게 생각했던 것 같다. 문화 통치를 표방해야 했던 3·1운동 이후 상황에서 총독부 관방문서과의 촉탁으로 무라야마 지준을 고용했다. 무라야마의 도쿄제대 졸업 논문은 '사상'에 대한 것이었다. 그해 7월 졸업하자마자 경성으로 이주했던 무라야마는 총독부가 고대하던 '사상 조사' 담당이 되었다. "조선의 문화를 이해하기 위해서는 조선인의 사상을 요해하지 않으면 안 된다. 조선인의 사상을 요해하는 것은 민간신앙에서 출발하는 것이 순리이고 자연스럽다. (…) 민간신앙은 대중 사상의 으뜸이기도 하다"(村山智順 1929.7.31: 1-2). 무라야마의 진술대로 민간신앙이 사상 조사 대상으로 자리를 잡았다고 이해해야 한다.

그에 비해 문화 통치 기구의 하나로 안착한 경성제대에서 종교학 교수인 아카마쓰의 주요 관심사는 원시종교였다. 민간신앙이 사상 조사의 대상이었다면, 원시종교는 종교 연구의 대상이었다는 대비가 가능하다. 식민지 조선에서 전자는 무라야마에 의해 21년간, 후자는 아카마쓰에 의해 13년간 실천되었던 점에 주목한다. 이런 대비가 앞으로의 식민지 시대 조선에서 이루어졌던 샤머니즘 연구에 어떠한 지침을 제공할지 생각하게 된다. 이 관점에서 진행된 연구는 아직까지 없었다. 각론으로 조선의 종교 연구라는 관점은 무라야마와 아카마쓰의 비교를 절실하게 기다리고 있다. 먼저 전체라는 구도를 생각하지 않고 관심이 끌리는 부분만을 도려내어 보게 되면, 결과적으로 오해를 빚게 마련이다. 전후 일본과 한국 양쪽 학계에서 모두 그런 오해가 생겼고, 결과적으로 아카마쓰의 학문 공적은 잊히고 아키바의 업적만 회자되고 말았다.

종교현상에서 파악되는 종교성의 원천인 '신성관념'에 학문적 관심을 집중한 종교학자로 출발했던 아카마쓰는 기성종교보다 원시종교로 눈을 돌렸다. 유럽 인류학자들이 발견했던 마나(mana)는 아카마쓰의 주 관심인 신성관념의 일종이었기에, 아카마쓰의 학문이 종교인류학이라는 틀 속에 전개된 것은 당연한 귀결이었다. '원시문화학'이라는 이름으로 자리를 잡은 원시종교에 대한 관심은 우노와 후루노 그리고 스기우라 켄이치(杉浦健一) 등에 의해 '종교민족학'이라는 큰 분야로 자리를 잡았고, 시베리아에서 만몽 그리고 조선으로 이어진 무파론(巫波

論)의 혜안은 아키바에 의해 만몽과 조선의 무속 연구로 이어졌다.

1935년 9월 1일 코야산대학 졸업생인 카미모토 젠노(神本善應)와 이노우에 코젠(井上弘禪)(赤松智城 1939.11.15: 59)을 '조수'로 대동하고 흥안북성 해랍이 교외의 살만을 방문했을 때, 아키바는 아직 현장에 도착하지 않았다. 그들의 일정과 방문 지역은 다음과 같다. 카미모토가 기록한 「쇼와 10년 8월-10월 외무성 문화사업부 파견에 의함 만주 몽고 민속종교 연구의 여행에 의함 (…) 카메라첩 (…) 경성제국 대학교수 종교학 아카마쓰 치조 박사/민속학 아키바 타카시 선생의 조수로 수행함(昭和十年八月-十月 外務省文化事業部派遣派に依る 滿洲蒙古 民俗宗教研究の旅に依る(…)カメラ帖(…)京城帝國大學教授 宗教學 赤松智城博士/民俗學 秋葉 隆先生の助手として隨行する)」에 의하면 그들의 일정은 다음과 같다.

"8월 20일 시모노세키 출발, 8월 22일 경성제대 민속학·종교학연구실(에 방문). 만주에서 중점적으로 방문한 곳. 1. 애혼(愛琿) 교외 흑룡강반(黑龍江畔) 만주기인부락(滿洲旗人部落) 2. 하이라루(ハイラル) 서남 150리 거리의 대초원을 횡단해 간쥬루묘(ガンジユール廟) 정기시(定期市) 3. 대흥안령의 소역 박극도에서 60여 리 오지에 오른첸 캠프 4. 금주성(錦州城)에서 2일 행정의 오지 내몽고 열하 라마묘 승덕 답사." 카미모토는 이 부분을 수기(手記)로 "쇼와 11년 11월 11일"이라고 적었다. 이 날짜를 보면 답사가 종료된 후, 카미모토가 사진첩을 받은 시기까지 상당한 시일이 소요되었음을 알 수 있다. 이 사진첩은 개인이 제작한 것이 아니고 답사 참가자들이 나누어 가지기 위해 업체에 의뢰해 공동 제작한 것 같다. 사진첩을 받은 카미모토가 개인적으로 답사록을 정리한 것은 현재 카미모토가 오랫동안 주직을 담당했던 시모노세키의 후쿠젠지(福仙寺)에 보관되어 있다.[16]

아키바는 애틱뮤지엄(Attic Museum, 흔히 아칙쿠 뮤제아무라고 읽음-필자주)의 시부사와 케이조(澁澤敬三) 팀과 함께 2박 3일간 다도해 조사를 마치고, 경성을 거쳐 우루첸으로 가기 위해 해랍이로 와서, 9월 2일 아카마쓰의 샤먼 방문에 합세했다. 아키바는 시부사와에게도 얼굴을 내밀어야 할 위치였다. 당시 아카마쓰와 아키바가 함께 북만주의 샤머니즘 자료 수집을 위해서 구성했던 답사 인원은 아카마쓰를 중심으로 종교학에 관심을 가진 사람들이 주를 이루었다. 현장에서 자료를 수집해 종교민족학 또는 종교인류학을 구현했던 아카마쓰의 입장은 그가 경성제국대학에 근무했던 기간 내내 실천했던 학문적 방법의 구심점을 이루고 있었음을 알 수 있다.

학문의 질적 차원에서 아카마쓰와 아키바를 비교하는 것이 허락된다면, 절제와 방만이라는 단어로 압축하고 싶다. 아카마쓰의 특징은 절제 속의 명쾌함이라 말하고 싶고, 아키바의 방식은 대체로 얄팍하고 방만하다. 종교현상학에서 내세운 신성관념과 샤머니즘을 바라보는 무파론이 그 예로 적합하다고 생각한다. 회교에 대한 아카마쓰의 관심은 제국의 민족 정책과 군대의 국방 전략에 이용되는 불운을 겪으면서 후속 세대로 이어지지 못한 것 같다. 이와 관련되어 아직 발견되지 않은 구체적인 보고서를 보고 싶다. 아카마쓰가 촉탁 신분으로 만주국 민생부에 제출했던 보고서는 나의 억측으로 만든 많은 오류를 정정해 줄 정보를 담고 있을 것이다. 특히 내가 잘 모르는 라마교와 회교에 대해 상당한 정보를 제공하리라 생각한다. 장춘의 어느 서가에서 잠자고 있을 자료는 우리가 잘 모르는 만몽민족학의 핵심과 민낯을 보여 줄 것이라 기대한다.

경성제국대학은 일본의 조선 지배와 관련해 종교 연구가 필수라는 기본 인식과 합의가 있었기 때문에, 당시 일본 최고의 종교학자인 아카마쓰를 채용한 것이라 생각한다. 1926년 본과 개설부터 종교학 강좌를 설치했던 경성제대는 적절한 교수를 확보하지 못했고, 1년 반이 지나서야 아카마쓰를 교수로 초빙했다. 이유를 알아내기는 쉽지 않다. 주로 도쿄제대 출신들로 교수들을 확보했던 경성제대의 핫토리 총장이 개교와 발맞추어 종교학 강좌 담당 교수를 채용하지 못했던 사정이 있었을 것이다. 그 자리가 결과적으로 교토제대 출신인 아카마쓰로 채워진 셈이다. 아카마쓰는 당시 경성에서 교토와 토쿠야마 양쪽을 오가는 아주 바쁜 생활을 했다. 불교를 실천하는 불가의 주직으로서, 불교 관련 학문을 강의하는 대학의 종교학 교수로서 생활이었다. 경성제국대학 교수인 그에게 만주로 파견되는 제국 차원의 지령이 내려오기도 했다. 관동군 참모장 도조의 요구였다. 1937년 11월 1일부터 1년간, 즉 1938년 10월 말에 그의 만주국 촉탁 임무는 끝났다(이 기간에 그가 줄곧 만주에 주재하지 않고, 교토와 경성으로 다녔다는 사실이 사진이나 편지 등으로 확인된다). 그 후에도 그의 만주 연구는 지속된 흔적이 나타난다.

그러나 그는 1941년 3월 경성제대 교수 관직을 사임하고 야마구치 토쿠야마의 토쿠오지로 돌아갔다. 당시 무라야마 지준도 니가타(新瀉)의 묘코지(妙廣寺)로 돌아갔다. 우연의 일치라고 하기에는 많은 문제가 있다고 생각한다. 당시 조선의 종교 전문가 두 사람이 동시에 '조선'과 '학문'을 떠났다, 1941년 이후 조선에서는 종교학뿐만 아니라 학문 전체가 불모지대로 변하는 경험을 할 수밖에 없었다. 당시 제국 일본이 조선에서 필요한 것은 마음이 아니라 몸이었던가. 아카마쓰의 마음이 떠날 수밖에 없었던 모양이다.

'주연보다 돋보이는 조연'이라는 표현이 적절할까? 그는 물러설 시간을 스스로 결정했다. 조연으로 만족한 증거는 경성제국대학 교관직 사임이라고 말할 수 있다. 초창기부터 언론과 절연했던 단호한 성품은 제국과도 절연하는 행동으로 이어진다. 그의 결단은 호전적 제국에 대한 항변적 성격을 담고 있었을 것이다. 학자가 주연 역할을 할 수 없는 시대 조건과 한계에 대한 저항이 그가 '의원면본관'이라는 결정을 하도록 했다고 생각한다. 경성과 교토의 교직과 야마구치의 주직을 왕복한 14년 동안, 토쿠오지에 부주직을 두고도 사찰 경영은 쉽지 않았다고 한다. 교직과 주직이라는 두 마리 토끼를 잡기에는 역부족이었을까? 제국주의 압력에서의 도피뿐 아니라 개인 생활 문제도 생각할 점이 있다. 귀향 후 그의 생활은 전후 복구 과정에서 '상당히 어려웠다'고 며느리가 전했다.

아카마쓰에 관한 논의를 종결하면서 한 가지 의문으로 남는 앞으로의 과제를 기록하고자 한다. 서양의 종교학을 종교심리학과 종교인류학 방면에서 심도 있게 일본에 소개하고, 일본의 종교현상에 적용해 과학적인 설명을 하고자 시도했던 일본학자는 아카마쓰만이 아니다. 아카마쓰보다 한 세대 위의 종교학자로서 토오루 도겐(融 道玄 1872-1918)은 불교개혁 운동에 앞장서기도 했지만, 종교 연구사에 관한 논문(融 皈一 1903.1; 1903.2; 1906.4; 1906.6)을 비롯해 종교와 심리학(融 道玄 1906.10; 1906.11) 및 종교와 윤리(融 道玄 1907.4; 1907.5; 1907.6) 및 종교와 철학(融 道玄 1907.12; 1908.1)의 연구 결과를 정리했다. 더군다나 토오루는 아카마쓰가 중점적으로 관심을 보였던 신화(融 道玄 1909.3; 1909.4; 1909.5) 문제뿐만 아니라 "마술론(魔術論)"(融 道玄 1910.1)에 관한 논문도 남겼다.

토오루와 아카마쓰의 학문적 궤적은 어느 누구보다도 겹치는 점이 분명한데, 왜 아카마쓰는 토오루에 관해서 전혀 언급하지 않을까? 곡절이 있을 것이다. 문제는 일본종교학사의 차원에서 토오루의 논문들은 아카마쓰에 의해서 계승/무시의 갈림길에 있었다는 점이다. 토오루는 필명을 여러 가지 사용했다.[17] 토오루 키이치(融 皈一), 토오루 키잔(融 希山), 토오루 토모요(融 友世) 등이다. 아카마쓰가 교수로 봉직했던 코야산대학의 선배 교수이기도 하다. 그의 손자인 토오루 미치오가 쓴 서적이 있다(融 道男 2013.12). 이와 관련된 유의미한 논의가 생성되는 날을 고대한다.

주

1 "아카마쓰 치조와 아키바 타카시(는) 연구자의 직접적 관찰과 무가(巫歌)와 무경(巫經)의 채록을 중시하는 현장연구 방법론을 채택하고 있다. (…) 연구 방법은 공시적인 현지 조사에 의한 자료 수집과 인류학적 사회 분석을 토대로 하고 있다"(김성례 1999.12: 157-158). "아키바와 아카마쓰가 한국 무를 종교학 내지 인류학적 방법론으로 종합적 연구를 진행하고 (…) 이들 학자들에 의해 학문적으로 연구되어 그 종교·문화의 성격이 밝혀지고 있던 것은 커다란 의의를 갖는다. 이들은 이후 한국 무 연구의 길을 열어 놓은 선구자 역할을 감당한 것이다"(趙興胤 1998.8: 326). 최길성(崔吉城)의 연구를 비롯한 한국 민속학계의 무속에 관한 연구는 거의 대부분이 아키바를 중심으로 연구사를 정리하고 있다. 이는 전반적으로 재고를 요하는 과제다.

2 아카마쓰 츠네코는 『노동(勞動)』, 『노동부인(勞動婦人)』 등의 잡지에 노동 운동 성격의 글을 많이 게재했다. 아카마쓰 카쓰마로는 1917년 7월 도쿄제대 철학과를 미학·미술사 전공으로 졸업했고, 다음의 글들이 출판되어 있다. 1925.1.1 "赤松黃松", 青年運動 4(6): 379; 1926 "覆手雨飜手風矣 人心難待貫古今 黃金一度呼黑風 赤松變忽爲黃松", 日本勞動運動發達史(社會問題講座). 東京: 新潮社. 필명 아카마쓰 코햐쿠마(赤松五百麿 1894-1955).

3 일본사회학회회원 명부(日本社會學會會員名簿)(1953년 3월 현재)에 "아카마쓰 치조 야마구치대학 토쿠야마시 시모코유미초(赤松智城 山口大學 德山市下御弓町)"라는 기록이 있다.

4 "종교의 본질 규정(Wesensbestimmung): 사실의 문제(quaestio facti), 종교의 진리 문제(Wahrheitsfrage): 권리의 문제(quaestio juris)에 대한 구분이 필요하며, 종교사는 認識資料(Erkenntnisquellen)와 認識原理(Erkenntnisgrund)를 다루는 것이다"(赤松智城 1932.12).

5 "본서에서 民俗學은 ethnology의 譯語, 前號의 페이지 1에서 土俗이라고 한 것을 고치노라. ethnography는 民俗誌로 한다"(赤松智城 1926.5: 76). "Magic, 呪術, 呪法; Rite, 祭式, 儀式; Ritual, 儀禮(儀式-rite는 약간의 의례적 행위); Taboo, 禁忌, 齋忌, 諱; Charm, 禱文, 加持(祝福을 주는 呪法力을 갖고 있는 詞); Spell, 呪文, 呪詛(呪詛를 주는 呪法力이 있는 詞); Amulet, 護具, 護符; Talisman, 呪具, 呪符, 魔法具(amulet와 talisman은 物體. amulet는 보통 신체에 장식해 病氣, 害惡, 死에 대하여 방어함. talisman은 불사의한 것을 얻도록 하는 힘을 갖고 있는 물체. 필히 몸에 휴대해야 함. 전자는 소극적이고, 후자는 적극적임)(赤松智城 1926.7: 68).

6 ハートランド 著 高野大教授 中井龍瑞譯 原始民族の宗教と呪術, 1927.4.15 발행
ハツドン 著 文學士 植木謙英譯 呪法と呪物崇拜, 1927.4.20 발행
リバーズ 著 文學士 長岡曠若 譯 原始文化傳播說, 1928.7.15 발행

マレツト 著 文學士 野村了本 譯 先靈觀, 1930.4.20 발행
プロイス 著 文學士 有賀喜左衛門 譯 自然民族の宗教と藝術(未刊)第4編
モ-ス 著 文學士 赤松秀景 譯 呪術の一般論(未刊)第3編
マリノフスキ 著 文學士 松井了隱 譯 原始社會の犯罪(未刊).

7 第一篇 自然人類學概論 帝大教授 醫學博士 長谷部言人
第二篇 人類起源論 帝大教授 醫學博士 清野謙次 帝大助教授 醫學博士 金關丈夫
第三篇 人種學 帝大助教授 理學博士 松村 瞭 文學士 久保榮三
第四篇 民俗學概論 柳田國男 文學士 岡 正雄
第五篇 宗教民族學 帝大助教授 文學士 宇野圓空
第六篇 考古學概論 帝大教授 文學博士 濱田耕作 帝大助教授 文學士 小牧實繁
第七篇 比較言語學 帝大教授 文學博士 新村 出
第八篇 法律民族學 帝大助教授 法學士 內藤吉之助
第九篇 宗教社會學 帝大教授 文學博士 赤松智城

8 두 사람이 공저한 것이 아니고, 내용별로 분할해 집필한 것을 단행본 하나로 묶어서 출판한 것이 1938년 10월에 출판된 『朝鮮巫俗の研究(下)』이다. 공저보다는 '合著'라는 표현이 정확할 것이다. 장별로 집필한 부분들을 저자별로 구분해 표시한 것이 아래의 목차다. 그 내용도 성/속으로 나뉘어 있음을 알 수 있다. 아카마쓰·아키바의 『朝鮮巫俗の研究』와 『滿蒙の民族と宗教』에 대한 서평에서는 공동 연구이면서도 양자의 의견 불일치에 대한 지적과 아키바가 작성한 부분의 표현 모순 등이 지적되었다(小口偉一 1941.7: 186). 第一章 巫祖傳說(秋葉), 第二章 巫の呼稱と種類(秋葉), 第三章 入巫過程(秋葉), 第四章 巫俗の神統と聖所(赤松), 第五章 薦新賽神の行事(赤松), 第六章 家祭の行事(秋葉), 第七章 村祭の行事(秋葉), 第八章 巫裝と巫具(秋葉), 第九章 巫歌と巫經(巫歌-秋葉/巫經-赤松), 第十章 巫の家族生活(秋葉), 第十一章 巫の社會生活(秋葉), 第十二章 巫俗と道佛二教との關係(赤松), 附錄 巫經, 參考圖錄, 現地踏査地圖, 總索引.

9 일본의 외무성 외교 사료관에는 다음의 문서가 보관되어 있다. H.6.2.0.29-4 日滿文化協會關係雜件(文化研究員關係): "東方文化學院理事長 服部宇之吉 殿 外務省文化事業部長 坪上貞二 1933.2.23 〈機密〉", 역사지리적으로 밀접한 경성제국대학을 대표로 선정. 연구는 3부문 1) 역사지리에 관한 조사 연구 2) 유물 유적에 관한 조사 연구 3) 土俗學(言語, 宗教 포함)에 관한 조사 연구, 토속학, 언어학에 관한 조사 연구. 연구 기간 5년. 경비는 제1, 제2 양 연도는 각 38,000원, 제3연도부터 40,000원. "1934년 4월부터 경성제국대학교수 아카마쓰 치조·아키바 타카시 양 씨와 기타 적당한 사람에 위촉한다."고 결정되었다. 그것을 결정하는 회의인 "제1회 대만문화사업심사위원회(對滿文化事業審査委員會)가 1933년 4월 11일 외무성 제2회의실에서 개최되었고, 아카마쓰와 아키바의 '만몽에서 민족과 종교의 연구(滿蒙に於ける民族及宗教の研究)'에 3개년 연구비를 지원함이었다."

10 유홍렬은 경성제대 사학과 7회 졸업생으로서 졸업 논문은 "書院の起源"이다. 조선사 전공으로 1934년 졸업하고, 종교사회학연구실 조수에 취임했다(京城帝大史學會報 8: 47,

1935년 5월 25일 발행).

11 개룡산 상제교주 김연국(金演局 1857-1944, 강원도 강릉 출신)의 사진이 『每日申報』(1936.7.8)에 실려있다. 그는 1921년 두마면에 대본원을 시공하고, 1922년에는 남선면에 본교당을 건립하였다. 1924년 자신의 생일에 맞추어 대본원 낙성식과 함께 신도안으로 이주하였다. 신도안에는 상제교인들의 신앙촌이 만들어졌다.

12 관참만제136호(關參滿第一三六號)

現職官吏ニ滿洲國文教部事務委囑ニ關スル件. 昭和十二年六月二十九日. 關東軍參謀長 東條英機. 陸軍次官 梅津美治郎 殿. 首題ノ件ニ關シ左記ニ依リ文教部事務ヲ委囑致シ度旨申出アリアリタルニ付認可相成度. 左記 一. 委囑者 京城帝國大學教授 赤松智城, 二. 委囑事項 宗教調查事務, 三. 委囑期間 昭和十二年六月下旬ヨリ向約一介年間, 四. 委囑條件 手當ハ無給トス但調查用務ニ依ル出張ノ際ハ滿洲國簡任官相當ノ旅費ヲ支給ス.

陸滿密第二九三號

現職官吏ニ滿洲國文教部事務委囑ニ關スル件照會. 昭和十二年七月七日 陸軍次官 梅津美治郎. 朝鮮總督府政務總監 大野綠一郎. 首題ノ件ニ關シ滿洲國政府ヨリ關東軍司令部ヲ經テ別紙ノ通申出有之候ニ付御論議相煩度此段及照會候(京城帝國大學公文紙)

內閣拓第一四四三號 昭和十二年九月二十四日. 內閣總理大臣 公爵 近衛文磨, 朝鮮總督 南次郎 殿

指令

京城帝國大學教授 赤松智城 滿洲國政府ノ囑託ニ應シ竝旅費ノ受クルノ件 上奏ヲ經タリ

辭令 囑字第三八號: 建國大學 囑託 康德六年七月二十四日.

辭令 囑字第九號: 民生部囑託1年期限 在社會司辨事 康德四年十一月一日.

康德四年十一月二日

滿洲國民生部次長 宮澤惟重. 京城帝國大學總長 速水 滉 殿

拜啓愈愈御清昌之段奉慶賀候陳者豫而國務院總務廳ヲ經テ 御依賴申上候貴大學教授赤松智城氏ニ對シ左記ノ 通發令被致候間御了承相成度辭令相添ヘ此段御通知申上候.

記赤松智城派爲民生部囑託以一年期限 在社會司辨事. 康德四年十一月一日

備考

一. 囑託用務 宗教調查

一. 手當. 無給

一. 旅費 簡任官相當額ヲ支給スノ但シ打切支給スルコトアルベシ.

13 文教部教化司禮教科 編/出版 1935 滿洲の回教徒問題; 1935 滿洲の佛教と其の諸問題. 滿洲國民生部厚生司教化科 編/出版 1937-1942 宗教調查資料(第2輯 吉林, 間島, 濱江省宗教調查報告書. 第3輯 民間信仰調查報告書. 第4輯 熱河, 錦州兩省宗教調查報告書. 第5

輯 滿洲宗教概要(1938.10). 第7輯 基督教調査報告書. 第9輯 カラオム教調査書). 이상과 같은 문서들이 당시 만주국에서의 종교와 관련된 정책의 표현이라고 생각할 수 있다.

14 2004년 4월 16일과 26일 이토 아비토(伊藤亞人) 교수를 따라서 아키바가를 방문해 아키바 교수의 영애 아키바 마리코 씨와 인터뷰를 했다. 당시 조선 사정을 어렴풋이 기억하고 있었다.

15 이와사키 츠구오: 쿠마모토 출생, 제5고, 도쿄제대 문학부 사회학과 출신(1930년 3월 졸업). "당시 대륙의 병참기지였던 조선을 지향해 경성제국대학 법문학부에 직무를 했고, 민족의 기초 이론 연구를 착상했다. (…) 경성제국대학 시대에는 지도교수 아카마쓰 치조 박사와 아키바 박사(…)"(岩崎繼生 1945.3: 379). "경성시대의 은사 아카마쓰, 아키바 두 박사"(岩崎繼生 1945.3: 380). 1930년 4월 경성제국대학 법문학부 촉탁 겸 중앙불교전문학교 강사, 1933년 9월. 만주국 문교부 사무관(신경), 1937년 9월 만주국 민정부 자료과 과장, 1937년 12월 현직에서 관동군 촉탁으로 몽강진북자치정부 민정고문(蒙疆晉北自治政府民政顧問, 몽강대동-蒙疆大同). 1939년 9월 몽고연합자치정부 문교과장, 1940년 9월 몽고연합자치정부민정부 참사관, 1941년 3월 몽고연합자치정부내정부 참사관. 1934년 6월 아카마쓰, 아키바 두 교수로부터 근일 신경에 도착한다는 편지가 있었는데, 당시 그는 예교사(禮敎司)에서 종교 사무를 담당하고 있었다(岩崎繼生 1934.8.1). 1939년 6월 6일의 현직은 진북자치정부 민생청 고문이었다. 황군 대동 입성은 1937년 9월 13일. 1939년 9월 1일 장가구에 덕왕(德王)을 주석으로 몽고연합자치정부 탄생. 대륙에서의 관리 생활을 청산하고 벳부(別府)에서 정양. 1941년 12월 8일 쿠마모토로 이동. 1944년 4월 동양어전문학교 교무과장 겸 교수(東洋語專門學校教務科長兼教授) 시작. 『大同案內記』라는 저서에는 "적화대비(赤化對備), 몽강지구 건설노력(蒙疆地區建設努力), 만몽지(滿蒙地)의 국방 경제의 필연"이라는 주제어들이 등장한다. 다음과 같은 논저가 있다.

1932.10.1 "トロブリアンドの人々とその社會", 倫理研究 22: 98-106.
1933.4 "朝鮮民俗學界への展望", ドルメン 2(4): 112-115.
1934.5.1 "滿洲社會と匪賊", ドルメン 3(5): 54-56.
1934.8.1 "吉林宗教概況", ドルメン 3(8): 25-33.
1938 大同案內記. 大阪: 朝日新聞社.
1939 山西風俗習慣. 晉北: 蒙古聯合自治政府.
1939 張家口風土記. 東京: 秀文閣書房.
1939 大同風土記. 新京: 滿洲文化普及會.
1939.8.15 蒙古案內記. 張家口: 蒙彊新聞社.
1939.12.25 蒙疆の佛都 大同風土記. 奉天: 滿洲圖書文具株式會社.
1941 新蒙疆案內. 新京: 滿洲國圖書株式會社.
1943 熊本海外協會史. 熊本: 東洋語專門學校.
1945.3 民族文化の探究. 熊本: 東洋語專門學校.

16 카미모토 젠노(1909-2002)는 1934년 코야산대학을 졸업했고, 장기간 후쿠젠지(福仙

寺, 下關市豊前田町 1-5-11)의 주직을 담당했다. 후일 코야산진언종의 권대승정(權大僧正)의 자리에 올랐다(現代佛教を知る大事典編集委員會 1980.7.14: 929). 1988년에 카미모토는 코야산진언종의 총본산인 금강봉사(金剛峯寺)의 제489세 사무검교집행법인(寺務検校執行法印)이 되었다. 이 자리는 이 교단의 최고직에 해당된다. 참고로, 진언종코야산파(真言宗高野山派)의 승려들은 이 최고직을 포함해 16가지의 계급으로 구분된다. 대승정(大僧正)·권대승정(權大僧正)·중승정(中僧正)·권중승정(權中僧正)·소승정(少僧正)·권소정대(權少正大)·권(權)·중(中)·권중(權中)·소(少)·권소도대율사(權少都大律師)·율사(律師)·권율사(權律師)·교사시보권교사(教師試補權教師)·교회교사(教會教使).

17 融 道玄 1900.1 "所謂根本義", 新仏教 1(1): 17-18.

融 道玄 1901.4 "釋尊最初の說法", 新仏教 2(4): 201-203.

融 道玄 1901.5 "迷信の勦絶", 新仏教 2(5): 3.

融 友世 1901.7 "神人の同格と懸隔と", 新仏教 2(7): 314-318.

融 皈一 1903.1 "宗教研究の沿革", 新仏教 4(1): 88-92.

融 皈一 1903.2 "宗教研究の沿革(二)", 新仏教 4(2): 138-142.

エドワード゛ケヤード 原著; 融 道玄 譯 1905.6 宗教進化論. 東京: 博文館(Edward Caird 1894 *The Evolution of Religion*. Glasgow: James Maclehose and Sons).

融 希山 1906.4 "宗教の起原", 新仏教 7(4): 290-295.

融 希山 1906.6 "宗教の起源(二)", 新仏教 7(6): 416-419.

融 希山 1906.8 "宗教と文化", 新仏教 7(8): 577-581.

融 道玄 1906.10 "宗教と心理學(上)", 新仏教 7(10): 744-750.

融 道玄 1906.11 "宗教と心理學(下)", 新仏教 7(11): 832-837.

融 道玄 1907.2 "宗教と歷史", 新仏教 8(2): 158-162.

融 道玄 1907.4 "宗教と倫理", 新仏教 8(4): 248-251.

融 道玄 1907.5 "宗教と倫理(二)", 新仏教 8(5): 382-384.

融 道玄 1907.6 "宗教と倫理(完)", 新仏教 8(6): 454-460.

融 道玄 1907.12 "宗教と哲學(一)", 新仏教 8(12): 816-819.

融 道玄 1908.1 "宗教と哲學(二)", 新仏教 9(1): 51-58.

融 道玄 1908.3 "神の屬性", 新仏教 9(3): 215-218.

融 道玄 1908.5 "神人交通の儀式", 新仏教 9(5): 440-442.

融 道玄 1908.9 "宗教の起源についての異說", 新仏教 9(9): 792-797.

融 道玄 1909.3 "宗教と神話體系", 新仏教 10(3): 266-268.

融 道玄 1909.4 "宗教と神話體系", 新仏教 10(4): 327-330.

融 道玄 1909.5 "宗教と神話體系", 新仏教 10(5): 439-442.

融 道玄 1909.9 "宗教原料の研究", 新仏教 10(9): 827-834.

融 道玄 1910.1 "魔術論", 新仏教 11(1): 21-24.

融 道玄 1910.1 "第三附錄 宗教學(完結)", 新仏教 11(1): 1-79.

融 希山 1910.7 "兕物崇拜", 新仏教 11(7): 783-788.
融 道玄 1911.2 "供犧論", 新仏教 12(2): 158-160.
融 道玄 1911.3 "供犧論(中)", 新仏教 12(3): 254-256.
融 道玄 1911.4 "供犠論(下)", 新仏教 12(4): 330-335.
融 道玄 1912.3 "山のたより", 新仏教 13(3): 331-338.
融 希山 1914.1 "未來の生活(一)", 新仏教 15(1): 19-21.
融 道玄 1914.4 "未來の生活(二)", 新仏教 15(4): 268-271.

부록: 赤松智城의 著述目錄(未完)

1911.7.1 "宗教起源論の主要問題", 藝文 2(7): 78-89.
1912 "呪文と祈禱", 密教講演 2: 14-22.
1913.7.1 "聲字實相觀の比較", 密宗學報 1: 1-10. 眞言宗連合京都大學而眞會 발행.
1913.8.1 "宗教と哲學", 密宗學報 3: 1-11.
1913.9 "宗教學の分化及分派", 無盡燈 210: 1-8.
1913.10 "宗教學の分化及分派(承前)", 無盡燈 211: 55-62.
1913.10.1 "宗教と哲學(承前)", 密宗學報 4: 18-29.
1914.6.1 "宗教的思辨の變遷", 密宗學報 12: 24-38.
1914.11.15 "社會學と現代宗教學との交涉", 日本社會學院年報 2(1.2): 26-50.
1914 "トレルチ教授の宗教學方法論と其批評", 神學之研究 5(6): 15-33.
1915.1 "歷史派の宗教學觀念", 無盡燈 20(1): 49-63.
1915.9.1 "汎神論の起源", 藝文 6(9): 23-47.
1916.4 "最近の宗教心理學と宗教社會學", 宗教研究 1(1): 1-42.
1916.6 "宗教と魔術", 無盡燈 21(6): 32-41.
1916.7 "宗教に於ける個人化的傾向の起源", 宗教研究 1(2): 417-421.
1916.8 "宗教と魔術(二)", 無盡燈 21(8): 17-28.
1916.9 "宗教と魔術(三)", 無盡燈 21(9): 42-53.
1916.10 "宗教と魔術(四)", 無盡燈 21(10): 35-47.
1917.3 "宗教的規範意識", 哲學研究 12: 44-64.
1917.9 "神聖觀念論", 宗教研究 2(6): 1-24.
1917.10 "神聖觀念論", 宗教研究 2(7): 83-114.
1918.8 "神聖觀念論", 宗教研究 2(8): 99-152.
1918.11.1 "最近宗教心理學の傾向", 密宗學報 65: 1-18.
1918.12.1 "最近宗教心理學の傾向", 密宗學報 66: 1-21.
1919.1.1 "'タブー'論: 穗積及榊博士の論文を讀みて", 哲學研究 4(1): 70-112.
1919.2.1 "最近宗教心理學の傾向", 密宗學報 68: 8-29.
1919.3.1 "最近宗教心理學の傾向", 密宗學報 69: 5-25.
1919.4.1 "最近宗教心理學の傾向", 密宗學報 70: 22-38.

1919.5.1 "最近宗教心理學の傾向", 密宗學報 71: 17-33.

1919.7.8 現代哲學に於ける科學と宗教. 東京: 博文館. 赤松智城 · 宇野圓空 共譯. Emile Bourtoux 원저 *Science et Religion dans la philosophie comtemporaine*(1908).

1922.7.8 宗教史槪論(上). 東京: 博文館. 宇野圓空 · 赤松智城 共譯. C. H. Toy 원저 *Introduction to the History of Religion*(1913).

1924.2 "回教徒の復興精神", 龍谷大學論叢 254: 45-57.

1924.3/4 "回教思想の特色", 哲學研究 9(3), 9(4).

1924.11 "ハルナックとトレールチ", 宗教研究 新1(2): 60-69.

1924 "世界最古の來世物語", 表現 4(1): 115-122.

1925 "宗教學上より見たる密教", 六大新報 1128: 3-5.

1925 "宗教學上より見たる密教", 六大新報 1129: 6-9.

1925 "宗教學上より見たる密教", 六大新報 1130: 3-5.

1925.11 "Gesammelte Schriften von Ernst Tröltsch: 新刊紹介並批評", 宗教研究 新 2(6): 163-166.

1926.1.1 "回教と人種問題", 中外日報 7892號. pp. 1-3.

1926.1.1 "近東に於ける回教民族の動亂に就いて(上)", 宗教研究(新) 3(1): 45-58.

1926.3.1 "近東に於ける回教民族の動亂に就いて(中)", 宗教研究(新) 3(2): 85-97.

1926.3 "古代文化民族に於けるマナの觀念に就て", 民族 1(3): 1-15.

1926.5.1 "近東に於ける回教民族の動亂に就いて(下)", 宗教研究(新) 3(3): 124-133.

1926.5 "古代文化民族に於けるマナの觀念に就て", 民族 1(4): 65-76.

1926.7 "古代文化民族に於けるマナの觀念に就て", 民族 1(5): 53-68.

1926.9 "古代文化民族に於けるマナの觀念に就て", 民族 1(6): 41-52.

1926.11 "東西の神秘思想", 宗教研究(新) 3(6): 129-132.

1926. "宗教哲學の黎明時代", 宗教研究 新4(5): 1-11.

1927.8.15 "二種の神聖觀念", 龍谷大學論叢, 神社問題研究號. pp. 192-202.

1928.6.10 "近東の古代宗教研究上の主要問題", 最近宗教研究思潮(宗教研究特輯號). pp. 175 186.

1928 "回教思想", 世界思潮(岩波講座). 東京: 岩波書店. pp. 381-393.

1929 "北方民族の巫術の起源に就いて", 宗教研究(新) 6(3): 79-88.

1929.3.20 現代の宗教哲學. 東京: イデア書院. p. 243.

1929 "'宗教學'と'神聖觀念論'", 宗教研究(新) 6(3): 377-382.

1929 "北方民族の巫術の起源に就いて(承前)", 宗教研究(新) 6(5): 95-104.

1929 晩近宗教學說の研究. 東京.

1929 "現代の宗教哲學", 小原國芳 編. 文科大學講座. 第5卷. 東京: イデア書院.

1930.5.10 "宗教學の黎明時代", 宗教學論集(東京帝國大學宗教學講座創設25年紀念會 編). 同文館藏版. pp. 43-64.

1930 "宗教的儀禮の意義とその形式", 教育と宗教 2(5): 10-15.

1930 "宗教的儀禮の意義とその形式", 教育と宗教 2(6): 4-6.
1930.9 "宗教現象學の對象に就いて", 京城帝國大學法文學部第二部論纂第二輯(哲學論集). pp. 1-21.
1930.11 "現代回教の危機", 日本宗教學會 臨時特輯號(現代宗教批判). pp. 268-380.
1931.9 "朝鮮の聖樹", 宗教學紀要-東京帝國大學宗教學講座創設二十五年記念. 東京: 同文館. pp. 17-22.
1931 "薦新賽神の行事", 朝永博士還曆記念哲學論文集. 東京: 岩波書店. pp. 715-743.
1932.12 宗教史方法論(現代史學大系 第五卷). 東京: 共立社.
1933.1.10 "朝鮮の神木", 思想と生活 10(1): 6-7.
1933.11.10 "朝鮮巫俗の聖所", 思想と生活 10(11): 10-11.
1933.11.11 滿蒙に於ける宗教に就いて(朝鮮講演 第三十二號). p. 6.
1933 "宗教現象學の對象に就いて", 京城帝國大學法文學會第二部論纂(第2輯 哲學論集). 東京: 刀江書院. pp. 179-201.
1933.12 "朝鮮巫俗の聖所", 日本の宗教學, 日本宗教學會 編. 東京: 大東出版社. pp. 96-101.
1934.1.1 "滿洲薩滿教の家祭", 宗教研究 新11(1): 112-123.
1935.1.1 "朝鮮巫俗の神統", 宗教研究 12(1): 15-24.
1935.3 "朝鮮巫俗の神統", 宗教研究 12(2): 1-10.
1935.4 "滿洲旗人の家祭", 民族學研究 1(2): 1-9.
1935.9 "朝鮮巫俗の神統", 宗教研究 12(5): 1-9.
1936.11 "蒙古薩滿の行事", 京城帝國大學哲學論文集 4: 113-130.
1937.4 "內蒙古の宗教的年中行事", 速水博士還曆記念心理學哲學論文集. 黒田亮 編. 東京: 岩波書店. pp. 182-199.
1937.4.11 尚白斎詩集. 徳山: 赤松智城.
1937.7.15 "宗教と教育", 光德 51: 315-322. 神戶: 光德寺大乘佛教研究所.
1938.5 "朝鮮の巫經に就て: 第十六回名士講演", 文獻報國 4(5): 2-7.
1938.7 "赫哲族踏査報告", 民族學研究 4(3): 12-34. 泉 靖一 共著.
1939.6.1 "現代蒙古青年の宗教意識", 季刊宗教研究 1(1): 129-137.
1939.8.1 "世界宗教上に於ける眞言宗の地位"(講演速記錄), 朝鮮の教育研究 2(4): 41-50.
1939.11.15 "滿蒙の宗教に就いて", 密教研究 71: 57-70.
1939 "蒙古薩滿の行事", 京城帝國大學文學會論纂(第4輯 京城帝國大學創立十周年記念論文集 哲學篇). 東京: 大阪屋號書店.
1940.10.5 "濟州島俗信雜記", 朝鮮民俗 3: 8-11.
1941.7 "滿洲の回教に就いて", 宗教研究 季刊3(2): 34-45.
1942.7 "回教と近代思想", 宗教研究 4(2, 3): 223-234.
1949.10.7 "創立五十周年を顧りみて", 耿光(德山西高等學校新聞) 第9號.

제4장 아카마쓰 치조의 미출간 원고와 사진 자료

1. 서론

한 학자의 업적을 분석하는 방향은 최소한 두 가지다. 하나는 제도사적 측면이고, 다른 하나는 연구사적 측면일 것이다. 이 두 가지 측면을 아카마쓰 치조의 업적에 비추어 보면 어떤 결과가 나올 수 있을까? 식민지 시대의 제도사는 정책적 상황을 상당히 반영한다고 생각한다. '경성제대'라는 고등교육기관 내에 종교학 강좌를 설치한 것은 제도사 측면이라고 말할 수 있고, 그 연장선상에서 아카마쓰가 강좌 담당 교수로 부임한 것도 제도사 측면이다. 연구사 측면에서 아카마쓰의 업적을 분석한 몇 편의 논고가 이미 발행되었다(全京秀 2005.10.15, 2008.1.30; 菊地曉 2007.2; 中生勝美 2016.3.20). 기왕의 논문들은 아카마쓰가 피력했던 종교인류학적 업적에 초점을 맞추었던 것인데 비해, 이 장에서는 종교학 강좌 교수로 경성제대에 부임했던 아카마쓰가 종교학을 연구하고 강의하는 과정을 위해서 어떤 작업을 했는지 집중적으로 관심을 갖고 그의 업적들을 정리해 보는 기회를 가지려 한다. 따라서 이 장은 제도사의 연장선상에서 아카마쓰를 바라본 결과라고 말할 수 있다.

아카마쓰가 보여 준 학문적 경향을 조금이나마 이해하는 것은 이 땅에서 이루어졌던 종교학과 그와 연관된 학문들에 어떠한 관련성을 보여 주는가에 있어서도 하나의 문제 제기가 될 수 있다. 물론 이 논의를 하기 위해서는 아카마쓰에게 직접 가르침을 받은 제자들과 그들의 업적이 제시되어야 하지만, 현재까지 그런 맥락으로 아카마쓰의 영향을 직접 추적할 근거는 발견되지 않고 있다. 아카마쓰와 함께 경성제대 교수로서 활동했던 아키바 타카시의 경우에는 최길성을 비롯한 몇몇 연구자에 의해 그 족적이 적지 않게 거론되었지만, 아카마쓰의 경우는 인용 빈도가 거의 태무에 가까울 정도로 희소하다. 특히 샤머니즘 연구자의 경우에는 아키바는 자주 언급하고 있지만, 아카마쓰에 대해 언급하는 경우는 지극히 희소하다. 왜 이럴까? 연구 업적의 질적인 면이나 연구 성과의 순차 면에서도 아카마쓰가 아키바를 훨씬 앞서고 있음에도, 왜 이런 현상이 벌어지는 것일까? 그리고 아카마쓰와 아키바 공저로 나온 조선과 만몽의 샤머니즘에 관한 저작물의 주 저자는 사실 아카마쓰이고 아키바는 공저자라는 간단한 사실이 왜 간과되었을까? 학사 입장에서 본다면, 실제로 의문투성이임을 외면할 수 없다. 이 장은 의문점들이 조금이나마 해소될 수 있는 단초가 되기를 바라며 작성되었다.

아카마쓰의 종교인류학 작업은 종교현상을 이해하기 위해서 인류학적 방법을 동원했음을 의미한다. 교토제국대학에서 행했던 종교학의 면학 과정에서 프랑스 뒤르켐학파의 영향을 크게 받았던 아카마쓰가 프랑스 사회학파의 연구 경향을 습득한 것은 사실이다. 19세기 후반 인류학적 경향에 심취한 결과 프랑스로 유학을 했던 것은 그가 받은 프랑스 사회학파의 깊은 영향을 입증하기 충분하다. 그렇다고 아카마쓰가 인류학자라고 간단하게 단언할 수는 없다. 그는 어디까지나 종교학에 뿌리를 두고, 종교현상 이해를 위하여 인류학적 방법에 심취했던 것이 분명하다. 이 장은 종교학자로서 아카마쓰의 면모를 개략적으

[사진 4-1] 경성제국대학 "법문학부(法文學部)" 간판이 붙은 건물 앞. 퇴직 직전 1941년 초(추측)의 사진으로 생각된다(토쿠오지 소장). 서울대학교가 창설된 후 이 간판은 "문리과대학(文理科大學)"이라는 간판으로 대체되었고, 이 건물은 "문리대 본관"이라고 불렸다.

로 파악하는 데 주력하고자 한다.

아카마쓰가 발표했던 많은 논문이 종교학 연구를 위한 방법론에 치중했고, 그 결과 심리학적 방법, 사회학적 방법, 인류학적 방법 등에 관한 논문이 발표되었다. 종교 연구자로서 아카마쓰는 연구 논문 발표뿐 아니라 강의 및 저술을 통하여 학자의 모습을 보여 주었다. 이 장에서 아카마쓰가 강의와 단행본 저술을 통해 자신의 종교학을 완성하려 시도했던 노력의 일환을 밝히려고 한다. 논문과는 달리 아카마쓰의 단행본 특징은 소위 거대 종교에 대한 저술에 집중하고 있다는 점이다. 이 장에서 말하는 거대 종교는 아카마쓰의 관점이 반영된 불교를 비롯한 기독교와 이슬람교 그리고 유대교를 지칭한다. 필자는 거대 종교에 관한 아카마쓰의 저술 대부분은 공식 출판을 통한 것이 아니라 미간 상태의 원고와 강의 교재 형태로 존재한다는 점을 알게 되었다. 환언하면, 야마구치현의 슈난시(周南市, 과거의 德山市) 소재의 토쿠오지에 보

[사진 4-2] 아카마쓰의 "일본제국해외여권(日本帝國海外旅券)". "교학연구를 위하여 영길리국 및 불란서국 파리(教學研究ノ爲メ英吉利國及佛蘭西國巴里)"행이라고 기록되어 있다(토쿠오지 소장).

[사진 4-3] 파리대학 문학부 소속이라는 신분 증명서(토쿠오지 소장)

[사진 4-4] "1921년 8월 파리 갤러리에서 하타니(羽溪) 군 촬영"이라는 아카마쓰의 자필 기록이 사진의 뒷면에 있다(토쿠오지 소장). 왼쪽부터 우노 엔쿠, 아카마쓰, 하타니. 세 사람은 같은 날 같은 배를 타고 유럽으로 갔다.

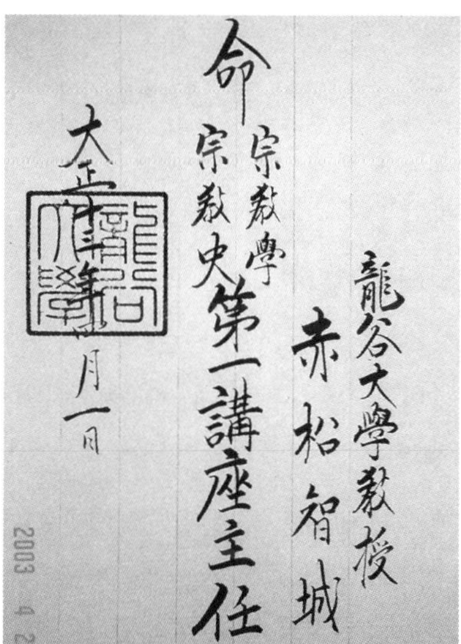

[사진 4-5] 류코쿠대학에서 발행한 아카마쓰의 주임교수 증서(토쿠오지 소장)

관된 아카마쓰의 유품 속에서 발견된 미간행 논저들도 이 기회를 빌려 소개하고자 한다.

아카마쓰는 토쿠오지 주직이었던 아카마쓰 쇼도(赤松照幢 1854-1921)의 7남매 자녀 중 장남이다. 그가 류코쿠대학에 근무할 당시 기록한 자필 이력서(1927년 2월 25일 작성)에 의하면, 1907년 6월 제5고등학교를 졸업하고, 곧바로 교토제국대학 문과대학 철학과로 입학해 종교학을 전공했다. 1910년 7월에 졸업했고, 9월에 교토제대 대학원특선급비학생으로 선발되었다. 1910년 4월부터 불교대학(후일 류코쿠대학으로 명칭 변경)의 교수가 되어서 종교학과 종교사 강좌를 담당했다. 그리고 유럽 유학 중인 1921년 4월 1일부로 류코쿠대학 종교학 종교사 제1강좌 주임이 되었다.

2. 범문에서 종교학으로

요사노 레간(與謝野禮嚴, 京都 本願寺派願成寺 주직)의 차남 쇼도(照幢, 幼名龍麿)가 아카마쓰 렌조(赤松連城 1841-1919)의 서양자로 토쿠오지에 들어왔고, 그의 동생이 요사노 칸(與謝野寛, 鐵幹 요사노 아키코의 남편-필자주)이다. 치조의 두 조부는 메이지시대의 근황승(勤皇僧)으로 유명한 요사노 레간과 아카마쓰 렌조인 셈이다. 1944년 9월 21일 교토 혼간지에서는 '근황승추모법요와 강연회(勤皇僧追慕法要と講演會)'를 개최했다. 이 기록 중 아카마쓰를 소개한 내용을 보면 "근황승유족(勤皇僧遺族)"이며, "근황승 레간의 손자이며, 아카마쓰 렌조의 손자로 승직을 이은 아카마쓰 치조"라고 되어 있다(本願寺新報 1024號 1944.9.25). 쇼도는 토쿠오지의 16세 주직이고, 17세 주직이 치조다. 치조의 아명은 토모마로(智麿)다. "치조 선생의 활동은 대단히 정력적으로 토쿠오지와 경성의 대학,

교토의 대학 등 3곳으로 분주하게 다니면서 논문을 발표했다"(德應寺 1992.2.29: 27). 아카마쓰가 대학 일로 경성과 코야산(高野山) 등으로 분주히 다니는 동안 토쿠오지의 법무(法務)는 인다이(院代, 사찰 주직의 대리자를 말함) 역할로 이와키 신야(岩城眞也, 진종혼간지파포교자-真宗本願寺派布教者였고, 1953년 사회복지법인 보후카이호쿠단-防府海北園 설립자) 등이 맡았다.

치조의 동생 카쓰마로(克麿)는 일생 굴지의 마르크스주의 이론가였으며, 도쿄제대 법학부 '신인회(新人會)'를 결성한 인물이고, 사회민중당 당서기장(1930년)을 역임했다. 그는 전시 중 국가주의적 활동으로 전향하여 대정익찬회(大正翼贊會) 기획국 제도부장(1940년)을 했기 때문에, 전후 공직에서 추방되기도 했다. 치조의 누이동생 아카마쓰 츠네코

[사진 4-6] 중앙에 착석한 아카마쓰의 아버지 아카마쓰 쇼도(赤松照幢 1862-1921). 尙白이 쇼도의 호. 뒷줄 오른쪽에 선 사람이 치조(토쿠오지 소장). 치조가 교토제대 재학 중이던 시기다. 치조는 선고(先考)17회기, 선비(先妣)25회기를 맞이해서 『상백재시집(尙白齋詩集)』을 제작했다(赤松智城 1937.4.11).

(赤松常子)는 1934년 총동맹부인부장(總同盟婦人部長)이었고, 전후 사회당 창당에 기여하여 1947년 참의원 의원(18년간)이 되었으며, 후생 정무차관도 역임했다. 치조의 또 다른 동생 이호마로(五百麿)는 1900년생이고, 삼고와 교토제대 경제학부를 졸업하여 노동 운동을 했으나, 35세에 단명했다. 치조의 가계는 "혁신의 아카마쓰 3형제(革新の赤松三兄弟)"(德應寺 1992.2.29: 36)라는 표현이 무색할 정도다.

아카마쓰의 며느리 케이(蕙) 부인은 1953년 토쿠오지로 입혼했고, 토쿠오지의 현재 19세 주직 타이조(泰城)는 1955년생이며, 그의 부인 쇼시(湘子)는 토쿠오지의 보모리(坊守り)[1] 역할을 담당하고 있다. 치조의 며느리인 케이 부인이 진술한 아카마쓰의 야마구치대학 교수직에 관련된 증언은 자못 흥미로운데, "(치조가) 강의를 나간 것을 본 적이 없는데도 봉급은 지급되었다."라고 했다. 아카마쓰의 야마구치대학(山口大學) 교수 임명은 1950년 10월 31일이며, 대학의 공문서에 문부교관(文部教官)을 교수로 임명한다고 기록되어 있다. 그의 야마구치대학 사직(辭職) 승인은 1954년 12월 19일이다. 그는 야마구치대학 재직 중, 자신의 장서들을 야마구치대학 도서관에 기증하여 '아카마쓰문고(赤松文庫)'로 남게 되었다(사진 4-7). 야마구치대학에서 발행하는 「학보(學報)」(1951.5.11)에 따르면, '아카마쓰문고'는 2,505책과 잡지 10종 69책으로 기증되었다.

코야산대학은 1926년 4월 2일 단과대학으로 승격했고, 학과는 밀교, 일반 불교, 철학 및 과학, 불교 예술 등 4과로 구성했다. 일반 교과에 아카마쓰, 키무라 타이켄(木村泰賢 1881-1930), 마쓰모토 분자부로(松本文三郎 1869-1944) 박사 등이 신강좌를 담당(高野山大學百年史編纂室 1986.10.15: 173)했다. 코야산대학은 일반 교과 구성을 위해서, 교토대학의 마쓰모토 분자부로, 류코쿠대학의 아카마쓰, 도쿄대학의 타카쿠스 준지로(高楠順次郎 1866-1945) 박사 등 당시 일류 교수들에게 교섭을 시작했고(高野山大學百年史編纂室 1986.10.15: 175). 결국 아카마쓰가 종교학,

[사진 4-7] 아카마쓰가 야마구치대학 도서관에 기증한 도서들로 구성된 '아카마쓰문고(赤松文庫)'. 야마구치대학 도서관 2층에 소재한다.

키무라 타이켄이 인도철학, 마쓰모토 분자부로가 불교예술학 등을 담당(高野山大學百年史編纂室 1986.10.15: 177)했다. 1928년도 여름 학기에 아카마쓰가 종교학개론(高野山大學百年史編纂室 1986.10.15: 256)을 담당했음과 동시에 "아카마쓰 치조 교수 경성대학 겸임교수(京城大學兼任教授)"(高野山大學百年史編纂室 1986.10.15: 259)라는 기록이 있다. 경성제국대학(1926년 5월 개학)의 총장이 발행한 문서에 의하면, "경성제국대학 교수 아카마쓰 치조"는 "1927년 8월 13일"(경성제대 발령일자와 동일) 류코쿠대학 강사(龍谷大學講師)의 겸직을 허가한다고 적기되었다(사진 4-8). 즉, 아카마쓰는 1927년 8월에는 이미 경성에 도착했음과 아울러 류코쿠대학과 코야산대학에 강사 신분을 겸직하고 있었음을 알 수 있다. 코야산대학의 기록에서 알 수 있듯이, 아카마쓰는 당시 일본종교학계에서 독

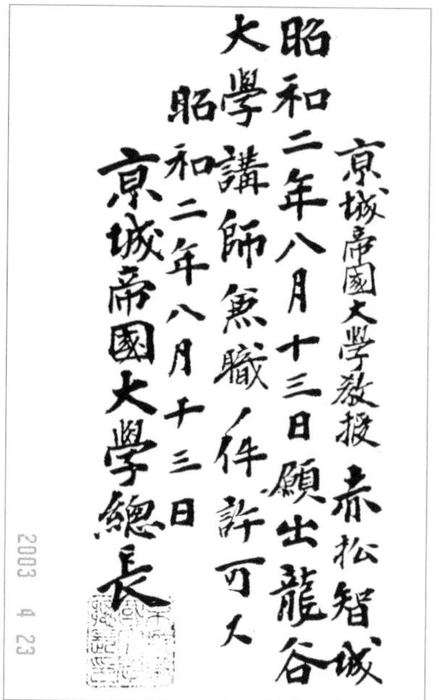
京城帝國大學教授 赤松智城
昭和二年八月十三日願出龍谷
大學講師兼職ノ件許可ス
昭和二年八月十三日
京城帝國大學總長

[사진 4-8] 경성제국대학 총장이 발행한 아카마쓰의 겸직 허가(토쿠오지 소장)

[사진 4-9] 1941년 초 경성제대를 사직한 아카마쓰 환송연의 기념 촬영. 앞줄 왼쪽부터 아키바, 아카마쓰, 유홍렬(연구실 조수 역임), 미상. 뒷줄 오른쪽은 시마모토 히코지로(島本彦次郎, 전후 아이치대학 교수-愛知大學教授). 경성제대 법문학부 '종교 및 사회학연구실'의 핵심 구성원들이 모였다(아키바 마리코 소장).

보적인 학문적 지위를 인정받았다.

아카마쓰는 승려 직분을 평생 지켰고, 경성제대 교수직을 사임하면서 토쿠오지의 주직으로 복귀했다. 전후 신설된 야마구치대학에 자신의 장서를 모두 기증했고, 잠깐 동안 교수직을 맡았던 그는 한 번도 야마구치대학에서 실제 강의를 한 적이 없었다. 일본사회학회 회원명부에 의하면, 1953년 3월 현재 아카마쓰 치조의 소속은 "야마구치대학"으로 표기되어 있다.

그가 1941년 3월 경성제대의 교수직을 사임함과 동시에 학문의 길이 종식되었다고 말할 수 있다. 최초로 종교에 관한 논문을 발표한 해가 1911년인 점을 감안하면, 아카마쓰의 학문 인생은 약 30년간 지속되었다. 그가 종교학자로서 발표했던 최초 논문의 내용이 종교기원론(赤松智城 1911.7.1)임은 시사하는 바가 크다. 불가에 뿌리를 두고 있지만, 아카마쓰의 관심은 보편적인 종교와 종교학이었음을 증언하는 대목이다. 이후에 이어서 발표한 논문이 "주문과 기도(呪文と祈禱)"(赤松智城 1912)인 것은 종교학 입장에서 일본 불교를 분석하는 시도다. 일본 불교의 한 종파인 진언밀교(眞言密教)의 특색이 주문(呪文, spell)과 기도(祈禱, prayer)임을 감안한다면, 그의 관심은 기본적으로 일본 불교에 관한 종교학 연구에서 출발했다고 할 수 있다. 불가에서 출생하여 평생 불승으로서 승적을 갖고 있었으며, 만년에 본격적으로 사찰의 주직을 수행했던 아카마쓰의 학문은 불교학이 아니라 종교학이었음을 확인하고 싶다. 즉, 보편적인 종교학의 시야에서 바라본 일본 불교는 그의 종교학적 관심 대상이었고, 관심의 궁극 목표가 '종교의 본질로서 신성관념'에 귀착했으며, 이 관심의 일단락이 교토제대 학위 논문으로 귀착되었음을 알 수 있다.

그의 박사학위 논문은 원고지(세로 22칸, 가로 13칸) 239매의 본문과 부록으로 첨가한 원고지 112매짜리의 "종교와 마술(宗教と魔術(magic))"

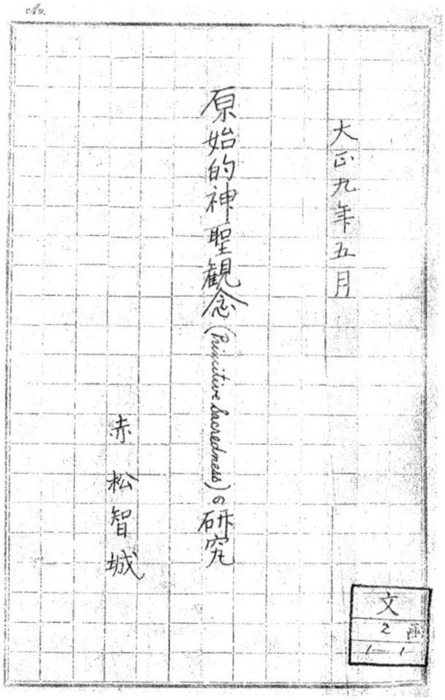
大正九年五月
原始的神聖觀念(Primitive Sacredness)の研究
赤松智城

[사진 4-10] 아카마쓰의 학위 논문(1920년 5월) 첫 장(교토대학 기쿠치-菊地 선생 제공)

로 구성되어 있다. 목차는 다음과 같다. "서론: 연구 방법, 본론 제1장 종교의 본질로서 신성관념(神聖觀念), 제2장 원시(原始) 신성관념의 발생적 근원, 제3장 원시적 신비관념(神秘觀念)의 개체화, 제4장 원시적 신비관념의 규범화, 제5장 원시적 신성관념의 기능적 특질". 부록의 논문은 1916년 여름에 작성한 것(赤松智城 1920.5: 111)이라고 기록되어 있다.

1911년부터 1920년 사이에 출간된 그의 논문들(부록 1 아카마쓰의 업적목록을 참고하기 바람) 대부분이 학위 논문에 부분적으로 기여했음이 논문의 내용에서 잘 드러나고 있다. 이 과정에서 아카마쓰에게 가장 큰 영향을 미친 업적은 에밀 뒤르켐을 비롯한 프랑스 사회학파의 작업임을 부인할 수 없다. 그의 논문에 드러난 논리 전개의 기반 이론이 프랑스 사회학파의 작업에만 의존하고 있다면, 아카마쓰가 남긴 업적의 특색이나 독창성을 거론할 필요가 없다. 그가 주목한 것은 영혼 차원에

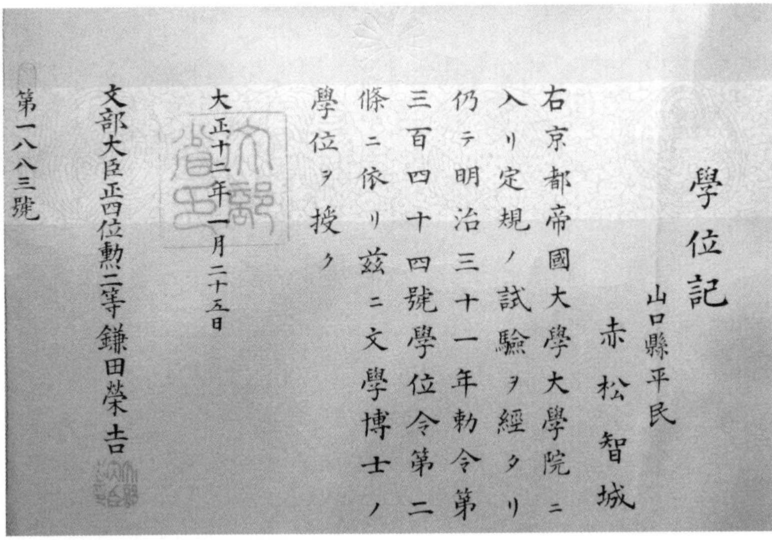
學位記
山口縣平民
赤松智城
右京都帝國大學大學院ニ
入リ定規ノ試驗ヲ經タリ
仍テ明治三十一年勅令第
三百四十四號學位令第二
條ニ依リ茲ニ文學博士ノ
學位ヲ授ク
大正十二年一月二十五日
文部大臣正四位勳二等鎌田榮吉
第一八八三號

[사진 4-11] 아카마쓰의 문학박사 학위기(1923년 1월 25일)(토쿠오지 소장)

서 동물과 인간의 관계에 관한 변환 논리였다. 종교와 신앙을 바라보는 이 관점은 일본 문화에 뿌리 깊은 애니미즘적이고 애니마틱한 세계관에 연결된다고 생각하며, 아카마쓰가 이 부분에 관심을 가진 것이 프랑스 사회학파의 업적과 구분되는 지점이다. 프랑스 사회학파의 이론을 배경으로 삼고, 일본 문화에 적응된 자신의 논리를 전개하기 위해서 아카마쓰는 루마니아 출신의 사회학자 드미트리 드라이세스쿠(Dimitrie Drăghicescu 1875-1945)의 논문을 인용하고 있다. 드라이세스쿠의 논문을 인용하여 동물과 인간의 영혼 문제를 전개한 작업은 아카마쓰의 박사학위 논문이 유일하다. 트란실바니아의 민속지를 배경으로 영혼 차원에서 동물과 인간의 심성이 상호 치환될 수 있다는 논리를 제기한 것이 드라이세스쿠의 논문이다(Draghicesco 1914). 아카마쓰는 그의 박사학위 논문에서 동일한 현상을 일본의 종교에서 발견할 수 있음을 논의했다.

드라이세스쿠의 논문에서 제기되었던 구조적 상징변환 논리가 프랑스 사회학파를 구조주의로 승화시킨 클로드 레비스트로스(Claude Lévi-Strauss)의 업적에서 인용되지 못했던 점에 주목하고자 한다. 이 문제는 앞으로 심도 있는 논의가 필요한 부분이다. 레비스트로스가 파리에서 발행되었던 유수한 철학 잡지에 실린 드라이세스쿠의 논문을 인용하지 않고 구조적 변환 논리를 전개한 점은 이해하기가 어렵다. 구조적 상징변환이 레비스트로스의 창안이라 주장할 수 없는 근거가 드라이세스쿠의 논문이라는 점을 재발견하는 작업이 필요하다. 자못 도발적인 제안이 될지 모르지만, 레비스트로스가 드라이세스쿠의 논문을 인용하지 않은 이유에 대한 궁금증은 반드시 해결되어야 할 세계인류학계의 과제라고 생각한다.

따라서 아카마쓰의 종교학적 관심의 진행 과정을 이해하기 위해서는 그의 학위 논문과 함께 아래의 세 논고와 저서를 정독하는 것이 요구된다. 1920년대 후반과 1930년대에 학계에 영향력이 깊었던 『이와나미 철학사전(岩波哲學辭典 增訂版)』(岩波書店 編 1925.2.1)은 미야모토 와키치(宮本和吉 1883-1972), 타카하시 유타카(高橋 穰 1885-1968), 우에노 나오테루(上野直昭 1882-1973), 오구마 토라노스케(小熊虎之助 1888-1978) 등이 편집한 것이고, 종교학 부분의 저술자는 아카마쓰, 하타노 세이이치(波多野精一 1877-1950), 이시바시 토모노부(石橋智信 1886-1947), 우노 엔쿠 등 네 명이다. 이 중에서 아카마쓰는 「종교의 기원(宗教の起源)」(p. 447)을 작성했고, 종교의 기원을 '역사적 기원'과 '심리적 기원'으로 구별한 아카마쓰는 후자에 관심을 갖고 집필했다. 이 문제는 에드워드 타일러(Edward Tylor) 인류학의 핵심이다. 그래서 아카마쓰가 '인류학적 종교학'이라는 방법을 제기한 것으로 볼 수 있다.

그리고 아카마쓰는 「종교사」(p. 452), 「종교철학」(p. 454) 등의 항목도 집필했다. 아카마쓰는 "신학이나 종교사 및 종교학은 종교철학의 재료이며, 종교철학은 그 분야를 철학적으로 비판하는 것이다."라고 적시

했다. 또한 아카마쓰는 「터부(タブー)」(p. 630) 항목을 집필하고, 제임스 프레이저, 크로퍼드 토이, 뒤르켐을 인용하면서, "(터부는) 아국의 忌[이무] 또는 금기라는 것에 상당하며, 본래 종교적 의의를 갖는 것이다."라고 적었다. 다음 「마나(マナ)」(pp. 871-872) 항목을 집필하면서, "터부와 나란히 원시종교의 특질을 명확히 하기 위해 많은 학자에 의해서 관심을 받아 왔다"(p. 871), 나아가 "원시인의 심리에 있어 마나는 그들의 종교 및 주술이 공통 근원으로 인정되고, 또한 그들에게 특유한 '신비적 감응(神秘的感應)'의 심리를 발동하게 하는 기능이라고 인정된다."(p. 872)라고 기록했다. 아카마쓰는 회교와 관련된 '마호메트(マホメツド)'(p. 873)와 '마호메트교(マホメツド教)'(p. 873) 항목도 집필했다.

두 번째 책은 1929년에 발간된 『만근종교학설의 연구(輓近宗教學說の硏究)』다. 이 책은 '종교연구 총서1'로 발간된 것으로서 종교학회에서 적극적으로 독서를 권장했는데, 예를 들어 당시 일본종교학회에서 발행했던 『종교연구(宗教硏究)』 편집에 가담했던 후루노(古野)의 이름으로 편집 후기에 권장되었다. 이 책은 종교학을 공부하는 학생들의 교과서로 널리 사용되었을 정도로 일본종교학계에서 인정받았다. 세 번째 책은 『종교사방법론(宗教史方法論)』이며, 이 책은 '현대종교학대계 제5권'으로 나온 것이다. 이 책에서 아카마쓰는 종교사 연구를 위한 방법을 모색함에 있어서 "민속지적 유동(民俗誌的類同, ethnographical analogue)"(赤松智城 1932.12: 103)을 제안했고, "'문화사적 방법(文化史的方法, Kulturhistorische Methode)'은 새로운 민속학 방법의 적용이고, '민속학적·역사적 방법'의 특징을 골자로 하며, 그 구체적 방법은 실증적(positive), 비교적(comparative), 역사적(historical)"(赤松智城 1932.12: 105-106)이라고 적시했다. 이에 대응되는 200자 원고지 453매가 토쿠오지에 원고 상태로 남아 있다.

일본종교학 발전을 위한 아카마쓰의 기여는 일본종교학회의 창립

과정에 쏟았던 그의 열정에도 잘 나타난다. 그가 교토 측의 대표자로 도쿄 측의 대표자들과 학회 창립에 관해 논의하는 면도 종교학이란 학문을 향한 집념으로 이해할 수 있으며, 이런 학문적 열정의 연장선상에서 유럽으로 유학했음을 이해할 수 있다. 불교 연구에서 종교학을 향한 관심 확대는 유럽 유학 동안 달성되었음이 그의 학문 여행에서 잘 드러난다. 프랑스 체류 동안 그는 마르셀 모스를 비롯한 프랑스 사회학파의 업적들을 심도 있게 연구하는 기회를 가졌고, 연구 여행 기회를 독일로 옮기면서 집중적으로 회교에 관한 수업을 받았다.

그가 식민지 조선과 만몽에서 샤머니즘에 관하여 집중 연구를 수행한 것은 원시종교의 한 맥으로 샤머니즘을 파악하고, 무파론(巫波論, 全京秀 2005.10.15; 2008.1.30)을 제시한 것은 시베리아의 대표 원시종교와 그 전파에 의한 만몽과 조선의 샤머니즘을 파악하고 있었기 때문이다. 아카마쓰의 무파론에 담긴 내용의 진위와는 관계없이 시베리아를 원조로 하는 샤머니즘을 상정하는 것은 이미 니오라체(G. Nioradze)에 의해서도 제시된 적 있음을 적기할 필요가 있다. 이 문제는 앞으로도 샤머니즘 연구에 있어 흔들릴 수 없는 이론 중 하나로 받아들여져야 한다고 생각한다. 나는 이미 이 부분에 대해 별도의 논문을 발표한 적이 있기 때문에, 이 책에서 더 이상 샤머니즘에 대한 아카마쓰의 견해를 언급하지 않는다.

3. 제 종교론

종교학자로서 아카마쓰는 불교 외의 여러 종교에 대해서 공부하는 기회를 갖고, 자신이 습득한 여러 종교에 관한 지식을 정리하여 강의와 출판에 임했던 흔적이 남아 있다.

1) 회교(回教)

아카마쓰가 유럽에서 유학하는 동안 회교에 대해 집중 수업을 받았다는 점은 특기할 만하다. 그 내용의 일부를 소개하고자 한다.

아카마쓰가 유럽 유학 중 프랑스에서 독일로 건너간 것은 이슬람학(Islamkunde)을 수학하기 위해서임을 알 수 있고, 혼간지가 아카마쓰를 '해외 연구생(海外研究生)'으로 선발하는 형식으로 장학금 800원을 지급한 것을 알 수 있다(사진 4-12). 혼간지의 증서 발행일자가 1922년 4월 15일이고, 아카마쓰는 5월 15일부터 베를린에서 이슬람학을 공부하는 과정을 밟았다. 즉, 아카마쓰가 파리에서 공부하는 과정에 이런 행정절차가 이루어졌다. 그 과정의 구체적인 내용은 다음과 같다. 시기는 1922년 5월 15일부터 7월 26일까지였다. "베를린, 독일 이슬람학협회 작업부회 1922년 여름"(Deutsche Gesellschaft für Islamkunde, Berlin, Arbeitsgemeinschaft der Deutschen Gesellschaft für Islamkunde, Sommer 1922). 이 과

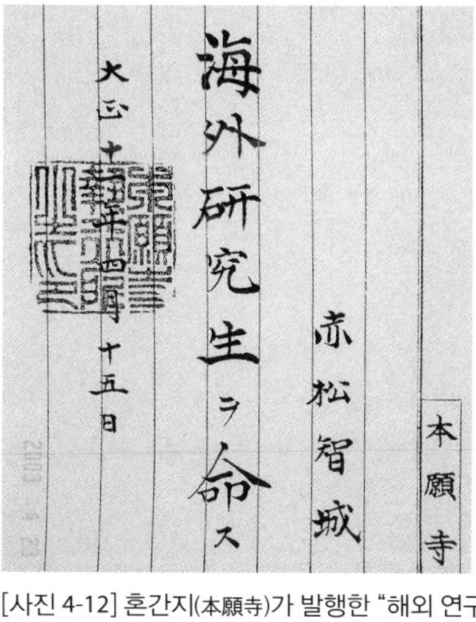
本願寺
赤松智城
海外研究生ヲ命ス
大正十一年四月十五日

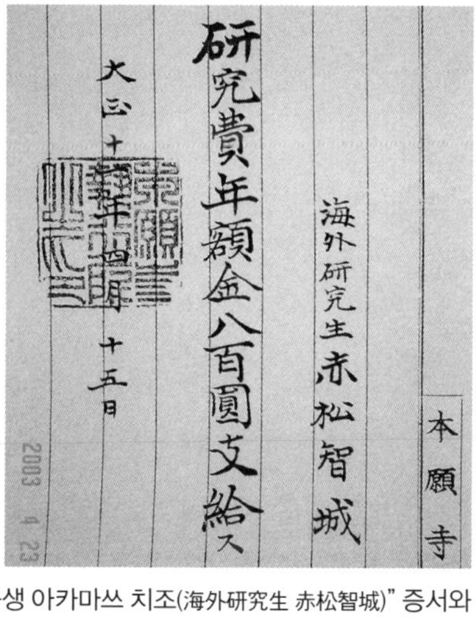
本願寺
海外研究生赤松智城
研究費年額金八百圓支給ス
大正十一年四月十五日

[사진 4-12] 혼간지(本願寺)가 발행한 "해외 연구생 아카마쓰 치조(海外研究生 赤松智城)" 증서와 연구비 지급 증서(1922년 4월 15일 자, 토쿠오지 소장)

정은 세 반으로 구성되었는데 시기별로 정리하면 다음과 같다. 이 자료도 토쿠오지에 보관되어 있다.

얏바르 케이리 교수(Prof. Jabbar Kheiri 1880-1958)가 담당했던 종교와 권력(Religion und Führerschaft)이 5월 15일부터 시작하여, 월요일마다 7-9시간씩 배당되어 12주분이 있다.[2]

아카마쓰는 이슬람학 학습 후, 1923년 1월 이슬람 현장인 근동과 콘스탄티노플로 여행하면서 회교도의 신성 전쟁과 이슬람의 복고와 근대화에 관심을 가졌고(赤松智城 1924.2), 1924년부터 1930년까지 지속적으로 회교 사상(赤松智城 1924.3/4; 1928), 회교와 인종문제(赤松智城 1926.1.1a), 회교 민족의 동란(赤松智城 1926.1.1b; 1926.5.1)에 관한 논문들을 발표했다. 아카마쓰가 「현대 회교의 위기」라는 논문에서 주장한 것을 살펴보기로 한다. 근대 튀르키예의 문화운동가인 리햐르트 하르트만(Richard Hartmann 1881-1965)의 『이슬람의 위기』(*Die Krisis des Islam*, Leipzig: J. C. Heinrichs 1928)를 주로 소개한 논의로, 근대화 문제와 '무힛딘'(국가적 개혁운동강령)으로서 튀르키예화 문제이고, 근대화된 회교적 튀르키예주의를 제창함(赤松智城 1930.11.25: 273)을 소개하면서 "탈무슬림의 무슬림(de-moslemized moslem)"(赤松智城 1930.11.25: 277)이란 용어도 제시했다. 근대화는 세속화(secularization)와 구별되기 때문에(赤松智城 1930.11.25: 280), "내부전도의 성전(内部傳道の聖戰)"(赤松智城 1930.11.25: 280)을 통하여 회교의 근대주의와 개혁운동이 중점적으로 논의된 것이다.

아카마쓰는 경성제대로 이동하여 샤머니즘 연구에 몰입하면서 회교에 관한 관심을 중단했다가, 경성제대를 사임한 후 잠깐 회교에 관한 간단한 글을 작성했다. 샤머니즘을 비롯한 만주의 종교를 연구한 배경으로 '만주의 회교'(赤松智城 1941.7)에 관한 논문을 발표했고, '회교의 근대사상'이라는 주제로 "지금 현실로 도래한 우리 대동아의 회교문제를 고찰하는 데 약간의 도움을 제공한다는 점에서 생각함"(赤松智城 1942.7.20: 1)을 전제로 하고, "회교에 대하여 근대 유럽인들이 비난하는 공격의 중요한 점들을 거론해 보자면 다음과 같다. 1. 꾸란은 인간의지의 자유를 부정하는 숙명론을 설파한다. 2. 회교 사회는 아직도 노예제를 보존하고 있다. 3. 회교도는 이교도에 대하여 소위 성전(聖戰, Jihad)을 주장하면서 침략을 감행한다. 4. 교조 무함마드의 언행에 따라서 지금도 일부다처(一夫多妻)를 허용한다. 5. 신성한 행법(行法)인 기도(禮拜), 보시(布施, 天課), 단식(斷食, 齋戒), 순례(巡禮, 朝覲) 등의 규칙은 번잡스러운 외부 형식을 따르기 때문에 근대의 문화 생활에는 적응하지 못하는 경우가 있다."(赤松智城 1942.7.20: 1-2)로 요약했다. 유럽인들의 회교도에 대한 이해와 오해의 일단을 정리해 제시함으로써 당시 일본의 지배권에 들어간 대동아 지역에 산재했던 회교와 회교도의 이해를 위한 기본 입장을 정리했다고 볼 수 있다.

회교와의 접촉이 오랜 유럽인의 이해가 이 정도인데, 대동아의 일본은 과연 어떠한가 하는 의도로 작성되었음을 알 수 있다. 아카마쓰는 '대동아'라는 새로운 정치 상황에서 회교와 회교의 근대사상에 대한 견해를 간단히 피력했다. "우리 대동아 내의 수많은 회교 민족은 아국과의 접촉 교섭에 의해 앞으로 특별한 의미를 갖는 십자로에서 새롭게 봉착될 것이지만, 여기에 다시 일어날 수밖에 없는 일종의 위기를 적당히 통과하여 그들을 지도하는 임무는 실로 회교 그 자체와 아울러 근대사상을 잘 이해하여 비판하는 아국의 식자들이 당연히 짊어져야 할 중요한 사명이지 않을까."(赤松智城 1942.7.20: 12)라는 주문으로 종결한다. 과연 그런 책무를 짊어질 수 있는 일본의 식자들이 있는가 하는 우회적이며 회의적인 주문이라는 생각이 든다. 그가 식민지 조선의 총독부에서 실시했던 '신앙심사위원회'의 회의석상에서 제시했던 우회적이고 회의적인 발언이 생각나는 부분이다.

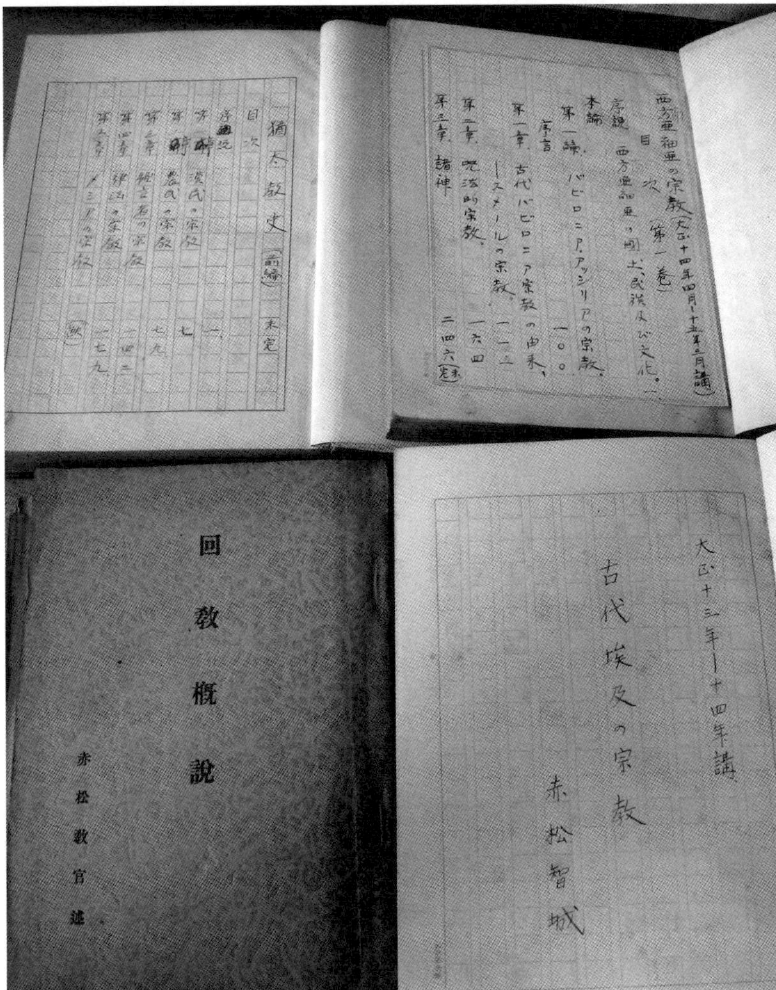

[사진 4-13] 아카마쓰가 남긴 미간 원고들. 왼쪽 위부터 시계 방향으로 「유태교사(猶太教史)」, 「서방 아세아의 종교(西方亞細亞の宗教)」, 「고대 애급의 종교(古代埃及の宗教)」, 「회교개설(回教概說)」(토쿠오지 소장)

아카마쓰는 여러 대학에서 회교에 관한 강의를 한 경력도 있다. 만주의 신경에 있던 건국대학에서는 1939년(康德六年八月) 연구원후기학과고구반(研究院後期學科考究班) 후기학과목편성(안)(後期學科目編成(案))의 일환으로 문교학과(文教學科)의 기초 과목에 국민 문화와 세계 문화를 양대 축으로 삼고, 세계 문화 속에 '세계종교문화(世界宗教文化)'를 포함했다. 여기에 맞추어 아카마쓰의 강의가 개최되었다. 아카마쓰는 그 강의를 위하여 별도의 교재를 준비했고, 교재의 표지에 "아카마쓰 교관술(赤松教官述)"이라고 활판 인쇄된 소책자 「회교개설」을 만들었다. 이 책자는 등사판(謄寫, がり版)으로 제작한 단행본으로 목차는 마지막 쪽에 수필(手筆)로 적었다. 국판 크기의 104쪽짜리다. 겉표지는 활판 인쇄이며, 목차의 마지막에 "쇼와 16년 9월 건국대학에서 강의(昭和十六年九月於建國大學 講)"라고 적었다.[3]

회교와 관련된 아카마쓰의 강의는 후일 1943년 초에 후쿠오카의 규슈대학에서도 개최되었다.[4] 매일 8시 30분부터 10시 30분까지 또는 10시 30분부터 12시 30분까지의 오전 시간과 1시 30분부터 3시 30분까지의 오후 시간 2시간 강의를 10회 개최하는 집중 강의 형식이었다. 이와 관련하여 「규슈제국대학시보(九州帝國大學時報)」 650호(1943년 1월 25일)에 다음과 같은 기록이 남아 있다. "1943년 1월 6일 법문학부에서 종교학 강의를 촉탁하는 아카마쓰 치조(昭和十八年一月六日 法文學部ニ於ケル宗教學ノ講義ヲ囑託スル 赤松智城)". 「규슈제국대학시보」 651호(1943년 2월 10일)에는 "1943년 1월 23일 촉탁 아카마쓰 치조 법문학부에서 강의 촉탁을 해촉함(昭和十八年一月二十三日 囑託 赤松智城 法文學部ニ於ケル講義囑託ヲ解ク)"으로 기록되었다. 1943년 8월 1일부터 3일 사이에 교토제대 낙우회관(京都帝大樂友會館)에서 제1회 대동아문화강좌(第一回大東亞文化講座)가 실시되었고, 아카마쓰가 '회교의 유래와 특색(回教の由來と特色)' 강연을 했다(民族學研究 新 1(11): 65, 1943.11 발행). 이 강의는 1942년

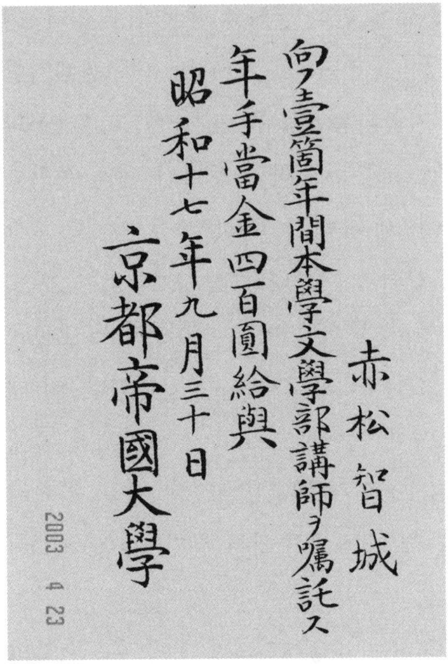
赤松智城
向フ壹箇年間本學文學部講師ヲ囑託ス
年手當金四百圓給與
昭和十七年九月三十日
京都帝國大學

2003 4 23

[사진 4-14] 아카마쓰의 교토제국대학 문학부 강사 촉탁 증서(1942년 9월 30일 자). 좌측의 날짜는 이 문서를 사진으로 찍은 날짜

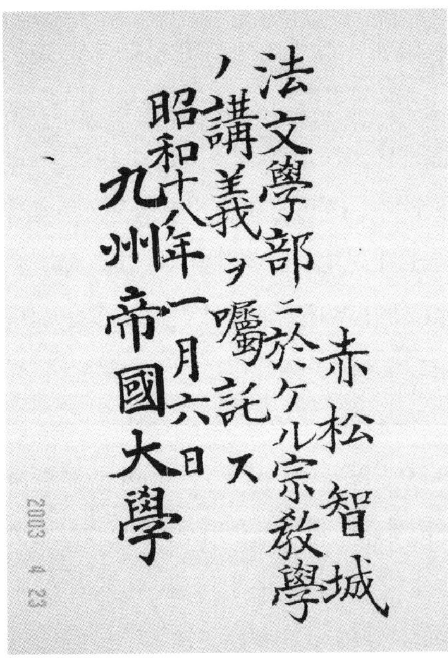
赤松智城
法文學部ニ於ケル宗教學
ノ講義ヲ囑託ス
昭和十八年一月六日
九州帝國大學

2003 4 23

[사진 4-15] 1943년 1월 규슈대학에서 행했던 아카마쓰의 종교학 강의인 '회교개설' 강의 증서. 좌측의 날짜는 이 문서를 사진으로 찍은 날짜

9월 30일부터 1년간 교토제대 문학부 강사 촉탁의 연장선상에서 이루어진 것이라 생각된다.

아카마쓰는 1941년 3월 경성제대를 퇴임한 후, 그해 9월 만주의 건국대학에서, 1943년에는 후쿠오카의 규슈제국대학과 교토제대에서 회교에 관한 강의와 강연을 했다. 대동아전쟁이 발발하기 직전부터 만주와 일본에서 아카마쓰가 회교와 관련된 강의와 강연에 집중했다는 사실은 무엇을 말하는가? 1938년 3월 오쿠보 코지(大久保幸次 1887-1947)를 중심으로 선린협회(善隣協會)[5] 산하에 회교권고구소(回教圈攷究所, 도쿄 시로카네다이 소재, 1940년 5월 回教圈研究所로 개명)가 설립되었고, 그해 7월부터 『회교권(回教圈)』이라는 정기 간행물이 발행되었다. 이 잡지는 1944년 12월까지 총 69호를 간행했다. 중일전쟁이 발발한 이후, 소련과의 국경에서 긴장이 고조되었고, 만주와 소련 사이에 존재하는 몽고는 일본의 대중·대소 전략에 있어 인력 문제뿐만 아니라 석유와 석탄 그리고 철강 같은 전쟁 물자의 조달에도 중요한 역할을 하게 되었다. 즉, 대몽고 공작의 중요성이 커지면서 만주국 북변 국경에 산재한 소수민족들뿐만 아니라 이슬람의 존재가 부상했고, 1941년 12월 대동아전쟁 발발 후 동남아시아의 점령지에서도 무슬림들에 대한 공작이 중요시되었다.

이 시점에 아카마쓰는 회교에 관한 강의와 강연에 초빙되었고, 아카마쓰의 강의록과 강연 내용들은 회교의 원론에 관한 이해를 어떻게 할 것인가에 초점이 맞추어져 있었다. 여타 다른 회교권 연구자들이 공작과 정책 중심의 내용을 집필·강연했던 것과는 다른 차원이었음을 주목하고자 한다. 전후에도 이어지는 회교권과 이슬람 연구에 있어서도 아카마쓰의 저작물들이 외면되었다는 점에 의미를 둔다면, 일본의 회교권과 이슬람 연구는 기본적으로 전략적이고 공작적인 시작점의 기본 틀을 벗어나지 못하는 것이 아닌가 하는 의구심이 든다. 아카마쓰가 지향했던 이슬람과 회교권 이해의 노력이 원론적이었다는 점의 의미는 아카데미즘에 치중했던 아카마쓰의 학문을 증언함에 간접 역할이 되고 있다. 지금 아카마쓰의 학문을 다시 돌아보는 의미가 전달되기를 희망한다.

2) 유태교(猶太教)

종교학자 아카마쓰는 유태교에도 적지 않은 관심을 보였고, 그에 상응하는 원고를 작성하여 남겼다. 내용을 원고에서 인용하면 다음과 같다. "유태교사(전편)(猶太教史(前編)) 미완, 목차, 서설, 제1장 막민의 종교(第一章 漠民の宗教), 제2장 농민의 종교(第二章 農民の宗教), 제3장 예언자의 종교(第三章 豫言者の宗教), 제4장 율법의 종교(第四章 律法の宗教), 제5장 메시아의 종교(결)(第五章 メシアの宗教(缺))". 이것은 200자 원고지로 213매 분량이며, 그 속에 팔레스타인 지도(독일에서 1921년 제작) 두 장이 포함되어 있다.

3) 기독교(基督教)

아카마쓰가 기독교에 관한 글을 남긴 것은 지극히 간략하다. 그중에서 단행본 형식을 띠고 제작된 것이 『기독교회사(基督教會史)』(불교학회장판-佛教學會藏版)라는 69쪽짜리 책이다(사진 4-16). 제목의 위에 "문학사 아카마쓰 치조 술(文學士 赤松智城述)"이라고 적은 것은 아카마쓰가 강연한 내용을 인쇄물로 제작한 것임을 말한다. 발행 연도가 기재되어 있지 않은 것으로 보아 일반 출판 과정을 거치지 않고 만들어진 것임을 알 수 있다. 발행 연도를 추정할 수 있는 근거 하나는 이 책이 기증된 연도로 보이는 "타이쇼 3년 와쿠카와 요시아츠 전(大正三年 涌川義淳殿)"이라

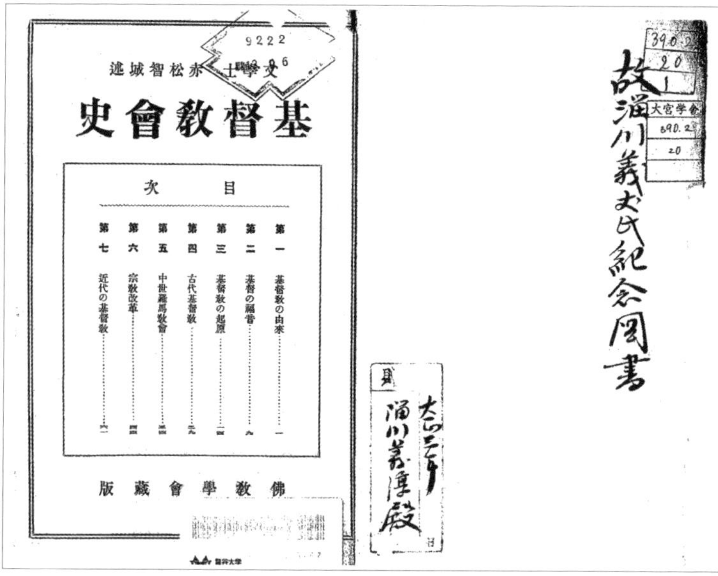

[사진 4-16] 아카마쓰의 『기독교회사』(류코쿠대학 도서관 소장. 류코쿠대학 박현국 교수의 안내로 봉독)

는 필적이다. 이 필적은 아카마쓰의 것이라고 생각되고, 1914년에 기증되었음을 알 수 있는데, 이 서물의 출판 연도가 1914년 이전일 가능성만 제시할 수 있을 뿐이다. 그 오른편으로 "고 와쿠카와 요시히로 기념 도서(故涌川義大氏紀念圖書)"라고 쓴 것은 전자와 필체가 다름을 보이고, 와쿠카와 요시아츠와 와쿠카와 요시히로의 관계를 보여 주는 정도로 이해될 수 있다. 현재로는 두 사람의 관계에 대해 정확하게 기록할 수 있는 자료가 없다. 본문 중에는 출판 연도를 추정할 만한 근거를 발견할 수 없었다. 목차에 의하면, "제1 기독교의 유래, 제2 기독의 복음, 제3 기독교의 기원, 제4 고대 기독교, 제5 중세 로마 교회, 제6 종교개혁, 제7 근대의 기독교"로 구성되어 있고, 말미에 한 쪽을 추가하여 "구세군(救世軍, Salvation Army)"의 사회사업적 성격과 활동에 대하여 간략하게 첨언했다. 후일 토쿠오지를 중심으로 전개되었던 사회사업 전통과 양상이 연상되는 대목이다. 본문 내용 중에 기독교와 관련된 일본의 경우를 간단하게 언급한 부분도 있다(pp. 63-64).

기독교에 관한 아카마쓰의 글이 아주 적은 것에 한 가지 논의하고 싶은 부분이 있다. 아카마쓰는 이 서문에서 기독교의 반국가적 성격을 언급했다. 즉, 소위 "제왕 숭배(Emperor worship)" 또는 "황제 숭배(皇帝崇拜)"에 반항하는 기독교 소개와 기독교 박해사를 소개하고 있는데(p. 23), 중세에 이르러 전개되었던 종교개혁과 관련된 현상들을 "진속양권(眞俗兩權)"의 투쟁으로 묘사했다(p. 37). 당시 이 글을 읽는 제국 일본의 독자들로부터 문제가 제기될 수 있었을 것으로 생각된다. 일본의 천황제에 대해 감히 언급할 수도 없던 당대의 상황과 아카마쓰의 글을 대비하면, 후일 아카마쓰가 기독교에 관한 글쓰기를 지극히 자제한 것이 아닌가 하는 생각이 든다. 이 저작물은 타이쇼 초기의 작품이 틀림없고, 그 시기에 이 정도 발언이 허용되었다는 점은 이른바 "타이쇼 데모크라시" 분위기를 느끼게 할 수 있다고 생각한다. 쇼와 시대에는 유사한 발언으로 경찰 조사를 받고 구속되는 사건들(예를 들면 와세다대학의 츠다 소키치 교수와 이와나미서점 사장의 구속)이 있었던 사실과 대조적이다.

4) 고대 종교(古代宗教)

아카마쓰의 유품이 보관되어 있는 토쿠오지에는 아카마쓰가 남긴 유고들이 있다. 그 속에서 발견할 수 있는 원고 형태의 유품 속에서 고대 종교들에 관한 기록들을 볼 수 있다. 예를 들면, "타이쇼 13년-14년 강(大正十三年-十四年 講)"으로 적힌 "고대 애급의 종교(古代埃及の宗教)"라는 문건은 아래와 같은 구체적인 목차를 보여 준다.

> "서설(序說), 제1장 신화 및 신학(第一章 神話及び神學)(총론-總論, 제

1절 동물신-第一節 動物神, 제2절 식물신-第二節 植物神, 제3절 인간신-第三節 人間神, 제4절 자연신-第四節 自然神, 제5절 추상신-第五節 抽象神, 제6절 오시리스 계통의 신들-第六節 オシリス系統の神神), 제2장 신제국의 종교 특히 아크나톤의 종교개혁(第二章 新帝國の宗教, 殊にAch-en-Atonの宗教改革),[6] 제3장 승제와 사원경제(第三章 僧制並びに寺院經濟), 제4장 신전, 분묘 및 제의(第四章 神殿, 墳墓及び祭儀)(제1절 신전과 분묘-第一節 神殿と墳墓, 제2절 제의-第二節 祭儀), 제5장 애급 종교의 신성관념(第五章 埃及宗教の神聖觀念と靈魂觀念), 제6장 고대 애급에서 토테미즘의 문제(第六章 古代埃及に於けるTotemismの問題), 제7장 후기의 애급 종교(第七章 後期の埃及宗教)"

이집트 종교에 관한 아카마쓰의 강의록이라 생각되는 이 문건의 저작 시기가 1924년과 1925년 사이라고 한다면, 이 시기는 유럽 유학이 종료된 뒤, 귀국 직후에 쓰인 문서일 가능성이 크다. 원고의 내용에서 발견할 수 있는 중요한 문제는 고대 이집트의 종교를 바라보는 아카마쓰의 시선이다. 그가 교토대학의 학위 논문에서 집중 검토했던 신성관념에 관한 논의를 적용하는 점과 애니미즘과 토테미즘의 이론을 고려하면서 이집트 종교를 논의하고 있다는 점에 주목하고 싶다. 종교인류학 이론이 적용된 논고이기에 학사적으로 높이 평가되어야 한다고 생각한다.

원고 상태인 서남아시아의 종교에 관한 내용을 목차 중심으로 소개한다. "1925.4-1926.3 강(講). 서남아시아의 종교(西南亞細亞の宗教). 목차(제1권), 서설(序說) 서남아시아의 국토(西南亞細亞の國土), 민족 및 문화(民族及び文化), 제1편 바빌로니아. 앗시리아의 종교(第一編 バビロニア° アツシリアの宗教), 서언(序言), 제1장 고대 바빌로니아 종교의 유래 (…) 수메르의 종교(第一章 古代バビロニア宗教の由來-スメールの宗教), 제2장 주

법적 종교(第二章 呪法的宗教), 제3장 제 신(第三章 諸神)". 200자 원고지로 282매 분량이며, 말미에 "미완(未完)"이라고 적었다. "제1권"과 "미완"이라는 표기로 보아 몇 권으로 나누어 집필할 예정이었음을 알 수 있다. 이 원고의 말미에 다음과 같은 메모가 첨부되어 있다. "경성제국대학법문학부(京城帝國大學法文學部)" 원고용지에 "쇼와 10년(昭和十年)"이라고 연필로 적었고, 이어 첨부된 제목은 "서남아시아의 종교(西方亞細亞の宗教)"이고, 목차는 "서론 서방아시아의 지역, 민족 및 문화(序論 西方アシアの地域, 民族及文化), 본론(本論), 제1장 원시종교개설(第一章 原始宗教槪說), 제2장 제1부 제신의 발생과 우주의 창조(第二章 第一部 諸神の發生と宇宙の創造), 제2부 태고의 정토(第二部 太古の淨土), 제3부 인류의 창생(第三部 人類の創生), 제4부 홍수의 전설(第四部 洪水の傳說), 제3장 유태교사(第三章 猶太教史), 제4장 회교요의(第四章 回教要義)"다.

1935년 경성제대에 근무할 동안에 적은 메모로 볼 때, 아카마쓰는 '서남아시아의 종교'라는 주제를 설정하고, 그 속에 유태교와 회교를 포함하는 대작을 구상하고 있었던 것 같다. 종교학이라는 틀에서 만들어졌던 구상이 실행되지 못했던 것은 당시 만몽의 샤머니즘 연구와 충돌했던 물리적 시간의 문제였다고 생각된다. 야연을 주로 했던 만몽 대상의 샤머니즘 연구와 아울러 문헌 중심의 이론 집필을 구상했던 종교학자 아카마쓰의 모습을 연상할 수 있다. 그는 문헌에만 매달렸던 종교학자가 아니었다. 야연과 문헌 연구의 양수겸장을 하는 모습 때문에, 나는 감히 그를 종교인류학자라고 부르기를 주저하지 않는다.

4. 소결: 칙임관 사임의 은항책

불교를 연구 대상, 즉 객체화하여 아카마쓰의 종교학이 진행될 수 있었다는 사실에 주목하고자 한다. 그가 경성제대의 종교학 교수직을 사임하고 사찰의 주직 직분으로 되돌아간 것은 더 이상 불교를 연구 대상, 즉 객체로 간주하지 않게 되었음을 말하는 것이고, 이것이 곧 교수직 사임 이유의 하나였다고 이해할 수 있다. 인류학적 방법으로 종교학을 연구했던 아카마쓰는 불교 이외에도 세계적 차원에서 여러 종교에 다양한 관심을 피력했다. 특히 그가 회교와 서남아시아의 고대 종교들에 보였던 관심은 앞으로 새롭게 평가되어야 할 부분이 있다고 생각한다. 종교학자로서 아카마쓰는 '세계종교의 이해'라는 틀을 생각하고 있었음에 분명하다.

아카마쓰가 남긴 연구 자료들이 미간 원고 형태로 존재하는 데 주목하는 것은 제국 일본의 종교학 틀에서 재고해 볼 가치가 있다. 그가 남긴 사진 자료를 심도 있게 분석하는 것도 가치 있는 작업이다. 이 책은 그런 문제의식을 갖고 일단의 시도를 해본 것에 불과하다. 이런 시도는 아카마쓰라는 종교학자가 학계에서 결코 잊혀져서는 안 된다는 나의 신념에 기반하고, 나는 현재에도 그의 종교학을 충분히 계승할 가치가 있다고 믿는다. 제국 일본의 종교학자 중에서 아카마쓰만큼 광범위하게 다양한 종교현상에 대해 관심을 갖고 연구 업적을 남긴 경우는 없다. 당대 대부분의 일본종교학자가 불교를 중심으로 또는 불교를 바탕으로 종교학을 진개했던 점과 비교하면, 아카마쓰가 남긴 종교학적 저작물들은 원시종교를 포함하는 보편 종교학을 지향하는 업적을 남겼다고 말할 수 있다. 원시종교 이해의 시도부터 그는 인류학을 접하게 되었고, 궁극적으로 종교인류학 입장에서 샤머니즘에 관한 불후의 업적을 남기게 되었다. 샤머니즘을 연구할 때 그가 선택했던 야연 장소로 조선과 만몽을 생각하게 된다.

침략적 제국주의가 팽창하는 과정에서 제대의 교수로 학문을 했던 아카마쓰가 미묘하게 긴장 관계를 유지했던 것이 지배자의 입장에 대한 경계의 태도라고 지적하고 싶다. 소위 어용 교수가 될 가능성을 기피하기 위한 방편으로 경성제대를 사임했을 가능성도 있다. 당시 문부성이나 총독부의 정책에 저항한다는 것은 상상하기 어려운 일이었고, 적지 않은 경성제대 교수들이 어용 교수 역할을 했음은 구체적인 사실로 밝혀졌다. 아카마쓰가 그 역할을 한 적이 없다는 사실을 확인하는 것은 중요하다. 그의 동료였던 아키바가 적극적인 어용 역할에 임했다면, 아카마쓰는 간접 거부와 저항 행적이 있었다고 말하고 싶다. 나는 그런 행위를 약자들이 피력하는 일종의 은항책(隱抗策, hidden transcripts)이라고 이해한다. 아카마쓰가 만들었던 문서와 그의 언행에서 은항책으로 비칠 수 있는 사건들을 정리해 본다.

그의 이름으로 1914년경 발행된 『기독교회사』는 "황제 숭배"에 반항하는 기독교에 대한 소개와 기독교 박해사를 소개하면서, 중세에 이르러서 전개되었던 종교개혁 관련 현상들을 "진속양권(眞俗兩權)" 투쟁으로 묘사했다. 당시 제국 일본의 천황제에 이런 논리를 대비해 보면, 아카마쓰가 천황제에 대해 어떤 생각을 갖고 있었는지 이해할 수 있다. 신앙 문제에 있어서 천황제와 관련된 그의 생각이 조선의 총독부에서 실시했던 '신앙심사위원회'의 회의석상에서도 우회적으로 피력되고 있음을 지적하고 싶다. 신앙이라는 현상이 과연 심사와 지배 대상일 수 있는가 하는 그의 회의론은 주목해야 할 부분이다. 아카마쓰의 종교와 신앙에 대한 입장은 이슬람과 회교권에 대해서도 일정 정도의 정책 대항적이라는 측면을 알 수 있다. 물론 그것이 직접적인가 간접적인가의 문제를 자세하게 논증하기는 어렵다. 침략 전쟁 상황에서 과연 어떤 사람이 정부 정책에 직접 저항적인 언행을 드러낼 수 있겠는가 하는 문제이기 때문에, 간접 은항책에 대해서 적극적으로 논의하는 것이 시대정신을 올바르게 읽어 내는 방법이라고 생각한다.

중일전쟁 이후, 대동아전쟁이 시작된 뒤에 회교권에 관한 대부분의 연구자들이 공작과 정책 중심 내용을 집필하고 강연했던 것과는 다른 차원에서 아카마쓰는 「회교개설」이란 문서를 제작했다. 이는 만주 건국대학의 교재로 사용되었다. 회교와 관련된 아카마쓰의 강의는 후일 1943년 교토제대와 규슈대학에서도 이어졌다. 이슬람에 대한 원론적 내용들이었다. 환언하면, 침략 전쟁에 협력한 흔적이 없는 아카마쓰의 입장들을 정리해 볼 때, 그의 경성제대 사임은 다른 의미를 담고 있다고 해석할 수 있다. 그의 경성제대 교수 직분은 칙임관(勅任官)이었다. 그 자리를 개인 의지로 사임한다는 것은 당시 쉽지 않은 결단이었다. 사임 자체가 제국대학의 전쟁 협력에 대한 간접적 항의 표시일 가능성이 있다. 그것이 아무리 미약할지라도 나는 아카마쓰의 행동에 정치적 의미를 부여한다. 그것은 침략 전쟁에 저항하는 일종의 은항책이었다고.

범문(梵門)에서 나와 종교학으로 학문의 경지를 펼쳤다가 범문의 승려로 귀의했던 아카마쓰가 남긴 글을 소개하는 것으로 이 장을 마감하고자 한다. 이 글은 1933년에 신년을 맞아 남긴 것이다.

> "當相敬愛無相憎嫉
> 서로 경애하여 미워하거나 질투하지 말며,
> 有無相通無將貪惜
> 있는 사람과 없는 사람이 서로 나누어 탐내거나 아끼지 말며,
> 言色常和莫相違戾
> 말과 얼굴빛을 늘 온화하게 하여 서로 등을 돌리지 마라.
> 昭和八年初春 智城拜書
> 1933년 초춘 치조 배서."

주

1 보모리는 사찰을 지키는 사람(番人, 반닌)을 의미하는 용어로서 일본 불교 내의 정토진종(淨土眞宗)에서는 전통적으로 주직의 부인이 '보모리'라고 불렸다.

2 1. Einleitung. Allg. Übersicht und die Schwierigkeiten der Islamforschung, 2. Wesen der Offenbarung und Erkenntnistheorie, 3. Mohammed als Vorbild, 4. Islam im Allgemeinen, 5. Islam und Recht, 6. Islam und Staat, 7. Politik-a. Verwaltung, b. Wirtschaft, c. Sozialpolitik, 8. Islam und Kultur-a. Seelische Kultur, b. Geistige Kultur, 9. Islam und Zivilisation-materielle usw., 10. Islam und soziale Fräge, 11. Islamisches Ideal, 12. Islamisches Programm und der Weg zum Ziel. 아랍반(Arabische Abteilung)은 두 개의 소반으로 나뉘었다. 1. Prof. Dr. Kampffmeryer/Dr. iur. et rer. pol. Yehya Ah. el Dardiry, 하루 4-5시간씩 수업, 5월 30일부터 6월 6일까지. 2. Dr. Ahmed Waly, 하루 5-6시간씩 수업, 6월 14, 28일, 7월 12, 26일(4회). 튀르키예반(Turkische Abteilung)은 세 개의 소반으로 나뉘었다. 1. Landgerichtsrat Dr. Pritsch, a. 튀르키예 민족주의, 5월 17, 31일, 6월 14, 28일, 7월 12, 26일, 하루 6-7시간씩 6회, b. 이슬람 국가종교 문제와 튀르키예 민족주의. 2. W. Bolland, 튀르키예 역사 지리 민족, 5월 26일, 6월 16, 30일, 7월 14, 28일, 하루 7-8시간씩 5회. 3. Suleiman Sirri, 이슬람 연구, 5월 23일, 6월 13, 27일, 7월 11일, 하루 7-8시간씩 4회.

3 목차를 적어 보면, "서설 서남아시아의 민족과 종교(序說 西南アジヤの民族と宗教)(概述), 본론(本論), 제1장 무함마드 소전과 쿠란 해설(第一章 マホメツト小傳とコーラン解說ト), 제2장 회교의 교법(신앙과 행법)(第二章 回教の教法(信仰と行法)), 제3장 회교의 발전(第三章 回教の發展), 제4장 회교의 문화사적 의의와 특징(第四章 回教の文化史的意義と特徴), 제5장 회교의 근대적 부흥 운동(第五章 回教の近代的復興運動)". 본문 40-41쪽 사이에 "알아스마 알후스나(Al-asma' al Husna)"(尊名) 표를 첨부하고 있다. 모두 99개의 목록으로서 8절지 2장분이다. 등장하는 존명(尊名)들의 '코란'('꾸란'이라고 표기하는 것이 낫다.-필자주)에서의 위치와 영역명을 병기함으로써 학습 효과를 높이려고 시도한 것이다. '알아스마 알후스나'는 알라의 또 다른 이름들로서, '가장 아름다운 이름들'이란 뜻이다. 그 99개의 이름을 아는 사람들은 모두 천국으로 들어가게 된다는 믿음이 있다.

4 "아카마쓰 강사 종교학 '회교개설' 임시강의 1월 8일(월)부터 1월 23일(토)까지 6일간 규슈제국대학 법문학부(赤松講師宗教學'回教概說'臨時講義日時割 自一月八日(月) 至仝二十三日(土) 六日間 九州帝國大學法文學部)"라는 문서가 현재 규슈대학의 교사(校史) 아카이브 내에 존재한다.

5 1933년 도쿄에서 대(對)몽고 우호 공작 기관으로 창설되었다. 사사메 츠네오(笹目恒雄 1902-1997)가 중심이 되었고, 군부와 재계가 협력했다. 후일 도쿄의 선린협회와 내몽

고 장가구의 몽고선린협회로 분할되었다. 중심인물 사사메 츠네오(사사메 슈와-笹目秀和라는 별명이 있음)는 중앙대학 법학부 학생 시절(1924년, 22세) 혼자 중국 대륙 여행을 했고, 오모토교(大本教)의 데구치 오니사부로(出口王仁三郎)와 만나기도 했다. 후일 데구치의 도움으로 와세다대학에 취학했다. 그는 쇼와10년(1935) 12월 4일 재차 대륙행을 하기 전에 교토 아야베(綾部)의 오모토교 본부로 데구치를 예방했다. 사사메 츠네오의 저작물에 대한 심도 있는 검토는 선린협회의 활동 및 대몽고 선전 공작 업무가 심각해지는 시기에 대한 이해를 위해서 절실한 작업이다. 사사메 츠네오의 저작물 리스트를 부기한다. 神仙の寵児(1976 霞ケ関書房), 神仙の寵児(1991.7 國書刊行會), わが生いたちの記(1979.3 山雅房), 神仙に導かれて白頭山へ(1979.4 山雅房), 神仙に導かれてモンゴル救済の旅(1979.4 山雅房), 流通無限の天理を開く(1979.5 山雅房), 鶴仙を御してコンロン山頂に立つ(1979.6 山雅房), シベリア収容所太陽を喰う男(1979.7 山雅房), モンゴル神仙邂逅記(1991.6 德間書店).

6 아크나톤은 기원전 14세기의 파라오. 네페르티티의 남편으로도 유명하다. 그의 이름에 관한 표기는 약간씩 달리 나타나기도 한다.

부록 1: 業績目錄(여기 제시된 것이 대부분 아카마쓰의 박사학위 논문에 포함됨)

1911.7.1 "宗教起源論の主要問題", 藝文 2(7): 78-89.

1912 "呪文と祈禱", 密教講演 2: 14-22.

1913.7.1 "聲字實相觀の比較", 密宗學報 1: 1-10.

1913.8.1 "宗教と哲學", 密宗學報 3: 1-11.

1913.9.1 "宗教學の分化及分派", 無盡燈 210: 1-8.

1913.10.1 "宗教學の分化及分派(承前)", 無盡燈 211: 55-62.

1913.10.1 "宗教と哲學(承前)", 密宗學報 4: 18-29.

1914.6.1 "宗教的思辨の變遷", 密宗學報 12: 24-38.

1914.11.15 "社會學と現代宗教學との交渉", 日本社會學院年報 2(1.2): 26-50.

1915.1 "歷史派の宗教學觀念", 無盡燈 20(1): 49-63.

1916.4 "最近の宗教心理學と宗教社會學", 宗教研究 1(1): 1-42.

1916.6 "宗教と魔術", 無盡燈 21(6): 32-41.

1916.7 "宗教に於ける個人化的傾向の起源", 宗教研究 1(2): 417-421.

1916.8 "宗教と魔術(二)", 無盡燈 21(8): 17-28.

1916.9 "宗教と魔術(三)", 無盡燈 21(9): 42-53.

1916.10 "宗教と魔術(四)", 無盡燈 21(10): 35-47.

1917.3 "宗教的規範意識", 哲學研究 12: 44-64.

1917.9 "神聖觀念論", 宗教研究 2(6): 1-24.

1917.10 "神聖觀念論", 宗教研究 2(7): 83-114.

1918.8 "神聖觀念論", 宗教研究 2(8): 99-152.

1918.11.1 "最近宗教心理學の傾向", 密宗學報 65: 1-18.

1918.12.1 "最近宗教心理學の傾向", 密宗學報 66: 1-21.
1919.1.1 "'タブー'論: 穗積及榊博士の論文を讀みて", 哲學硏究 4(1): 70-112.
1919.2.1 "最近宗教心理學の傾向", 密宗學報 68: 8-29.
1919.3.1 "最近宗教心理學の傾向", 密宗學報 69: 5-25.
1919.4.1 "最近宗教心理學の傾向", 密宗學報 70: 22-38.
1919.5.1 "最近宗教心理學の傾向", 密宗學報 71: 17-33.
1919.7.8 現代哲學に於ける科學と宗教. 東京: 博文館.

부록 2: 아카마쓰가 수령했던 제국학사원 연구비에 의한 샤머니즘 관련 자료(일본학사원 소장)
제국학사원 연구비 보조 사항 1931년도(帝國學士院 硏究費補助事項 1931年度)
조선 및 만주에서 무속의 연구: 아카마쓰 치조·아키바 타카시(시가 경성제대 총장 추천)(朝鮮及び滿洲に於ける巫俗の硏究: 赤松智城·秋葉 隆(志賀城大總長 推薦))

1. 연구 여행

제1회: 1931년 4월 16일부터 4월 17일까지, 경기도 양주 도당제(京畿道楊州 都堂祭) 견학. 무제(巫祭)는 4월 16일 양주 구진산(楊州舊鎭山)의 산복에서 무녀 사제가 시행. 주무 사택에서 일박하고 야간에 하는 회정제(回停祭)를 견학. 다음 날 무가에서 사제(私祭) 이종(二種)을 보고, 읍내 민가에서 제신(祭神)을 조사.

제2회: 1931년 4월 25일부터 4월 29일까지, 평안남도 평양에 가서 성황당(城隍堂), 부군당(府君堂), 국사당(國師堂), 맹격기도소(盲覡祈禱所), 용신당(龍神堂), 성황목(城隍木) 조사. 무녀와 맹격을 방문하여 5개소에서 무제 견학. 황해도 황주(黃海道黃州)에서 유명한 남무(男巫) 방문. 이 지방 무격(巫覡)의 중심지인 극성당(棘城堂)을 알게 되어 다음에 재조사 필요.

제3회: 5월 29일부터 6월 2일까지, 충청남도 공주, 부여, 논산 지방 조사. 논산 무녀가 소지하고 있는 기록은 남방무속연구상 좋은 재료. 전부 채록 번역함.

제4회: 9월 23일부터 9월 25일까지, 충청남도 아산(忠淸南道牙山) 방면 견학. 솔대(ソルテー, 조형봉-鳥形棒) 수 개소 발견. 1점 채집.

제5회: 10월 4일부터 13일까지, 강원도 김화(江原道金化)에서 영(鈴)을 요(腰)에 건다는 소문을 듣고 갔으나 허탕. 전내(殿內) 2명 방문. 함경남도 북청(北靑)에서 여무 1명 남무 1명 역방. 1일 무제 견학. 함경북도 길주(吉州), 경성(鏡城), 청진(淸津), 부령(富寧), 회령(會寧)에서 남무와 맹격 역방. 산곡에 산재한 재가승 부락(在家僧部落) 조사. 재가승과 무녀의 관계. 회령에서 맹격 3명이 하는 신사 견학. 독송 경문 이종 획득. 경성에서는 이조 무격청의 잔존자가 보관해 온 문서 2종을 채록.

2. 채록 및 번역

무녀가 부르는 주문, 가사는 구전. 채록을 위해서 이왕가에 출입하는 무녀의 장남에 의촉하여 그 어머니에게 채록하도록 했다. 현재 2백 매에 달함. 주요 제목, 1. 부정(不淨), 2. 가망청배(Kamang 請拜), 3. 가망 무가(Kamang 巫歌), 4. 산왕청배(山主請拜), 5. 산왕무가(山王巫歌), 6. 별산(別山), 7. 제석청배(帝釋請拜), 8. 제석무가(帝釋巫歌), 9. 천왕(天王), 10. 두신청배(痘神請拜), 11. 만명청배(萬明請拜), 12. 군웅청배(軍雄請拜), 13. 군웅무가(軍雄巫歌), 14. 대감청배(大監請拜), 15. 대감가(大監歌), 16. 창부가(倡夫歌), 17. 후해(後解), 18. 성조가(成造歌), 19. 황제송가(黃帝頌歌), 20. 바리공주(鉢里公主).

논산(論山) 무녀가 소장한 무서와 경문은 전부 전록(轉錄)하여 번역했다. 제목을 보면, 천지팔양경(天地八陽經), 회심곡(回心曲), 왕생정토주(往生淨土呪), 파지옥진언(破地獄眞言), 몽수경(夢授經), 고왕경(高王經), 제왕경(帝王經), 구정토(求淨土), 백살경(百殺經).

회령 무격이 소유한 경문 수 종 중, 2종(천지팔양경-天地八陽經, 구명경-求命經)은 원전 그대로 입수했다. 경문 십수 종과 경성(鏡城) 남무의 장서 2종을 채록 및 전사 착수함.

3. 수집 및 촬영

무격 참고품은 경성제국대학 민속참고품실에 일부 수집했다. 무속관계의 신상(神像), 무의(巫衣), 무모(巫帽), 무도(巫刀), 무창(巫槍), 무선(巫扇), 무경(巫鏡), 무고(巫鼓), 점전(占錢), 점통(占筩), 산목(算木), 기타 약 40점에 달함. 무격(巫覡), 무구(巫具), 무당(巫堂), 신목(神木), 무제(巫祭) 등의 광경은 각지에서 촬영했다. 금년 9월 28일 경성교외(京城郊外) 노량진(鷺梁津)에서 주요한 무제를 행하니 활동사진을 찍었다. 부록으로 조선무속 사진 30매를 첨부함(帝國學士院 1931.4: 33-35).

帝國學士院 1931.4 學術硏究獎勵資金及事業一覽(昭和六年度). pp. 33-35.

연구비 보조에 관한 보고사항(研究費補助ニ對スル報告事項, 1932년도)

조선 및 만주에서 무속의 연구: 아카마쓰 치조·아키바 타카시(朝鮮及び滿洲に於ける巫俗の研究: 赤松智城·秋葉 隆) 시가 경성제대 총장 추천(志賀城大總長 推薦)

1. 연구 여행

제1회: 덕물산(德物山) 답사(1931년 2월), 경기도 개성군 진봉면(京畿道開城郡進鳳面) 덕물산은 조선의 대표적인 무산(巫山)이다. 1929년 여름 한 번 조사를 시도했고, 이번에 경성 노무 배녀(京城老巫裵女)가 산상(山上)에서 새신(賽神)을 행하는 기회에 동행했다. 장군당(將軍堂)에서 새신 견학, 무녀 부락 조사. 일박 후 하산했다.

제2회: 덕물산 도당제 및 개성조사(德物山都堂祭及開城調査, 1931년 5월), 5월 1일부터 3일간 도당새신(都堂賽神). 2박했다. 활동사진을 촬영했다. 고려조 무격 중심지 개성에서 성황당(城隍堂), 사신당(使臣堂) 등 기타 성소를 실견했다. 무가를 방문하여 마침 그때의 답도무답(踏刃舞踏)을 일견했다.

제3회: 강화도(江華島) 조사(1931년 5월), 강화 읍내와 인근 부락을 도는 무격의 거택을 방문했다. 신당(神堂), 신상(神像)이 극히 원시적이다. 입무과정(入巫過程)을 조사했고, 무경(巫經) 한 권을 빌려서 채록했다.

제4회: 강원도 및 함경남도 일부 조사(1931년 6월), 강원도 북부 고성읍내(高城邑內)와 부근의 운곡리(雲谷里), 함경남도 안변(安邊)과 원산(元山) 지방에서 여러 명의 무격을 방문하여 새신을 견학했다. 이곳 무속의 특이성을 재조사할 필요성을 감지했다.

제5회: 오산(烏山) 지방 조사(1931년 10월), 경성 교외 노량진에서 풍류방(風流房)이라고 불리는 무악계(巫樂稧, 조합의 일종)의 존재를 알고, 약간의 고문서류를 입수했다. 9월에 경기도 재인청(才人廳)이라고 불리는 곳에서 대규모의 무격계(巫覡稧)에 관계하는 노무가 오산에 있다는 보고를 듣고, 그곳을 방문했다. 두 번째의 오산 여행에서 잔존하는 관계 문서를 전부 채록했다. 또한 그 지방의 무가를 여러 집 방문했다. 무업을 세습하여 십이 대 이어지고 있다는 희귀한 세습무에 대하여 자료를 얻었다.

2. 채록 및 촬영

무격의 부르는 주문, 경문, 가사 등의 채록과 함께 번역은 전년도에 이어서 한 노무의 장남을 조수(助手)로 하여 지속적으로 작업했다. 새신의 절차와 행사를 기록하는 데 힘을 기울였다. 기록의 부족을 보완하기 위하여 촬영했다. 무속의 사회제도적 방면을 연구하기 위한 자료로써 풍류방문서(風流房文書), 재인청문서(才人廳文書)와 단골-단가매매문기(丹骨-檀家賣買文記) 등 수십 점을 수집하여 그것을 번역했다. 무녀와 함께 조선의 민간신앙을 지배하는 전내(殿內), 태자(太子), 박사(博士), 송경(誦經) 등의 자료를 수집했다. 1932년 3월 경성제국대학에서 남만주(南滿洲)와 북지나(北支那) 출장을 명받고, 그 기회에 봉천청녕궁(奉天淸寧宮), 북평지녕궁(北平地寧宮)에서 만주제신(滿洲祭神)의 무사(巫事)에 사용하는 신간(神竿), 신고(神鼓), 신령(神鈴)을 비롯한 만주무속(滿洲巫俗)에 관한 약간의 참고 자료를 촬영했다.

3. 연구 발표

(1) 赤松智城, 薦新賽神の行事(朝永博士還曆記念哲學論文集)
(2) 同, 朝鮮の聖樹(東京帝國大學宗教學講座創立二十五年記念宗教學紀要)
(3) 秋葉 隆, 朝鮮の巫稱に就て(宗教研究, 新八卷一號)
(4) 同, 朝鮮巫人の入巫過程(宗教研究, 新八卷四號)
(5) 同, 朝鮮巫俗に於ける'デュアリズム'(朝鮮, 一九二號)
(6) 同, 江陵端午祭(民俗學, 二卷五號)
(7) 同, 巫人乞粒の歌(青邱學叢, 六號)

추가

1. 연구 여행

제6회: 제주도 조사(1931년 10월): 1929년 아카마쓰 치조가 1차 조사. 1932년에는 다시 아키바가 재조사. 제주, 서귀포, 토산리, 하천리, 고성리, 김녕 등 답사했다. 귀임 시 가지고 온 것들을 민속참고품실에 진열하여, 제주도민속전람회(濟州島民俗展覽會)를 개최했다. '독사회(讀史會)'의 예회에서 조사의 전망을 보고했다. 전라남도 목포 근교도 답사했다.

제7회: 남선조사(南鮮調査, 1931년 11월): 경상남도 마산을 기점으로 진주를 경유하여 전라남도 순천, 보성, 장흥, 해남을 조사했다. 목포에서 나주를 경유하여 광주로 들어갔다. 전라북도 남원, 전주, 군산을 답사했고, 충청남도 간치(보령), 대천을 견학하여 남선 무속의 특질을 이해하는 자료를 수집했다.

2. 연구 발표

秋葉 隆, 德物山都堂祭(民俗學, 三卷十一號)

다른 논문 발쇄 및 부록으로 조선무속 사진 50매를 첨부함.

帝國學士院 1932.4 學術研究獎勵資金及事業便覽(昭和七年度). pp. 30-33.

조선 및 만주에서 무속의 연구(朝鮮及び滿洲に於ける巫俗の研究: 赤松智城·秋葉 隆(志賀城大總長 推薦))

1. 연구 여행

제1회: 서북조선 조사(1932년 5월): 평안남도 평양은 1930년 4월 1일 1차 조사. 이번에 재조사함. 평안북도 희천(義州로 적혀 있어 수정함-필자주), 신의주, 정주, 곽산, 영변을 조사했음. 중산간 오지의 무풍에 관심.

제2회: 충청북도 조사(1932년 6월): 청주, 문의, 보은, 음성, 충주 조사. 칠성노(七星姥) 및 입석의 문화를 견학.

제3회: 거제도 조사(1932년 7월): 통영(統營)의 하계대학(夏季大學)에 출강하면서 통영 조사 후, 거제도 연안 어촌의 무속을 답사. 거제 장승포, 두모리, 하청(河淸) 등 방문.

제4회: 남선산지(南鮮山地) 답사(1932년 9월): 경상북도 오지 산간 지대. 안동, 상주, 김천 등. 추풍령을 넘어서 충청남도로, 조선 신흥 종교의 연총으로 불리는 계룡산의 산복에서 수 개의 성소를 방문.

제5회: 경상도 및 강원도 조사(1932년 10월 11월): 대구에서 영천(永川)의 신녕(新寧) 오지로 들어감. 다시 동래, 울산, 경주, 포항으로. 일본해(동해를 말함-필자주)를 북상하여 영덕, 영해, 울진, 삼척, 강릉. 대관령 횡단. 횡성, 원주, 이천, 안성 답사. 여러 지방의 신당과 부락제를 조사. 별신무제(別神巫祭) 세 군데를 봄. 경상과 강원의 남무 화랑의 특질이었음.

2. 채록 및 촬영

1930-1931년도에 채록한 무격의 도사, 신가, 경문 등 대부분이 번역되었다. 금년도 채록한 것들로는 불설광본축사대세경(佛說廣本逐邪大歲經), 가산후토축(家山后土祝), 오위신장축(五位神將祝), 인왕경(因王祝, 평안북도 의주), 황천문답(皇天問答), 환생희망원(還生希望願, 경상남도 통영), 호혼축원문(孤魂祝願文), 각종진언(各種眞言), 참회경(懺悔經), 고혼십명시

식(孤魂十名施食), 망령배송가(亡靈拜送歌), 이행경(移行經), 시왕배송가(十王拜送歌), 대예탐(大豫探), 장엄경(莊嚴經), 불도서원경(佛道誓願經), 진령가(鎭靈歌), 금강경(金剛經), 법성도(法性道), 도장경(道場經, 경상북도 포항), 환희인왕편(歡喜因王篇), 인왕경(因王經), 월당경(月堂經), 병록(病錄), 골경축문(骨經祝文), 대축(大祝), 소축(小祝), 신장편(神將篇), 천존문(天尊文), 동사경(動土經), 지신경(地神經), 보신경(保身經), 성조경(成造經), 축귀경(逐鬼經), 천심경(天心經), 일월경(日月經), 영사축문(靈舍呪文, 강원도 울진), 제석축원(帝釋祝願), 성좌축원(成左祝願), 기주축원(基主祝願), 삼신축원(三神祝願), 대감축원(大監祝願), 조왕축원(竈王祝願), 점적일부(占籍一部, 경성). 평양과 원주의 것들은 목하 채록 중.

3. 연구 발표

赤松智城, 朝鮮の聖所(京城帝國大學哲學會講演)

秋葉 隆, 山の人と谷の人=仙と俗(朝鮮, 203)

同, 踊る巫と踊らぬ巫(宗教硏究, 新九の三)

同, 濟州島に於ける蛇鬼の信仰(靑邱學叢, 七)

同, 巨濟島の立竿民俗(朝鮮民俗, 創刊號, 印刷中)

논문 별쇄와 부록으로 조선무속 사진 12매 첨부.

帝國學士院 1933.4 學術硏究獎勵資金及事業便覽(昭和七年度). pp. 41-43.

제5장 아키바 타카시의 조선과 만몽 연구: 식민주의적 혼종성

1. 서론: 관점으로서의 혼종성

연보에 나타난 아키바 타카시의 경성제대 근무 기간은 두 가지 방법으로 계산할 수 있다. 최소 기간과 최대 기간이다. 최소 기간은 그가 법문학부(法文學部) 조교수로 발령받고 근무한 시점부터 일본의 패전으로 경성제대가 사실상 문을 닫고 조선인 중심의 경성대학(京城大學)이 개교하기 직전까지 기간, 즉 1927년 1월부터 1945년 8월까지 18년 8개월이다. 최대 기간은 그가 1926년 개학하는 경성제대 법문학부의 교관요원으로 예정되어 조선총독부(朝鮮總督府)의 재외연구원(在外研究員) 자격으로 영국에 유학하는 1924년 11월부터 조선총독부가 공식적으로 폐청되고 그로 인하여 미군정청(美軍政廳)으로부터 경성제대 교수직에서 파면당하는 1945년 11월까지,[1] 21년 1개월간이다. 최소 기간과 최대 기간을 설정하는 이유는 그만큼 그 시대의 삶이 복잡했다는 반증이기도 하고, 두 기간에 겹치는 시기에 관해서 세밀하게 자료를 정리하지 않으면 오해가 발생하기 쉽다는 의미이기도 하다. 참고로 아키바의 경성제대 사회학 담임 조교수 발령일자는 1926년 11월 27일이며(京城帝國大學學報 1927.4.5), 그의 교수 승임일자는 1928년 4월 1일이다(京城帝國

大學學報 1928.5.5).

약 20년간 식민지 조선에 설립된 제국대학에서 연구와 교육을 한 아키바의 학문적 공과에 대한 논의는 동아시아의 북반부, 즉 조선과 만주를 중심으로 전개되었던 당대의 학문을 평가함과 동일한 궤적에 있다고 생각하는 것이 나의 입장이다. 그가 시도했던 조선민속학(朝鮮民俗學), 만몽민족학(滿蒙民族學), 박물관(博物館) 분야 그리고 샤머니즘에 관한 연구 업적은 그가 개척해서 그가 이룩한 것이다. 동아시아를 배경으로 한 위의 여러 분야에 대해서 관심을 갖고 있는 연구자들은 아키바의 학사적(學史的) 중요성에 대해서 이미 상당한 평가를 했다. 현재까지 70여 년에 걸쳐서 그의 생애와 학문 업적에 대한 중후한 평가가 여섯 번(島本彦次郎 1955; 村武精一 1977; 伊藤亞人 1988; Guillemoz 1991-1992; 전경수 2005.9.30; 崔吉城 2020.3.29) 있었다는 사실이 이런 배경을 충분히 증언하고도 남는다.

경성제대에서 윤리학을 전공한 시마모토(島本)의 글은 추도 내용을 포함하고 있지만, 아키바의 학문 바탕과 업적에 대해 심도 있게 정리했고, 무라타케 세이이치의 논고는 그야말로 "말제자(末弟子, 마지막 제자)"로서 은사의 업적에 대한 평가의 성격이 강한 글이다. 아이치대학(愛知大學)의 아키바 교수 밑에서 시마모토는 조교수였고, 무라타케는 조수(助手)를 역임했던 학연(學緣)에 근거한 평가다.[2] 세 번째 것을 작성한 이토 아비토(伊藤亞人)는 아키바의 경성제대 제자인 이즈미 세이이치의 제자라는 배경과 일본에서 한국·조선 연구(韓國·朝鮮研究) 학맥의 대통을 잇는 학연을 갖고 있다. 이토는 아키바의 손제자(孫弟子)인 셈이다. 이토의 글은 약 백 년간 일본 문화인류학계에서 배출한 주요 연구자 22명을 선정하고 그들의 평전을 정리해 '군상(群像)'을 만드는 과정에 참여한 것으로서, 아키바의 학문 업적이 일본 학계의 차원에서 인정되었다는 의미를 포함하고 있다. 물론 이상의 세 글은 인간관계와 정보 부족 등의 맥락을 전제로 하고 정독되어야 할 것이다. 세 문헌이 공통적으로 지적하는 아키바의 업적은 조선민속학, 만몽민족학, 박물관학, 샤머니즘 연구 네 가지다. 네 번째 등장한 기유모즈(Guillemoz)의 글은 아키바의 논문에 대한 평가라기보다는 아키바가 남긴 저작물들에 관한 소개다. 모두 495쪽에 달하는 문서로 앞으로 정밀 검증이 필요한 과제라 생각한다. 나의 논문에 이어 여섯 번째 글은 장기간 일본 학계에서 활동한 최길성의 글로 "자신은 아키바로부터 사회·문화인류학적 영향을 받은 것은 사실"(崔吉城 2020.3.29: 85)이라는 추종적 평가 문장으로 임하고 있다. 아키바에 대해 가장 오래 관심을 갖고 연구에 임했던 평론인 셈인데, 비판적 안목은 없다.

위의 여섯 가지 글 외에도 아키바의 업적에 대해서는 전후 한국인 연구자들이 언급한 경우도 있다(崔吉城 1983, 2000). 아키바 교수가 경성제대에서 활동할 당시 학내외 인사들에 의해 저널리스틱 형식으로 소개된 글도 참고가 된다. 특히 동시대인들의 평가라는 점에 의미 있는 내용들이다. 예를 들면 "사회학사, 조선무속의 사회성, 퉁구스 사회 등을 강의하는 아키바 타카시 교수는 치바현 사람(千葉縣人)이고, 자기 선전이 많지만 나쁜 사람은 아니다. 정력적으로 만주와 몽고의 민속을 조사하며, 조선의 민속에 대해서는 일단락되었다"(岡本濱吉 1937: 42). "사회학의 아키바 교수는 조선 및 만몽의 민속학적 연구로 경성제대의 지리적 특수 위치를 기반으로 왕성하게 활동했다."(北漢山人 1938: 28)라는 평가들이 돋보인다. 미디어를 통하여 일반인들에게 인식된 아키바 의 연구 활동 범위도 조선과 만몽의 민속으로 요약되었음을 알 수 있다. 아키바를 추종하면, 자기 선전의 도취에 빠질 가능성이 있다는 사실도 새겨 들을 일이다.

이상에서 살펴본 것처럼 동시대와 후속 세대의 평가를 통하여 아키바와 그의 학문 활동에 대해 언급된 내용 중 한 가지 결정적으로 누락된 부분이 있다는 사실을 먼저 확인하려 한다. 그것은 다름 아닌 식민지라는 장소와 식민지 시대라는 배경이 자리 잡고 있는 아키바와 그의 식민 지배적 활동 관련 문제다. 이 문제를 외면하면, 우리는 '아키바'라는 학자의 학문 활동 배경과 관련된 식민성 맥락에 대한 논의를 포기하게 된다. 학문과 식민지 및 식민주의의 상관성에 관한 논의를 배제할 경우, 그 결과의 공과에 대한 평가는 한쪽으로 치우친 불균형의 문제를 내포하고, 궁극적으로는 학문 성과에 의문을 남기게 된다. 탈맥락적 분석에서 발생하는 문제를 감당할 수 없게 되는 것이다.

식민지 시대에 이루어진 식민주의적 학문 성과에 대한 엄밀한 평가가 후일 발생 가능한 여러 혼란을 예방할 수 있다고 생각한다. 식민주의와 학문이 뒤엉켜서 드러난 실체의 내포와 외연이 모두 고려된 상황을 설정하고 분석하는 것이 바람직하다. 식민지 상황에서 생성되는 사회·문화적 현상으로 혼종성(hybridity)이라는 문제를 상정하고 싶다. 식민지 시대에 만들어진 것이어서 '모두 나쁘다'라는 도덕적 판단을 먼저 설정하는 것은 삼가야 할 일이다.

2. 지적 배경: 프티 오리엔탈리즘

아키바는 1917년 29세에 사회학 전공으로 도쿄제국대학에 입학할 때까지 생도(生徒: 二川小, 培達義塾, 千葉師範, 東京高等師範, 東京外語)와 교원(二川尋小, 香取郡中村尋小, 二川高小, 南高輪尋小)(松本誠一 1978.7: 147) 경력을 보인다. 1921년 3월 도쿄제대 사회학연구실에서 선과생(選科生)[3]으로 학사학위를 받은 아키바는 1922년 대학원에 진학했다. 사회인의 생활 경험 뒤에 대학에 입학했던 일종의 늦깎이 대학생이었다. 대학원 재학 당시 그의 연구 주제는 '가족 제도의 연구(家族制度の研究)'였다. 졸업 전부터 동양문고(東洋文庫)에 사서로 근무한 적이 있고(1920년 7월 15일 취임, 1924년 10월 31일 퇴직)(東洋文庫 1939.11: 11), 1924년 11월 조선총독부 재외연구원으로 선발되어[4] 유럽으로 유학하면서 대학원을 그만두고, 동양문고도 퇴직했다. 그의 유학은 경성제대 교관(敎官)으로 임용 예정된 상태에서 조선총독부에 의해 파견된, 장래 교관직 임무 수행을 위한 준비 기간이었다.

아키바의 학문 성과에 대한 분석이 유학 기간에 초점을 맞추는 이유는 유학 전과 유학 후에 상당한 방향 전환을 보이는 연구 경력 때문이다. 그의 학사학위는 도쿄제대 이학부 인류학교실 서고에서 자료를 구한(秋葉 隆 1954.3a: 14) '좌속(坐俗)'(1921)[5]에 관한 것이었고, 대학원 과정의 연구 제목은 '가족 제도'였으며, 그 기간에 발간된 논문은 「유목민의 구매혼(購買婚)」(1924)이었다. 대학원 재학 중 그는 가족 제도 중에서도 혼인에 관한 주제에 집중 연구를 했고,[6] 미간 원고의 형태(MA23, Guillemoz 1991-1992)로 소개된 영문 원고인 「상고 일본의 혼례옥(The Marriage House of Ancient Japan)」은 그가 영국 유학 동안에 주된 관심을 가졌던 행적을 증언하고 있다. 원고의 17쪽에 "1925년 5월 29일 웨스터마크(Westermark) 교수의 사회학 세미나"에 참가했다는 언급이 있다(Guillemoz 1991-1992: 147). 영국 유학 기간에 런던대학의 웨스터마크 교수 세미나에서 일본의 고대 혼례에 관한 글을 발표한 것으로 보인다. 혼인에 대한 그의 관심은 유학 기간 동안 웨스터마크류의 학문 성향에 집착하도록 했음을 알 수 있고, 그 결과는 경성제대에 부임한 직후에도 세 편(1928.7.1; 1928.7; 1929.3.1)이나 논문 형태로 발간되었다.

혼속(婚俗)에 관한 세 논문의 공통점과 특징은 19세기 진화론적 입장에서 전개된 서양 문헌을 중심으로 정리한 논고라는 점이다. 1929년 발행된 '여인국(女人國)'에 관한 논문은 한적류(漢籍類)의 고문헌들과 모르간의 「고대 사회(古代社會)」를 기초로 전개한 글이다. 이후 발행되는 글과는 전혀 맥락이 닿지 않는 내용들이 유학 후 경성제대 교수가 된 후에 발행된 것은 다음 차원에서 이해가 가능하다. 1928년 7월 1일 발행된 『사회학잡지(社會學雜誌)』 51권에 실린 '여국의 다부혼인(女國の多夫婚姻)'에 관한 글의 주석(註釋) 26번 부언에 "귀조(歸朝)후 동양문고에서 시라토리(白鳥) 선생을 뵈었는데, 선생의 (…) 제일 처음 말씀이 여국의 참고 논문에 대한 것이었다. 이것은 유럽으로 건너가기 전에 선생으로부터 가르침을 받았던 숙제였다."라는 진술이 있다. 이 진술은 그가 유럽 유학 이전에 진행했던 작업을 유럽 유학 중에 수집한 자료로 보충해 논문을 작성했다는 점을 알게 해준다. 유학 기간에 아키바가 집중적으로 관심을 갖고 연구했던 작업은 도쿄제대의 대학원과 동양문고 시절에 가졌던 관심을 심화하는 문헌 작업이 중심이었음을 증언한다.

환언하면, 아키바는 유학 기간에 브로니슬라브 말리노브스키를 중심으로 일어나고 있던 새로운 경향의 사회인류학의 존재를 인식했음에도[7] 그 부분에 대해서 관심을 전개하고 학습하려는 노력보다는 "런던대학과 브리티쉬박물관에서 나날을 보내고 (…) 주 2회 유니버시티 칼리지의 페리 씨 연구실에 나(갔다)"(秋葉 隆-匿名 1925: 100). 아키바가 런던에서 생활했던 상황에 대해서 자세히 들여다볼 필요가 있다. 유니버시티 칼리지에서 사우스햄튼 로우 거리를 따라서 약 2킬로미터 떨어진 곳이 런던대학(University of London) 경제학원(London School of Economics, LSE)이 있는 곳이다. 현재 버스로 네 정거장이 떨어진 거리이고, 그 한가운데에 브리티쉬박물관이 있다. 1924년 말부터 아키바의 런던 생활 시기, 영국의 사회인류학은 방법론상으로 크게 요동치고 있었다. 종래 케임브리지대학의 연구팀 중심으로 진행되었던 학문 업적이 말리노브스키라는 신성이 등장하면서 런던대학의 경제학원을 중심으로 방법론상 혁명이 진행되고 있었고, 『서태평양의 항해자들(*Argonauts of the Western Pacific*)』(1922)의 발행으로 말리노브스키는 일약 학계의 스타로 발돋움했다. 이렇게 인류학이란 학문 분야가 방법론상 소용돌이를 일으키면서 격변하던 시기에 아키바는 런던에서 유학하고 있었다.

아키바는 런던대학의 유니버시티 칼리지에 주로 나갔고, 말리노브스키가 있었던 곳은 2킬로미터 떨어진 런던대학 경제학원이었다. 아키바가 경제학원에서 수학한 기록은 전혀 없다. 말리노브스키가 있었던 경제학원과 페리의 연구실이 있는 유니버시티 칼리지는 행정적으로는 모두 런던대학 소속이었지만, 독립 운영되었던 곳이고, 두 곳 다 인류학과가 부설되어 있었다. 아키바는 말리노브스키가 있었던 경제학원이 아니라 윌리엄 페리(William James Perry 1887-1949)가 있었던 유니버시티 칼리지에 드나들었던 점을 확인할 필요가 있다. 그래서 아키바가 말리노브스키의 강의를 들었다거나 말리노브스키의 제자라는 정보는 허위 정보일 가능성이 아주 높다. 페리는 1919-1923년 사이 맨체스터대학의 비교종교학 강사(Reader), 1924-1927년 사이에는 옥스퍼드대학 맨체스터 칼리지에서 종교사 강사를 역임했다. 그는 1928-1948년 사이에 런던대학의 문화인류학 강사직을 맡고 있었고, 그의 전파론 동료였던 엘리엇 스미스(Elliot Smith)는 런던대학 유니버시티 칼리지의 해부학 교수(1919-1936)를 하면서 누비아의 미이라 연구를 시작으로 고고학에 관심을 가졌다. 페리가 스미스와 공동 작업 장소가 스미스의 유니버시티 칼리지에 있었던 것이며, 런던 생활 동안 아키바는 그곳에 주 2회 출근했다는 얘기다.

'태양 거석 문화'라는 이름으로 잠시 유행한 전파론의 주인공이었던 페리와 밀접한 관계를 맺었던 사람이 아키바라는 사실을 적시할 필요가 있다. 아키바가 런던에 이어 파리에 체류할 즈음에 도쿄에서 발행되었던 학술지에 아키바의 사회학과 후배였던 오카 마사오(岡 正雄)가 진단한 전파론에 대한 다음과 같은 비판적 인식도 간과할 수 없다. "사실적(史實的) 확증을 가르쳐 주기보다 시적·소설적 감흥에 취하게 하는 가장 래디컬한 전파론자 페리 교수"(岡 正雄 1926: 98)의 런던대학 연구실과 브리티쉬박물관 그리고 웨스터마크의 세미나에서 시간을 보낸 아키바의 행적에 대한 이해가 아키바의 학문에 대한 평가와 맥락을 같이해야 한다. 아키바가 글에서 말리노브스키에 대한 간접 언급을 한 점으로 보아 아키바는 당시 진화론과 전파론에 반기를 들고 급격한 방법론 변화를 추구했던 영국사회인류학을 제대로 이해할 기회가 없었다고 생각된다. 이 문제는 의외로 상당히 중요한 의미를 지닐 수 있다. 일본 학계에서 말리노스브키를 가장 먼저 '만났음'을 언급한 사람이 아키바이고, 말리노브스키의 트로브리안드 민속지를 후학인 경성제대 제자들(안도 키이치로-安藤喜一郎[8]와 이즈미 세이이치)에게 소개한 사람도 아키바라고 알려져 있기 때문이다. 아키바 이후에 등장했던 일본인류학자들이 쌓은 사회인류학 업적이 과연 어느 시점에서 말리노브스키식의 민속지 제작 방식과 연결되는지 깊게 생각하지 않으면, 아키바의 자기 선전을 위한 허풍에 놀아날 가능성이 농후하다.

진화론적 논의의 물이 가시지 않은 웨스터마크류의 혼인 제도사에 대한 내적 관심[9]과 새로운 경향으로 용솟음치는 말리노브스키식 사회인류학의 외적 분위기 사이에서 유학 기간을 보낸 아키바가 전파론자인 페리 연구실과 박물관 그리고 웨스터마크의 세미나에서 주로 시간을 보냈다는 점은 대단히 아이러니한 상황이며, 이 부분이 후일 그에 대한 평가에 오해를 불러일으키는 요인이 된다. 당시 박물관이라는 조직과 구조물의 기본 성격은 분포라는 아이디어를 바탕으로 진화와 전파의 개념이 깃들어 있는 식민지 지배와 전시에 획득했던 유물 전시를 기본으로 하는 곳이라는 점을 상기할 필요가 있다. 특히 브리티쉬박물관은 대영제국의 제국주의적 팽창 과정에서 획득한 피지배 지역의 유물들이 수장 및 전시되었던 곳이었음을 이해한다면, 아키바가 주로 그런 기관 및 관련 연구자들과 깊은 관계를 맺었다는 점은 당시 그의 학문적 관심의 배경이 어디에 있었는지를 알게 하는 단서가 된다. 제국주의적 팽창과 식민지 지배의 과정 및 결과를 내용으로 하는 학문 성격이 아키바의 유럽 유학 시기에 영글어지고 있던 사실에 대한 판단은 후일 전개되는 그의 학문 성과와 불가분리의 맥락에서 해석되어야 한다. 그는 자신의 내적 관심과 일치하는 방향으로 연구 활동을 했으며, 그 경향의 적극적 표현의 하나가 유럽과 미국의 박물관 순방이었다고 생각된다.

1926년 11월 2일 일본에 돌아온 '경성제대 조교수(城大助教授)' 임용 예정자 아키바는 도쿄에서 두루 귀국 인사를 다녔다. 동시에 그는 11월 29일 도쿄사회학회 제24예회에서 "브르타뉴의 혼인 풍속"이라는 제목으로 발표했고, 12월 23일 일본사회학회연구회(도쿄제대에서 개최) "츠마야(嬬屋)에 대하여"를 발표했다. 가족들과 함께 1927년 신년 행사를 마치고, 1월 21일 시모노세키에서 관부 연락선을 타고 부산에 상륙했던 시점은 1927년 1월 22일 아침이었다(朝鮮時報 9305號, 1927.1.24).

이어서 아키바는 경성의 경성제대 법문학부에서 조교수 업무를 시작했다.[10] 아키바가 경성제대에서 담당했던 강의 제목들은 거의 대부분 '사회학'이라는 이름이 붙어 있고, 1933년과 1935년에는 '조선민속'이 설강되었다. '사회학'이라는 이름이 붙은 강의들 중에서도 그 내용은 '민속', '원시', '가족' 등이라는 점은 명기되어 있다.[11] 바꾸어 말하면, 아키바의 강의는 명목상 사회학강좌 속에서 내용은 민족학과 민속학을 지향했다는 설명이 가능하다. 당시 민족학과 민속학은 대학이라는 제도 속의 형식적 학문으로 취급되지 않았던 것이 일반적인 현상이었고, 적지 않은 사회학 전공자들이 민족학과 민속학 영역에서 활동하고 있었음도 고려할 필요가 있다. 이 문제는 식민지 현상과의 관련성도 배제할 수 없다. 한편, 일반적인 현상으로 지적되어 온 것이지만, 당시 제국대학은 학생 교육보다 교수의 연구 활동에 더 많은 비중을 두었다는 점을 아키바의 활동에서도 읽을 수 있다. "1942년도의 경우 연구실에 적을 둔 학생은 종교학 1명, 사회학 4명의 5인이고, 작년 졸업생은 종교학 1인이었다."(以和明基 1943: 120)라는 사실은 교수들의 강의 부담이 상대적으로 적은 반면에 연구 활동에 많은 시간이 할애되었음을 알 수 있다.

아키바의 연구 활동은 경성제대 중심과 학회 중심으로 구별된다. 먼저 경성제대 중심으로 이루어진 것들도 몇 가지 구분이 필요하다. "사회학연구실은 1932년 봄, 법문학부 본관의 2층에 '성속접합세대(聖と俗の寄合世帶)'를 구성한 이래로 정확히 10년이 되었다"(以和明基 1943: 120). 즉, 종교학의 '성'과 사회학의 '속'이 결합된 독립된 단위로서 종교 및 사회학연구실(宗教及社會學研究室)이 시작한 시점이 1932년 봄이라는 이야기다. 이 연구실을 중심으로 일어난 1932년도의 큰 사건은 아카마쓰 치조와 아키바의 '조선 및 만주의 무속 연구(朝鮮及び滿洲に於ける巫俗の研究)'가 그해 제국학사원(帝國學士院) 연구 보조 수령자 제일부(인문과학)에 선정되어서 대규모 연구 활동이 추진된 것이다. 이 프로젝트는 사실상 1929년부터 시작되었기 때문에, 연구실이 형성되는 것과 프로젝트가 수행되기 시작했던 시점은 동일하지 않다. 즉, 프로젝트를 배경으로 연구실이 형성되었다고 이해하는 것이 바람직하며, 연구실 형성 시기는 경성제대의 만몽문화연구회가 창립되었던 시점이라고 생각한다.

아키바는 1928년 조교수에서 교수로 승진했으며, 종교학 담당의 아카마쓰 교수가 1941년 퇴관 후 아키바가 연구실의 주임교수가 되었다. "1942년도에 신임으로 스즈키 에이타로(鈴木榮太郎) 조교수(사회학, 기후고농에서 이직)와 모로토 소준(諸戶素純) 조교수(종교학, 도요대학에서 이직)가 충원되면서 실원은 아키바 타카시 교수(주임, 사회학), 사토 타이준(佐藤泰舜) 교수(종교학), 스즈키 에이타로 조교수(사회학), 모로토 소준 조교수(종교학), 이와 메이키(以和明基=趙明基, 조수)의 5명과 학생은 종교학 1명, 사회학 4명의 5인이 되었다"(以和明基 1943: 120).

아키바는 경성제대 내의 다른 연구실 행사에도 종종 참가한 흔적을 보인다. 1927년도 사학과의 이마니시 류(今西 龍) 교수가 주도했던 지석묘(인천부외 부천군 소재) 발굴에도 참가했으며, 발굴 기념사진에 "사회학주임 아키바 조교수(社會學主任秋葉助教授)"라는 설명을 확인할 수 있다(小田省吾 1928.1.1: 23). 아키바는 1928년 4월 1일 자로 교수에 승임되었다(京城帝國大學學報 1928.5.5). 또한 철학연구실에서 주도한 철학 연구회의 공개 강연회(1941년 11월 25일)에 참석한 아키바는 개회사를 맡았다.[12] 경성제대 법문학부에는 문학회가 조직되어 있었고, 아키바는 전체 30명으로 구성된 평의원원회의 일원이었다. 북지사변(北支事變, 중일전쟁)이 발발한 직후, 경성제대 만몽문화연구회(城大滿蒙文化研究會, 회장 하야미 아키라-速水 滉 총장)는 개편 경위에 대해서 "이번 사변의 중대성은 그 숙망에 박차를 가했다. 이에 경성제국대학 대륙문화연구회(京城帝國大學大陸文化研究會)라 개칭개조하고"(京城帝國大學大陸文化研究會 編 1939: 1), 제1회 대륙문화강좌(大陸文化講座, 1939년 9월 9일부터 11월 8일 사이, 24명이 강연)를 개최했는데, 아키바는 9월 9일 "북아시아의 민속(北アジアの民俗)" 강연을 했다. 강연 내용은 1940년 7월 대륙문화연구회 편으로 이와나미서점(岩波書店)에서 『대륙문화연구(大陸文化研究)』라는 제목으로 출판한 책 속에 들어 있다.

1938년 말경에는 조선불교사학회(朝鮮佛教史學會)가 결성되었고, 1942년 봄에는 경성사회학회(京城社會學會)가 창립되었는데, 두 가지 다 연구실을 중심으로 활동했다. 전자는 과거 4년간 회원의 연구 발표를 계속해 왔고, 1941년 이래로 조선 불교사 연구 자료 조사에 힘을 쏟았다. 후자는 "'연구회'라는 이름으로, 격월로 종교·민속·사회에 관한 담화회를 개최했으며, 1942년 5월 스즈키 선생 환영회를 겸하여 제1회

회합을 개최하고, 스즈키 선생의 '일본 사회에서 물(日本社會に於ける水)'이라는 매력적인 강연을 열었다. 즉, 성속합작의 연구실 속에 각각 연구회가 진행되고 있었으며, 경성사회학회는 연구회(언제 시작되었는지 정확하게 적시할 만한 자료가 없음-필자주)를 배경으로 1942년 4월에 새학년도가 시작하는 즈음 창립했던 것 같다. 하기 휴가 기간 동안 학생들은 군산(群山) 교외의 농촌을 조사하여 7월의 예회(例會)에는 아키바 선생이 예비 조사 결과를 보고했다. 연구실의 부속 설비와 같았던 민속참고품실(民俗參考品室)이 신축되어 경성제국대학 진열관(京城帝國大學陳列館)으로 이전 준비 중이고, 아키바 선생이 진열관의 주임이 되었고, 스즈키 선생도 참여했다. 금년(1942년-필자주)은 진열관의 창설과 연구실의 10주년으로 기념할 만한 해다"(以和明基 1943: 121). 이 진열관이 해방 후 서울대학교박물관으로 개명된 사실과, 그 기초가 경성제대의 민속참고품실이었음을 주지할 필요가 있다.

대동아전쟁이 발발하기 직전 사회학연구실에 큰 변화가 있었다. 1941년 3월 종교학 담당의 아카마쓰 교수가 사직하고, 아키바가 교실의 주임교수가 되면서 1942년 봄에 일본농촌사회학의 거목 스즈키 에이타로(鈴木榮太郎)가 경성제대 사회학연구실의 조교수로 부임했다. "종교학자 아카마쓰 치조 씨, 농촌사회학자 스즈키 에이타로 씨, 그 강력한 두 학자에 의지하여 아키바 선생은 학문 정열을 높이고 조선 농촌사회의 종합 조사 프로젝트를 추진했다. 그 성과의 일부는 주로 잡지 「조선(朝鮮)」의 1943년, 1944년에 보고"(村武精一 1977.10.30: 185-186)되었다.

경성제대 문학회가 주최하는 공개 강연회(1943년 춘계 공개강연회 10회) 중 6월 19일 오후 7시(장소: 체신사업회관) 국민총력조선연맹(國民總力朝鮮聯盟) 후원으로 개최된 자리에서 스즈키 조교수의 '우리 나라의 촌락(我が國の村落)'이란 주제로 발표가 있었으며, 이 모임의 폐회 인사

는 아키바가 했다. 스즈키의 발표 내용은 당시 스즈키의 이름으로 출간되었던 촌락에 관한 논문들에 나타난 것이며, 대동아전쟁 수행을 위한 황국 농촌의 역할로 요약된다. 이 부분에 대해서는 다른 연구에서 정밀한 분석을 기대한다. 대동아전쟁의 패색이 짙어진 1945년 6월 경성제대 내에 설립된 대륙자원과학연구소(大陸資源科學研究所) 소원으로 포함된 아키바 타카시(교수)가 이즈미 세이이치(조교수)와 공동으로 담당했던 연구 주제는 '만주에서 이주한인(移住漢人)의 사회구조'와 '몽고인 인구, 특히 유청년층(幼青年層)의 실태, 조선에서 농민 이촌' 등이었다. 전시하 새로운 자원의 요구에 부응하도록 설립된 "연구소의 사명은 조선 만몽북지(朝鮮滿蒙北支)를 하나로 엮는 강력한 자급권 건설"(今村 豊 1945: 4)이었고, 소원의 역할은 이에 직접 관련된 기초 연구를 담당하는 것이었다.

아키바의 학회 활동은 도쿄와 경성에서 주로 예회나 연구회 형식으로 공개된 학술 발표에 참가한 것이다. 그는 유럽에서 귀국한 직후인 1926년 11월 29일 도쿄사회학회 제24예회에서 "브르타뉴의 혼인풍속(ブルタニユの婚姻風俗)"을 발표했다. 그해 12월 23일 도쿄제대에서 개최된 일본사회학회연구회에서는 "혼례옥에 대해서(婿屋について)"를 발표했다. 이 내용은 런던의 웨스터마크의 세미나와 파리의 마르셀 모스의 세미나에서 발표했던 내용과 대동소이할 것으로 생각한다. 동일 내용의 보고문을 런던과 파리 그리고 도쿄에서 발표한 셈이다. 경성에 거주하는 도쿄제대 문학부 사학과 연줄들에 의해서 1927년 11월 경성에서 조직된 경성독사회(京城讀史會)의 제6회 예회(1929년 1월)에서 아키바는 "여인국의 신혼(女人國の神婚)"을 발표했고, 그 내용은 일본사회학회가 발행하는 『사회학잡지』에 게재되었다. 1928년 일본사회학회 제4회 대회(11월 3일)의 주제는 '사회학 연구법'이었는데, 아키바는 "'Intensive Method'에 대하여"를 발표했다. 이때 동일한 석상에서 스즈키 에이타

로(기후고농 교수)가 '농촌사회학연구법'을 발표했다. 아키바는 조선이라는 한 지역에 한정해 집중 연구를 하는 것을 'intensive method'라고 이해했으며, 그전에 자신이 좌속(坐俗)이나 혼속(婚俗)에 관해 광범위한 지역에서 수집한 문헌에 의한 연구와는 다른 것이라는 이야기다.

경성독사회 제20회 예회(1930.10.24)에서 "조선의 무칭에 대하여(朝鮮の巫稱に就いて)"를 발표했고, 그 내용은 경성에서 발행되었던 『청구학총(靑丘學叢)』 3호에 게재했다. 1929년경 아키바는 일본사회학회 협의원(協議員) 역할을 했다. 경성에 거주하는 경성제대 및 총독부와 총독부조선사편수회 등에 적을 둔 일본인 연구자들이 조선과 만주를 중심으로 극동 문화를 연구, 보급할 목적으로 설립한 청구학회(靑丘學會, 1930년 설립)의 평의원으로도 활동했다. 일본사회학회 제17회 대회(1942년 10월 30/31일 도쿄상과대학 개최)에서 아키바는 스즈키와 공동으로 "남선농촌(南鮮農村) 조사 보고"를 발표했다. 31일 밤에는 간다조스이(神田如水)회관에서 동아 제 민족(東亞諸民族)의 성격을 주제로 특별보고토론회가 있었다. 인사(토다 데이조-戶田貞三), 아시아대륙의 지세와 민족(アジア大陸の地勢と民族)(칸사이대학 나카무라 료노스케-中村良之助), 오로첸족의 사회와 문화(オロチョン族の社會と文化)(경성제대 아키바 타카시), 민족으로서의 화교(民族として華僑)(만철동아경제조사국 이데 키와타-井手季和太), 수마트라의 모권적 사회(スマトラの母權的社會)(도쿄제대 우노 엔쿠)로 구성되었다.

1943년 10월 9일 아키바는 경성제대 법문학부에서 일본사회학회 대회를 주최함으로써 당시 일본사회학계의 중추적 인물로 인정되었음을 알 수 있다. 당시 도쿄에서 조선행은 연합군 잠수함의 해상 공격 위험을 무릅쓴 여행이었고, 발표 참가자들은 소수를 제외하고는 대개 전시 복장을 하고 있었다. 아키바가 전국 규모로 활동한 학회는 일본사회학회이며 학회의 이사로 활약했고(1938년경), 1934년 설립된 일본민족학회의 62명 발기인 중 1인이기도 하다(民族學硏究 1권 1호 pp. 219-220, 1935.1.1).

패전 후 GHQ 통치하 개최되었던 1947년 11월 3일 제2회 서부사회학회(西部社會學會) 대회에서 아키바는 "동상례(東床禮)"를 발표함으로써, 전후에도 그의 조선민속학 연구가 지속되었음을 알 수 있다. 전후 구제대학(舊制大學)의 체제에서 만들어진 강의 일람에는 규슈대학(九州大學)에 "강사 아키바 타카시"가 사회학 연습을 담당한 것으로 나오고, 신제대학(新制大學)이 적용되는 1949년도 일람 중 규슈대학 명단에는 아키바의 이름이 나오지 않는다.[13] 패전 후 조선에서 일본으로 귀환한 아키바는 일시적으로 규슈대학에 적을 두었음을 알 수 있다. 상해(上海)의 동아동문서원(東亞同文書院)대학과 경성의 경성제대에서 귀환한 연구자들을 중심으로 교수진을 구성한 아이치대학에서 아키바는 1949년에 교수가 되었으며, 법문학부장직을 담당했다. 나라의 텐리대학(天理大學)에도 잠시 적을 둔 적이 있다.

1950년 12월 10일 일본학술회의회원 개선을 위해 일본사회학회에서 한 사람을 보내게 되었는데, 추천된 학술회의회원 후보자로서 전국구로는 오타카 쿠니오(尾高邦雄 1908-1993, 일본사회학회 이사/도쿄대학 조교수, 오타카 토모오의 동생), 중부 지방구로는 아키바 타카시(일본사회학회 전 이사/아이치대학 교수)(社會學評論通信 2, 1950년 발행)가 나온다. 1951년 7월 현재 아키바의 주소는 토요하시시(豊橋市高師石塚町38)이고, 일본민족학협회 평의원이다. 미국 예일대학의 위탁으로 일본민족학협회 내에 설치된 The Area Files Committee of the Japanese Society of Ethnology(일본명은 인류학문헌초록위원회, 위원장 시부사와 케이조-澁澤敬三; 대만소위원회위원장 오카다 유즈루-岡田 謙, 조선소위원회 위원장 아키바 타카시-秋葉 隆, 몽고소위원회 위원장 이와무라 시노부-岩村 忍)는 1. 조선 2. 대만 3. 몽고 및 아이누 세 부문으로 구성되었고, 아이치대학 종합향토연구소는 소위원회의 연구비 명목으로 미국 달러를 수령했다(秋葉 隆 1952.5.31: 3). 이 작업을 위해 예일대학의 '인간관계지역연구소(Human Relations Area Files, HRAF)'에서는 인류학 교수 조지 피터 머독(George Peter Murdock 1897-1985)을 파견했다. 당시 머독은 미국 국무성 작업을 위하여 오키나와를 방문하는 길이었다. 1952년 1월에 도쿄에서 협회 임원들과 '비교문화 파일(Cross-Cultural File)' 작성에 관한 설명회가 있었다(民族學硏究 16(3-4): 164). 결과적으로 이 작업은 성공적인 자료를 만들어 내지 못한 것으로 판단된다.

1953년 3월 현재 아키바는 일본민족학협회 이사이고, 주소는 토요하시시로 되어 있었다. 아이치대학 종합향토연구소는 아키바가 주관하여 1954년 5월 20일 1954년도 제1회 운영위원회를 개최했다. 제2회도 5월 29일 아키바가 주관했다. 제27회 일본사회학회대회가 1954년 10월 17일 와세다대학에서 개최되었는데, 아이치대학 종합향토연구소가 준비하여 발표하기로 되어 있었다. 아키바는 연구소 소원 전원을 발표자로 논문을 준비했다(秋葉 隆·島本彦次郎·村武精一·横井卓二, 門徒村の生活様式とパースナリチィの特性). 그는 발표 전날인 1954년 10월 16일 협심증 발작으로 66세에 도쿄 자택에서 급서했다. 당시 일본 민족학협회 고문이며 아이치대학 교수였다. 연구소의 1954년도 제3회 운영위원회(11월 24일)에서는 아키바가(秋葉家)의 기부금 사용 방법을 논의했다. 연구소에서 발행하는『기요(紀要)』2호(1955년 12월 발간)는 모두 112쪽으로 다음과 같은 내용을 싣고 있다. 요코야마 소자부로(横山將三郎), 渥美半島の考古學的調査硏究, 시마모토 히코지로(島本彦次郎), 渥美半島における寢宿の習俗(上), 무라타케 세이이치(村武精一), 漁業組織と村落構造: 渥美半島の場合, 故秋葉隆博士の遺著〈朝鮮民俗誌〉をめぐつて.

약 20년간의 경성제대 교수 생활과 약 10년간의 아이치대학 교수 생활로 아키바의 학문이 끝난 셈이다. 유학 기간을 포함해서 30년간 연구자 생활을 했던 아키바에 대한 평가는 다양할 수 있다. 평가 목적에 따라서도 달라질 수 있다. 그의 학문과 식민주의와의 관련성만으로도 만족할 수 없고, 그의 학문과 연구 생활과의 관련성만으로도 만족할 수 없다. 사회학적 업적과 민속학적 업적 그리고 인류학적 업적을 구분하는 것도 의미가 없을 수 있다. 지금 우리가 대하는 학문 분류 양상과 아키바가 학문 활동을 하던 당시의 분류 양상이 다른 점도 작용한다. 정치적·학문적 그리고 시대적으로 뒤엉킨 복잡한 상황을 감안하여, 아키바의 학문에 대한 이해는 일단 학자로서 그의 입장을 존중하고, 이해하는 것이 우선이라고 필자는 생각한다.

아키바가 추구한 학문의 방법론적 성향은 'intensive method'와 '이중조직(二重組織)'으로 요약될 수 있다. 둘 다 아키바 자신이 방법론과 관련해 사용한 용어인데, 원래 출전에 대해 심각하게 고려해 보는 것은 아키바의 학문을 평가할 때 지극히 중요한 문제다. 이 두 가지 용어와 관련된 논의는 아키바가 이룬 학문의 독창성을 검토하는 기준이 될 수 있기 때문이다.

이즈미의 업적을 평가하는 과정에서 "(이즈미는) 아키바로부터 말리노브스키류의 intensive method를 습득"(蒲生正男 1966: 31)했다는 해석이 있다. 이 문장을 쓴 가모 마사오는 이즈미의 메이지대학 시절 제자였다. '아키바-이즈미-가모'로 이어지는 학통을 생각할 수도 있다. 이런 인식이 아키바와 아키바의 학문을 이해할 때 잘못된 출발점의 하나라고 생각한다. 아키바가 언급했던 사회인류학과 가모가 수행했던 사회인류학은 엄연히 다르다. 아키바가 영국 유학 시절에 접했던 사회인류학은 아키바가 직접 수학했던 대상이 아니었고, 단지 단기간 관찰되었던 하나의 사회 현상이었다. 진화론과 전파론 입장에 발을 담근 상태의 고요함 속에 앉아 외부의 소용돌이치는 사회인류학이란 현상을 엿보았던 정도의 경험이 아키바가 유학 시절에 했던 소위 사회인류학이란 것이다. 사회인류학이란 수영장 속에서 헤엄친 경험이 전혀 없던 아키바라는 점을 정확하게 진단할 필요가 있다. 따라서 중요한 용어의 정확한 원류에 대한 천착이 없는 상태에서 오해가 뒤섞인 인식이라 생각하기 때문에, 이 기회에 수정을 하고 싶다. 그렇지 않으면 오해의 계보는 지속적으로 구축될 위험성이 있다. 문제가 되는 핵심 용어는 'intensive'와 '(social)organization'이다.

아키바가 『사회학잡지』에서 1929년에 발표했던 논문의 "intensive method"는 말리노브스키의 주장이나 표현이 아니고 알프레드 해든(Alfred Haddon 1855-1940)의 제안이었으며, 해든이 사용했던 용어는 'intensive method'가 아니라 'intensive study'였다. 그것은 "한정된 지역의 intensive study"(Fortes 1974: 432-433)이다. 즉, 해든이 제안한 것은 연구 지역의 제한을 의미하는 의미로 쓰인 용어였다. 말하자면, 20세기 초에 영국에서 광범위하게 실시했던 탐험 조사(extensive expedition)에 대해서 구체적인 좁은 지역에 한정하여 집중 연구가 필요하다는 뜻으로 만들어진 용어였다. 그러나 아키바는 "구체적인 사회의 특수 연구의 한 방법으로서 'Intensive Method'"(秋葉 隆 1929b: 10)라는 용어를 적용했다. 아키바가 사용했던 용어는 지역적 한정이란 의미를 내포하는지 않는지 불분명한 상태이지만, 최소한 지역적 한정을 명확하게 지적한 것은 아니다.

말리노브스키의 민속지적 야로(民俗誌的 野勞, ethnographic fieldwork)와 해든의 집중 연구(intensive study)는 방법상 상당한 차이가 있다. 전자는 연구자가 해당 지역에 장기 거주하면서 관문참여(觀問參與)를 하는 것이고, 후자는 19세기 말과 20세기 초에 유행했던 광범위한 탐험대류의 조사에 대한 반성으로 한 지역에 집중된 자료 수집이 필요하다는 연구 방향에 대한 제안이었다. 'intensive method'를 다룬 아키바의 논문은 말리노브스키가 이룩한 업적의 의미를 지향하고 있다는 생각이 들지만, 그 '방법(method)'이 어떤 것인지 구체적 언급이 없다. 그것은 "임지 조사(臨地調査)에 의하여 자료 수집하고, 그것을 기초로 연구 고찰"(秋葉 隆 1931: 74)하는 것으로 아키바는 한정된 지역에 관한 '임지 조사' 방법론의 필요성을 강조하려 했다고 생각된다. 임지 조사 실천을 위해서 그는 1931년 11월 22일 충청남도 보령군 주산면(忠淸南道 保寧郡 珠山面)의 임씨 일문(任氏一門)을 대상으로 이와사키 츠구오(岩崎繼生) 군과 함께 '동성부락(同姓部落)'을 방문한 후, '문서에 의한 조사 실패'를 역설하는 논문을 발표하기도 했다(秋葉 隆 1932.7: 87).

일단 아키바가 야연(field research)의 중요성을 지적하고 있음에는 틀림없다. 그의 도쿄제대 졸업 논문을 비롯하여 당시까지 발표했던 자신의 글이 문헌에만 의존했던 한계를 인식했다. 문헌에만 의존된 연구의 한계를 분명하게 지적하는 것이 아키바의 입장이고, 그가 제안했던 'intensive method'는 해든이 제안했던 집중 연구와 유사한 것이라는 점을 지적할 수 있다. 그러나 아키바의 방법이라는 것이 말리노브스키의 방법과는 상당히 거리가 멀다는 점만큼은 분명히 인식할 필요가 있다. 말리노브스키가 중시했던 맥락 문제와 기능이라는 개념이 아키바의 어떤 글에도 등장하지 않기 때문이다. 한편 아키바는 말리노브스키가 실천했던 장기 거주식의 연구를 평생 한 번도 수행해 본 적이 없다. 아키바의 심화 연구 과정은 제한된 지역에 한정하여 단기 방문식으로 이루어진 것이 전부였다.

1925년 5월 29일 당시 아키바는 런던대학의 웨스터마크 세미나에 참가하여 레포트("The Marriage House of Ancient Japan, 1925.5.29", 崔吉城 2004.12: 513)를 발표하면서 말리노브스키를 중심으로 제기되었던 거대한 이론 흐름 변화를 감지하지 못한 것 같다. 아키바는 'intensive'라는 단어가 해든에게서 나왔다는 사실도 알지 못했다. 아키바가 해든의 이름을 언급조차 하지 않았기 때문이다. 아키바는 말리노브스키의 민속지적 야로를 해든이 제안한 적 있는 '집중 연구'와 동일한 것으로 오해한 것이고(당시 이 단어가 비교적 많이 사용되고 있었던 것 같고, 그에 대하여 말리노브스키가 방법론에 혁명을 일으켰다는 것이 민속지적 야로이다), 'intensive'라는 영어 단어에 매료된 아키바는 그 자체를 하나의 방법(method)이라고 생각했던 모양이다.

오해의 시작은 아키바에게서 출발한 것이라 생각되며, "말리노브스키(B. Malinowski) 씨의 트로브리안드 제도의 연구에서도 있었지만, 나도 영국에 체류 중 씨(말리노브스키-필자주)의 연구실에서 영향을 강하게 받았고, 그에게서 심화적(深化的) 사회학적 방법의 중요성을 인식하게 되었다."(秋葉 隆 1943.7: 52)라는 허위적인 보완 진술로 오해의 씨앗이 더욱더 단단하게 영글었음을 지적할 수 있다. "말리노브스키에게 직접 사사한 바 있는 박사(아키바 타카시-필자주)"(村武精一 1955.12.25: 110) 또는 "런던에서 말리노브스키로부터 사회인류학을 배웠다."(崔吉城 2004.12: 513)로 확대된 오해는 오류와 허위의 영역으로 넘어가 버렸다. 이 오해의 계보가 승계되는 이유는 후속 세대가 관련된 원전을 세밀하게 검토하고 확인하지 않았기 때문에 발생했다.

여러 진술과 정황을 고려할 때, 아키바가 페리와 말리노브스키를 혼동하고 있다면 몰라도, 아키바는 말리노브스키를 직접 만났던 적이 없다고 생각한다. 예일대학의 스털링 도서관 아카이브에 보관되어 있는 말리노브스키의 문서 속에서 중국인 제자들에 관한 내용은 등장하지만(2017년 봄 확인), 일본인에 관한 내용은 전혀 발견할 수 없었던 점도 첨언한다. 경성 시절 경성제대 교수들에 대한 평판에서 "(아키바는) 자기 선전이 많(은)"(岡本濱吉 1937: 42) 사람이라는 학외 언론 측의 평가에 일말의 수긍을 하게 된다. 이렇게 단언할 수 있는 또 다른 이유는 아키바가 이후 한 번도 말리노브스키가 트로브리안드에서 수행했던 작업과 같거나 유사한 과정을 밟아 본 흔적을 보이지 않기 때문이다. 아키바와 관련된 방법론상 오해가 후일 확대 재생산되고 있음에 대한 경계가 필요하기 때문에, 나는 장황하게 자초지종을 밝히는 노력을 했다.

오해에서 비롯된 허위의 사상누각이 승계되는 한 학문 발전을 기대하기는 어렵다. 2005년 내가 최길성의 오류를 지적했지만, 최길성은 그 지적에 대해서 일언반구도 없이 정체불명의 'intensive method(intensive study)'를 더욱 반복 인용했으니 대단히 우려스러운 일이다. 최길성이 "現地調査 Intensive Method"라는 소제목에 인용한 아키바의 주마간산식 답사 일정(崔吉城 2020.3.29: 70-72)은 'intensive'란 단어의 의미와 아무 관계도 없는 조사지 순방 일정일 뿐이다. 최길성이 영어 단어 'intensive'의 의미를 모르지 않을 텐데, 비판적 이성이 작동하지 않은 상태에서 동일한 용어를 반복하는 행위는 맹목적 추종에 의한 관성적 답습에 불과하다.

"아키바 타카시가 조선의 사회·문화를 총체적으로 이해하면서 전개한 것이 '이중구조(二重構造)'의 모델이다. (…) 대전통으로서 유교가 토착의 무속 신앙을 토대로 수용하여 생활 습속으로서 정착하는 과정에 (…) 대전통과 토착 전통의 이중구조에 주목할 필요가 있다."(伊藤亞人 1988: 216-217)라는 아키바에 대한 방법론적 호평은 과대평가 또는 오류라고 생각된다. 구조라는 개념과 용어가 중요한 자리를 잡게 된 역사는 아키바가 활동했던 시기보다도 상당히 시간이 지난 뒤의 일이다. 아키바 자신은 '이중구조'라는 용어를 사용한 적이 없고(秀村研二 2002: 101), '이중조직(二重組織)' 또는 '듀아리주무(デュアリズム)'(秋葉 隆 1933)라는 용어를 사용했다. 아키바가 조선민속학이나 사회학적 입장에서 사회에 대해 피력한 내용은 구조(構造) 문제가 아니라 조직상의 "사회적인 것과 비사회적인 것으로서 전자는 결합적이고 후자는 분리적"(秋葉 隆 1927.10.15)이라는 단순한 기계적 구분일 뿐이다. 구체적 자료를 기반으로 한 논리적 분석의 과정이 제시되지 않았던 점을 지적할 수

있다. 아키바의 학문이 후속 세대에 의해서 과대 포장되는 과정들을 지적해야 한다. 개념의 정확성과 방법의 치밀성을 추구해야 할 학설사 정리가 애매모호와 혼돈 상태에 머무는 한 학문의 미래는 기약할 수가 없다.

아키바가 관심을 보였던 "도덕적 선악 이원의 영혼에 기초한 종교적 듀아리즘"(秋葉 隆 1931.5.1: 108)은 아카마쓰 교수 등과 함께 덕물산(德物山)의 상장군당(上將軍堂)으로 올라가는 길 좌우에 배치된 "이신수 이신사(二神樹 二神祠)"(秋葉 隆 1931.5.1: 109)의 수적(numerical) 외면상에 근거하고 있을 뿐이다. 이런 평가가 가능한 또 다른 증거로 "외혼적 두 씨족의 교혼에 의한 이중조직 사회"(秋葉 隆 1936.11.25: 182)라는 반족(moiety) 현상에 대한 이해의 표현이다. 그는 겉보기에 '반족(半族)'으로 보이는 것들의 다이나믹한 구조에 대한 이해가 없었기 때문에 '이중구조'라는 용어를 채용하지 못했던 것이라고 생각된다. 당시 프랑스 사회학파나 레드클리프-브라운이 구조의 개념을 창출해 나가던 배경에 대해서 전혀 감을 잡지 못했던 아키바의 수준을 알 수 있다.[14]

"통상 도시 사회 및 근대 사회는 유동사회(mobile society)이고, 농촌사회 및 고대 사회는 부동사회(immobile society)라고 언급되는데, 도시와 농촌-근대와 고대라는 각각 두 개의 사회형(社會型)의 양극이 여하히 깨끗한 대조의 모습으로 설명되는가"(秋葉 隆 1940.3.19: 399)라든가 "개인주의(individualisme)와 공동주의(communisme)의 이중사회 형태(double morphologie sociale)가 있다."(秋葉 隆 1940.3.19: 406)라는 표현을 제시함은 사회의 일반적 현상들을 모두 이중조직이라는 틀에 맞추려는 노력이라고 볼 수밖에 없다. 프랑스 사회학파가 근본으로 삼았던 콩트 이래의 사회적 사실이라는 개념에 대해서는 전혀 고려한 적 없는 아키바의 모습을 보게 된다. 사회적 사실을 기반으로 실증 자료 수집 위에서 분석을 시도했던 프랑스 사회학의 경향에 대한 이해가 없는 상태임을 지적하고 싶다. 자신의 이론을 세우려는 노력은 이해가 되지만, 정확하게 이해되지 않은 개념과 서투른 방법의 시도가 후속 세대를 혼란시키는 원인으로 작용하고 있다.[15]

뒤르켐 사회학의 고전적 논문인 마르셀 모스의 「에스키모 사회의 계절적 변화(モウスのエスキモウ社會の季節的變化)」(M. Mauss, Essai sur les variations saisonnieres des societes Eskimos, *Etude de morphologie Sociale Anne Sociologique*. Tome IX. pp. 39-132)(秋葉 隆 1940.3.19: 400)를 인용하는 그의 시도는 자신의 입장을 강화하기 위한 것으로 보인다. 그러나 모스가 의도하지 않은 부분을 자신의 논의를 위한 자료로 삼는 과정에서, 모스에 의해 제공된 자료를 왜곡하는 무리한 해석을 감행하기도 한다. "남자의 배는 카약(kayak)이라고 부르고 여자의 배는 우미악(oumiak)이라고 부른다."라고 이해한 것은 에스키모의 배를 남성과 여성이라는 구분과 일치시키기 위한 조작적 표현이다.[16] 모스의 원문에는 "umiak"에 대해서는 여성의 배(Le bateau de femmes, l'oumiak)라는 표현이 있으나 "kayak"에 대해서는 남성의 배라는 표현이 없다. 이 부분은 적어도 아키바가 자신의 표현인 이중조직을 만족시키기 위해서 정보 변조를 시도했음을 알 수 있다. 참고로 에스키모의 배에 대한 구분을 보면, 1인용 카누를 카약(kayak), 고래잡이배(8-9명이 승선하는 배)를 우미악(umiak)이라고 한다(Spencer 1959).

경성제대에 재직할 당시 아키바의 '조선무속'이라는 연구 주제에 보조를 맞추었던 아카마쓰의 글에서는 아키바가 즐겨 사용했던 '이중조직(二重組織)'이라는 용어나 관련된 관점이 전혀 등장하지 않는 점에 주목할 필요가 있다. 즉, 아카마쓰가 공동 연구자이며 동료인 아키바의 용어를 전혀 공유하지 않았다는 것은 아키바의 '이중조직'이라는 개념에 동의하지 않았다는 간접 증거라고 생각할 수 있다. 그것은 샤머니즘을 바라보는 종교학과 사회학의 차이가 아니라 개인적 관점 차이에서 비롯된 것이라고 생각된다. 아카마쓰가 아키바에 비해서 상당히 절제된 생각의 표현을 했다고 생각되는 반면에, 아키바는 상대적으로 개념의 정확성이라는 문제에 대해 소홀했음을 지적하고 싶다. '구조'라는 용어와 개념에 관심을 갖게 된 서구 인류학계의 사정은 1930년대 후반이 되어서야 시작되었음도 상기할 필요가 있으며, 일본에서 '구조'라는 단어는 프랑스 사회학파의 영향을 크게 받았던 1939년 후루노 키요토의 논문에서 처음 적용되고 있다는 점도 지적할 필요가 있다.

조선민속학을 중심으로 한 아키바의 연구 업적이 상당한 정도로 축적된 이후에도 그는 "사회라는 것이 사회적인 것과 비사회적인 것의 이중성을 갖고 있다고 전제하는"(秋葉 隆 1935.2.11) 논리를 유지하고 있다. '사회적인 것'과 '비사회적인 것'을 대칭시키는 논리 비대칭성에 대해서는 일말의 의심도 하지 않는 아키바의 논리 수준을 지적해야 한다. 어떻든 "사회적 대(對) 비사회적의 이중성"이 아키바가 지향하는 이중조직의 의미임은 분명하며, "이중구조가 조선의 문화와 사회의 연구에 대하여 유효한 것"(伊藤亞人 1988: 218)이라는 후속 세대의 평가와는 무관함을 알 수 있다. 이중구조에 대한 논의는 이토 아비토(伊藤亞人)의 아이디어이지 아키바의 아이디어가 아니지 않은가? 이토 교수는 아키바의 이름으로 발행된 문서들을 정밀하게 읽는 데 실패한 것이다.

아키바는 이중구조라는 용어나 개념을 사용하지 않았다. 그가 사용한 단어는 '이중조직'이며, 그것의 의미는 당시 일반적으로 통용되던 식민지사회론(植民地社會論)의 일반적 인식에 준거한 일종의 프티(petit) 오리엔탈리즘이다. 즉, 식민지 사회의 비통합성 내지 분열성을 이론적인 근거로 내세워서 외부로부터의 지배를 정당화하는 지배적 사상에 기인한 것이라고 말할 수 있다.

당시 식민지 사회를 바라본 일본 학자들에게 팽배한 아이디어가 '이중조직' 또는 '이중체계(二重體系)' 등의 용어로 정당화되는 경향이

분명하게 존재하고 있었다. '조직'이나 '체계' 등의 용어는 '먹물' 냄새가 나도록 포장하기 위해서 차용한 정도이고, '이중'이란 단어에 큰 의미를 부여했던 것으로서, 아키바가 사용했던 '듀아리즘(ヂュアリズム)'이 그 용례에 적합했던 것이라고 생각된다. '이중'이라는 것은 일체감이 결여된 내적 분열성 의미를 내포하는 식민사관(植民史觀)의 이론적 토대의 표현이었다. 즉, 조선이라는 사회를 식민지 사회의 한 특성으로 설명하고 싶었던 아키바의 조어가 '이중조직'이라는 표현인 셈이다. 그것은 그가 유학 시절에 유럽에서 배운 것이라는 흔적도 발견할 수 없다. 그런 아이디어는 이미 식민지 경영에 깊숙하게 관여했던 일본 지식인들에게 광범위하게 유포되어 있었던 관점이었다. 대표적인 것이 소위 만선사(滿鮮史)라는 장르를 새로 만들었던 이나바 군잔(稻葉君山 1876-1940)의 용례로 중국 사회에 대한 "이중체계"(稻葉君山 1926.6.1) 언급이 있다. 이나바의 글이 발표된 시점에 유의할 필요가 있다. 이런 논지는 전후에도 아키바에 의해서 조선민속에 나타나는 원시적인 것과 유교적인 것의 대비를 통한 "문화적 이중조직"(秋葉 隆 1950.11: 45)으로 표현되기도 하고, 다른 사람의 글 속에도 지속적으로 나타난다. 한번 영글어진 식민주의 관점이 점점 더 강화되고 있다는 점에 심각한 우려를 금치 못하게 된다.

식민주의적 교육의 철저한 실천가였던 타카하시 토오루(高橋 亨 1878-1967)는 아키바의 「조선무속의 현지 연구(朝鮮巫俗の現地研究)」를 인용한 후, "종교문화의 이중성은 조선 사회의 봉건성에 원인이 있고, 남성과 여성, 도회와 촌락이 그 교육·교양 정도의 대차가 있기 때문이라는 결론이다. 이 결론은 지극히 정당하다. (…) 유식 계급의 남자는 유교의 사상 및 신앙을 받드는 풍속을 만들고, 여자와 무식의 촌민들은 불교 및 무교가 말하는 바를 믿는 풍속을 만들어 냈다."(高橋 亨 1950.11.26: 6)라고 규정했다. 사상적으로 분열된 조선 사회의 현상이란 결론을 기반으로 삼아 통일성이 없는 사회의 사례로 조선 문화를 평가하는 입장의 전개다. 해방된 조선 상황을 바라보는 식자들의 관점이 종래의 식민주의 틀에 갇혀 있다는 인식을 지울 수 없다. 식민지 조선의 문화를 이해하는 기본 인식이 분열성 강조임이 드러나며, 외부의 지배를 문화적으로 정당화하는 식민주의적 조선관의 전형적인 일면이다.

아키바와 타카하시는 종교현상에서 나타나는 역사적 변화 현상을 단절이라고 관찰하고, 그것을 이중성 논의의 기초로 이해한 것이다. 시간 대상의 문화 변동 현상을 몰시간적 분열성 현상으로 이해하려는 시도다. 이들이 만들어 낸 이중성에는 구조적 시각으로서 이중 의미는 개입될 여지가 없다. 세상을 바라보는 그들의 사상과 관점은 식민주의자의 관점이라고 말할 수밖에 없으며, 아키바 학문의 근본이 식민주의 혈통에 닿아 있음을 지적할 수 있는 대목이다.

3. 조선민속학의 토대 구축: 식민지적 학문 양식

아키바가 경성제대에 부임하기 이전 조선에 대해서 연구한 흔적은 없고, 조선민속이라는 연구 주제에 눈을 뜬 최초의 시점은 유럽에서 귀국 후 경성에 부임하기 위하여 관부 연락선(關釜連絡船)에 승선했던 1927년 1월 21일 밤이었다. 당시까지 그가 접했던 연구 주제는 대학 졸업 논문의 좌속(坐俗)과 동양문고(東洋文庫) 재직 당시 관심을 가졌던 혼속(婚俗) 그리고 유럽 유학 도중에 많은 시간을 할애해서 방문했던 박물관이었다. 아키바는 조선민속과 자신의 만남이 선상(船上) 살롱에 비치되었던 이마무라 토모에(今村 鞆)의 『조선풍속집(朝鮮風俗集)』을 통해 이루어졌음을 감동 섞인 문장으로 술회한 적이 있다(秋葉 隆 1954.3b, 1957). "이마무라 토모에의 『조선풍속집』(1914)을 조선민속 연구 초창기 시대의 대표작으로 하고 4-5년 전(1954년-필자주)에 출판된 아키바 타카시의 『조선민속지(朝鮮民俗誌)』를 가짐으로써 금일까지 조선민속학이 걸어온 일관된 도달점이라고 보게 된다."(三品彰英 1960.4: 131)라는 평가는 조선민속이라는 주제 속에서 만들어진 이마무라의 『조선풍속집』에서 아키바의 『조선민속지』로 이어진 40년간의 학통과 두 사람 사이의 인간관계에 관한 관찰의 결과인 셈이다.

일본인들 중에서 조선민속을 연구 주제로 개척한 사람은 이마무라이며, 이후 조선인으로 조선민속에 대한 글을 남긴 대표적인 사람은 이능화다. 이들은 아키바가 경성에 등장하기 이전에 조선민속을 주제로 한 글들을 발표했다. 통감부 시절 경찰 간부로 조선에 부임한 이마무라는 1910년 3월 『한국경찰일반(韓國警察一般)』이라는 책을 출판했다. 경찰에게 부여된 여러 임무 중에서 풍속 경찰(風俗警察)이라는 항목을 포함하는 이 책에서 이마무라는 조선민속을 다루고 있다(今村 鞆 1910.3). 당시 경찰에게 부여된 업무 중 민속에 관련된 부분이 있음을 지적할 수 있으며, 이마무라는 경찰 업무의 일부로 조선민속에 대한 연구를 했던 것이 분명하다. 경찰이라는 직업을 배경으로 한 이마무라의 조선민속에 대한 연구는 『조선풍속집』으로 연결되었고, 당대 최고의 조선민속 연구가로 성장했음을 알 수 있다.[17]

아키바의 경성 도착 이전에 조선민속에 대한 글을 발표했던 송석하와 손진태의 업적도 간과할 수 없다. 독학으로 조선민속을 연구한 송석하는 역사적인 문헌에 나타나는 민속 현상에 대한 글을 발표했고(宋錫夏 1925.12.1), 와세다대학(早稲田大學)의 니시무라 신지(西村眞次 1879-1943) 교수에게 인류학 훈련을 받은 손진태는 1926년 1년 동안 「시베리아(西伯利亞) 각 민족의 결혼 형식」(孫晋泰 1926.1.1; 1926.3.1), 「토속연구여행기」(孫晋泰 1926.5.1), 「조선 가옥 형식의 인류학적 토속학적 연구」(孫晋泰 1926.8.1; 1926.9.1)를 발표했다. 특히 손진태는 1927년 1년 동안 조선

민간 설화에 관한 논문들을 집중적으로 발표함으로써 조선민속학의 기틀을 다지는 데 불후의 공헌을 했다.

총독부를 배경으로 한 이마무라와 조선인 이능화 그리고 송석하와 손진태 등이 닦아 놓은 조선민속학 연구 분위기에 등장한 아키바는 제국대학 교수 신분을 배경으로 조선민속 연구에 참가하게 된다. 그는 일본의 학계에 조선민속을 소개하고, 경성에서는 일본인 중심의 민속담화회(民俗談話會)를 주최하여 조선민속학 장르를 확장·심화했다. 유럽 유학을 전후하여 그가 집중적으로 관심을 가졌던 주제인 혼속을 조선민속의 범주에 적용시킨 논문이 1928년『민족(民族)』3권 5호에 발표되었다. 이 논문은 조선 13도 전체에서 17군데의 샘플을 주마간산격으로 수집한 자료들에 기초했다. 이 정황을 증언할 수 있는 신문 기사 내용이 있다. 조선 풍습, 특히 동성불혼과 결혼 연령 및 의식에 대한 사회학적 고찰을 위해서 전남 지방에 출장을 갔던 아키바에 대한 기록이다(朝鮮新聞 9433호, 1927.11.29). 아키바 자신이 언급하고 강조했던 'intensive method'와는 상관없는 방법론이었다.

자료 수집 방법에 관해서 알 수 있는 증언이『민족』에 게재된 글의 맨 뒤편에 첨부되어 있다. 옛 문헌도 인용하고, "일 년여 스스로 조선의 혼인 습속을 조사함에 있어서 여행 중 지방 제 인사의 호의, 여름방학 동안에 향리의 습속을 조사하여 가지고 온 학생 제군들에 감사한다. 카토 칸카쿠[18] 씨의 field worker로서의 재능에 크게 힘입었다. 평남 서흥(平南瑞興) 조사에서 C의 노력에 감사한다."(秋葉 隆 1928.7: 86)라고 부언했다. "여행 중"에 획득한 정보, 학생들의 "습속" 관련 보고 등이 자료 수집 방법의 근간을 이루고 있음에 대해 분명하게 지적하고 싶다. 총독부 편집과의 직원(촉탁)으로 근무하던 카토란 인물도 아키바 이전에 조선민속 분야에서 활동했음에 주목할 필요가 있다.

경성제대 부임 직후 아키바가 유학 전부터 갖고 있었던 혼속에 대한 관심사를 조선이라는 지역에 한정하여 집중적으로 자료 수집을 했음은 사실이다. 1927년 가을 혼인 습속 조사를 위한 남선(南鮮) 방문 때 만났던 경주보통학교장 오사카 킨타로(大坂金太郎 1877-1974, 별명은 大阪六村)의 제보에 관한 기록(秋葉 隆 1928.4.1: 25)도 아키바의 연구 관심사는 혼속에 집중되어 있었음을 증언하고도 남는다. 그가 후일 경성제대 민속참고품실에서 연 최초의 전람회가 조선 혼속을 주제로 한 것이었음은 관심을 드러낸 결정판이라고 생각된다.

혼속에 관한 관심은 필드워크 동안에 조선민속의 전반으로 확대되는 과정을 보인다(秋葉 隆 1928.1.25; 1928; 1929.11). 그 결과 그는 "혼례의 중심적인 행사가 전안(奠雁), 즉 신랑이 처가로 혼입하는 식으로 하는 것이 조선 혼례의 특색"이라고 지적하고, "경성제국대학 동료였던 중국인 위건공(魏建功 1901-1980) 씨는 강소여고(江蘇如皐) 사람인데, 동씨의 향리에서는 납채(納采) 이하 친영(親迎)에 이르기까지 고르게 예물이 있다."(秋葉 隆 1947.1: 45)라는 결론을 도출했다. 중국과 조선의 혼속비교라는 관점을 적용하여, 조선 혼례에서 친영이 없음을 지적한 아키바의 혜안은 과소평가되지 말아야 한다.[19] 그는 동일한 내용을 『조선민속지』(1954.3 발행) 95쪽에 재수록함으로써 조선 혼속의 핵심 부분을 강조하고 있다. 그러나 친영에 관해서는 이미 총독부 사무관 오타 미키지로(小田幹治郎)의 논문에 지적되었던 점도 소홀히 다룰 수 없다. 오타는 위지동이전에 나타난 문헌을 소개하면서, 혼례 후 3일간 처가에 머무는 것은 고구려 풍속인 '장가간다'의 유풍이라고 소개했다(小田幹治郎 1920.6.1: 10-11).

조선이라는 한정된 지역에 집중하여 민속에 관한 자료를 수집한 것은 유학 과정에서 터득했던 '심화적 방법(intensive method)'의 영향임은 의심의 여지가 없다. 아키바가 강조했던 방법이라는 것이 조선이라는 한정된 지역에 집중하여 자료를 수집하고 연구한다는 의미라고 이해된다. 조선민속 연구를 위해서는 "사회인류학적 지식을 기초"(秋葉隆 1928.4.1: 25)로 해야 한다고 역설하는 아키바는 민속 연구의 방법론으로써 '심화적 방법'에 대한 자신감을 가지고 있었고, 그 방법을 조선민속이라는 범주에 적용시켰음을 알 수 있다. 문제는 그가 언급한 '사회인류학'은 스스로 내면화한 것이 아니고 껍데기로 둘러쓴 방패였다는 점이다. "동학의 선배 무라야마 지준(村山智順) 씨의 조사"(秋葉 隆 1929.11: 19)와 역사 자료 그리고 경남도 경찰부 및 황해도 경찰부 조사 약수 자료 등을 이용한 조선의 약수신앙(藥水信仰)에 관한 종교사회학적 연구는 방법론상으로 양면을 지니고 있다. 즉, 자신이 수행했던 심화적 방법의 한계를 극복하기 위하여 역사 문헌 자료를 보충했다는 점은 아키바가 기여한 민속학적 방법의 하나라고 인정할 수 있다.

그러나 다른 한편에서는 수집된 자료의 자질이 가진 문제점도 지적할 수 있다. 그가 인용했던 무라야마의 자료들을 비롯한 경찰부가 수집했던 자료들이 가진 학술적 성격을 규정함에도 한계가 있다. 이렇듯 식민지 조선에서 전개되었던 학술적 업적들이, 관점과 방법 측면에서뿐만 아니라 수집된 자료의 성격에 있어서도 암암리에 식민주의적 지배자 입장에서 추진되었던 경향을 배제할 수 없다. 아키바의 측면에서 본다면, 자료 확보라는 욕심으로 인해 식민주의와의 관련성 문제를 고려함을 게을리했을 수 있다.

조선민속을 주제로 한 아키바의 활동은 민속담화회의 조직에서 획기적인 계기를 마련한 것 같다. 당시 경성에 거주한 "동호(同好) 4-5인이 조선 호텔에서 6월 5일에 결성한 민속담화회의 명칭은 무유담회(無有談會)이며"(秋葉 隆 1930.1), 1929년 6월부터 1930년 7월까지 5회의 모임 내용을 도쿄에서 발간된 『민속학(民俗學)』에 소개하는 아키바의 글이 있다.[20] '동호'라는 것은 민속이라는 분야에 관심을 갖는 사람들이라는 의미로 사용된 것이다. 민속담화회라는 형식의 민속학 관계의 모임이 당시 일본의 각 지방에서 유행하고 있었고, 그런 모임의 경성판이 무유담회라는 점은 민속학이라는 학문을 배경으로 활동했던 '중심 도쿄(中心東京)'와 '주변 경성(周邊京城)'의 관계를 증언하기에 충분하다. 일본의 지방에서 활동했던 민속담화회와 경성의 무유담회 사이에 개입된 차이는 식민성 개입의 문제일 수 있다. 이 부분에 대해서는 당시 동일 시기에 일본 내 그리고 조선 및 남만주와 대만에서 활동했던 조직의 직접 비교에 의해서 밝혀질 수 있을 것이다. 도쿄에서 조직된 민속학회의 '지방위원(地方委員)'[21]이라는 직함이 아키바에게 부여된 점에 주목하면, 1932년 경성에서 송석하와 손진태를 비롯한 조선인들을 중심으로 창립된 조선민속학회(朝鮮民俗學會)의 성격에 대해 새로운 해석을 해야 할 여지가 있다.

아키바는 '중심 도쿄' 민속학의 또 다른 조직과도 긴밀한 관계를 유지했던 족적을 보인다. 시부사와(澁澤) 자작(子爵)의 A.M.동인(미야모토 케이타로-宮本馨太郎, 오가와 토오루-小川 徹, 무라카미 키요후미-村上淸文 등) 일곱 명과 함께 전라남도 임자도, 수도, 낙월도, 허사도, 태이도, 증도 등의 섬들에 대한 2박 3일 동안의 답사에 '번개 동행'했던 아키바의 모습을 지적하고 싶다. 1935년 8월 17일부터 19일까지 다도해 답사 후 8월 20일 귀경했으며(秋葉 隆 1936.10.1b; 1939), 아키바는 9월 초 부만(北滿)의 ᄋᆞᄅᆞ첸(일본인들은 흔히 '오로촌'이라고 적었음) 지역에 도착해 있었다.

아키바는 1937년 5월 27일 시부사와 자작이 운영하는 아칙쿠뮤제아무를 방문하기도 하였다(アチックマンスリー 24: 100). 도쿄 중심의 활동과 연출을 가지려는 노력이 식민지 조선에서 활동했던 학자의 입장이었다는 점도 기억해 둘 일이다. 중심 인사는 주변에 대해 각별한 신경을 쓰지 않아도 되지만, 주변 인사는 중심의 움직임에 대해 항상 신경을 쓰고 중심과 연줄에 연연해야 했던 중심-주변의 역학 관계가 식민지의 학계에 내재되어 있었음에 대한 인식이 필요하다. 식민지적 학

문 양식(colonial mode of academism)이라고나 할까. 이 구도는 식민지 조선 내에서 식민 모국 출신의 일본인과 식민지 지식인인 조선인 사이의 관계에 적용될 수 있을 뿐만 아니라 식민지 조선의 일본인과 제국 중심과의 관계에서도 적용되어야 하는 문제라고 생각한다.

1929년에 조직된 민속담화회인 '무유담회'가 일본인 중심으로 창립한 점에 대해서 1932년에 창설된 조선민속학회는 조선인 중심이었음을 알 수 있다(全京秀 1999.12.25: 86). 전자와 후자의 사이에 개입된 인식론적 문제 핵심을 거론할 수 있는 안목이 식민지적 학문 양식이라고 이해된다. 조직 구성원들의 출자(出自)에 따른 입장 차이가 조직 구성에 깊이 내재되어 있다는 점을 지적하고 싶다. 물론 활동에 대한 기록이 제대로 남아 있지 않고, 전자의 활동이 미미했던 관계로 인하여 추적할 수 있는 문서들이 존재하지 않아서 후자와의 직접 비교가 쉽지 않은 것이 사실이다. 전자의 '4-5인'이라는 구성원들도 정확하게 밝힐 수 있는 자료가 없는 상태다. 조선민속학회 창립 후, 초창기 구성원으로 경성제대 교수인 아카마쓰와 아키바가 가입했다는 사실은 무유담회와 조선민속학회의 연계 관계를 상정하지 않을 수 없다.

첫째, 전자는 후자의 창립에 음양으로 영향을 미쳤다는 생각을 할 수 있고, 둘째, 무유담회에 관한 기록이 아키바의 보고 이후 손진태에 의해서 언급되고(孫晋泰 1933: 103),[22] 아카마쓰와 아키바가 조선민속학회의 중요 구성원으로 활동하는 것은 조선민속학회가 무유담회의 활동을 흡수했다는 심증을 갖게 한다. 즉, 1929년과 1930년간 1년 넘게 활동했던 무유담회가 활동 정지 상태에 들어간 이후 경성 거주 일본인 중심의 민속담화회인 무유담회의 창립과 활동에 자극을 받은 송석하와 손진태가 조선인 중심의 조선민속학회를 결성했고, 무유담회의 주역이었던 아키바가 아카마쓰와 함께 조선민속학회의 중요 구성원으로 참가하여 조선민속학회는 조선의 유일하고 통합적인 민속학 관계 학회로 자리를 잡고, 1933년 학회지 『조선민속(朝鮮民俗)』을 창간했다고 해석하는 것이 순리일 것 같다.

아울러 조선인 중심의 조선민속학회가 일본인 중심의 무유담회를 부분적으로 흡수함으로써 전자는 식민주의적 성격으로부터 자유로울 수 없는 상태가 되었다는 점도 지적되어야 할 문제다. 이 문제는 후일 잡지 『조선민속』의 활동과 발간 과정에서도 드러남을 볼 때, 식민지적 학문 양식 전개에 관한 논의는 일단의 토대를 확보할 수 있다고 생각한다. 이런 양상은 대만이나 만주의 경우와 비교하면 더욱 두드러지게 드러날 수 있다.

조선민속학회의 활동은 경성제대의 두 교수(아카마쓰와 아키바)와 조선인 두 청년(송석하와 손진태)의 인간관계에도 상당한 영향을 미친 것으로 보인다. 네 사람이 함께 1934년 10월에 찍은 사진이 그런 배경을 설명하고도 남고, 사진을 찍을 당시 네 사람은 함께 경기도 포천군 송우리(抱川郡 松隅里)의 장승을 견학했다. 그 결과는 동일한 내용으로 아키바도 발표했고, 후일 손진태(孫晉泰 1936.2)도 보고했다. 주재소(駐在所)의 오다이(尾臺, 순사) 부장과 구장 박태현(朴泰鉉) 노인 및 그의 부인으로 보이는 여성과 함께 일렬로 나란히 서서 찍은 사진이 인상적이다. 식민지적 학문 양식의 혼종 문제의식이 간과하지 말아야 할 장면들이라고 생각한다.

조선민속이라는 장르에서 아키바는 16세 연하의 조선 청년 송석하와 특별한 관계를 맺었던 것 같다. 아키바는 송석하와 공동 저작물인 『조선가면도보(朝鮮假面圖譜)』라는 책의 원고를 분실했다(島本彦次郎 1955: 308)는 주장이 있다. 나는 이 주장이 신빙성이 있다고 생각한다. 『국민문학(國民文學)』이라는 월간지를 발행하던 인문사(人文社)가 『조선전서(朝鮮全書)』의 간행을 기획한 광고물을 게재한 것이 1943년 9월 1일이었다(國民文學 3(9)). 그 광고 속에 "『조선풍속사(朝鮮風俗史)』(秋葉 隆·

宋錫夏)"라고 적힌 것은 두 사람의 공동 저작물이 있었을 가능성을 높여 주는 증거물이다. 분실했다는 『조선가면도보』와 1943년 9월 광고에 나온 『조선풍속사』가 동일한 것인지의 여부는 단정할 수 없으나, 패전 후 아키바의 귀환 당시 모종의 원고가 있었다는 얘기는 신빙성이 높다. 1949년 조선과학문화사(朝鮮科學文化社)에서 출판 계획을 하여 『조선민속학총서(朝鮮民俗學叢書)』 제4권으로 예정되었던 송석하 편 『조선민속극집(朝鮮民俗劇集)』(全京秀 1999.12.25: 105-106)의 광고는 1943년 9월 광고와 아키바의 일본 귀환 당시 분실되었다는 원고의 연장선상에서 검토되어야 할 문제라고 생각한다. 이런 맥락은 두 사람의 밀접한 관계를 증언하기에 충분한 자료라고 생각된다.

조선 가면극에 대한 아키바의 관심은 후일 별도의 논문으로 출판되었으며, 그 내용에는 경성제국대학 진열관 소장의 목제일조(木製一組) 22개의 가면이 산대희(山臺戲)를 위해 특별히 제작된 것임을 언급하고 있다(秋葉 隆 1948.9: 10-11). 여러 가지 자료들과 정황으로 볼 때, 아키바와 송석하는 상당한 수준의 공동 작업을 했고, 그것을 기반으로 조선의 가면극과 관련된 공동 저서를 기획했었음이 틀림없다. 조선민속이라는 장르를 생각하면서 아키바와 송석하의 관계를 외면한다면, 그것은 조선민속학의 출발점에서 전개되었던 중요한 틀의 하나를 무시하는 결과를 초래하게 될 것이라는 점을 지적하고 싶다. 이런 문제가 식민지적 학문 양식 틀 속의 혼종성이라는 개념으로 이해되리라고 믿는다.

아키바가 주도했던 무유담회가 송석하와 손진태가 주도한 조선민속학회로 승계된 것은 아니지만, 민속학이란 학문의 분위기가 연계되고 있다는 점은 부정하기 어렵다. 송석하가 편집한 1호(1933년)와 2호(1934년)로 발행되었던 『조선민속』은 후일 이마무라 토모에의 고희 기념호로 아키바가 편집한 3호(1940년)로 막을 내렸다. 아키바에 의해서 『조선민속』 3호가 일본어로 편집·발행된 사실에 대해 두 가지 해석이 필요하다. 하나는 잡지 출판 여건이 좋지 않았던 당시 전쟁 상황을 미루어 볼 때, 편집 책임을 조선인 청년이 맡는 것보다는 일본인 경성제대 교수가 담당하는 것이 검열 및 인쇄 과정을 수월하게 진행할 수 있었을 것이다. 다른 하나는 조선민속학의 효시로 꼽혔던 이마무라에 대한 아키바의 정성이 모아진 점을 지적할 수 있다. 이마무라 토모에가 가운데 앉아 있는 고희 기념 축하연이 요릿집에서 진행되고 있는 한 장의 사진은 조선민속학회의 분위기와 그 학회의 핵심축이 어디에 있었는지를 가늠하는 중요한 증언 자료가 될 수 있다. 그 축은 송석하로부터 아키바로 바통 터치를 하면서 세 번 발행된 『조선민속』이 증언하고 있다. 식민지적 학문 양식의 혼종성을 지적할 수 있는 좋은 예다.

1933년 7월호 『여행과 전설(旅と傳說)』에 두 사람의 글이 동시에 게재되었다. 아키바는 고향에서 진행되는 장례(葬禮)에 관한 글을 실었고(秋葉 隆 1933.7.1: 258-260), 송석하는 조선의 출산에 관한 글을 썼다(宋錫夏 1933.7.1: 324-328). 한 사람은 죽음 문제를 또 다른 한 사람은 생명 탄생 문제를 다루었다는 점에서 생사의 쌍이라는 기묘한 연결이 연상된다. 1934년 9월의 『여행과 전설』에도 두 사람의 원고가 동시에 게재되었다. 아키바는 성제(星祭)(秋葉 隆 1934.9.1: 17-21)에 대해, 송석하는 조선의 무용(宋錫夏 1934.9.1: 22-32)에 대해 발표했다. 잡지의 독자를 비롯한 제삼자의 눈에 비친 아키바와 송석하는 당대 조선민속학을 대표하는 학자로 인식되었음은 물론이고, 쌍으로 연속 등장한 아키바와 송석하를 주목했을 학계의 분위기는 명백하다. 식민지 조선의 제국대학 교수와 식민지 조선의 청년이 조선민속학이라는 장르에 한 쌍으로 부각되는 이미지는 망각될 수 없는 장면이다.

이런 인간관계가 아키바로 하여금 자신의 장서와 자료를 종전 직후 일본 귀환 당시 "우인 송석하(友人宋錫夏)"(秋葉 隆 1933: 9)에게 관리를 맡긴 점으로 연결될 수 있다.[23] 아키바의 입장에서 본다면, 1933년의

'우인'이었던 송석하가 1945년에는 학문적 자산 관리인이 되었던 것이다. 송석하의 입장에서 본다면, '선생'의 지위에 있었던 제국대학 교수가 학문 승계를 위한 후속 학문의 저수지 역할을 하게 된 셈이다. 최소한 12-13년간 두 사람은 학문적으로나 인간적으로나 떼려야 뗄 수 없는 관계였음을 지적할 수 있다. 그것은 일방적인 것이 아니고 쌍방적 호혜 관계였다고 생각한다. 나는 이 관계를 식민지적 학문 양식의 혼종이라는 관점으로 보고 싶다.

전쟁은 아키바의 연구 활동에 새로운 국면을 맞게 했다. 전쟁의 장기화에 따른 조사의 제한이라는 일반적 상황뿐만 아니라 아키바의 관심이 조선과 만몽의 무속을 포함한 민속학에서 사회학적 농촌 공동체 문제로 전환하는 경향도 보였다. 소위 시국의 요청에 부응하는 "사회학도의 학문보국(學問報國)"(秋葉 隆 1943.12.1: 36)을 강조했고, "연구 동원(硏究動員)"(秋葉 隆 1944.8.1a: 14)이라는 이름으로 사회 조사를 실시한 아키바는 조선 농촌 공동체의 기간 조직인 "동족(同族)"(秋葉 隆 1944.6.1, 1944.8.1)에 대한 연구에도 힘을 쏟았다. 연구는 명백하게 전쟁 수행을 위한 동원이라는 측면에서 전개되었음을 지적할 수 있다. 연구라는 측면에서뿐만 아니라 아키바는 조선 학생들의 출정 독려를 위해 공개적으로 솔선수범하는 모습을 보였던 제국대학 교수들 중 한 사람이었다(京城日報 1943.11.19일 자 출전 독려-出戰督勵 기사와 1943.11.23일 자 충남 아산군 출신 카야마 아키오-佳山明夫의 복귀 입대 기사). 전쟁은 모든 것을 앗아가는 블랙홀 역할을 했으며, 학자 아키바는 전형적 어용 교수 역할을 수행했다. 이즈음 송석하와의 관계를 증언할 만한 자료는 전혀 발견할 수 없다. 한편 민속학보다는 사회학이 현실 사회의 요청에 부응하기 적절했을 것이라는 생각도 든다. 이 경향은 전후 그가 민속학과 인류학보다 사회학 쪽으로 옮겨 가는 경향과 무관하지 않은 것 같다.

전쟁 말기에 발표된 아키바의 「선만민간신앙(鮮滿民間信仰)」이라는 논문(秋葉 隆 1944.4)은 전쟁과 전혀 무관한 내용이다. 양 지역의 민간신앙에 대한 비교이면서, 도불혼효(道佛混淆)가 심한 점을 동일한 현상으로 지적하였다. 당시 그렇게도 흔히 쓰이던 대동아란 단어도 없고, 글자와 문장 자체가 지극히 정치성을 탈피했다. 결론에서 "유럽풍의 신앙도 아니고 동양풍"(秋葉 隆 1944.4: 92)이라고 하였다. 동시에 그는 샤마니즘의 이원화(二元化)를 시도한다. 만주에서는 무를 '사-마-'라고 하는데, 여기에는 두 가지가 있다. 하나는 따아센(大仙-巫)이고, 다른 하나는 정통의 '사-마'이다. 후자는 도무(跳舞), 신가(神歌), 조선제(祖先祭), 가제를 거행하는 일족(一族)의 '사-마-'라고 구분하였다. 환언하면, 당시의 시국과는 전혀 별개의 학문적 견해를 피력하고 있음을 본다. 전쟁에 협력하던 아키바의 학문적 모습을 감지하면서 파편화된 삶을 살 수밖에 없었던 한 지식인의 고뇌가 느껴지는 대목이다. 이 내용은 후일 그의 저작물 속에서 다시 등장하지 않았다. 맥락을 상실하고 방황하는 정보와 견해가 되어 버린 것 같다. 학자적인 측면에서 아쉬운 장면이다.

그의 조선민속 연구는 전후 아이치대학 교수로 재직 중, 조용히 사색 가능한 시기를 맞으면서 새로운 경지에 들어가는 모습을 보인다. 조선민속에 대한 이론적 분석 시도는 그의 조선 가면 연구에서 드러난다. "강렬한 색채에서 오는 느낌은 몽고의 라마묘회(喇嘛廟會)에서 보는 타귀(打鬼)의 가면에서 얻는 인상과 흡사하고 (…) (따라서) 고려조에 원나라 문화의 영향을 받은 것으로 생각되고, 조선의 산대가면(山臺假面)과 몽고의 라마가면도 함께 야외 연출용이라는 점을 생각할 필요가 있다."(秋葉 隆 1948.9: 12)라는 결론을 내린다. 아카마쓰 교수와 함께 만 3년 이상 만주와 내몽고에서 수집했던 답사 자료를 기반으로 구성되었던 지식의 일말에 근거한 결론이다. 필드워크의 자료와 역사 문헌의 교직(交織)에 의한 아키바의 결론은 동아시아 가면 연구자에게는 자못 시사적인 언급이다. 아키바의 조선민속학은 기본적으로 비교라는 관점과 야연(野硏)에 입각한 것이라는 점은 명백하다.

초창기에 수행했던 혼속으로부터 무속 그리고 가면에 이르기까지 아키바가 수행했던 학문 관점은 비교와 야연을 기반으로 하고 있음은 확실하다. 식민주의적 관점의 개입 여부에 대해서는 식민지적 학문 양식의 혼종이라는 틀에서 검토하는 것이 마땅하다. 전후 조선 가면에 대한 분석을 제시한 아키바는 더 이상 조선총독부나 외무성 그리고 특무기관의 자료 요청에 응할 의무가 없었다. 또한 대동아전쟁을 수행하는 황군(皇軍)의 하수인 역할에 동원될 이데올로그도 아니었다. 그는 더 이상 식민지 조선의 일본 출신 지식인이 아니었다. 과거에 식민지 조선에서 제국대학 교수로서 식민지 조선의 민속학 연구 과정에서 수행했던 단말마적 침략 전쟁의 하수인 역할에 더 이상 시달릴 필요는 없었을 것이다.

4. 학-첩 합작의 만몽민족학: '토케부·요시오카'와 함께

만주와 몽고 지역에 대한 민족학 연구의 선구자는 의심 없이 토리이 류조이지만, 그의 업적이 후속 세대에 의해서 지속적으로 계승되지는 않았던 것 같다. 아키바가 '만몽'으로 눈을 돌린 것은 경성제대라는 배경과 무관하지 않으며, 경성제대의 지정학 조건은 제국 일본의 대륙 침략과 맞물려 있다는 인식이 강했다. 만주사변이 발발하고, 1932년 3월 9일 만주국이 건국되는 과정에서 만주는 일본 국내에서뿐만 아니라 국제정치적으로도 민감한 사안으로 부각되었다. 1932년 5월 5일 리튼(Litton) 조사단이 만주국 황제 부의(溥儀)를 만났고, 「국제연맹 중일 분쟁 조사위원회 보고(*The Report of the Commission of Enquiry into the Sino-*

Japanese Dispute)」라는 제목의 보고서가 제출되었다. 그 보고서 내의 '만주의 주민 의견'이라는 항목에 주목한다. 만주국과 그 조종역인 관동군은 이 부분에 대해 민감하게 반응했을 것이라고 생각한다. 즉, '주민 의견'이 만주국 통치의 관건으로 인식되는 계기가 리튼 조사단의 보고서에 의해 제공되었을 가능성이 크다. 제국 일본의 만주 지배를 획책했던 통치자들이 국제 무대에서 전개되었던 외교적 의견을 무시할 수 없었을 것이다.

아키바가 아카마쓰 교수를 따라서 "외무성 대지문화사업부(外務省對支文化事業部)의 의촉을 받아서 만몽 민속과 종교연구에 종사하기 시작한 것은 1933년 6월부터이며, 그해 9월 6일(아키바가 오기한 것으로서 실제는 2일이다.-필자주)부터 10월 5일 사이 1개월간 만주국에 출장했다"(秋葉 隆 1934.1.1: 158). 아키바가 외무성 문화사업부의 명칭을 "대지문화사업부"라고 표기한 것은 명칭과 기능을 혼돈한 결과라고 생각한다.[24] 외무성 문화사업부의 대지문화사업이라는 것은 외무성의 대중국(對中國) 첩보 활동의 일환이었으며, 리튼 조사단의 보고서가 제출된 후, 외무성은 양질의 정보를 획득하기 위해 경성제대의 종교학 및 사회학 교수에게 정책 조사를 의촉했다고 생각된다. 아키바는 "외무성 문화사업부와 핫토리보공회(服部報公會)의 후원으로 1933년부터 1938년까지 5년간 문헌 자료를 수집하고 만몽의 현지 답사 여행을 전후 10회 연일수 160여 일 수행했으며, 대흥안령의 ㅇㄹ첸족(鄂倫春族) 캠프, 송화강 하류의 혁철족(赫哲族) 부락을 방문해 조사, 촬영, 참고품을 수집했다"(赤松智城·秋葉 隆 1941.3.20: 1). 1934년 이후 만몽 지역에 대해 작성한 아키바의 논문들은 거의 다 외무성 문화사업부와 핫토리보공회의 지원금이 직간접적으로 개입된 답사의 결과들이었다(每日申報 9874호, 1935.3.15).

아키바와 관련이 있는 만몽민족학의 내용은 대체로 두 부류로 구

분할 수 있다. 비교적 대량의 하나는 대흥안령(大興安嶺) 오로첸 공작과 관련된 내용들이고, 소량의 다른 하나는 만주족과 몽고인에 대한 사회학 설문 조사의 결과들이다(秋葉 隆 1937.2, 1938). 시간 순서상으로도 오로첸 관계가 먼저 조사되었고, 만주족과 몽고인에 관한 자료들이 나중에 수집되었다. 전자에 관한 글들은 여러 지면에 발표되었는데, 중복되는 내용들이 상당한 양을 차지하며, 아키바의 이름으로 발표된 글의 내용 속에 공작원 요시오카 요시토의 일지(日誌) 일부가 포함된 점에 대해서도 주목할 필요가 있다. 아키바는 참고 자료들로 러시아 출신 민족학자 요헬슨(Jochelson), 슈테른베르그(Shternberg), 시로코고로프(Shirokogoroff) 등이 제작했던 만주와 남시베리아 지역에 대한 선행 연구와 만주국 치안부참모사조사과(滿洲國治安部參謀司調查課)가 제작한 자료들을 포함했고, 해당 문헌 자료에서 사전의 기초 자료들을 수집해 현지 답사를 나갔다(秋葉 隆 1944.6.10). 이상에 언급된 러시아 측의 자료들이 당시 적지 않게 소개되어 있지만, 아키바가 직접 도움을 받을 수 있던 부분은 그렇게 많지 않았던 것 같다. 시로코고로프의 문헌을 제외하면 당시 러시아 측 문헌들이 포함하는 지역 대부분이 시베리아 북쪽과 극동 지역이었기 때문이다.

오로첸을 가리키는 "오론은 '순록의 인민'을 의미한다(アロンは'馴鹿の人民'を意味)"(栗飯原晋 1927.5.1: 38). 번역문인 아이바라(栗飯原)의 글을 포함해 참고할 만한 문서들이 있었음에도 아키바는 답사를 실시하기 전에 문헌 자료 검색 작업을 게을리한 것 같다. 오로첸에 관한 아키바의 글이 1936년에 집중 발표되었는데, 그 이전에 선행 연구물로 참고할 만한 글이 전혀 언급되지 않았음은 납득되지 않는 부분이다. 예를 들면, 호리우치 타케지로의 글을 비롯한 것들이 있다(堀内竹次郎 1929.3.1; 匿名 1935.8.1, 1935.9.1; 内藤三男 1935.12.12; 重岡材輔 1936.3.1). 호리우치의 글은 오로첸 회화집을 포함해, 야로 시에 상당한 도움이 될

수 있었을 것이다. 익명으로 출판된 두 문건은 「하얼빈일일신문(哈爾賓日日新聞)」(1935.2.2-10)에 연재되었던 것을 묶어서 게재한 것이다. 나이토와 시게오카의 글들은 해당 지역의 인구와 정치에 관해 비교적 소상한 정보들을 담고 있다. 아키바가 오로첸 지역을 답사한 후 원고를 정리할 즈음에는 충분히 참고할 수 있는 시간 여유가 있었을 것이다.

아키바가 남긴 자료만으로는 흥안령 지역의 집단을 충분히 이해하기 어렵다. 하얼빈 박물관 연구원으로 근무했던 러시아인 뽀노소프가 1934년부터 흥안령 소론인들을 대상으로 5회 답사를 한 결과 남긴 문헌은 퉁구스족과 오로첸의 관련성에 관해 다음과 같이 기록한다. "소론(索倫을 말함-필자주)인은 스스로를 아벵키(발음상으로는 아웅키라고도 함-필자주)라 부르고, 아벵키는 북방 퉁구스족을 가리키는 말의 의미다. 즉, 오로첸, 후패가이(後貝加爾)의 퉁구스족(라무-트족과 기타 다른 민족-필자주)을 가리킬 때도 아벵키라고 한다. 또 성명(姓名)으로 볼 때도, 예를 들면 소론인의 사마길이라는 이름은 오로첸족이나 후패가이퉁구스족 사이에도 많이 발견된다"(ポノソフ'.ヴイ.ヴイ. 1942.6: 109). 동일 지역에 대한 다른 연구자들이 보고와 대조 작업이 필요한 것 같다.

아키바가 방문했던 곳의 북부는 만주국과 소련의 국경선이 있는 곳이었다. 그곳은 제정 러시아와 대청제국 사이의 국경 표시로 "몽고인이 숭배하는 '오보' 63개를 이용해 경계를 만들었기 때문에 지극히 불명확했고 (…) 가장 중요한 곳은 만주리(滿洲里)의 시가지였으며, 소련 측의 다우리야 시가까지 약 2-3킬로미터"(幕內滿雄 1996.4.15: 174)였고, "1935년(康德二年)에는 분쟁 사건이 176건, 익년(강덕 3년)에는 152건, 1937년에는 166건 발생했다"(幕內滿雄 1996.4.15: 175). 즉, 아키바가 방문했던 1935년과 이즈미가 방문했던 1936년에 이어 1937년 중일전쟁이 발발했으며, 1939년 노몬한 사건이 이어서 일어난 곳이었다. 따라서 "오로첸족에 대한 선무공작(宣撫工作)의 주요 목적은 단순히 국경 경

비에 머물지 않고, 대소전의 준비에 있었다. 전쟁을 위해 관동군과 특무기관은 중소국경(甘河地區·漠河地區·ホンホト地區·遜克地區·ハイラル地區·トナカイ地區)의 5곳에 거점을 설치했다. 그곳에 가족을 포함한 문관과 무관의 주재가 실시되면서 ᄋᆞᄅᆞ첸족을 선무하는 공작을 했다. 그것을 위하여 다양한 기본 조사가 이루어졌다"(中生勝美 1993: 234).

1935년 9월 6일 아키바의 답사록에는 다음과 같이 기록되어 있다.

> "군대에서 군마, 군복, 장화, 모포, 방한 외투를 빌리고 권총도 빌렸다. 여기서 아카마쓰 교수는 더 이상 가지 않았다. 일행 선두에 기마의 ᄋᆞᄅᆞ첸 청년 제-브, 다음도 ᄋᆞᄅᆞ첸 청년 뽀-렌다가 화물 마차를 타고, 다음은 만인(滿人)의 마차에 요시오카 부인과 아이들, 다음은 요시오카가 탄 마차에 아키바가 동승, 최후에는 ᄋᆞᄅᆞ첸 노부(老婦) 일인이 마상(馬上)에 올랐다. 요시오카가 혼자 군가를 불렀다. 요시오카 부인은 오사카 뿌-루여학교 출신으로 기독교인이며, 24-25세가량이다. 3세의 도오루(徹) 군과 5세의 레이코(禮子)가 동행했다. 도중에 돈곤보, 아칸디, 제순이라는 ᄋᆞᄅᆞ첸인 일행 4기(騎)를 만났다"(秋葉 隆 1936.3: 138-139).

당시 군복을 입은 아키바의 모습은 '대흥안령 오지'에서 'ᄋᆞᄅᆞ첸 두목(頭目) 빠아토루(パアトル)옹'(赤松智城·秋葉 隆 1941.3.20: 圖4)과 함께 찍은 사진으로부터 실감이 난다. 자신의 알리바이를 실감나게 알릴 뿐만 아니라 군사 상황의 엄중함을 충분하게 전달하는 것이 사진을 저서에 수록한 의도였을 것이다. 요시오카는 당시의 특무기관 공작원으로서 대소 첩보 활동을 위하여 ᄋᆞᄅᆞ첸족을 직접 고용하고 있었다. "공작원의 부인이 대동해 입산(入山)하는 것은 ᄋᆞᄅᆞ첸과의 융화적인 교류를 높이기 때문에 군(軍)이 장려했다."(杉目 昇 2008.7.8: 190)는 점을 감안하면, 아키바가 공작원 일행에 동행하는 것은 지극히 예외 상황인 셈이

다. 공작원 가족이 민간인으로 공작 지역에 들어가는 것과 제국대학 교수인 아키바가 공작원을 따라가는 것은 의미가 다르다.

인류학 자료 수집을 목적으로 하는 아키바가 공작원과 그 가족을 따라 입산하는 모습은 어떻게 설명할 수 있을까? 오룬첸 사람들과는 의사소통을 할 수 없었을 것이라 생각되는 아키바의 모습을 본 오룬첸 사람들은 무슨 생각을 했을까? 나이가 많은 또 다른 공작원이 한 명 추가되는 것이라는 생각을 하지 않았을까? 아키바의 모습을 본 아카마쓰는 무슨 생각을 했을까? 군장을 하고 허리에 권총을 찬 제국대학 교수의 모습에서 무엇을 생각할 수 있었을까? 아카마쓰의 눈에는 아키바의 행동거지가 분명히 지나친 상황이었을 것이고, 아카마쓰가 아키바를 동행하지 않았던 점에 대해 생각해 볼 여지가 있다. 당시 아카마쓰와 아키바를 수행했던 젊은 대학생 두 명이 있었다. 그들은 코야산(高野山)대학에 출강했던 아카마쓰 교수의 제자들이었다. 그 청년들도 군복을 입지 않았고, 공작원을 동행하지 않았다. 아키바는 자신의 보고서에 빈주선박극도역(賓州線博克圖驛)에서 북방 60여 리 지역에서 활동했던 공작원 요시오카의 일기 또는 일지 일부를 삽입해 소개하며,[25] "요시오카 요시토 오룬첸 답사도(吉岡義人オロチョン踏査圖)"(赤松智城·秋葉 隆 1938.10a: 143)를 자신의 보고서에 전재하고 있다.

인류학자의 야로와 야장(野帳, field notes)이 허용될 수 있는 한계는 무엇일까? 군사작전을 위한 정보원의 공작에 깊숙하게 개입한 정황을 보이는 아키바의 인류학 답사를 과연 학자의 작업이고 연구 행동이라 말할 수 있을까? 스스로 군복을 빌려 입고 군장을 하고 권총을 준비한 인류학자는 세계 인류학사상에 회자될 사례가 아닐까 생각하게 된다. 이 정도면, 식민주의 인류학을 논하는 정도가 아니라 맥페이트가 말하는 군사인류학을 논해야 하는 상황이다. 연필과 야장을 준비하는 대신에 군복과 권총을 구비하고 실행하는 답사를 평가해야 한다. 자신이 스스로 야장을 작성하는 대신에 공작원의 일지를 자신의 보고문에 대량 전재하는 행위에 대해 잠정적으로 '군사인류학'이라는 딱지를 붙이고자 한다. 환언하면, 아키바가 군사인류학을 최초로 실천한 사례로 기록될 수도 있다.

아키바는 공작원의 공작 활동을 일자별로 소개하며 자신의 보고서 지면을 메우고 있다. 제국대학 교수의 답사 보고서인지 공작원의 공작 일지인지 구분이 어려울 정도다. "요시오카가 방문했던 곳은 1934년 8월 16일 밤의 샤먼 행사였고, 장소는 아극석(牙克石)을 지나서 250리 거리에 있는 하이라루하의 오룬첸 부락이었다. 사슴을 잡는 시기였으며, 그가 방문했던 또 다른 곳들로는 해납이남교남둔(海拉爾南郊南屯)의 소론족(1935년 8월 29일), 해납이교외서둔(海拉爾郊外西屯)의 다후루족(1935년 9월 2일), 필납하상류(畢拉河上流) 오룬첸족(1935년 9월 8일)이었다"(秋葉 隆 1936.10: 41-42). 당시 해납이(하이라루)는 흥안북성의 행정중심지일 뿐만 아니라 만주국 서북부의 방위 거점인 군도(軍都)였기 때문에 일본인 대상의 음식점과 유락장(遊樂場)이 다수 존재했다(杉目 昇 2008.7.8: 213). 인근에는 여러 민족 집단이 산거하고 있었다. 그들을 대상으로 실행되었던 공작 작전 상황이 소상하게 드러나는 공작 일지의 소개뿐 아니라 공작원의 분골쇄신 노력을 칭송하는 글로 보고서가 마무리되고 있다. 아키바의 보고서는 요시오카(그의 소속은 博克圖布特哈旗警務分局綽爾旗警分駐所) 외에 군지 히코(郡司 彦, 興安東省政治訓練班 소속)의 보고서도 인용하고 있다(赤松智城·秋葉 隆 1941.3.20: 74).

요시오카는 사가현 출신으로 1934년 초 28세에 처음 오룬첸 공작에 투입되었고, 오룬첸의 두목으로부터 '토케부'라는 오룬첸식 이름도 받았다(秋葉 隆 1941: 134). '토케부'는 오룬첸어로 "신분이 높은 사람"(淺川四郎 1941: 2)이란 의미이며, 요시오카는 오룬첸 사회에서 '토케부·요시오카(とけぶ·よしおか)'로 통했다. 요시오카와 의형제를 맺고 그에게

[사진 5-1] 특무기관원들과 ᄋᆞᄅᆞ첸인들. 앞줄 왼쪽 요시오카 요시토와 ᄋᆞᄅᆞ첸인, 가운뎃줄 왼쪽부터 니하 유즈루(二河 謙), 이즈미 테츠오(泉 鐵翁, 당시 中佐, 1894-1959), 마쓰나가(松永), 뒷줄 전원 ᄋᆞᄅᆞ첸인, 왼쪽에서 세 번째 톤곤보(흥안동경비사령부 입구에서 기념 촬영. 이즈미 테츠오의 앨범에 수록된 것으로서 이즈미가 붉은 글씨로 이름을 적어 놓았음. 1934년에 촬영한 것으로 생각됨. 이즈미 테츠오의 아들 이즈미 노리히코-泉 紀彦 씨 소장). 요시오카는 ᄋᆞᄅᆞ첸인들과 함께 수피 외투(獸皮外套)를 입고 있다. 이즈미 테츠오의 이름은 경성제국대학 민속참고품실 민속품 기증자 명단에도 있다.

포섭된 자는 '요시오카·톤곤보'(25세 오로첸 남성)로 불렸다. 요시오카는 길납림서장(吉拉林署長)이라는 직함도 갖고 있었다(淺川四郎 1941: 71).

"요시오카는 (1936년 5월) 산에서 내려와 경성의 연구실에서 (아키바와 함께) 여러 가지 중요한 얘기를 했고"(泉 靖一 1937.1: 41) 그 뒤 7월에 아키바 연구실의 학생이었던 이즈미가 오로첸을 방문하는 계기가 되었다. 흥안동성정치훈련반의 군지(郡司)는 후일 몽정부 문서과 자료계(蒙政部文書科資料胸)로 자리를 옮겼다. 군지에 의하면, "1943년 2월 관계 각 기관 약 20명으로 오로첸족 대상의 현지 공작을 실시했고, 1944년 2월 관동군 제731부대 군의부장(關東軍 第731部隊 軍醫部長) 나가야마 타로(永山太郎) 의학박사, 요시무라(吉村) 이학박사 외 약 50명과 함께 당시 유행했던 전염병 상한병(傷寒病, 발진 티푸스, 회귀열) 조사와 오로첸족 학술 조사를 약 2주간 실시했다"(郡司 彦 1970: 196).[26] 1935년 9월 초 아키바의 오로첸 답사는 전후(前後) 이상과 같은 군사작전 중에 실행되었던 것이었다는 점에 주목해야 한다. 아키바의 답사 행위와 보고문이 갖는 성격은 군사작전을 위한 첩보 공작과 전쟁 수행을 위한 조사와 직접 연계되어 있음을 외면할 수 없다. 즉, 일본의 대중국전쟁과 대동아전쟁에서 제국 일본의 학자들이 수행했던 학술 조사라는 명목의 자료 수집이 기반으로 하는 성격에 대해 전반적으로 조명해야 할 과제가 있음을 지적한다.

오로첸에 관한 조사 보고서들은 아키바를 비롯한 인류학자들의 것들과 선무공작원들이 제작한 보고서의 두 종류가 있다. 양자의 상호 연관성에 관해 세밀한 분석을 한 나카오 카츠미(中生勝美)는 아키바의 보고서가 군사정책상 참고가 되었다고 결론지었다. 그 증거로 만주국 치안참모사조사과(滿洲國治安部參謀司調查課)에서 발행한 자료의 참고 문헌에 아키바의 문헌이 거론되어 있고, 양자의 관계 중 불명확한 부분을 해결해 준 것이 군지 하루카의 오로첸에 관한 소책자라고 설명했다(中

生勝美 1993: 234). 나카오의 논의는 아키바를 비롯한 이즈미(泉)의 오룬첸 보고서가 선무공작(宣撫工作)에 이용된 점을 집중 분석하고 있다. 나카오의 논의에 동의하면서, 그 반대의 현상에 대해서도 문제 제기를 하고자 한다.

아키바를 비롯한 인류학자들의 이른바 학술 보고서들이 선무공작원의 보고서를 이용하거나 포함하고 있다는 점을 지적함으로써 오룬첸을 중심으로 한 만몽민족학(滿蒙民族學)이라는 무대 위에서 전개되었던 학자들과 첩자(공작원)들의 쌍방 상호 인용 관계에 대해 논의할 필요가 있다. 식민지 학문 양식의 혼종성은 침략 전쟁의 도구 역할로 확산되는 양상을 보이고 있음에 주목하게 된다. 혼종성이라는 사회적 현상은 식민주의를 넘어서 군국주의(militarism)로까지 확산되고 있음에 대해 논의해 볼 여지를 남긴다.

이미 위에서 지적한 바와 같이, 아키바의 보고서는 선무공작원 요시오카 요시토의 일지와 일기를 토대로 하거나 상당 부분을 그대로 수록했다. 선무공작원의 일지를 포함하고 있는 아키바 교수의 보고서는 또 다른 공작원인 나가타 하루카(永田珍馨)에 의해 인용되었다. "아키바 타카시 씨는 오룬첸의 성질에 대해 선물[贈答]을 좋아하는 민족이라고 말했고, 그것은 원시적 허영(原始的虛榮)에서 오는 것이라고 설명했다. 그에 관한 아키바 씨의 자료를 발췌하면, '예를 들면 식사 중에 방문하는 사람이 있으면 그 사람이 자신의 텐트에서 방금 식사를 하고 왔음에도 엽연초까지 권하는 등 소위 원시적 환대(原始的歡待)가 근대 공리주의자의 눈에는 대단히 불경제(不經濟)로 보이게 된다', '왕왕 친구 또는 의형제를 맺은 관계에서도 그 의형제가 익일에는 적으로 변해 위협적인 상태를 맞게 된다.'는 등 아키바의 문구를 인용하고 있다. 이어서 나가타는 아키바의 진술에 동의할 수 있는 자신의 경험을 기록한다. 흑하성 동부에서 비적 토벌에 참가해 공을 세운 데 대한 논공행상에 있어서 차별이 발생할 경우에는 대단한 불만을 표시하고, 반감을 일으키기 때문에 이후 행동에 지장을 초래할 정도로 지휘관을 신뢰하지 않는다. (…) 이런 것들은 아키바 씨가 말했던 원시적 허영의 범주에 속한다."(永田珍馨 1939.9: 68-69)는 결론에 이른다. 과연 아키바의 오르첸에 관한 기록이 얼마나 신뢰할 수 있는 것인가에 대한 의문을 제기하지 않을 수 없다.

언어 불통과 단기간의 방문이라는 조건을 감안하면, 아키바의 관찰 보고는 상당한 정도로 요시오카를 통해 얻은 정보에 기반했을 것임은 의심의 여지가 없고, 요시오카의 오르첸 이해 정도도 군사적 공작 맥락에서 전개된 과정에 생산되었던 것임을 감안하지 않으면, 당시 일본인들의 오르첸에 관한 관찰 보고는 적지 않은 오해를 포함하고 있다. 정보원 나가타가 장황하게 인용한 아키바의 『오르첸 기질(氣質)』이라는 논문은 후일 아키바가 아카마쓰와 함께 저술한 『만몽의 민족과 종교(滿蒙の民族と宗教)』의 89-102쪽에 재수록되었다. 이 저술의 학문적 성과는 폄하할 수 없는 당대 최고의 걸작이었다고 말할 수 있다. 그러나 그 속에는 선무공작에 동원되었던 공작원들의 냄새가 배어 있음도 부정할 수 없다. 이 저서에는 아카마쓰가 작성한 부분과 아키바가 작성한 부분이 각각 명시적으로 구분되어 있다. 엄격하게 말한다면, 공저(共著)라기보다 합저(合著)라고 하는 것이 아카마쓰에게는 덜 부담스러울지도 모르겠다.

아키바가 전개했던 만몽민족학의 수준을 가늠할 수 있는 대목은 "사회학자의 원시적 허영심"(淺川四郎 1941: 73)이라고 인식되었던 오르첸의 증여와 관련된 현상이다. 파리 유학 시절, 마르셀 모스의 세미나에 참석해 레포트를 발표한 경험이 있음은 물론, 모스의 『증여론(贈與論, *Essai sur le don*)』을 읽고 자신의 글에 인용한(秋葉 隆 1941.3.20: 103 주2) 아키바가 오르첸의 증여 현상을 '원시적 허영(la vanite primitive)'이라고 이해했다는 사실은 아키바의 만몽민족학이 초기 진화론의 수준으로 회귀한 것이 아닌가 하는 의구심을 들게 한다. 더 나아가서 과연 아키바가 모스의 『증여론』을 제대로 읽었는지 의심하지 않을 수 없다. 아키바의 오로첸 증여에 관한 이해는 수렵사회의 생산 관계를 "충욕 행위(充慾行爲)에 기초한 허영적 욕망의 만족을 목적으로 한 경제 행위"(河上肇 1909.5: 52)라고 설명하는 구도와 지극히 동일한 해석이다. 트로브리안드의 쿨라(kula) 현상과도 유사한 인간 사회의 교환관계를 보여 주는 오로첸의 장면을 '원시적 허영심'의 발로라고 결론 내린 아키바의 안목은 선무공작원들의 포로가 된 결과였거나 아니면 초기 진화론자 수준에 머무르고 있다는 결론을 내릴 수밖에 없다. 선무공작원과 동일한 복장과 무기를 휴대했던 아키바 교수는 외모뿐 아니라 내면의 인식까지도 군사용 선무공작의 영향력에 지배당했을 가능성이 크다.

첩자의 공작 일지를 포함한 학자의 답사 보고서[27]는 또 다른 선무공작원의 보고서에 기초가 되었다. 환언하면, 인류학자 아키바는 제국대학과 외무성 그리고 관동군이 합작한 군사용 시스템의 대소 국경관리 목적을 위한 선무공작에 이용된 점을 부인할 수 없다. 학자와 첩자의 상호 인용을 통하여 오로첸 문화를 '원시적 허영심'으로 스테레오타입화하는 과정은 관동군의 오로첸 공작이 한창 진행 중일 때라는 점을 알 수 있고, 사실상 학자도 첩자들과 함께 선무공작에 투입되었다는 점을 부인할 수 없다. 그 과정에 개입한 학자는 아키바뿐만 아니라 당시 오로첸에 관한 보고서를 작성한 거의 모든 학자에 해당되는 문제라는 점을 생각할 때, 당시의 학-첩 합작(學-諜合作)은 개인적 차원이 아니라 군사용 시스템을 위해서 전개된 것이라고 결론 내릴 수 있다. 예를 들면, "체격에 관한 정보는 인류학자 이마무라 유타카의 자료를 인용"(永田珍馨 1939.9: 81)했고, 경성제대 의학부 교수 이마무라는 흥안경비군(興安警備軍)과 남경비군(南警備軍)의 주대(主隊)와 지대(支隊)의 여러 장소에서 자료를 수집한 뒤 “일만군부(日滿軍部) 여러분들의 호의로 계측에 다대한 편의를 얻었다. (…) 고다마 중장(兒玉中將), 카지이 소장(梶井少將), 마쓰무로 대좌(松室大佐), 테라타(寺田), 카와사키(河崎), 케나조(下永三) 중좌, 이즈미 소좌(泉少佐), 하라타(原田), 요에츠(嘉悅), 후지마키(藤卷) 군의정(軍醫正) 등에게 감사의 뜻을 표한다.”(今村 豊 1934: 726)라고 했다. 군부의 협조 없이는 체질인류학 자료 수집이 어려웠다는 점도 알 수 있다.

아키바가 흥안령을 방문했던 직후 하얼빈박물관 소속의 루카슈킨(A. S. Loukashkin)이 흥안령의 다른 지역을 방문했던 기록과도 대조할 필요가 있다(Loukashkin 1967(7/8)). 동물학자인 루카슈킨은 박제 전문가 및 조수와 함께 출발해, 오로첸 사람들의 안내를 받았다. 1935년 10월 중순 출발해 12월 5일 철수했다. 우수리 지방의 큰 사슴(moose)으로 박제품을 만들고 사냥에 관한 자료를 수집하기 위함이었다. 하일라르(Hailar)를 경유해 이멘(Imen)강 쪽으로 가서 하이먼쿤수(Haimenkunssu) 목재 회사를 중간기지로 하고, 차량에 관해서는 그곳의 책임자 러시아인의 도움을 받았다. 당시 기온은 영하10도 정도였다. 오로첸인들은 쿠쿠레(Kukureh) 씨족 구성원들이었고, 겔민토(Gelminto), 만투산(Mantusan), 호반(Hovan), 두르보(Durbo, 이 사람은 나이 든 샤먼) 등이었다. 사냥한 무스를 잡아서 고기는 먹고, 부인이 내장으로 소시지를 만들었는데, 소시지에는 무스의 피와 수수를 넣었다. 소금은 넣지 않는다. 무스의 암놈은 360-380파운드 정도이며, 새끼는 280파운드 정도다. 오로첸 사람들은 산신에게 먼저 음식을 올렸다. 산신을 부르칸(Burkhan)이라고 한다. 사냥개의 이름은 울라레(Ulare, 赤色)였으며, 시릭테(Shirikte) 계곡과 강쪽에서 주로 사냥을 했다. 시릭테는 오로첸 말로 실이라는 뜻이고, 사륜마차는 텔리에가(teliega)라고 한다.

아키바의 작업과 비교해 보면, 루카슈킨은 사냥에 관한 자료 수집을 위해서 눈이 온 시기를 택했으며, 답사 기간에 있어서도 큰 차이를 보인다. 둘째, 특무기관과는 관계없이 작업이 진행되었다. 동물학 연구자들이 한 달 반 정도 야연을 했는데, 인류학자인 아키바는 단 며칠간 했다는 점을 고려하면, 아키바의 자료에 대한 신뢰성을 재고하지 않을 수 없다. 그런 점을 알았기 때문에, 아키바는 특무기관원 요시오카의 일기까지 입수했던 것이라고 생각할 수 있다.

1942년 5월 12일 하이라루(海拉爾)를 출발해서 7월 16일 모허(漠河)에 도착해 '대흥안령탐험지(大興安嶺探險誌)'를 시도했던 교토제대 출신의 이마니시 킨지(今西錦司) 팀도 마(馬)오로첸의 가족당 마필(馬匹) 소유 수에 관한 지도(제8도)를 요시오카의 1936년도 조사 자료(今西錦司·伴 豊 1948.7: 30)에 의존하고 있다. 동일한 문서의 제2표 마(馬)오로첸의 교역 물자표[交易山貨表]는 원전의 출처를 밝히지 않았지만(今西錦司·伴 豊 1948.7: 38), 이것도 요시오카의 1936년도 자료다. "작년(1942년-필자 주) 12월 16일부터 25일 사이에 대흥안령 오로첸족 실태 조사를 위하여 건국대학에서 출장을 받아서, 엄동 오로첸의 생활 체험을 기록하고, 민족학적 연구를 수행한" 만주 건국대학의 민족학자 오야마 히코이치(大山彦一)의 답사 동행자도 요시오카다(大山彦一 1943: 15). 관동군의 대소수민족 공작이라는 위계망(僞計網)에 걸린 학자들의 모습을 발견할 수 있다. 대소 첩보전에 이용하기 위해서 매수되었던 오로첸 사람들과 그들을 통솔해 군사작전용 첩보를 생산하는 공작원들 사이에서 인류학자가 과연 무엇을 할 수 있었을까? 당시에 발간되었던 자료들의 신빙성에 대해서 심각한 의문을 제기하는 것은 물론이고, 인류학자의 야로가 진행되었던 군사 현장의 오로첸 사람들의 입장에 대한 생각을 하지 않으면, 나아가서 첩보전에 동원된 흔적을 남기고 있는 인류학자의 모습을 지적하지 않으면, 지금 우리가 아키바의 업적을 읽는 최소한의 의미는 달성할 수 없다.

만몽민족학을 통해 “(아키바는) 동아시아에서 ‘민속 공동체(民俗共同體)’의 비교 연구를 전개하려는 큰 구상을 갖고 있었으며”(村武精一 1977.10.30: 185) 그 구상은 종전 직전 티베트 조사 계획까지 수립되어 있었으나, 종전으로 실현될 수 없었다[28]는 진술이 있다. 나는 ᄋᆞᄅᆞ첸에 관한 아키바의 ‘무용담’식 보고 내용에 대해서 의문이 많지만, 아키바의 말제자였던 무라타케의 아키바에 대한 진술에 대해서는 신빙성을 갖고 있다. 만몽민족학은 사실상 만주국의 존재와 소만국경의 군사첩보 문제와 긴밀한 연관을 가지고 진행되었던 공작과 일맥상통함을 알 수 있다. 만몽이 서쪽으로 연장된 몽강(蒙疆), 그리고 티베트는 대동아(大東亞)의 방어선으로 획정된 제국을 위한 꿈의 울타리였다. 민족학자는 그 울타리의 경계 건설에 필요한 군사첩보 수집에 동원되었다. 그 기본 조사를 위해서 경성제대 교수 아키바는 외무성 문화사업부 자금으로 파견되었고, 관동군 공작원 요시오카와 함께 선무공작의 루트에 점재했던 ᄋᆞᄅᆞ첸 지역에 투입되었음을 재확인하게 된다.

군사첩보용 성격을 강하게 내포하는 만몽민족학이 과연 ‘동아시아 민속 공동체’ 연구라는 학문 목표의 출발점이 될 수 있는가? 나는 무라타케가 언급하는 아키바식 비교연구의 구상에 동의할 수 없다. 설사 그것이 아키바의 학문적 그림이었다고 인정한다 하더라도, 제국의 침략전쟁이라는 거대한 판 속에 동원되었던 당시의 상황을 생각하면, 그것은 일장춘몽에 지나지 않는 무용담일 뿐이다. 역사상 전쟁에 의해서 희생되었던 진리 탐구의 학자들과 지식인들에 대한 모욕일 수 있다. 따라서 오늘날 일본 학계(민족학, 문화인류학, 민속학, 사회학, 박물관학 등)에서 아키바의 이름이 거의 거론되지 않는 것은 당연한 귀결인지도 모른다.

그러나 또 다른 한편으로는 다음 같은 생각도 가능하다. 부(負)의 유산도 현재를 구성하는 자산에게 역할을 했던 중요한 유산이다. 학문 후속 세대 입장에서는 선대에게 물려받은 부의 유산이 있다는 점을 감안하면, 아키바의 이름이 잊혀진 현재 일본 학계에 대해서는 우려의 눈길을 보내지 않을 수 없다. 미래를 위한 거울 역할을 해야 할 유산에 망각 시스템이 진행된다는 느낌을 지울 수 없기 때문이다. 그러나 최근 최길성 교수가 발표한 논문(崔吉城 2020.3.29)이 아키바의 업적을 부활시키려는 의도로 후자에 집중된다면, 미래의 학문에 희망이 있다.

5. 박물관

1927년 1월부터 1945년 11월까지 만 18-19년간 경성제대 교관으로서 조선에서 학문 활동을 전개했던 아키바의 행적을 조망할 때, 아키바 특유의 공헌이라고 말할 수 있는 것은 박물관 관련 문제다. "조선 연구에 있어서 잊지 못할 선생의 업적의 하나는 경성제국대학 진열관(京城帝國大學陳列館)의 창립이다. (…) 사회인류학자로서 물질문화에 대한 이해와 그 체계적 수집에 노력한 귀중한 학자였다고, 미야모토 케이타로(宮本馨太郎) 선생이 술회했다"(村武精一 1977.10.30: 187). 당시 조선에는 조선총독부박물관이나 이왕가미술관과 같은 고고학 내지 미술사 분야의 박물관만 존재하고 있었다는 점을 확인하고, 아키바가 시도했던 민속학/민족학 박물관의 구상이라는 점에서 무라타케의 진술은 충분한 의미를 갖는다.

아키바가 박물관에 열정을 보이는 동기에 대해서는 대략 다음과 같이 정리할 수 있다. 그가 경유했던 도쿄제대 사회학연구실과 동양문고는 박물관과 인연을 갖고 있는 곳들이 전혀 아니다. 그가 박물관에 대한 열정의 최초 모습을 보이는 것은 영국 유학 시기임을 증명할 수 있는 편지 내용이 있다. "소생은 런던대학과 브리티쉬박물관서 나날을 보내고 있다"(秋葉 隆-匿名 1925: 100). 그 후 그는 "(…) 민속학과 인종학 방면의 박물관을 30관 이상 보았다"(秋葉 隆 1927.9: 123). 약 2년간의 구미 유학 중에 그가 가장 많은 시간을 할애한 부분이 '박물관 순례'였다는 점을 확인할 수 있다. 영국에 체류했던 10개월간은 런던대학과 브리티쉬박물관에서 주로 시간을 보냈고, 이후 1년간은 파리를 중심으로 프랑스에서 주로 민족학 박물관을 순례했으며, 귀로의 한 달간 미국에서도 박물관을 관람했다.[29] 그가 유학 기간 동안 수행한 연구 중 박물관 순례가 주 작업이었다고 표현해도 될 정도다.[30] 전후 1949년 아이치대학 문학부장에 취임한 후 시행된 인터뷰에서 그는 "프랑스의 브르타뉴를 방문했을 때, 시골 정촌(町村)에도 박물관이 있고, 사적 증거물들이 진열되어 있는 데 감탄했고, 경성에서 박물관을 설립하는 데 진력했다."(愛知大學新聞 8號, 1949년 7월 1일 자)라고 술회했다.

박물관에 대한 그의 열정은 경성제대 부임 직후부터 지속되었고, "조선의 민간 습속에 관한 자료를 수집해 연구 및 전관(展觀)할 목적으로 쇼와 원년(1926년-필자주)에 (경성제국대학 민속참고품실이) 창설되었다 (…). 전혀 무조직에서 고물상의 재고품을 뒤졌으며 (…) 후일 연구자가 연구 여행의 현지에서 (참고품을) 수집하는 방침에 이르렀다"(編輯部 1938: 115). 이 글의 형식상 저자는 총독부가 편찬했던 잡지 『조선(朝鮮)』의 '편집부'이지만, '경성제국대학 민속참고품실' 부분의 말미에만 '아키바기(秋葉記)'라고 부기되어 있다. 1927년 1월 경성에 부임했던 아키바가 '쇼와 원년'에 민속참고품실을 설치했다는 것은 박물관 설립에 대한 아키바의 열정이 지나친 과장된 표현이다. 또한 타이쇼(大正)에서 쇼와의 교대는 1926년 12월 말이었다는 점을 감안한다면, 참고품실 설립일자를 1926년이라고 말하는 것은 오산의 결과다. 일본박물관협회(日本博物館協會)에서 발행한 『박물관연구(博物館研究)』 1932년도판에 게재된 자료에는 '조선 토속 참고품 진열실(朝鮮土俗參考品陳列室)'의 출발 시기를 계산할 수 있는 증언이 있다. 1925년 8월 대학 건설을 위한 지진제(地鎭祭)를 거행했고, 1928년 대학본부 신축 이전으로 생긴 공간에 상기 시설이 마련되었다는 점을 보아 '조선 토속참고품 진열실' 설립의 구체적인 시기는 1928년일 것이다. 또한 1928년 7월에 출간된 아키바의 논문에 소개된 전안용목안(奠雁用木雁) 2종은 "경성제국대학 민속참고품실 소장"(秋葉 隆 1928.7: 65)이라는 기록을 참고한다면, 참고품실은 최소한 1928년 전반에는 존재했다는 점을 인정할 수 있다.

이 부분에 대해 구체적인 일자를 제공하는 정보가 서울대학교박물관의 유물대장에 기록된 내용이다. 유물대장에 기록된 최초의 유물은 '쌍육'(민속품 민0001)이고, 등록일자는 1927년 2월 28일이다. 역사품으로는 '경직도 병풍'(역 0001)으로서 등록일자는 1927년 3월 25일이다. 참고로 '산대놀이 나무 가면'의 등록일자는 1927년 12월 5일이다. 날짜가 표기된 이 기록들은 토속품진열실을 설치하기 위한 준비 과정에 일어난 사건들을 알려주고 있다. 1927년 1월 22일 경성에 도착한 아키바가 고물상을 뒤져서 유물을 구입했다는 진술에 신빙성이 있다. 총독부 재외연구원의 신분으로 구미유학을 하고 돌아와 여러 곳에 인사를 다니는 과정이 있었음을 감안하면, 아키바는 경성제대에 착임하자마자 '박물관'을 생각했을 것이다. 관부연락선 객실에 비치된 이마무라 토모에의 저서를 읽고 조선민속학을 생각한 것과 결부해 경성제대에 '조선민속참고품실'이 시작하는 배경이 드러난다.

서울대학교박물관의 전신이 되는 '조선민속참고품실'은 1928년 3월에 발족했다고 말할 수 있으며, 이것은 한국에서 대학박물관의 효시를 가늠할 수 있는 사실로서도 인정될 수 있다. 참고품실의 명칭에 대해서는 여러 가지 가능성이 있지만, 최초에는 "토속품 진열실"(京城帝國大學學報 1928.4.5)이었다고 생각한다. 이와 관련된 구체적인 정보가 『경성제국대학학보』(이하 학보)에 기록되어 있다. 학보 005호(1927.8.5)에는 "1927년 7월 31일 오전 11시 16분 야마나시노미야후지마로왕전하(山階宮藤麿王殿下), 쿠로이타(黑板) 박사를 이(李) 학무국장이 수행하여, 교관실에 진열된 토속품 및 심리학교실 실험기계 등을 관람하였다."고 기록하였다. 이어서 학보 006호(1927.9.5)는 1927년 8월 8일 카토 칸카쿠(加藤灌覺)를 조선민속사료조사 사무촉탁에 임명하였다. 학보 013호(1928.4.5) 1928년 3월 1일 이케가미 정무총감(池上政務總監)이 토속품진열실(土俗品陳列室), 법문학부 교실, 도서관, 의학부교실 등을 시찰하였다고 기록하였다. 조선민속참고품실로 진화하는 과정이 드러난다. 즉 경성제대의 토속품진열실은 1928년 3월 1일에 공식적으로 등장하였다고 해석할 수 있고, 박물관의 역사라는 의미에서 이 일자가 현재 서울대학교박물관의 최초 설립일자로 고려될 수도 있다.

그 시설의 구성 내용과 밀접한 관련성을 보이는 명칭의 진화 과정에 대해서도 논의를 요한다. 1932년도 『박물관연구』의 기록에는 '조선 토속 참고품 진열실'이라고 되어 있고, 그 이후에 나타나는 대부분 기록들은 '민속참고품실'이다. 따라서 처음 아키바가 시작했던 시설은 전자의 명칭이었을 가능성이 크다. 당시 토속이란 단어와 민속이란 단어는 종종 혼용되었던 것이 일반 현상이었기 때문에, 초기의 명칭에 대해서는 약간 혼선이 있는 점도 적기해 둘 필요가 있다. 명칭 변화는 내용물의 변화를 반영하는 점에 대해서도 주목할 필요가 있다. "경성제대 법문학부 민속참고품실 주최의 조선 가면전람회: 1934년 10월 27일(토) 오후 1시 반부터 학부 제1회의실에서 개최. 전람 가면 108개 중 중부 조선의 것 52(양주), 남부 조선의 것 38(진주, 통영, 가락, 동래), 서부 조선의 것 16(봉산), 북부 조선의 것 1(북청), 민속참고품실 소장품, 조선민속학회 출품, 내관자 약 2백명"(ドルメン 3(12): 74)이라고 했다. 전시회의 개관에 맞추어 아키바는 "조선의 사회와 민속(朝鮮の社會と民俗)"이란 제목의 강연을 했다(朝鮮新聞 12007호, 1934.10.24). 학보 092호(1934.11.5)도 동일한 내용을 기록하였다.

조선의 가면이 한자리에 모였던 최초의 기회였다는 점에서 이 전람회는 특기할 만한 행사였고, 아키바가 가면에 특별한 관심을 가졌었다는 점을 증언하는 대목이며, 조선의 가면을 바라보는 아키바의 안목은 사회학적이고 민속학적이었다는 점을 생각하게 된다. 조선민속학회 출품이라는 내용은 송석하의 기여를 말하는 것으로 이해할 수 있다. 전시되었던 가면의 수가 모두 108개라고 했는데, 지역별로 분류된 수를 합하면 107개다. 1934년부터 지금까지 85년여 동안 이만한 가면 전시가 한 번도 이루어진 적이 없다는 점을 생각하면, 아키바의 공적은 새롭게 평가되어야 할 부분이 있다.

"경성제대 사회학연구실은 아키바를 중심으로 타이쇼 15년 창립 이래 민속자료의 수집 노력으로 그 수가 1,700점에 달한다. 지난 5월 2일 경성제대 창립 10주년 기념식 축하식에 일부 50점을 전시했다. 주로 조선민속에 관한 것과, 만몽과 에스키모 것들이 약간 포함되어 있다"(社會學徒 1934년 7월호). 사회학계에서 아키바의 박물관에 대한 관심을 공유하는 모습이다. 이 기록은 설립 이후부터 1934년까지의 민속참고품실 활동에 대한 소개 내용을 담고 있다. 특히 만몽과 에스키모의 자료들이 소개되었다는 것은 두 가지 사실을 확인해 준다. 하나는 아카마쓰와 아키바가 만몽의 민족과 종교에 대한 공동 연구를 시작한 시점부터 만몽의 민속 자료를 수집했다는 점이다. 아키바는 "외무성 문화사업부와 핫토리보공회(服部報公會)의 후원으로 1933년부터 1938년까지 5년간 문헌 자료를 수집하고 만몽의 현지 답사 여행을 전후 10회 연일수 160여 일 수행했으며, 대흥안령의 오로첸족(鄂倫春族) 캠프, 송화강 하류의 혁철족(赫哲族) 부락을 방문해 조사, 촬영, 참고품을 수집했다. 수집품은 경성제국대학 민속참고품실에 기증했고, 이 사업은 외무성 문화사업부와 핫토리보공회의 후원으로 실시되었다"(赤松智城·秋葉隆 1941.3.20: 1). 즉, 민속참고품실 설립에는 아카마쓰 치조 교수의 노고도 상당한 정도로 포함되어 있음을 알 수 있다. "오로첸 민구(民具)는 1935년 가을 필납하 상류의 오로첸족에서 수집한 물건도 있고, 특무기관원 요시오카의 알선으로 박극도특무기관(博克圖陸軍特務機關)의 이즈미 테츠오(泉 鐵翁) 중좌가 수집한 것을 기증받은 것도 있고, 1936년 7월 이즈미 세이이치가 탁이하(綽爾河) 상류 오로첸을 답사해 채집한 것도 있으며, 이마무라 교수가 기증한 것도 있다. 이들은 모두 경성제국대학 민속참고품실에 소장 중이다"(秋葉 隆 1937.1: 107, 1941: 111). 아키바의 제자였던 이즈미도 동일한 작업(泉 靖一 1937: 101)에 참여했음을 알 수 있다. 1960년대 후반 이즈미가 오사카에 건립된 국립민족학박물관 설립운동의 선두에서 역할을 했던 계기를 생각하게 만드는 대목이다.

다른 하나는 민속참고품실에 에스키모 자료가 전시되었다는 사실이 제기하는 문제다. "오카 마사오(岡 正雄) 선생의 알선으로 코펜하겐박물관 소장 민속품과 조선민속품의 교환이 있었다"(島本彦次郎 1955: 383). 경성제대 민속참고품실과 코펜하겐박물관(덴마크국립박물관)의 수집품 교환 시점은 1934년 초라고 생각되며, 두 기관의 중개는 당시 빈 대학에서 유학을 하고 있었던 오카 마사오가 중개했던 사실이 코펜하겐의 코펜하겐박물관에서 확인되었다.[31] 아키바가 기획한 코펜하겐박물관과의 유물 교환은 민족학과 박물관을 동시에 겨냥하는 프로젝트였다. 비엔나대학의 민족학연구실로 유학을 가는 오카 마사오가 경성의 아키바를 찾아온 것은 도쿄제대 사회학과의 선후배 관계라는 기반에 근거한 것이고, 오카를 경성제국대학의 프로젝트로 "제 외국에서 민족학 조사에 관한 사항으로 촉탁에 임명"(京城帝國大學學報 1929.5.5)하도록 주선한 아키바의 안목에 주목하게 된다. 오카가 경성제대의 임명을 받은 날짜는 1929년 4월 26일이었다. 오카의 촉탁 해촉은 기관 사이의 유물 교환이 완료된 후, 오카가 빌헬름 슈미트 신부와 함께 경성을 방문했던 시기인 1935년 6월 13일이었다(京城帝國大學學報 1935.7.5). 대학 차원에서 민족학이란 학문이 공식적으로 인식되었던 시점이 1929년 5월 5일이었으며, 그 발안자가 아키바였음은 움직일 수 없는 사실로 인정된다.

민속참고품실의 참고품은 조선의 것들을 필두로 에스키모 참고품, 다음에 만주와 몽고 참고품 순으로 반입, 수장된 것 같다. 이런 내용물의 변화, 즉 조선민속품뿐만 아니라 만몽의 것과 에스키모의 물건들이 포함되는 상황에 따라 시설의 명칭이 '조선 토속참고품진열실'에서 '민속참고품실'로 진화한 것이라는 해석이 가능하다. 그런 과정은 경성제국대학의 조직 차원과 무관하지 않음도 지적할 수 있다. "하야미(速水, 당시 경성제대 총장-필자주) 씨의 취미는 서화, 도기, 민속품 등이다. 이울러서 현재 우리 대학 명물인 민속품의 수집은 하야미 씨의 발의로 시작된 점도 있다."(安倍能成 1938.10: 38-39)는 흥미로운 진술이 당시 경성제국대학 교수에 의해 제기되었다. 이 글은 원래 1936년 11월에 발간된 경성제국대학 학우회 회보(京城帝國大學學友會會報)에 게재되었던 것으로서, 적어도 1936년에는 민속참고품실이 대학의 명물로 인식되었다는 점과 그 과정에 하야미 총장의 역할이 개입되었다는 점을 아키바의 활동과 연계해 생각해 볼 필요가 있음을 상기시킨다. 즉, 민속참고품실은 아키바 교수 개인 수준이나 종교 및 사회학연구실 차원과 아울러 범대학적 차원에서 지원을 받고 활동이 전개된 결과물이라는 점을 지적할 수 있다.

1938년 「아키바기(秋葉記)」에서 "만몽 (지역을 비롯한) (…) 이천 점의 물건을 10개 진열상에 정리하고, 인근 교수실의 일부를 창고로 사용했다. 대학박물관의 당당한 건물에 대한 꿈도 가지고 있다. (…) 대북제국대학의 토속품진열실이 2층 전부를 사용하는 것처럼 하고 싶은 욕구가 있다."(編輯部 1938: 115)라고 했다. 아키바는 당시 대만에 있었던 대북제국대학 토속·인종학교실이 운영했던 박물관을 벤치마킹하고 있었

[사진 5-2] 홋카이도의 아이누 부부와 함께한 아카마쓰(왼쪽)와 아키바(오른쪽)(1932년 4월 23일)

던 점을 지적할 수 있다. 동시에 민속참고품실의 수집품 수는 1932년의 1,000여 점에서 1938년에는 1,700여 점으로 증가했음도 알 수 있다. 그가 제시했던 자료 목록을 보면, 아키바는 수집품에 대해 지역별·종류별로 조직적인 연구와 진열을 시도하고 있었다(編輯部 1938: 116).

아키바는 "연구차 홋카이도를 방문한 적이 있었고, 그곳에서 신세를 졌던 아이누 가족(부부와 딸)이 후일 경성을 방문한 적이 있었다. 딸의 이름은 '에리코'이고, 부인의 입 주변에는 문신[入墨]이 되어 있었으며, 그 부인이 구금(口琴, 뭇구리)을 연주하는 것을 보았다."라는 아키바 마리코의 진술이 있다. 마리코 씨의 증언은 1932년 4월 23일 경성제대 민속담화회의 주최로 개최되었던 '아이누 민족의 회'를 말하는 것으로 생각된다. 그 모임은 법문학부 중강의실에서 개최되었으며, 아이누 추장 문베츠 미츠조(門別光藏) 씨의 부처가 강연과 무용을 선보였다(京城帝國大學學報 062호, 1932.5.5). [사진 5-2]는 지참하고 온 아이누 민속품들을 기증하는 기념으로 찍은 것이라고 생각된다.

아키바와 아이누 추장 부부의 만남은 1929년과 1932년 2회로 보인다. 첫 번째 만남은 조선박람회(1929.9.12-10.31) 때였다. 조선박람회의 안내문을 참고해 본다. 조선총독부가 250만 엔의 경비를 투자해 경

복궁 내에서 개최했으며, 일본 내지의 지역 특설관 속에 홋카이도관(北海道館)을 마련했고, 그 속에 아이누의 민속품들이 진열된 적이 있다. 남편이 머리에 쓴 의례용 모자는 '사파운페(sapaunpe)'라고 불리는 것으로서 넝쿨로 만들어졌다. [사진 5-2]의 아이누 부인이 입고 있는 옷에 대한 논의가 필요하다. "아이누어로 '모류'라고 불리는 특징적인 와문(渦紋)은 옷을 착용한 사람을 악령으로부터 보호하는 '가시'를 나타내는 것"(Fitzhugh 1999: 22)이라고 한다. "옷을 만드는 재료는 대체로 두 가지 식물이다. 하나는 느릅나무의 껍질로부터 얻은 실(attush, 앗츠시)이고 다른 하나는 풀이다. (…) 옷의 문양은 대체로 여섯 가지 종류가 있는데, 그중에서도 카파라밉(kaparamip) 문양은 와문과 백색을 조합한 것으로서 원래 동남부해안인 시즈나이 지역에서 발원하여 홋카이도 전체로 확산된 것이며, 특히 아사히카와 지역에서는 카파라밉을 상복으로 입는 경향이 강하다는 진술이 있다"(Kodama 1999: 313, 319). 확실하게 결론을 내리기에는 무리가 있지만, 현재로서는 이들이 아사히카와 출신의 아이누일 가능성이 높다. 아사히카와 지역의 의상 문양과 대조해보면(アイヌ文化振興研究推進機構 2000.3.30: 32-33), 여성이 입고 있는 옷의 무늬가 대단히 유사한 점을 지적할 수 있다. 그들이 지참하고 경성제국대학에 기증한 아이누 '토인형(土人形)'의 제작지가 아사히카와(旭川) 부근이라는 점도 간접적으로 이들의 출신지 추정에 보탬이 되는 사항이라고 생각된다. 민족학을 지향했던 아키바의 의지는 순조롭게 진행되고 있었음을 알 수 있다. 아키바가 남긴 어떤 기록에도 그가 홋카이도를 방문한 흔적은 없다. 그때 기증되었던 민속품 일부가 현재 서울대학교박물관에 소장되어 있음이 확인되었다.

"본관은 단기 4273년 고 박영철(朴榮喆) 씨[32]의 유언으로 그 애장품 서화 등 백여 점과 이 보존비를 당시 경성대학에 기증한 것을 기초로 진열관 건축 계획을 수립하는 동시에 달리 수명의 호의에 의한 기부금을 얻어 그 익년 9월에 준공하고 경대 진열관(京大陳列館)이라 했으며"(서울大學校附屬博物館 1956.10),[33] "다산 박영철(多山 朴榮喆) 씨 기증 이전 수집 유물은 역사품 1-609, 민속품 1-1017로 등록되어 있다. 박영철 씨 기증품은 역사품 610-722까지 등록되어 있고, 민속품으로 분류된 것은 없다"(陳準鉉 1994: 73). '역사품 1-609'에 포함된 수집품들은 초창기 오다(小田省吾를 말함) 교수와 이마니시(今西 龍을 말함) 교수를 중심으로 한 사학자들의 기여가 포함된 점이 부기되어 있다. "진열관 개관식은 1942년 9월 20일"(京城帝國大學學報 1942.10.5)이었고, '참여(參與)'라는 이름의 운영위원 임명은 1942년 5월 1일이었다. "운영위원에는 토리야마 키이치(鳥山喜一), 후지다 료사쿠(藤田亮策), 오사와 마사루(大澤 勝), 이마무라 유타카, 후나다 쿄우지(船田享二), 야자키 요시모리(矢崎美盛), 아키바 타카시, 스즈키 에이타로(鈴木榮太郎)"(京城帝國大學學報 1942.6.5; 永島廣紀 2019.9: 4)다.

1938년 아키바가 '대학박물관'에 대해서 펼쳤던 꿈은 1942년 현실로 나타났으며, 민속참고품실은 진열관이라는 명칭으로 탈바꿈하게 되었다. 아키바 교수는 "1942년 5월 경성제국대학 진열관 참여 및 주임"(島本彦次郎 1955: 315) 발령을 받았으며, 진열관 책임자가 되었다. 경성제국대학 진열관이라는 이름으로 설립되었던 조직에 대해 약간 불분명한 점이 있다. 건물을 짓기 위한 기부금 6만 원은 박영철 이외에 쿠마모토 리헤이(熊本利平), 마쓰모토(松本) 등의 자금도 포함되어 있으며, 1941년 준공된 진열관은 처음부터 민속참고품실(民俗參考品室), 고고학적유물개굴품진열(考古學的遺物開堀品陳列), 역사참고품실(歷史參考品室), 약초진열실(藥草陳列室)의 네 곳으로 구성되었을 가능성도 있다(每日新報 12541호, 1942.7.14).

1938년의 민속품이 1,700점이라는 기록과 1956년 서울대학교박물관의 '민속품 1-1017'이라는 기록을 대조하면, 해방과 6·25전쟁의 혼란을 거치면서 상당수가 분실되었을 것이라는 생각을 하게 된다. 현재 서울대학교박물관에서 상대적으로 홀대받는 민속품의 처지를 초창기 설립에 기여했던 아키바의 노력과 정성에 대비해 보는 작업조차 어려워진 상태가 오늘날의 현실이다. '역사 지우기'라는 정치적 레토릭과 쇼의 파장이 서울대학교박물관에 스며들지는 않았기를 바라는 마음 간절하다.

6. 무속: '기묘한 학문'의 박사학위

일본사회학사를 정리한 후쿠타케 타다시(福武 直)는 학계의 공헌을 평가하면서 "실증적인 조사 연구에 기초한 것으로는 (…) 아키바 타카시 씨의 「조선무속의 연구(朝鮮巫俗の硏究)」(아카마쓰 치조 씨와 공저, 1937-1938년)가 있다."(福武 直 1952.6.1: 398)라고 했다.[34] 아키바가 조선무속에 대한 실증적 연구자라는 점은 이미 전쟁 전에 발행된 그의 박사 학위 논문(조선무속의 현지 연구)뿐만 아니라 그의 출신인 사회학계에서 인정하는 사항임을 알 수 있다. 그러나 무속과 관련된 '기묘한' 인연을 철저하게 파악하지 않으면 그의 학문적 족적에 대한 오해의 그물망에 걸릴 수가 있다.

아키바가 동양문고에 사서로 근무할 당시(1921년 또는 1922년경) 무속에 관심을 갖고 있었던 이와이 타이케이(岩井大慧 1891-1971)와 주고받은 편린적인 대화에 대한 증언이 있다. 이와이에 의하면, "동료의 A군(아키바 타카시-필자주)이 (나에게) '당신이 하고 있는 것은 실로 기묘한 학문일세'라고 웃으면서 말했다."(岩井大慧 1949.9: 53)라는 진술이 있다.[35] 즉, 1920년대 초까지만 해도 아키바는 혼속에 심취해 있었고, 무속이라는 주제의 학문적 가능성에 대해서 생각조차 하지 않았던 점을 알 수 있다. 유럽 유학 전후로 혼속에 관한 논문을 시리즈로 발표했을 뿐만 아니라 경성제대에 부임한 초기에 실시했던 답사에서도 혼속을 주로 겨냥했던 아키바가 무속에 관심을 갖기 시작한 시점과 계기, 그리고 이런 문제에 대한 해석은 상당히 복잡한 실타래처럼 얽혀 있음을 설명하고자 한다. 이 실타래를 제대로 풀어헤치지 않으면, 아키바의 무속 연구에 대한 이해는 사상누각일 수 있다. 그로 인한 오해와 오해를 배경으로 한 억측 현상이 학문이라는 이름으로 지속되어 왔던 점을 지적하고 싶다.

첫째, 무엇보다 그의 안목을 무속으로 넓힌 계기는 유학 기간 동안 많은 시간을 투자해서 순례했던 박물관이었을 가능성이 있다. "그는 1926년 미국에 들러 9월 29일부터 10월 4일까지 시카고, 10월 11일 샌프란시스코, 10월 22일부터 하와이 호놀룰루의 박물관 등 20군데를 관람했다. 시카고에서는 야외 자연사박물관을 3일이나 걸려 기록하면서 자세히 관람했다. 북미 서북 해안의 민족과 민속에 관한 전시를 자세히 관찰했는데, 거기서 특히 샤먼의 복장에 관심이 컸다. (…) 파리의 트로카데로(Trocadero) 민속박물관과 하와이의 비숍박물관(Bishop Museum)의 퉁구스 샤먼의 복장에 대해서도 자세히 적고 있다. (…) 「박물관 순례기」를 통해 그의 관심이 (…) 특히 샤머니즘에 관심이 컸다는 것을 알 수 있다"(崔吉城 2004.12: 517-518). 박물관 방문을 통해서 샤머니즘 현상에 관심을 갖게 된 아키바의 입장을 정리할 수는 있지만, 이 부분을 확대 해석하는 것은 무리다.

아키바가 경성제대에 부임한 후 2년여 동안 발표했던 논문의 내용은 모두 혼속에 관한 것이었기 때문에, 아키바의 무속에 관한 관심 표현을 1926년대로 설정하는 것은 받아들이기 힘들다. 최길성이 이해하려는 아키바의 샤머니즘에 대한 관심은 다분히 견강부회된 느낌을 지울 수가 없다. 최길성은 아키바의 박물관 순례기 전체를 조망하기보다 샤머니즘이라는 부분만 탈맥락적으로 솎아 내어 아키바와 연결시키려는 시도를 하고 있기 때문이다. 경성제대 부임 직후, 즉 1927년 전후에 아키바가 발표한 논문들과 조선에서 실시했던 혼속 관련 답사에 관한 정보를 접하지 못했던 최길성의 오판이라고 지적할 수 있다. 박물관 순례를 통해서 샤머니즘이라는 현상은 박물관에서 취급할 수 있는 여러 현상들 중 하나라는 인식이 아키바에게 제공될 수 있었다는 정도로 이해하는 것이 '아키바와 무속'이라는 구도의 시간적 상한선이라고 생각한다.

두 번째는 조선이라는 장소에서 비교적 쉽게 대할 수 있었던 무속 현상이다. 1927년 경주에서 만났던 오사카(大阪) 교장에게서 온 서신 보고를 스스로 적기했던 내용이 "1. 신에 관한 신앙 2. 귀신에 관한 신앙. 부록으로 여근곡(女根谷)에 대해서"(秋葉 隆 1928.4.1)였음에도, 1927년 후반 당시 아키바의 관심이 무속이란 사회 현상을 포착하지 못했다는 점을 주목하게 된다. 무속에 관심을 갖고 있었던 사람에게는 오사카의 보고가 천우신조의 기회로 여겨졌을 것이다. 즉, 1927년 당시 아키바는 무속에 대한 관심이 없었다는 정황 증거인 셈이다.

세 번째는 당시 종교학 및 종교사학 분야의 대가였던 아카마쓰 교수의 영향이 복합되어 아키바의 주된 연구 주제가 혼속에서 무속으로 전환한 것 같으며, "아키바 선생은 아카마쓰 씨와 교류를 통해 샤머니즘만이 아니라 종교학 일반의 이해를 깊이 했다."(村武精一 1977.10.30: 184)라는 해설이 타당하다. 아키바는 우노의 『종교민족학(宗教民族學)』(1929년 간행, 인류학총서 제6편)에 대한 서평 형식 글(秋葉 隆 1930.3)의 서두에서, 아카마쓰의 『만근종교학설의 연구(輓近宗教學說の研究)』(1929년 간행, 종교연구총서 제1편)에서 배운 바를 언급하며, "아카마쓰 박사와 함께 금년 봄에 부여(扶餘) 교외에 있는 자왕리(自旺里)의 한 무가에서 실견한 바, (…) 실은 공동연구자 아카마쓰 박사의 사려 깊은 암시라고 생각되지만, 일체 조선에는 옛날부터 tan이라고 부르는 일종의 성어(聖語) (…) 성소(聖所) (…), 성물(聖物) (…), 신성인(神聖人)을 의미하는 tan"(秋葉 隆 1931: 87-88)이라는 점을 논리 전개의 기초로 삼고 있다. 즉, 아키바가 무속과 만나는 직접 계기는 아카마쓰라는 종교학의 거장이 경성제대의 종교학 강좌 담당 교수로 안착하고, 1928년 5월 아카마쓰 교수와 함께 개성의 덕물산(德物山)에 있는 무당촌을 방문하게 된 시점(秋葉 隆 1931.11)[36]으로 해석하는 것이 안전하다. 「조선무속의 연구」로 도쿄제국대학에서 문학박사 학위를 취득했을 당시 아키바가 "나의 연구는 아카마쓰 박사에 힘입은 바가 크다."(每日新報 12689호, 1942.12.10)라고 진술한 것이 진정한 의미를 담고 있다고 생각한다.

아키바가 무속과 관련해 작성한 최초의 글은 '무칭(巫稱)'에 관한 것인데, 그 글에서 "조선무속 연구의 선배 토리이 류조, 이능화"(秋葉 隆 1931: 82, 93) 등을 언급한다. 토리이는 『일본 주위 민족의 원시종교(日本周圍民族の原始宗教)』(1924년 오카서원 발행)에서 샤머니즘을 심도 있게 다루었고, 이능화는 1922년과 1923년 사이에 수회에 걸쳐서 조선무속에 관한 논문을 발표한 적 있다(李能和 1922, 1923).[37] 따라서 아키바가 '조선무속 연구의 선배'로서 토리이와 이능화를 언급하는 것은 무리가 아니며, 자신의 무속 연구의 학문 혈통에 대한 인식을 분명하게 하고 있다는 점을 알 수 있다. 그러나 여기에는 또 다른 문제가 도사리고 있다. 아키바가 토리이와 이능화의 이름으로 발간된 글의 내용을 얼마나 충실하게 독파하고 이해했는가는 별개라는 점이다. 이미 언급된 것과 같이, 아키바가 말리노브스키와 모스의 이름은 거론하지만, 대가들의 원전을 충분히 소개하고 요점을 구체적으로 원용한 흔적을 보이지 않았던 것과 마찬가지로, 아키바는 스스로 '조선무속 연구의 선배'라고 지칭했던 토리이와 이능화의 문서들을 깊이 있게 검토한 흔적을 보이지 않는다는 점을 지적하고 싶다.

아키바는 "지난 3년간 전 조선에 산재한 60개소가 넘는 읍락을 방문했는데, 무가(巫家), 특히 무녀의 집은 대략 300호에 달했다."(秋葉 隆 1933.4.1: 116)라고 할 정도로 정력적으로 조선의 무속 연구를 위한 야로에 임했던 것은 사실이다. 즉, 제국학사원의 연구비 보조(秋葉 隆, 1931)로 아카마쓰 교수와 함께 1930, 1931, 1932년 3년간(제국학사원 연구보조 수령자 제1부-인문과학으로 지원된 '조선 및 만주에서 무속의 연구')(朝鮮新聞 10322호, 1930.2.14) 함경북도부터 제주도에 이르기까지 조선의 많은 무녀를 방문했다(1938년 「조선무속의 연구(하)」에 수록된 "현지답사지도" 참고). 자신이 직접 수집한 자료들이 토리이나 이능화의 연구와 어떤 관계에 놓일 수 있는지에 대한 논의는 전혀 발견할 수 없는 것이 아키바가 보여 준 무속 연구의 그늘이다.

그의 무녀 탐방 행적과 샤머니즘 연구의 출발점과 학문 기반의 토대가 아카마쓰 교수와 함께했던 맥락에서 출발했음은 움직일 수 없는 사실이다. 당시의 학계 분위기로 보아 사회학을 전공한 사람이 샤머니즘에 입문했다는 것은 지극히 예외 상황이다. 아카마쓰와 함께 1928년 5월 처음 개성의 덕물산 상장군당(上將軍堂)을 방문한 이래, 1930년 10월 아카마쓰와 함께 함경북도 회령(秋葉 隆 1931.5.1: 112), 1931년 2월 다시 경성의 노무 배녀(裵女)의 산상신사(山上神事)를 보기 위해 덕물산에 올랐고, 1931년 5월초 세 번째 덕물산에 올라서 배무녀의 도당굿(都堂賽神)을 아카마쓰 교수 및 김(金)·엔조지(圓城寺-경성제대 법문학부에 고용되어 있었던 사진가)와 함께 관찰했다(秋葉 隆 1931.11). 1931년 10월 21일 제주도로 향해 토산당(兎山堂)을 촬영했다(秋葉 隆 1932.2). 1932년 10월 1일 김천(金泉)을 출발해 추풍령(秋風嶺)을 경유하고 연산역(連山驛)에 도착해 계룡산(鷄龍山)에 올랐다(秋葉 隆 1937.8.1: 23-25). 아카마쓰와 아키바는 무녀 연구를 위해 10월 31일 영덕(盈德)에 도착했고, 영덕군의 무녀는 여성 6명, 남성 5명 총11명이라고 확인했다. 그리고 11월

1일 강원도로 향발했다(朝鮮新聞 11301호, 1932.11.3)는 내용이 「조선신문(朝鮮新聞)」의 '각지 소식(各地だより)' 칼럼에 보인다. 도착과 출발 시간을 포함한 1박 2일의 자료 수집이 어떤 결과를 생산했을까 하는 생각을 떨쳐 버릴 수가 없다.

포항과 영덕에서 수집했던 무경(巫經)이 야마구치대학 도서관 아카마쓰문고(山口大學圖書館赤松文庫)에 보관되어 있음을 필자가 확인했다. 두 사람은 포항(浦項)을 출발해 승합자동차로 영덕읍으로 들어갔고, 11월 1일 경찰서 요도부장(淀部長)의 안내로 읍(邑)의 성황당(城隍堂)을 견학하고, 다음 삼척(三陟)의 여성황(女城隍)과 안인진 해령당을 보고, 11월 9일 귀경했다(秋葉 隆 1938.9.1). 순사부장을 앞세웠던 자료 수집이 어떤 의미를 가질까? 방법론 차원에서 엄정한 분석이 필요한 부분이다.

아카마쓰와 아키바가 공동으로 수행한 샤머니즘 연구는 1933년과 1934년 외무성 문화사업부 원조로 만주 지역으로 확장되었다. "살만(薩滿)의 행사를 견학하기 위해 대련(大連), 금주(金州), 봉천(奉天), 길림(吉林), 연길(延吉), 해륜(海倫), 치치하루 등 모두 9회, 따로 1931년 경성제대에서 남만(南滿)과 북지(北支) 파견 1회를 합해서 모두 10회의 행사를 보았는데, 그중 대련 1회, 봉천 2회를 제외하면 모두 무가 방문이었다"(秋葉 隆 1935.1.1: 238). 1933년 9월 8일 고궁박물관(故宮博物館)에서 청나라 궁정의 살만교신기를 촬영한 후 따아센[大仙]을 만났고, 9월 11일 만주민속학의 선배들인 코바야시 야스오(小林胖生-만철참사, 후일 동아고고학회 간사)와 미야케 슌조우(三宅俊成, 1902-1992) 씨의 안내를 받아 금주의 따아센을 방문했으며, 한따아센[韓大仙]의 만주신고(滿洲神鼓) 한 개를 받았는데, 이것이 경성제대 민속참고품실에 있다. 9월 22일 치치하루의 따아센, 9월 29일 길림성의 따아센, 10월 2일에는 봉천성의 살마(薩瑪, 츠아아마)를 만났다. 그녀는 1934년 6월 1일에 다시 만났다(秋葉 隆 1935.4a: 32-33). 그는 후일 1935년 가을 오로첸에서도 샤먼의 사진을 찍게 된다.

남으로는 제주도, 북으로는 북만(北滿)의 ᄋᆞᄅᆞ첸에 이르기까지, 즉 동아시아의 샤머니즘을 답파한 아키바는 자신의 표현대로 '기묘한' 인연의 샤머니즘에서 박사학위를 창출할 수 있었다. 도쿄제대 학사 논문을 작성할 당시 좌속(坐俗)의 연구 과정과 박물관의 수집품 과정에 기울인 비교 관점이 무속에 적용되어 「조선무속 문화권(朝鮮巫俗文化圈)」(秋葉 隆 1935.4b)이란 논문을 작성했다. 이 논문에는 사진이 많이 등장하며, 만주와 일본 등과 비교된 조선무속의 특성을 논하면서 동아시아라는 광범위한 시각을 차용한다. 그의 무속 연구는 전후 조용히 앉아 분석과 사고가 가능한 시점을 맞으면서 이론적인 모색이 시도되고 있다. 몽고와 만주의 경우들과 비교된 조선무속의 '부정소지(不淨燒紙)'가 '성화(聖火)'의 기능과 의미를 지니는 것이라는 결론(秋葉 隆 1949.9)은 아키바의 무속 연구가 진화하는 방향을 보여 주고 있다. 그가 무속 연구의 멘토였던 아카마쓰의 성화(赤松智城 1936.11.25: 123) 논의를 인용 없이 채용하고 있음을 지적하지 않으면, 아키바가 수행했던 조선무속 연구의 족보가 불분명해진다. 결론적으로 아키바의 무속 연구는 아카마쓰학(赤松學)의 무파론(巫波論)이란 틀 속에 있었다고 말할 수 있다.

아키바의 무속 연구는 대체로 초보적인 분류에서 시작해 사회 조직적 관심으로 접근하고 있다. "무칭(巫稱)"(秋葉 隆 1931), "춤추는 무와 춤추지 않는 무(踴る巫と踊らない巫)"(秋葉 隆 1932) 등의 분류 작업과 "입무과정(入巫過程)"(秋葉 隆 1931.4)과 "무단(巫團)"(秋葉 隆 1938.4.10) 등의 조직 측면 및 무속 집단의 사회적 성격으로서의 "듀아리즘(デュアリズム)"(秋葉 隆 1931)과 "무가의 모계(巫家の母系)"(秋葉 隆 1934)를 분석했다. 이런 글들은 그가 한창 무속에 관련된 자료를 수집·정리하는 과정에서 나타났다. 그의 무속 연구는 무속이라는 종교현상을 사회 조직적 측면에서 접근하고, 당시의 지배 사상이었던 식민사관의 표현인 '이중(二

重)'의 틀에 결합된 '이중조직(二重組織)'이라는 개념을 창출하고 있다. 그야말로 사회학적 무속 연구의 결과라고 말할 수 있다. 사회학자로서 최초의 무속 연구자로 등장한 아키바의 모습을 볼 수 있다. 그러나 그런 사실은 아키바의 독립 연구 활동이 아니라 종교학자 아카마쓰와의 협업에서 발단되었음에 대한 인식에 인색하지 말아야 한다.

그러나 전후 일본에서 무속에 나타난 성화(聖火) 논의는 전전(戰前) 조선에서 그가 시도했던 것과는 다른 방향이다. 그것은 일찍이 아카마쓰에게 영향받은 종교현상으로서의 무속을 보려는 노력의 일환이었다. 아키바의 무속 연구에서 멘토 역할을 한 아카마쓰의 학문 배경은 종교학과 종교사를 기초로 하여 "종교기원론(宗教起源論)"(赤松智城 1911), "범신론(汎神論)"(赤松智城 1915), "신성관념론(神聖觀念論)"(赤松智城 1917-18), "'타부'론"(赤松智城 1919) 등 종교학의 기본 이론부터 특히 경성제대에 부임하는 시점을 전후로 잡지 『민족』 1(3)에서 1(6)까지 '마나'에 관한 종교인류학적 논고를 분할 수록했다. 이 논고에서 그는 "본서에서 민속학은 ethnology의 역어다. 전호의 페이지 1에서 토속이라고 한 것을 고치노라. ethnography를 민속지"(赤松智城 1926.5: 76)로 번역하는 등 아키바의 종교학 입문에 모범이 되기 충분한 연구 경력을 지니고 있었다.[38] 아카마쓰의 종교인류학 업적은 이미 아키바와 만나기 전 상당한 정도로 성숙되어 있었음을 감안한다면, 아키바의 무속 연구는 아카마쓰와 만나면서 시작되었을 뿐 아니라 학문의 내용 면에 있어서도 아카마쓰의 영향을 고려하지 않을 수 없다.

연령으로는 아카마쓰(1886년생)와 아키바(1888년생)가 거의 동년배지만, 학문으로는 10년 이상 차이 나는 측면을 고려하는 것이 순서다. 그렇다고, 조선과 만주의 무속을 연구했던 아카마쓰의 종교인류학적 방법이 이상적이었다고 말할 수도 없다. 방법론 차원에서 검토해야 하는 과제가 남아 있다고 생각하는 것이 안전하다.

아키바가 무속에 대한 지식이 전혀 없던 시절에 동양문고에서 만났던 이와이 타이케이의 일화를 앞에서 소개한 바 있다. 동양사 분야에서는 당시 이미 샤머니즘에 관한 연구가 이루어졌음을 알 수 있다. 동양사 분야에서 달성되었던 무속 관계 연구는 지속적으로 진행되었고, 후일 이와이를 비롯한 연구자들의 업적에 축적되어 있다. 예를 들면 이와이의 논문과 미타무라의 논문이 있다. 아키바의 사회학적 연구 분야는 동양사 분야의 연구와 비교하면 아마추어 수준이라고 말할 수밖에 없다. 당시의 민속학적 연구 수준을 보여 준다고 이해할 수 있다.

7. 황도주의의 전도사

학자의 학문 활동이 어느 정도 자율성을 갖고 있는가는 어느 시대에나 민감한 문제다. 1920년대 소위 '타이쇼 데모크라시' 시대를 지나고 파시즘이 고개를 들기 시작하는 1930년대, 특히 만주사변이 전개되고, 동북아시아의 국제 정세가 긴박하게 돌아가는 상황에서 제국 일본의 영역 내에서는 점진적으로 학술 활동의 자율성을 견제하는 사건들이 발생했다. 식민지 조선에서 총독부는 대륙으로 진출하기 위한 교두보 역할을 자처했고, 식민지에 설립된 제국대학인 경성제대는 만몽문화연구회(滿蒙文化硏究會)를 조직하고 대륙을 향한 침략 행보에 참가하기 시작했다. 그 연장선상에서 외무성 문화사업부의 지원금을 이용해 동북 만주에서 민족학 조사의 이름으로 학자들이 첩자(諜者)들과 함께 활동한 점에 대해 숙고할 필요가 있다. 첩자들이 연결되었던 '조사' 맥락에서 학문이란 이름의 작업이 어느 정도 가능했는지에 대해 검토하는 것은 특수 상황에 처한 연구자의 입장보다 보편적 학문 윤리라는 문제를 먼저 생각하기 때문이다. 전시라는 특수한 상황에 처한 연구자의 입장을 전혀 고려하지 않겠다는 단언이 아니라 수순이 있기 때문이다. 전시 상황하에서도 학문의 보편성과 보편 윤리 문제는 최우선으로 선택되어야 한다는 것이 아키바의 학문 역정을 검토하는 나의 입장이다.

만주사변 이후 긴박한 상황은 도쿄 중심의 일본 국내에서도 거의 마찬가지 모습으로 전개되었다. "만주사변 이후, 일본의 사회학은 현실적 대응으로써 민족의 문제를 만났으며, 인종·민족의 이론에 손을 댄 사회학자들이 있었다. (…) 더욱이 일중전쟁 이후에는 국가주의의 입장에서 국체(國體)와 전체주의를 지지하는 활발한 활동을 했고, 광신적인 국수주의자로서 타케베 돈고(建部遯吾 1871-1944)가 황도주의(皇道主義)를 구가했다. 메이지 시대 사회학계에 군림했던 타케베의 사회학은 과학이라기보다 황도주의 이데올로기를 지주로 하는 일종의 교학(教學)이었다"(秋元律郎 1979: 272). 타케베의 교학적 분위기가 도쿄제대 사회학연구실에서 학습했던 아키바의 활동이 어느 정도 영향력이 있었는지도 주목해야 할 부분이다.

아키바에게 부여된 조선총독부의 과제가 있었다. 총독부의 재외연구원으로 2년간 유럽 유학을 했고, 총독부의 통제를 받는 경성제대의 교관 생활을 한 아키바 타카시 교수에게 총독부가 부과한 과제 중에는 심전개발[39]도 있었다. 우가키즘의 핵심 과제였던 심전개발의 목표는 식민지의 조선 민중을 어떻게 황도주의 사상으로 감화시킬 것인가였다. 즉, 사상적으로 세뇌해야 할 대상으로 조선인들을 설정했고, 조선인들을 천황의 진정한 신민으로 만드는 것이 심전개발 운동의 최종 목표였다. 또 다른 식민지 대만에서 추진되었던 황민화 운동과 맥을 함께 하는 것이라는 생각을 하면, 우리는 더 커다란 그림을 그리지 않을 수 없다. 즉, 황기(皇紀) 2600년, 즉 1940년을 기념하기 위한 대형 프로젝트가 기다리고 있었다.

아키바가 1935년 가을, 북만의 ᄋᆞᄅᆞ첸으로 출발하기 전에 이미 총독부가 이 과제를 부과했다. 오로첸에서 자료를 수집하는 과정에서도 그는 한 달 뒤 감당해야 할 심전개발 강연에 대해 생각하고 있었고, 심지어 오로첸 공작에 대해서도 심전개발 아이디어를 적용하려는 제안을 하고 있다. 아키바의 오로첸 답사 일기가 부분적으로 인용된 공작원의 기록 내용에 심전개발이란 단어가 등장한다.

> "일본의 종교가가 외지에 있는 내지인만을 대상으로 하지 않고, 조선에 있는 조선인, 만주에 있는 만주인을 시작으로, 흥안령 산중의 오로첸에 이르기까지 무릇 그 땅에 사는 대중의 심전개발에 힘을 쏟지 않으면 안 된다. 일본의 국운이 다양한 방면에서 세계적으로 진전되고 있는 오늘날, 종교만이 세계적 추세로 나갈 필요가 없다고 생각할 수는 없다. 오로첸 공작에서도 군대와 경찰에게만 의뢰하는 것으로 충분하다고 생각할 수 없다"(淺川四郎 1941: 57-58).

즉, 오로첸을 대상으로 심전개발 운동을 확산시키려는 희망을 담고 있는 일본인 공작원의 모습을 통해 심전개발은 제국 일본의 대(對) 식민지 심성 정복 맥락에서 전개되고 있었음을 알 수 있다. 당시 조선의 핵심적 식민통치 정책이었던 심전개발을 오로첸 공작에 입식시키는 효과를 생각하는 공작원에게 오로첸은 더 이상 민족학 연구 대상이 아니고 통제 대상이었다. 오로첸 공작이 군대와 경찰의 힘만으로는 부족함을 지적하고, 요시오카 부인(吉岡夫人)과 같은 종교인의 활동이 필요함을 역설하는 입장은 이미 유럽 제국들이 아프리카와 오세아니아 그리고 라틴아메리카에서 오래전에 사용했던 수법이다.

조선총독부 중추원 회의에서는 1935년 4월 27일 신앙심사위원회(信仰審査委員會)를 설치하고 17명의 위원을 구성했는데, 그중에 최남선, 이능화, 아키바, 무라야마 지준(村山智順), 아카마쓰 등이 참여했고, 이 위원회는 심전개발 운동의 이론적 저수지 역할을 했다. 1935년 6월 신앙심사위원회는 '조선의 고유 신앙에 대하여'라는 주제로 강연회를 개최했으며, 아키바, 무라야마 지준, 아카마쓰, 최남선, 이능화 등이 초청되었다(中樞院通信 號外, 1935). 무라야마는 '조선의 고유 신앙'을 강의했고, 그것은 『심전개발에 관한 강연집(心田開發に關する講演集)』으로 1936년 2월 25일 조선총독부 중추원에서 발행되었다. 1935년 10월 14일 심전개발 운동을 주제로 전선씨자대회총대연합회(全鮮氏子大會總大聯合會) 개회에서 아키바의 강연이 예정되어 있었기 때문에(朝鮮 246號), 9월 한 달간 북만과 오룬첸의 산중에서 일지를 쓰면서 다음 달에 있을 강연회 주제인 심전개발에 대한 구상을 하고 있었던 아키바를 그려 볼 수 있다.

황도주의 전도사로서 아키바의 역할은 당시 언론 자료로 읽어 낼 수 있다. 예를 들면, 조선교화단체총연합회(朝鮮敎化團體總聯合會)의 교화 사업으로서 아키바의 '조선사회사개관(朝鮮社會史槪觀)' 강연(朝鮮新聞 12700호, 1936.9.22), 총독부사회교화진흥공작(總督府社會敎化振興工作)의 강사로서 활동(每日申報 10522호, 1936.12.22), 조선교화단체총연합회 주최 제13회 지방중견청년강습회(地方中堅青年講習會)가 개최되었던 수원고농(水原高農)에서 아키바의 '향토신앙(鄕土信仰)' 강연(每日新報 11013호, 1938.4.29), 총독부의 국민정신작흥주간(國民精神作興週刊) 동안(11월 7-13일) 전 조선을 대상으로 실시되었던 내선일체 강연회에서 아키바의 강연(每日新報 11534호, 1939.10.5),[40] 중앙불교전문학교(中央佛敎專門學校) 학생회 주최의 사상보국철학강습회(思想報國哲學講演會, 조선일보강당)에서 아키바의 '도시의 사회적 특질에 대하여' 강연(每日新報 11537호, 1939.10.8) 등이다. 대중 상대의 강연뿐만 아니라 학술이란 틀 속에서 진행되었던 글쓰기를 통해서도 황도주의 전도사의 역할은 더욱 명백하게 드러난다.

심전개발이 겨냥하는 내선일체 틀 속에서 조선 민족의 동화 문제에 대해 아키바는 조선인 아동을 상대로 한 설문조사 결과를 논문으로 발표했다. "민족의 문화 구조 중에서 가장 보수적으로 유동하는 것, 즉 동화가 어려운 분야의 하나가 종교이기 때문에, 종교 지식과 도비환경(都鄙環境)과의 관계에 대해 파악할 목적으로 1936년 5월 경성과 부근의 보통학교 4교를 선택해 조사한 결과, 학교 교육의 민족 동화에 대한 역할을 체득했으며"(秋葉 隆 1939.12.25: 426), "도시는 촌락에 비해서 성공적이라는 결론을 내리기도 했다"(秋葉 隆 1939.12.25: 433). 내선일체라는 총독부의 정책 목표를 지지하는 어용 학문의 전형적인 모습이다. 제국 일본은 1936년부터 몇 년 뒤에 다가올 '황기 2600년'을 준비하는 작업을 거국적으로 실시했고, 그 사업을 위한 조선 측의 최대 관심사는 황민화와 내선일체의 심화 작업이었다.

아키바는 1940년에 조선 학동들의 내지화 정도를 측정하는 논문을 발표했는데(秋葉 隆 1940.3.1), 그 조사는 1936년에 실시한 것이었다.

> "반도의 사람들을 어떻게 하면 황국신민화 과정에 들어가게 할 수 있을까 하는 문제에 대하여 객관적 자료의 일단을 제공한다는 의미가 있다. (…) 정신적 문화의 속에 특히 동회가 곤란한 것은 종교 방면에 있다고 생각한다. (…) 도시의 조선인 학동들 사이에서 어떤 특성이 발견될 수 있을까 예상에서 다음과 같이 행했다. (…) 경성부의 재동(齋洞)과 교동의 두 학교, 농촌의 소학교로서는 마포와 용산의 두 학교로, 6학년 아동 540명을 피험자로 했다"(秋葉 隆 1940.3.1: 41).

> "조사 방법은 질문지법이었으며, (…) 5분간 한정해 아동들이 알고 있는 신불(神佛)의 이름을 기록하도록 했다. (…) 25종의 신불로 집중되었고, (…) 가장 많은 수의 신불 이름으로 답이 된 것들을 순서대로 기재

하면 1. 아마테라스 오미카미(天照大神, 271) 2. 석가(釋迦, 154) 3. 기독(基督, 86) 4. 메이지천황(明治天皇, 59) 5. 독개비(58) 6. 귀신(鬼神, 52) 7. 공자(孔子, 41) 8. 진무천황(神武天皇, 41) 9. 산신(山神, 39) 10. 노기대장(乃木大將, 31) 11. 수신(水神, 30) 12. 맹자(孟子, 28) 13. 신령(神靈님, 26) 14. 스가와라 미츠자네(菅原道眞, 26) 15. 니니기노미코토(瓊瓊杵尊, 25) 16. 스사노오노미코토(素戔嗚尊, 22) 17. 쿠수노키 마사시게(楠木正成, 22) 18. 대감(大監, 21) 19. 야마토타케루노미코토(日本武尊, 18) 20. 오오쿠니누시노카미(大國主命, 16) 21. 조선(祖先, 16) 22. 하나님(13) 23. 칠성(七星, 11) 24. 토요토미 히데요시(豊臣秀吉, 11) 25. 토고타이쇼(東鄕大將, 11)"(秋葉 隆 1940.3.1: 42).

식민지 조선에서 통용되었다고 생각되는 신불에 속하는 25가지 중 12가지는 일본적이었고, 13가지는 외래적인 것들을 포함해 대체로 조선 것이었다. 아마테라스 오미카미가 압도적인 숫자로 나타난 것과 거의 반반 분포를 보이는 자료에 대해, "도시에서는 일본 문화계(日本文化系)의 것이 주를 이루면서 조선 문화계(朝鮮文化系)의 것을 능가했으며, 농촌에서는 거꾸로 조선 문화계의 것들이 우세하다는 점을 알게 되었다. (…) 도시는 농촌보다 내지화(內地化) 정도가 높다는 점을 시사하는 것이다."(秋葉 隆 1940.3.1: 46)라는 해설을 덧붙였다. 황도주의 실천자로 아키바의 용의주도함이 정확하게 황기 2600년 사업을 겨냥하고 있었음을 지적할 수 있다.

1940년 12월 16일 경성상업실천학교(京城商業實踐學校, 설립자 우치타와 아키바는 동향 출신)에서 아키바는 당 학교의 '총력연맹고문' 자격으로 강연하면서, '내선일체'의 글자 하나하나에 대한 풀이부터 시작해, '공동 사회(共同社會)'에 관한 논의를 거쳐 "문화적 방면, 즉 예술, 종교, 문학, 풍속, 습관 등에 의한 감정적 결합"(秋葉 隆 1941.8.10: 7)을 바탕으로

"총후 국민의 거국일치"를 달성함과 동시에 "직역봉공(職域奉公)에 정진하여 신도실천(臣道實踐)에 매진함으로써 내선일체를 실천하자고"(秋葉隆 1941.8.10: 11) 주장했다. 진주만 폭격으로 시작된 대동아전쟁 발발 직후, 경성에서는 『국민문학(國民文學)』 잡지가 주최해 '대동아문화권(大東亞文化圈)의 구상'이라는 주제로 좌담회가 개최되었다. 사회는 최재서(崔載瑞)와 모리타 고로(森田悟郞)가 맡았고, 출석자는 아키바, 카라시마 타케시(辛島 驍), 츠다 츠요시(津田 剛) 경성제대 교수 세 명이었다. "만주사변부터 이번 대동아 공영권이 출발점이었으며(p. 38), 지도원리는 "황도문화권(皇道文化圈)"(p. 39)으로서 "황도 이데올로기로 나아가는 것에 비상한 찬성을 보낸다."(p. 41)라는 아키바의 주장이 제기되었다. "고도국방전략을 창출하려는 것이 이상적이며", "일본어를 고도 국방 언어로 자리매김하기 위해서 '국제문화협회'도 결성될 것이다."(츠요시)(p. 46)라는 설명이다. 제국 일본의 군국주의는 황도주의의 실천 이념으로 자리 잡았음을 알 수 있다. 아키바를 비롯한 경성제대 교수들의 머릿속에는 군국주의 실천 방안으로 꽉 찼던 것이다. 이는 사실상 황도주의자의 본성을 드러낸 것과 다름없다.

대동아전쟁 발발 후, 아키바는 "우리들은 과학의 대본영(大本營)과 전장(戰場)과의 민감한 유기적 관계를 파괴하지 말아야 한다."(秋葉 隆 1942.10.1: 89)라는 주장을 펴기도 했다. 아키바의 황도주의 전도 역할에 스며들어 있는 인류학적·사회학적 논리들을 읽어 낼 수 있다. 내선일체를 지향하는 아키바 교수는 전시 생활을 즐겁게 하기 위해 조선인들로 하여금 "1면1사(1面1祀)의 신사(神社)의 마츠리(祭)와 결합시키는 방법이 가장 좋을 것"(秋葉 隆 1944.6.13)이라는 제안도 한다. 장기간 답사에 의한 학문적 지식이 황도주의의 실천을 위해 구체적으로 동원되고 있음을 알 수 있다.

"1943년 가을 학도 출진(學徒出陣)이 시작"(古野直也 1990: 229)되자,

그는 자신의 경성제대 제자들에게 대동아전선으로 나가라고 독려하는 수필(秋葉 隆 1943.2.1)을 발표하기도 했고, "'축총출진(祝總出陣)' 네 자를 벽에 써 붙이고 특별 지원 명단에 (내가) 가르친 17명의 이름이 한 사람 한 사람 불리는 데 대해서 감개무량함을 표현하고, 이것이 사회학도의 학문보국(學問報國)임"(秋葉 隆 1943.12.1: 36)을 천명했다. "(조선인 학생 지원 제도 실시 당시) 아키바의 교실에는 지원 제도의 '적격자', 즉 조선인 학생 6명 중 5명이 지원했다. 아키바는 나머지 한 명에 대해 '지금 홀연히 자취를 감춘 애제자(愛弟子)를 부친과 함께 찾고 있다', '(…) 군(君), 그대는 지금 어디에 있는가' 등의 편지를 적어 신문사를 방문했다. (…) 아키바는 신문에 조선인 학생들에게 지원하라는 호소문을 신문기사로 싣기도 했다"(京城日報 1943.11.19; 藤本英夫 1994: 184 참조). 그 결과 "충남 아산 출신의 카야마 아키오(佳山明夫, 24세) 군이 (출진을 위해 아키바를) 찾아오는"(京城日報 1943.11.23) 성과가 일간지에 사진과 함께 대서 특필되기도 했다. 황국의 번영과 대동아공영권 건설에 박차를 가해야 할 때, 모든 조선인이 일본인의 정신을 갖도록 하기 위한 방법을 모색하고, 징병 실현 등 획기적 변화가 시도되었다.

이런 분위기에서 경성제대 교수 아키바는 "조선의 가족 제도에서 보이는 '가(家)'의 관념이 결전하 국가를 받듦에 있어 하나의 장애 요인으로 작용할 것이다. 일족협력의 관념이 발달한 포천(抱川)의 한 동족 촌락[41]에서 저수지를 만드는 공적 의무에 결석이 많다. 또한 학생 중 지원으로 입대하게 되었는데, 고민을 많이 한다. 그 이유는 가정에 대한 고민이다. 따라서 국가 요청에 주저하게 되는 것이다. (조선인들은) 공(公)의 위치가 낮다."(座談會 1944.7.1: 24)라는 견해를 역설하기도 했다.

1944년 12월 7일 아키바는 사회학과 졸업생 1명과 재학생 2명을 대동하고 경기도 용인군 기흥면 신갈리 상미(京畿道 龍仁郡 基興面 新葛里 上美) 부락 조사를 실시했다. 이것은 아키바가 조선에서 실시했던 마지막 사회 조사였으며, 당시 전쟁은 이미 패색으로 기울었던 시점이었다. 토사(土佐)에서 동척 농장(東拓農場)으로 이주해 온 친제이(鎭西) 씨 집에 베이스캠프를 치고 조선인 통역과 함께 주변 조선인들을 방문했다. 동척 농장을 중심으로 한 조선의 농촌 공동체에 대해 그날 아키바가 내린 결론은 "일면일사(一面一祠) 신사 설립과 더불어 (황도주의는) 국민적 신앙 성격으로 전환하고 있다."(秋葉 隆 1945.2.1: 44)는 것이었다. 아키바는 황도주의 전도사 역할을 하기에 충분한 자질을 구비함과 동시에 적극 실천을 하고 있었으며, 당시 그의 사회조사는 황도주의 교학의 포교 과정과 다를 바 없었다.

그의 입장은 경성제국대학 보도부 편의 전시과학총서(戰時科學叢書)[42]에 포함된 『대동아민족지: 북방편(大東亞民族誌: 北方篇)』(秋葉 隆 1944)에 집약되어 있으며, "특히 대동아전쟁 시기의 아키바는 '내선일체'와 '대동아 공영권'을 적극 수긍할 뿐 아니라 그 방향으로 언행을 실천했다. 대동아전쟁을 '성전(聖戰)'이라고도 말했으며, (아키바는) 결코 반식민자(反植民地者)는 아니었다. 그는 내선(內鮮)이 민족적으로 동일한 기원으로 '일체(一體)'를 주장했다. 그래서 '우리들은 아시아 해방을 위해 대동아 건설을 위하여 동생공사(同生共死)를 맹세한다.'라고 했다."는 최길성의 평가는 이런 분위기를 잘 대변한다(崔吉城 2003.3: 70). 1945년 3월 초 경성의 부민관(府民館) 중강당에서 조선후생학회(朝鮮厚生學會) 발회식이 개최되었다. 아키바는 이 모임의 이사장직을 맡았다(每日新報 13499호, 1945.3.3).[43] 직역 봉공에 임한 황도주의 전도사가 패전 직전 상황에서 감당해야 했던 실천의 모습을 보여 준다. 이 조직에서 주사(主事) 직함으로 참가했던 스즈키 에이타로(鈴木榮太郎)도 이 군국주의적 작업에 적극 동원될 수밖에 없었음은 시대 모순의 논리로만 해석할 수는 없을 것이다.

식민지와 전쟁이라는 특수한 맥락에서 학자이며 교수였던 아키바가 보였던 언행은 부분적으로 지배와 점령을 목적으로 하는 군국주의적 집단의 사상 및 실천과 동일한 모습을 보였음에 대해 논의했다. 총동원 체제의 아키바 교수는 대동아전쟁을 위해 제자들을 전선으로 내모는 역할을 했던 점도 논의했다. 그의 언행은 어용학자의 표본이라고 낙인찍어도 전혀 손색없는 것도 지적했다. 그것이 식민지 조선의 제국대학 교수에게 주어진 당대의 역할이었음도 간과할 수 없다. 아키바의 또 다른 모습으로 학문에 정진했던 점도 우리의 평가는 소홀할 수 없다. 부분과 전체를 혼동하면 아무것도 제대로 볼 수 없다. 부분은 부분대로 제대로 정리를 하는 것이 바람직하고, 그 정리 위에서 전체 조망이 필요하다.

8. 소결: '속학' 유전

19세기 말 공식 출범한 이래로 일본인류학계에서는 풍속, 토속학, 민속학 등의 용어들이 사용되었다, 그 '속(俗)'에 학문적 관심을 심고 전개한 아키바는 속을 연구 주제의 중심에 둔 일본인류학계의 본령에 굳건히 자리를 잡고 있었다고 평가해도 무리가 아니다. 그는 도쿄대학에서 학사는 좌속(坐俗)으로, 박사는 무속(巫俗)으로 두 개의 학위를 받았다. 석사 과정의 연구 주제는 혼속(婚俗)이었다. 학사에서 박사로의 신분 상승은 그의 연구 관심이 좌(坐)에서 혼(婚)을 경유해 무(巫)로 이동하면서 이루어진 것이다. 종교현상인 무속 신앙을 사회학적으로 연구한 것이 그의 박사학위 논문이다. '좌(坐)' 자의 횡선 하나를 위로 올리면 '무(巫)' 자가 되는 것과 아키바의 학력 상승이 기묘한 일치를 보이는 점이 흥미롭다. 좌에서 무로 올라가는 과정에 혼이 존재했다. 환언하면, 아키바는 일관되게 '속'을 연구한 학자였다. 좌속과 혼속은 사회학과 인류학에서 영양을 공급받았고, 무속은 종교학에서 훈습을 받았다.

1920년 도쿄제국대학 사회학연구실을 졸업하고, 1924년 가을 조선총독부 재외연구원 자격으로 유럽에서 유학하면서 시작된 '프로'의 연구 생활은 1954년 가을 사망까지 약 35년간이었다. 가장 말년에 작성한 논문들 중 하나로 보이는 '습속(習俗)'에 관한 글은 사회과학적 개념의 토착화에 주력한 논문이라고 이해할 수 있다. 전후 학문의 가장 핵심적 방법론으로써 개념에 관한 문제를 천착할 기회를 가진 아키바 교수는 자신이 추구했던 학문의 핵심을 '속(좌속, 혼속, 무속)'이라고 정리하고, 그것을 분석할 수 있는 사회과학 개념으로서 습속(folkways)에 대한 재음미를 시도했다.

"섬너(W. G. Sumner)가 Custom, Social usages, Tradition 등의 사회학적 용어의 애매성을 제거하고 명확한 개념을 위해 Folkways라는 새로운 단어를 만들었던 것은 주지하다시피 다음과 같다. (…) 획일성(uniformity) 반복성(repetition) 그리고 폭넓은 병발성(併發性, wide concurrence)을 써 Folkways의 특질로 했고, 그것은 오늘날 사회심리학에 있어서 행동 양식(behavior pattern)이기도 하다. 사실상 현대 미국의 사회학과 문화인류학에 있어 문화(culture)—하나의 집단·공동체 또는 사회에 공통 습관 행동의 형식과 내용—에 일치하는 것이다. 이런 의미에서 습속의 개념은 문화 개념의 발전에 있어 자궁의 역할을 했다. (…) Folkways나 Culture와 같은 외래 개념의 분석은 물론이거니와 우선 우리들 자신의 사회적 체험에 의한 역사적으로 획득된 습속이라는 일본어의 의미를 분석해 나가는 것이다. 아울러 사실과 대결에 다가서면서 그 개념 규정을 시도하는 것이다"(秋葉 隆 1954.7.25: 11-13). 자민족 중심주의(ethnocentrism)이란 용어를 창안했던 예일대학 교수 윌리엄 섬너(William G. Sumner, 1840-1910)의 문화사회학으로 학문 종결을 이룬 아키바는 진정한 학문을 추구하고 있었다.

그럼에도 같은 논문에서 아키바는 "미개사회는 습속의 사회이고, 현대사회는 제도와 유행의 사회라고 말하는 것도 가능하다."(秋葉 隆 1954.7.25: 51)라고 정리한다. 이 부분에서 우리는 아키바의 머릿속에 오랫동안 박혀 있던 이중조직이라는 틀이 사회와 문화를 바라보는 그의 기본적 관점이었음을 알 수 있다. 그가 연마한 분석 틀이라기보다 기본적인 개념 분석을 시도하는 과정에서 극복되지 못한 일종의 신념이었던 것 같다. 즉, 그가 고용했던 어떤 개념도 이중조직이라는 분석되지 못한 신념을 뛰어넘지 못한 안타까움이 있음을 알 수 있다. 이 상황이 아키바의 학문적 한계 상황이라고 지적할 수 있다. 때로는 말리노브스키와 모스를 거론하고, 때로는 토리이와 이능화를 거명했지만, 아키바는 그들의 저작물에 대해 심도 있는 이해를 보여 주지 못했다. 거명된 대가들의 작품에서 구체적으로 어떠한 내용을 학습했고, 학습된 내용이 자신의 학문 방식 속에 충분히 소화된 흔적을 보여 주지 못하고 있음은 아키바가 전개했던 학문의 한계와 깊이를 드러내기에 충분하다. 학계 밖에서 받았던 평가인 '자기 과시' 성향이 아키바의 학문 과정 속에서도 드러나고 있음을 지적하지 않을 수 없다. 이 부분에 이해가 없는 후학들이 아키바와 그의 업적을 분석함에 있어 혼란을 초래했던 이유라고 생각한다.

경성제대 교관으로 부임한 초창기에 아키바의 학문은 타케베 사회학에서 아카마쓰 종교학의 영향권으로 이행하는 경험을 했다. 전자로부터는 사회 조직적 관점과 비교 연구 시각을 얻고, 후자로부터는 신앙 민속인 샤머니즘 연구라는 대상을 얻었다. 이 전환 과정의 중간 단계에 기회를 얻은 유학 기간 동안 아키바는 현장 답사를 중요시하는 사회인류학의 야연(field research)을 터득했으며, 구미(歐美) 박물관 순례 기회는 그로 하여금 사회인류학과 물질 문화가 만나는 민족학적 박물관 건립의 의지를 실현시켰다. 사회인류학을 원용한 그의 자료 수집 방법은 주제 중심의 야연에 기초했으며, 전통적 사회인류학적 마을 연구(village study)를 한 것은 아니었다. 그가 비교적 단기간 동안 주제 중심으로 연구를 할 수밖에 없었던 것은 그에게 과제를 제공한 측의 요구가 있었기 때문이라고 생각된다. 연구 자금의 공급원에 대한 충성이 필요한 시대에 연구자의 활동 범위가 어떻게 제한되는지를 보여 주는 사례다. 그 결과 20년 거주한 조선에서 조선을 대상으로 사회인류학적·민속학적 연구를 한 연구자가 최후까지 조선어 통역이 필요했다는 점을 지적할 수 있다(秋葉 隆 1945.2.1: 44).

조선총독부와 외무성 및 관동군은 연구 논문이 필요한 것이 아니라 군사작전에 유용한 첩보가 필요했고, 인류학자에게는 그 범위 내에서 단기간 동안 효율적인 활동이 요구되었던 것이다. 1930년대와 1940년대 제국 일본의 통솔하에 있었던 식민지 조선과 점령지 만주의 상황이 학문을 우선적으로 고려했던 흔적은 찾아볼 수 없다.

1936년에 집중적으로 발표된 ᄋᆞᄅᆞ첸에 관한 아키바의 글들은 다분히 일회성에 그치고 말았다. 그는 ᄋᆞᄅᆞ첸에 관련된 기존 문서들을 찾는 데 게을리했음을 알 수 있다. ᄋᆞᄅᆞ첸과 관련된 글의 전과 후에 발표된 아키바의 글을 대조해 보면, 아키바의 ᄋᆞᄅᆞ첸 조사는 일회성에 그치고 있다. 왜 그랬을까? 그렇다고 해서 아키바가 ᄋᆞᄅᆞ첸을 조사하기 위해서 사전 준비를 착실하게 한 정황도 발견할 수가 없다. 방문하기도 어렵고, 비용도 상당히 소요되었을 ᄋᆞᄅᆞ첸 조사가 일회로 종료된 이유가 무엇일까? 인류학자로서 센세이셔널리즘을 추구한 것이라고 생각할 수 있다. '원시'민족을 대상으로 조사하고 있는 인류학자적 자기 충족감이라고나 할까? 그것은 결코 학문적 공헌으로 이어지지 못했다고 생각한다. 부분적으로 샤머니즘에 관한 논의와 연결될 수 있지만, 아키바는 ᄋᆞᄅᆞ첸 샤먼을 직접 대면한 적도 없었고, 샤먼의 굿을 직접 관찰한 적도 없었다. ᄋᆞᄅᆞ첸에 관한 정보는 오로지 특무기관원 요시오카의 일기와 증언에 의한 것이었다. 오로첸의 민구(民具)들을 수집한 것도 상당 부분 특무기관원들의 도움이 있었음은 이미 밝혔다. 아키바가 오로첸의 민구에 대한 후속 연구를 한 사례도 없었다. 일회적인 인류학자연한 센세이셔널리즘에 도취되었던 아키바의 오로첸 방문이었다고 말할 수밖에 없다.

제국을 만족시키기 위한 지배 대상으로서의 속(俗)과 학문을 달성하기 위한 연구 대상으로서의 속(俗). 아키바는 학문과 제국 사이를 속학(俗學)으로 유전했다고 말할 수 있다. 두 마리 토끼를 잡기 위한 방법으로 아키바가 채택한 것이 조사, 문헌 조사, 민속 조사, 학-첩 합작의 조사였다. 그것이 아키바학의 구성물이자 한계다. 아키바보다 10년 내지 20년 정도 앞선 시대에 샤머니즘이라는 종교현상을 연구했던 차플리카[44]나 시로코고로프의 업적에 비해 아키바의 작품이 저급한 질적 수준을 유지했던 이유는 제국의 간섭으로 인한 연구의 한계 상황 때문이었다고 생각된다. 아키바를 대학교수로 만든 제국이 아키바의 학문을 방해하는 아이러니가 발생했던 점을 지적하면, 그것은 군국주의라는 시대의 산물이었다고도 말할 수 있다.

정치적으로 민감한 시기의 활동 과정에도 아키바는 조선민속학, 만몽민족학, 박물관 셋을 다 엮어 샤머니즘 연구로 박사 학위를 받았으며, 이것이 아키바를 학문 영역에서 논할 수 있는 기초를 제공한다. 제국의 도움으로 그의 학문이 가능했다. 조선총독부 재외연구원으로 유럽 유학을 했으며, 경성제대 교관으로 약 20년간 근무했고, 제국학사원의 연구 기금으로 조선무속을 연구했고, 외무성 문화사업부의 도움으로 만몽을 조사했다. 관동군의 도움으로 현장 답사가 가능했고, 제자들에게 출정을 독려해 제국에 보은하려는 마지막 절규를 보였다. 그의 절규는 학자의 것이 아니었다.

삶의 핵심인 진리를 탐구하는 수단으로 학문이 존재하는데, 삶을 지배하는 것을 수단으로 하여 제국은 존재 기반을 마련한다. 삶의 진리를 추구하는 학문을 수단화하는 것이 제국의 존재 방식이기 때문이다. 총독부와 관동군의 정치 사상적 압력에서도 아키바가 획득했던 학문 성과는 분명히 존재한다. 아키바를 논하는 이 장은 아키바의 입장에 서서 아키바를 보아야 할 의무감도 있다. 아키바가 이룩했던 학문 성과는 그 성과를 만들어 내기 위한 아키바의 노력이었으며, 그것은 학문을 지켜 나가려는 일종의 탄력적 행동이었다고 평가하는 것이 마땅하다.

아키바의 학문 역정은 다음과 같이 요약될 수 있다. 좌속을 연구하는 과정에서 비교 연구의 강점을 터득했고, 혼속을 연구하는 과정에서 고문헌 자료의 중요성과 인류학을 이해했고, 무속을 연구하는 과정에서 야연의 중요성을 확신했다. 아키바의 35년여 속학(俗學) 유전(流轉) 과정은 현재 인류학을 공부하는 우리들이 수행해야 하는 준거의 하나로 역할하기 충분하다. 물론 그의 학문 역정에 개입된 제국과의 악연에 대해 그의 입장을 변호할 생각은 추호도 없다. 제국과의 악연에 의해서 왜곡 과정을 경험하는 그의 학문 과정에 대해 우리는 면밀하게 검토해야 한다. 그렇지 않으면 언제 어디에서 어떤 형태로 가장(假裝)해 급습할지 모르는 군국주의적 제국 권력에 대처할 방안 모색에 소홀하게 되고, 그 결과는 권력과 단절되지 못한 왜곡된 학문의 모습을 재연할 수 있기 때문이다. 그의 속학은 식민주의적 혼종성이라는 사상적 배경 속에서 성장·발전했음을 지적하고 싶다.

전전(戰前) 아키바의 학문은 제국을 위한 수단의 하나였으나, 전후(戰後) 진실을 위한 학문이 가능하게 되었다. 경성제대에서 아이다이(愛大)로, 즉 '제국'의 아키바로부터 '향토(鄕土)'의 아키바로 전환하는 시스템이 갖추어지면서 제국 간섭으로부터 자유로워졌기 때문이다. "금년도(1951년-필자주)는 종합향토연구실을 설치해 아츠미반도(渥美半島)의 종합 조사를 3개년 계획으로 실시하고 (…) 종합향토연구실이 설립

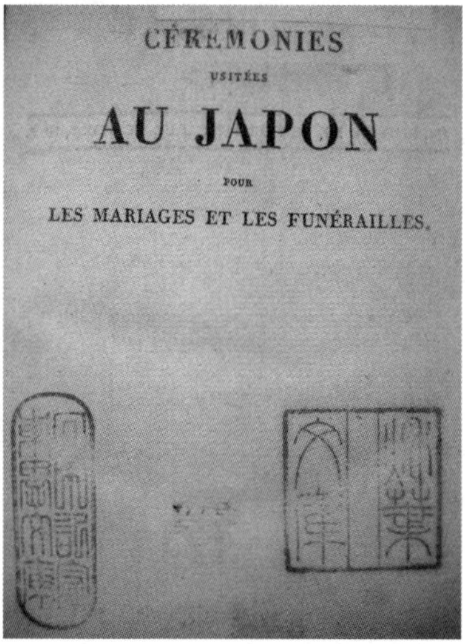

[사진 5-3] "아키바문고(秋葉文庫)"라는 장서인이 찍힌 도서. 보성고등학교 도서관에 소장되어 있는 도서들 중에는 같은 장서인이 찍혀 있는 경우들이 있다. 어떤 경로로 아키바의 장서들이 보성고등학교 도서관에 소장되게 되었는지 궁금하다. 여러 가능성 중 아키바로부터 송석하에게 관리의뢰되었던 장서들이 모종의 경로를 통하여 전형필에게 이동되었고, 그 일부가 전형필로부터 보성고등학교 도서관으로 기증되었을 가능성이 가장 높다.

되면 장래 대학 박물관을 설치해 바다의 집(海の家)과 산의 집(山の家) 등을 만들고 싶다."(愛知大學新聞 21號, 1951년 2월 14일 자)라고 한 그의 포부는 실현되었다. "종합향토연구실은 연구소로 바뀌고 소장에 아키바 문학부장이 취임해 아츠미반도의 종합적 실태 조사가 7월 20일부터 6일간"(愛知大學新聞 24號, 1951년 9월 15일자) 시행되었다. 아키바는 제국을 향토로 치환해, 향토를 재발견함으로써 전후 향토 연구에 몰두할 수 있었으며(秋葉 隆 1954.10.15),[45] 제국 시대 대륙에서 쌓은 풍부한 경험이 일본의 향토를 상대로 야연하도록 하는 기회를 마련하게 되었다.

학문은 진화하고 있다. 정치의 속박에서 진실의 추구로. 이것이 아카데미즘 진화론의 희망적 일면이다. 아쉬운 점이 있다면, 아키바의 언행 역정에서는 정치 압력에 대한 한 점의 간접 저항의 모습이나 내밀한 은항책(隱抗策, hidden transcripts)도 찾아볼 수 없었다는 점이다. 오히려 아키바의 언행 속에는 정치적 압력을 제자들과 독자들에게 전달하는 황도주의 전도사 역할만 찾아볼 수 있다.

주

1 1945년 11월 11일 아키바 타카시의 이성(離城, 경성을 떠남) 모임이 북아현동 우거에서 있었다. 제자들과 함께 작성한 문서는 경성제국대학 법문학부 용지에 7명의 글과 서명이 있다. 그들의 이름은 다음과 같다. 오경탁(吳警鐸, 경성 경동공립중학교), 아키바 타카시, 이시카와 타이조(石川泰三), 신종식(申鐘湜), 정종면(鄭鍾冕), 스기타 사부로, 쿠보타 타이야(久保田大也). 이 문서는 아키바의 막내딸인 아키바 마리코 씨가 소장하고 있다.

2 시마모토는 전전(戰前) 경성제대에서 윤리학을 전공하고 1945년 9월 졸업했으며, 아키바가 아이치대학 향토연구소 교수 및 소장이었을 때, 연구소 조교수였고, 무라타케 세이이치는 조수였다. 2004년 4월 9일 도쿄대학 이토 아비토(伊藤亞人) 교수 연구실에서 무라타케 선생과 인터뷰했다.

3 "선과(選科)"라는 표시는 그가 고등학교(흔히 구제고등학교로 인식되는 번호고(番號高)와 지명고(地名高)) 출신이 아니기 때문일 가능성이 가장 크다.

4 "성대요원내정(城大要員內定): 東大講師 常盤大定(宗教學), 東大助教授 矢吹慶輝(宗教學), 毛斯倫文庫囑託 秋葉 隆(社會學), 東大大學院生 四方 博(經濟學) 등"(每日申報 6077호, 1924.11.13).

5 "「좌속의 연구(坐俗の硏究)」로 졸업 논문을 썼던 내가 후년 「무속의 연구(巫俗の硏究)」로 학위 논문을 작성했던 것도 이미 어떤 패턴으로 나온 것일지도 모른다. 좌와 무, 자형의 유사성이 상징하는 것처럼"(秋葉 隆 1954.3b: 14). 아키바 자신의 증언을 보지 못한 사람들을 중심으로 이미 아키바의 졸업 논문에 대한 오해 계보가 형성되어 있음을 지적하고자 한다(伊藤亞人 1988; 秀村硏二 2002: 98). 아키바의 학사학위 논문(즉 졸업 논문)은 무속이 아니고 좌속이다. 이 오해의 문제는 한국의 무속 연구사와 관련된 중요한 문제이기도 하다.

6 "당시(1920년대 초-필자주) A군은 Westermark의 *History of the Human Marriage*를 연구 탐독했(다)"(岩井大慧 1949: 53). 'A군'은 아키바를 지칭하는 영어 이니셜이다. 학부의 좌속에서 대학원의 가족 제도로 연구 테마가 바뀐 점에 대해 마쓰모토 세이이치(松本誠一)는 토다 테이조(戶田貞三, 아키바보다 한 살 연상)와의 관계를 추정한다. 토다가 귀국해 도쿄제대 조교수로 착임할 때, 아키바는 대학원에 입학한 1년째였고, 아키바의 연구 제목인 "가족 제도의 연구"는 토다의 주제와 일치한다는 흥미로운 점이 지적되었다(松本誠一 1978.7: 148).

7 "말리노브스키 박사는 다년간 뉴기니 동부에 대한 연구를 속속 냈고, 너무 열심히 하여 건강을 해쳤다. (…) 대륙학파의 이론은 당지 사람들의 구조(口調)에 근거해 (…) 엄밀한 모노그라프를 작성함에 부심하고 있다"(匿名 1925: 100-101). 아키바가 런던에 체류하고 있었을 당시, 말리노브스키의 저술이 명성을 얻고 있던 점을 증언하고 있다.

8 안도 키이치로는 미야자키현 후쿠시마촌(宮崎県 福島村) 출신으로서 1907년생이다. 경성제대 법문학부 제2회 입학생으로서 1930년 3월에 졸업하였다. 대북제대의 토속인종학교실을 방문하여 우츠시카와 네노조 교수의 지도를 받기도 하였다. 졸업 후 남양청에 근무하였으나, 후속 사실에 대해서는 알 수가 없다.

9 "해외에 유학했을 때, 선생은 영국에서 에드워드 웨스터마크에게 사사했다. (…) 아키바 선생은 그렇게 웨스터마크의 영향도 받은 상태로 1926년 경성제국대학의 교수로 취임한 이래 당분간 강의는 혼인 역사가 중심이었다. 그런데 그 과정에서 진화주의에서 멀어지고 말리노브스키나 래드클리프-브라운의 기능주의에 접근하게 되었다. 그 변화는 영국에서 돌아올 때 가지고 온 것이 아니고 경성에 거주하는 동안 '조선무속(샤머니즘)'의 실증적 연구를 시작했을 때였다고 나는 생각한다"(泉 靖一 1969.7.29).

10 "교수는 1강좌에 1인으로 각 강좌를 담임하고, 조교수는 법문학부에 학과의 종류와 성질에 따라서, 초년도에는 15강좌에 10인을 배치 (…). 총 1강좌에 1인을 배치할 예정"(平井三男 1926: 44). 아키바의 경우, 조교수가 강좌를 담당하는 경우에 해당됨을 말한다. 강좌제(講座制)를 칙령(勅令)으로 명시한 경우는 '제국대학령'과 '경성제국대학관제'다. '제국대학령'(타이쇼 8년 2월 칙령 제12호): 제11조, 학부에 강좌를 둔다. 강좌는 교수로 하여금 담임케 하고, 단 교수가 없는 경우와 특별한 사정이 있는 경우에는 조교수 또는 촉탁 강사로 하여금 이를 담임케 할 수 있다. 제12조, 강좌의 종류 및 그 수는 별도로 칙령으로써 정한다. '경성제국대학관제'(타이쇼 13년 5월 칙령 제103호): 제3조, 교수는 각 학부에 분속해서 강좌를 담임하고 학생을 교수하며, 그 연구를 지도한다. 교수 중 학부장에 보해진 자는 강좌를 담당하지 않을 수 있다. 제4조, 조교수는 각 학부에 분속해 교수를 도와 수업 및 실험에 종사한다. 강좌를 담임하는 조교수는 제1조의 정원 외로 하고, 단 강좌를 분담하는 자는 그와 같은 조건에 있다.

11 『사회학잡지』의 연도별 휘보와 다른 잡지의 학계 동향에 등장한 아키바의 강의 제목들을 종합한 것이 아래의 내용이다. 완전한 것은 아니지만 전체적 경향은 파악할 수 있다. 1927년 사회학개론 및 연습(가족에 관한 문헌연구); 1928년 사회학개설, 민속사회학, 원시사회학; 1933년 조선민속의 연구(2); 1934년 사회학개론, 사회학특수강의(원시사회), 사회학연습(P. Sorokin의 Contemporary Sociological Theories); 1935년 조선민속; 1936년 사회학개론, 원시사회(특수 강의), 사회학강독연습; 1943.10-1944.9 사회학개론, 원시가족, 사회학연습. 김필동 교수가 경성제국대학 법문학부의 학수표를 분석하여 정리한 자료(미간행)에 의하면, 아키바는 1938년도를 제외하고 1927년도부터 1945년까지 지속적으로 '사회학'이란 이름이 붙은 제목의 강의를 하였다. '사회학개론', '사회학연습', '사회학특수강의', '사회학사개설' 등이었고, '사회학특수강의'의 내용은 주로 '조선민속'과 '원시사회'에 관련되었음이 밝혀졌다.

12 이 강연회에서는 마쓰츠키(松月) 교수의 "교학 쇄신과 황국의 길(教學刷新と皇國の道)"과 쿠로타(黒田) 교수의 "창조의 단계(創造への段階)"가 발표되었다.

13 구제대학은 1948년도 강의 일람까지, 신제대학이 발족한 1949년 1월 현재 강의일람(社會學評論 1: 237-240). 1948년도 일람 규슈대학 교수 키타노 세이이치(喜多野淸一)(사

회학개론), 규슈대학 강사 아키바 타카시(사회학연습).

14 Robert Hertz(1882-1915)의 '왼손과 오른손' 및 P. Broca(1824-1880)의 뇌좌리수우리(腦左利手右利) 연구를 인용하면서 대만 타카사고족(高砂族)의 우안(右眼)과 좌안(左眼) 그리고 "이원적 공간 분배"(古野淸人 1939.9: 84)를 논증한 후루노 키요토의 연구가 당시 구조라는 개념의 사상과 연결되는 희귀한 연구였다고 생각되며, 아키바의 경우는 당시 프랑스 사회학파에서 태동된 구조주의적 사상과는 거리가 먼 것이다.

15 "런던대학, 파리대학에 유학해, 에밀 뒤르켐, 래드클리프-브라운, 말리노브스키 등으로부터 문화인류학을 배웠다"(ウィキペディア(Wikipedia). 최종 검색 2021년 6월 29일). 아키바가 파리를 방문했을 때, 뒤르켐(1858-1917)은 이미 사망한 지 8년이나 지났다. 래드클리프-브라운은 1920년부터 케이프타운대학에서 사회인류학 교수를 했다. 그 후 1925년부터 시드니대학, 1931년부터 시카고대학에서 연구했다. 아키바가 런던에 체류하던 1924년부터 1925년 사이에 래드클리프-브라운은 영국에 살지도 않았다. 다만 말리노브스키만 런던에 있었는데, 당시 말리노브스키는 아직 고정된 교수직을 갖고 있지 못한 상태였다. 따라서 일본 위키피디아 내용은 오류투성이인 셈이고, 한번 잘못된 정보가 돌아다니기 시작하면서, 오류 내용이 확대 재생산되고 있다는 점을 지적할 수 있다.

16 "남자의 배는 카약이라고 부르고 여자의 배는 우미악이라고 부르는데, (…) 여름의 경제는 소가족적이고 개인주의적이지만 그것과 반대되는 겨울의 경제는 현저하게 대집단적이며, 부동산에 대해서는 공동 소유 형태가 보인다. (…) 종교에 있어서도 여름과 겨울의 두 가지 형이 발견된다. 즉 여름에는 종교 기능이 극히 미약하고 단지 가족 내에서 생사와 관련된 행사를 볼 수 있을 뿐이다. (…) 여름의 종교는 오히려 무종교, 즉 범속에 가깝다. 그와 반대로 겨울은 3월부터 5월에 이르기까지 기근의 재액을 면하기 위한 샤먼(토어로는 angekok)의 행사가 경성제대하고 (…) 특히 알래스카의 동제(冬祭)로서는 방광제(膀胱祭, fetes des vessies), 정령제(精靈祭, fetes des morts), 등화제(燈火祭, fetes solsticielles)의 세 가지가 유명하다"(秋葉 隆 1940.3.19: 402).

17 이마무라 토모에의 초기 논저는 다음과 같다.

1908 鷄助集. 自家版.

1909 民籍調査參考資料(警察月報附錄). 牧民心書抄譯.

1910 韓國警察一般. 韓國內部警務局.

1911 "孝子烈女旌表の裏面觀(上)", 新半島 7(3): 20-24. 京城: 新半島社.

1912a "正月の朝鮮人風習", 朝鮮 35, 36. 4+3p.

1912b "夏の朝鮮人風習", 朝鮮 42. 4p.

1913 "朝鮮人の夢占に就いて", 朝鮮及滿洲 69, 70. 4+4p.

1914a "處の迷信及俗傳", 朝鮮及滿洲 78: 87-90. 螺炎이라는 號.

1914b "二月と朝鮮の古風習", 朝鮮及滿洲 81: 122-123.

1914c "朝鮮婦人の出産と迷信", 朝鮮及滿洲 87. 3p.

1914d 朝鮮風俗集. 斯道館. 1915년 再版.

1921 朝鮮歲時記(洪錫謨 著) 譯.
1922 "朝鮮に於ける犬の傳說", 朝鮮及滿洲 170: 68-71.
1924a "朝鮮傳說: 鼠の結婚", 朝鮮及滿洲 194: 68-71.
1924b "螺炎抄話(夢の話)", 朝鮮及滿洲 201: 61-64.
1924c "或名醫の噺", 朝鮮及滿洲 204: 71-73.
1925 "牛黃と牧使", 朝鮮及滿洲 206: 136-139.
1926a "李王家の陵墓: 王家陵墓の現狀", 朝鮮 138: 46-60.
1926b "朝鮮の半陰陽文獻", 朝鮮及滿洲 229: 60-62.

18 카토 칸카쿠(加藤灌覺)는 아이치 출신으로 1870년생이다. 1900년 도쿄제국대학 이과대학에서 인류학 고고학 강좌를 청강했고, 1902년 수료 직후 동 대학 인류학회 촉탁으로 러시아에 유학했다. 1908년 인류학 및 고고학 연구를 위해 조선전도(朝鮮全道)를 실사했다. 조선총독부 학무국 편수과 및 편성과의 촉탁으로 시정기념관(始政記念館) 주임으로 근무했다. 시정기념관은 소위 황기 2600년(1940년) 프로젝트의 은사 기념관으로 준비되었고, 구 왜성대 총독 관저를 옮기면서 공간이 생긴 건물에 총독부 직속기관으로 설립한 것이다. 이 건물은 한일병합이 조인된 역사적 건물이었고, 이토 통감 이래 역대 총독들의 기념품들을 진열했다(釜山日報 11668호, 1940년 8월 25일 자). 도쿄 '와카모토'제약의 나가오 킨야규(長尾欽彌, 1892-1980)가 운영비 10만 원을 기부해 재단 법인으로 출범했다. 해방 후 이 공간이 미군정에 의해서 국립민족박물관으로 변신했다. 카토는 '조선원관(朝鮮院館)'(1930년)과 '조선연극'(1932년)에 대한 논문이 있다. 그는 조선사 특수 분야 연구가로 알려졌고, 종전 후 영주를 결심해 1946년 가을에 경성일본인세화회(京城日本人世話會) 내에 기거했다. 세화회가 귀국한 후에도 그는 동본원사(東本願寺)의 한 방에 남아서 살았으며, 1948년 사망했다(森田芳夫 1964: 425).

19 이 부분에 대해 "아키바는 (…) 조선의 민속은 중국 문화의 영향이 강하다는 점을 들고 있다. 유교의 남녀유별과 중국 기원의 전안례(奠雁禮)를 비롯해 불교, 도교, 풍수지리 등, 각 해당 사항을 논할 때마다 중국의 영향을 지적한다. 이런 지적의 밑바탕에 이른바 사대주의론이 깔려 있음은 말할 나위도 없다."(南根祐 1998.9: 74)라는 평가가 있다. "조선민속에는 중국 문화의 영향이 강하다는 점"을 지적한 것과 "이른바 사대주의론이 깔려 있음"이라는 평가 사이에 납득이 갈 만한 논리적 연결 고리가 필요하다. 중국 문화의 영향과 사대주의론이라는 이분법적 도식 적용에 의해 아키바의 소중한 학문 발견이 훼손되어서는 아니 될 것이다.

위건공은 1927년 4월 1일 경성제국대학 법문학부 강사 촉탁(京城帝國大學學報 2호, 1927년 5월 5일 자)으로서 중국어를 가르친 경력이 있고, "1928년 9월 30일 강사로부터 해촉되었다"(京城帝國大學學報 1928.10.5). 북평여자사범대학(北平女子師範大學)에서 발행하는 논문집에 수록한 「조선경교사료초(朝鮮景教史料鈔)」라는 그의 논문에, "조선에 있을 때 획득한 자료"(魏建功 1930.9: 1)라는 진술이 있다. 1920년대 말, 아키바와 위건공의 교류는 증명이 되는 셈이다. 참고로 북평여자사범대학 문학원에서 민속학조(民俗學組)가 『예속반월간(禮俗半月刊)』을 발간했다(王建民 1997.9: 191).

20 "무유담회는 당지(경성을 말함-필자주)의 민속담화회(民俗談話會)로서, (1929년) 6월 5일 동호 4, 5인이 조선 호텔에서 모임을 가졌고, 6월 23일 제1회는 왜성대구락부에서 개최했다. 이날이 음력 5월 6일이어서 밤에 단오에 대한 내용을 다루었고, 무당과 함께 행사를 했다. 제2회는 1930년 3월 1일 경성역 식당에서 무라야마 지준의 『조선의 귀신(朝鮮の鬼神)』 출판 축하 겸 발표가 있었고, 이어서 카토 칸카쿠의 전라도 여행담이 발표되었다. 제3회는 5월 1일 왜성대구락부에서 테지마 후미쿠라(手島文倉) 씨에게 북경 이야기를 들었고, 카토 칸카쿠가 조선 민간신앙에서 조화(造花)에 관한 내용을, 오우치 타케시(大內武次) 씨가 조선의 촌락에 관한 감상담을 이야기했다. 제4회는 대학의 민속참고품실에서 6월 22일 개최되어, 제주도 여행에서 돌아온 아카마쓰 교수와 카토 촉탁의 민속 시찰담이 있었다. 발표와 함께 수집품 진열과 촬영된 민속 사진 감상이 있었다. 제5회는 니이나메사이(新嘗祭)의 날이어서 경성 내외의 무당 순례가 있었고, 밤에는 나이토 키치노스케(內藤吉之助)의 도구송별회(渡歐送別會)를 아서원(雅敍園)에서 개최해 무가와 무담이 있었다"(秋葉 隆 1930.1). 아키바의 기록을 기반으로 정리해 보면, 무유담회는 1929년 6월 5일 발족되었고, 제1회(1929년 6월 23일), 제2회(1930년 3월 1일), 제3회(1930년 5월 1일), 제4회(1930년 6월 22일), 제5회(1930년 11월 23일) 개최되었고, 주요 참가자는 아카마쓰, 아키바, 무라야마, 카토, 오우치(경성제대 교수) 등의 5인 외에 2인 이름을 추가할 수 있는 정도다(吉原丈司 2018.3. "內藤吉之助教授について", 法史學研究會會報 第21號 참조).

21 잡지 『민족』이 해체되고, 1929년 초 민속학회가 새로 조직되었으며, 이 학회가 발행한 논문집이 『민속학』으로서 제1권 제1호가 1929년 7월에 발간되었다. 민속학회는 월례회로 1929년 3월에 제1회 민속학담화회를 실시했다. 아키바는 이 학회의 위원으로 처음부터 참가했으며, 1930년 11월 민속학회의 위원 구성에 변경을 보이면서, '지방위원'이라고 표시했다. 지방위원으로는 아키바 타카시(조선 경성), 우츠시카와 네노조(移川子之藏, 대만 대북), 니시타 나오지로(西田直二郎, 교토)의 3명이다(民俗學 2권 12호, 지방 명칭은 필자 추가).

22 손진태는 총독부 조사 자료집으로 간행된 무라야마 지준의 조선 민간신앙 4부작(조선의 귀신, 조선의 풍수, 조선의 무격, 조선의 점복과 예언)에 대한 서평에서 "2, 3년 전까지 거의 그 존재가 막연해 의문시될 정도였던 조선의 민속학계가 근래 아연 생기를 띠어 오고, 조금은 푸짐한 느낌을 주는 듯한 그 공적의 절반"(孫晉泰 1933: 103)은 무라야마의 4부작에 있다고 칭송한다. 나는 이 문장 속의 "2, 3년전"이라는 부분에 주목한다. 이 서평이 1933년 11월 발행된 것임을 감안한다면, 서평이 작성된 시점은 1933년 중반이라고 생각되고, 이 시점에서 2, 3년 전이라는 시점은 1930-1931년 사이다. 송석하와 손진태가 중심이 된 조선민속학회의 창립이 1932년인 점을 감안한다면, 손진태가 "조선의 민속학계"라고 지목했던 것은 조선민속학회가 아니라 아키바가 주도했던 무유담회일 가능성이 더 높다. 그 무유담회가 1931년경 활동 정지 상태였음을 손진태는 언급한 것이다.

23 이 과정에서 중요한 두 가지 사실을 확인했다. 첫째, 경성 태생으로 중3까지 경성에서

학교를 다닌 마리코(인터뷰 당시 78세) 씨는 아키바 교수와 관련된 몇 명의 조선인 이름을 기억하고 있었는데, 송석하와 김두헌(金斗憲)을 제외하고는 모두 성(姓)밖에 기억하지 못했다. 그녀는 송석하를 “소샤카”라고 말했으며, 부친과 친밀한 관계를 인정했다. 둘째, 1960년대 아키바 교수의 과거 자료를 반환받도록 주선하겠다고 했던 사람은 “돈을 목적으로 했던 것 같아서 마리코 씨의 남편(아키바의 서양자)이 거절했다.”라고 했다. 그 사람은 아키바의 제자들 중 한 사람인데 “시게카와”라는 조선인으로서 원래는 정(鄭)이라는 성을 가진 사람이었다고 증언했다.

24 일본 정부는 단비사변(의화단사건을 말함) 배상금(團匪事變賠償金)을 중국에 대한 문화 사업에 사용할 용도로, 1923년 ‘대지문화사업특별회계법(對支文化事業特別會計法)’을 제정 공포했고, 사업 내용을 “인류의 행복과 동방 문화 발양이라는 순 동방적인 정신적 사업에 한할 것, (…) 그 범위를 교육, 학술, 위생 그리고 그 외에 순수한 문화적 사업에 한해 (…) 문화사업부로서 전적인 활동을 학문 연구와 의료 구휼 그리고 교육 등에 한정할 것으로 했다”(米內山庸夫 1940.1: 62). 외무성 문화사업부는 대지문화사업에 관한 업무에 대해서 1927년 6월 23일 설치되었고, 산하에 제1과, 제2과, 제3과가 있었다. 이 조직은 1940년 12월 6일 외무성 내의 동아국(東亞局)으로 흡수되었다.

25 滿洲旅行記. 16.5×20.5cm. 38pp.(Alexandre Guillemoz 소장 자료)

9월 1일 夜 治安部警備科에서 전화. ゴルド人種調査件. 撫遠 同江 寶淸縣오지 하변에 소수산재. 목하 경비력이 활동 중이니 실지 조사 불가. 현재 치안 공작 몰두 중의 경비. 본건 취소.

9월 2일. 9시 반 하얼빈발 목단강행 열차가 阿城을 향하다. 10시 42분 아성착. 兵營 小林隊 방문. 兵四名과 함께 성내를 돌아보다. 6시 50분 아성발 8시 2분 하얼빈착. 로시야 스프로 석식.

9월 3일. 大陸科學院 ハルピン分院(博物館) 인사. 배 타고 다님. ハルピン丸(1,800톤). 백색 쌍륜선. 일등 20명, 이등 40명, 삼등 903명. 노선장인 러시아인 ヴテリヤコフ는 만주사변 4년 전부터 흑룡강과 송화강에서 유선. 哈爾賓航業公司. 객선이 112척. 화물선까지 합하면 모두 350척. 종업원 5,000인. 신디케이트 조직. 작년 6개월간 여객 연인원 64만 5,000인. 大阪商船의 1년분에 해당되는 양. 자본은 만철 40%, 민자 60%. 이 배의 선주는 馬氏(大連 거주). 巴彦港.

9월 4일. 아침 6시. 羅拉蜜(로로미)착.

9월 5일. 8시 기상. 縣公署 방문. 9시반 紀賢丸 승선. 730톤. 사롱은 지나풍. 10시 반 출범. 오후 0시 45분 宏克力(홍고리)착. 1시 15분 竹簾착. 5시15분 蓮江口착. 석탄항. 오후 7시 佳木斯착.

9월 6일. 曇. 아침 省公署 방문. 11시 縣公署 방문. 참사관은 도쿄제대 사회학 출신. 陳科長은 赫哲族에 관해서 질문. 가목사의 하류로 3시간 정도 내려가면 蘇蘇屯(susuton). 거기에 數戶의 혁철족. 어, 렵, 노동, 농경. 농경은 화전. 대두, 소맥, 옥수수, 고량 등을 재배. 萬(瓦)里霍呑(warihuton)에 4, 5호 혁철족. 悅來鎭에서 동북으로 40리. 소소둔은 열래진에서 서북으로 5리. 노인은 토어를 사용하나 다른 사람들은 모두 토어를 하지 못한다. 지나어만. 의식주는 대체로 지나화. 성품 온화하고 술 좋아하고, 백주를 마심. 이십 년 전 정도까지는 어피로 신을 만들고 녹피로 의복을 만들었음. 결혼 풍습에 관한 정보 모으고. 福田指導官 談. (정보는 모두 陳科長과 福田指導官에게 수집한 것들)

旗人의 집 방문. 佳木斯 維新胡門 四: 周玉璽(旗人), 妻, 子一, 女一

胡玉山(滿) 妻 胡王氏(大仙)(漢)

孟子元(漢人) 妻 孟攝氏. 長子 德林 次子 福林

草葺 三間房에 三家族 거주. 家主에 의해서 借家된 것. 旗人은 依蘭縣生, 孟氏는 吉林省生, 大仙夫 奉天生(광무 20년), 妻 佳木斯生(민국 3년) 대동 3년 혼인. 家賃: 旗人 年40원, 漢人 年20원, 大仙 年20원. 가옥 평면도. 흥미로운 그림 두 개.

9시 배로 赤松과 泉君이 嶺. 참사관과 왕통역은 보내고(…)

9월 7일(孔子祭). 縣公署에서 福岡, 田 指導官의 이야기를 듣다. 오지의 한인과 혼인한 일본 부인은 모두 3명. 농민들은 산동 출신이 많다. 十戶가 一排, 十排가 一甲. 數甲이 保가 된다. 保甲이라는 自治이다. 匪賊의 해를 방지하기 위한 것. 비적의 8할은 아편 끽연자. 농민도 아편을 흡입하다 보면 비적이 된다. 현공서에서 제공한 차로 청진사를 재방. 北緯50도에 흘러온 女. 昭和十年三月. 回教徒의 妻. 長崎縣諫早郡生. 下釜. 메이지 33년 11월 18세 때 부부가 포염으로. (이 내용은 출판되었다)

佳木斯 清眞小學校 생도 64명 교원 1명. 1년생 30명, 2년생 28명, 3년생 6명. 남 52, 여 12. 만인과 회교도 반반씩. 경비는 1년에 4원. 회교도 자녀들은 1주 2회 금요일에 예배.

9월 8일. 5시반 기상. 赤松泉兩君 돌아옴. 함께 조식. 9시 45분 가목사발. 川瀨참사관이 송별하러 왔다. 역 이름으로 彌榮村이라는 일본명도 있음. 선로 근처에는 무장한 남자와 몸뻬의 여. 백마를 탄 병사. 오후 1시 40분 勃利(뽀-리)착. 병영 유. 5시 古城鎭착. 9시 목단강착. 호텔에.

9월 9일 晴. 8시 기상. 東京城착. 東亞 호텔 泊.

9월 10일. 동경성 경찰서. 서원 27명 중 만족 5인. 동경성 남방 3리에 西荒地라는 곳에 80호의 촌 대부분이 만족. 牧丹江畔에 下村甲은 집단 부락으로 만족. 청진사 보러 오전 10시 출발. 前西地, 山神廟, 胡仙廟 기타의 石祠 견학. 오후 1시 下村착. 滿戶 13, 鮮戶 65, 漢戶 33. 혼합 집단 부락. 하변에 小廟. 甲長은 漢人 孟昭命 월급 12원, 副甲長 鮮人 姜秀錫 월급 5원. 부락은 동서로 나뉘어 있고, 동부에 선농이 살고, 그리스도 교회당이 있다. 동서에 망루가 있다. 마을 지도가 좋은 것이 있음. 만족의 姓 厲 10호. 關 3호. 集團工作이 작년 8월에서 10월 사이에 완료. 강에는 丸木舟로 다닌다. 오후 4시 귀도.

동경성 부락 下村 만족 민가 방문. 평면도. 간략하게. 西炕上方에 案子 2개. 오른쪽에 綢條(五色의 布)가 들어있는 함. 좌에는 人馬가 그려진 그림이 들어 있는 함. 함께 佛爺라고 불림. 薩碼의 跳神은 1년 1회. 10월에. 10월은 길월이고, 길일을 택해서. 그때 案子의 佛爺를. 그 밑에 炕上의 2개 탁자 위에 놓는다. 살마 2인이 腰鈴을 두르고 두드리고 노래. 모두 8명의 살마가 필요하다. 同姓의 薩碼. 공물은 돼지 떡 등 5개. 銘酒(白酒). 杆子祭는 다음 날 아침. 이때 跳神. 杆子에 돼지 머리 공물. 여인 금제. 佛爺祭 때 男은 실내, 女는 없고. 翌日 祀는 供饌. 他姓에게도 나누어 줌.

佛爺祭: 人馬의 佛爺는 堂祭, 綢條으 佛爺는 夜祭. 人馬에는 香爐 2개, 綢條에는 향로 1개. 야제에는 살마가 鍠子(三鈴 있음. 木杆 일). 小腰鈴을 등에. 巫具: 小鼓(shao-ku) 4개. 버드나무로 틀을 만들고, 狍子의 가죽. 大鼓(Tai-ku) 1개. 腰鈴 3개 중 하나는 소. 등에 거는 용. 豚皮에 48개의 鐵鈴이 있음. 鍠子, 1. 木杆에 鈴 3개를 건 것. 등에 지는 용. 札子(chachi) 5개 1조. 5조가 있음. 紅楡製, 背用. 裙子. 上衣, 帽.

薩碼 世襲일 수도 아닐 수도. 신입에 병기. 살마를 모시는 경우는 조선의 제사와 병. 여기를 안내한 蓬萊도 滿族薩滿의 2인임.

9월 10일, 동경성지 견학. 오봉루 위에 胡仙廟 32개가 나란히 祭. 그중 최대 큰 것은 胡仙大爺太太(第一, 第二, 第三) 3 부부가 하는 것. 원래 그 樓는 小廟였는데, 민국 3년에 근사하게 건축한 것이다.

火田部落 市日: 潢垈里(2, 7), 道安里(5. 10), 元豊里(1, 6), 咸地院(4. 9), 慶興里(3, 8).

건거리(소가 풀을 먹는 것), 귀들집(교창식집. 조합한 집), 소코틀게(牛鼻櫃), 목대기(木枕).

26 "요시오카 군은 1934년 초 군부 유수의 만몽통 이즈미 테츠오(泉鐵翁) 소좌의 도움으로 대흥안령 오룬첸 공작의 어려운 사업을 담당해, 1934년 3월 아극석(牙克石)에서 해납이하(海拉爾河)를 거슬러 입산. 1936년 2월 탁이하(綽爾河) 상류에 오룬첸을 주체로 하는 경찰 기관을 설립하는 등 전후 2년간 대흥안령의 오지를 답파하기를 16회. 산중의 오룬첸 텐트에서 자고, 그들과 생활하기를 600일에 달한다. (…) 요시오카를 중심으로 우에노(上野), 호소고(細鄕)의 세 청년이 공작했다. 청소년의 훈련 노력으로 자위단의 조직에 노력했고, 1934년 7월 우에노는 산에서 내려오고, 나머지 두 명은 공작본부를 건축해 세이안소(清安莊)로 명명했다. 아키바가 갔을 때 세이안소의 신축이 완료되었다. 그때 향리 사가(佐賀)에서 부인과 다섯 살과 세 살의 자녀가 왔다. 세이안소에 간이야학교를 개설했고, 생도 10명에 교사 3명이었다. 교실은 세이안소의 일부를 사용했다. 요시오카와 호소고가 일본어 교사를 했다. 아키바 일행을 위한 숙소를 짓고, 밋쿄소(三共莊)라고 명명했다. 밋쿄소와 세이안소의 통제하에 자위단 훈련을 받은 오룬첸 남자 11명은 1935년 9월 순찰을 나갔다가 12월 초 귀환했다. 1936년 1월 중순부터 다시 강 상류를 답사했으며, 쵸로河 오룬첸의 일부와 함께 만주제국의 경사(警士)로 채용되었다. 요시오카 군을 지도관으로 하여 오룬첸 경사 12명을 주체로 서포특합기탁이기경분주소(西布特哈旗綽爾旗警分駐所)가 출현한 셈이다. (…) 산중의 원시인을 선도해 오족협화의 만주제국에 이바지하고 있다"(秋葉 隆 1936.10.1: 111). 동일한 내용이 『만몽의 민족과 종교(滿蒙の民族と宗教)』(赤松智城·秋葉 隆 1941.3.20: 97-137)에도 수록되어 있다. 요시오카와 관련된 또 다른 기록이 있다. "관동군(關東軍)은 백계로시아인(白系ロシア人), 회교도부대(回教徒部隊), 몽고부대(蒙古部隊) 등의 모략부대(謀略部隊)를 편성배치(編成配置)했다"(郡司 彦 1974.1: 1). "오룬첸 부대에 관련하여, 1940년 9월 만주국 일계 장교를 다음 지역에 배치했다. 甘河地區: 野上, 漠河地區: 鈴木喜一, ホンホト地區: 村田德夫, 遜河地區: 平野謙作, ハイラル地區: 吉田兼治, トナカイ地區: 野々垣眞三. (…) 요시오카 요시토 군은 1934년부터 박극도에 개설된 육군 특무기관 요원으로

서 베라하오로첸족 지도(ベラ河オロチョン族 指導)를 맡았고, 1936년에는 布特哈旗地方警察官 身分으로 上野警長이 チョール河警察分駐所 근무도 했고, (…) 나와 요시오카 요시토 군 2인은 함께 오로첸족 연구의 현지에서 권위자라고 서로 인정했다. 요시오카 군은 언어, 풍습 등에 대해서 상당히 깊은 조예를 갖고 있었는데, 지금 북규슈(北九州)의 어느 곳에 매장되어 있다고 들었다. 1968년 1월 사가시(佐賀市)로 요시오카 씨를 방문했으나 나가사키시(長崎市)에서 서거했음을 알았다"(郡司 彦 1974.1: 2).

27 군지 히코(郡司 彦)의 1930년대 보고서로 만주국치안부참모사(滿洲國治安部參謀司)의 나가타 하루카(永田珍馨)가 인용한 문서 제목들이 있으나 찾지 못했다. 〈達斡爾族, 索倫族, 鄂倫春族に於ける民族の硏究〉와 〈黑龍江駐防八旗現況報告〉(永田珍馨 1939: 97).

28 나가타 하루카가 인용한 문헌은 특히 이마무라 유타카·시마 고로(今村 豊·島 五郎) 1938「蒙古族及び通古斯族の體質人類學的硏究補遺(其三)」, 人類學雜誌 53(4)이다.

29 "1925년 9월 런던에서 파리로 옮겨서 일 년 체재하는 중 프랑스에서 본 박물관은 20개였다. Le Musee d'Ethnographie(트로카데로 민속박물관)은 알제리와 튀니지를 중심으로 아프리카 물건, 뉴질랜드 목관, 말레이 반도의 불상, 자바의 조인형(操人形, 와양을 말함-필자주), 뉴칼레도니아의 무답면(舞踏面)과 우상(偶像) 등. 오세아니아실과 남아메리카실. 이 박물관의 특징은 유럽 인종학부, 제 지방의 민속참고품, 프랑스 국내의 지방색을 잘 볼 수 있는 진열이다. Le Musee national d'Histoire naturelle, Galerie d'Anthropologie(국립자연사박물관 인류학부)는 통칭 식물원 거리에 있는 것이며, 네안데르탈 두골을 보관하고 있다. 1926년 7월 27일부터 견학한 Musee Guimet(기메박물관)은 세느강 하안의 도쿄통(Avenue de Tokio) 근처이며, 동양 종교 박물관이라고 볼 수 있다. Musee Carnavalet(카르나발레박물관)은 파리의 역사박물관이고, 프랑스 민속도 포함한다. Musee de St. Germain(생제르맹박물관)은 파리 교외에 있고, Musee Breton de Quimper(브르타뉴박물관)에는 1926년 8월 28일 기차로 갔다"(秋葉 隆 1928.9). "(1926년) 9월 29일 (미국) 시카고에 도착해, 5박 6일간 Field Museum of Natural History를 관람했다. 10월 2일 두 번째로 방문해 인류학부를 참관했다"(秋葉 隆 1927.11). "10월 11일 샌프란시스코에 도착해, 금문 공원을 보고, California Academy of Science의 부속 인종학수집품을 일견했다. 12일 컬럼버스 제(祭)가 있었다. 그날 University of California, Museum of Anthropology를 관람해, 토템폴을 촬영했고, 이시(Ishi)가 만든 석촉도 보았다. 1926년 10월 22일 슌요마루(春洋丸)를 타고 호놀루루항에 입항해, 비숍박물관을 견학했다"(秋葉 隆 1927.9).

30 아키바와 거의 동 시기에 프랑스의 파리에서 장기간 유학한 마쓰모토 노부히로(松本信廣)와 아카마쓰 히데카게(赤松秀景)의 글들을 비교하면, 아키바의 주 관심은 박물관에만 한정되어 있었음이 극명하게 드러난다. 마쓰모토가 1925년 9월 27일에 작성한 편지는 사회학연보(社會學年報, *L'Annee sociologique*)를 중심으로 반게넵과 모스 그리고 유베르의 근황을 자세하게 소개하고, 프랑스에서 ethnography의 지위에 대해서 논하고 있다(松本信廣 1926.1, 1927.3). 아카마쓰는 1926년 말경, "파리대학 토속학연구소의 신설(パリ大學土俗學硏究所の新設)"에 관한 소개와 함께 레비-브륄과 모스의 연구

업적을 자세하게 소개한다(赤松秀景 1927.5). 아키바는 박물관을 주로 돌아다니느라고 학계의 동향에 대해서는 상대적으로 관심을 두지 않았음을 알 수 있다.

31 민속품의 교환 과정은 다음과 같이 정리될 수 있다. 오카(岡)는 1929년 6월 스웨덴의 노르덴스쾰드 교수 소개로 코펜하겐의 국립박물관에서 에스키모 민족학의 전문가인 K. Birket-Smith 박사를 만난 적이 있었다(岡 正雄 1968.8: 29). 1930년 9월 27일 자로 코펜하겐박물관이 아키바에게 보낸 편지에는 다음과 같은 내용이 담겨 있다. "1929년 오카 박사가 코펜하겐박물관을 방문했고, 1930년 여름 Congreso de Americanistas 회의가 열리는 함부르크에서 다시 오카 박사를 만나서 오카 박사로부터 경성제대에서 제공하겠다는 '코리아' 물건의 리스트를 받았다. 내용은 다음과 같다. "Korean Ethnography(hats, shoes, sandals, hair-pins, knives, smoking utensils, cups, chores) and Korean Shamanism("Mudang")(shaman's garment, hat, fan, bells, drum, sword, spear, mirror, gong, temple-photograph, alter-photo, sared tree-photo)". 즉, 오카는 1929년 6월과 1930년 여름 사이에 경성제대의 아키바와 수집품 교환에 관한 의견교환을 했음에 분명하고, 아키바는 위의 리스트를 오카에게 보냈으며, 오카는 그 리스트를 함부르크에서 코펜하겐박물관 직원에게 전달했다. 코펜하겐박물관의 직원들은 '코리아'의 샤머니즘에 관심을 많이 보인 것 같고, 그 리스트의 샤머니즘 부분에 적혀 있는 물건들에 대응하는 메모를 편지에 남기고 있다. 즉, 부채(fan)에 대해서 울루(ulu, 에스키모의 가죽 가공 도구)라는 메모를 남긴 것은 부채의 모양새만을 본 적이 있는 코펜하겐박물관의 에스키모 전문가 아닌가 하는 생각이 든다. Korean Ethnography 부분에 대해서는 특별한 메모가 없는 것으로 보인다. 1931년 3월 24일 코펜하겐박물관이 아키바에게 보낸 편지는 그린란드 에스키모의 물건에 관한 간략한 리스트를 포함하고 있다. "Korean Shamanism"과 관련하여 교환한 물건을 코펜하겐박물관에서 제공하겠다는 리스트다. "앙막살릭(Angmagssalik), 동부 그린란드의 오래된 전통적인 여성 의상 한 벌. 서부 그린란드(West Greenland)의 남성 의상 한 세트 외에 서부 그린란드의 카약과 여성용 칼, 남성용 칼, 등잔, 카약용 하푼" 등의 명칭이 포함되어 있다. 이 편지는 지난번 보내 준 리스트에서 '코리아' 물건에 대한 설명이 좀 더 있으면 좋겠다는 희망을 표시한다. 에스키모 물건들에 대해서 동 그린란드와 서 그린란드가 아주 다르다는 설명을 자신들이 붙였는데, 그런 식으로 자세한 설명을 붙여 달라는 요구였다. 그리고 "당신네가 원한다면, Danish Neolithic 물건도 보낼 수 있다. 이번에 보낸 리스트를 보고 만족한다면, 곧바로 물건을 선적하겠다. 우리가 선정한 물건에 대해서 만족하기를 바란다." 1933년 10월 13일 코펜하겐박물관에서 오카 박사(Herrn Dr. Masao Oka, Wien IV, Rainergasse 31, Österreich)에게 간 편지의 내용도 교환에 관한 것이다. 1933년 11월 13일 코펜하겐박물관에서 아키바에게 간 편지는 그동안 지연되었던 과정들을 다시 정리하고 교환의 추진에 적극적인 의사를 보이고 있다. "오카 박사가 코리아로부터 보내 온 리스트를 우리 박물관에 전달해 주었다. 그 리스트는 경성제국대학이 우리 국립박물관의 그린란드 물건과 교환한다는 조건으로 보낸 것이다. 오카 박사가 나에게 이야기하기를 당신과 직접 연락을 하라고 했다. 여기에 당신이 보낸 코리아 물건의 리스트와 우리가 당신

에게 보낼 그린란드 물건의 리스트를 동봉한다. 우리의 물건은 대부분 그린란드 동부 해안의 앙막살릭으로부터 수집된 것들이다. 이 지역은 1884년부터 유럽으로 포함된 곳이고, 덴마크가 지난 2백 년 동안 식민지로 소유해 온 서부 그린란드보다도 훨씬 더 기속(奇俗)을 간직하고 있는 곳이다. 'l'Exposition Coloniale Internationale de Paris 1931'의 팸플릿도 이 편지에 동봉한다. 우리 물건들은 이미 포장이 완료되었고, 당신이 만족한다는 연락을 해주면 곧바로 선적하겠다. 두 박물관 사이에 긴밀한 관계를 유지하기 바란다." 1933년 12월 12일 아키바가 코펜하겐박물관에 답신을 보냈고, 그에 대해서 코펜하겐국립박물관이 1934년 1월 10일 답신을 보냈다. 코펜하겐박물관은 1934년 1월 7일 경성으로 물건을 선적하면서 "Kobe를 경유할 것이다. 선적한 물건에 관한 설명(덴마크어)도 첨부한다. Ostasiatiske Kompani에 선적을 의뢰했고, 물건은 모두 2박스(73×52×48cm와 221×20×24cm)로, Nationalmuseets etnografiske에서 보내는 것이다. 1934년 1월 6일 영수한 증서"도 포함하고 있다. 1934년 5월 24일 코펜하겐박물관이 코리아 물건이 도착했다고 아키바에게 보낸 편지에 리스트가 동봉되었다. "모두 잘 도착했다. 고맙다." 현재 서울대학교박물관에는 에스키모 물건들이 39점 등록되어 있다. 유물 목록에 따르면 1934년 5월 18일에 등록되었다. 이상의 편지들은 코펜하겐박물관 민족학부에 근무하는 Martin Petersen 박사가 제공한 것이다.

32 박영철의 이력은 다음과 같다. 朝鮮駐箚憲兵司令部附(1911년), 전라북도 익산군수(1912년), 함경북도 참여관(參與官)(1918년), 騎兵少佐(1920년), 전라북도 참여관(고등관3등, 1921년), 강원도지사(고등관2등, 1924년), 함경북도지사(1926년), 고등관1등(1927년), 중추원참의(칙임관, 1933년). "고 박영철의 자 윤창(潤昌)이 선친 유지대로 32만 원을 사회에 기부했다. 30만 원은 교육 사업에, 1만 원은 전주신사 토리이(鳥居) 건립에, 1만 원은 이리공업학교 건설비에 기부키로 했다"(朝鮮日報 1939.6.15). 말하자면, 경성제대 진열관 건설에는 교육사업용 30만 원이 투입된 것으로 생각된다.

33 "경대 진열관"이라고 표기한 것은 1956년도에 그 책자를 제작한 서울대학교박물관 측의 실수다. 일제시대에 '경대(京大)'라는 약칭은 교토제국대학을 약칭한 이름이었고, 경성제국대학은 약칭으로 '城大(조다이)'를 사용했다. 이 진열관에 대한 영문 표기가 'University Museum'이고, 아키바가 받은 '주임' 직함은 영문 표기로 'curator'라고 되어 있기 때문에(秋葉 隆 1954의 말미에 붙은 영문 요약 참조), 진열관이라는 명칭의 글자에 구속되어서 그것이 박물관이 아니라는 의견은 성립될 수 없다. 또한 아키바의 직함이 관장이 아니고 주임이기 때문에, 아키바가 진열관의 책임자가 아니었을 것이라는 추측도 성립될 수 없다. 당시 조선총독부박물관의 책임자 직함도 관장이 아니고 주임이었으며, 후지타 료사쿠(藤田良策)와 아리미츠 쿄이치(有光敎一)가 차례로 그 주임 역할을 했다(京都木曜クラブ 編 2003: 22).

34 후쿠타케 타다시는 "습속"이라고 적었는데, 원저명인 "무속"으로 고쳤다. 동일한 제목으로 두 해에 걸쳐서 출판된 책으로서 1937년도 "상(上)"은 '공편(共編)'이고, 1938년도 "하(下)"는 '공저(共著)'다. 전자는 자료집이고, 후자의 일부도 자료집을 포함하고 있다. 후쿠타케가 내린 평가와 동일한 내용이 이미 1943년 일본사회학계에서 인정되고 있다.

일본적 사회학을 풀이하는 내용 속에서 실증적 연구 경향 사례로, "토다 테이조 박사의 『사회조사(社會調査)』(1933)는 사회조사의 총론, 오노 다케오(小野武夫)박사의 『향토경제사연구제요(鄕土經濟史硏究提要)』(1932)는 사회사(社會史)의 개론으로 인정된다. 토다 박사의 아국가족의 연구, 스즈키 에이타로(鈴木榮太郎)·코야마 타카시(小山 隆)·키타노 세이이치(喜多野淸一) 제 교수의 농촌 연구, 그 외 조선의 무속에 관한 아키바 타카시 교수의 노작이나 대만의 타카사고족(高砂族) 연구에 전념한 오카다 유즈루(岡田 謙) 교수의 발표 등 특수 연구가 출현했다"(松本潤一郎 1943.5: 411).

35 이와이 타이케이의 논문이 수록된 民族學硏究 14(1): 51-57과 동일한 잡지의 동일한 호에 아키바의 조선 샤머니즘에 관한 논문이 수록되어 있다(秋葉 隆 1949.9: 13-16). 1924年東洋文庫副主事; 1945年駒沢大學文學部教授; 1948年東洋文庫長. 구성은 クニシタ(國下)이며, 별명은 裕鄕이다.

36 "아키바 타카시는 한국의 무속 연구에 주력해 논문을 집대성한 『조선무속연구(朝鮮巫俗硏究)(上,下)』를 저술한 바 있지만 이것은 다분히 손진태의 자극 내지 영향을 받은 것으로 생각된다."(최재석 2002: 42)라는 주장이 제기되었으나, 이런 주장은 받아들이기 어렵다. 그 주장은 연구 업적의 내용 분석 비교를 근거로 한 것이 아니고, 연도와 제목을 단순 대비한 추측일 뿐이기 때문이다.

37 이능화는 1922년과 1923년 사이 『사림(史林)』에 「조선신교원류고(朝鮮神敎源流考)」를 연재했을 뿐만 아니라 1928년부터 1929년 사이 장문의 「조선의 무속(朝鮮の巫俗)」을 8회에 걸쳐서 『조선』에 연재했다. 이 논고들을 종합해 『조선무속고(朝鮮巫俗考)』라는 책으로 출간했다. 이능화의 자는 자현(子賢), 호는 간정(侃亭), 상현(尙玄), 무능거사(無能居士)다. 괴산군 출신으로서 한성외국어학교(漢城外國語學校) 교관 및 교장을 했다. 총독부조선사편찬위원 등을 역임했고, 불교진흥회 역원을 겸무했다(이하중 1994 참조).

38 아카마쓰 치조는 종교인류학적 현상의 기본 개념들에 대해서 잘 정리해 소개했다. "Magic, 주술, 주법; Rite, 제식(祭式), 의식(儀式); Ritual, 의례(의식 rite은 약간의 의례적 행위); Taboo, 금기, 제기(齋忌), 위(諱); Charm, 도문(禱文), 가지(加持)(축복을 주는 주법력을 갖고 있는 사); Spell, 주문, 주저(呪詛)(주저를 주는 주법력이 있는 사); Amulet, 호리, 호구(護具), 호부(護符); Talisman, 주구(呪具), 주부(呪符), 마법구(魔法具)(amulet와 talisman은 물체. amulet는 보통 신체에 장식해 병기, 해악, 사에 대해 방어함. talisman은 불사의한 것을 얻도록 하는 힘을 갖고 있는 물체. 필히 몸에 휴대해야 함. 전자는 소극적이고, 후자는 적극적임)"(赤松智城 1926.7: 68).

39 1931년 6월 17일 조선총독부는 우가키 카즈시게(宇垣一成) 총독 취임 시 '내선융화(內鮮融和)'의 통치 방침을 제창했고, 1934년 4월 28일 총독은 총독부 중추원 최종 회의에서 심전개발 방법을 제안했다. 1934년 9월 13일 중추원통신 호외에 "심전개발에 대한 의견 제시"가 있다. 이후 1935년부터 심전개발 운동이 적극적으로 전개되었다.

40 이 강연회의 연사는 모두 3명으로서 그들의 강연 제목과 함께 열거하면 다음과 같다. 카나자와 소자부로(金澤庄三郎)의 "언어 문화상으로 본 내선 관계(內鮮關係)", 이나바 이와키치(稻葉岩吉)의 "역사상으로 본 내선관계", 아키바 타카시의 "문속(文俗) 신앙상

으로 본 내선 관계"(民字의 오식이라고 생각된다.-필자주)이며, 전 조선을 순방하면서 실시되었던 강연회는 연사 3인의 코스가 각기 달리 계획되었다. 그중에서 아키바의 코스는 春川, 鐵原, 元山, 咸興, 羅南, 淸津, 會寧, 京城이었다.

41 아키바는 1943년 1월 경성 혜화전문학교에서 사회학개론과 향토연구법을 강의했는데, 그때 강의를 들었던 오경탁(당지 초등학교 선생)의 안내로 경기도 포천군 소흘면 직동의 밀양 박씨 마을에 관한 소개를 듣고, 오 군에게 예비 조사를 부탁한 후, 1944년 3월 26일 졸업생 이시카와 타이조 군과 동행했다(秋葉 隆 1944.6.1; 1944.8.1b).

42 경성제국대학은 대동아전쟁의 막바지에 보도부(부장 오타카 토모오 교수)의 이름으로 '전시과학총서'를 8권 발간했다. 제1편 야마가 노부지(山家信次) 등 저『조선의 공업(朝鮮の工業)』, 제2편 호야나기 무츠미(保柳睦美) 저『대동아지리(大東亞地理)』, 제3편 아키바 타카시 저『대동아민족지: 북방편』, 제4편 코바야시 키요지로(小林淸次郎) 저『조선의 기생충병(朝鮮の寄生蟲病)』, 제5편 모리 타메조(森 爲三) 저『대동아의 담수어류(大東亞の淡水魚類)』, 제6편 야마시타 마사요시(山下雅義) 저『학생과 보건(學生と保健)』, 제7편 타카이 토시오(高井俊夫) 저『영유아의 영양(乳幼兒の營養)』, 제8편 토자와 테츠히코(戶澤鐵彦) 저『선전과 모략(宣傳と謀略)』.

43 이 학회의 연구 작업은 7부문으로 구성했다. 제1부 국민 후생(國民厚生)의 기초적 연구: 주사(主事, 鈴木榮太郞), 제2부 군인 원호 사업(軍人援護事業)의 연구: 주사(鈴木武雄), 제3부 전시 재해 보호(戰時災害保護)의 연구: 주사(有泉 亨), 제4부 전시 국민 생활 원호(戰時國民生活援護)의 연구: 주사(森谷克己), 제5부 전시 사회 교화(戰時社會敎化)의 연구: 주사(小島軍浩), 제6부 전시 국민 보건(戰時國民保健)의 연구: 주사(今村豊), 제7부 전시 모자 애호(戰時母子愛護)의 연구: 주사(和泉成之).

44 M. Chaplicka의 *Aboriginal Siberia: A Study of Social Anthropology*(1910)는 이미 토리이 류조에 의해 일본 학계에 소개된 지 오래된 바 있고, 그 책은 아키바의 샤머니즘 관계 논문들이 출판되고 있었던 시점과 동일한 시기에 후세 치소쿠(布施知足)에 의해 13부분으로 나뉘어서 1936년 11월부터 1938년 5월 사이에 15회에 걸쳐『선린협회조사월보(善隣協會調査月報)』에 연재되었다. 처음에는 "西比利亞土民のシャーマン習俗(一): チャプリカ女史の〈土俗西比利亞〉より", 중간에는 "西比利亞土族の社會組織", 마지막에는 "西比利亞土民の神(完): チャプリカ女史の著より"라는 제목이 붙었다.

45 아이치대학 종합향토연구소의 휘보 1(1951.4-1953.3)에는 아래와 같은 연구 업적들이 등록되어 있다.

1951년도: 渥美半島沼海村の綜合的調査硏究, 秋葉 隆所長이 대표자, 竹井 廉, 久曾神昇, 三好四郎, 川越淳二 공동 연구. 문부성 과학연구비로 extensive study 실시.

1952년도: 渥美半島沼海村の綜合的調査硏究 계속. 11명 조사대가 intensive study 실시.

入植村に關する社會調査, 秋葉(연구책임자, 사회학), 川越淳二(연구주임, 사회학), 島本彦次郎, 村武精一(연구원, 사회학), 愛知縣廳企劃課의 委託硏究. 수몰농가의 대책.

豊橋市を中心とする工業立地の硏究, 秋葉(연구책임자, 사회학), 川越淳二(연구주임, 사회학), 島本彦次郎(사회학), 淺若 晁(인문지리), 村武精一(연구원, 사회학), 大石岩男(연

구고문, 경제학), 愛知縣廳企劃課의 委託研究.

1952년도: 秋葉 隆, '外海村內海村-渥美半島場合' 제25회 일본사회학회대회(10월 25일), 도쿄교육대학에서.

1953년도: 秋葉 隆, 第4回關西社會學會(5월 24일), 南山大學에서, 渥美半島沼海村の綜合的調査研究, "序說"(秋葉 隆), "村落類型"(村武精一), "家族構造機能"(川越淳二), "パーースナリティ"(島本彦次郎).

1954년도: 秋葉 隆·島本彦次郎·村武精一·横井卓二 '門徒村の生活様式とパーースナリティの特性', 第27回日本社會學大會(10월 17일) 早稲田大學에서. 발표 하루 전날, 아키바 사망.

부록: 아키바 타카시의 저작 목록

1921 "坐俗の研究", 日本社會學院年報 8: 1-52.

1921.9.1 "教育の社會化", 帝國教育 470: 17-24.

1921.11.1 "現代社會問題と教育", 帝國教育 472: 96-100.

1922.10.1 "新文明の經濟的基礎(一)", 帝國教育 483: 7-12.

1922.11.1 "新文明の經濟的基礎(二)", 帝國教育 484: 62-68.

1924 "遊牧民の購買婚姻に就いて", 社會學雜誌 3: 1-25.

(匿名)1925 "ロンドン通信", 社會學雜誌 17: 100-101.

1927.8.15 "社會學に對する誤", 朝鮮土木建築協會會報 111: 16-20.

1927.9.15 "社會學に對する誤(續)", 朝鮮土木建築協會會報 112: 45-48.

1927.9.15 "原始社會の話(上)", 朝鮮社會事業 5(9): 7-16.

1927.9 "博物館巡禮", 民族 2(6): 123-128.

1927.10.15 "社會學に對する誤(續)", 朝鮮土木建築協會會報 113: 31-34.

1927.10.15 "社會學之現況", 警務彙報 258: 10-23.

1927.10.15 "原始社會の話(承前)", 朝鮮社會事業 5(10): 24-29.

1927.11.15 "社會學に對する誤(續)", 朝鮮土木建築協會會報 114: 12-19.

1927.11.15 "原始社會の話(承前)", 朝鮮社會事業 5(11): 43-46, 62.

1927.11 "博物館巡禮", 民族 3(1): 87-96.

1927.11 "博物館巡禮", 社會學雜誌 43: 57-68.

1927.12 "博物館巡禮", 社會學雜誌 44: 61-71.

1928.1 "博物館巡禮", 民族 3(2): 123-129.

1928.1.25 "朝鮮の祭に就いて", 朝鮮研究 7: 20-24.

1928.4.1 "朝鮮民俗研究に就いて", 朝鮮 155: 23-26.

1928.4.10 "'爆彈社會主義'の喜劇", 思想と生活 5(4): 8-9.

1928.7.1 "女國の多夫婚姻に就いて", 社會學雜誌 51: 1-26.

1928.7 "奠雁考-朝鮮婚姻風俗の一研究", 民族 3(5): 63-86.

1928.9 "博物館巡禮", 民族 3(6): 159-171.
1929.1.1 "Intensive Methodについて", 社會學雜誌 57: 1-11.
1929.2.1 "單性社會の理念", 法律春秋 4(2): 11-13.
1929.3.1 "女人國の神聖婚姻", 宗教研究 新6(2): 1-14.
1929.4.1 "嶺東の旅", 文教の朝鮮 44: 20-26.
1929.8.5 "都そだち", 朝鮮及滿洲 261: 72-74.
1929.9.1 "ポトラチズムの社會", 法律春秋 4(9): 47-49.
1929.11 "藥水信仰の一面", 民俗學 1(5): 15-21.
1930.1 "無有談會のこと", 民俗學 2(1): 53.
1930.2.1 "性解放の機會", 文教の朝鮮 54: 25-27.
1930.2.1 "別れ逢ふ人々", 福岡日日新聞.
1930.2.5 "ロンドンの冬の想ひ出", 朝鮮及滿洲 267: 60-61.
1930.3.1 "宗教の民族學的研究への一寄與", 宗教研究(新) 7(1): 136-138.
1930.4.8 "車窓から眺めたヨーロッパの春", 朝鮮及滿洲 269: 44-45.
1930.5.1 "市が立ツ", 法律春秋 5(5): 2-4.
1930.5 "江陵端午祭", 民俗學 2(5): 285-294.
1930.9 "朝鮮の婚姻形態", 京城帝國大學法文學部第二部論纂第二輯(哲學論集).
1930 "性禁忌と其の解放-朝鮮婚姻習俗研究序説", 社會學雜誌 70: 1-24.
1930 "男女の別と其解放", 千葉教育 5(1): 4-7.
1931 "朝鮮の巫稱に就て", 宗教研究(新) 8(1): 74-93.
1931.2 "朝鮮の巫稱に就いて", 青丘學叢 3: 192-194.
1931.3.1 "古文化と新法律", 法律春秋 6(3): 1-3.
1931.4.1 "南島の村々", 鄉土 6: 99-107.
1931.4.10 "北京視察漫談", 思想と生活 8(4): 9-10.
1931.5.1 "朝鮮巫俗に於けるデュアリズム", 朝鮮 192: 108-116.
1931.5.1 "朝鮮巫人の入巫過程", 宗教研究(新) 8(4): 1-26.
1931.7.15 "堂山の話", 警務彙報 303: 46-49.
1931.8.1 "鴨綠江", 法律春秋 6(8): 16-18.
1931.11 "德物山都堂祭", 民俗學 3(11): 1-9.
1931.11 "巫人乞粒の歌", 青丘學叢 6: 92-100.
1931.11.15 "朝鮮の巫稱に就て", 宗教研究 新8(1): 74-93.
1932.1.1 "松竹を立てる民俗", 文教の朝鮮 77: 39-42.
1932.1.1 "門松の話", 朝鮮及滿洲 290: 83-84.
1932.2.15 "濟州島に於ける蛇鬼の信仰(遮歸文化圈の試み)", 青丘學叢 7: 100-110.
1932.3.1 "踴る巫と踴らない巫: 朝鮮における巫の一分類", 宗教研究 新9(3): 27-41.
1932.4.1 "山の人・谷の人", 朝鮮 203: 25-32.
1932.4.20 "朝鮮に巫の一分類", 京城帝大史學會報 2: 6-8.

1932 "朝鮮巫俗の家祭に就いて", 社會學研究 1:
1932.7.10 "朝鮮の同姓部落(文書による調査の失敗)", 季刊社會學 4(東洋諸民族の研究): 70-91.
1932. 7.15 "朝鮮社會調査の二報告", 京城日報.
1932.11.15 "書評: 日本神話の研究"(松本信廣 著), 青丘學叢 10: 154.
1933.1.1 "假面の祀る", ドルメン(假面特輯號). 1933年 1月號. pp. 9-11.
1933.1.18 "巨濟島の立竿民俗", 朝鮮民俗 1: 12-19.
1933.2.1 "母から聞いた話: 鄕土の民俗", 文教の朝鮮 90: 22-29.
1933.3.1 "母から聞いた話: 鄕土の民俗(二)", 文教の朝鮮 91: 27-47.
1933.3 "朝鮮巫俗へのチュアリズム", 朝鮮總覽. 6p.
1933.3.10 "濟州島の傳說", 思想と生活 10(3): 9-11.
1933.4.1 "巫女の家", ドルメン 4: 116-118.
1933.4.1 "滿洲と朝鮮の薩瞞教に就いて", 滿蒙 156: 59-65.
1933.5.1 "朝鮮巫祖傳說", 朝鮮 216: 87-107.
1933.7.1 "千葉縣山武郡二川村境部落", 旅と傳說 1933年 7月號. pp. 258-260.
1933 "王道國家論", 朝鮮講演 三○, 三一.
1933.9.11 "朝鮮の村祭", 朝鮮之圖書館 3(3): 3-9.
1933.12 "村祭に現われた朝鮮の社會", 社會學 1: 260-263.
1934.1.1 "滿洲人の文化と社會", 朝鮮 224: 158-165.
1934.1.1 "滿洲薩滿教の家祭" 宗教研究 新11(1): 112-123.
1934.5.25 "村祭の二重組織", 朝鮮民俗 2: 5-10.
1934.9.1 "朝鮮の星祭-特に七星神仰について", 旅と傳說 7(9): 17-21.
1934.10.15 "朝鮮の秋祭", 警務彙報 342: 53-56.
1934 "滿洲薩滿教の家祭", 宗教研究 新11(1): 112-128.
1934.11.20 "朝鮮巫家の母系的傾向", 小田先生頌壽記念朝鮮論集, 小田先生頌壽記念會 編. 京城: 大阪屋號書店. pp. 1-38.
1934.12.1 "松隅里の長栍", 朝鮮 235: 106-111.
1934 "朝鮮の人の平和な氣持 人種言語等から觀れば日鮮の同文同種の實は支那人とのそれよりも濃い", 熊平源蔵 編. 朝鮮同胞の光. 京城: 熊平商店. pp. 102-109.
1935.1.1 "見學日記より", 朝鮮 236: 238-243.
1935.2.1 "朝鮮の女", 東洋 38(2): 142-147.
1935.2.1 "滿洲シャマン見學メモ", ドルメン 4(2): 52-57.
1935.2.11 "近代社會の一傾向", 緣人 創刊號: 44-46.
1935.3.15 "朝鮮の社會と民俗", 朝鮮警察新聞 337: 5.
1935.4.1 "薩瑪の巫祭と大仙の巫術: 滿洲巫俗踏查報告", 民族學研究 1(2): 15-35.
1935.4.1 "朝鮮の社會と民俗", 朝鮮警察新聞 338: 9.
1935.4.15 "朝鮮の社會と民俗", 朝鮮警察新聞 339: 13.

1935.5.1 "朝鮮巫俗文化圈", 朝鮮 239: 39-50.

1935.7 "朝鮮の民俗について", 鮮滿硏究 8(1): 1.

1935.7 "朝鮮巫俗の家祭", 社會學硏究 1: 279-345.

1935.9.12 "濟州島の神話—西歸本鄕神本譚", 綠人 3: 10-20.

1935.9.13 "朝鮮の固有信仰に就て", 中樞院通信 號外. pp. 29-34.

1935.10 "朝鮮巫女の硏究", 鮮滿硏究 242: 7.

1935.11 "朝鮮の秋祭", 警務彙報 342: 10.

1935.11.12 "濟州島の神話: 西歸本鄕神本生譚", 綠人 3: 10-20.

1935.12 "朝鮮家祭の二重組織", 年報社會學 3: 268-274.

1935 "滿洲シャーマン見學メモ", ドルメン 4(2): 52-57.

1935 "朝鮮民族の天神崇拜", とりゐV-一.

1936.3 "大興安嶺踏査の旅: 日記の一節", 朝鮮 250: 138-146.

1936.7.1 "トケブ吉岡君オロチョン踏査記(一): 興安山中六百日", 滿蒙 17(7): 140-147.

1936.8.1 "トケブ吉岡君オロチョン踏査記(二): 興安山中六百日", 滿蒙 17(8): 138-151.

1936.9.1 "トケブ吉岡君オロチョン踏査記(三): オロチョン民俗斷篇", 滿蒙 17(9): 109-119.

1936.10.1 "オロチョン工作記", 東洋 9: 107-111.

1936.10.1 "島の自然と女性: 多島海巡航記", 朝鮮 259: 79-85.

1936.10.10 "オロチョン、シャーマニズム: 大興安嶺東北部オロチョン族踏査報告(2)", 民族學硏究 2(4): 30-42.

1936 "濟州島と神話", 朝鮮硏究 9(6): 23-41.

1936.11.25 "大興安嶺東北部オロチョン族踏査報告(一)", 京城帝國大學文學會論纂第四輯. 東京: 大阪屋號書店. pp. 130-182.

1937.1 "オロチョンの民具解說: 大興安嶺東北部オロチョン族踏査報告(3)", 民族學硏究 3(1): 107-131.

1937.2.15 "蒙古人と漢文化: 文化傳播の一統計", 靑丘學叢 27: 1-30.

1937.3.1 "現代社會の流動性", 同胞愛 15(3): 2-8.

1937.3.1 "映畫の魅力", 綠旗 2(3): 3.

1937.3 "民俗と統制", 讀書 1(2): 2-4.

1937.3.6 "朝鮮の女(一)", 每日新報 10595號.

1937.3.7 "朝鮮の女(二)", 每日新報 10596號.

1937.3.9 "朝鮮の女(三)", 每日新報 10598號.

1937.3.10 "朝鮮の女(四)", 每日新報 10599號.

1937.4 "南滿民俗採方の旅", 滿蒙 204: 172.

1937.8.1 "朝鮮カラーを語る(座談會: 玄檍; 宋錫夏; 孫普泰; 田中德太; 李基衍; 李基世; 稻川; 島田; 村山; 倉元)", 朝鮮 267: 82-100.

1937.8.1 "德物山と鷄龍山", 朝鮮 267: 20-25.

1937.9.1 "婦人服偶感", 綠旗 2(9): 14-15.

1937.9.1 "滿 · 蒙民族踏査旅行", 朝鮮行政 1(9): 44-52.

1937.9.15 "北平遊記", 朝鮮教育新聞 180: 6.

1937.10.25 "朝鮮民俗の研究に就いて: 特に滿蒙民俗との比較", 朝鮮文化の研究, 京城帝國大學文學會 編. 京城: 帝國地方行政學會朝鮮本部內 朝鮮公民教育會. pp. 33-56.

1937.11.15 "北滿の日本女性", 朝鮮教育新聞 182: 10.

1937.12.15 "阿城紀行", 朝鮮教育新聞 183: 8.

1937 "オロチョン氣質", 速水博士還暦記念心理學哲學論文集. 東京: 岩波書店. pp. 1-18.

1938.1.1 "朝鮮の正月民俗を語る座談會", 朝鮮 272: 53-88. 稻葉岩吉, 今村 鞆, 島山喜一, 秋葉 降, 玄櫶, 朱鍾宜, 吳晴, 村山智順(사회) 참석.

1938.4.10 "朝鮮の巫団", 社會學 5: 1-21.

1938.4.10 "滿洲青年の職業意識", 社會學 5: 288-290.

1938.8.15 "宗教と社會", 鮮友 269: 1-2.

1938.9.1 "江原道の踏査紀行", 朝鮮 280: 69-74.

1938.9.15 "宗教と社會(二)", 鮮友 270: 1-2.

1938.10.15 "宗教と社會(三)", 鮮友 271: 1-2.

1938 朝鮮巫俗の研究(下). 東京: 大阪屋書店(赤松智城と 共著).

1938 "農村生活と鄉土研究", ラジオ講演講座 一二.

1938.11.1 "雨の午後", 朝鮮の教育研究 122: 29-30.

1938 "朝鮮家祭の二重組織", 社會學(日本社會學會年報) 第3輯. 日本社會學會 編. 東京: 岩波書店.

1938 "朝鮮の巫團", 社會學(日本社會學會年報) 第5輯. 日本社會學會 編. 東京: 岩波書店.

1938 "滿洲青年の職業意識", 社會學(日本社會學會年報) 第5輯. 日本社會學會 編. 東京: 岩波書店.

1939 "多島海巡航記", 朝鮮多島海旅行覺書. アチック·ミューゼアム 編. 東京: アチック·ミューゼアム. pp. 1-7.

1939 "大興安嶺東北部オロチョン族踏査報告1", 京城帝國大學文學會論纂(第4輯 京城帝國大學創立十周年記念論文集 哲學篇). 東京: 大阪屋號書店.

1939.12.25 "民族の同化と都鄙の環境", 第二回人口問題全國協議會報告書(人口問題資料 第三十五輯). 人口問題研究會. pp. 426-433.

1939 "北アジアの原始宗教", 矢部良策 編 アジア問題講座 第九巻: 社會·習俗篇. 東京: 創元社. pp. 175-192.

1939 "原始社會"(R. H. ローウヰ 著, 河村只雄 譯), 帝國大學新聞.

1940.2.1 "儒教以前の祖先崇拜", 朝鮮 297: 50-55.

1940.3.1 "朝鮮學童の內地化の測定", 文教の朝鮮 175: 41-46.

1940.3.19 "原始社會の流動性: エスキモウの場合", 京城帝國大學文學會論纂 九: 397-420.

1940.5.10 "民俗及び信仰上より見たる內鮮關係", 內鮮一體精義. 京城: 國民精神總動員朝鮮聯盟. pp. 38-72.

1940.6.1 "民俗及び信仰上より見たる內鮮關係(一)", 治刑 18(6): 60-65.
1940.9.6 "鄂博と城隍", 書物同好會會報 9: 2-4.
1940.10 "所謂 '十長生'に就いて", 朝鮮民俗 3.
1940.12 "鄂博踏査記", 大陸 3(12): 62-65.
1941.3.20 "オロチョン族", 滿蒙の民族と宗教, 赤松智城·秋葉 隆. 東京: 大阪屋號書店. pp. 55-126.
1941.7.1 "濟州島の民俗", 文化朝鮮 3(4): 38-40.
1941.8.10 "內鮮一體とは何か", 金湖 2: 6-11.
1941.10.10 "鈴木榮太郎'日本農村社會學原理'(書評)", 民族學硏究 7(2): 154-157.
1942 "後記", 松阪晴吉翁回顧錄.
1942 "南方共榮圈の諸民族", 開拓の友 I -一.
1942.10.1 "民俗の硏究と社會學", 朝鮮 329: 84-89.
1943 "屯山部落の社會學的硏究-南鮮農村調査報告其1-3", 朝鮮 三三八, 三三九, 三四○
1943 "朝鮮巫俗の現地硏究序說-對象と方法", 宗教硏究 5-2: 11.
1943.2.1 "君が征く", 朝鮮 333: 61-63.
1943.4.20 "序", シベリア諸民族のシャーマン教. 東京: 生活社. ニオラツツエ著(牧野弘一 譯). pp. 1-2. Georg Nioradze 1925 *Der Schamanismus bei den Sibirischen Völkern*. Stuttgart: Strecker und Schröder.
1943.7 "再びIntensive Methodに就て", 年報社會學 9: 266-272.
1943.7 "朝鮮巫俗の現地硏究序說: 對象と方法", 宗教硏究 季刊 5(2): 48-58.
1943.9.15 "序", 申來鉉 著 朝鮮の神話と傳說. 東京: 一杉書店. pp. 3-4.
1943.12.1 "總出陣の硏究室", 朝鮮 343: 36-38.
1944.6.1 "同族部落とは何か(上)-京畿道抱川郡蘇屹面直洞里踏査報告", 朝鮮 349: 16-29.
1944.6.10 "オロチョン族の社會と文化", 社會學硏究 1: 342-355.
1944.6.13 "農民娛樂の問題", 京城日報 13165號.
1944.7.1 "朝鮮の今昔を語る", 內鮮一體: 20-35.
1944.8.1a "山村を訪ねて", 內鮮一體 5(8): 14-17.
1944.8.1b "同族部落とは何か(下)-京畿道抱川郡蘇屹面直洞里踏査報告", 朝鮮 351: 42-50.
1944 大東亞民族誌: 北方篇. 東京: 近澤書店.
1944.4 "鮮滿民間信仰", 日本文化 23: 79-92.
1945.2.1 "雪の農村を訪れて", 興亞文化 11(2): 42-44.
1947.1 "奠雁-婚禮の贈物について", 人文 1: 44-53.
1948.4.25 "南鮮北滿", 九州大學新聞 271號.
1948.9.20 "山臺戲", 日本民俗學のために(柳田國男先生古稀記念論文集 7·8·9輯合本). 東京: 民間傳承の會. pp. 1-12.
1949.2.5 "東床禮(むこいわい)", 戶田貞三博士還曆祝賀紀念論文集, 東京大學社會學會 編. 東京: 弘文堂. pp. 1-9.

1949.9 "巫と火: 朝鮮シャマニズムにおける聖火の行事", 民族學研究 14(1): 13-16.
1949.11.10 "茸狩の記", 愛知大學新聞 10: 4.
1949.11.15a "發刊の辭", 文學論叢 1: 3.
1949.11.15b "幼兒の言語と社會集團", 文學論叢 1: 1-15.
1950.7.1a "民族學から見た南北朝鮮", 愛知大學新聞 15: 2.
1950.7.1b "朝鮮問題は朝鮮民族の手で: 朝鮮出身學生座談會", 愛知大學新聞 15: 1.
1950.11 "朝鮮の家祭: 文化社會學の見地から", 文學論叢 3: 41-48.
1951.5 "祈子の習俗について: 朝鮮社會の家族主義的性格", 朝鮮學報 1: 183-192.
1951.6.21 "挨拶", 所報 1: 1.
1952.5.31 "新研究年度を迎えて", 所報 3: 1.
1952.10.5a "縣からの研究委託", 所報 4·5: 1.
1952.10.5b "一色の放下踊", 所報 4·5: 3.
1953.2 "磯丸の海の歌", 文學論叢 5·6: 43-50.
1953.2.28 "網元の信仰生活", 所報 6·7: 1-2.
1953.6.30 "地の神の原型", 所報 8·9: 1.
1953.11 "朝鮮の穀神", 新嘗の研究 1. 創元社.
1954.3a "社會學に於ける民族の研究", 文學論叢 9: 1-15.
1954.3b 朝鮮民俗誌. 東京: 六三書院.
1954.3.30 "いたちのみち: 病床漫筆", 所報 12·13: 1-2.
1954.6.30 "衆生の恩", 所報 14·15: 1.
1954.7.25 "習俗", 社會學大系(第七巻 習俗と道德). 東京: 石泉社. pp. 9-51.
1954.8 "社會學に於ける民族の研究", 愛知大學文學論叢 9: 1-15.
1954.10.15 "渥美の地の神: 研究ノート", 村落研究の成果と課題, 村落社會研究會 編. 東京: 時潮社. pp. 234-235.
1957 "A Study on Korean Folkways", *Folklore Studies* 16: 1-106.

제6장 앨범 속의 아키바 타카시

1. 서론

학사의 집성을 위한 자료를 찾는 과정은 여러 방식으로 인식될 수 있다. 인류학자는 그 과정을 일종의 야연으로 받아들여야 한다. 학사를 공부한다고 해서 책에만 의존해 도서관에서 작업을 하는 것은 한계가 있다. 인류학사를 구성하는 대상인 인류학자들의 작업 과정이 야연에 기반하고 있기 때문이다. 그들의 자료 자체가 야연에 기반한 1차 자료를 구성하기 때문에, 야연을 수행했던 인류학자들의 작업을 추적하는 과정도 야연에 기반해야 한다. 출판된 인쇄물에 전적으로 의존하는 것은 사학자들이 주로 하는 방법이나 다름없다. 요즈음은 지방사를 연구하는 사학자들도 야연에 의존하고 있다. 일찍이 프랑스 아날학파에서 실천했던 방식이기도 하다.

아키바 타카시에 관한 자료들은 도서관이나 박물관에만 있는 것이 아니었다. 과거의 제자들을 만나 인터뷰를 하고, 유족을 찾아 관련 자료를 찾는 것이 중요한 작업 과정이었다. 특히 유족들이 보관하는 문서와 앨범은 아키바를 이해함에 있어 결정적 증거들이 되었다. 이 장에서는 아키바의 유족들이 보관하고 있는 사진 자료들을 소개하고자 한다. 유족들의 후의로 수습 가능했던 아키바가 등장하는 사진들은 나만

독점하지 말아야 한다고 생각한다. 내 컴퓨터 속에서 잠자는 사진 자료들이 다른 연구자에게도 공유되는 것이 유족의 뜻이라고 생각하기 때문에, 수습했던 아키바 관련 사진 자료들을 이 지면을 통해 모두 공개하려 한다.

사진이 모여 있는 하나의 앨범(사진첩)은 어떤 의도를 갖고 조성된 것이다. 한 가족의 앨범에는 가족사가 고스란히 담겨 있다. 따라서 가족사가 담긴 자료를 일반에 공개하는 과정에 부담을 느낄 수밖에 없다. 아키바의 유족에게 받은 사진들은 아키바의 학문적 업적 과정과 직접 연계된 것들에 한정하고자 노력했다. 물론 유족 분들도 그런 점을 잘 숙지하고, 앨범 내용을 열람·대여하고 복사하는 것을 허락했다. 그럼에도 내가 고른 사진들은 기본적으로 아키바의 가족사를 배경으로 한 맥락을 완전히 무시할 수 없다.

따라서 내가 어느 정도까지 유족들의 허락으로 자료를 구할 수 있는지의 문제도 지극히 맥락적이다. 그 과정은 내가 전적으로 수동적인 입장에 처할 수밖에 없었다. 그럼에도 아키바의 사진들을 공개하려는 시점에서 두려운 것이 소위 '프라이버시' 문제다. 어느 정도까지 어떻게 해야 하는 것인가 하는 지극히 어려운 문제라고 생각한다. 이런 문제들을 고려하면서도, 유족들에게 습득한 사진 자료의 전체를 공개하리라 작심했다. 그 이유는 일단 유족으로부터 허락을 받았고, 또 한편, 인류학사를 정리할 때 도움이 될 수 있는 방안을 모색한다는 취지이기도 하다. 그럼에도 사진 자료의 공개로 유족들에게 조금이라도 누가 되는 일이 있다면, 그것은 전적으로 내 책임이다. 그런 상황에 처하게 될 경우, 너그러운 양해를 구하는 수밖에 없다. 이 지면을 빌려 유족들에게 특별한 감사의 말씀을 전하고 싶다.

사진들은 연대순으로 소개했다. 적지 않은 사진들의 뒷면에, 아키바가 자신의 필체로 사진에 관한 내용을 간략하게 기록했다. 지면 관계상 사진의 뒷면을 모두 공개하는 것은 불필요한 점도 있다. 그래서 아키바의 필체로 비교적 상세하게 기록된 뒷면들은 그대로 공개하고, 간략한 시간 정보만 담긴 경우는 설명으로 대신했다. 전혀 정보가 없는 사진들에 대해서는 아키바의 안면(顔面)과 복장에 드러난 여러 정황을 비교해 적절한 곳에 배치했다. 특정 사진에 대해서는 설명이 장황하게 첨부될 수도 있다. 그렇게 하는 이유는 제5장의 내용을 보충할 수 있을 뿐만 아니라 일본인류학사 및 조선민속학사를 이해함에 있어서 보탬이 되는 내용이라고 판단했기 때문이다.

2. 유학(영국과 프랑스)

사진은 유럽 유학 시기부터 시작한다. 런던과 파리에서 유학한 뒤 미국을 경유해 귀국하는 과정이 약 1년 8개월(1925년 3월부터 1926년 11월까지)이었다. 유학을 위하여 구미로 출발한 일자를 정확히 적기할 수는

[사진 6-1] "T Akiba March 18 '25 London". 아키바가 런던에 도착한 직후 전문 사진관에서 촬영한 기념 사진이다. 촬영일자가 1925년 3월 18일이라고 적힌 점에서, 아키바는 '타이쇼(大正)'가 아닌 서력(西曆)의 세상을 접한 것이다. 당시 일본에서 서력을 기록하는 방식은 일/월/연도 순서가 일반적이었지만, 아키바는 영국식으로 월/일/연도 순서로 기록했다.

[사진 6-2] 파리에서

없다. 당시 교통수단은 모두 선편이었다. 일본에서 출항한 배가 홍콩과 말라카해협을 거쳐서 인도양을 경유해 수에즈운하를 통과하는 뱃길로 한 달 이상 소요되었다. 그 배가 유럽 땅에 처음 정박하는 항구는 프랑스의 마르세유였다. 그곳에서 육로로 프랑스를 관통해 도버해협을 건너서 영국의 런던에 도착하는 일정이었다.

"1925년 9월 런던에서 파리로 옮겨 일년 체재하는 중 프랑스에서 본 박물관은 20개였다. Le Musee d'Ethno-graphie(トロカヂロ民俗博物館)는 알제리와 튀니지를 중심으로 아프리카 물건, 뉴질랜드 목관, 말레이 반도의 불상, 자바의 조인형(操人形), 뉴칼레도니아의 무도면(舞踏面)과 우상(偶像) 등이 오세아니아실과 남아메리카실에 전시되었다. 이 박물관의 특징은 유럽 인종학부, 제 지방의 민속참고품, 프랑스 국내의 지방색을 잘 볼 수 있는 진열이다. 국립자연사박물관(Le Musee national d'Histoire naturelle)과 국립자연사박물관 인류학부(Galerie d'Anthropologie, 國立自然史博物館人類學部)는 통칭 식물원 거리에 있는 것이며, 네안데르탈 두골을 보관하고 있다. 1926년 7월 27일부터 견학한 기메-박물관(Musee Guimet)은 센강 하안의 도쿄통(東京通, Avenue de Tokio) 근처이며, 동양종교박물관(東洋宗教博物館)이라고 볼 수 있다. 카르나발박물관(Musee Carnavalet)은 파리의 역사박물관이고, 프랑스 민속도 포함한다. 생제르맹박물관(Musee de St. Germain)은 파리 교외에 있고, 브르타뉴박물관(Musee Breton de Quimper)에는 1926년 8월 28일 기차로 갔다"(秋葉 隆 1928. 9).

[사진 6-3] 호놀룰루에서 귀국하는 일본선박 갑판에서. 선박의 명칭은 "Shinyo Maru"

[사진 6-4] 귀국 기념으로 부인과 함께. 1926년 11월

"(1926년) 9월 29일 (미국) 시카고에 도착해, 5박 6일간 필드자연사박물관(Field Museum of Natural History)을 관람했다. 10월 2일 두 번째로 방문해 인류학부를 참관했다"(秋葉 隆 1927.11).

"10월 11일 샌프란시스코에 도착해, 금문공원을 보고, 캘리포니아 과학아카데미(California Academy of Science) 부속실의 인종학 수집품을 일견했다. 12일 컬럼버스제가 있었다. 그날 캘리포니아대학 내의 박물관(University of California, Museum of Anthropology)을 관람해, 토템폴을 촬영했고, 이시(Ishi)가 만든 석촉도 보았다. 1926년 10월 22일 순요마루[1]를 타고 호놀룰루항에 입항해, 비숍박물관을 견학했다"(秋葉 隆 1927.9).

3. 경성제국대학 법문학부

"본관은 단기 4273년(檀紀四二七三年) 故 박영철 씨의 유언으로 그 애장품 서화 등 백여 점과 이 보존비를 당시 경성제국대학에 기증한 것을 기초로 진열관 건축 계획을 수립하는 동시에 달리 수명의 호의에 의한 기부금을 얻어, 그 익년 9월에 준공하고 경대 진열관(京大陳列館)이라고 했으며"(서울大學校附屬博物館 1956.10), "다산 박영철(多山 朴榮喆) 씨의 기증 이전의 수집 유물은 역사품(歷史品) 1-609, 민속품(民俗品) 1-1017로 등록되어 있다. 박영철 씨 기증품은 역사품 610-722까지로 등록되어 있고, 민속품으로 분류된 것은 없다"(陳準鉉 1994: 73). '역사품 1-609'에는 초창기 오다(小田) 교수와 이마니시(今西) 교수를 중심으로 한 사학자들의 수집품이 포함되어 있다. 1938년 아키바가 '대학박물관'에 대해서 펼쳤던 꿈은 1942년 현실로 나타나게 되었으며, 민속참고품실(民俗參考品室)은 진열관(陳列館)이라는 명칭으로 탈바꿈하게 되었다. 아키바 교수는 "1942년 5월 경성제국대학 진열관(京城帝國大學陳列館) 참여 및 주임(參與及主任)"(島本彦次郎 1955: 315) 발령을 받았으며, 진열관의 책임자가 되었다.

경성제대 예과는 1924년 5월에 최초 입학생이 있었고, 그 후 10년간 2년제였다. 1935년부터 경성제대 예과는 3년제로 되었다가 전쟁으로 인해 1941년부터 다시 2년제로 환원되었다. 따라서 위에 언급된 학생들은 2년제 예과를 마친 뒤, 본과에 입학하면서 사회학연구실로 들어온 것이라고 생각된다. 이들과 함께 1941년에 경성제대 예과로 입학했던 학생의 수는 문과갑류(文科甲類) 39명(그중 李大源, 高光林, 鄭熙喆, 徐壬壽 등), 문과을류(文科乙類) 32명(그중 金元龍, 高錫龜, 梁在淵, 趙成植 등), 이과갑류(理科甲類) 44명, 이과을류(理科乙類) 78명(相馬廣明 등) 총 193명이었다.

[사진 6-5] 아키바의 경성제국대학 연구실. 출입문 바로 앞에 옷과 모자를 걸어 둔 칸막이가 있고, 옆 서가에 책이 즐비하다. 과거 1960년대 서울대학교 문리과대학 동부 연구실이라고 불리던 곳의 교수 연구실과 흡사하다. 다른 사진들과 대조한 결과, 1940년쯤의 사진으로 추측된다.

[사진 6-6] 경성제국대학 진열관(후일 이 건물은 서울대학교박물관이 되었다.)

[사진 6-7] 경성제국대학 진열관 집무실(후일 서울대학교박물관 관장실)의 아키바. 오른쪽의 목각 인형은 조선인 목각장 박 씨(朴氏)가 만든 것이며, 박 씨는 손가락이 완전하지 않은 손으로 목각을 했다고 한다. 아키바 마리코 씨의 증언이다.

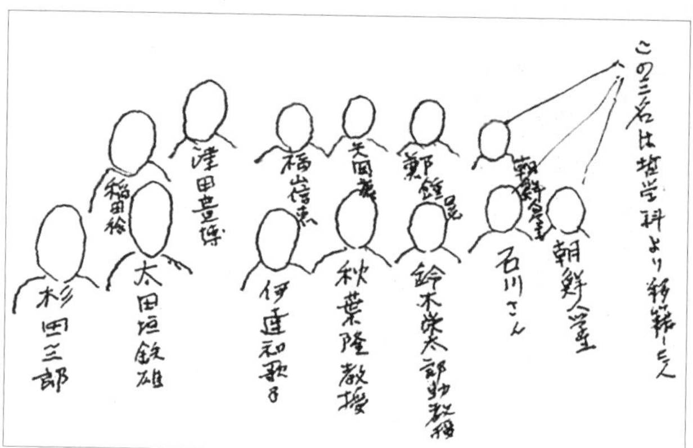

[사진 6-8] 경성사회학회 제1회 회합 시 촬영한 사진과 그 뒷면(1942년 5월).
뒷면은 아키바가 자필로 기록한 것이다. 필체로 보아 사진을 입수한 즈음의 글씨가 아니고, 아키바가 만년에 과거를 회상하면서 기록한 것으로 생각된다. 1942년 5월 9일 경성제대 철학연구실의 철학연구회에서 신입생 환영회 및 예회를 개최하고, 스즈키 조교수(鈴木助教授)의 "일본 가족의 세대 발전에 있어서 주기성에 대하여(日本家族の世代發展に於ける周期性に就いて)" 발표가 있었다. 뒷줄 왼쪽부터 이나다 미노루(稲田 稔), 츠다 토요히로(津田豊博), 후쿠야마 노부에(福山信惠), 야오카 류(矢岡 龍), 정종면, 조선인 학생(朝鮮人學生), 앞줄 왼쪽부터 스기다 사부로(杉田三郎), 오타가케 테츠오(太田垣鐵雄), 타테 와카코(伊達和歌子), 아키바 교수, 스즈키 에이타로 조교수(鈴木榮太郎助教授), 이시카와 타이조, 조선인 학생. 성명 미상의 "조선인 학생" 2명(申鍾湜과 李相昱일 가능성이 높다)과 이시카와와는 철학과에서 이적했다는 설명이 부가되어 있다. 뒷줄의 성명이 기입된 학생들은 모두 1940년 3월 경성제대 예과 제17회 입학생 명단에 포함되어 있다(朝鮮總督府官報 第3917號 1940.4.26日字. 269쪽. "學事"란).

스즈키 에이타로는 1942년 3월 기후고등농림학교(岐阜高農)에서 경성제국대학으로 이적해, 사회학연구실의 조교수로 임용되었다. [사진 6-8]은 4월 1일부터 정식 근무하게 된 후에 촬영된 사진이다. 철학연구회 개최 후 "경성사회학회(京城社會學會) 1942년 5월 스즈키(鈴木) 선생 환영회를 겸하여 제1회 회합을 개최하고, 동 선생의 '일본 사회에서 물(日本社會に於ける水)'이라는 매력적 강연"(以和 1943.1.25: 121)이 있었다. 그의 1942년 7월 현재 주소는 경성부삼판정(京城府三坂町) 142다.

"昭和十八年五月二十五日 秋鈴會遠足 淸涼里 總督府林業試驗場 杉田三郎君撮影"이라고 설명이 적힌 [사진 6-9]는 사회학연구실이 아키바(秋葉)의 추(秋) 자와 스즈키(鈴木)의 영(鈴) 자를 따서 슈레이카이(秋鈴會)라는 친목 조직을 구성해 학생들과 함께 소풍도 다녔음을 증언한다. 스기타 사부로(1918년생)는 말년에 오사카 토요나카(豊中)에 거주했다. 그가 중심이 되어서 2000년도까지 슈레이카이 회합을 했다. 이시카와의 졸업 논문은 「조선에서 내지농민의 유동성에 대하여(朝鮮に於ける內地農民の流動性について)」였고, 졸업 후 그는 식산은행 조사부(殖産銀行 調

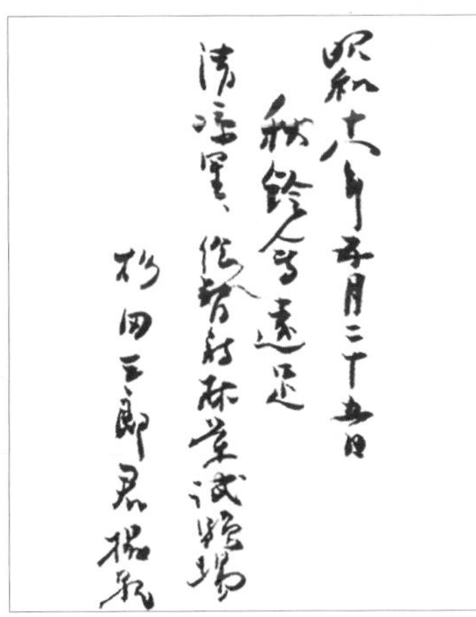

[사진 6-9] 슈레이카이 원족(秋鈴會 遠足, 1943년 5월 25일)

[사진 6-10] 경성제국대학 법문학부를 배경으로 한 이시카와 군의 졸업 기념 사진. 스즈키(왼쪽), 이시카와(가운데), 아키바(오른쪽). 1943년 9월 20일 촬영

査部)에서 근무했다.

제13회 일본사회학회대회는 경성제대에서 개최되었다. 1943년 10월 9일과 10일 이틀간 회원 39명이 참가했고, 대회에 참가한 후 함께 기념 촬영을 한 사람은 모두 54명이다. 연구 보고자 20명은 내지와 만주에서도 참가했다. 9일 점심에는 조선총독의 초청 만찬이 있었고, 저녁에는 총회를 겸해 간친회가 조선호텔에서 개최되었다. 9일 오전 8시 반 토다 데이조(戶田貞三) 회장의 개회사로 시작해 경성제대 법문학부장 나이토 키치노스케(內藤吉之助)의 인사로 이어졌다. 모두 6부로 구성되었다.

'사회학론' 부에서는 다이도 야스지로(大道安次郎, 칸사이가쿠인대학)의 "미개사회의 정체성", 신메이 마사미치(新明正道, 토호쿠제대)의 "단계 이론의 재인식", 쿠라우치 카즈타(藏內數太, 규슈제대)의 "고전과 사회학", 시게마쓰 토시아키(重松俊明, 교토제대)의 "게젤샤프트의 개념에 대하여". '가족민족' 부에서는 신진균(申鎭均, 명륜전문)의 "잔존호적에 나타난 근세 조선의 가족에 대하여", 오야마 히코이치(大山彦一, 건국대학)의 "악윤춘족의 가(家)와 친족관계", 타키가와 세이지로(瀧川政次郞, 건국대학)의 "거란(契丹, 중국 동북부의 종족)의 奇習". '농촌 도시' 부에서는 후쿠타케 타다시(福武 直, 도쿄제대)의 "중지(中支) 농촌에서 가족과 동족", 이토 토시오(伊藤俊夫, 경성제대)의 "북만에 있는 鮮農(선농)의 일개척촌", 오타카 쿠니오(도쿄제대)의 "해일시소사(海日市少史)의 직업생활", 하야시 메

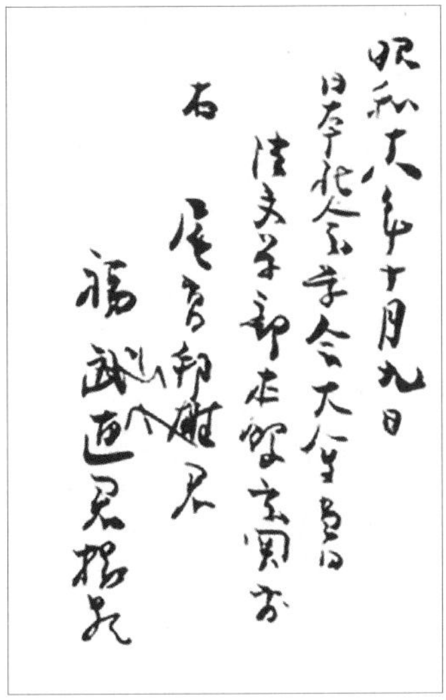

[사진 6-11] 제13회 일본사회학회대회(日本社會學會大會, 1943년 10월 9일)에서 오타카 쿠니오와 함께. "京城帝國大學 法文學部 玄關 前 右 尾高邦雄君 福武直君撮影"이라고 적혀 있다. 이 사진은 후쿠타케 타다시(1917-1989)가 찍은 것이라고 기록했다.

구미(林 惠海, 도쿄제대)의 "중지 농촌 취락에서 태평공초(太平供醮, 안녕을 비는 제사), 스즈키 에이타로(鈴木榮太郞, 경성제대)의 "조선취락의 사회구조". '사회 의식' 부에서는 우수이 류지(碓井隆次, 숙명여전)의 "조선의 지방 성격", 치카사와 케이이치(近澤敬一, 규슈전문)의 "일본에서 현재의 書目(서목)에 대하여", 미사키 아츠시(三崎 敦, 도쿄제대)의 "전시전선선전(戰時前線宣傳)". '종교 도덕' 부에서는 츠루야마 켄(鶴山 憲-김두헌, 혜화전문)의 "조선에서 가족 도덕 문제", 유아사 오키무네(湯淺與宗)의 "사회의 통제와 정신". '정치경제' 부에서는 야마모토 노보루(山本 登, 경응의숙)의 "동아광역경제의 성격"이 있었다.

'공개강연회'(저녁 7시 부민관에서)에서는 쿠라우치 카즈타의 "문화의 동양적 개념", 신메이 마사미치의 "파시즘과 이탈리아의 붕괴", 토다 데이조의 "아국의 국사원호". '남방문제특별보고회'에서는 아키바의 "인

[사진 6-12] 제13회 일본사회학회대회 기념사진. 경성제국대학 대학 본부(이 건물은 현존) 앞에서 촬영

[사진 6-13] [사진 6-12]의 전사도(轉寫圖, 이지은 제작). 1. 瀧川政次郎, 2. 新明正道, 3. 戸田貞三, 4. 秋葉 隆, 5. 藏内數太, 6. 小林英夫, 7. 鵜飼信成, 11. 尾高朝雄, 12. 日高六郎, 15. 尾高邦雄, 16. 鈴木榮太郎, 18. 諸屠素俊, 19. 石川泰三, 20. 伊達和歌子, 21. 申鎭均, 22. 佐藤泰舜, 23. 趙明基, 24. 鈴木武雄, 28. 福武 直, 30. 林 惠海, 32. 重松俊明, 40. 金斗憲, 41. 宋錫夏, 44. 高凰京, 47. 近澤敬一, 49. 橫山定雄, 50. 確井隆次, 53. 大道安次郎, 54. 泉 靖一(8-10, 13, 14, 17, 25-27, 29, 31, 33-39, 42, 43, 45, 46, 48, 51, 52 미상)

[사진 6-14] 경성제국대학 본부와 서울대학교 본부로 사용되었던 건물. 현재 문화예술진흥원으로 사용되고 있다. 입구의 계단이 [사진 6-12]의 인물들이 서 있었던 자리다.

[사진 6-15] 일본사회학회대회가 종료된 후, 학회 준비에 동원되었던 인물들과 학생들이 저녁 식사 도중에 찍은 사진. 앞줄에 앉아 있는 사람들 중에서, 왼쪽 첫째가 아키바, 그 옆이 스즈키. 오른쪽에서 세 번째가 요코야마 소자부로(横山將三郎)[2] 예과 교수다.

[사진 6-16] 신입생환영회 겸 출진학도장행회(우이동, 1943년 10월 23일). 왼쪽 앞에 취사도구가 보인다. 이시카와(스즈키의 오른쪽)가 교복이 아니고 전시 국민복을 입고 있는 것은 그가 졸업한 뒤의 사진이라는 의미다. 사진의 한가운데 뒷편에 국민복을 입고 있는 사람은 당시 연구실의 조수였던 조명기다. 여성 두 명 중에서 왼쪽이 다테 와카코(伊達和歌子)[3]이고, 그녀의 아버지가 경성부윤으로 근무한 적이 있었다. 오른쪽은 아키바 후사코(아키바의 장녀)다. 두 명은 제일고녀 동기생으로 31회 졸업생들이다. 후사코의 동생 마리코는 33회였다.

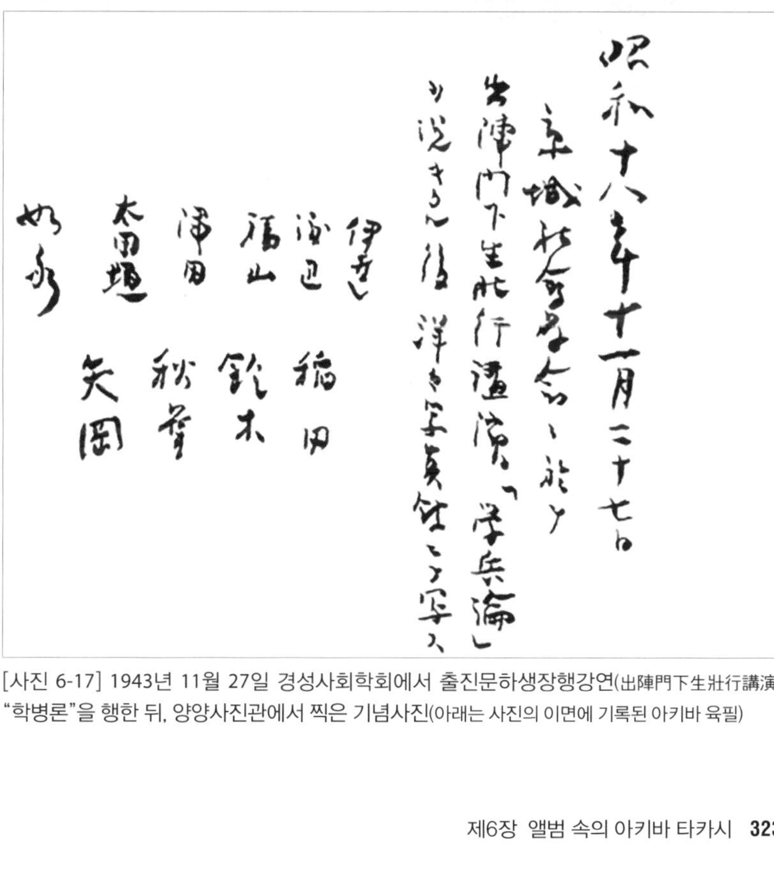
昭和十八年十一月二十七日
京城社会学会ニ於テ
出陣門下生壮行講演「学兵論」
ヲ説キシ後 洋々写真館ニテ写ス

稲田
福山 鈴木
浦田 秋葉
太田垣 矢岡

[사진 6-17] 1943년 11월 27일 경성사회학회에서 출진문하생장행강연(出陣門下生壯行講演) "학병론"을 행한 뒤, 양양사진관에서 찍은 기념사진(아래는 사진의 이면에 기록된 아키바 육필)

[사진 6-18] 조선인 연구자들과 함께.
앨범에 배열된 순서로 보아, 이 사진은 1943년 말 또는 1944년 초에 촬영된 것이라고 생각된다. 장소는 술 주전자와 요리 종류 그리고 병풍으로 보아서 조선식 요릿집이다. 가운데 아키바가 착석했고, 아키바 뒤에 콧수염을 기른 사람이 사토 타이슌(佐藤泰舜 1890-1975, 종교학 교수)이다. 나머지는 모두 조선인이다. 왼쪽부터 조선인들의 이름을 나열하면, 김두헌, 조명기, 손진태, 조윤제, 유홍렬(기립한 사람). 조선인은 모두 30대로 두발 모양이 전시 체제임을 나타낸다.[4] 혜화전문학교 흥아학과 과장으로 근무하던 김두헌은 전시국민복(戰時國民服)을 입고 있다. 이 복장에 왼팔과 가슴 부분에 장식된 두 개의 마크가 궁금하다. 김두헌은 1937년 5월 15일과 16일에 칸사이가쿠인대학에서 열린 일본사회학회대회 제12회에 참여하여 "조선의 족보에 대하여(朝鮮の族譜に就て)"를 발표했다(日本民族學會 1937.6. 學報IV: 8). 혜화전문학교의 자료에는 "教務主任 鶴山 憲, 秋葉 隆 社會學 應用社會學, 佐藤泰舜 佛教大意 華嚴學"(惠化專門學校 1941.12.20: 4)이라고 기록되었다. 츠루야마 켄(鶴山 憲)은 김두헌의 창씨명이다.

[사진 6-19] 1944년 2월 7일 진열관 앞에서. 이즈미가 뉴기니에서 보냈던 수집품들을 정리하기 위해서 연구실 학생 2명을 불렀다. 여성은 선과생으로 입학했던 다테 와카코다.

[사진 6-20] 전시국민복을 입은 아키바(57세)와 부인(藏子, 45세). 1944년 12월 9일 은혼 기념(銀婚記念). 아키바는 1944년 후반에 전시용으로 삭발한 것 같다.

[사진 6-21] 학도출정: 정종면과 아키바. 1945년 초여름으로 추정

[사진 6-22] 북아현동 우거(北阿峴洞 寓居). 1945년 6월 식량 조달을 위해 텃밭에서 농사를 지었다.

사"에 이어서, 오타카 쿠니오가 "해남도의 리족(黎族)에 대하여", 이즈미 세이이치의 "서부 뉴기니 답사 보고"가 있었다(宮永 孝 2009.3: 145-142).

경성을 떠나기 앞서 1945년 11월 11일 아키바와 제자들이 모인 자리에서 작성된 문서에는 다음과 같은 기록이 남아 있다. 색지를 구하지 못해 경성제국대학 법문학부 용지에 쓴 것이다.

吳警鐸(京城 京東公立中學校): "光陵의 숲에 대한 회고"

秋葉 隆: "北阿峴洞 寓居에서"

石川泰三: "건강하게 재회를"

申鐘湜: "조선에서 일본으로 돌아가는데, 청컨대, 동양으로 세계로 돌아가시는 것"

鄭鍾冕: "선생의 은혜. 재회하는 날까지"

杉田三郎: "대학 입학한 지 2년. 師恩…"

久保田大也: "江華島 傳燈寺로 우중에 갔던 회고"

4. 아이치대학 사회학과

야나기타 쿠니오(柳田國男)가 1954년 4월 24일에 아키바에게 보낸 엽서가 남아 있다. 아키바의 주소는 토요시마구 시이나초(豊島區椎名町) 1-1823이었고, 쾌유를 비는 문안 편지였다.

[사진 6-23] 1949년 12월 아이치에서

[사진 6-24] 1951년 6월 2일 아이치대학 나고야 분교(이 분교는 1949년 4월에 개교했다.). 앉은 사람 왼쪽에서 두 번째가 아키바 교수다.

[사진 6-25] 1951년 7월 노다 발굴(野田發掘). 1951년 6월 종합향토연구소가 개소되었고, 아키바가 초대 소장을 맡았다. 연구소의 작업으로 발굴을 한 것이다. 아래 사진의 앉아 있는 세 사람 중에서 가운데가 아키바이고, 오른쪽이 요코야마 소자부로다. 아키바가 사망한 뒤, 요코야마가 연구소의 2대 소장을 맡았다.

[사진 6-26] 아이치대학 사회학연구실 제1회 졸업 기념사진. 앞줄에 앉은 사람들의 왼쪽부터 세 번째가 시마모토 히코지로(島本彦次郎)[5] 조교수, 네 번째 아키바, 한 사람 건너서 무라타케 세이이치 조수(助手)

[사진 6-27] 1952년 10월 카미코지(上高地)에서 이마무라 유카타의 일행과 기념 촬영. 인류학·민족학연합대회에 참석한 아키바(지팡이 짚은 사람)와 부인(왼쪽). 뒷줄 맨 오른쪽은 시마 고로. 아키바 부부 사이는 가모 마사오. 오른쪽 모자를 쓴 사람은 이마무라, 이마무라의 좌우에 스즈키 마코토 부부. 스즈키 부인은 아키바를 모른다고 했다.

[사진 6-28] 1953년 여름 아이치대학 공관(愛大公館)에서. 이 공관은 1912년 육군 제15사 사단장 공관으로서 건설되었던 것인데, 아이치대학이 설립된 후는 학장과 교직원들의 숙소로 이용된 곳이다. 도요하시 캠퍼스에서 조금 떨어진 곳에 위치한다.

[사진 6-29] 1954년 5월 26일 우치다 아사히(内田 旭, 1877-1962)[6]의 저택에서. 그의 저택은 1926년에 조성된 노송원(老松園)으로 이름이 나 있다. 우치다는 하마마쓰 신쵸(浜松新町)의 구가출신(舊家出身)으로서 도쿄제국대학을 졸업했다. 1954년 병상에 있었던 아키바가 일부러 우치다 아사히를 찾았던 이유를 알 만하다. 당시 아키바는 향토연구의 관심을 아이치현에서 시즈오카현으로 지역적으로 넓히고 있었다는 생각을 할 수 있다. 나아가서 오미시즈 카즈(渥美静一)가 주로 관심을 가졌던 동해 지방의 신라귀화인(新羅歸化人) 씨족에 관한 정보에 이끌렸을지도 모른다.

[사진 6-30] 장례식의 가족. 아키바는 1954년 10월 16일 사망했다. 마쓰모토 세이이치 선생이 제공한 "秋葉隆の家族(表)"에 의하면, 아키바는 33세에 마쓰자카 쿠라코(松坂藏子 1900-?)와 1920년에 혼인했고 삼남매를 두었다. 장녀 후사코(房子 1922.1 生)는 도쿄제대교수 와다 키요시(和田淸)의 장남 와다 히사노리(和田久德)와 1942년에 결혼했다. 차녀 마리코(万里子, 1924.3 生)는 타카하시 류(高橋 龍)의 삼남 케이고(圭吾 서양자 1944년 혼인)와 혼인했다. 장남 조지(城兒 1928.6-1929.6.23)는 요절했다. 자녀들의 이름들은 모두 지명에서 따왔다. 후사코는 치바현의 보초(房總)라는 지명에서 나온 이름이고, 마리코는 아키바가 이역만리에서 유학할 당시 출생했다는 의미이며, 조지는 경성에서 출생했음을 의미한다.

[사진 6-31] 장례식의 지인들.
전열 좌로부터 세 번째가 오카 마사오(岡 正雄), 가운뎃줄 맨 오른편의 앉은 사람이 이즈미 세이이치, 가운뎃줄 맨 왼편의 앉은 이가 무라타케 세이이치. 무라타케 왼쪽에 서 있는 여성은 만 20세의 스에 히로코(須江ひろ子 1934-2019, 결혼 후 개성하여 하라-原). 그녀는 경성 태생이고, 오차노미즈대학(お茶の水女子大學) 교수를 역임했다. 그녀의 아버지가 경성제대 의학부 이비인후과 조교수를 역임했던 수에 모쿠지로다. 가장 오른쪽에 서 있는 사람이 요코야마 소자부로다. 그 외에 토요하시조다이카이(豊橋城大會)[7]의 구성원들이 일부 포함되어 있을 것으로 생각된다.

주

1 동양기선(東洋汽船)이 보유했던 춘양환(春洋丸, 13,377톤)으로서 1911년 8월 15일 준공했고, 1926년에 일본우선(日本郵船)에 이적되었다가, 1936년 해체되었다.

2 요코야마 소자부로는 예과에서 哲學倫理를 담당했다(黑田嘉一郎 1975.8.31: 251). 그런데 그가 아이치대학에 와서는 고고학을 담당했다. 그는 도쿄제대 재학 중 윤리학과를 다니면서 고고학 강의를 수강했다. 요코야마는 경성제대 예과에서 전문 외에 독일어도 가르쳤다. 요코야마의 장인은 키히라 타다요시(紀平正美 1874-1949) 박사로 『哲學概論』의 저자이기도 하다. 요코야마의 글은 다음과 같은 것들이 있다.
1942 "古代島の民俗", 民族學研究 8(4): 70-80.
1943.3 "朝鮮社會構造の實踐的了解", 日本諸學研究報告 19(哲學): 162-172.
1957.3 "豊橋市天伯町南高田遺蹟發掘報告", 愛知大學綜合鄕土研究所 3: 63-68.

3 그녀는 1942년 7월 東京女子大學을 졸업하고, 그해 9월 경성으로 이동했다. 야나기타 쿠니오의 민속학에 대해 공부하기 위해서 경성제대의 아키바 교수를 지목해 경성제대의 選科生으로 입학했다. 그로부터 1년 6개월 뒤에 혼담이 있어서 도쿄로 돌아갔다. 혼인 후에는 개성해 大橋和歌子가 되었다(필자가 2004.4.21 전화로 인터뷰를 했다. 당시에는 와카야마에 거주했다). 그녀의 부친은 伊達四雄 경성부윤(1933년 취임)이었다.

4 효성(曉城) 조명기의 연보는 다음과 같다. 경남 동래 복천동 출생이고, 동래고보로 진학했다. 1926년 동래고보를 졸업한 후, 통도사(通度寺) 주지 경해당(住持 鏡海堂) 스님 아래에서 공부를 했다. 중앙불교전문학교(中央佛敎專修學校, 1928-1931) 수학, 동교 도서관 사서(圖書館司書, 1931-1934)를 했다. 도요대학(東洋大學) 문학부 불교학과(1934.3-1937.3)에 이어 1937년 9월 경성제대 종교학연구실 전공과(대학원)에 입학했고, 혼인했다. 경성제대 종교학연구실에서 신라 불교를 연구했다. 중앙불교전문학교 강사(1939.6-1940.6), 1941년 3월 경성제대 법문학부 종교학연구실 부수(副手), 1942년 3월 조수로 승진했다. 1943년 7-9월 경성제대 만몽학술조사단에 참가했다. 1945년 9월 혜화전문학교(惠化專門學校) 교수로서 불교학과장에 취임했다. 1962년 도요대학에서 문학박사 학위를 취득했고, 1964년 동국대학교 총장이 되었다(曉城趙明基先生遺文稿刊行委員會 編 1989.11; 曉城趙明基博士追慕佛敎史學論文集刊行委員會 編 1988.7).
유홍렬의 연보는 다음과 같다. 1911년 4월 19일생이고, 경성제대 예과 문과B류 입학(1930.4), 경성제대 법문학부 사학과 입학(1932.4), 문학사(1935.3) 취득. 경성제대법문학부 조수(1935.4-1938.3), 동성상업학교(東星商業學校) 교수(1938.4-1945.9), 서울대학교 사범대학 부교수(1945.10-1946.12), 국립민족박물관 부관장(1946.12-1947.6), 서울대학교 문리과대학 부교수(1947.7-?)(惠庵柳洪烈博士華甲紀念事業委員會 1971.4)를 지냈다. 사범대학 부교수직에서 국립민족박물관의 부관장직으로 옮길 때는 송석하가 관장을 할 때다. 유홍렬의 사범대학 자리는 김석형이 물려받았다. 국립민족박물관으로의 전직에는 송석하와 유홍렬 사이에 아키바라는 과거 존재가 작용했을 가능성을 배제할 수 없다. 유홍렬이 문리과대학으로 자리를 옮긴 후, 국립민족박물관 부관장직에는 동국대학교의 김효경이 들어왔다. 송석하가 사망한(1948.8) 후, 김효경이 관장직을 이었는데, 언제부터 시작했는지는 알 수 없다.

5 시마모토 히코지로(1913-?)는 와카야마현 출신으로서 와카야마 사범학교 전공과(和歌山師範專攻科)를 졸업한 뒤, 1941년 4월 경성제대의 교육학 전공으로 선과입학(選科入學)했다. 1942년 9월 시행한 본과 입학학력 검정시험(本科入學學力檢定試驗)에 합격했다. 학수부(學修簿)에 나타난 그의 수강 과목과 학점 취득 연월을 적기한다(학수부 자료는 김필동 교수의 도움으로 소개한다). 美學概論(1942.4), 文學概論(1943.9), 獨語前期(1943.9), 心理學概論(1943.9), 兒童心理學演習(1943.9), 心理學實驗實習(1943.9), 社會學概論(1943.9), 學科教授論(1943.9), 哲學概論(1943.9), 宗教史概論(1943.9), 教育學演習(1943.9), 教育學概論(1943.9), 生理學(1943.9), 教育學演習(教育方法史研究 1943.9), 教育學演習(武家家訓 1943.9), 支那上代思想(支那哲學 1943.11), 教育史概說(1943.12), 獨語後期(1944.2), 哲學の諸問題(哲學概論代用 1944.2), 倫理學概論(1944.6), 西洋古代哲學史(1944.7), 哲學演習(1944.7), 感性·悟性·理性(論理學代用 1944.7), 教育學演習(皇國道と教育 1944.7), 教科指導原理(1944.7), *ナチスの*教育哲學(1944.8), 明治以降教育制度發達史(教育行政代用 1944.8), 現代心理學說(1944.8), 000000(東亞朱子學史通論 1944.9). 2년 반 동안 총 29과목을 수강한 기록이다. 졸업에 필요한 학점 이수를 위한 방안이었던 것 같다. 전시에 기획되었다고 생각되는 독특한 과목명도 눈에 띈다. 예를 들면, 교육학연습(황국도와 교육: 皇國道と教育), 나치스의 교육철학(*ナチスの*教育哲學) 등이다. 전시 대응을 위해서 기간 단축을 한 흔적도 발견된다. 아키바에게 사회학개론(社會學概論) 과목을 수강했다. 그의 졸업 논문은 「에른스트 크리크의 교육학설의 기본적 태도(*エルンストクリークの*教育學說*の*基本的態度)」이다. 에른스트 크리크(Ernst Krieck 1882-1947)는 1917년 「독일의 국가이념」이란 논문에서 "제3제국"이란 단어를 사용했고, 그 단어가 현재까지 널리 쓰이고 있다. 『교육의 철학(*Philosophie der Erzietung*)』(1922), 『교육철학(*Erzietungsphilosophie*)』(1930) 등 저서가 있고, 국가사회주의 독일노동자당(나치당) 소속으로 어용교육학자였다. 프랑크푸르트대학 총장을 역임했고, 제2차 세계대전 후 바이에른주 모스부르그 안데어 이자르(Moosbrug an der Isar) 포로 수용소에서 사망했다. 『교육철학』은 일본어로 번역출판되었다(海後宗臣(譯) 1931.4.15 *クリークの*教育哲學. 東京: 目黑書店). 카이후는 전후 아이치대학의 사회학과에 조교수로 부임했다.

6 35은행 취체역(銀行取締役), 시즈오카은행 감사역(靜岡銀行監査役), 하마마츠상과 단기대학학장(浜松商科短期大學學長)을 역임했다. 이 대학은 1951년 하마마츠단기대학(浜松短期大學)으로 개학했으나, 그해 6월1일 "상과"라는 단어를 넣어서 개칭했다. 현재는 하마마츠학원대학(浜松學院大學)이다. 그는 전문적인 은행가 일을 하면서도 향토연구에 몰입해 시즈오카현 향토연구회부회장(靜岡縣鄉土研究會副會長)과 토오토미향토연구회회장(遠江鄉土研究會會長)으로서 글을 썼다. 『內田旭著作集』(1993.3)이 간

행되어 있다. 『토오토미향토연구회지(遠江郷土研究會誌)』는 등사본으로 발행되었다. 1950년 토오토미 향토연구회가 부활했다. 그 회지 제1호(1950.9.5 발행)에 회에 관한 내력이 기록되어 있다. 1930년에 야마자키 조반(山崎常磐 회장), 우치다 아사히(内田旭 부회장)로 발족한 모임이었고, 전쟁 중에 자연 해소되었다. 모임의 중심인물들로는 原田和(磐田郡東浅羽村), 西郷藤八(小笠郡平田村), 渥美静一(浜松市栄町), 内田 旭(浜松市野口町)의 4명이 있었다. 회지의 발행소가 우치다의 집으로 되어 있었다.

7 아키바의 유품 중 1953년 11월 18일 愛大公館에서 작성한 토요하시조다이카이의 색지(色紙) 한 장에 다음과 같은 이름들이 있다. 요코야마 소자부로(横山將三郎 1897-1959), 마츠요시 타카후미(松義孝文), 타카노 타츠지(高野龍治), 사쿠라이 요시유키(櫻井義之 1904-1989), 와카야마 히사시(若山 尙 1906-?, 1930년 경성제대 졸업, 중국 철학 전공), 야마자키 토모지(山崎知二 1903-?, 도쿄제대 졸업, 영문학), 島本彦次郎, 하야노 류조(早野龍三 1881-?, 眼科, 경성제대병원장 역임)다(생몰연도와 이력은 필자주).

제7장 인골 연구와 전시인류학: 이마무라 유타카의 남가일몽(?)

1. 서론: 해부학자의 체질인류학

일본의 학문 중에서 근대적 의미의 자연과학, 특히 의학 분야는 독일의 영향이 절대적이라고 말할 수 있으며, 그 연원은 상당히 오래된 것이다. 19세기 말 중국 산둥성의 청도(青島)에 조차지를 마련했던 독일은 일본과 긴밀한 관계를 맺고, 의학 전문가들을 일본으로 파견했다. 그들의 활동 범위는 조선(식민지가 되기 전)까지 미쳤다. 그 한 사례를 에르빈 벨츠와 리햐르트 분쉬 박사의 행적에서 읽을 수 있다.[1] 당시 일본에서 출판되었던 의학 전문 잡지의 요약문은 모두 독일어로 작성되었고, 의학 논문을 독일어로 작성하는 경우도 적지 않았다. 그런 연장선상에서 고등학교의 교육에서는 프랑스어와 함께 독일어가 아주 중요한 부분을 차지하고 있었다. 프랑스어는 주로 인문 계통에, 독일어는 자연 계통에 절대적 영향력을 행사했음은 경험적으로 유전되었다.

이런 배경에서 유럽에서 'anthropology'라는 것은 체질인류학을 의미했고, 비교해부학의 역할과 매우 유사한 전통이 만들어진다. 이에 대해서 문화인류학 영역에 해당되는 표시가 'ethnology'로 정착되었던 역사 과정에 대해서는 부언할 필요가 없을 것이다. 따라서 일본에 수입된 유럽의 'anthropology'는 의학부 해부학교실에서 실천하는 비교해부학 영역과 겹치게 되었다고 말할 수 있다. 비교해부학과 체질인류학은 거의 동의어로 사용될 정도로 체질인류학은 해부학교실의 전유물로 간주되었던 것이 제국주의 시대 인류학의 한 모습이라고 결론지어도 무리가 없다. 제국주의 시대 체질인류학의 기능은 '인종'을 구분해 내는 도구로 이용되었던 점을 상기하지 않을 수 없다. 그렇게 하기 위해서 체질인류학자들은 해부학적인 용어와 도구를 사용하여 고고학적 발굴 자료에서 등장하는 인골을 측정하고, 그 연장선상에서 생존해 있는 사람들에 대한 인골 측정을 시도한 결과 인체계측학(anthropometry)이라는 세부 분야까지 개발했다.

체질인류학자들은 세계지도 위에 '인종' 구분을 위한 도표들을 제작했고, 그러기 위한 탐험을 하면서 사람들을 측정하고 사진을 찍고 피부색을 구분하는 방법으로 '인종'이란 현상의 존재와 그 구분의 정당성을 주장했다. 연구 결과는 사회진화론을 지지하기 위한 '야만'과 '문명'을 구분하는 기준으로 적용되었고, 문명 세계가 야만 세계를 통치하는 정치 상황을 학문이라는 이름의 이데올로기로 정당화함으로써 제국주의의 무기로 이용되었음을 부인할 수 없다.

경성제국대학의 본과가 시작하는 1926년부터 의학부에는 해부학교실이 조직되었고, 교수 우에다 츠네키치(上田常吉)와 조교수 이마무라 유타카가 해부학 제2강좌에 부임한 날짜는 1926년 7월 24일이다(京城帝國大學學報 1927.4.5). 우에다 교수는 조선총독부 촉탁 신분으로 하와이에서 개최되었던 1927년도 범태평양교육회의에 참석한 후 6월 20일 귀국한 기록이 있다(京城帝國大學學報 1927.7.5). 그가 수행했던 내용은 전적으로 체질인류학의 일부를 이루었던 골학(osteology)이었다. 그는 교토제국대학 해부학교실 아다치 분타로(足立文太郎 1865-1945)의 문하생으로 경성제국대학에서 근무한 20년 동안 아시아 대륙의 인골에 관한 연구를 중점적으로 수행했다.

이마무라는 1928년 4월 1일 교수로 승임되어 해부학 제3강좌 담임을 맡았다(京城帝國大學學報 1928.5.5). 그가 그의 제자였던 타나카 마사시(田中正四)에게 보냈던 엽서(1970년 8월 3일 자)에는 "외우, 카나세키 타케오 군(畏友, 金關丈夫君(九大名譽教授))"(田中正四 編 1972.3.15: 47)이라는 기록이 있다. 동시대에 교토제국대학 해부학교실의 동학이었던 카나세키 타케오(金關丈夫)가 대북제국대학 해부학교실에서 체질인류학을 주로 담당했던 점을 아울러 생각하면, 교토제국대학 출신의 체질인류학은 제국 일본의 서부(西部)를 연장시킨 조선과 대만의 식민지를 거점으로 하여 아시아 대륙의 체질인류학을 전개했다고 평가할 수 있다. 이에 대해서 도쿄제국대학 이학부의 인류학교실(의학부 해부학교실 포함)에서는 아이누 사람들을 비롯한 동일본(東日本)의 고고학적 인골과 남태평양 도서 지방에 대한 조사를 집중적으로 실시하는 분업이 이루어졌음을 지적할 수 있다. 그런 분업이 의도된 것이라고 볼 수는 없지만, 결과적으로 하나의 학풍을 언급할 수 있는 기초 자료로 의미를 갖게 된다.

이것이 제국 일본의 체질인류학을 바라보는 한 시점(視点)일 수 있으며, 이마무라는 이 구도 속에서 일익을 담당했던 인물로 평가된다. 일본 학계 내부에서 카나세키에 대한 연구와 평가가 상당한 정도로 집적되어 있음에 비하여, 여태까지 어느 누구도 이마무라에 대해서 관심을 가지지 않았던 이유가 납득이 가지 않는다. 이 책은 학사(學史)라는 차원에서 이마무라에 대한 조명이 필요하다는 점을 인식하고, 그의 학문 업적뿐 아니라 연구를 중심으로 한 활동 과정에서 드러났던 사실들을 집적하여 소개함을 목적으로 하고 있다. 동시에 여태까지 이마무라에 관심을 보이지 않았던 이유에 대해 궁금한 목소리를 정리해 본다. 이로써 전후 일본 학계가 전전(戰前)의 활동에 대하여 보여 주는 태도에 대해서도 간접적인 논의를 해보려고 한다. 왜 식민지 조선에서 이루어졌던 학문 업적에 대한 평가가 외면받고 있는지 설명이 필요하다고 생각한다. 식민지 대만에서 활동했던 연구자에 대한 평가와 연구는 상당한 진척을 보이는데, 그에 비해 식민지 조선의 경우에 왜 그렇지 못한가? 이런 설명이 다음 단계로 나아가기 위한 초석이 될 것이라는 점에 대해 의문의 여지가 없다.

이 장의 부제에 "남가일몽(南柯一夢)(?)"이라고 적었다. 그렇게 적은 이유에 대한 설명이 필요하다. 이공좌(李公佐, 8세기 중엽-9세기 초엽, 唐)의 저서로 『남가태수전(南柯太守傳)』(802)이 있다. 순우분(淳于棼)이라는 주인공이 꿈속에 대괴안국 남가군(大槐安國 南柯郡)의 태수(太守)가 되어서 소원 성취와 부귀영화를 누렸다는 내용이다. 그러나 모든 것은 현실이 아니고 꿈이었다는 이야기에서 비롯된 고사성어가 남가일몽인데, 나는 그 글귀의 뒤에 "(?)"을 붙였다. "남가일몽"으로 끝난다면, 이마무라는 순우분이 되지만, 그렇지 않을 가능성이 남아 있다는 희망의 메시지를 담은 것이 "(?)"의 의미다. 희망의 메시지가 살아있을 근거는 "조선인 전신 골격 300체, 만주 북지인골 100체, 몽고 몽고인골 200체, 파푸아인 두골 70과(髁)를 수집"(島 五郎 1957.11: i)했던 이마무라의 체질인류학 업적을 무시할 수 없기 때문이다. 아직 완전한 남가일몽이라고 판정하기에는 시간적으로 이른 이유가 있다. 사라진 인골들이 어디에 있는지 확인하는 작업이 남아 있기 때문이다. 그 존재가 확인된다면, 이마무라를 위시한 경성학파의 인골 연구가 갖는 의미를 새롭게 조명할 기회가 마련될 수 있다. 카나세키 타케오가 수행했던 대북제대(臺北帝大)의 인골 수집에 대한 재연구가 최근에 진행되는 것을 보고(Doi 1991), 앞으로 수집된 인골들에 대한 DNA 연구가 가능하다는 점을 예상한다면, 이마무라의 작업은 남가일몽이 아니게 될 개연성이 있다. 그 개연성을 남겨 두고 싶다.

최소한 670체의 인골이 어디에 있는가 하는 점도 앞으로 관심을 가져야 할 문제다. 그 소재의 가능성은 세 가지로 압축될 수 있다. 첫째, 제2차 세계대전 직후 서울에 진주했던 미군이 수습했을 가능성이 높다. 1945년 9월 9일 서울에 진주한 미8군사령부는 경성제대 의학부에 본부를 두었기 때문이다. 둘째, 한국전쟁 당시 북조선군이 가지고 갔을 가능성이 미약하나마 있다. 셋째, 현재 서울대학교 의과대학에 부속되어 있는 어떤 건물에 방치되어 있을 가능성도 배제할 수 없다.

2. 경성제국대학 해부학교실

조선총독부는 총독부 의원으로서의 시설을 갖추기 위해서 1916년에 경성의학전문학교를 설립했고(1916년 4월 1일부로 칙령 제80호 '조선총독부 전문학교 관제' 공포), 그 학교의 해부학 교수로서 쿠보 타케시(久保 武)를 초빙했다. 대한의원(大韓醫院) 부속의학교 교관이었던 쿠보는 조선총독부 의원 의관을 거쳐서 경성의학전문학교 교수(1917년)가 되었다. 경성일보(京城日報 1916.7.9)에 "인종해부학 전공"으로 소개되었던 그는 「모발(毛髮)의 인류학」(8회) 및 「인종해부학으로 본 조선인」(2회) 논문들을 『조선 및 만주(朝鮮及滿洲)』에 게재하면서, "체질인류학 내지 인종해부학"을 언급했다. 그가 발표했던 글들의 내용은 전형적인 19세기식 인종주의에 입각한 것임을 알 수 있다. 그가 채용한 방법은 상당 부분 눈대중의 주먹구구식 인종해부학으로, 엄밀한 인체 계측에 근거한 체질인류학 업적이라고 말하기에는 매우 부족하다.[2] 그가 수행한 체질인류학 업적을 평가한다면, 골학이라기보다는 연부인류학(軟部人類學)이라고도 말할 수 있다(박순영 2006 참조). 그는 경성의학전문학교 강의 시간에 조선인은 야만인에 가까운 사람들이라는 발언을 한 적이 있었다. 그 발언을 계기로 경성의학전문학교에서 1개월간 동맹 휴교가 벌어졌다.

[사진 7-1] 쿠보 타케시

[사진 7-2] 우에다 츠네키치

1922년에 이 사건이 있었고(叙勳裁可書 1922), 그는 1923년에 학교직을 사임했던 기록이 남아 있다.[3]

1919년 경성의학전문학교의 교수로 부임한 우에다는 도쿄제대 출신으로, 경성제국대학 의학부가 만들어지면서 해부학교실의 제1강좌 담임으로 부임했다. 그는 의학통계 전문가로 명성을 떨쳤다.

나가사키(長崎) 출신으로 제5고등학교와 교토제국대학을 나온 "이마무라 교수는 그 풍모와 함께 명물적 존재다. 원래 해부학 교수들 중에는 일체 신경질형이 많은데, 이마무라 박사는 정반대다. 모자를 쓰고, 파이프를 물고 교정을 활보한다. 학창 시절에는 수영부 선수였으며, 현재 경성제대 수영부장 역할을 맡고 있다. 교토제대 의학부를 1921년 졸업 후, 잠시 모교 교실에서 조수 일을 했고, 1924년 경성의전 강사직을 받고 양행(洋行)했다가 경성제대 개교와 함께 해부학 제3강좌 담당"(彩雲學人 1936.4.5: 36) 조교수로 부임한 것이 1926년 9월 11일이었다(京城帝國大學學報 1927.4.5). 이마무라 교수는 의학부 1학년에게 "계통해부학(系統解剖學)"(相馬廣明 1993.1.29: 54)을 강의했으며, [사진 7-3]의 가운데 장면이 계통해부학을 강의하고 있는 이마무라 교수의 모습이라고 한다. 그는 스스로 그의 '광두(光頭)'('독두(禿頭)'라는 단어보다는 '광

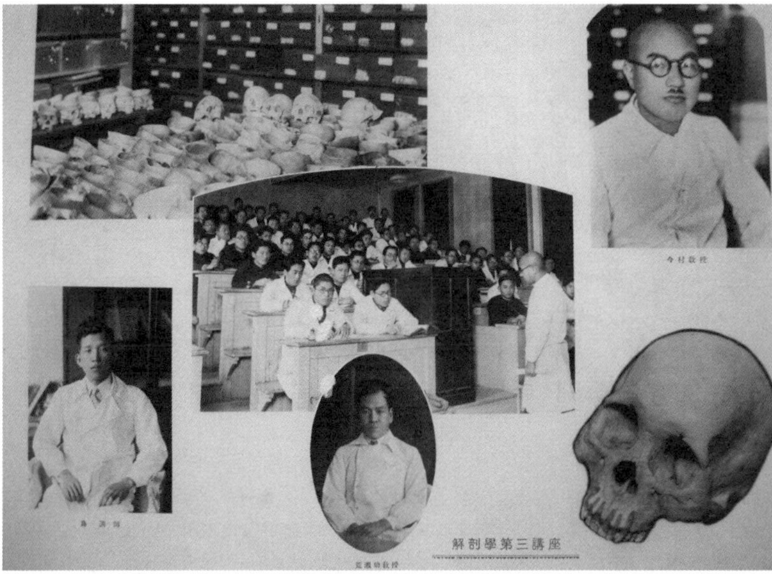

[사진 7-3] 경성제국대학 해부학 제3강좌의 이모저모. 오른쪽 상단에 이마무라 유타카, 왼쪽 하단에 시마 고로의 사진이 있다.

두'가 낫다고 했음)에 대해서 공개적으로 글을 쓸(今村 豊 1938.1.11) 정도였다. 그를 한번 만났던 사람들은 번쩍이는 '광두'로 그의 인상을 먼저 떠올렸다.

해부학교실 이마무라의 연구 작업을 해부학이라고 하지 않고, 구태여 '인류학' 또는 '체질인류학'이라고 부르는 이유는 당시 일본 학계의 분위기와 관련된 것이라고 말할 수 있다. 19세기 말부터 20세기 초에, 도쿄제국대학에서는 이학부(理學部)의 동물학교실에 속하여 인류학을 담당했던 츠보이 쇼고로(坪井正五郎 1863-1913)와 의학부 해부학교실의 코가네이 요시키요(小金井良精 1859-1944) 사이에 일본인의 인종적 기원이라는 문제를 가지고 오랜 논쟁이 있었다. 그 논쟁의 과정에서 고고학적 발굴 자료로서의 고인골(古人骨)과 아이누에 대한 인체 계측학이 동원되었다. 교토제국대학에서는 주로 패총과 고분에서 발굴되

[사진 7-4] 이마무라 유타카

[사진 7-5] 코하마 모토츠쿠

는 고인골들을 대상으로 하마다 코사쿠(濱田耕作 1881-1938)의 고고학 연구실과 아다치 분타로(足立文太郎)의 해부학교실이 제각기 또는 공동으로 연구해 온 분위기가 있었다. 해부학교실에서 고고학적 발굴 자료로서 고인골에 대한 연구를 하면서, 그런 경향을 체질인류학이라고 명명했던 전통이 경성제국대학에서도 연장되었던 측면이 있음을 이해할 수 있다. 따라서 이마무라가 조선웅기(朝鮮雄基) 패총과 신라 고분의 인골들(今村 豊 1931; 1932)과 낙랑 고분에서 출토된 인골(今村 豊 1933)에 대한 연구 발표를 하는 것은 지극히 자연스러운 연구 분위기의 일환인 셈이고, 그런 연구에 대하여 인류학 또는 체질인류학이라는 이름을 붙이는 것은 당연한 일이었다.

도쿄인류학회(東京人類學會) 창립 50년 기념 대회가 1934년 4월 1일부터 2일까지 이틀간 도쿄제국대학 법문경 1호관(法文經一號館) 제11번 교실에서 개최되었다. 총 46편의 발표 논문 중에서 첫날 첫 번째 분과의 4편과 첫날 오전 마지막 분과에서 1편, 모두 5편의 논문이 경성제대 출신들이 쓴 것이었다. 제목과 발표자의 이름 및 소속을 열거하면 다음과 같다.

"현대 조선인 체질인류학 보유, 두개골의 부(現代朝鮮人體質人類學補遺, 頭蓋骨の部): 시마 고로(島 五郎, 京城帝大解剖), 조선인 인대골반의 인류학적 연구(朝鮮人靭帶骨盤の人類學的硏究): 코하마 모토츠구(小濱基次, 大邱醫專解剖), 평안남도 조선인의 체세에 대하여(平安南道朝鮮人の體勢に就て): 타나베 히데히사(田邊秀久, 平壤醫專解剖), 극동제종족의 상호관계(極東諸種族の相互關係): 이마무라 유타카(今村 豊, 京城帝大解剖), 상관계수의 간편한 신계산법에 대하여(相關係數の簡便なる新計算法に就て): 우에다 츠네키치(上田常吉, 京城帝大解剖)"(ドルメン 1934년 4월호, p. 52)

특히 이 대회에서 "교토제대 키요노(清野) 연구실의 통계법의 결함을 경성대학의 우에다 츠네키치가 지적했고, (…) 키요노는 문제(門弟)의 나카야마 에이지(中山英司) 등을 경성으로 파견하여 반년 동안 우에다 교수로부터 통계학을 배워 오도록 했다. (…) 우에다는 전전(戰前)의 인류학자들 중에서 최고로 통계를 터득한 사람으로서 경성대학의 해부학 교수다"(寺田和夫 1975.8.5: 202). 환언하면, 당시 경성제대의 해부학 교실에서 수행했던 체질인류학적 성과는 기간이 짧았음에도 제국 일본의 학계가 인정하는 질적으로 높은 수준이었다고 말할 수 있다. 식민지 조선에서는 경성의전의 쿠보가 실시했던 연부인류학으로부터 경성제대의 골학을 중심으로 하는 체질인류학으로 진화했던 과정을 지적할 수 있다.

경성제대 이마무라의 해부학 제3강좌는 체질인류학 교실이었다고 말해도 과언이 아니었다. 인골을 수집하여 주로 두개골과 신장을 측정하는 방식으로 체질인류학이 진행되었음을 알 수 있으며, 그 내용은 체질인류학의 일부분을 이루는 골학이었다. 그 교실의 다른 구성원들과 그 교실 출신으로서 평양의전(平壤醫專)과 대구의전(大邱醫專) 등지에서 교원을 하고 있었던 후학들도 공동으로 조선인의 체질인류학 연구 결과를 『조선의학회지(朝鮮醫學會誌)』에 발표했다(荒瀨 進·小濱基次·田辺秀久·高牟礼功 1934; 荒瀨 進·小濱基次·島五郎·西岡辰藏·田邊秀久·高牟禮功·川口利次 1934).

도쿄에 소재한 출판사 유잔카쿠(雄山閣)에서는 인류학·선사학강좌(人類學·先史學講座) 전19권을 출간했는데, 제1권이 1938년 5월 5일, 제19권이 1940년 12월 31일 출간되었다. 즉, 2년 반 동안에 총 98편의 논문과 관련 자료들을 망라한 당대의 학문적 성과를 체질인류학과 선사학에 집중하여 기획·출판한 것이었다. 이 시리즈 내에서 민족학적 논문으로는 제6권에 실린 종교민족학자 우노 엔쿠의 「원시민족과 종교(原始民族と宗教)」라는 제목의 글 한 편이 있을 뿐이다. 그중에서 제4권(1938.9.10 출간)의 논문 5편 중 4편이 경성제대 출신의 성과라고 말할 수 있고(上田常吉: 統計法, 今村 豊: 骨學, 島 五郎: 朝鮮人の骨格, 小濱基次: 朝鮮人の生體計測), 제7권(1939.2.15 출간)의 논문 3편 중 2편이 경성제대 출신의 성과(今村 豊·島 五郎: 北滿諸民族の體質人類學, 今村 豊: 朝鮮人の體質に關する文獻目錄)다. 1930년대 일본의 체질인류학계에서 활약했던 경성제대의 역할을 무시할 수 없는 학문적 이유가 있음을 분명하게 지적해야 한다. '경성학파 인류학'이란 용어의 등장이 체질인류학의 학문적 성과에 기인한 것이었음을 확인하게 된다.

3. '만몽'과 '대륙'의 체질인류학자

조선인의 체질인류학 연구에 집중했던 이마무라와 그의 연구는 격변하는 중국 대륙의 상황에 동원되기 시작했다. 시간적으로 볼 때, 그들의 연구는 어느 정도 성과를 낸 것이라고 말하기에는 이르다는 점을 지적할 수 있다. 환언하면, 5년 정도밖에 안 되는 연구 기간에 만들어진 결과라는 것은 이제 연구 터전을 마련하는 수준이었을 것이고, 그것을 바탕으로 조선인의 체질인류학에 일말의 결론을 내린다는 것은 지극히 무리였다. 따라서 우리가 지금 이마무라의 조선인에 대한 체질인류학 연구의 결과를 요약할 만한 충분한 자료를 갖지 못하게 된 것이며, 이 정도의 결론은 후일을 기약할 수밖에 없었다. 연구 과정을 생각하면, 이마무라와 그의 교실에서 조선인을 대상으로 체질인류학을 연구한 과정과 결과는 다음에 이어지는 연구의 준비 단계로서 만족해야 했던 것 같다.

만주사변이 발발한 뒤, 경성제국대학은 총장을 회장으로 하는 만몽문화연구회(滿蒙文化硏究會)를 결성했고, "만몽 문화의 학술적 연구 및 조사와 동시에 만몽에 관한 지식의 보급을 도모"할 목적으로 인문과학(6부문)과 자연과학(4부문)을 총망라하는 기구를 조직했다. 군국주의의 서막을 알리는 팡파레에 발맞춘 경성제대판이 행동으로 드러난 것이다. 인문과학의 내용은 "만몽에 관한 역사 및 지리", "만몽의 유적 및 유물", "만몽제민족의 언어, 종교 및 민속(滿蒙諸民族ノ言語, 宗教及ビ民俗)", "만몽에 관한 경제 및 산업", "만몽에 관한 구관(舊慣) 및 법제(法制)", "기타 만몽에 관한 인문과학적 연구 사항"이고, 자연과학의 내용은 "만몽제민족의 체질인류학(滿蒙諸民族ノ體質人類學)", "만몽에 관한 약물학(藥物學)", "만몽의 동물, 식물 및 광물", "기타 만몽에 관한 자연과학적 연구 사항"이다(京城帝國大學滿蒙文化硏究會規約, 昭和七年十二月十七日設定 참조). 총 10부문으로 구성된 항목들을 보면, 당시 경성제국대학이 동원할 수 있는 학문 분야의 총합과 동일한 수준이다.

그중에서 특히 인문과학의 "만몽제민족의 언어, 종교 및 민속"과 자연과학의 "만몽제민족의 체질인류학"은 다른 여타의 항목과 달리 대상을 "만몽제민족"이라고 설정했음에 주목하게 된다. 나는 이것이 후일 경성학파 인류학(京城學派人類學)이 등장할 수 있는 온상 역할을 한 것이며, 경성학파의 특징에 대하여 인문학과 자연과학의 종합적인 공동 연구라고 내세울 수 있는 시발점의 근거라고 생각한다.

법문학부의 종교학 강좌를 담당했던 아카마쓰 치조와 사회학 강좌를 담당했던 아키바 타카시는 만몽문화연구회가 본격적으로 활동을 개시하기 이전부터 제국학사원(帝國學士院)의 연구비를 지원받아서 공동으로 '조선의 무속(巫俗)'에 관한 연구를 진행하고 있었고, 어느 정도 성과를 냈다. 공동 연구를 배경으로 두 사람은 '종교 및 사회학연구실(宗教及社會學研究室)'을 결성했고, 연장자인 아카마쓰가 주임을 맡았다. 종교학자와 사회학자가 결성한 이 연구실은 양자의 공통 관심인 인류학(문화인류학을 말함)을 지향했다. 아카마쓰는 교토제대에서 종교인류학적 주술과 마나에 대한 졸업 논문을 작성한 사람으로서, 경성제대로 부임하기 전에 프랑스로 유학하여 마르셀 모스 밑에서 학업을 닦았다. 아키바는 도쿄제대 사회학과의 졸업 논문으로 비교문화적인 좌속(坐俗)에 관한 논문을 작성한 후, 경성제대 부임 전에 영국과 프랑스에 유학하여 영국의 인류학자들과 교류를 갖고 모스에게 잠시 수업을 받았던 경력이 있었다.

"이미 1934-1936년에 조선인 연구로 2,000엔을 받은 이마무라 교수는 외무성 문화사업부의 조성금으로 '만몽제민족의 체질인류학적 연구'에 1938년, 1939년, 1940년 각각 2,000엔의 지원을 받아 총 6,000엔의 연구비를 받았다. 일본이 중국으로 본격 진출함에 따라 중국인에 대한 정보와 지식이 필요하여 단기간에 집중적인 대규모 연구비를 받게 된 것이다"(김옥주 2008.12: 201). 여기서 한 가지 주의해야 할 점은 '만몽제민족'과 '중국인'에 대한 구분이다. 경성제대의 연구자들은 '중국인'이 아니라 '만몽제민족'을 연구 대상으로 했음을 분명히 할 필요가 있다. 당시의 중국과 만몽은 엄연히 정치적 구분이 있었고, 일본의 제국주의 팽창 초기에는 지리적 대상으로 중국이 아니라 만몽이 먼저였음을 지적할 필요가 있다. 즉, 만주국의 존재와 그 지역을 대상으로 한 '만몽'이라는 인식이 경성제대 연구자들과 연계되어 있음을 지적하고 싶다. 당시의 활동을 기반으로 판단한다면, '중국인'은 아직 연구 대상에 포함되는 시기가 아니었다.

우리는 문화인류학을 주로 했던 종교 및 사회학연구실과 체질인류학을 담당했던 해부학교실 사이의 관계에 관한 논의를 해보아야 한다. 물론 양측 모두 경성제국대학의 만몽문화연구회의 구성원임이 분명하고, 동일한 대학의 교원들이지만, 연구 과정에서 양자 간 구체적인 협력 관계나 공분모를 지적해 내는 작업은 또 다른 문제다. 당시의 체질인류학이 오늘날과 같이 '문화' 개념을 지향했던 것도 아니고, 이마무라의 교실은 주로 골학(骨學)을 했기 때문에, 샤머니즘을 주로 연구했던 아카마쓰나 아키바와의 결합점을 찾기란 쉽지 않다. 양측의 공통분모란 것은 연구 대상으로 설정된 집단인 '만몽제민족'이다. 또한 양자는 자료 수집에 있어서 공통적으로 야로란 것을 수행했다. 그러나 양측이 함께 현장으로 나간 경우는 거의 없다.

1932년 연말에 발족한 만몽문화연구회는 1933년 6월에 발회식을 했고, 그때부터 분야별로 적극적인 연구 활동에 돌입했다. 연구 자금은 '대지문화사업(對支文化事業)'을 주 업무로 했던 제국 일본의 외무성 문화사업부가 담당했다. 즉, '조다이(城大)'가 기획한 만몽문화연구회의 사업은 단순히 대학 차원에서 실시되었던 것이 아니라 제국 차원의 거대한 작업의 일환이었음을 지적할 수 있다. 이마무라는 조선족이 밀집한 '동북' 지역을 대상으로 선무를 겸하는 순회진료반을 이끌고 3년간 진료 겸 자료 수집을 다녔다. 그가 '동북'을 벗어나서 소수민족들이 산재한 흥안령의 북만 지역으로 답사를 나간 것은 1935년 여름이었다. 이마무라가 설정했던 '만몽제민족'의 내용은 만주와 내몽고 지역의 만주족과 몽고족뿐만 아니라 흥안령 산간과 아무르강 유역의 소수민족들도 포함하는 것임을 알 수 있다. 이에 대하여 '만몽제민족'의 '종교와 민속'을 주 연구 대상으로 설정했던 아카마쓰와 아키바는 1935년 9월 한 달간 흥안령의 오룬첸 지역으로 야로를 나갔으며, 아키바는 한 달간 현지에서 숙식을 하면서 자료 수집에 임하는 인류학적 야로를 실시했다. 1936년 7월에는 종교 및 사회학연구실의 학생인 이즈미 세이이치가 혼자서 흥안령 부헤토(博克圖)를 배경으로 산중에 거주하는 오룬첸을 대상으로 참고품 수집을 위해서 답사를 나갔다. 그럼에도 그들의 연구 과정에서 '체질(體質)'과 '종교 및 민속(宗教及民俗)' 양자의 직접적인 접점은 발견할 수가 없다.

이마무라를 중심으로 활동했던 경성학파 인류학의 학문적 수준을 가늠해 볼 수 있는 하나의 대조군을 살펴볼 필요가 있다. 1936년 9월 25일과 26일 사이 몽강의 왕야묘(王爺廟) 일대에서 인류학적·민족학적 자료 수집 활동을 했던 코펜하겐국립박물관 탐험대의 일원이었던 헤닝 하슬룬트-크리스텐센(Henning Haslund-Christensen 1896-1948)의 업적이 있다. 경성제대의 연구자들이 활동했던 시기와 공간이라는 점에서 거의 겹치고 있다는 점에 착안해 덴마크 학술대의 활동은 경성학파의 활동 수준을 가늠할 지표가 된다. 먼저 하슬룬트의 인류학적 관찰과 측정표(Anthropological Observations and Measurements)는 이마무라 팀이 실시했던 그것보다도 훨씬 더 정밀하게 고안되었음을 보여 준다(Braae 2017: 121). 인체 측정과 관련된 자료뿐만 아니라 하슬룬트가 수집했던 민족학적 자료들의 양과 질에 있어서도 상당한 차이를 보이는 것(Braae 2017: 113-133 참조)은 소위 학술 조사의 궁극적 목적에서 비롯되는 것 같다. 군기를 따라갔던 경성제대 팀들의 활동 내용과 박물관 자료 수집을 목적으로 했던 코펜하겐 팀과의 차이가 분명하게 드러나는 것으로 이해할 수 있다.

현재 남아 있는 자료를 통하여 양자의 접점을 재구성할 수 있는

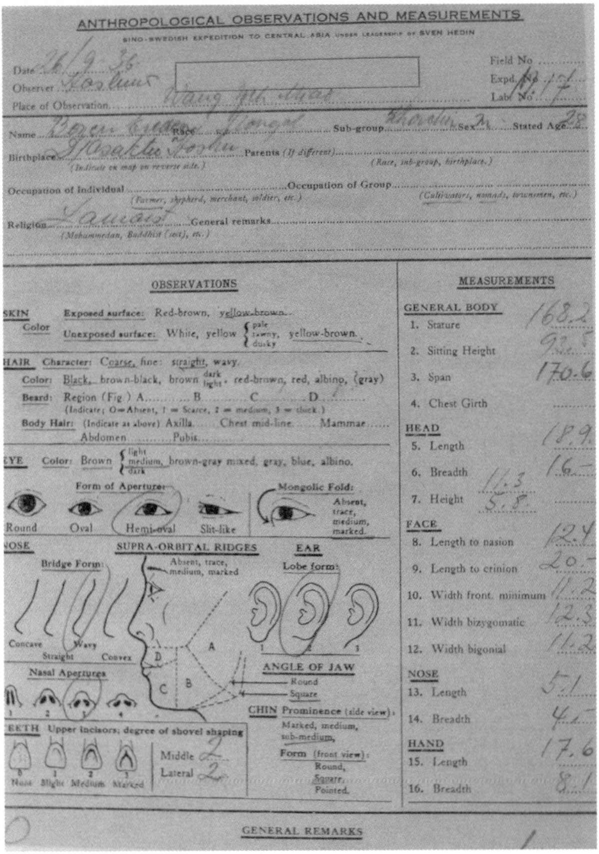

ANTHROPOLOGICAL OBSERVATIONS AND MEASUREMENTS

SINO-SWEDISH EXPEDITION TO CENTRAL ASIA UNDER LEADERSHIP OF SVEN HEDIN

Date 26/9-36 Field No

Observer Expd. No

Place of Observation Lab. No

Name Race Sub-group Sex Stated Age 28

Birthplace (Indicate on map on reverse side.) Parents (If different) (Race, sub-group, birthplace.)

Occupation of Individual (Farmer, shepherd, merchant, soldier, etc.) Occupation of Group (Cultivators, nomads, townsmen, etc.)

Religion (Mohammedan, Buddhist (sect), etc.) General remarks

OBSERVATIONS

SKIN Exposed surface: Red-brown, yellow-brown.

Color Unexposed surface: White, yellow {pale, tawny, dusky} yellow-brown.

HAIR Character: Coarse, fine: straight, wavy.

Color: Black, brown-black, brown {dark, light}, red-brown, red, albino, (gray)

Beard: Region (Fig.) A. B. C. D.

(Indicate; O=Absent, 1 = Scarce, 2 = medium, 3 = thick.)

Body Hair: (Indicate as above) Axilla. Chest mid-line. Mammae. Abdomen. Pubis.

EYE Color: Brown {light, medium, dark}, brown-gray mixed, gray, blue, albino.

Form of Aperture: Round, Oval, Hemi-oval, Slit-like

Mongolic Fold: Absent, trace, medium, marked.

NOSE Bridge Form: Concave, Straight, Wavy, Convex

Nasal Apertures 1 2 3 4

SUPRA-ORBITAL RIDGES Absent, trace, medium, marked

EAR Lobe form: 1 2 3

ANGLE OF JAW Round, Square

CHIN Prominence (side view): Marked, medium, sub-medium,

Form (front view): Round, Square, Pointed.

TEETH Upper incisors; degree of shovel shaping 0 None, 1 Slight, 2 Medium, 3 Marked

Middle 2

Lateral 2

MEASUREMENTS

GENERAL BODY	
1. Stature	168.2
2. Sitting Height	92.5
3. Span	170.6
4. Chest Girth	
HEAD	
5. Length	18.9
6. Breadth	16.-
7. Height	
FACE	
8. Length to nasion	12.4
9. Length to crinion	20.-
10. Width front. minimum	11.2
11. Width bizygomatic	12.3
12. Width bigonial	11.2
NOSE	
13. Length	5.1
14. Breadth	4.-
HAND	
15. Length	17.6
16. Breadth	8.1

GENERAL REMARKS

[사진 7-6] 헤닝 하슬룬트-크리스텐센이 사용했던 인류학적 관찰과 측정표(Braae 2017: 121)

것들은 서울대학교박물관의 수장고에 보관되어 있는 오로첸과 야쿠트의 유물로서, 이 유물들을 수집한 측은 종교 및 사회학연구실에 소속된 인사들과 해부학교실의 인사들로 표시되어 있다. 이마무라를 비롯한 해부학교실의 구성원들이 흥안북성(興安北省)의 야쿠트와 흥안동성(興安東省)의 오로첸에서 수집한 참고품들을 당시 민속참고품실(民俗參考品室)에 기증했던 것으로 생각된다. 인골을 수집하여 '체질'을 연구하는 사람들이 '종교 및 민속'을 연구하는 사람들의 참고품을 수집하여 기증

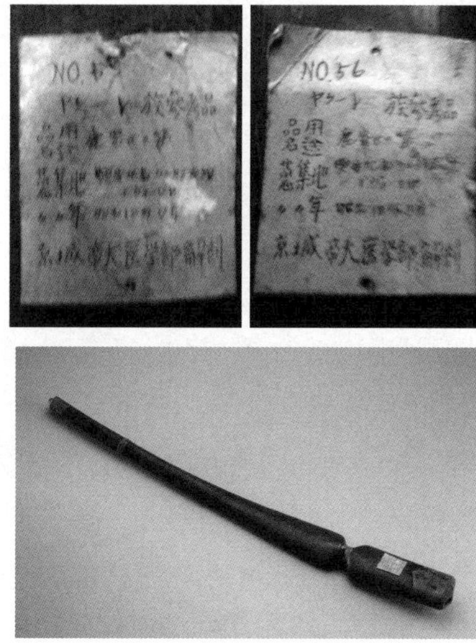

[사진 7-7] '경성제대 의학부 해부(京城帝大醫學部解剖)'가 수집한 녹각제적(鹿角製笛). 야쿠트 참고품으로 사슴을 부르는 용도. 목에 걸 수 있도록 매어 둔 끈이 사라진 상태다. 수집일자는 1937년 7월이며 수집지는 흥안북성(興安北省)이다. 위의 두 사진은 수집품 표찰이다.

했다는 것은 긴밀한 관계가 아니면 간단하게 응할 수 있는 일이 아니다. 그들이 답사했던 지역은 일반인들이 쉽사리 드나들 수 있는 지역이 아니라 대소 군사작전(對蘇軍事作戰)이 전개되는 지역이었고, 관동군의 예하 부대와 특무기관이 엄격하게 통제한 위수 지역(衛戍地域)으로, 보호라는 명목하에 감시가 따라다니는 형식을 취하지 않으면 이동이 불가능한 곳이었기 때문이다.

또 다른 한편, 당시의 교통수단을 고려하고 장거리를 이동하는 동안의 교통편이나 화물을 생각하면, 자신들이 직접 다루어야 하는 자료의 관리 문제만으로도 상당한 골칫거리가 되었을 것이다. 특히 1937년 7월에 발발한 중일전쟁을 생각하면, 수집품들의 수집일자가 1937년 7월과 8월이라는 점은 특별한 의미를 지닐 수 있다. 최소한 얼마나 긴박한 상황에서 수집이 이루어졌는지에 대해서는 생각해 볼 점이 있다. 연유는 모르지만, 이마무라가 어려움을 감수하고 자신이 필요한 '체질

[사진 7-8] '경성제대 의학부 해부'가 수집한 오로첸 참고품으로 부적용(符籍用) 신체(神體) 3종(서울대학교박물관 소장). 아래 사진 3장은 [사진 7-8]에 부착된 설명 부분을 확대한 것이다. 수집일자는 1937년 8월이며, 수집지는 흥안동성 파언기 감하(興安東省 巴彦旗 甘河) 우루부라. 한쪽 다리가 없는 목제 신상은 류머티즘에 걸린 영혼을 나타낸다(赤松智城·秋葉 隆 1941.3.20 圖18).

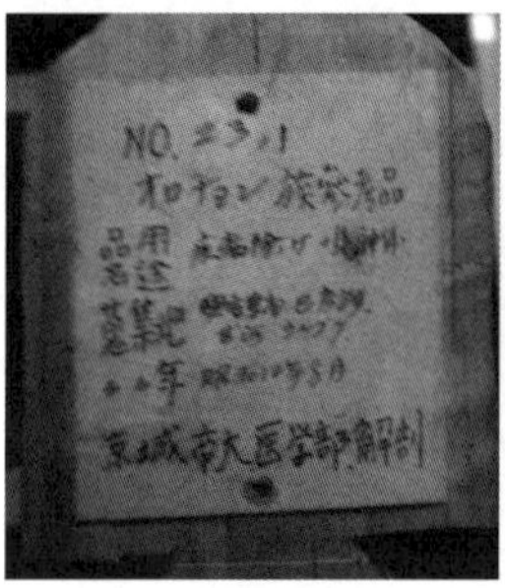

(體質)' 이외의 '종교 및 민속(宗教及民俗)'과 관련된 자료들을 수집하여 참고품실에 기증했다는 점은 분명하다. 해부학자이며 체질인류학을 전공한 인사가 문화인류학 범주에 속하는 자료에 대해서 심대한 학문적 관심을 가지고 있었다는 사실을 중요하게 지적할 수 있다. 경성학파의 인류학이라는 장르에 대해서 생각해 볼 수 있는 기틀이 이런 개인 행위의 축적에서 비롯되었다는 점이 인상적이다.

만몽문화연구회는 연구 팀들의 연구 결과를 '팸플릿'과 '보고(報告)'라는 두 형식으로 출판했다. 1938-1942년 사이에 총 7책이 발행되었는데, 그중 '보고'의 제4책으로 『몽고족 및 통고사족의 체질인류학적 연구 보유』(今村 豊·島 五郎 1938), '팸플릿'의 제3책 『만몽민족의 체질』(今村 豊 1939)이 간행됨으로써 이마무라의 해부학교실은 '만몽제민족'의 체질인류학을 수행함에 상당한 진전을 보였다. 그것은 당시 세계의 어느 조직에서도 이룬 적이 없는 독보적 업적이었다고 평가해도 무리가 없다. 물론 그런 작업의 의도가 제국주의 팽창과 지배 그리고 전쟁 수행 과정에 동원하기 위한 전제적 작업의 일환이었다는 점에 대해서는 고를 달리해 논의해 보아야 할 것이다.

이마무라와 시마를 중심으로 한 경성제대 해부학교실의 체질인류학적 연구 성과는 다른 연구자들의 기초 자료 역할을 했다. 흥안동지구경비군 사령부(興安東地區警備軍司令部) 육군 군의 소교(陸軍軍醫小校)는 달한이족(達斡爾族, 다우르), 색윤족(索倫族, 소론), 악윤춘족(鄂倫春族, 오로첸)에 대한 체질인류학 연구 논문을 발표하면서, 경성제국대학의 이마무라와 시마의 연구 결과를 기본으로 하고 있다고 진술했다(木下眞澄 1939.5.1). 『재만 민족의 지문에 관한 연구(在滿諸民族の指紋に關する硏究)』의 저자이며 육군군의학교 출신으로서 하얼빈 의대(哈爾濱醫大) 교수를 역임한 연구자는 이마무라와 시마의 도움이 있었다고 진술하고, 두 사람이 오로첸족에 관한 의학 연구의 선구자들이라고 칭송한 바 있다(山本昇 1940.9.1).

조선에서 출발하여 만몽을 거쳐서 몽강과 태국 자료까지 포괄함으로써 명실상부하게 대륙을 망라한 이마무라의 체질인류학 인골 연구는 시간이 지나면서 해부학교실의 제자들에 의해 심화되고 확장되는 모습을 보였다. 시마에 이어서 스즈키 마코토가 중심 역할을 하기 시작했고, 그들의 작업은 일본인류학회 내에서 인정받는 지위를 획득했다(大西雅郞·鈴木 誠 1941.11, 鈴木 誠 1943). 즉, 우에다의 통계 이론적 공헌과 이마무라에서 시작한 경성제대의 체질인류학은 시마와 스즈키로 이어지는 확고한 연구 라인을 형성했을 뿐만 아니라 아시아 대륙을 대상으로 한 연구 업적도 인정할 수 있다.

만몽문화연구회에서 대륙문화연구회로 이어지는 이마무라의 만몽과 대륙 답사는 줄기차게 이어졌다. 일본인류학회의 평의원이기도

했던 이마무라는 1935년 여름 한 달간 체질인류학 조사를 위해서 만주족, 소론족, 다우르족, 어웡크족(額魯特族), 오로첸족, 시버족(錫伯族) 등을 방문했고, 1941년 여름 1개월간 길림 만주기인(滿洲旗人)의 부락 조사, 1942년 8월 만주국 간도성 안도현(間島省安圖縣) 지방의 현지 조사, 1943년 여름에는 흑하 하류의 다우르와 만주인에 관한 조사를 진행했으며, 1944년 여름에는 경성제대의 법문리공(法文理工)의 동료를 포함한 약 20명의 조사대장으로서 몽강포두, 이도황하(二渡黃河)를 건너 오르도스 지역에 들어가기도 했다. 그곳에서 한몽접촉지대(漢蒙接觸地帶)에서 출생한 한인에 대한 조사도 실시했다.

이마무라는 이런 답사에는 반드시 교실 제자들을 대동하여 자료를 수집하고, 논문을 작성하여 발표하도록 했다. 그가 지도한 매우 희귀한 자료로 허전(혁철족)에 관한 논문들이 전해지고 있다(堀井五十雄·正木正明·宮本 潔 1942; 鈴木 誠·平野伍吉 1942). 시간이 경과하면서 그의 명성은 자연스럽게 만주 지역에 널리 알려졌고, 1943년 벽두에 발족한 만주민족학회(滿洲民族學會)의 "회원"(滿洲民族學會 1943.1.1) 또는 '좌담회'나 '강연회'라는 형식으로 일익을 담당했다. 그런 명성이 확장되어 일반인들에게는 "동부 시베리아의 체질인류학"을 연구하는 학자로 인식되기도 했다(大阪朝日新聞(南鮮版) 1941.8.26).

경성제대의 만몽 연구는 군대 및 군사작전과의 관련성을 떼려야 뗄 수가 없다. 관동군이 지배하고 있는 북만으로 향할 경우에는 필연적으로 군대의 통제와 보호를 받지 않으면 움직일 수 없었다. 연구자들에게는 그것이 약이자 독이었으며, 궁극적으로 군속인류학(軍屬人類學, military anthropology)으로 귀결되는 모습을 보였다(全京秀 2015.3.20). 만몽연구회의 첫 과제로 만몽을 방문했던 이마무라는 흥안경비군(興安警備軍)과 남경비군(南警備軍)의 주대와 지대의 각소에서 자료 수집이 가능했고, 그 보고서에는 "일만군부(日滿軍部) 여러 분의 호의로 계측에 다

대한 편의를 얻었다. (…) 코타마(兒玉) 중장, 카지이(梶井) 소장, 마츠무로(松室) 대좌, 테라다(寺田), 카와사키(河崎), 시모나가조(下永三) 중좌, 이즈미(泉) 소좌, 하라다(原田), 카에츠(嘉悦), 후지마키(藤卷) 군의정(軍醫正) 기타 여러 분에게 감사의 뜻을 표한다."(今村 豊 1934: 726)라고 적었다. 여기에 등장한 마츠무로(松室孝郎를 말함) 대좌와 이즈미(泉 鐵翁를 말함) 소좌는 대표적인 특무기관장의 기록들을 갖고 성장한 육군 장교들이었다. 경성제대 의학부장을 담당했던 이마무라 교수는 위생 시설 조사와 아울러 경성제대 출신 군의부대의 위문차 1940년 2월 28일부터 3월 24일까지 1개월간 북경-석가장-태원-산서-하북을 경유하는 북부지나(支那)를 방문하기도 했다(京城日報 1940.3.26).

한 가지 흥미로운 사실은 법문학부 출신으로 사회인류학을 전공한 이즈미와 의학부 출신으로 체질인류학을 전공한 스즈키는 둘도 없이 가까운 친구 사이라는 것이다. 물론 그들의 친구 관계는 대학 동급생이자 몽강학술탐험대 동지라는 인맥에서 형성되었다. 결과적으로 경성학파 인류학의 내용은 만몽문화연구회라는 경성제대의 연구 조직을 기반으로 한 개인적인 돈독한 인간관계에서 비롯되어, 이런 '관계(코네)'는 후일 더욱 긴밀하게 이어지는 모습을 보게 된다.

4. 결전 체제와 자원 조사

중일전쟁 이후, 전선(戰線)이 '남지(南支)'로 확대되면서 제국 일본은 황기(皇紀) 2600년을 기점으로 총력전 체제로 돌입했다. 병력 부족을 메우기 위해서 대만총독부와 조선총독부는 각각의 식민지에 적극적인 황민화 정책(皇民化政策)을 획책했고, 식민지 청년들이 전선으로 내몰리는 상황이 1941년 12월 8일 대동아전쟁의 발발 이후 전개되었다. 이즈음 경성제국대학의 대표적인 사상 선도(思想善導) 교수 역할을 담당했던 오타카 토모오는 신문과 잡지에 무차별적으로 선전용 기사를 쏟아냈다. 학생들과 청년들을 향하여 "황민의 각오로 군복을 입고 전장(戰場)으로"(尾高朝雄 1941.10.17)라는 선동과 아울러 "내선일체의 대이상(大理想)은 황민으로서의 연성(練成)"(尾高朝雄 1942.2.11)이며, "먼저 황국신민(皇國臣民)이 되는 것이 유일한 '내선일체' 구현의 길"(尾高朝雄 1942.2.12)이라고 주장했다. '황민화'와 '내선일체론'을 내세운 그의 선동과 주장은 1944년 조선인 징병제 실시를 앞둔 이론 정비의 차원(尾高朝雄 1942.5.19)이라는 점을 지적할 수 있다.

전투 병력으로서의 인적자원이 절실한 결전 체제 앞에서 대학(campus)은 학생들(us)을 전장으로 보내면서 병영(camp)화되었고, 교수들은 결전 체제에 동원되는 모습을 보였다. 대학도 군국주의의 실천장이 되었음은 명백한 사실이다. 의학부장을 역임한 이마무라도 예외일 수 없었고, 그들의 작업은 총동원령에 의한 군사작전의 일환으로 진행되는 것이었다. 따라서 지금 이 문제를 논하는 우리는 진리 탐구를 궁극적 목표로 설정하고 있는 학문적 성소(貞操)의 확립이라는 차원과 별개의 상황을 설정하고 당시의 작업을 평가해야 한다.

"황기(皇紀) 2602년"(1942년)이란 글씨 위에 투명한 인간 해골과 고양이 얼굴이 겹쳐진 모습으로 등장한 "경성의학(京城醫學, Medizinische Akademie in Keijo)" 앨범 표지(사진 7-9)는 당시 경성제국대학 의학부의 분위기를 반영하고도 남음이 있다. 이중적으로 감추어진 얼굴의 해골이 상징하는, 자못 이국적이라고 해

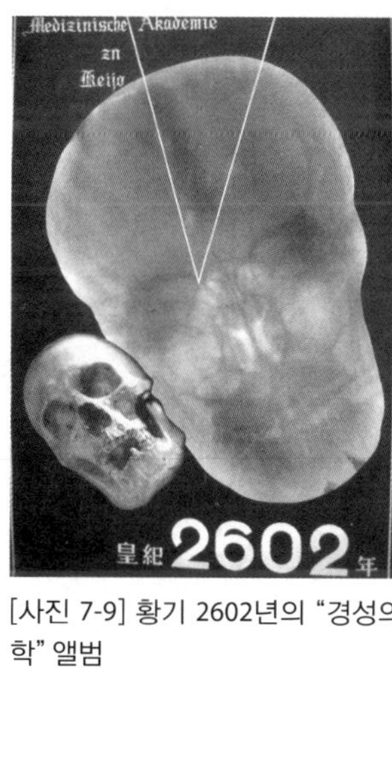

[사진 7-9] 황기 2602년의 "경성의학" 앨범

야 할까, 냉소적이라고 해야 할까, 이 모든 것이 범벅된 불투명한 상황에 대한 호소라고나 할까. 전사한 학우들의 소식이 캠퍼스로 날아오고, 붉은 종이의 영장을 받은 학우들의 출정(出征)을 위한 장행회(壯行會)가 이곳저곳에서 진행되는 경성제대는 전쟁 소용돌이의 한가운데에 놓였다. 학도들의 징집으로 정상적인 강의가 진행되지 못하는 상황에 접어들면서, 캠퍼스의 마당은 전쟁 동원으로 인하여 부족해진 식량 확보를 위한 채소 농장으로 변하기도 했다. 총력전은 전쟁 물자 공급을 우선적으로 했기 때문에, 생필품은 배급제로 운영되었다. 총후(銃後, home front) 상황과는 달리 전선(戰線)에서는 전쟁 수행을 위한 자원, 즉 물적 자원과 인적자원의 수급을 제대로 맞추는 것이 커다란 과제가 되었다.

전쟁 기간 동안 "결전 체제"(今村 豊 1943.5.30)와 "결전(決戰)"(今村 豊 1943.12.7)은 지배자와 지식인이 많이 사용하는 키워드였다. 물론 이것은 그 당시 시스템에 의한 결과로 어느 한 개인의 문제가 아니었음을 주지할 필요가 있다. 조선총독부 산하 총력연맹선전문화위원(總力聯盟宣傳文化委員) 및 조선체육진흥회(朝鮮體育振興會)에 이사(匿名 1943.5.15: 10)로 참여했던 이마무라는 직분에 적응하는 내용의 글을 신문에 게재했다. 예를 들면 "여성 복장 문제"(今村 豊 1943.2.9)를 거론하면서 "전시하 몸뻬 장려책"(今村 豊 1943.2.10)을 옹호했다. 또한 총독부 경무국 산하에 조직된 후생협회제5위원회위원장(厚生協會第五委員會委員長)의 직분으로 "결전 체제하 인구 문제는 중요한 문제들 중에도 최상으로 중요한 것이기 때문에, 긴급함과 동시에 영구히 국가의 대문제인 것이다."(今村 豊 1943.6.20)라는 주장도 했다. 결전 체제 직전에 "학자 우대를 요구"했던 체질인류학자 이마무라의 목소리는(京城日報 1940.1.8) 까마득한 신화가 되어 버렸다.

경성제대 제3차 몽강학술조사(第三次蒙疆學術調査)는 1944년 8월 1일 장도에 올랐다. 이 조사대는 몽강 자치정부가 탄생한 1938년에 제

1차 조사를 시작으로 반도와 몽강(蒙疆) 간의 경제적 유대를 강고히 하기 위함이었고, 1939년 제2차 조사대가 파견되었으며, 1944년에는 결전에 임한 것이었다. 진용은 이마무라 대장 이하 물적자원조사반과 인적자원조사반으로 편성되었으며, 조사의 범위도 과학과 문화의 종합이었다. 행동 구역으로서 물적조사반 중 지질희원소양반(地質稀元素兩班)은 바인보구도와 고양(固陽)을 연결하는 선, 광산반은 대청산(大靑山) 우--라산(山)의 ○○ 조사, 토목반은 포두(包頭) 주변의 황하 관개 조사, 약초반은 대수만(大樹灣), 소군묘 백령묘(昭君墓 百靈廟, "소군"은 왕소군을 가리킴) 부근의 조사, 인적자원반은 백령묘 대수만 소군묘(百靈廟 大樹灣 昭君墓) 부근의 조사에 임했다(朝鮮 1944.8.1: 50; 全京秀 2020.12.21 참조).

학술조사대의 총무를 맡았던 이즈미가 남긴 야장에 기록된 내용은 당시 상황을 소상하게 알려 준다. 소마 히로아키(相馬廣明)가 필자에게 제공한 사진(필자는 2011년 5월 18일 군마현 마에바시역 부근에 있는 조사이 병원에서 만 91세의 현역 산부인과 의사 소마 선생을 인터뷰했음)과 이즈미의 노트에 다시 나타난 수채화를 비교해 보면, 전쟁이 격해진 상황의 물자 보급 문제에 대해 다시 한번 생각하게 된다. 학술조사대가 군대 통솔의 접적 지역에서 사진기를 사용하는 데 그렇게 엄격하게 통제받지 않았음을 알 수 있고, 다만 물자 부족으로 필름을 제한적으로 사용했다는 점을 느낄 수 있다. 물자 부족 문제는 귀환 뒤의 보고서 작성에도 반영되었다. 모두 9책으로 분철(分綴) 집필된 경성제국대학 제3차 몽강학술조사대 보고(京城帝國大學第三次蒙疆學術調査隊報告)는 줄판으로 긁어 유인물로 제작된 뒤에 붉은 도장으로 '비(秘)' 자를 찍었다(全京秀 2010.3.26; 2020.12.21).

전쟁 물자 부족은 제국 전체의 운명과 직결되어 있었기 때문에, 정부 산하에 자원 관계의 각종 연구소들이 설립되었다. 경성제국대학에는 네 개 연구 분과로 구성된 대륙자원과학연구소(大陸資源科學硏究所)

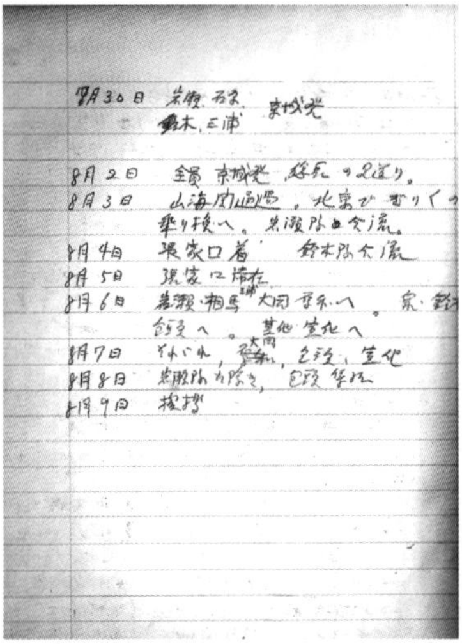

[사진 7-10] 이즈미 세이이치의 야장.
7월 30일 이와세(岩瀨), 이시하라(石原), 스즈키(鈴木), 미우라(三浦) 경성발(京城發)/8월 2일 전원 경성발. 총장의 환송/8월 3일 산해관(山海關) 통과. 북경에서 환승. 이와세대(隊) 합류/8월 4일 장가구(張家口)착. 스즈키대(隊) 합류/8월 5일 장가구 체재/8월 6일 이와세, 소마(相馬), 미우라는 대동(大同) 후화(厚和)에. 이즈미, 스즈키 포두(包頭)에. 기타는 선화(宣化)에/8월 7일 이리저리 대동, 포두, 선화에 (흩어짐)/8월 8일 이와세대를 제외하고 포두에 집결

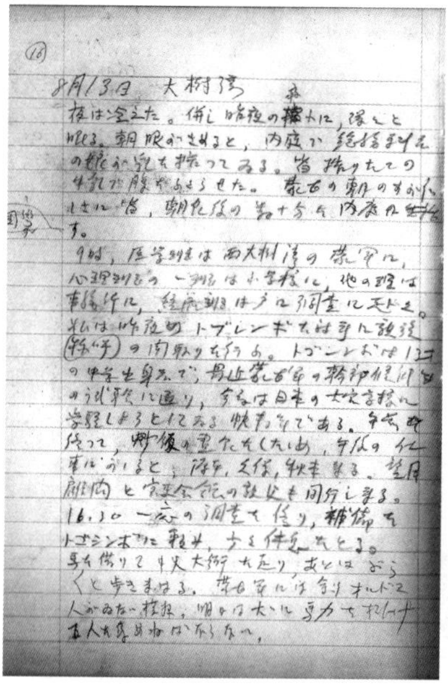

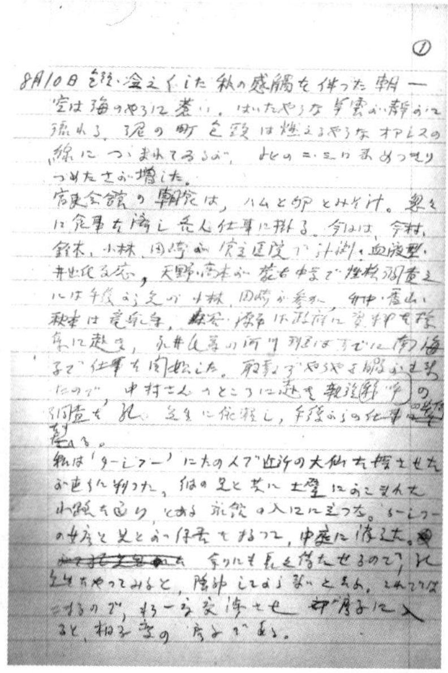

8월 10일 포두 (…) 황토의 동네(町) 포두는 연기를 볼 수 있는 오아시스의 선에 이어진다. (…) 관리회관(官吏會館)의 조식은 햄과 계란 그리고 된장국. 식사가 끝나고 각기 일자리로. 금일은, 이마무라, 스즈키, 코바야시(小林), 타자키(田崎)는 관립의원(官立醫院)에서 계측, 혈액형, 정출화 반응(井出化反應), 아마노(天野), 타카기(高本)는 몽고중학에 성격조사를 하는데 오후에는 코바야시, 타자키가 여기에 참가했다. 타케나카(竹中), 카야마(香山), 사카모토(坂本)는 용천사(龍泉寺)로, 아사타니(麻谷), 겐페이(源平)는 정부에 자료 수집하러 갔다. 나가이(永井) 씨 등의 하천반은 곧바로 남해로 가서 일을 개시했다. (…) 나카무라(中村) 씨가 있는 곳에 가서 친족 호칭 조사 기록을 선생에게 의뢰하고, 오후에는 일 준비를 했다. 나는 '치-시후-'라고 하는 근처의 따아센(大仙)을 찾아 나서서 곧바로 확인했다. 그의 형과 함께 토벽으로 둘러싸인 길을 통과하여, 그곳의 어관 입구에 섰다. '치-시후-'의 부인으로 보이는 여성을 만나기 위해 중정(中庭)에서 기다렸다. 아무리 오래 기다려도 반응이 없었다. 강신(降神)을 하고 있는 중이었다. 어렵사리 교섭이 되어서 방안으로 들어갔다. 아주 색다른 방이었다.

8월 13일 9시, 의학반은 서대수만의 몽군(蒙軍)에, 심리반의 1반은 소학교에, 다른 반은 사무소에, 경제반은 호구조사를 나갔다. 나는 어젯밤의 '토고신보'를 상대로 친척 호칭 청취를 했다. '토고신보'는 17세의 중학 출신자로 최근 몽고군의 간부후보생 시험을 통과했고, 금후는 일본의 사관학교에 진학하려는 맑은 청년이다. 볶음밥으로 점심을 먹고, 오후의 일로 겐페이, 쿠보(久保), 사카모토가 왔다. 모치츠키(望月) 고문과 관리회관의 족부(族父)도 동행하여 왔다. 16:30 일단의 조사가 끝나고 '토고신보'에게 보완을 부탁하고 약간 휴식했다(이 기록은 모두 이즈미 세이이치의 야장에서 옮겼다.-필자주).

가 설립되었고(1945년 6월 5일 자), 연구소의 개소식에 관한 소식이 사진과 함께 일간지에 소개되었다(每日新聞 1945년 6월 26일 자). 이마무라가 소장에 임명되었다. 이 연구소의 준비 과정 실무는 대부분 이즈미의 담당이었고, 이즈미는 8월 27일 자의 "경성제국대학 대륙자원과학연구소 조교수(京城帝國大學大陸資源科學研究所助教授)" 임명장을 받았다. 본토 결전이 임박한 상태에서 오키나와전이 극에 달했던 6월에 발족한 연구소의 조교수직을 패전 후인 8월 말에 받았다는 아이러니를 설명하는 기회는 고를 달리하고 싶다. 물적자원 조사 담당은 자연과학자들의 몫이었고, 인적자원을 담당한 분야는 인문계 교수들이었지만, 체질인류학자와 문화인류학자는 전투력과 관련된 인적자원 내용을 직접 다루어야만 했다. 이 연구소의 성립과 내용의 전말에 대해서는 나가시마 히로키의 논문(永島廣紀 2019.9)이 자세한 정황을 보여 준다.

대륙자원과학연구소 요람(大陸資源科學研究所要覽)(1945)에는 "전시하 새로운 자재를 요구하는 마당에 연구소는 설립되었다. (…) 소원은 각자 종래 속학 기관 내지 학부의 것들을 이용하는 상태다. 연구소에 부여된 사명은 조선만몽북지(朝鮮滿蒙北支)를 하나로 엮는 강력한 자급권 건설을 목적으로 하는 권내자원(圈內資源)의 급속한 개발과 고도의 이용에 관한 기초 연구에 있다. (…) 소장에 3년, 소원에 2년의 임기를 부여한다. 유능하지 않은 자는 도태된다. 쇼와 20년 6월 5일"(今村 豊 1945: 4). 인적자원 연구는 '심리학적 사회과학적 조사 연구'와 '의학적 인류학적 연구'로 구분되었다. 연구 계획상 이마무라는 '인적자원으로서 몽고인 및 이주 한인의 체능 체격 연구', '인적자원으로서 만주 국내의 한인 이주민 연구', '조선인의 전투력과 체격 관계에 관한 연구', '조선인 표준 체위의 결정'을 계획했다. 아키바 타카시에게는 '만주에서의 이주 한인의 사회구조(이즈미 공동)', 이즈미에게는 '몽고인의 인구, 특히 유청년층의 실태', '조선에서 농민이촌의 연구' 및 '만주에 있는 이

주 한인의 사회구조(아키바 공동)'가 배정되었다.

체질인류학자가 '조선인의 전투력과 체격 관계'를 연구하고, "유능하지 않은 자는 도태"시키는 상황은 전투 중의 군사작전에 해당되는 군대의 본연 업무와 다를 바가 없다. 이 두 가지 증거가 경성학파의 핵심 인물들이 군속인류학을 시도했다는 지적을 피할 수 없게 만든다. 그것이 상부의 강권으로 추진되었든, 유도된 자발성에 입각한 것이었든, 또는 적극적 자발성으로부터 비롯된 것이었든 관계없이, 학문적 정조라는 문제를 생각해야 하는 학자의 입장에서는 치명적인 고뇌의 오점을 남기게 된 셈이다. 전쟁기의 스티그마로만 남는 것이 아니라 영원히 지울 수 없는 트라우마로 각인된 것이 경성학파의 군속인류학이라는 낙인이 아닐까. 전후 조선에서 이루어졌던 학문 업적을 언급하지 않게 되었고, 비교적 조속히 경성학파라는 명성이 사라진 이유의 하나로 이런 문제가 도사리고 있음을 느끼게 된다. 이러한 딜레마의 상황을 객관적으로 정면 대응하지 않으면, 학사(學史)는 불가능하다는 생각이 든다. 이 문제에 대한 치열한 분석과 검토 없는 상태에서 경성학파의 모습을 회자한다면, 그것은 허위를 넘어선 위선이 될 것이다.

1940년부터 1945년까지 이루어진 연구 실적에 대해서 정리한 일본인류학회의 자료를 분석해 보면, 한 가지 흥미로운 사실이 발견된다. 전전(戰前)에 일어났던 일에 대한 전후(戰後)의 평가로서 일본인류학회는 전쟁기 5년 동안에 모두 26건의 체질인류학적 현지 조사에 주목했다. 그중에서 조사의 주체를 중심으로 보면 '경성제대해부(城大解剖)'가 9건으로 제일 많고, 다음이 '대대해부(臺大解剖)'가 5건이며, 나머지는 조금씩 분산되어 있다(日本人類學會 編 1955: 2-3).[4] 이 사실에 의해서 우리는 세 가지 현상을 확인할 수 있다.

첫째, 전전 특히 전쟁기의 체질인류학적 연구는 소위 '외지(外地)'에서 주로 진행되었다는 사실이다. 전통적으로 학문의 중심지 역할을 했던 '내지(內地)'의 도쿄나 교토에서 실시했던 업적보다 '외지'인 경성과 대북에서 많은 업적이 나온 점은 체질인류학적 연구 수요가 식민지와 점령지에서 많았다는 점을 알 수 있다. 이러한 현상이 이 책의 부제인 "식민주의에서 군국주의로"를 만족하는 자료가 된다. 즉, 체질인류학적 조사가 전쟁과 밀접한 관련 속에서 진행되었음을 암시한다. 둘째, '외지' 중에서도 경성제대 해부학교실의 체질인류학 업적이 가장 높게 기록된 것은 이마무라를 비롯한 경성의 해부학자들이 전쟁이 격렬해진 대륙에서 많은 조사 활동을 했다는 점을 알 수 있다. 셋째, '경성제대해부'의 조사 활동은 주로 복수의 연구자에 의한 집단적인 연구 결과임을 알 수 있다. 그것은 조사 활동의 대상과 상황이 제기하는 문제로부터 기인된 것으로서 혼자서는 작업을 수행할 수 없는 현지의 조건에 적응한 방식의 결과라고 생각한다. 그 상황이란 것은 전투 지역 또는 점령지이기 때문이다.

상기 현상들을 결합해서 생각하면, 경성제국대학 해부학교실의 체질인류학적 조사는 전쟁 수행을 위한 전력(戰力)과 전략(戰略)이라는 점과 밀접한 관련이 있었음을 배제할 수 없다. 그들은 군국주의의 행동대원으로 활약하였다는 평가가 적절하다. 환언하면, 경성학파 인류학의 업적 결과는 군속인류학을 넘어서 본격적인 군사인류학(military anthropology)으로 연장될 수 있는 평가 가능성을 열어 두고 있다.

5. 폐교와 인양

경성제국대학은 '제국'이란 단어가 탈락된 경성대학(京城大學)으로 개명되었고(8월 16일 경성제대의 교문에 걸려 있는 교패 위의 "제국"이라는 글자 위에 흰 종이가 붙었음), 새로운 대학의 의학부는 1945년 10월 1일 개시되었다. 군정청법령(軍政廳法令, Ordinance) 제15호(1945.10.16)에 따라 명칭을 "Keijo Imperial University"에서 "Seoul University"로 변경했다. 따라서 공문서에 의한 경성제국대학의 공식 폐교일은 1945년 10월 16일이라 해야 하며, 폐교의 주체는 점령군으로 조선에 상륙하였던 미군정청인 셈이다. 이어서 경성제국대학 교수들에 대한 면직 사령을 발령했는데, 이마무라와 시마를 포함한 의학부 교원 28명에 대해서 면직 사령 제28호(免職辭令第28號)가 1945년 11월 3일 발령되었다.

위와 같은 공식 문서 처리가 이루어지기 전, 경성제대에서 진행되었던 희귀한 사건 한 가지를 소개한다. 사람은 문서로 살아가는 것이 아니고, 살아온 관행이 있기 때문에, 제도적·정치적으로 긴급한 돌발 상황이 발생하더라도 삶의 관행 차원에서 학자들이 할 수 있었던 이행기의 사건을 검토하는 것은 의미가 있다. 그것이 사람이 역사를 만들어 가는 과정의 역할이라고 생각할 수 있고, 인간 매개(human agency) 개념의 의미를 살려 낼 수 있다.

1945년 7월 도쿄의 문부성 산하 민족연구소(民族研究所) 몽강반의 일원으로 파견된 후, 현지에서 패전을 맞았다. 당시의 전국 상황하에서 중국 대륙 북부로 연구자들을 파견하는 것은 기만 수준이라고 말할 수 밖에 없다.

> "8월 15일 종전으로 몽강반에 속한 오노 시노부(小野 忍, 1906-1980), 스기우라 겐이치(杉浦健一 1905-1954), 토쿠나가 야스모토(德永康元 1912-2003), 사구치 토오루(佐口 透 1916-2006. 이상 생몰연도는 필자 주) 5명이 행동을 함께하여 안동(安東)을 탈출, 8월 17일 경성에 피난했다"(佐口 透 1976: 33).

> "8월 21일, 이즈미 씨와 만나서 이마무라 유타카 박사와 함께 대학 본

부에서 이즈미 씨가 가지고 온 북경산 브랜디를 마셨음. 그 후 이마무라 박사 댁에 가서 경성제대의 스즈키 조교수와 함께 주연. 몽강조사반에 관한 얘기를 했고, 이마무라 박사는 대동아전쟁 중의 일본인의 학술업적을 크게 출판하여 여러 나라에 알리는 문화 운동으로써 필요한 일임을 주장했음. 8월 22일 대학 본부에서 이즈미 씨와 다른 이야기들을 했음. 가까운 시일에 학내에서 대륙과학연(大陸科學硏), 민연(民硏, 민족연구소를 말함-필자주) 합동으로 인류학민족학좌담회를 개최하자고. 8월 23일 이마무라 선생과 함께 술을 마셨고, 이즈미 씨의 알선으로 배를 타는 문제와 출발을 논의"(佐口 透 1976: 44).

"8월 25일 오후 3시부터 경성제대대륙과학연 주최로 인류학민족학좌담회를 열어서, 오노(小野), 스기우라(杉浦), 사구치(佐口)가 출석하여 경력을 소개했음. 모인 사람은 모두 20여 명이었음"(佐口 透 1976: 45).

"8월 29일 대학에 가서 이즈미 씨와 만났음. 진열관(陳列館, 경성제대 진열관을 말하며, 박물관에 해당되는 조직-필자주)에 가서, 조선 토속 자료, 뉴기니 토속품을 참관했음"(佐口 透 1976: 47).

이즈미는 8월 27일 자의 경성제국대학 조교수 임명장을 받았다. 내지의 28일은 군정하 신내각이 공포한 국체호지(國体護持)와 전국민총참회일(全國民総懺悔日)이었다. 무조건 항복의 패전과 혼란의 와중에서 이마무라는 경성제국대학 대륙자원과학연구소 소장으로서 인류학민족학좌담회를 개최했다. 1945년 8월 25일 경성에서 개최되었던 인류학민족학좌담회는 군사 헤게모니를 딛고 일어선 아카데미즘의 한 가닥 횃불이었다. 전장 폐허로 재가 되어 버린 제국과 천황의 권력은 얼씬거리지도 못하는 패전의 상황에서 희망의 아카데미즘을 기약하는 학술 모임이었다. 지금 우리가 경성학파를 논하는 합리성과 정당성을 담보하는 장면을 대하는 내 가슴이 괜히 고동치는 것은 아닐 것이다.

홍수로 집이 떠내려가는 방 안에서 바둑을 두고 있는 기사들에 관한 고사가 생각난다. 내용은 알 수 없지만, 인류학민족학좌담회 형식이야말로 전쟁이나 지배와 관련 없는 그야말로 학문적 정조만을 지향한 모임이었다고 생각된다. 대동아전쟁 직후에 이루어진 작업이었지만, 그 속에서도 학술 업적만을 생각하는 모임이었음을 상기하고 싶다. 그들은 홀가분했을 것이다. 더 이상 결전과 전력 그리고 검열과 감시와는 관계없이 학문 업적만 생각하는 소박한 모임을 가졌을 것이라고 생각된다. 인류학은 체질인류학, 민족학은 문화인류학을 이른다는 점을 생각할 때, 1945년 8월 25일은 제국 일본의 인류학이 경성학파에 의해 제국 일본이라는 권력을 벗어던지고 학문의 총아로 다시 태어나는 날이었다고 말해도 과언이 아니다. 제국 일본의 군사주의적 헤게모니를 딛고 일어선 인류학적 학술 모임이 경성제대에서 경성학파 인류학의 인물들에 의해 주최되고 있었다는 점을 분명하게 기록해 두는 것은 학사적 의미를 가진다. 떠내려가는 집의 방 안에서 바둑을 두는 의미를 되새기는 것이 학문적 정조의 논의일 수 있다.

패전을 맞은 재조 일본인(在朝日本人)들의 문제는 인양(引揚)이라는 과정으로 귀결되었다. 인양 절차를 위한 '경성내지인세화회(京城內地人世話會)'는 8월 18일 개시되었고, 회보는 9월 2일 발행이 시작되었다. 9월 20일 일본 정부 차관 회의에서 인양민 사무소가 거론되었고, 10월 18일 GHQ가 후생성으로 하여금 인양 업무를 담당하도록 지령했다. 인양을 위한 기본 틀이 마련된 셈이다. 경성에서 이동의료국(移動醫療局, Medical Relief Union, MRU)이 10월 11일 개설되면서, 경성제대 의료진이 개입되었다. 이 과정에서 경성제대 교수들과 학생들이 세화회의 도우미가 되어 작업을 했고, 학생부 총무를 요코미조 히로아키 군[5]이 맡

京城日報

各權威者を網羅して
移動醫療局活躍
引揚列車 滯留地の診療囑望

連絡船を總動員
復員輸送完了次第
引揚は絶對計畫輸送で

世話會所屬學生部

米艦發火沈沒

[사진 7-11] 「경성일보」 1945년 10월 15일 자. 인양과 이동의료국 및 학생부에 관련된 기사

았다. 10월 15일의 각서에 '내지 수입 사무소(內地受入事務所)'를 설치했고, 그중 하나가 하카다(博多)였으며, 하카다에 10월 15일 내지 수입 사무소가 마련되면서, 그곳이 경성내지인세화회의 출장소가 되었다(森田芳夫 1964: 336-337). 10월 24일 이동의료국의 첫 번째 열차가 용산(龍山)에서 출발하여 인양자 중 환자들을 우선 수송했다. 의료진이 환자를 위하여 열차와 선박에 동승하는 형식이었다.

하카다에 입항한 인양자 중 환자들은 쇼후쿠지(聖福寺)에 마련된 쇼후쿠병원(聖福病院, 원장 오다카 류-緖方 龍, 부원장 스에 모쿠지로-須江杢二郎)에 입원되어 치료를 받았다. 이 병원에는 경성여의전(京城女醫專)과 평양의전 출신 의사들도 함께 일했다. 그들도 모두 인양자였다. 오다카 류(청진적십자병원장 역임, 오다카 타케도라의 동생)가 쇼후쿠지의 단가총대(檀家總代)였기 때문에, 그의 연고로 쇼후쿠지에 일본 적십자사 하카다 임시 구호소(日赤博多臨時救護所)가 개설되었다가, 다음에 경성의 인양 관계 조직들이 모두 건너오면서 재외동포원호회구료부(在外同胞援護會

[사진 7-12] 후쿠오카시에 있는 쇼후쿠지(聖福寺)와 진료실로 사용했던 사찰 건물

救療部)로 개편된 것이다. 쇼후쿠병원은 구료부 소속이 되었다. 1947년부터는 다시 후생성 하카다 인양원호국(厚生省博多引揚援護局)으로 개편되었다. 일본 내 21군데 존재했던 지방인양원호국 중의 하나인 하카다 인양원호국은 공식적으로 1945년 11월 24일 개소했다가 1947년 5월 1일 폐쇄되었다(Wikipedia 참조).

이마무라는 하카다 검역소 소장직을 거쳐서 재외동포원호회구료부장의 직을 맡았다. 이러한 조직이 담당했던 작업은 조선과 대륙에서 피난한 인양자들의 건강과 위생에 관련된 문제였다. 지난 20년간 경성제대에서 담당했던 해부학이란 학문과는 전혀 상관없는 작업이었으나, 전체적으로 어려운 생활 여건 속에서 경성제대 출신 의사들은 구호 사업에 매진했고, 쇼후쿠지가 그들의 작업장이자 곧 살림살이를 하는 가족들의 거처가 되었다. 지금도 하카다의 쇼후쿠지에는 그들이 구호 사업을 위해 회의와 진료를 했던 장소들이 거의 원형 변경 없이 남아 있다. 이곳에서 이즈미는 서무과장(최초는 타나카 마사시가 담당)과 회계과

[사진 7-13] 후츠카이치 보양소 터에 세워진 '경성제국대학 창립 75주년 기념' 비(왼쪽)와 '인'비(오른쪽)

장을 겸직하면서, 그 조직력을 유감없이 발휘했다. 환자 진료를 맡았던 의사 대부분은 경성제대 출신이었고, 그들이 감당했던 가장 어려운 일은 후츠카이치 보양소(二日市保養所)의 병원 시설과 관련된 낙태 수술(落胎手術)이었다.

1946년 봄, 조선에서 인양이 끝나고 만주와 중국 동북 지방에서 들어온 인양자들 속에는 임신부가 적지 않게 있었다. 임신부들 중에는 피난 도중에 조선인과 중국인 그리고 소련 병사 및 미군 병사들에게 강간을 당해 원치 않는 임신을 한 경우들이 있었고, 이 여성들이 인양선의 뱃전에서 몸을 날려 자살하는 일이 발생했다. 구료부에서는 문제의 심각성을 파악하고, 낙태 수술을 결정하여 후츠카이치 보양소를 마련했다(1946년 3월 25일). 그러나 당시의 법률은 제국법령이 지배하고 있을 때이고, 제국법령은 낙태를 불법으로 간주했다. 전시의 인구 증가를 촉진하기 위한 정책의 하나로 낙태가 금지되었기 때문에, 그 법을 알고 있는 의사들이 낙태 수술을 기피하는 것이 장애물이었다.

당시 재외동포원호회의 총재였던 타카마츠노미야(高松宮)가 후츠카이치 보양소를 방문한(1946년 4월) 이후 낙태 수술은 시작되었고, 임신부가 만삭에 가까워서 수술이 불가능한 경우는 출산하여 아이를 고아원에 위탁했다. 타카마츠노미야가 수술실을 방문하여 의사들을 격려하도록 주선한 사람은 이즈미였다. 그리고 쇼후쿠지 경내 한쪽에 마련된 고아원인 쇼후쿠료(聖福寮) 운영도 이즈미가 중심이 되어 살림살이를 시작했다. 이즈미는 물자와 자금을 끌어들이는 일을 맡았다. 북조선과 대륙에서 발생한 영양실조 고아가 주 대상이었다.

놀라운 사실은 이즈미가 낙태 수술 과정까지 세세하게 모두 사진으로 기록하기를 원했다는 점이다. 아무리 비참하고 황급한 상황에 처한 경우라고 할지라도, 사람들의 생활과 관련된 모습을 기록하려는 것은 인류학자적 직업 정신의 발로라고 말할 수 있다. 긴급인류학이라고 할까, 위기인류학이라고 할까, 비상인류학이라고 할까, 재난인류학이라고나 할까(全京秀 2015.10.25). 그 상황에 대한 인류학적 관심의 촉구는 제2차 세계대전이 끝난 후 최초로 개최되었던 제4차세계인류학민족학협회의 비엔나 회의(1952년)에서 로베르트 폰 하이네-겔더른(Robert von Heine-Geldern 1885-1968) 교수가 제안했고, 널리 그리고 장기간 받아들여졌던 긴급인류학(urgent anthropology)이라는 문제의식 정도를 뛰어넘는 아이디어이자 행동이었다.

이즈미는 오랜 친분이 있었던 이이야마 타츠오(飯山達雄)로 하여금 낙태 수술 장면까지, 그리고 연극적 효과를 노린 장면의 연출이라고 생각되지만, 수술이 완료된 뒤에 사산된 흑(黑)과 백(白) 두 태아의 시신까지 사진 기록으로 남기게 했다(飯山達雄 1979.10.20: 146). 사산아들이 묻힌 후츠카이치 보양소의 자리에는 현재 "仁"의 비석이 세워져 있다. 가혹한 시기에 어려운 일을 감당했던 경성제대 출신자들에게 고마움을 표시하는 비석이다.

[사진 7-14]의 내용을 풀어서 적으면 다음과 같다.

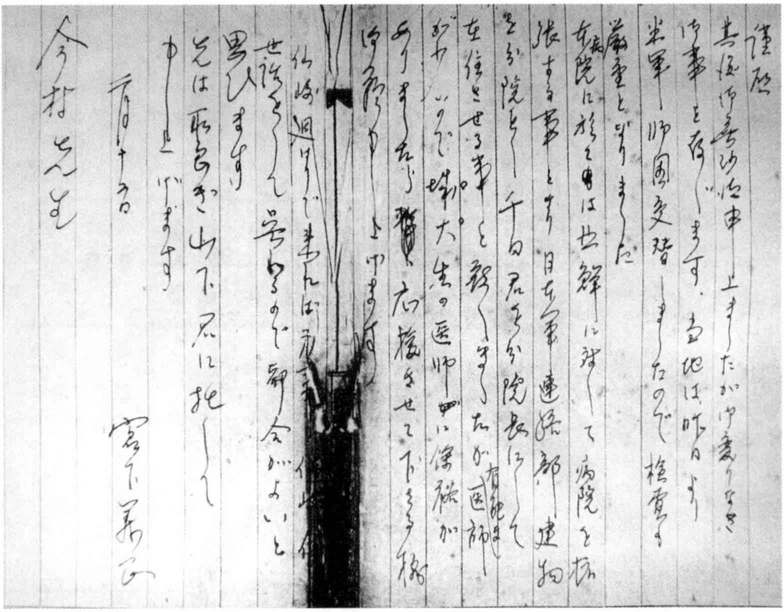

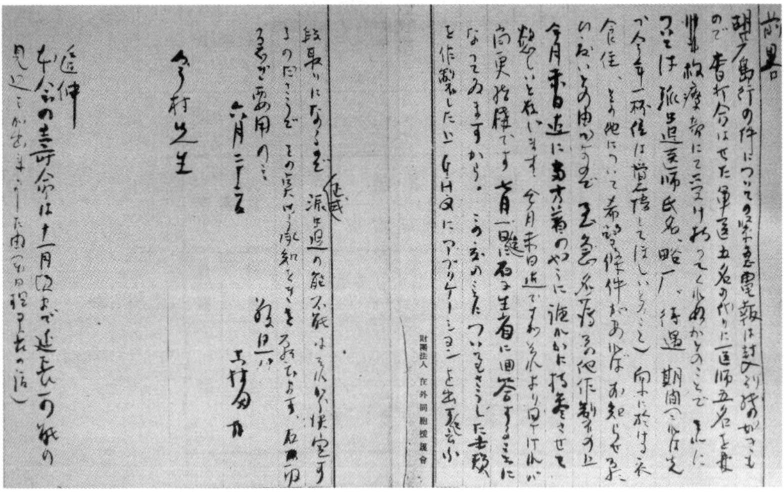

財團法人 在外同胞援護會

[사진 7-14(위), 7-15(아래)] 이마무라에게 온 공문식의 편지. '경성일본인세화회' 미야시타 요시마사 회장으로부터 온 편지(위)와 재외동포원호회 카미무라 유르가(上村忽)로부터 온 편지(아래). 두 편지를 해독하는 데 안케이 유지 교수(安溪遊地, 山口縣立大學)의 도움을 받았다.

謹啓

其後御無沙汰申し上げましたが御変りなき御事と存じます. 当地は昨日より米軍師団交替しましたので検査も厳重となりました本病院に於ては出鮮に対して病院を拡張する事となり日本軍連絡部建物を分院とし千向(田)君を分院長にして在住させる事と致しましたが有能な医師が少ないので城大(●●)生の医師に余裕がありましたら, 応援させてくださいます様御願申し上げます. 仙崎廻はりで来れば元気 ? な? 仙崎○が? 世話をして呉れるので都合が良いと思ひます. 先は取り急ぎ山下君に託して申し上げます.

二月十二日　　　　　　　　　　　宮下義正

今村先生

便箋　昭和十七年六月印刷

미야시타 요시마사(宮下義正)는 경성일본인세화회(京城日本人世話會) 회장이고 "야마시타(山下)"는 경성세화회가 운영하는 병원의 야마시타 미치오(山下道雄) 원장이다. 1946년 2월 경성의 상황을 전하고, 의사 부족을 메우기 위해서 경성제대 출신 의사를 추천해 달라는 내용이다. 구식민지인 경성에 아직도 정리할 일들이 남아 있는 상태에서 하카다(博多)의 이마무라는 구식민지와 상부 조직인 도쿄의 후생성 관할 기구 사이에서 조정 역할을 해야만 했다.

前略

葫蘆島行の件について緊急電報は封入別紙の如きもので 本日打合はせた軍医五名の代りに医師五名を救療部にて受け持ってくれぬかとのことでそれについては派遣医師氏名、略歴、待遇期間(これは先づ今年一杯位は覚悟してほしいとのこと)向ふに於ける衣食住, その他について希望条件があればお知らせ願ひ度いとの由ですので至急名簿その他作製の上今月末までに当方着のやうに誰かに持参させて欲しいと存じます. 今月末日迄ですがそれより早ければ尚更結構です. 七月一日迄に厚生省に回答することになってゐますから. この度のことについてもさうした書類を作製した上GHQにアプリケーションを出すと云ふ段取りになるので正式派遣の能不能はそれから決定するのださうでこの点承知をきを願ひます. 右一切急ぎ要用のミ

敬具

六月二十二日 上村忽 拝

今村先生

追伸

本命の寿命は十一月頃まで延長可能の見込ミが出来ました由(本日理事長の話)

財團法人 在外同胞援護會 用箋

위의 글은 [사진 7-15]의 편지 내용을 풀어서 쓴 것이다. 이 편지는 상부 기관인 재외동포재단(在外同胞財團)에서 보낸 편지인데, 이 내용도 부족한 의사 충원과 관련된 문제가 얼마나 심각한지 보여 준다. 특히 일본의 행정력이 작동하지 않는 중국 측 인양자 송출항인 호로도(葫蘆島)에 필요한 의사를 파견하는 문제에 대한 이마무라의 의견을 구하면서, 그곳에 파견할 수 있는 의사를 경성제대 출신으로 물색해 주기를 기대하고 있음을 알 수 있다. "본명(本命)"이라는 술어를 볼 때, 이런 내용의 편지는 공문 형식의 명령서 수준이었다는 점도 확인 가능하다. 송출과 인양 중계를 원활하게 하고, 당시 도쿄 GHQ의 명령을 하달받는 정부 요청을 중재하는 과정에서 하카다의 이마무라는 130만 명 이상의 인양자가 안전하게 도착할 수 있는 기반을 조성하는 역할을 했다.

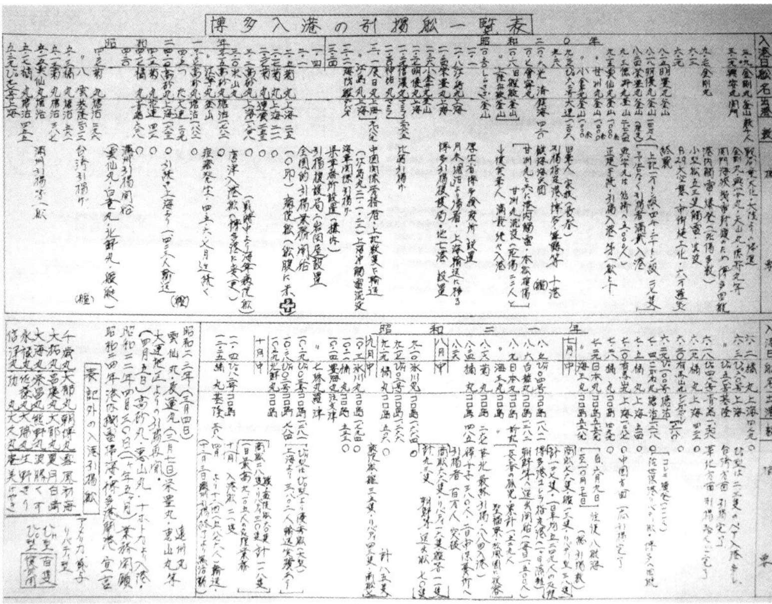
博多入港の引揚船一覧表

[사진 7-16] 하카다 입항의 인양선 일람표

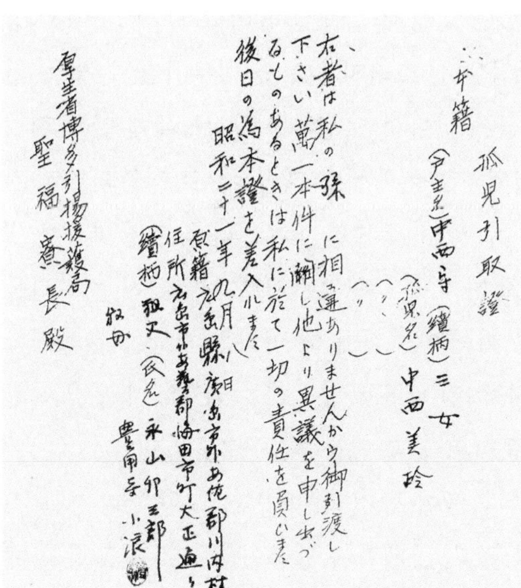
孤児引取證

本籍 (戸主名)中西寺 (續柄)三女
(孤児名) 中西美玲
(〃) (〃)

右者は私の孫に相違ありませんから御引渡し下さい萬一本件に關し他より異議を申し出づるものあるときは私に於て一切の責任を負います後日の爲本證を差入れます

昭和二十一年九月八日

原籍 広島縣廣島市外安佐郡川内村
住所 広島市外安藝郡海田市町大正通り
(續柄)祖父 (氏名) 永山卯三郎
叔母 豊南寺 小浪

厚生省博多引揚援護局
聖福寮長殿

[사진 7-17] 쇼후쿠료(고아원)의 고아인취증

그것은 그가 이룩했던 체질인류학의 학문 업적 못지않게 값진 역할로 인정되어야 한다.

제국 우편 시스템이 무너진 상태에서, 없었던 국경이 생겼기 때문에, 조선에서 일본으로 편지를 발송하는 것은 불가능해졌다. 경성일본인세화회와 하카다의 재외동포원호회구료부(在外同胞援護會救療部) 사이의 연락은 인편으로 오갈 수밖에 없었다. 인양선을 타고 하카다로 들어오는 인양자에게 필요한 편지를 적어서 전달하는 방식이었다. [사진 7-14, 7-15]의 편지가 그런 사례다. 따라서 중국 대륙에서 인양선이 들어오는 경우에도 호로도의 연락책이 하카다의 이마무라나 이즈미에게 인편으로 편지를 보내는 형식으로 의사소통을 하고 의견을 조율했다.

이마무라와 이즈미가 했던 일은 전후 처리의 가장 큰 사업이었던 인양 관계의 원호 행정이었으며, 함께 대륙을 다니면서 학술 조사 활동을 했던 기왕의 축적된 '콤비' 플레이가 복잡다단한 일을 무난하게 치르도록 한 바탕이라고 생각된다. 물론 두 사람만 이곳에서 작업을 한 것은 아니다. 이미 언급되었던 경성제대 출신자 대부분이 이곳에서 장기간 또는 단기간 함께 작업했다. 그러지 않으면 이루어질 수 없는 일들이었다. 먼저 떠난 사람들은 남아서 고생하는 사람들에게 안부 편지도 보냈다. 이것이 학문 이외의 분야에서도 지속적으로 작동되었던 경성학파의 에너지였다고 볼 수 있다. 특별한 이론이나 학풍을 만들어 냈기 때문에 경성학파라고 말하기보다 인간관계로 영글어진 결속력을 기반으로 한 경성학파라고 이해하는 것이 더 낫다는 생각이다. 경성학파의 유대 관계라고나 할까. 이런 내용을 분석하는 과정에서 우리는 경성학파가 보여 주는 일본 문화의 한 측면을 읽고 있다.

하카다에서 함께 일하다 몸이 좋지 않아 먼저 고향으로 갔던 스즈키 마코토로부터 엽서가 왔다. 스케치가 일품인 스즈키가 고향의 매화를 그려서 보낸 마음은 은사와 동료들을 생각하는 유대 관계의 표현

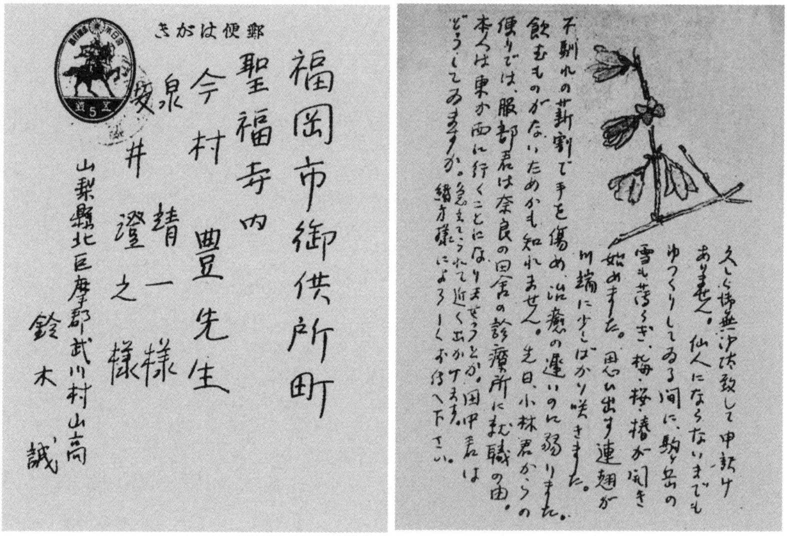

[사진 7-18] 스즈키 마코토가 쇼후쿠지의 이마무라와 이즈미에게 보낸 엽서

이라기에 충분하다. 이른 봄의 꽃향기와 "매화, 벚꽃, 동백(梅, 櫻, 椿)"이 적힌 내용으로 보아 1946년 봄의 엽서라고 생각된다. "선인(仙人)"이란 스즈키의 별명으로 이마무라가 평소 그를 "선인"이라고 불렀다.[6] 엽서에 등장하는 인물들로, "코바야시(小林)"는 코바야시 히로시(小林宏志), "핫토리(服部)"는 핫토리 사토시(服部 敏), "타나카(田中)"는 타나카 마사시(田中正四), "오다카(緒方)"는 오다카 류(緒方 龍) 쇼후쿠병원장이다. 오다카를 제외한 인물은 모두 경성제대 의학부 출신이며, 코바야시와 핫토리는 해군자원조사대원으로서 뉴기니에 함께 갔었고, 두 사람은 후일 뉴기니의 위생 사정에 관한 공저를 출판하기도 했다(小林宏志·服部 敏 1945).

6. '복원': 팔학련과 경성학파

이마무라가 그의 제자 타나카에게 보낸 1956년 12월 8일 자 엽서에는 "소생이 제1회의 병원선을 타고 하카다에 상륙한 날짜"(田中正四 編 1972.3.15: 28)라고 적은 엽서가 있다. 이마무라는 1945년 12월 8일 하카다로 인양되었고, 이즈미는 12월 18일 인양선으로 하카다에 내렸다. 1946년 10월 1일 현재 일본인류학회 주소록에 이마무라와 이즈미의 주소는 "福岡市御供町聖福寺內 在外同胞援護會救護部"로 되어 있다. 1947년 초에 이마무라는 히로시마대학의 해부학 교수로 이직했고, 이즈미는 재외동포원호회 도쿄 사무실로 자리를 옮겼다. 인양과 관련된 원호 사업에 참가했던 경성제대의 인원들 중에서 두 사람이 가장 늦게까지 하카다의 구료 사업에 관여한 셈이다. 비상시에 가족과 함께 생사고락을 경험한 사람들이라는 점을 망각할 수 없다.

전후 처리의 최우선 문제는 민간인 인양(引揚)과 함께 군인 복원(軍人復員)이었다. 육군성(陸軍省)은 제1복원국(第一復員局), 해군성(海軍省)은 제2복원국(第二復員局)으로 축소 개명하고 대동아의 전장에 흩어진 장병들의 귀국을 서둘렀다. 물론 군인의 복원 사업은 민간인 인양에 우선하는 작업이었다. 복귀와 복원은 의미가 다르다. 복귀는 원위치로 돌아간다는 의미이고, 복원은 군인의 귀국을 의미하는 것이었다. 경성학파는 복귀할 자리가 조선이었기 때문에, 패전으로 인하여 사실상 복귀할 곳이 없어진 것이었다. 그래서 나는 경성학파에게도 학계로의 복원이라는 의미에서 잠정적으로 복원이라는 단어를 채용한다.

경성제대 아키바 교수의 경우, 그의 연구실은 진열관(박물관을 말함)에 있었다. 교수직을 면직당한 그는 인양 열차를 탈 준비를 하면서, 조만간에 조선으로 복귀(復歸)할 생각을 했다. 그래서 그가 가장 믿을 만한 사람이라고 생각한 송석하(宋錫夏)를 불러서, 자신의 서적과 자료 그리고 진열관을 자신이 돌아올 때까지 잘 관리해 달라고 부탁했다고 한다. 스즈키 부인(鈴木夫人, 스즈키 마코토의 부인을 말함)의 부친도 인천 태생이다. 식민지 조선에서 태어난 사람들을 집단으로 불러야 할 용어가 필요하다면, 이들에 대해서는 '센세이(鮮生)'라는 조어를 적용할 수 있다(참고로 대만의 경우에는 완세이(湾生)라고 한다). 물론 자신도 인천 태생으로 스즈키 마코토와 결혼을 했고, 혼인한 지 얼마 되지 않아서 패전을 맞았다. 모두 내지로 돌아가야 된다고 해서 당분간 피난을 갔다가, 다시 '고향'인 인천으로 돌아갈 생각을 했다고 한다. 경성제대 출신들과 그 가족들은 복귀할 곳이 없었다. 따라서 복원이라는 단어가 그나마 가능한 대체용이라고 생각한다.

외지에서 귀국하는 사람은 많았고, 패전 후 일자리는 없었다. 더군다나 귀국한 사람들에게는 돌아갈 자리가 없었다. 원래 내지 사람들이 앉아 있었던 자리가 우연히 비게 되기를 기다리는 수밖에 없었다. 전후 후쿠오카(福岡)에는 노점이 많았다고 한다. 하카다로 인양되었던 사람들 중에서 고향으로 돌아갈 자리가 없는 사람들이 노점상을 해서 벌어먹고 살아야 했던 것이다. 학계도 마찬가지였다. 갑자기 외지에서 몰려들어 온 학자들이 넘쳐나는 상황에 자리가 마련된다는 것은 하늘의 별따기였다고 한다. 저명한 학자들은 새롭게 등장한 GHQ와 연계 속에 일자리가 생겼지만, 젊은 연구자들에게는 임시직이나 파트타임도 감지덕지였다. 경성제국대학 교원들 중에는 재조직된 히로시마대학(廣島大學)이나 나가사키대학(長崎大學)에 자리를 얻는 경우들이 생겼다. 우연인지 어떤지는 알 수 없지만, 두 곳의 공통점은 원폭 투하(原爆投下) 문제점을 안고 있는 지역이라는 것이다.

경성학파에 거론된 인물들이 다시 한자리에 모이는 공식적인 기회가 마련된 것은 팔학련(八學連, 8개의 학회가 연합했다는 의미)이 1950년도 봄에 발족했던 대마도 조사(對馬島調査)였다. [표 2-1]에서 제시한 것처럼, 표 가운데 점선으로부터 왼쪽 부분이 전후 활동을 의미한다. 그중에서도 대마도 조사단의 구성을 보면, 경성학파 인원들이 중요한 포스트에 포진하고 있음을 알 수 있다. 당시 그 조직의 실질 배후는 문부성 산하의 인문제과학위원회(人文諸科學委員會)였고, 그 위원회의 부위원장이 오타카 토모오(도쿄대학 법학부 교수)였다. 그는 장기간 경성제대 법문학부(城大法文學部)에 있으면서 사실상 이즈미의 '오야붕(親分)' 역할을 해온 사람이었다.

> "민족학, 민속학, 언어학, 인류학, 고고학, 사회학의 6학회 연합으로 시작했으며, 여기에 종교학과 지리학이 포함되어 8학회 연합이 조직되었다. 『인문과학의 제 문제(人文科學の諸問題)』와 『인류과학(人類科學)』 두 책을 대회 보고로 출간했고, 대마도는 대륙 문화와 일본 문화의 교류점이자 (…) 전쟁 중에는 요새 지대였으나 (…) 학술 조사는 처녀지였다. 연구비는 문부성의 과학 연구비로 충당했다. (…) 위원장은 시부사와 케이조(澁澤敬三)이었고 (…) 전체의 관리직(世話役)에는 이런 대규모 조사에 경험이 깊은 민족학협회의 이즈미 세이이치가 추천되었다 (…). (GHQ의 인류학자-필자주) John Bennett를 중심으로 종합 조사의 방법을 생각하는 연구회와도 간담회가 있었으며, 1950년 2월 말에서 3월에 대마도를 다녀온 이즈미와 킨다이치 하루히코(金田一春彦)가 현지 예비 조사보고회를 가졌다"(小堀 巖 1951.5: 5-6).

조사단의 위원장은 츠치무라 타로(辻村太郎, 地, 도쿄대학), 부위원장은 3인으로 이마무라 유타카(今村 豊, 人, 히로시마대학, 현지조사대장), 키타무라 세이이치(北村精一, 人, 나가사키대학, 나가사키대학 반장), 후루노 키요토(古野清人, 宗, 규슈대학, 인문제과학 반장)이고, 간사장은 이즈미 세이이치(泉 靖一, 族, 메이지대학), 간사 2인은 스즈키 지로(鈴木二郎, 族, 와세다대학)와 코보리 이와오(小堀 巖, 地, 도쿄대학), 조수는 가모 마사오(蒲生正男, 人, 히로시마대학)로 구성되었다. "人"은 인류학회, "宗"은 종교학회, "族"은 민족학회, "地"는 지리학회를 말한다. 8학련이라고 하지만, 실질적으로 조사단의 핵심 구성원이 나온 인류학회와 민족학회가 주축이었음을 알 수 있다. 그 이유는 과거 시부사와 케이조가 주도했던 도쿄인류학회와 일본민족학회의 연합대회의 바탕이 있었기 때문이다. 위에 드러난 8명 중에서 경성학파에 속하는 사람들은 이마무라, 키타무라(피부과 전문으로 경성제대 병원장을 역임했고, 인양 후 하카다의 쇼후쿠병원에 잠시 적을 두었음), 이즈미였다. 코보리가 언급한 것처럼, 실질적으로 이 조직표를 작성한 사람이 이즈미라는 점은 부인할 수 없다. 이마무라의 이름으로 제출된 「형질 인류학적 연구(形質人類學的研究)」 보고서(今村 豊 1954)에는 스즈키 마코토와 이케다 지로(池田次郎)를 비롯한 경성제대 사람들의 제자들도 포함되어 있다.

전후 혼란 속에서 복잡한 인양 과정이 어느 정도 정리되고, 경성학파의 구성원들은 각자 개인 생활로 돌아갔다. 이마무라는 히로시마대학으로, 시마 고로는 오사카시립대학으로, 스즈키 마코토는 신슈대학(信州大學)으로, 이즈미는 메이지대학을 경유하여 도쿄대학으로 가서 자리를 잡고 개별 활동에 들어갔다.

앞서 소개한 [사진 2-11]은 추심된 경성학파를 증언하기에 충분하다. 1952년 10월 신슈대학에서 인류학회/민족학회 연합대회를 마치고, 모두 카미코지(上高地)로 유람을 가는 도중에 끼리끼리 모여 찍은 사진들 중 하나다. 어린이 두 명과 앞에 앉은 사람을 제외하고, 나머지는 두 줄로 서 있다. 앞줄의 왼쪽부터 아키바 부인, 아키바 타카시, 스즈키 부인, 이마무라, 스즈키 마코토이고, 뒷줄 왼쪽부터 시마, 가모, 한 사람은 불명이다. 필자는 이 사진을 2003년 9월에 아키바 마리코 씨에게서 얻었다. 2004년 1월 이 사진을 스즈키 부인에게 제시했을 때, 그

[사진 7-19] 2004년 1월 스즈키 아키코(당시 84세) 댁에서. [사진 2-11]의 어린 여아가 이 사진의 젊은 부인으로, 스즈키 마코토의 딸이다.

녀는 아키바 교수 부부를 인지하지 못했다. 이는 아키바 교수가 경성제대 해부학교실의 연구자들과 깊은 인연을 맺지 않았음을 간접 증언하는 것이다. 스즈키 부인은 가모(1928년생)에 대해서는 잘 알고 있었고, 가모의 선생인 이즈미는 당시 브라질에 출장 중이었다는 것도 기억하고 있었다. 그래서 "남편의 둘도 없는 친구인" 이즈미가 사진에 모습을 보이지 않는 것이라는 친절한 설명도 해주었다.

나는 1997년도 6월에 도쿄의 전통원(傳通圓)에서 열리는 고 가모 마사오 교수(故蒲生正男教授)의 16주기에 아사쿠라 토시오(朝倉敏夫) 교수의 도움으로 참가한 적이 있었다. 그때 가모 부인(蒲生夫人)에게 흥미로운 이야기를 들었다. 가모는 메이지대학 사회학교실 출신으로 이즈미의 제자였다. 그가 메이지대학을 졸업할 당시, 이즈미가 히로시마대학의 이마무라 교수에게 전화를 걸어서 "젊은 친구 밥 좀 먹게 해달라"

고 부탁했다고 한다. 그래서 가모는 히로시마대학 의학부 해부학교실에 월급 7,000원의 부수(副手) 자리를 얻었고, 곧바로 혼인을 하고 신접살림을 히로시마에서 시작했다. 당시 가모 부인이 이상하게 생각했던 것은 "왜, 사회학교실 출신을 해부학교실에 취직을 시키는가?"였다. 보통은 상상하기조차 어려운 일이 경성학파 내에서 그리고 이마무라와 이즈미 사이에서는 만들어질 수 있었다.

전쟁의 긴급한 후유증이 어느 정도 정리된 뒤 일본 정부는 GHQ와 협의하에 일본 전역에 걸쳐 인체 측정 사업을 했으며, 문부성이 그 작업을 담당했다. 15년 전쟁이라는 장기간의 전쟁을 치른 일본인들의 체격과 체질적 변화에 대한 문제의식에서 발단된 프로젝트였다. 문부성에서는 그 작업을 위하여 전문가들을 동원했으며, 전문가 집단은 체질인류학자들로 구성될 수밖에 없었다. 그런 연유로 전국적으로 희귀한 체질인류학 전문가들로 인정된 집단은 경성제대를 기반으로 한 해부학자들로 범위가 좁혀질 수밖에 없었다. "반원(班員)에 의한 생체 계측 종료지 및 쇼와 16년도 예정지(부, 전국 지방 현별도)"에 표시된 대상 지역과 담당자 내용을 보면, 홋카이도 지방, 토야마현, 기후현, 긴키 지방(近畿地方)은 전원이 경성학파에 속하는 연구자들로 구성되었다. "이마무라(今村)"는 이마무라 유타카, "시마(島)"는 시마 고로, "우에다(上田)"는 우에다 츠네키치, "코하마(小濱)"는 코하마 모토츠구임은 두말할 나위도 없다(文部省科學硏究生體測定班 n.d.).[7] 물론 동북 지방, 관동 지방, 시코쿠 지방, 규슈 지방 등에는 경성제대 이외의 다른 연구자들이 배정되었다.

"면허 없는 의사나 마찬가지"라고 나에게 자신을 소개한 코하라 유키나리(香原志勢 1928-2014, 릿교대학 명예교수) 선생은 도쿄대학 이학부 인류학교실 출신으로서, 한국전쟁 동안에 전사군인들 사체를 국적별로 분류하는 시체 연구자로 이름 있는 체질인류학자다. 그는 이즈미의 알선으로 신슈대학 의학부 해부학교실 조수로 취직했다. 그 교실 교수는 스즈키 마코토였다. 다음은 스즈키의 이력서(信州大學醫學部第二解剖學教室 編 1974)에서 전후의 현지 조사 부분만을 옮겨 온 것이다.

> 1949년 여름, 경제안정본부자원조사회(經濟安定本部資源調査會) 종합조사(北海道樺戸村新十津川에서 奈良縣十津川村 이주민의 체질인류학적 연구), 1950년 7월 8학회연합 대마도공동조사, 1952년 7월 나가노현 카미이나군 후지사와촌(長野縣上伊那郡藤澤村) 촌민 생체 계측, 1952년 8월 니가타현 나카케이쇼군 카미코촌(新瀉縣中頸城郡上鄕村) 촌민 생체 계측, 1953년 5월 나가노현 니시츠쿠마군 신카이촌(長野縣西筑摩郡新開村) 촌민 생체 계측, 1955년 7월 이마무라 교수 환력 기념 사도(佐島) 인류학적 종합 조사, 1955년 8월 나가노현 미나미사큐군 카와가미촌(長野縣南佐久郡川上村) 촌민 생체 계측, 1955년 7-8월 '혼혈 아이누 연구'(홋카이도 히타카 지방 아이누 조사), 1959년 8-12월 소사이어티섬, 마르케스섬 인류학적 조사, 1961년 7-10월 오사카시립대학 남태평양 학술조사대(시마 고로 대장: 소사이어티섬, 투아모투섬, 투부마이섬, 사모아섬, 뉴질랜드, 피지섬 인류학적 조사), 1965년 6-10월 오사카시립대학 제2차 남태평양 학술조사대(시마 고로 대장: 오스트레일리아, 뉴질랜드, 아메리카합중국, 피지, 통가, 하바라섬, 사모아섬 인류학적 조사)

전후 오사카시립대학에서 자리 잡았던 시마 고로의 학술 조사에 신슈대학에 있었던 스즈키가 항상 공동 연구원으로 참가하는 과정을 읽을 수 있다. 코하라 선생은 1950-1960년대에 이루어졌던 생체 계측과 인류학 조사에 참가했기 때문에, 시마 고로에 대해서도 잘 알고 있었다. 경성학파의 구성원들은 전후에도 기회만 있으면 함께 '조다이카이(城大會)'의 핵심으로 움직이면서 음주동숙(飮酒同宿)을 했다. 그들의 제자들을 기르는 데 공동으로 힘을 쏟음으로써, 전후에 생산된 경성학파의 말예(末裔) 조성에 기여를 했다.

경성학파의 학계 복원은 아직도 미완성이고 진행을 기다리고 있다. 그들에게는 아직도 하지 못한, 그러나 해야 하는 이야기들이 남아 있다. 당사자들은 이미 고인이 되었지만, 그들이 남긴 유물과 책과 유언이 현존한다. 기록과 기억 그리고 유물로 재구성될 수 있을 것이라 생각되는 경성학파의 모습에 대한 복원은 일본인류학사를 정리하는 과정의 일맥임에 틀림없다. 1970년대 초반을 전후로 하여 경성학파의 주역 상당수가 불귀의 객이 되었다. 그들에 관한 신화도 현존하고 있다. 생전에 할 수 없던 이야기들은 복화술(複話術)을 동원해서라도 할 수 있는 장을 마련하는 것이 후학의 책임이라고 생각한다. 그 과정이 없는 상태에서 일본인류학사는 완결판으로 정리될 수 없다는 것이 나의 신념이다.

'군상(群像)' 차원의 정리는 학사가 될 수 없다. 그것은 학사로 가는 중간 단계의 작업임에는 분명하지만, 일단락 지어진 수준으로도 간주할 수 없다. 최소한 어설프더라도 '계통(系統)'을 꿰뚫는 작업이 선행됨으로써 일본인류학사는 체계적인 모습을 제대로 드러낼 수 있을 것이다. 오사카에 있는 국립민족학박물관(國立民族學博物館)이 장시간 노력과 예산을 들여 발간한 『일본의 인류학』(山路勝彦 編 2011.7)도 '군상'형의 일종일 뿐이지 '계통'형에 근접한 것이라 말할 수 없다. 체계적인 골간을 수립하는 작업이 선행되어야 할 과제를 안고 있는 작품이다. 선행의 학사적 업적과 대비하면서 경성학파 인류학을 정리한다는 것은 일본인류학사 분야를 계통적으로 접근할 수 있는 하나의 사례다.

7. 소결: 고해성사와 유산

전시인류학(戰時人類學)에서 일단의 역할을 수행했던 경성학파에 대해서 논의했다. 그렇지만 윤리 문제라는 맥락에서의 논의가 아니었고, 전쟁 도중에 진행되었던 학문 업적과 관련된 논의였다. 전시인류학의 윤리 문제에 대해서는 또 다른 차원의 심도 있는 논의가 필요하다고 생각하기 때문에, 이 장 소결의 일부로 그 실마리를 제공하는 기회를 가지려고 한다.

경성제대 법문학부에서 법리학과 법사회학을 강의했던 오타카 토모오는 학생들 사이에서 광범위한 인기를 누렸던 교수였다. 일본 자본주의의 핵심 인물인 시부사와 에이이치(澁澤榮一)의 손자이자 식민지 조선의 부산에서 출생했음이 이름에 명시된("朝") 그는 총독부에서도 명성이 자자한 이론 사상가였다. 전쟁 상황이 심각해지면서 그의 역할은 사상 선도 입장을 분명히 하게 되었고, 급기야는 히틀러 중심의 제3제국을 예로 들어서 전체주의를 찬양하는 글들(尾高朝雄 1940.5.20; 1940.6.20)을 일반인 대상으로 잡지나 신문에 발표했다. 삼국동맹과 총력전 그리고 그것을 달성하기 위한 '내선일체'를 배경으로 한 주장은 그가 대동아전쟁의 패색이 짙었던 1944년 4월 도쿄제국대학 법학부로 자리를 옮길 때까지 지속되었다. 식민지와 점령지라는 판[場] 위에서는 진실보다는 이데올로기적 선동이 더욱더 중요한 때였음을 알 수 있고, 사상적 헤게모니 기획 전략은 전선과 총후를 가리지 않는 결전용으로 작동했다. 그 판이 갈아 치워진 후, 당사자들이 어떤 반응을 하는가에 대해서 구체적 질문과 응답을 기대하기는 어렵다. 그러나 과거의 판을 회고하는 자리에 서게 되었을 때, 당사자들의 반응은 학문적 정조를 생각하는 우리에게 한 가지 희망을 갖게 하는 메시지를 담고 있다.

"전쟁이 격화되어서 (…) 군의 요청으로 문부성 민족연구소가 만들어졌다. 종전 후, 이 연구소는 '전범적 조직(戰犯的組織)'이었기 때문에 곧바로 해산되고 말았다. (당시) 우리 연구자들은 상대의 문화를 인정하고 이해하는 입장이었기 때문에, 처음부터 끝까지 군과 충돌과 모순을 거듭할 수밖에 없었다"(泉 靖一 1966.2: 150). 민족연구소에 대한 이즈미의 평가는 자신이 처했던 해군 뉴기니 조사대에서도 유사한 맥락 속에서 전개되었음을 지적하고 있다. "조사대의 파견 주체는 해군의 뉴기니아 민정국(民政局)이었고, 자원 조사가 중점이었다. 인간에 관한 배려는 전혀 없었다. 내가 수정 요청한 것들 중에는 원주민의 복지나 생활의 향상을 생각하는 인류학상 조사를 하는 것이 있었다. 피점령지역의 주민에 관한 고려는 필요 없다는 간단한 답변이었다"(泉 靖一 1971: 163-164). 조직 차원이나 개인 차원이나 마찬가지였다는 이야기다. "그때의 조사 연구는 스스로의 국내국체(國內國體)는 선반 위에 올린 채로 '공존공영'을 앞세워 침략주의의 선봉에서 (…) 조사에 종사한 많은 순진한 학도의 내면적인 모순의 고민"(石田英一郎 1948.3: 85)에 대한 문제의식이 완전히 방기될 수는 없다.

만약 현재 우리가 당시 연구자들이 경험했던 모순의 벽에 부딪친 고민을 방기한다면, 앞으로 동일한 상황이 다가왔을 때 똑같은 모순의 고민에 빠지고 말 것이다. 또한 '모순의 벽에 부딪친 고민'을 했던 선학들이 당대 정치의 희생자였다는 점을 먼저 인식해야 한다. 어느 누가 이런 인식을 외면한다면, 그 외면 행동 자체가 체제에 희생되었던 사람들을 또다시 희생시키는 꼴이 될 것이다. 선학들의 고민 과정이 반면교사가 되어서 장래 학문적 정조에 대해 당당하게 전개할 지혜를 터득하는 것이 가능할 수 있다. 이즈미와 이시다의 증언은 이러한 고민의 족적을 증언하는 고백으로 읽힌다. 미래의 학문은 이러한 고백을 기반으로 성장할 것이다.

뉴기니에서 돌아온 이즈미는 "내가 해군 뉴기니 자원조사탐험대였다는 점을 잊으면 안 된다. 끝으로 민족의 지도는 철저하게 이해를 기초로 하지 않으면 안 된다."(泉 靖一·鈴木 誠 1944.11.10: 134)라고 절규했다. 그것은 해군 자원조사탐험대원으로서 주민 이해를 기초로 하려는 시도는 모순이자 갈등의 표현일 뿐이다. 전력(戰力)을 위한 조사가 주민 이해 차원과 어떻게 공유될 수 있을까. 전쟁에 동원된 연구자의 고민이 보이는 부분이다. 그래서 경성학파의 좌장이었던 이마무라는 전후 제자에게 보낸 편지에서 다음과 같이 회고했다.

> "우리들이 조선 시대를 반성해 보면, 그렇게도 고약할 수가 없었다. 개인으로서도 국가로서도 약자에게는 도저히 할 수 없는 일을 했다" (田中正四 編 1972.3.15: 24).

이마무라의 고해성사(告解聖事)는 곱씹어 볼 만한 대목이다.

인류학 분야의 '경성학파'는 만주사변 이후 전쟁 중 탄생했다는 것이 이 책의 결론 중 하나다. 황도사상을 이상으로 삼는 일제군국주의의 판도에서 벌어진 사건들 중의 하나다. 그것은 총력전(總力戰) 체제에서 문과계와 이과계가 연합하여 학술 조사를 구성하는 과정에서 태동했으며, 경성제국대학 의학부 해부학교실에서 체질인류학을 중심으로 활동한 이마무라를 비롯한 식민지의 경성 인맥으로 구성되었다. 그러나 '경성학파'가 하나의 관용어로 거론이 되는 경우는 그렇게 많지 않으며, 내용에 대해서 잘 알고 있는 사람도 지극히 드물다. 그러나 그 용어가 사용되었던 것은 사실이며, 경성학파의 좌장은 이마무라였고, 사무국장격은 이즈미라는 진술도 확보되어 있다. 전자는 경성제국대학 의학부 해부학교실의 교수로 근무연한 20년간 주로 체질인류학적 업적을 남긴 학자였고, 후자는 경성제국대학 법문학부에서 사회학과 문화인류학 그리고 민속학을 수학한 적 있으며, 전후에는 도쿄대학 문화인류학연구실의 주임교수를 역임했던 문화인류학자였다. 따라서 체질인류학자와 문화인류학자가 결합된 경성학파는 인류학을 지향했다고 결론을 내림에 무리가 없다.

이러한 결론에도, 고개를 갸우뚱하는 사람들을 위하여 다음과 같은 내용을 전하고 싶다. 그들은 식민지 조선뿐만 아니라 만주와 몽고를 포함하는 대륙을 상대로 다년간 집체적인 공동 연구를 수행한 경험이 있고, 특히 전쟁이 진행되고 있는 전장을 통과하는 과정의 공동 연구 수행은 생사고락을 함께한 경험을 안겨 주었다. 경성학파의 특징은 학문적인 성과만을 기초로 하는 것이 아니라 인간적인 '관계[코네]'와 깊은 관련성을 보여 주고 있음을 이해하여야 한다. 그들은 학술 탐험만 공동 수행한 것이 아니라 총알이 빗발치는 전장의 사선을 넘는 경험을 함께했고, 전후 인양 과정에서는 비밀 결사체와도 같은 특수한 작업을 수행하면서 가족들을 포함하여 생사고락을 함께했다. 학문이 일상생활과 동떨어질 수 없는 현상이라는 점에 대한 인식이 요구된다.

패전에서 폐교 그리고 인양과 복원이라는 전대미문의 혹독한 상황이 이어지면서, 그들의 '관계'는 더욱 강건해졌다. 대륙을 대상으로 한 공동 학술 조사의 기반을 제공했던 물리적 근거인 경성제국대학은 폐교되었지만, 경성학파는 전후 더 뚜렷하게 영글어진 모습으로 등장한다. 최소한 1950년대까지는 그런 족적을 분명하게 보였음을 이 장에서 제시했다. 경성제국대학이라는 식민지의 하드웨어는 사라졌지만, 경성학파라는 소프트웨어는 패전 일본 속에서 더욱 성장하고 있었다. 이마무라를 중심으로 한 해부학교실의 시마 고로와 스즈키 마코토, 여기에 법문학부 출신의 이즈미로 이어지는 인간관계라는 소프트웨어의 핵심을 구성했다. 전후 일찍부터 '경성학파'라는 단어를 주로 구사한 사람은 시마(코하라 유키나리의 증언)지만, 인간관계의 실질적인 모습을 행동으로 보여 준 사람들은 이마무라와 스즈키 그리고 이즈미라고 말하고 싶다. 그것은 경성학파가 하나의 학파로 인식되도록 하는 인간관계의 연결 고리로 이해되었다. 인간관계가 학문 관계와 함께 종횡으로 엮어진 모습을 경성학파로부터 읽어 낼 수 있다.

전전(戰前)에는 '경성학파'라는 단어의 용례를 찾을 수가 없었다. '경성'이란 한 집단을 지칭하는 단어로 등장한 것의 최초는 '케이조쿠미(京城組)'라고 생각된다. 뉴기니 시대의 '경성조(京城組)'에서 '경성학파'로 진화했다는 생각을 하게 된다. 전자는 외부인들의 평가에서 나온 단어이고, 후자는 내부인들이 자신들의 정체성을 나타내는 용어로 쓴 것으로 보인다. '조(組)'에서 '학파(學派)'로 전환하는 데는 외부의 평가뿐만 아니라 그 평가에 대한 내부인들의 인식도 작용했을 것이다. 전후 일본인류학회의 전체 평가와 구도에서 나타난 '경성제대해부(城大解剖)'의 두드러진 업적에서 보이는 것처럼, 경성 출신들은 사회적인 차원으로 하나의 '조(組)'가 아니라 학계에서 내세울 수 있는 업적을 이룬 동질 학문 성향을 가진 집단이라는 인식의 확립에서 '학파'라는 용어가 힘을 얻은 것이다. 이런 맥락에서 볼 때, 이마무라를 좌장(座長)으로 한 경성학파의 내용은 인류학이고, 그것은 체질인류학을 말하는 것임에 분명하다.

그러나 그것이 체질인류학을 말하는 것이라는 결론에 종지부를 찍기 전에 한 가지 유보되는 문제가 있다. 경성학파의 '사무국장' 역할을 했던 이즈미의 존재 때문이다. 이마무라를 제외하고 경성학파를 생각할 수 없듯이, 이즈미를 제외하고도 경성학파를 생각할 수 없다. 그는 체질인류학 중심의 경성학파 속에서 사무국장 역할을 했던 문화인류학자였다. 따라서 경성학파의 내용을 단순히 체질인류학에 한정하는 주장에 대해서는 이의를 제기하고 싶다. 엄밀하게 말하는 것이 허락된다면, 해부학교실 출신 중 체질인류학을 한 사람들이 또한 체질인류학만을 한 것도 아니다. 체질인류학적 작업을 하는 중에도 그들은 토속품 수집에 대해서도 일단의 역할을 수행한 점이 발견되었다. 따라서 좌장은 체질인류학자인 이마무라로 하고, 사무국장을 담당했던 문화인류학자 이즈미의 존재를 포함한 경성학파의 내용은 체질인류학과 문화인류학을 아우르는 인류학으로 인식되기를 희망한다. 이것은 학사를 정리하는 후학으로서의 평가이며, 이런 평가들이 축적될 때 전체적인 일본인류학사의 그림에 도움을 줄 수 있을 것으로 생각한다. 단서들이 포착되면 배제하기보다 포함하는 것을 우선하는 태도가 중요하다. 지금 포착 가능한 단서들은 사라져 버린 그 많은 사실 중에서 편린으로 남은 희귀한 것들이기 때문이다. 지금 단서가 앞으로 어떤 역할을 할지 알 수 없는 노릇이다.

경성학파의 학문적 공헌을 지적하라고 한다면, 무속 연구(巫俗研究)와 인골 연구(人骨研究) 두 가지를 들고 싶다. 전자는 종교 및 사회학연구실의 아카마쓰와 아키바가 달성한 것이고, 후자는 해부학교실의 이마무라를 중심으로 이룩한 작업임에 분명하다. 그 계기는 만주사변 후 경성제국대학에 결성되었던 만몽연구회였다고 생각할 수 있다. 양자의 관계는 그들의 제자 역할을 했던 이즈미에 의해서 돈독해진 점을 지적할 수 있고, 이 점이 경성학파를 언급하게 하는 하나의 특징이라고 할 수 있다. 즉, 이즈미와 그의 활동이 없었다면 지금 우리는 기껏해야 이마무라 중심의 체질인류학적인 내용의 경성학파에 한정해 논의할 수밖에 없을 것이다. 이즈미의 존재와 그의 교량 역할이, 그의 은사들인 아카마쓰와 아키바의 업적을 경성학파 인류학 속으로 추심(reimburse)시키는 계기가 되어 문화와 체질을 아우르는 광의의 경성인류학파(京城人類學派)를 언급할 수 있는 근거를 제공하고 있다는 것이 나의 결론이다. 경성학파의 이런 분위기는 전후 거국적으로 수행된 여러 차례의 종합 학술 조사에도 일정한 정도의 영향을 미치고 있다는 점도 사실로 확보되어 있다.

경성학파의 유산으로 세 가지를 꼽을 수 있다. 첫째, 전후 일본 학계에 일정한 영향력을 남겼다. 전쟁 영향하에, 즉 총력전 체제에서 문과계와 이과계가 결합하는 방식이 종합 학술 조사라는 이름으로 나타났던 만몽문화연구회를 상기할 수 있다. 이런 시도가 일찍이 경성제대에서 만주와 대륙을 상대로 추진되었던 것이라고 평가할 수 있고, 이 영향으로 구심점을 확보한 '경성학파'의 활동은 후일 전후 일본 학계에 적지 않은 영향을 남겼다. 8학련(八學連)-9학련(九學連)과 같은 활동에서 경성학파의 일원들이 중심적인 역할을 했음을 그 사례로 들 수 있다.

둘째, 이마무라와 경성학파의 인골 연구가 우리에게 제시한 과제는 그들이 남긴 자료들을 현대 의미에서 체질인류학적 관점을 동원하여 새롭게 연구하는 것이다. 그렇게 하기 위해서는 이마무라의 교실에서 수집했던 700여 체에 달하는 인골의 행방부터 찾아야 한다. 그것이 가능하면, 이마무라의 꿈은 남가일몽으로 끝나지 않게 된다.

셋째, 전후 한국에서의 연구 경향에 미친 영향을 간과할 수 없다. 경성제국대학 해부학교실에서 이마무라의 제자였던 나세진(羅世振 1908-1984, 당시 창씨개명으로 인하여 西木世振이었음)이 해방 후 개교된 서울대학교 의과대학 해부학교실 교수가 되었다. 그는 이마무라의 고분 출토 인골 연구의 방식을 습득하여 스스로 수행했다(羅世振·張信堯 1967). 나세진은 해방 후 조선에서 결성되었던 조선인류학회(朝鮮人類學會, 후일 대한인류학회로 개명했음)의 체질인류학부장을 담당했다. 해방 후 한국에서 진행된 체질인류학적 연구의 족적이 이마무라의 유산과 어떻게 어느 정도 연결되는지에 대해서 구체적으로 정리할 과제도 남아 있다. 나의 선배들은 나세진 선생으로부터 "형질인류학" 수업을 받았는데, 나는 1968년도 "형질인류학" 수업을 의과대학 해부학교실에서 장신요(張信堯 1919-1999) 선생에게 받았고, 인체를 구성하는 뼈 이름을 외우는 데 한 학기를 다 보냈다. 그것은 전형적인 골학이었다.

주

1 에르빈 벨츠(Erwin Otto Eduard von Bälz 1849-1913)는 독일 출신의 내과의사로, 일본 황실의 주치의로 부임한 이후에는 체질인류학적 작업을 했다. 27년간 일본에 체류하는 동안에 2차례 조선을 방문하여 체질인류학적 자료를 수집하고 논문으로 발표했다. 그는 1881년 일본 여성 Toda Hanako(戸田花子 1864-1937)와 혼인하여 4명의 자녀를 두었다. 그가 조선을 처음 방문한 때는 1899년이었고, 주로 부산과 서울에 체류했으며, 1903년 4월 22일부터 7월 3일 사이에는 후배 의사인 리햐르트 분쉬(Richard Wunsch 1869-1911) 박사와 함께 조선의 내륙 지방을 순회했다. 벨츠의 이름으로 유명하게 남은 단어가 몽고반(蒙古班, Mongolian spot)이다. 이 용어는 과학적 근거를 갖고 있지는 않다.

2 쿠보 타케시의 논문은 다음과 같다.

1916.2.1 "毛髮の人類學(1)", 朝鮮及滿洲 103: 75-77.

1916.3.1 "毛髮の人類學(2)", 朝鮮及滿洲 104: 63-68.

1916.4.1 "毛髮の人類學(3)", 朝鮮及滿洲 105: 57-59.

1916.5.1 "毛髮の人類學(4)", 朝鮮及滿洲 106: 46-50.

1916.6.1 "毛髮の人類學(5)", 朝鮮及滿洲 107: 72-77.

1916.7.1 "毛髮の人類學(6)", 朝鮮及滿洲 108: 54-60.

1916.7.9 "朝鮮人の人種的特徵", 京城日報.

1916.8.1 "解剖上より見たる女の體質的特徵", 朝鮮及滿洲 109: 52-58.

1916.12.1 "毛髮の人類學(7)", 朝鮮及滿洲 114: 51-55.

1917.1.1 "人種解剖學より見たる朝鮮人", 朝鮮及滿洲 115: 72-77.

1917.2.1 "毛髮の人類學(8)", 朝鮮及滿洲 116: 55-59.

1917.3.1 "人種解剖學より見たる朝鮮人(二)", 朝鮮及滿洲 117: 58-61.

3 "경성의학전문학교(京城醫學專門學校) 韓人 學生 一同은 지난 달 26日 解剖學講義後 없어진 頭蓋骨 1個가 韓人 學生의 所行이라고 妄言한 쿠보 교수(久保教授)에 대하여 다음과 같은 要求條件을 學校當局에 提示하다.

一. 쿠보 교수의 말에 조선인은 해부학상으로나 국민성으로나 야만됨을 면치 못한다 하얏으니 선생은 마땅히 학생 일동에게 그 자세한 연구를 학리상으로 강의하야 들려 줄 일.

一. 쿠보 교수의 교수는 받지 아니할 터이니 속히 처치하여 줄 일"(東亞日報 1921.6.3).

"京城醫學專門學校의 紛糾를 解決키 위하여 卒業生들이 중재를 하다. 이들은 謹告文을 學校當局에 提出하였는바 그 重要한 內容은 다음과 같다.

一. 쿠보 박사는 자기가 실수한 일을 밝혀 말할 일.

一. 본과 학생 일동은 구보 박사의 설명을 요구하는 일과 배척하는 태도를 회피할 일.

一. 모교 당국은 퇴학과 정학의 처분을 해제할 일"(東亞日報 1921.6.15).

4 일본인류학회가 집계한 현지 조사의 성과는 다음과 같다.

1941년(1월 朝鮮南部北西部, 北東部의 朝鮮人, 吉野正男: 城大解剖; 3월 샴中部와 北部의 타이와 라오, 島 五郎: 城大解剖; 6월 滿洲松花江下流, 黑龍江 沿岸의 고루도(혁철족-필자주), 堀井五十雄: 京大解剖; 夏季 琉球與那國島民, 和田格/宮內悅藏: 臺北解剖; 北京의 支那人, 小野直治: 長崎醫大解剖; 마이크로네시아의 얍, 파라오와 그 離島島民, 新井正治: 慈惠醫大解剖; 7-8월 南樺太타라이카湖 附近의 오록코, 須田昭義: 東大人類; 10월 滿洲烏拉街, 前郭旗의 滿洲人, 支那人, 今村 豊/鈴木 誠/平野伍吉: 城大解剖; 秋 海南島의 黎, 金關丈夫: 臺大解剖; 12-1월 南滿洲의 滿洲人, 支那人, 橫尾安夫/椿宏治: 東大解剖)

1942년(1월 滿洲松花江下流, 黑龍江 沿岸의 고루도, 鈴木 誠/平野伍吉: 城大解剖; 3-4월 海南島三亞港의 支那人, 回教徒, 熟黎, 忽那將愛: 臺大解剖; 4-7월 山西省의 支那人, 山西學術調査研究團 人類班 谷口虎年/江口爲藏: 慶大解剖; 6-9월 華北蒙古의 回教徒, 須田昭義: 帝國學士院東亞諸民族調査委員會; 夏季 海南島의 黎, 金關丈夫/宮內悅藏: 臺大解剖; 8월 滿洲間島安岡縣地方, 今村 豊: 城大解剖; 8-9월 北京, 房山縣周口店, 長谷部言人: 東大人類)

1943년(1-7월 뉴기니 헬빙크灣地方의 土民, 鈴木 誠: 城大解剖; 7월 滿洲黑龍江 沿岸, 今村 豊/坂本和英: 城大解剖; 8-9월 滿洲, 橫尾安夫: 東大解剖)

1944년(3월 廣東의 支那人, 蜑民과 香港의 印度人, 忽那將愛: 臺大解剖; 3-5월 中央셀레베스의 토라쟈, 高主武三: 마캇사르研究所; 8-9월 마캇사르半島의 마캇사르, 토아라, 토케아, 高主武三: 마캇사르研究所; 8월 華北黃河南岸, 薩拉齋, 包頭, 百靈廟의 支那人, 回教徒, 蒙古人, 今村 豊/鈴木 誠/杉浦省二: 城大解剖)

1945년(2월 보르네오, 바리토川 上流의 무룬과 中下流域諸族, 高主武三: 마캇사르研究所; 7월 蒙古宣化大同의 支那人, 回教徒, 蒙古人, 今村 豊/鈴木 誠/杉浦省二: 城大解剖)(日本人類學會 編 1955: 2-3).

5 요코미조 히로아키(橫溝公明) 선생은 경성제대 재학 중 패전을 맞았으며, MRU 학생대대장을 역임했다. 1945년 12월 8일 하카다로 인양되었고, 규슈대학에서 졸업장을 받았다.

6 이마무라가 타나카에게 1961년 1월 20일 츠(津)에서 보낸 엽서의 내용으로 "1월 15일에 신슈(信州)의 스즈키 선인(仙人)이 왔다"(田中正四 編 1972.3.15: 43). 또 다른 엽서에서 이마무라는 스즈키에 대하여 "그 남자를 만나면 이쪽까지 즐거워진다."(田中正四 編 1972.3.15: 25)라고 했다.

7 北海道地方: 奈良縣移住民部落(班員 今村), 富山縣移住民部落(班員 島)

富山縣: 西礪波郡 廣瀨村(班員 島), 岐阜縣: 山縣郡 谷合村(班員 島)

近畿地方: 滋賀縣 湖東 湖北 湖南(班員 小濱), 京都府 北部 中部(班員 上田), 兵庫縣 三原郡(2)(班員 島), 三重縣(10)(班員 島), 奈良縣 添上郡(班員 上田), 6所(班員 小濱), 吉野郡 十津川村(班員 今村), 大阪府 2所(班員 島), 和歌山縣 5郡(班員 上田)(文部省科學研究生體測定班 n.d.).

제8장 이즈미 세이이치의 뉴기니 조사와 군속인류학: 대동아전쟁과 학문

1. 서론: '남선북마'

"일본 안데스학 창시자"(大貫良夫 1988.12.10)로 알려진 이즈미 세이이치의 학문과 인생에 관한 이야기는 한 편의 드라마라고 말해도 과언이 아니다. 제국 일본의 전쟁기가 드라마의 배경이다. 그는 1915년 도쿄에서 출생해 소년 시절부터 식민지 조선의 경성에서 성장했고, 등산과 탐험에 심취했던 경성제대 학생 시절, 제주도 한라산 등반 사고의 충격으로 1936년 5월 국문학에서 사회학으로 '전향'했다. 그는 "아키바가 『녹기(綠旗)』에 쓴 제주 심방에 대한 글을 보고, 아키바를 방문해 국문학에서 사회학으로 전향"(泉 靖一 1971.11.10: 79-80)했다고 회고했다.

사회학연구실 학생으로 편입된 지 2개월 만에 북만주 흥안령(興安嶺)의 오룬첸족 지역으로 파견된 것을 시작으로 이어진 이즈미의 민족학(=인류학) 수업은 제국 일본의 전쟁 구도 속에 전개되는 학문의 궤적을 반영하는 하나의 샘플이라 말해도 전혀 지나침이 없다. 그가 처음 접했던 인류학 서적이 말리노브스키의 『서태평양의 항해자들』이었다고 한다. 인류학 교과서도 아니고, 가장 고전적인 민속지로 알려진 트로브리안드의 이야기였다. 그 이야기는 제1차 세계대전이 진행 중인 과정에 말리노브스키에 의해서 제작되었던 야로의 결과였다. 이즈미는 대동아전쟁이 포함된 일본의 15년 전쟁(1931-1945) 중에 트로브리안드 민속지를 대했던 것이다. 말리노브스키는 당시 일종의 '전범(POW)'으로 트로브리안드에 유배되어 있었던 것이 공식적인 기록으로 남겨져 있다(全京秀 2018.10.10). 그럼에도 말리노브스키의 서적에는 전쟁에 관한 언급이 한마디도 없다.

초유의 세계대전 속에서 태평양 섬의 평화를 그리고 있었던 말리노브스키의 입장이 이즈미에게 어떻게 전달될 수 있었을까? 말리노브스키가 트로브리안드에서 야연을 시작하던 그해, 이즈미는 출생했다. 그런 전쟁 상황이 이즈미에게 전달되었던 흔적은 전혀 찾아볼 수 없다. 마치 태풍 속의 고요함과 같은 상황을 읽어 낼 기회조차 없지 않았을까? 이즈미가 처했던 현실과 트로브리안드 민속지 독서 사이에 어떤 종류의 관계가 이어질 수 있을까?

1945년, 그의 나이 만 30세에 종전되었으니, '남선북마(南船北馬)'로 요약될 수 있는 10년간 이즈미의 학문 활동은 제국 일본의 '15년 전쟁' 기간 내에 정확하게 자리 잡는다. '남선'행은 해군 촉탁(海軍囑託)으로 뉴기니로 작업을 나갔던 시기를 의미하고, '북마'행은 만몽과 몽강을 중심으로 한 대륙에서 관동군(關東軍)과 그 휘하의 특무기관에 의한 안내 또는 협력을 얻어서 인류학적 자료 수집 활동을 했던 기간을 말한다. 이즈미의 짧은 '남선'행은 다양한 '북마'행 사이에 끼어 있는 기간에 해당된다. 후일 일본 학계의 대표 인류학자로 인식된 이즈미의 학문 여정은 전쟁 기간 동안 전쟁 상황과 더불어 축적된 인류학, 즉 전시인류학의 대표 사례일 뿐만 아니라 일본인류학사를 전개하는 과정에서 전시인류학이라는 용어의 적용 가능성을 가늠해 볼 수 있는 호례라고 생각된다.

"전시인류학은 전시에 이루어진 모든 인류학에 대한 표제어로서 사용된다. 그 형태는 각종 형태의 군복무에서 스파이 행위를 포함하는 모든 전쟁 행위에 적용되는 인류학의 이용에 이르기까지 해당된다. 그것은 민간 활동, 전쟁 특수, 전시인류학에 대한 비판, 전쟁 목적의 인류학 동원에 대한 거부와 회피도 포함한다"(van Bremen 2003: 13). 전시에 전쟁과 관련된 인류학의 모든 현상을 포함하는 내용으로 전시인류학이란 용어를 제안한 얀 반 브레멘 교수의 설명은 전쟁 상황의 특수성을 인간 활동의 모든 부문으로 확대함으로써, 전쟁이란 특수 현상과 인류학이란 학문의 결합에서 비롯되는 치열한 문제의식을 희석시킬 가능성을 남긴다.

인간 활동을 전체라고 생각할 때, 전쟁은 부분에 해당한다. 현재 진행되는 일본군 위안부 문제나 징용 문제 등을 바라보는 입장들을 정리함에 있어 어떤 방식을 선택함으로써 현안들의 핵심까지 철저하게 파고들 수 있는가를 생각하게 한다. 즉, 부분의 성격을 전체로 확장하는 '물타기' 시도에 의하여 부분이 갖는 특수한 문제점이 불분명하게 될 가능성을 열어 두는 브레멘 교수의 설명은 한 단계 더 진화되어야 한다는 생각을 하게 된다. 브레멘 교수의 설명은 먼저 부분이라는 현상에 초점을 맞추어 구체적인 설명 임무를 완수함으로써 전시인류학이란 용어에 대한 설명이 전체와 부분을 혼동할 수 있는 여지를 차단할 수 있다. 부분과 관련된 자료에 대해 치열한 정리와 분석에 이어, 그 부분을 포함하는 전체 문제를 조망하는 두 단계 과정이 필요하다.

전쟁이란 특수한 상황의 역사성을 담아내는 학문 활동의 문제점을 부각시키는 방향으로 논의의 쟁점 포인트를 수렴함으로써 전시인류학의 용어가 담고 있는 전쟁이란 역사 현상에서 나타나는 학문 현상과 그 문제점을 보다 더 분명하게 전달할 수 있을 것이다. 코마로프 부부가 제시했던 "역사적으로 조성된 이해양식"(Comaroff & Comaroff 1992: 9)의 실천적 민속지학으로써, 전시에 이루어진 인류학 작업에 초점을 맞추어 논의하는 것이 전시인류학의 정신이라고 생각한다.

실제로 브레멘 교수는 그가 제시한 설명의 후반부에 대해서는 전혀 언급이 없다. 따라서 전시인류학이란 용어는 '전시에 이루어진 모든 인류학'으로 뭉뚱그려 제시하고 종결할 것이 아니라, 먼저 첫 단계로 전시에 전쟁 목적을 위해 인류학자에 의해서 수행된 인류학과 관련된 작업의 범위로 한정해 자료를 정리하고 분석하는 것이 바람직하다. 이 과정을 군사인류학이라고 이름 붙일 수 있다. 여기에 이어서 전쟁이라는 전체 역사의 특수한 상황 속에 전개되었던 군사인류학 문제를 재조명하는 작업으로 나아갈 수 있다.

과학사학자 나카야마 시게루(Nakayama Shigeru-中山 茂 1928-2014)는 '식민과학(colonial science)'이라는 틀을 적용해 경성제국대학과 대북제국대학의 활동에 대한 흥미로운 비교 연구를 시도한 적이 있다(Nakayama 1971). 그의 연구가 더 설득력을 얻기 위해서는 엄정한 시간대 구분이 필요하다. '식민과학'이라는 틀만으로 두 대학을 바라보는 것은 한쪽 눈을 감고 당시의 세상을 보는 것이나 마찬가지라고 생각한다. 나카야마가 개념상으로 놓치고 있는 문제가 군국주의인 것이다. 두 제국 대학이 1937년 이후 대륙의 전쟁이 격화되고 1940년부터 일본군의 남진(南進)이 베트남 침공을 필두로 본격적으로 시작되면서, 두 식민지에 존재했던 제국대학들이 어떤 역할을 부여받았는지에 대해서 구체적이고 실증적 자료에 입각한 연구가 필요하다. 대륙병참기지(大陸兵站基地)로서의 조선, 남지·남양병참기지(南支·南洋兵站基地)로서의 대만이라는 틀을 인식하지 않으면, 심각한 오해의 구렁텅이로 빠질 수 있다. 나카야마가 설정했던 식민과학은 브레멘 교수가 제시했던 전시인류학 개념과 어우러지는 것이 바람직하고, 그 결과 식민과학은 전시과학과 일정 정도의 분리적 사고로 분석해야 할 여지를 남겨야 한다. 나카야마가 언급하는 식민과학이란 사실상 전쟁이 아닌 평화 시대를 배경으로 하고 있고, 브레멘 교수가 주장하는 전시인류학은 전시과학을 만족시키기 위해 설정한 개념들이라는 차이를 보여 주기 때문이다.

인류 역사상 전쟁과 평화는 인류사를 바라보는 양대 산맥이다. 어떤 변수가 개입된다고 하더라도, 전쟁과 평화는 공존할 수 없는 인간 행위의 극단적 두 양상이다. 탁상 위에서 전쟁과 평화는 함께 어울릴 수 있지만, 현실 세계에서 양자는 탁상 위 극단에 있을 수밖에 없는 인간 행위이자 개념이다. 양자의 엄밀한 구분이 '물타기' 시도들을 사전에 차단할 수 있다.

식민지였던 조선과 대만은 전쟁을 위한 물자를 동원하고 인력을 징용하는 최전방 역할을 담당했음을 망각하지 말아야 한다. 그 와중에서 살아간 사람들은 식민지가 아니라 점령지 상황에서 살아간 것과 마찬가지다. 그들의 일상생활은 전쟁과 직결되어 있었던 것으로서, 만주사변 이전의 식민지 상황과는 전혀 다른 것이었다. 극단적 비유가 허용된다면, 만주사변 이전의 식민지 상황이 '평화'였다면, 중일전쟁(中日戰爭) 이후의 식민지 상황은 '전쟁'이었던 것이다. 만주사변과 중일전쟁 사이의 전간기(戰間期)는 지역과 상황에 따라서 평화와 전쟁 또는 준전시의 상황을 왕복하고 있었다고 생각할 수 있다.

두 식민지의 전쟁 수행 기능에 대해서 외면한다면, 전쟁 상황에서 살아간 사람들의 비참한 고통과 절망스런 삶을 외면하게 된다. 중일전쟁 이후, 경성제국대학과 대북제국대학에 대한 이해는 식민지주의(colonialism)라는 틀이 아니라 '점령지주의'(全京秀 2004.5.31), 즉 군사주의 또는 군국주의(militarism)라는 틀 속에서 이해하는 것이 다음 시기에 이어지는 상황과도 무리 없이 연결될 수 있다. "군국주의는 제국주의에서 발생했다. 근대의 제국주의는 자본주의의 소산이다. 최근대의 제국주의는 군대를 사용해 자본의 수출을 옹호하는 것"(佐野 學 1924.6.1: 391)이라고 했다. 자본을 업은 제국주의가 군국주의의 탈을 쓰기 시작하는 제1차 세계대전 이후 상황에 대한 문제의식이 제기된 바 있다. 급박하게 돌아가는 거시적·정치적 상황의 변화에 맞추어서 구체적인 내용에 근거한 정밀한 분석이 필요하다는 이야기다. 일본사상사에 있어 사회주의 노선의 이론적 선봉에 섰던 사노 마나부(佐野 學 1892-1953)의 지적은 중일전쟁 이후 팽창하는 일본의 군국주의를 예견했던 것이라 이해할 수 있다.

제국 일본의 식민지 시기였기 때문에, 식민지에서 이루어진 것은 당연히 식민주의 현상으로 이해되어야 한다는 단순 사고에 근거한 분석은 현상의 정확한 이해에 도움이 되지 않는다. 껍데기와 껍데기에 둘러싸여 있는 내용물을 혼동하지 말아야 한다. 식민지라는 껍데기 속에서 전쟁으로 내몰린 사람들과 전쟁에 동원된 물자에 대해 외면한다면, 전쟁이라는 인간 행위 속에 드러날 수밖에 없는 인간의 조건을 통째로 망각하는 소치일 것이다. 이런 문제의 전개가 바로 브레멘 교수의 전시 인류학이란 개념이 오해의 수렁으로 빠질 가능성을 언급하고 경계한 것이다. 부분과 전체는 세밀하고 밀접하게 연동되어 있다.

"일본 육군의 외지에 대한 기본 전략 방침이 메이지 시대 이래의 전통적인 '남수북진(南守北進)'으로부터 '북수남진(北守南進)'에로 급속히 전환된 것은 쇼와 15년(1940년) 가을"(竹松良明 2000.2.25: 77)이며, 그 시점을 정점으로 대동아전쟁은 요동쳤다. 1941년 12월 8일 일본군의 진주만 공격으로 대동아전쟁은 본격 궤도에 진입했고, 선제공격의 기선을 잡은 일본군은 필리핀과 남태평양의 도서를 순차적으로 점령했다. 전선이 확대되면서 전쟁 물자의 조달과 점령지의 민족 정책이 심각한 문제로 대두되었으며, 그런 문제에 대비하기 위한 정책적 활동이 계획적으로 이어졌다. 예를 들면, "동아공영권이라는 것은 일만북지(日滿北支)를 생활권, 중남지(中南支)를 작전권, 남방을 배양권으로 나누는 설이 있고, 대만은 그 중간에 있어서 남진거점으로 본다."(座談會 1942.4.1:

54-81)라는 관점이 제기되었고, 제국 정부는 "남방 건설에 진출하는 요원의 연성 기관으로 흥남연성원(興南錬成院)의 설치를 결정했고, (1942) 11월 2일 관보(官報)에 연성원의 관제를 공포했다. 원장에는 시데하라 타이라(幣原 坦 1870-1953), 연성관에는 안도 엔슈(安藤圓秀 1885-1948), 쿠리하라 미노루(栗原美能留 1902-1997), 카쓰라 사다지로(桂定治郎 1896-1994), 이사에는 치요노부 미츠오(千代延三男)"(南方情勢 75: 46)를 임명했다. 그들은 모두 당대 일본 사회의 초일류급 지식인이었다.

황도주의가 주도하는 전시 상황에 동원된 지식인들이 인간 조건의 보편성을 추구할 수 있는 한계와 범위 자체를 특수한 살육 전쟁의 도구로 연성해야만 하는 상황이 조성되었던 것이다. 인류사에 등장했던 유일한 황도주의라는 특수한 사상이 인간 조건의 보편성을 능가하는 사상적 무대의 연기를 요구하는 군사 집단에 모든 운명을 걸어야만 했던 상황에 대해서 천착하지 않으면, 전시인류학을 분석하는 과정에 도중하차하는 꼴이 되거나 전쟁과 평화를 뒤섞어 버리는 혼동에 빠지게 된다.

1942년 6월 7일 일본군의 알류샨 작전이 개시되었고, 미군의 반격이 8월 7일 뉴기니의 남쪽 과달카날섬에서부터 시작된 것을 보면, 1942년 7월이 '대동아(大東亞)'의 군사적 권역이 최대로 팽창되었던 시점이다. 그해 12월 8일 뉴기니 바사브아에서 일본군 800명에게 옥쇄(玉碎)라는 미명의 집단 자결이 요구되었고, 이어서 1943년 1월 2일 뉴기니 동부 브나에서 일본군이 또 옥쇄했다. 2월 1-8일 사이 과달카날섬에서 일본군 2만 4,000명이 전사·아사했고, 4월 18일 연합 함대 사령장관 야마모토 이소로쿠(山本五十六 1884-1943) 대장이 솔로몬 군도 상공에서 미군의 공격으로 폭사했다. 5월 29일 알류샨 열도의 앗츠섬에서 일본군 수비대 2,638명이 옥쇄했고, 5월 31일 '어전회의(御前會議)'는 '대동아정략지도대강(大東亞政略指導大綱)'을 결정(말레이, 난인의 일본

영토 편입. 버마, 필리핀의 독립)했다. “1942년 가을부터 1943년 가을 사이, 서남태평양에서 미군은 육해공 전면적으로 일본군을 궤멸시켰고, 미국 잠수함들은 미크로네시아 해역에서 일본의 해상 수송을 차단하기 시작했다”(Peattie 1988: 262). 1942년 가을부터 1943년 가을 사이 1년은 대동아전쟁에서 일본군이 패전의 길목으로 들어서는 조짐을 보여 준 결정적 시기였다.

이 장은 이상과 같은 ‘결정적 시기’에 이루어졌던 이즈미의 ‘남선’행에 해당되는 뉴기니 현지 조사와 그 결과에 대해 소개하고 분석하는 작업에 초점을 맞추고 있다. 일본 해군은 1942년 4월 파푸아 북부의 마노콰리에 상륙했고, 급속도로 파푸아 전역을 점령했다. 1942년 7월 30일에는 선교사 15명이 일본군에 의해서 처형되었다. 1943년 5월에는 독일인을 제외한 모든 유럽 출신의 선교사와 유럽인이 자바섬의 포로 수용소로 압송되었다. 대동아전쟁과 군사작전의 상황에서 인류학자로 확인되는 이즈미의 작업은 인류학이라는 학문의 직업성으로부터 조명될 필요가 있다. “인류학은 인간의 생활과 그 생활이 내포하고 있는 문화, 사람, 습관에 대해서 알고, 이해하고, 가치를 부여하기 위한 모든 기회 제공을 직업으로 한다. 그런데, 나치인류학(Nazi anthropology)의 경우는 그 기회를 박탈했던 것이다”(Schafft 2004: 253). 나치인류학이 저질렀던 인류학의 반직업성(反職業性)을 감안한다면, ‘나치’라는 단어의 자리에 ‘대동아’나 ‘쇼와’ 또는 ‘대정익찬’이라는 단어를 대입하는 것이 가능하다. ‘대동아인류학’이라는 직업/반직업의 틀을 설정하고, 이즈미의 활동을 군사인류학의 차원에서 저울질해 보는 것이 이 장의 기본 정신이다.

이즈미는 1941년 1월 초 군복무를 마치고 예비역 소위로서 경성에 돌아와 ‘군대에서 돌아온 남자’가 되었다. 『경성제국대학학보』 178호(1942.1.5)에 의하면, 그는 ‘육군소위(陸軍少尉)’로서 ‘조수겸서기(助

手兼書記)'로 임명되었다. 당시 설립되었던 경성제대 이공학부의 조수직으로 대학에 복귀한 이즈미였다. 어느 날 이공학부장직을 수행하고 있었던 오타카 토모오 교수로부터 "밖으로 나가지 않겠는가?"라는 권유를 받았다.

> "오타카 선생이 도쿄의 태평양협회[1]로 편지를 보냈는데, 의외로 빠른 답장이 왔다. 육군사정관(陸軍司政官)으로 보르네오 원주민에 대한 조사의 자리가 있다는 것이었다. 보르네오의 다약족, 특히 산(山)다약족이라면, 연구의 대상으로 부족하지 않았다. 그러나 나는 육군사정관이라는 신분이 싫었다. (…) 1942년 가을 다시 태평양협회에서 연락이 왔다. 서뉴기니에 대규모 조사대가 파견되는데 참가하지 않겠느냐고. 대장은 동북대학의 타야마 리사부로(田山利三郎)[2] 박사, 대학이나 박물관의 지질학자들이 중심이 되고, 동식물학자와 농학자가 참가해 6개 반으로 편성하는 계획이었다. 나의 전문은 동북아시아여서 뉴기니에 대해서 아는 바도 없고 조사에 자신이 없었다. 그러나 (…) 당시 조선에서는 할 일이 없어서 가기로 결심했다."(泉 靖一 1971: 161-162)

이상의 기록과 관련된 이즈미의 자필 이력서에는 아래와 같이 적혀 있다.

> "1942.12.18 뉴기니 방면 출장(1942.12.18-1943.6.17, 조선총독부) 뉴기니민정부 사무 촉탁(해군성). 부내한(部內限) 주임관대우(奏任官待遇)/1943.1.13 요코하마 발/1943.6.18 뉴기니 방면 출장 연기(1943.6.18-1943.12.17, 조선총독부)."

1942년 12월 18일 당시 그는 경성제국대학 학생주사보(學生主事補)

직책과 아울러 이공학부 조수 신분이었는데, 조선총독부의 출장 명령을 받은 것은 경성제국대학 직원들이 조선총독부 직원에 속했기 때문이다. 경성제국대학에서 직접 해군성으로 출장 또는 파견되는 것이 아니고, 조선총독부의 출장 명령을 근거로 해군성에 파견되었던 것이다. 한 번의 출장 연기를 포함해 공식 출장 기간은 정확하게 만 1년이 되었다. 그러나 뉴기니로의 항해 기간과 조기 귀국 등을 고려하면, 이즈미가 실제로 뉴기니에 체류한 시기는 7개월 정도다.

1943년 1월 13일 요코하마를 출발하는 선박을 타고 팔라우를 거쳐서 뉴기니 북부에 있는 항도 마노콰리에 도착한 것이 2월 5일이었다. 이즈미는 선박이 출항하는 때부터 본부 총무로 대장을 보좌해 조사대의 총괄 작업을 맡았다. 마노콰리의 현장에 도착한 후부터 제3반에 배속되어 오지 탐험을 수행했고, 제3반의 작업이 완료되고 본대가 귀국한 뒤, 그는 '비악도특별반' 작업을 위해 6월 16일부터 비악(Biak)과 인근 도서에 체류했다가, 8월 3일 제25특별근거지대(特別根據地隊)가 있는 마노콰리로 귀환했다. 부친의 부고 소식을 받았던 그는 8월 22일 비행기로 뉴기니를 떠나서 8월 23일 도쿄에 도착했다. 그 기간 중 이즈미가 자원 조사와 학술 조사를 병행하는 현지 답사에 임했던 것은 두 번의 작업이다. "제1회 조사는 제3반특별반의 일원으로 3월 5일부터 5월 29일 사이에 58일이 소요되었다. 제2회 조사는 수하우딘 제도 특별조사반의 일원으로 수피오리(Supiori)도의 모든 마을과 눈포르(Noenfoor)도의 답사를 위해 6월 16일부터 7월 11일까지 26일간 이루어졌다"(泉靖一·中山稻雄 1944.5: 3). 그 자신의 표현을 빌리면, 실질적으로 이즈미가 비악섬의 현지 조사에 임했던 기간은 84일간인 셈이다.

따라서 이 장에서는 이즈미가 뉴기니에 체류했던 시기를 셋으로 구분해 자료를 정리할 것이다. 각 시기마다 그가 담당했던 작업이 특징 있게 구분되는데, 초반의 일부는 '해군 뉴기니 조사대' 본부대에 속했고, 조사반의 일원으로 직접 현장에서 조사에 임했던 시기는 다시 둘로 나뉜다. 1) 자원조사대 제3반 2) 비악도특별조사반. 따라서 여기서는 두 가지 조사반의 작업에 임했던 이즈미의 활동에 초점을 맞출 것이다.

2. '해군 뉴기니 조사대'

전쟁이 격화되면서 뉴기니란 곳은 제국 일본의 초미의 관심사로 부상했다. 뉴기니는 '신야마토(新大和)'란 이름도 얻었다. 즉, '신야마토'의 등장으로 제국 일본의 본토는 '구야마토'가 된 셈일 정도로 뉴기니가 중요하게 인식되었음을 알 수 있다. 일본인류학계가 이곳에 본격적으로 관심을 갖게 된 계기는 '남의회(南の會, 영문 명칭은 The Japan Society of Oceanian Ethnography)'라는 동인회 이름으로 발행된 사진집(南の會 1937)에 있다고 생각된다. 이 모임의 대표자는 케이오대학의 동양사학자로 알려진 마쓰모토 노부히로(松本信廣 1897-1981)였고, 그는 1937년 11월 27일 도쿄인류학회예회(도쿄대학 인류학교실에서 개최)에서 '뉴기니 여행담(표본 공람)'을 발표했다. 동인의 명단에는 오카 마사오(岡 正雄 1898-1982), 코바야시 토모오(小林知生), 스기우라 켄이치(杉浦健一 1905-1954), 나카노 토모아키(中野朝明), 마쓰모토 노부히로, 야하타 이치로(八幡一郎 1902-1987)가 포함되어 있었지만, 오카는 실제로 '남의회 조사여행대(南の會 調査旅行隊)'에 참가하지 않았다.

'남의회'를 후원한 사람은 남양흥발주식회사(南洋興發株式會社) 사장 마쓰에 슌지(松江春次)[3]였다. 조사여행대는 1937년 7월과 8월 사이에 사이판, 파라오, 얍, 뉴기니에서 조사를 실시했다. 수집된 자료 일부는 "원시 및 고대문화 자료전람회"(原始及古代文化資料展覽會, 1937년 11월 20~22일 경응의숙대학도서관기념실 및 고고학교실-慶應義塾大學図書館記念室お

よび考古學教室)에서 전시되기도 했다. 일만지(日滿支)의 자원만족론(資源滿足論)이 아니라 '남(南)'을 포함하는 "일만지남 대블럭의 형성"(松江春次 1938.12.1)을 피력했던 "마쓰에 씨와 사원들이 수집한 뉴기니섬의 물건들과 뉴브리튼과 라바울에서 30년간 주재했던 코미네 이소기치(小嶺磯吉 1866-1934)의 수집품도 포함하여"(宮本延人 1938.1) 그 사진집에 소개·출판되었다. 마쓰에는 1932년 7월부터 마노콰리를 기점으로 상업 목적의 조사를 했다. 동인회 명단에 나타난 것처럼, 뉴기니에 대한 전문가는 없었던 것이 당시 일본인류학계의 상황이었다. 도쿄대학 이학부 인류학교실에 근무하던 젊은 연구자가 뉴기니에 대해서 초보적이지만 본격적으로 관심을 보인 때는 1942년 초였다(中野朝明 1942.3.1).

'화란(네덜란드)'의 식민지였던 화란령 뉴기니는 북과 서남의 분주(分州)로 나뉘었고, 각 분주에 한 명의 부이사관(副理事官)이 통치를 담당했다. 마노콰리부터 홀란디아까지 해안 지대(산악 지대는 불명료)가 북분주(北分州)였으며, 마노콰리가 북분주의 수부(首府)였다. 1942년 3월 일본 해군육전대가 이곳에 상륙한 후, 마노콰리는 일본군 2만 명이 주둔하는 군사 요충지가 되었다. 당시 행정구획은 편의상 그대로 두고, "부이사관을 대신해 사정관이 배정되었고, 군장(君長)에는 인도네시아인이 임명되었다"(佐竹義輔 1963.6.15: 151). 1942년 5월부터 마노콰리에 미군 전투기의 폭격이 시작되었다. 10월에 민정부가 수립되면서, 왕자제지(王子製紙)와 미쓰이물산 그리고 남양수산 등이 차례로 지사를 설립했다. "뉴기니에 대해서는 1942년 4월 서부의 마노콰리를 중심으로 군정을 개시, 서부 뉴기니민정부, 동부 뉴기니민정부(계획만)를 설치했다. 즉, 서부는 일본군이 부분적으로 점령을 했지만, 동부에서는 제대로 점령을 하지 못했고 전투 상황만이 있었던 점을 알 수 있다. 동부에서 최대의 일본군 전사자가 발생했다.

1942년 10월 13일 뉴기니민정부로 개편해, 그에 필요한 요원 약

1,800명이 그해 말에 도착했다. 민정부 조직은 총감관방(總監官房=總務局), 개척국(開拓局), 위생국(衛生局), 조사국(調査局, 중도 폐지) 등이 있고, 바보에 지부를 두었고, 그 외 13개소에 사무소를 설치했으나, 전국(戰局) 악화로 1944년 2월 1일 뉴기니민정부는 해산되었다"(秦 郁彦 1981.11.30: 419-420). 중도 폐지되었다고 하는 조사국이 해군 뉴기니 조사대의 실체인 셈이고, 이즈미는 이 조사국의 소속으로 뉴기니에 대한 조사를 수행했음을 알 수 있다.

군대의 전투에 의해서 점령지가 발생하면 곧바로 단기간 군정이 실시되고, 조속한 시일 내에 민정부가 구성되어서 점령지 행정을 민정부가 담당했다. 뉴기니의 경우, 점령지는 1개월 이내에 군정부를 구성하고, 군정은 약 6개월간, 그 후 조직된 민정부의 활동은 1년 3개월 정도 유지되었고, 그 기간 동안 군 관련 기업들이 점령지에 진출해 지사를 설치했다.

1943년 1월 거국적 규모의 해군자원조사대가 결성되어 팔라우를 거쳐서 뉴기니의 마노콰리로 파견되었다. 당시 남방전선에 대해서 불안해진 대본영은 만주의 관동군을 남방전선으로 재배치했고, 그 과정에서 징발되었던 선박(화물선, 여객선, 어선 등)들은 서부 태평양에 등장한 미군 잠수함들의 주 공격 대상이었다. 그런 와중에서 자원조사대가 마노콰리에 도착했던 3월에는 전쟁이 이미 돌이킬 수 없는 패색에 짙어져 있었다. 일본군의 옥쇄는 1942년 12월 8일 뉴기니 바사브아에서 시작되어, 1943년 1월 2일 뉴기니 브나, 1943년 5월 12일에서 6월 29일까지 알류샨 열도 최서단의 앗투(Attu)와 키스카(Kiska)로 이어졌다.

뉴기니의 동부 전선은 미군에 의해 초토화된 상태에서, 뉴기니 자원조사대의 일원으로 경성제대 의학부 의료반 5명과 민족학 전공자도 참가했다. 조사대장 타야마 리사부로 교수는 경성에서 파견된 그룹을 "케이조쿠미(京城組)"(座談會 1944.2.21: 57)라고 불렀다. 전쟁 수행을 위한

[사진 8-1] 자원조사대장 타야마 리사부로(1963.6.15: 30)

자원, 즉 석유를 공급할 수 있는 유전이나 기름을 짜낼 수 있는 탄광을 발견하는 작업이 최고 목표였다. 해군성뉴기니민정부 속에 '조사국'과 그 하부조직으로서 '뉴기니 조사대'가 편성되었고, 조사대장인 타야마는 당시 해군 촉탁으로 해상보안청 수로부측량과장을 겸무한 토호쿠대학 교수였으며, 조사선의 제5해양환(海洋丸)을 지휘하고 있었다. 그 보좌역으로서 경성제대의 당시 학생주사보였던 민족학자 이즈미가 임명되었다. 조사대의 구성도 제과학연맹 당시보다 비약적으로 규모가 커져 제1부터 제8까지의 8반[4]이었고, "인적 자원에 대한 관찰과학인 민족학"(中野朝明 1942.6.20: 309)이 필연적으로 동원되었던 것이다.

해군자원조사대는 제국 일본의 전국 각지에서 모인 170명이 9개월간 수행하는 대규모 조사단이었기 때문에, 여러 분야의 전문가들이 규합했으나 효율적인 작업이 이루어지기는 쉽지 않았다. 그들이 서(西)이리안의 현지에서 실지로 작업이 가능한 시기는 약 6개월이었고, 원활한 통솔을 위해서 여러 반으로 나누어 활동했을 뿐만 아니라 "현재 남방 특히 뉴기니 방면에서 작전 중인 부대는 철저하게 현지 자활을 하라"(竹田光次 1943.8.10: 322)는 명령이 있었기 때문에, 숙식 자원 확보를 스스로 해결해 나가면서 어렵게 진행되었다.

> "제1회의 조사 (…) 제2반 (…) 조사지는 구난령 뉴기니의 수도 마노콰리의 바로 근처인 프라우이강이었다. 반의 구성은 조사원, 조수, 연락

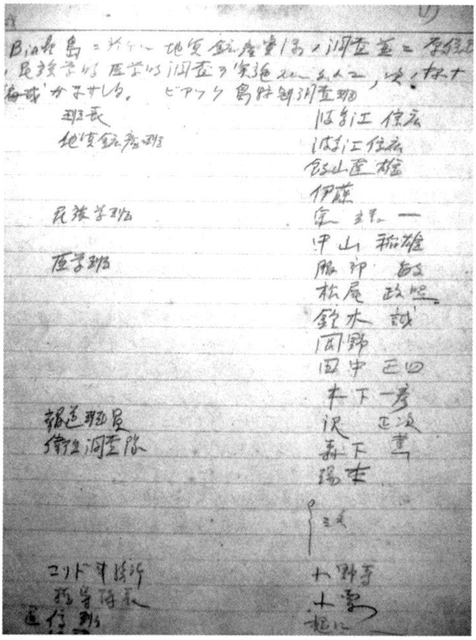

[사진 8-2] 이즈미 세이이치의 야장과 일기의 일부

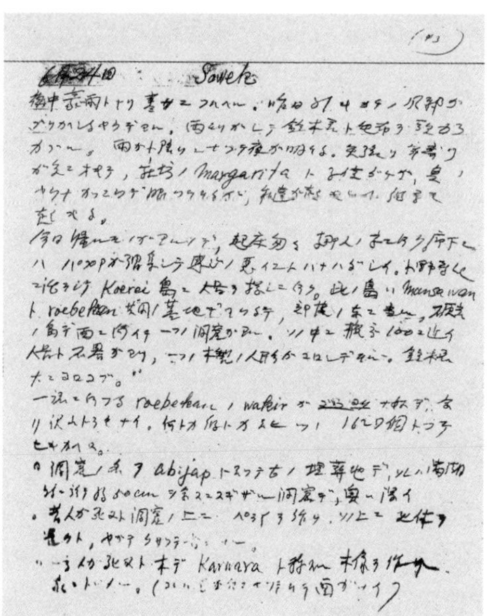

[사진 8-3] 이즈미 세이이치의 비악도 조사 야장의 일부

원, 통역, 경계병을 합해 일본인 총 19명, 거기에 파라오섬으로부터 데리고 온 카나카족 9명, 인도네시아인 순사 4명, 파푸아인 104명을 합해서 총 150명에 달하는 수였다. (…) 카나카족의 9명은 모두 측량반 잡역이었고, 인도네시아인 순경은 파푸아인 노동자 감독으로서, 파푸아인은 하물 수송 노동자로 사용했다. (…) 카나카족 9명 중에 6명은 나환자였고, 그중 한 명은 사망하는 상태에 이르렀다. 파푸아인 104명 중 상시 수송에 사용 가능한 인원은 약 7할밖에 되지 않았다. (…)"(田中正四 1944.3.1).

열대의 질병과도 싸우면서 서로 다른 민족들을 규합해 노동력을 구성했기 때문에, 그 통솔 자체가 쉽지 않은 문제였다. 그런 와중에서도 '경성조'는 특별한 인정을 받아 별도로 동쪽에 따로 떨어져 있는 비악섬으로 답사를 나가게 되었고, 그곳에서 체질인류학자 스즈키 마코토와 사회인류학자 이즈미가 함께 활동하는 모습에 관심을 갖게 된다. 그들은 해군남방정무부(海軍南方政務部) 소속의 '촉탁(囑託)'이란 신분을 갖고 참가했다.

"대본영육군부(大本營陸軍部)가 1942년 11월 25일부 대륙지제993호 별책제일(大陸指第993號別冊第一)로 남방군 총사령관에게 시달한 '남방작전 점령지 통치 요강'이 있다. 이 요강은 총칙, 행정, 재정·금융·통화·무역, 자원의 개발취득, 교통, 민족, 종교, 선전의 8부문 28항으로 구성되었고, 제6부문이 민족, 제7부문이 종교이며, 종교 부문의 제2항에서 '기존 종교는 그것을 보호하고, 신앙에 기초한 풍습은 노력 존중해 민심의 안정을 도모함으로써 아시책교화(我施策敎化)에 노력'하라고 적었다. 민족 부문 제28항에서 '원주민족에 대하여 먼저 황군(皇軍)에 대한 신기관념(神氣觀念)을 조장하도록 노력하고, 동아 해방(東亞解放)의 진의를 철저하게 하여 아작전시책(我作戰施策)으로 협력하도록 하며, 자

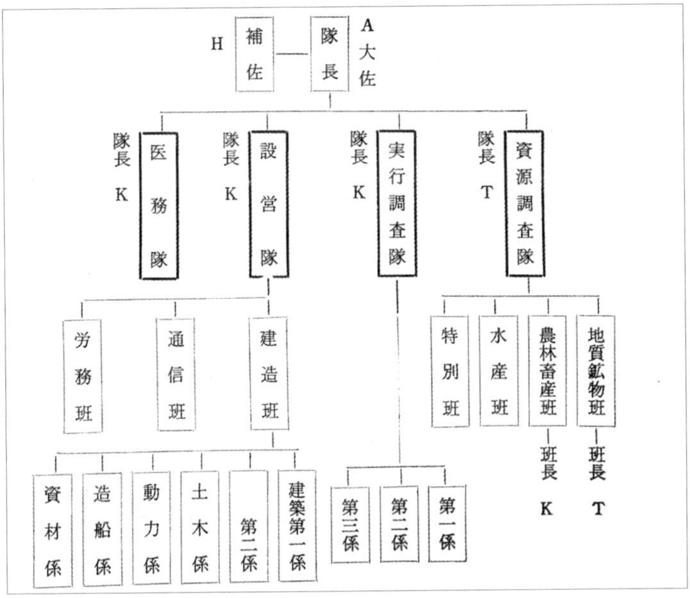

[사진 8-4] 해군 뉴기니 조사대 편성표(佐竹義輔 1963.6.15: 59)

원 확보, 적성백인세력 구축 등에 이용할 것'"(岩武照彦 1989: 36-37) 등이 명시되어 있다. 이 기본 방침에 근거해 '해군 뉴기니 조사대'는 "1. 조사 목적: 전쟁 필승에 필요한 중요 지질 광산, 임산, 농산 자원의 개발과 기초 자료의 수집 2. 요령: 중심은 해군대신, 현지에는 당해 방면의 최고지휘권에 일체의 권한이 있으니 그 밑에 민정부 총감이 있고, 뉴기니 조사대의 지휘를 하도록 하고, 총감 밑에 각국이 있고, 조사국이 이번 조사대를 조직하고, 대장은 그곳에 있는 조사국장이 맡고 지휘를 함 3. 기구: 본부와 조사반(1-6)으로 구성"(佐竹義輔 1963.6.15: 3)했다. 현역 해군 대좌(뉴기니민정부 조사국장)를 대장으로 하고, 그 밑에 자원조사대가 편성되었으며, 동원된 학자들은 자원조사대 내의 각 반에 소속되었다(사진 8-4).

자원조사대장은 뉴기니 탐험의 경험이 있는 타야마 교수가 맡았

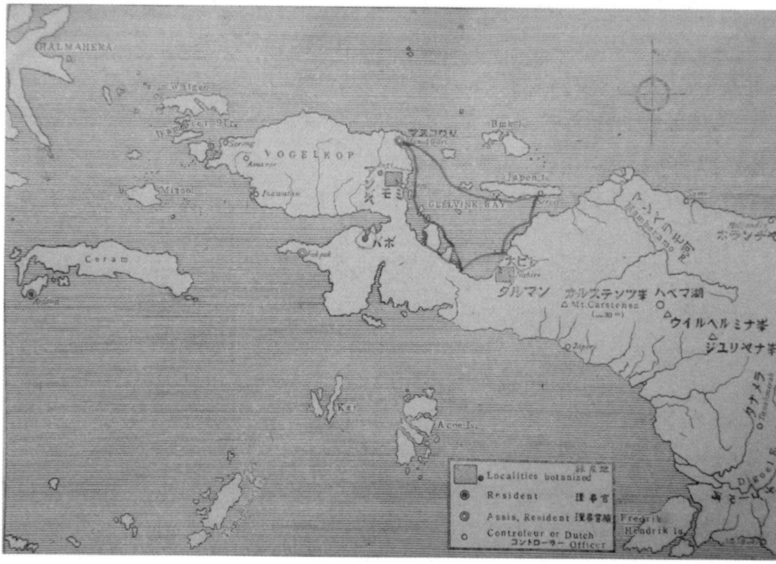

[사진 8-5] 난령(蘭領) 뉴기니 탐험지위도(金平亮三 1942.1.20: 55)

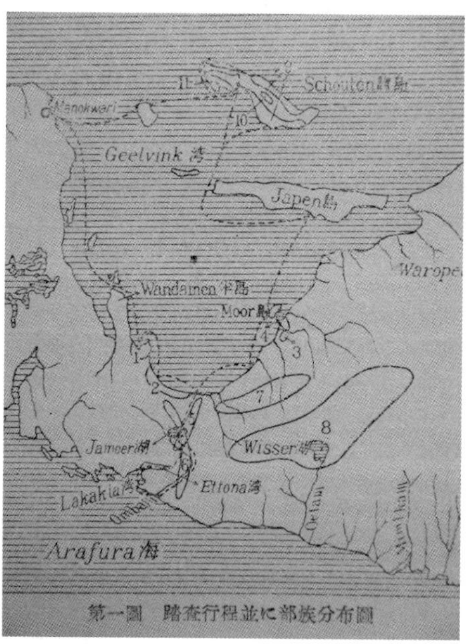

[사진 8-6] 답사 행정과 부족 분포도(泉 靖一 1950.2: 19)

으며, 6개 반으로 구성했다. 실행 과정에 약간 변동이 있었지만, 반은 대체로 토호쿠제대 주체의 지질반으로 구성한 제1반(반장 야기 켄지-八木健二, 토호쿠제대 조교수), 자원과학연구소 주체의 광물반인 제2반(반장 츠야마 타카시-津山 尙, 문부성 자원연구소), 과학박물관 주체의 농업반인 제3반(반장 사타케 요시스케-佐竹義輔 1902-2000, 과학박물관 학예관), 교토제대 주체의 임업반인 제4반(반장 오바타 노부오-小畠信夫 1902-1990, 교토제대 강사), 측량을 주로 담당한 제5반(반장 하타에 노부히로-波多江信廣, 조선총독부 기사), 남양흥발(南洋興發) 주체의 제6반(반장 카네마쓰 시로-兼松四郎, 남양흥발 기사)으로 편성되었다. 본부에는 10인 정도로 구성된 별동대(座談會 1944.2.21: 54-55)가 존재했다. 별동대의 목적은 원주민들을 상대로 탄광 장소를 수소문한 뒤에 현장을 확인하는 일이었다. 최후에는 별동대장 역을 타야마 대장이 맡았다. 별동대까지 계산하면, 모두 7반으로 조직된 셈이었다.

[사진 8-5]는 1940년 2월 카네히라 료조(金平亮三 1882-1948, 당시 규슈제국대학 교수)와 타야마(당시 남양청열대산업연구소 광업부장·토호쿠제국대학 조교수)가 함께 답사한 지역을 표시한 것이고, [사진 8-6]은 자원조사대의 1943년도 답사 지역을 나타낸다. [사진 8-5]에 표시된 답사지와 [사진 8-6]의 답사 행정(점선)을 비교해 보면, 1940년의 답사 지역과 기본적으로 동일한 동선을 보이고, 1943년에 두 지역이 추가된 점을 지적할 수 있다. 추가된 지역이 이즈미와 그 일행이 답사한 곳이다. 제3반의 선견대로서 답사했던 지역이 헬빙크만[5] 남쪽으로부터 아라푸라해까지 육로로 연결되는 야-무르 협곡이고, 비악 특별조사반이 6-7월까지 답사했던 비악섬이 북쪽에 있다.

'해군 뉴기니 조사대'에 관한 단행본을 남긴 사타케[6]의 기록은 1942년 10월 30일 금요일부터 시작한다(佐竹義輔 1963.6.15: 1). 즉, 이 계획은 1942년 10월에 이미 구체적으로 진행되고 있었다는 이야기다.

[사진 8-7] 5종의 구난령용 군표
(佐竹義輔 1963.6.15: 圖 104)

사다케에 의하면, 조사대의 기본 구성이 1942년 11월 11일에 완료되었다. 제5반 반장을 담당했던 하타에가 "조사대 참가 요청을 받은 것이 쇼와 17년 11월 (…) 그때는 모든 계획이나 준비가 정리된 단계였고, 단지 참가해 조사에 종사했다. (…) 돌연의 참가 요청"(波多江信廣 1968.7.20: iii-iv)이었다는 점을 보면, 조선에서 참가한 대원들은 조사대 구성 작업이 일단 완료된 후 추가되었음을 알 수 있다.

"각서 N.G., 쇼와 17년 12월 21일부터, 이즈미 세이이치(泉 靖一)"라는 연필로 쓴 표지의 노트 한 권이 남아 있다. 노트의 첫 장은 "17. 12. 8. 오전 10시 4분실에 집합"이라고 시작한다. 조사대의 편성(본부, 육상대), 조사 방법, 기재, 기타(사물함 탁송 방법, 복장, 우편 방법), 우편의 경우 봉투를 작성하는 방법(전면: 海軍省南方政務部氣付 N調査隊行, 후면: 本部 泉 靖一)도 예시하고 있다. 도항 증명서 작성, 1일 1원의 군표(軍票, 기루다)가 선중(船中)에서 배급된다는 안내와 출발 당일에는 파견 수당과 여비도 지급된다고 했다. "파견비(290원), 여비(50원)의 지급 (…) 현지에서 급여는 기루다-군표로 지급"(佐竹義輔 1963.6.15: 16)했다. 12월 8일 자 "집합"은 경성에서 간 사람들이 이미 편성된 조사대에 후속 추가되는 과정의 집합이었던 것 같다. "12월 21일(월) 오전 10시, 제4분실에 집합. (…) 오후 1시 반부터 재차 제4분실에 집합. 아다치(足立) 국장, 타야마 씨의 인사가 있었다. 대의 편성 변경, (…) 의료반으로서 각 반에 한 명씩 의사가 배정되었다"(佐竹義輔

1963.6.15: 13). 경성제대에서 파견된 의료진이 이때 새롭게 각 반에 배치되었음을 알 수 있다. 전체 조사대를 위한 의료진 확보 및 "선무공작으로서의 진료 활동"(泉 靖一 1971.11.10: 192)을 위해 조선에서의 참가자들을 기다렸다는 심증이 간다. 그다음에 날짜가 적힌 것은 "18.1.3 민정부 내 타합회"로 시작한다. 1943년 1월 3일 자에는 조사대 218명, 위생 19명, 기업(三井 12, 王子 305, 南興 305, 臺銀 3, 南運 3)의 내용이 보인다. 모두 865명이 참가하는 대규모 집합임을 알 수 있고, 그중에서 위생 19명을 포함하는 자원조사대는 모두 237명이 되는 셈이다.

'사진 및 표품(標品)의 처리(안)'에는 촬영된 사진은 전부 검열 대상이라는 점과, 기밀을 요하는 것들은 원판을 조사국에 보관해야 한다는 주의가 적혀 있다. 개인적으로 필요한 사진은 2매를 촬영하라는 주석도 붙었다. 표품을 위해서는 개인적으로 표품대장을 작성해서 본부에 보고하도록 하고, 필요한 표품은 모두 조사국에 보관하도록 한다고 했다. "쇼와 18년 1월 4일(월) 오후 2시부터 태평양협회에서, 야베(矢部) 박사의 '남양의 지질'에 대한 이야기가 있었다. 3시부터 제4분실에 집합. 1-6반의 순서로 착석. 이즈미 세이이치 씨가 금년부터 주로 담당하는 것으로 되었다고 소개가 있었고, 경성대의 학생 주사라는 명찰을 붙이고 있었다. 경성대의 몽고 탐험과 아울러 오대산 등산을 함께했던 사람이다"(佐竹義輔 1963.6.15: 16). "1월 6일(수) 조사원의 연락 회의는 오후 1시부터 열렸다. 타야마 씨의 인사와 이즈미 촉탁의 조사 요령에 대한 설명이 있었다"(佐竹義輔 1963.6.15: 18). "1.9. 연락 회의" 내용은 '야마토 민족의 특징, 식량 병참기지, 남방의 거점'을 중심으로 했고, 학술 조사와 실행 조사가 실시된다고 명시하고 있다. '자급자족 체제'라고 적은 것은 조사대의 활동 시에 내려진 지침인 것 같다.

이즈미의 일기에 날짜가 지속적으로 이어지는 것은 1월 11일부터다. "1월 11일 숙부의 지시로 조부의 영정에 배례했고 (…) 오타카(오타카 토모오 교수를 말한다.-필자주) 선생에게 전화를 걸었으며, 제4분실로 갔다. (…)" 그날 이즈미는 "폭우가 쏟아지는 가운데 승함했는데, 먼저 주임(奏任)이 승선하고, 다음에 판임(判任) 이하가 승선했다. 13일에 출범했는데, 관방장(官房長)이 송영을 나왔다. 하쿠산(白山), 묘코(妙高), 카스세키(勝關)의 세 선박이 선단을 이루었고, 치도리(千鳥, 수뢰정)가 호위했다. 이즈미는 그날 밤 「난령 뉴기니 육군 탐험대 조사 보고」(역)를 읽었다"(이상 이즈미의 일기에서). 거의 동일한 시기에, 조선군의 주축이었던 제20사단(78·79·80연대와 평양의 77연대)이 1943년 1월 8일 수송선 야스쿠니마루(靖國丸, 11,930톤)로 부산을 출발해 뉴기니 웨왁에 1월 21일 도착(尾川正二 2002.9: 17, 144)했다. 제41사단은 화북(華北)으로부터 뉴기니 웨왁으로(尾川正二 2002.9: 25) 향했다. 미군과 접전하는 전선이 최악의 상황으로 전개되는 속에서 모자라는 병력을 보충하기 위해 관동군과 조선군이 뉴기니로 급파되는 시점에 '해군 뉴기니 조사대'가 파견되었던 것이다. 이즈미는 당시 대동아전쟁이 격화된 전장의 한가운데로 들어가고 있었다.

이즈미의 기록은 다음과 같이 이어진다. "14일 (…) 갑자기 비행기가 날아와서 전원 전투 배비했다. (…) 내일부터는 연구회를 개최할 준비를 했다." "15일 조사대는 제1회 연구회를 열었고, 타야마 조교수가 '보켈코프 동남의 광산 자원'이란 제목으로 강화했다." 16일 배는 하카다(博多)에 정박했고, 타나카(田中), 스즈키(鈴木), 코바야시(小林), 이즈미의 경성제대(城大) 팀은 오무타(大牟田)와 토수(鳥栖)를 경유해 나가사키대학까지 방문했으며, 이들은 18일에 귀선했다. "1월 18일(월) (…) 기차로 오무타에 갔다가 11시에 보트로 귀선. (…) 13시 반부터 이즈미 씨의 강화 '뉴기니 민족의 기술과 종교'가 있었다"(佐竹義輔 1963.6.15: 31). "19일 배는 정남으로 향했고, 오후에 츠야마 다카시(津山尙) 씨가 '뉴기니의 식물계'라는 제목의 이야기를 했다. 타네가시마 충(種子島沖)을 지났다. 21일 회귀선을 넘어 열대권으로 진입했다. (…) 카나자와(金澤) 화백과 밤이 새도록 NG의 민속과 탐험에 대한 이야기를 나누었다"(노트의 많은 페이지는 연구 회의 발표 내용으로 채워져 있다.-필자주).

"24일 팔라우 입항. 남양청의 하물과 타피오카 전분을 내렸다. 이곳에서 파푸아에서 오는 소식도 들었다. 29일 출범을 늦추고, 대원 전원의 합숙 연구에 대한 양해를 구했다. 밤에는 남양 호텔에서 화요회 제100회 연구회에 출석했다. 31일 농업반의 타나카는 본섬으로 갔고, 다른 반은 코로루섬으로 나갔다. 2월 1일 아침 8시 지질광물반 전원과 개척 관계 사람들을 합해서 가라수마오[7]의 보크사이트 광산을 보러 갔다. 11시 반에 가라수마오에 도착했다. '남양 알루미늄' 회사원들이 영접을 나왔다. (이즈미는 여기서) 가라수마오촌의 조상과 관련된 전설을 채집했다. 2월 3일 11시까지 승선 명령. 13시 45분 출항. 지금부터는 잠수함의 위험 지대. 2월 4일 핫토리 사토시(服部 敏)가 '문헌에 나타난 NG원주민의 치료법과 질병'이라는 제목으로 연구회를 개최했다."

"2월 4일 적도제(赤道祭). 갑판에서 적도제의 제1회 로만스 윤강회로 연애를 주제로 했다"(佐竹義輔 1963.6.15: 42). "2월 5일 적도를 넘은 시간이 5시 45분. 마노콰리 입항은 11시 예정. 2월 6일 양육(揚陸)작업이 시작되었고 (…) 2월 9일 제1차 조사 준비 위원회를 개최했다. 2월 13일 조사대는 민정부의 외국(外局)적인 존재가 되었다. 요코오지(横大路) 사정관(司政官)과 만나서 인부의 급료 건을 의뢰했다. 2월 14일 제1회 조사 계획의 정서(淨書). 2월 17일 파푸아인 250명을 집합시켜서 조사(혈액, 계측 등)했다. 2월 19일 와루요리강 상류에서 인도네시아 출신 오고탄(Ogotan)을 이용해 인류학 연구를 실시했다. 9시부터 아르팍(Arfak)족 십수 명의 신체 계측을 실시했고, 통역은 오고탄이며, 그는 암본 출신의 전 경찰관이었다. 그가 인부두(人夫頭)의 역할을 맡았다. 6개 반의 계획도 입안했다. 밤에는 조장 회의를 개최했다. 2월 21일 국장, 타야마,

하타에 및 사정관과 함께 야-무르 지협(地峽) 조사에 관한 타합 (…)"(佐竹義輔 1963.6.15: 66 & 95 註12)

마노콰리에 도착한 뒤, 조사단은 현지에서 모집한 군부(軍夫)들을 포함해 재구성되었다. 제2반의 의료진으로 참가했던 타나카 마사시(田中正四, 경성제대 의학부)의 글은 실질적인 조사대 구성이 얼마나 복잡하게 이루어졌으며, 작업 과정이 어려웠던 점을 반영하고 있다. 당시 조사대에 참여한 후, 후일 조사대에 관한 서적을 남긴 모든 사람(이이야마 타츠오, 사타케, 하타에 등)의 글에서도 동일한 내용을 접할 수 있다.

이즈미의 일기와 노트 그리고 다른 참여자의 기록물을 통해 알 수 있는 내용 중 하나는 뉴기니 조사대 참가자들 거의 대부분 전문 지식을 제대로 갖추지 못하고 있었다는 점이다. 각 분야의 전문가들로서 "학술"(澤 壽次 1944.2)이라는 인식을 갖춘 인사들이었지만, 뉴기니에 대해서는 제대로 된 정보를 갖고 있지 못한 상태에서 현지로 향하고 있었다. 그들이 갖고 있었던 정보도 20-30년씩 지난 낡은 것들이었고, 이즈미가 선상에서 항해 중에 읽은 뉴기니 관련 서적도 네덜란드 육군이 20세기 초에 발행한 서적의 번역본이었다.

1) '자원조사대 제3반 특별반': 와오부와 야-무르 지협

헬빙크만 남쪽으로 나간 "제3반(반장 佐竹義輔) 편성은 다음과 같다. 지질반·광물반·임업반·농업반·수력반·측량반·의료반·통신반·통역·잡역·연락원"(佐竹義輔 1963.6.15: 17-18)의 20명으로 처음 구성되었지만,[8] "3월 3일(수) 제3반원에 엔도(遠藤), 이즈미 두 촉탁이 추가되어 조사에 임했다. 엔도 촉탁은 측량 책임자이고, 이즈미 촉탁은 수송과 인류반으로서 제3반에 충원되었던 인물들이다. 이즈미 씨는 제3반의 예찰대(豫察隊)로 5일 출발하는 와카타카(若鷹, 사령관 전용선으로 기뢰부설

함)호를 타게 되었기 때문에, 예찰 사항에 관한 제3반의 희망에 대해 주문을 받게 되었다. 1. 오지를 잘 아는 안내자를 획득할 것 2. 오지에 대해 각 방면의 정보를 가능한 한 많이 수집할 것 3. 인부를 가능한 한 많이 모집할 것 4. 사고(Sago)야자에서 채취한 전분을 다량으로 구입하도록 의뢰할 것 5. 인부가 모집되면 본대가 출발하도록 결정되었다"(佐竹義輔 1963.6.15: 79). 동일한 내용이 이즈미의 필드노트에 다음과 같이 기록되어 있다.

"3월 5일 선발대는 사령관(민정부 총감) 전용 와카타카호에 편승해 마노콰리를 출발해 나비레에 도착했다. 13일 모집된 인부를 데리고 와오부에 상륙해 설영 준비를 했다. 제3반 본대는 3월 12일 코난마루(岬南丸)와 다이니코츠마루(第二光津丸)로 마노콰리를 출발했으나 와오부만의 산호초에 좌초되었다가, 14일 와오부에 입항했고, 와오부와 나비레 사이의 무전(無電) 사항은 대장(隊長) 7.755메가 교신(交信) 7메가로 하루 세 번(07:30/10:30/20:30)으로 설정했다."

"헬빙크만 최남단에서 남쪽의 아라푸라해로 연결되는 야-무르 지협까지 조사하라는 명령을 받고, 선발대와 본대로 나누어서 활동했다. 제3반의 기지는 헬빙크만의 가장 큰 마을인 와오부에 설치했고, 선발대가 남으로 가고 본대는 선발대가 목적 달성해 귀대하기를 기다렸다. 2개월 예정으로 출발했으나, 80일간의 조사가 진행되었다. 마노콰리에 돌아온 것은 5월 말이고, 2회는 6월 초에 돌아왔다. 선발대는 측량을 주로 담당했고, 야-무르 지협을 횡단하는 조사였다. 그 사이 본대는 야-무르 지협에 있는 야-무르 호수 자원을 조사했다. 교통은 전부 독목주이며, 이것이 마을과 마을 사이를 연결하는 교통수단이었다"(座談會 1944.2.21: 52).

이즈미의 이름으로 저술된 「야-무르 지협 횡단기(ヤムール地峽横斷記)」(“海軍”用紙 59+2쪽)의 필사본이 도쿄대학 문학부 도서관에 한 권 남아 있다. 이것은 제3반 선견대(先遣隊)로 나갔던 엔도(遠藤), 핫토리(服部), 이즈미(泉)의 복명서에 해당되는 기행문으로 3월 5일부터 5월 11일까지의 기록이다. “목차 1. 준비 2. 와오부부터 앙가디에 3. 옴바천(川) 4. 에토나만과 키루루산을 넘음 5. 앙가디호(湖) 6. 워로로미천(川)”으로 정리되어 있고, “나판, 나비레 지구로 가서 군장(郡長)의 협력으로 나판, 웨이나미, 마키미, 모산, 마수파, 무루, 만보르, 나비레, 하묵, 콰티소레, 야우르 등 11개 마을에서 일주일간 원주민 141명을 인부로 채용했다. 전원 말레이어를 해독”한다는 설명으로 보아, 선견대의 또 다른 작업은 군부(軍夫)를 모집하는 일이었다. 그들은 군부 모집을 위해 적지 않은 시간을 보냈음을 알 수 있다.

“3월 15일 18:00 와오부 도착. 제3타카요마루(第三高陽丸) 입항으로 노다(野田) 일행이 도착했다. 다이하츠[9](사진 8-8)로 돌아가기 전 모두 송별회를 하여, 맥주, 주, 사주(蛇酒) 마심. “3월 18일(목) 와오부, 오고탄이 인솔하는 인부 수송대(131명)는 6시 반, 선발대는 7시 반 야-무르호를 향하여 출발했다”(佐竹義輔 1963.6.15: 109). 이 내용은 이즈미가 작성했던 ‘해군(海軍)’용지에 작성된 필사의 보고서(야-무르 地峽横斷記) 13쪽에 다음과 같이 기록되어 있다. “3월 18일 와오부-루마바토우 (…) 5시 기상 인부를 집합시킴. 인도네시아의 고력두(苦力頭) 오고탄에게 출발 명령을 했음. 131명의 고력의 선두에는 오고탄이 일장기를 휘날리면서 장사(長蛇)를 구성한 대열이 줄지어서 밀림 속으로 사라졌음.” 전원 출발은 7시 26분. 다이하츠가 조사반의 본거지까지 반원들을 수송한 이후, 마을 사이의 이동은 파푸아 주민들의 교통수단을 이용했다. “3척의 프라우[獨木船]에 분승해 이동했고, 조수(漕手)는 파푸아 사람들이었다”(服部 敏 1944.3.1).

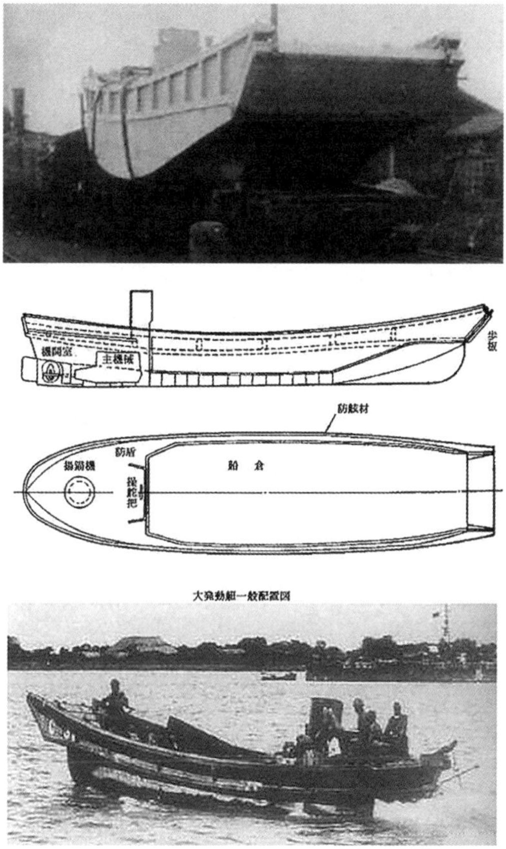

[사진 8-8] 다이하츠(大發, 대형발동기정의 약어)(Wikimedia Commons, 검색일 2007.6.13)

"선발대장인 이즈미 수송주임 그리고 핫토리 의료반원의 보고"(佐竹義輔 1963.6.15: 124)에 의하면, 선발대는 선행대와 측량대로 구성되었고, 선행대가 측량대의 후속 이동 유도 역할을 담당했다. "이즈미 촉탁과 마스미츠(益滿) 통역이 지휘한 오고탄 인솔의 파푸아 인부들로 구성된 선행대는 하물을 수송하는 그날 밤의 숙영지에 급행하여 설영 준비를 담당하는 것이었다"(佐竹義輔 1963.6.15: 125). 이즈미의 역할이 분명하게 드러나는 부분이다. 조사대의 최선봉에서 밀림을 개척하며 후속 팀

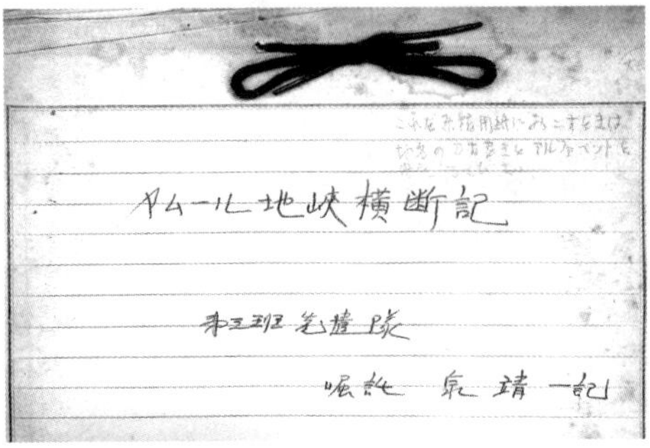

[사진 8-9] 이즈미 세이이치의 「야-무르 지협 횡단기」

의 진행길을 여는 '선발대의 선발대' 작업이었다. "3월 18일 최저 25도, 최고 29도 07:26 와오부발 15:40 오고탄과 선발대 15,975미터 망그로브숲 횡단. 와오부강 08:30 도착. 09:36 휴식. 10:40 고개 정상 도착. 30도 경사 산길. 16:00 스콜. 건빵을 나누어 줌. 식사는 도중에서 멧돼지(野豬)를 잡아서 먹음. 21:50 출발해 야-무르 노인에게 석유에 대해서 들음. 00:00 일시 귀환. 두베베하(河) 해변에서 안개 때문에 길을 잃음"(이즈미의 필드노트). 식량을 현지에서 자급자족하는 조사단의 실태가 확연하게 드러난다.

"3월 18일 와오부-루마바토우, 3월 19일 루마바토우, 3월 20일 루마바토우--와티, 3월 21일 와티, 3월 22일 와티-아카마, 3월 23일 아카마-앙가디, 3월 24-28일 앙가디, 옴바대(隊) 편성(측량 엔도-遠藤 촉탁, 타케치-武智 촉탁, 수에나가-末永 촉탁, 야부키-矢葺 촉탁; 의료 핫토리-服部 촉탁, 마쓰오-松尾 촉탁; 원주민 조사 이즈미-泉 촉탁; 통역 마스미츠-益滿 촉탁; 경계대 카와사키-川崎 병조, 오카자키-岡崎 병조, 카나카 군부 5명), 앙가디대(隊)(통신 하야카와-早川 촉탁; 경계대(기상관측) 우마코시-馬越 병장, 마에카와-前川 일수, 카나카 군부 1명). 3월 29일 앙가디-마나미, 3월 30일 마나미, 3월 31일 마나미-아이메키, 4월 1일 아아메키-옴바, 3일까지 옴바 마을에 체류. 조사. 4월 4일 옴바-타렐라, 육도(陸稻)와 바나나 재배. 4월 5일 타렐라-에토나만 바나나. 에트나만에 마을이 두 개, 하나는 부에마, 다른 하나는 시니미. 일본군이 들어온 후 부락의 주민 중 여자들과 어린이들은 모두 도망. 대동아 건설에 임하여 심각하게 생각해야 하는 대목이다. 그래서 촌민 한 사람에게 일본군의 진의를 설명했다. 4월 6일 바마나, 4월 7일 바마나-키루루, 4월 8일 키루루-마나미. 줄곧 모기에 시달리면서 잠자기가 힘들었다. 4월 11일 헤레가-안가디, 4월 22일 안가디 출발, 23일 루마바토우 도착, 24일 엔도, 하야카와, 카와사키 병조, 미야자키-宮崎 병장, 마에카와 일수 5명은 와오부로 향함. 4월 25일 루마바토우-빠뿌, 4월 26일 빠뿌, 4월 27일 빠뿌, 4월 28일 빠뿌-야오루, 이때부터 와로로미강 입구의 북방에 있는 야오루촌을 근거지로, 와로로미강 입구 부근을 정사(精査). 5월 7일 일체 조사 완료. 배를 기다렸지만, 배가 고장. 지연된다는 보고가 있어, 11일 독목주(獨木舟)로 와오부의 제3반 근거지(第三班根據地)로 갔다"(이즈미의 필드노트에서).

대동아 건설에 직면한 대원들의 선무공작이라는 부분도 명백하게 드러나는 대목이며, 이즈미는 이런 문제가 자못 심각하다는 점을 깊게 인식한 것으로 보인다. 대동아인류학이란 직업성이 이즈미의 활동에서 분명하게 드러나는 부분이다.

이즈미의 필드노트는 모두 '153명'의 행진 방법에 대한 기록을 구체적으로 남기고 있다. 종류가 다른 사람들이기 때문에, 전체적으로 원활하게 움직이는 점을 배려한 것이다. "(1) 행군 서열 선두반: 방인(邦人) 1명, 오고탄과 카나카 군부 3명, 중간반: 경계대 방인 3명, 측량반: 방인 4명 카나카 군부 6명과 마스미츠 통역 (2) 선두반은 인부 독려, 가급적 빨리 목적지에 도착해 설영 준비. 필요사항을 측량반에 통지

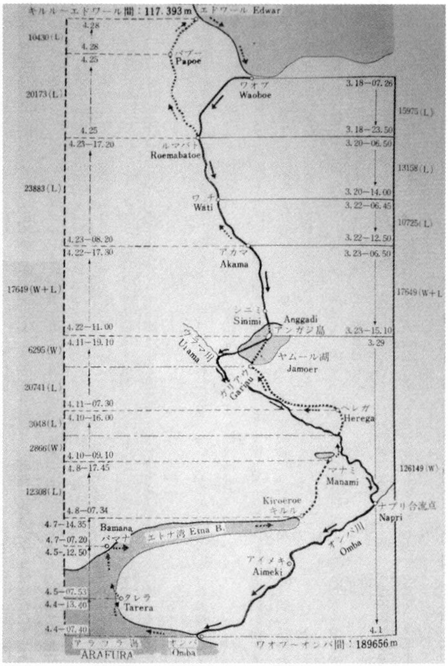

[사진 8-10] 측량 선발대 행동 일정표 (佐竹義輔 1963.6.15: 227)

(3) 중간반은 인부를 독려함과 동시에 목적지 도착 후 바로 식사 준비 (4) 측량반은 측량에 종사." 이 모든 과정을 면밀하게 조직하는 일이 이즈미의 몫이었다. 그리고 "어떻든 간에 웨이나미 방면의 인부는 내일 돌아가기 때문에 이즈미 촉탁과 마스미츠 통역은 오고탄을 써서 인부의 임금 지불, 선무용 모포를 분배하는 데 깜깜해질 때까지 시간이 소비되었다"(佐竹義輔 1963.6.15: 287). "5월 31일(월) 마노쾨리. 전도금 계산은 모든 업무 중에서도 가장 위험한 것인데, 전부 이즈미 촉탁이 담당했다 (…)"(佐竹義輔 1963.6.15: 304).

두 지도(사진 8-11)는 와오부 일대와 '야-무르 협곡'의 조사 결과를 이즈미가 만든 것으로서, 이즈미의 자료 속에서는 와오부의 지도와 유사한 것(泉 靖一 1950.11.1: 84)이 있을 뿐이고, 사타케의 저서 속에 포함

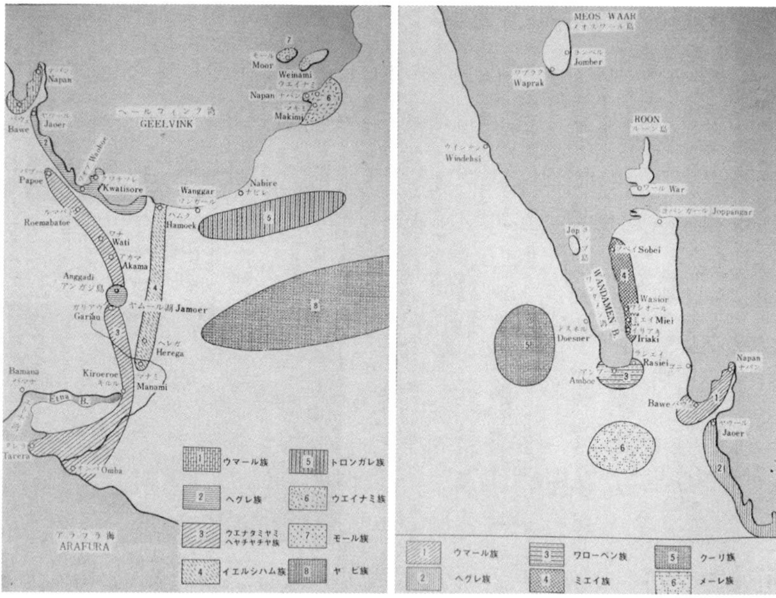

[사진 8-11] 이즈미 세이이치가 제작한 파푸아 부족 분포도. 와오부 지역(좌)(佐竹義輔 1963.6.15: 283)과 완다멘 반도(우)(佐竹義輔 1963.6.15: 285)

되어 있다. 실지 답사에 의해서 제작된 부족 분포도로서는 비교적 상세하고 의미 있는 자료라고 생각된다.

사타케는 1943년 4월 2일부디 3일 시이, 와시오-루와 미에이 부근(제3반의 기지였던 와오부에서 가까운 곳)에서 적지 않은 민속 자료들을 수집(佐竹義輔 1963.6.15: 165-169)했다. "4월 19일(월) 와오부 (무전이 잘 되지 않아서 인간을 연락망으로) 9시 반장에게, 국장발: 토속품 수집은 민속 연구상 필요하므로 대원에 대하여 입수의 장소, 월일, 경로, 가격을 명기하도록 할 것"(佐竹義輔 1963.6.15: 203)이라는 연락문이 있었다. 국장이란 마노콰리에 본부가 있는 뉴기니민정부 조사국장을 말하는 것으로서 당시 국장은 해군주계 대좌(海軍主計大佐)다. "5월 19일(수) 와오부 조식 전(朝食前), 파푸아의 마을들에 대한 사진을 찍을 것. 기념이 되기도

하지만 앞으로 인류학 자료가 될 것으로 생각하여"(佐竹義輔 1963.6.15: 282), 귀국 후 1944년 1월 25일부터 2월 3일까지 도쿄과학박물관에서 당시 수집했던 표본 자료에 기초해 뉴기니 자연과학자료 전시회를 개최했다. 토속품 수집이 국장의 지시로 이루어졌음을 읽을 수 있는 내용이며, 도쿄의 국립과학박물관에 주도해 수집한 토속품도 존재한다는 점을 알 수 있다. 이 토속품들에 대해서는 아직까지 제대로 파악된 바도 없고, 연구 보고서도 존재하지 않는다. 후일 정밀한 자료 조사 작업이 필요하다.

2) 비악도특별조사반

비악도는 마노콰리에서 160킬로미터 떨어진 동쪽에 위치하며, 길이 75킬로미터, 폭 35킬로미터의 비교적 큰 섬이다. 광역으로 보면 파푸아에 속하지만 마노콰리나 뉴기니 본섬과는 언어권이 다른 곳이다. 비악도특별조사반(반장 하타에)[10]은 6월 16일부터 7월 11일까지 26일간 이 섬에 대한 조사를 실시했고, "경성에서 간 사람들은 모두 함께 비악도를 공략해 아주 성과를 많이 올렸다. 토민의 정보로 석탄광을 2군데 발견했다. 토민이 종이에 싸온 것 6개 중에 5개는 석탄, 1개는 피치였다. (…) 비악본도와 수피오리도 사이의 해협 근처 아메노일 마을에서 강을 거슬러 올라가서 석유 함유층과 유사한 화석 광석을 발견했는데, 그것은 석유 징후의 기록인 셈이다. 고력(苦力)에는 파푸아인들도 포함했다"(座談會 1944.2.21: 57). 경성에서 간 사람들에게는 '경성조'라는 별호가 따라붙기도 했다. 그러나 왜 조사대로부터 경성조만 분리해 비악도특별조사반이 편성되었는지에 대해서는 시원히 설명할 만한 구체적 자료를 찾을 수 없었다.

비악도특별조사반의 구성은 명확하게 알 수 없다. 다만 그 구성의 기초가 되었다고 생각되는 이즈미의 필드노트에서 윤곽을 알 수 있는 '편성표'를 볼 수 있다. 당시 '해군 뉴기니 조사대'에 참가했던 '경성조'가 전원 포함된 것이 특징이며, 이 편성표 자체가 완성된 것이 아님은 그 표가 완결된 구성원을 포함하고 있지 못하다는 점으로 알 수 있다. '조직의 명수' 이즈미의 필드노트에서 나타난 것과 이즈미가 '조직의 명수'라는 점을 기왕에 잘 알고 있는 하타에가 특별반의 반장이라는 점을 고려할 때, 조사반을 조직하는 과정에서 이즈미가 깊이 개입했다고 생각된다. 이 편성표의 하단부에 보이는 "코리도 사무소 오노테라(小野寺)"라는 기록과 '소란의 지도 원리 분석'란에서 "오노테라·스테펜 협정"이라는 표현이 비악도특별조사반 구성의 이유를 생각하게 하는 부분이다. 반장 하타에가 남긴 기록을 보면, "필자와 같은 평화부대에 의한 자원 조사와 더불어 선무작업이 계획되었다. 위에 언급한 것처럼, 목적을 위해서 조사대는 의료반을 주체로 하여 필자(하타에-필자주)를 수반으로 해서 조선 관계의 대원인 이즈미(민속학), 핫토리, 코바야시, 타나카, 스즈키(이상은 모두 의료원), 이이야마(사진)의 각 촉탁 외에 오카노(岡野), 이토(伊藤) 양 조수를 포함해 조직했는데 특히 요미우리 신문사(讀賣新聞社)의 보도반원 사와 토시지(澤 壽次) 씨도 동행했다"(波多江信廣 1968.7.20: 184). 즉, 반장 하타에가 남긴 기록에 의하면, 특별반 편성의 주된 이유는 선무공작이었다.

> "비악섬에서 지질 광산 자료 조사와 함께 원주민의 민족학적·의학적 조사의 실시를 위하여 다음과 같이 편성되었다. 비악도특별조사반: 반장(波多江信廣), 지질광산반(波多江信廣, 飯山達雄, 伊藤), 민족학반(泉靖一, 中山稻雄), 의학반(服部 敏, 松尾政照, 鈴木 誠, 岡野, 田中正四, 木下一彦), 보도반원(澤 壽次), 위생조사대(森下 熏, 湯本, 3명), 코리도 사무소(小野寺), 지도계장(指導係長, 小林), 통신반(樋口)"(이즈미의 야장 중에서).

[사진 8-12] 하타에 노부히로. 가고시마대학(鹿兒島大學) 정년 퇴임 당시(波多江信廣 1968.7.20)

이 중에서 하타에는 조선총독부의 기사이고, 이이야마는 조선총독부 철도국 홍보과의 직원으로서 이즈미의 오랜 지기이자 사진 전문가였다. 나카야마 이나오(中山稻雄)는 이즈미의 조수 역할을 했던 해군 측 사람이다. "코리도 사무소(小野寺)"라고 적은 것이 아주 흥미로운데, 코리도는 비악섬의 북쪽에 거의 붙어 있는 수피오리섬의 남부 중심지인 소읍으로서 당시 일본군의 일부가 그곳에 주둔했으며, 오노테라(小野寺)는 그 부대의 부대장이었음이 나의 답사(2009년)에서 확인되었다. 코리도의 노인 두 명[11]은 자신들이 '로무샤'(일본어 勞務者의 발음)의 역할을 했다고 증언했다. 그들은 '오노테라'의 이름을 분명하게 기억하고 있었으며, 그가 전후 두 차례 코리도를 방문한 적이 있다고 했다. 조직의 명수로 이름났던 이즈미는 현지 주둔군의 부대장까지 '특별조사반' 내에 편성했던 점을 알 수 있다. 제3반에 함께 소속되었던 코바야시(小林), 히구치(樋口), 나카야마(中山, 海軍筆生)도 포함했다.

선무공작을 목적으로 본대와는 별도로 비악도로 특별조사반을 파견한 것을 보면 비악도에 관한 군사상의 정보가 필요했을 것이라고 생각할 수 있다. 일본군은 비악도에서 미군과의 전투를 예상하고 있었으며, 그 대비책으로서 주민 대상의 선무공작을 위해 경성조를 중심으로 비악도특별조사대를 편성했다고 해석하는 것이 가능하다. 그 후 진행되었던 전쟁 상황을 감안하면, 일본군은 자원 조사를 위한 임무뿐만 아니라 작전상의 정보가 필요했다고 생각된다. 뉴기니섬의 남부에서 북상해서 진격한 미군이 필리핀을 공격하기 위해 반드시 통과해야 하는 길목에 비악도가 있다는 점을 간과할 수 없다. 당시 유럽 지역 작전에

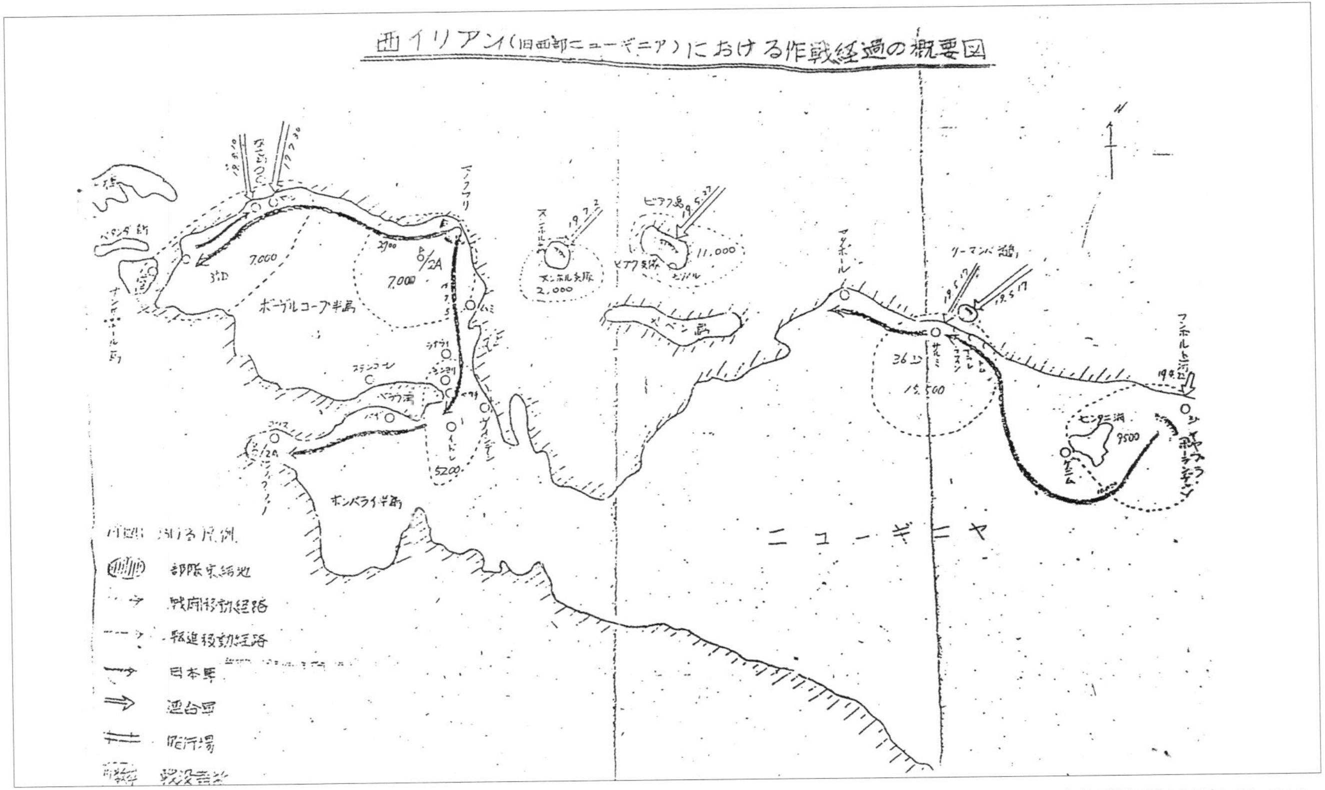

[사진 8-13] 서이리안에서 작전 경과의 개요도(西イリアンにおける作戦經過の概要圖). 'Museum Perang Dunia KEII 1942-1944'에 전시되어 있다(비악, 2009).

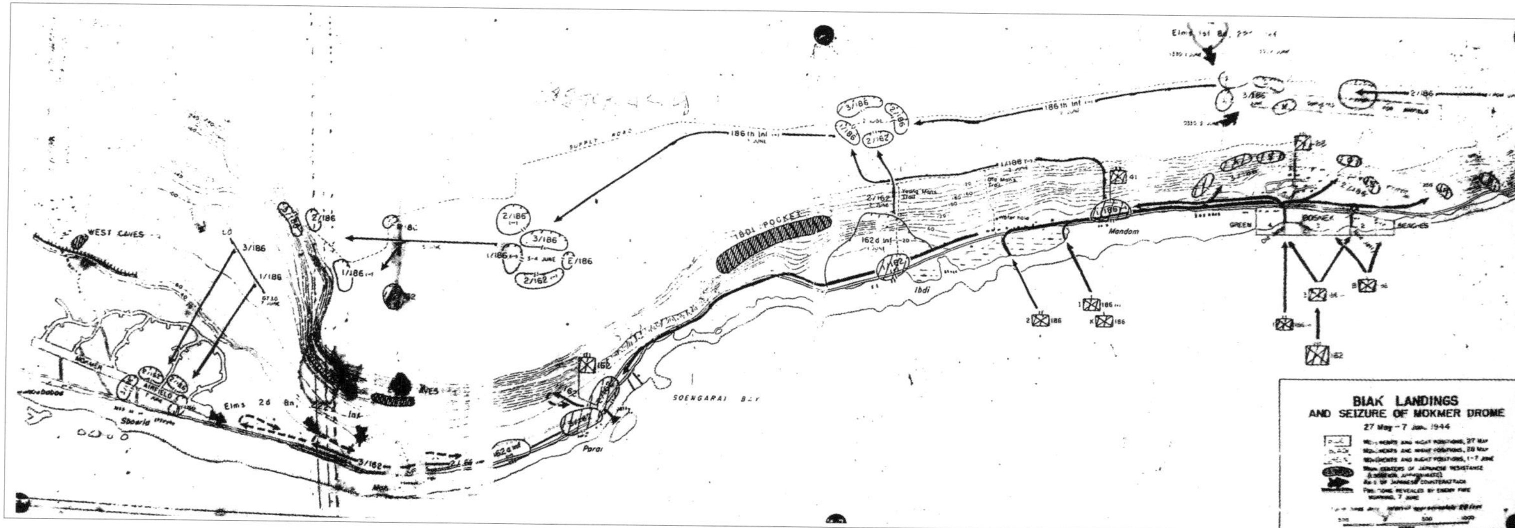

[사진 8-14] 미군의 공격 작전 지도. 지도의 한가운데 벌레처럼 생긴 흑선띠가 동굴 요새 위치다. 주변에 포대들이 표시되어 있고, 왼쪽 하단에 목메르 비행장이 있다.

서는 드와이트 아이젠하워가 빠른 속도로 승승장구의 기록을 세우고 있었지만, 태평양 작전에서는 더글러스 맥아더가 뉴기니 점령 후 북상하다가 비악도에서 일본군의 저항으로 상당한 시간을 소요했던 전황을 감안해야 한다. 비악의 보스넥은 일본군 주력부대의 동굴 요새가 있었던 곳이다. 근처에는 현재 국제선 여객기가 활착하고 있는 목메르의 비행장이 있다. 현재는 그곳이 전쟁기념박물관으로 되어 있다. 이 비행장도 전쟁 동안 일본군이 건설했던 것이다.

보스넥의 동굴 요새에는 1만 1,000여 명의 일본군 주력부대가 주둔했고, 미군은 1944년 5월 27일부터 비악도를 공격하기 시작해 7월 7일에 점령했다. 그 기간 중, 미군은 6월 22일부터 6월 27일 사이 6일간 작전명 "The SUMPS"(기름통이라는 의미)로 일본군의 동굴 요새를 공격했다. 비행기로 기름통을 운반해 공중에서 동굴 위로 투하하면서 기름통에 불을 붙이는 작전이었다.[12] 동굴 속은 그야말로 기름으로 인한 불바다가 되었다. 지금도 당시의 흔적이 생생하게 남아 있는데, 탄흔이 역력한 녹슨 드럼통 잔해를 볼 수 있었고, 박물관의 한쪽 구석방에는 주민들이 수습한 것으로 보이는 유골들이 담긴 상자들이 놓여 있었다. 맥아더 장군이 태평양의 도서를 대상으로 펼쳤던 작전 중에서 가장 긴 시간을 소요했던 곳이 비악이었다.

일본군이 천혜의 요새가 있는 비악도와 주민들에 관한 정보가 필요했기 때문에, 결속력이 강한 경성조만 한 팀으로 조직해 비악도특별반을 파견했던 것으로 생각할 수 있다. 전쟁 상황이 얼마나 심각했는지 보여 주는, 미군의 비악도 작전과 관련된 자료가 바로 [사진 8-13], [사진 8-14], [사진 8-15]이다. 이 자료들은 비악도 현장의 전쟁기념박물관에서 입수한 것이다.

이즈미는 이곳에서 비교적 학술 자료들을 많이 수집한 것으로 보이며, 특히 의료반의 체질인류학자인 스즈키 마코토[13]는 이 지역에서

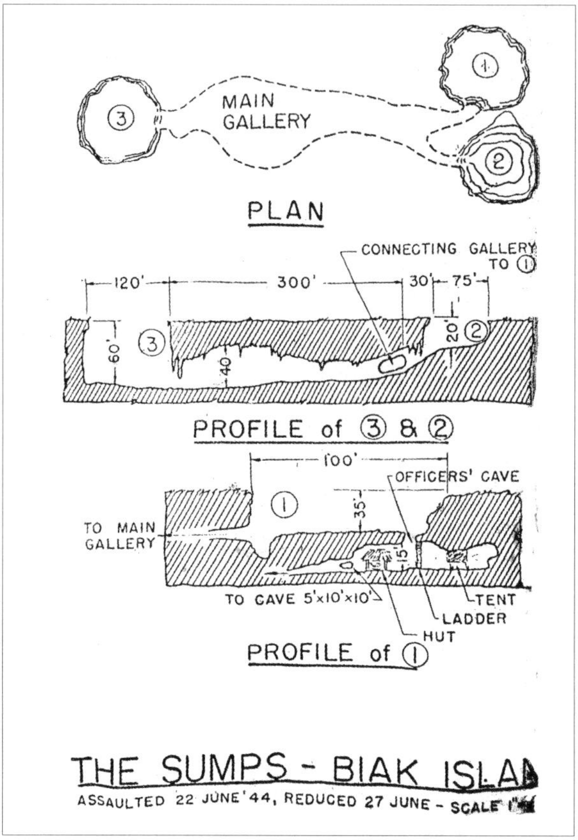

[사진 8-15] 미군의 일본군 동굴 요새 상세도와 작전명 "기름통(The SUMPS)" (1944년 6월 22-27일)

상당한 양의 인골을 수집해 경성으로 가지고 갔다. 그러나 기존에 인쇄물로 발표된 이즈미의 업적에는 비악도에 관한 자료가 거의 없고, 주로 다른 지역의 자료들에 의존하고 있다. 따라서 이 장에서는 이즈미의 필드노트와 기존에 발표되지 않은 자료들을 가능한 한 자세하게 소개하려고 한다. 그 내용들이 주로 비악도에 기반하고 있음도 주목해야 한다. 비악도특별조사대인 경성조가 시간을 보냈던 비악도는 약 1년 뒤 미군의 공격으로 초토화되었다. 비악도특별조사대가 작업을 했던 때가 그만큼 전황이 위중했던 시기임을 알 수 있다.

필자가 2010년 1월 코리도에서 만났던 70대의 파푸아 노인들은 '오노테라'가 코리도에 주둔했던 '만세이후 리쿠센타이'(滿政府? 陸戰隊)의 대장이었으며, 오노테라는 육전대의 현역 해군으로서 코리도에 주둔했던 부대의 책임자였다. 이즈미는 특별조사반 편성 과정에서 '코리도 사무소 오노테라'를 포함하는 작업을 했다고 생각된다. 특별조사반 편성에 있어 현지 주둔군 부대장을 특별조사반 편성에 포함해 "코리도 사무소 오노테라"라는 기록을 한 이즈미의 입장을 다시 생각하지 않을 수 없다. 선무공작이라는 임무 수행이 특별반에 부여되었을 것이라는 가정을 더욱 확신하게 하는 이유다.

"오노테라·스테펜협정"이라는 표현은 코리도의 육전대 책임자 '오노테라'와 그 지역 원주민의 대표자인 '스테펜' 사이에 이루어진 '협정'을 언급하는 부분임에 틀림없다. 일본 해군으로서는 선무공작이 절실했던 코리도 지역에 대한 조사반의 중요한 임무라고 생각되는 선무를 고려하면, 오노테라의 협력은 필연적 사항이었을 것이고, 저간의 사정이 이즈미의 필드노트에 담겨 있는 것이라 생각된다. '오노테라·스테펜협정', 즉 주둔군 대표자와 현지 주민 대표자 사이의 관계를 보여 주는 '협정'이 선행되어 있었기 때문에, 비악도특별조사반이 코리도에 도착했을 때, 육전대의 숙영지로 숙사를 정하지 않았고, 그들은 곧장 "스테펜에게 안내되어 마을의 교회를 숙사로 하게 되었다"(波多江信廣 1968.7.20: 185; 飯山達雄 1970.7.10: 94). 그 교회는 현재도 잘 보존되어 있고(사진 8-16), 교회의 건물이 낡았기 때문에 2009년에 그 옆에 새로운 건물을 지었다.

비악도를 위한 특별조사반 편성이 불가피했던 이유에 대해서 논의해 보고자 한다. 가장 큰 가능성은 선무공작일 것이라는 견해가 반장을 담당했던 하타에에게서 제기되어 있다.

[사진 8-16] 비악도특별조사반 숙사로 사용되었던 낡은 '코리도 교회'(2010년 1월). 오른쪽에 2009년 신축된 건물이 있다.

"대동아전쟁이 시작되면서 사태가 긴박하게 돌아갔는데, 오란다 정부의 오랜 압제에 저항해 이 섬에 파푸아 왕국 독립운동이 발발했다. 그때 아가니타라고 하는 노파가 있었는데, 이 노파가 돌연히 신의 계시가 있었다고 하여 주민을 상대로 신을 믿도록 했고, 동시에 일체의 노동을 정지하고 매일 춤을 추고 있으면 하늘에서 비행기와 군함 식량 등이 떨어질 것이며, 결과적으로 파푸아의 독립왕국이 시작될 것이라 포교했다. 주민들은 교조 아가니타가 말한 신을 믿게 되었고, 마시면 신의 이익이 생길 것이라는 특별 음료를 담은 작은 병을 허리에 차고, 밤에는 춤으로 소일했다. 이 소동에 편승해 섬의 각지에서는 보스가 군웅할거하여 결과적으로 전국시대의 상태가 되었다. 일본 해군이 상륙했을 때, 평화공작을 위해 아가니타 노파를 체포해 처형했지만, 섬의 파푸아 사람들은 아가니타의 처형에 대해서는 알지 못한 채, 선무에 대해서는 필연적으로 교환 조건으로 아가니타를 돌려 달라고 하면서 선무공작에

응하지 않았다. 본래 해군의 관리하에 있었지만 선무가 제대로 이루어지지 않은 상태에서 작전 계획을 위하여 내도(來島)한 육군 중위가 원주민에게 저격당하는 불상사도 있었고, 무력 진압 시도도 있었지만 성공적이지 못했다"(波多江信廣 1968.7.20: 183-184).[14]

이즈미가 남긴 보고서가 특별반에 부여되었던 선무공작이라는 문제를 증명하고도 남음이 있다. 해군 용지에 타이프로 쳐 세로로 작성된 보고서(28쪽짜리)의 제목과 일부 내용을 소개하면 아래와 같다.

"비악도특별조사반민족반중간보고(ピアク島特別調査班民族班中間報告). 수하우딘군도 원주민의 생활과 종교(スハウデン群島原住民ノ生活ト宗教). 조사원 이즈미 세이이치(泉 靖一), 조수 나카야마 이나오(中山稲雄)"

"원시민족 통치는 먼저 그 생활과 종교에 대한 깊이 있는 이해에 입각해서 행해야 한다. 적어도 이 정도의 이해 없이는 관념적 이론의 규정에 이를 뿐이어서, 급격히 생활과 종교에 압박을 가하면 그들은 비적화해 소란을 일으키고 그것의 수습에는 아주 많은 인력과 세월을 낭비하게 된다. 남방 점령지구에서 그런 조짐이 보이기 시작했다는 점은 한심하기 이를 데 없다. 무엇보다도 이런 사태가 발생했다고 하는 것은 원시민족의 생활과 종교는 우리들의 그런 것들과는 완전히 별개의 사안이라는 관점에 입각해야 한다. 그들과의 타협성이 결핍으로 혼미하게 되면 죽음에 이를 수밖에 없다. (…) 무엇보다 원주민의 생활과 종교를 알아야 민족통치의 구체적 방침이 얻어질 수 있다. 최근에 있었던 소란의 중심지로 그 영향을 넓게는 서북 뉴기니 각지로 투여해 수하우딘군도 원주민의 민족학적 조사를 명령받은 소직은 '비악도특별조사반'

의 일원으로서 6월 16일부터 7월 11일까지 기간에 다음과 같은 행동을 했다. 그동안 대부분은 원주민과 침식을 함께 하면서 조사에 종사했다. (1) 6월 16일 여행 (2) 6월 17-21일 코리도(コリド) 부근 조사 (3) 6월 22-25일 소웩(ソユツク) 대촌 조사 (4) 6월 23일-7월 6일 수피오리(スピオリ)도 전촌 조사 (5) 7월 7일 코리도에서 자료 정리 (6) 7월 8-11일 논포-루(ノンフオール)도 경유 여행.

따라서 수하우딘군도 원주민에 대한 민족 공작은 다음과 같이 3단계로 행할 수밖에 없다고 생각한다. (1) 먼저 예언자적 지도자의 제거. (2) 다음 민정부의 힘으로 다소의 선전을 가미해 그들의 최저한 생활을 보증한다. (3) 민정부가 필요한 토지에 대하여, 그것도 사고(야자나무를 말함-필자주)가 비교적 많은 곳에 대량의 인구를 가족 단위로 이주시키고, 노동 자원으로 활용할 것"[15]

예언자 아가니타의 제거 사실이 이즈미의 보고로 실행된 것인지 아닌지는 정확하게 지목할 수 없다. 그러나 결과적으로 특별반 반장 하타에의 보고에서 확인된 것처럼 예언자 아가니타가 제거되었다는 사실이 이즈미의 보고서에 드러난 민족 공작의 첫 번째 사항과 일치한다. 이즈미가 제안했던 두 번째와 세 번째 사항이 어떻게 실행되었는지 알 수 없지만 주민들의 증언에 의하면, 어린 소년들까지 노동 자원으로 동원되었던 점도 확인되었다. 분명한 것은 인류학자 이즈미에 의해서 실천되었던 군사인류학의 직업성이 확인되는 부분이다. 대동아전쟁에 필요한 자원 조사를 위해서 동원되었던 인류학자의 활동 내용이라는 점에서 분명하게 기록될 수 있다. 그레첸 샤프트(Gretchen Schaft)가 나치인류학에 대한 평가에서 적용했던 직업성/반직업성의 문제에 대한 숙고를 촉구할 수 있는 부분이다.

이 자료가 공개되지 않은 개인 기록 차원에서 보관되었다는 것을

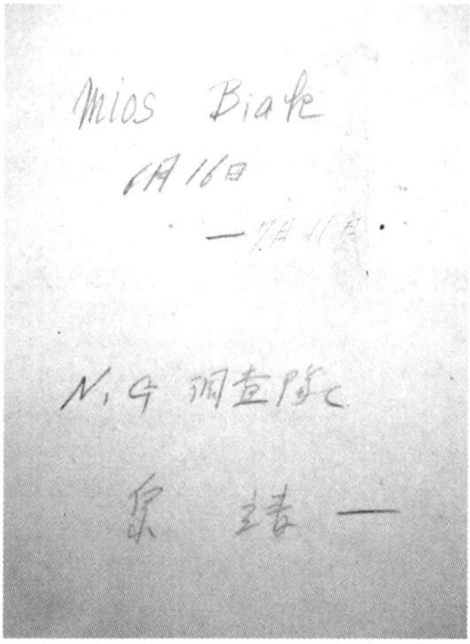

[사진 8-17] "Mios Biak 6月 16日-7月 11日 N.G. 調査隊 泉 靖一". 이즈미 세이이치가 노트 겉표지에 적은 것이다.

방패막이로 군사인류학 보고로 간주되기를 거부한다면, 또 다른 과오를 저지르는 것이다. 사실 은폐 문제가 수반되기 때문에 발생하는 또 다른 윤리 문제에 봉착하게 된다. 동일한 전쟁 동안에 미국 측에서 동원되었던 인류학자의 보고서들이 공개되지 않은 채로 국립공문서관에서 연구자의 손을 기다리고 있는 것이나 마찬가지로 취급되어야 할 이즈미의 보고서라고 생각된다. 앞으로 군사인류학은 이런 자료 발굴과 공개에 적극적으로 관심을 피력해야 한다. 전쟁 피해에 관한 인류학 연구가 군사인류학의 손을 기다리고 있다.

이 보고서를 작성하기 전에 먼저 「야-무르 지협과 헬빙크만 남부에서 원주민의 생활상황」이라는 보고서를 작성 제출한 바(위 보고서의 범례에 명기됨) 있는데, 그 보고서는 이즈미의 유품 중 필사로 된 노트에 기록되어 있는 것을 확인할 수 있었다. '중간보고' 제목에 "수하우딘군도(スハウテン群島)"라고 적은 것은 네덜란드어로 Schouten Islands를 말하는 것으로, 제대로 읽으면 '수하우딘'이 아니고 '스코우튼'이 되어야 한다. '중간보고'의 공동 저자로 되어 있는 '조수 나카야마 이나오(助手

中山稻雄)'는 해군 필생[16]의 신분이었다.

이즈미가 기록한 노트(사진 8-17)의 첫 장은 다음과 같은 44항목으로 정리된 목차로 시작한다.

1. 비도의 반편성(ビ島ノ班編成)
2. 코리도 도착(コリド到着)
3. 코리도의 숙사(コリドノ宿舎)
4. 조사 계획(調査計劃)
5. 코리도에서 구루의 봉편(コリドニ於ケルGoeroeノ棒片)
6. 촌 및 본토에 있는 학교 이름(村及本土ニアル學校ノ名)
6. 코리도의 전설(コリドノ傳說-Mose)
7. 전쟁(戰爭)
8. 코리도에서 구루의 역사(コリドニ於ケルGoeroeノ歷史)
9. 촌장의 계급(村長ノ階級),
10. 촌장의 권한/타르나테(tarnate일 가능성, 할마헤라와 뉴기니 사이의 말루쿠섬의 지명?-필자주)의 군주(村長ノ權限/TarnateノトノJ)
11. 경제-교역(經濟-交易)
12. 항해법(천문을 포함)(航海法(天文ヲ含ム)
14. 교환 상황(交換狀況)
14. 주식 및 부식조리법(主食及副食.調理法)
15. 의물(衣物)
16. 가옥(家屋)
17. 문신의 모양(文身ノ模樣)
18. 풍사(豊詞)
19. 인체 부분명(人體部分名)
20. 산인해인의 문제(山人海人ノ問題)

21. 통혼제·촌입·촌의 사상 합성(通婚祭·村入·村ノ象合-事象合成의 준말?-필자주)

21. 노동시간 사고야자나무 두드리기(勞動時間 サゴ打)

21. 노동시간 아이보레 자르기(勞動時間 アイボレ切リ)

21. 노동시간 화전만들기(勞動時間 畑作)

23. 노동시간 어로(勞動時間 漁撈)

23. 노동시간 수렵(勞動時間 狩獵)

23. 분업(分業)

23. 철공소(鍛冶屋)

24. 아미누리행(Aminoeri行)

25. 나피도리의 수상가옥(Napidoriノ樹上家屋)

26. 나피도리의 수상가옥(Napidoriノ水上家屋)

27. 나피도리의 가족(해안에 온 산인)(Napidoriノ家族(海岸ニ來タ山人))

29. 소웩 도착(Sowek 到着)

29. 수상생활의 이점(水上生活利點)

30. 파푸아의 집에 살기(パプアノ家ニ住ム)

30. 악령과 정령, 마법사(惡靈ト精靈·魔法師)

31. 천신 만소렌제, 기도(天神Mansoren, 祭祈)

32. 철공소와 목조선(鍛冶屋及木造船)

33. 와키르 스테펜의 집, 식료(Wakir Stefenノ家·食料)

34. 스테펜(K)의 야간(Stefen(K)夜間ニ)

34. 소웩의 노래(Sowekノ歌)

35. 무엇을 위하여 가족이 한집에 사는가(何故ニ爲メノ家族ガ一屋ニ住ムヤ)

36. 파푸아의 야간생활(パプアノ夜ノ生活)

37. 달에 대한 관념, 방향(月ニ對スル觀念, 方向)

38. 양익주, 철공도구(兩マヂナフ·鍛冶道具)

41. 교역/육지에 살기(交易/陸地ニ住マスハケ)

43. 쿠레이도의 인골, 장의(Koerei島ノ人骨·葬儀)

44. 스테펜 일가 재산. 스테펜의 처(Stefen一家財産. Stefenoeノ妻)

이 목록에 모두 49개 항목이 기록되어 있다. 순서대로 기록한 것이라고 생각되는데 번호가 누락된 경우도 있고 번호가 이중 또는 사중으로 되어 있는 것들이 있다. 그만큼 긴박한 상황에서 기록된 문서임을 알 수 있다.

21번 세 번째에 있는 "아이보레"는 '아도래'일 것으로 생각된다. 전자는 소웩도의 명칭이고, 후자는 비악도의 명칭일 가능성도 있다. 비악에서는 사고야자나무를 아도래로 두드려서 가루를 만들어 낸다. 21번 기록 내용은 아도래를 만드는 것을 의미하는 것으로 생각된다. 서울대학교박물관에 소장되어 있는 뉴기니 민속품 중에 아이보레가 있다. 아도래는 사고야자나무에서 식량을 얻기 위한 필수 도구다. 이즈미는 "아이보레"라고 기록했는데, 소웩섬에서 사용하는 명칭일 수도 있다.

비악에서 사고야자나무는 집안의 중요한 재산이다. 이 나무를 스라이라고 하며, 그 열매는 스라이뿌메, 열매의 안쪽에 있는 음료수를 마시며, 코프라에 해당되는 부분은 스라이오레라고 한다. 나무에서 가루를 만들어 내면, 그 가루는 스라이바리얌이다. 스라이바리얌으로 스라이빠나스(빵 또는 과자)와 스라이빠뻬다(죽)를 만든다. 빠나스와 빠뻬다는 주식의 일종이다. 사고야자나무에서 식량이 될 수 있는 가루를 만들어 내는 사진과 제작 과정에 관한 설명(泉 靖一 1971.11.10: 180-181)이 이즈미의 저서에 상세하게 등장한다. 약 80년 전의 모습이 현재에도 동일하게 진행되었다.

이 목록에 39번과 40번 항목은 누락되어 있다. 25, 26, 27의 나피도리는 나피도(Napido)라는 동네를 말하는 것으로서 이즈미가 나피도에 '리'를 붙인 것 같다. 나피도는 비악도의 가장 북쪽에 끝에 있는 마을의 이름이다. 7의 "전쟁" 항목을 제시한 이즈미는 당시 어떤 생각을 했을까? 여기서 언급한 전쟁이 대동아전쟁 상황과 비악도 주민들의 문제를 거론하고자 했던 것일까? 그가 남긴 야장과 일기 속에서는 그 문제를 언급한 내용은 전혀 발견할 수 없다. 18의 "풍사(豊詞)"는 비악어의 풍부한 단어들을 지칭하는 것으로 해석할 수 있다. 예언자 아가니타와 관련된 것으로 생각되는 '천년왕국운동' 내용은 이즈미의 목차에서조차 등장하지 않았고, 선무공작의 목표로만 설정되어 있었음을 알 수 있다. 환언하면, 당시 이즈미의 인류학적 안목 속에서 천년왕국운동은 포함되지 못했음은 확실하다.

편성표를 제외하면, 모든 내용은 전형적인 민속지와 다를 바 없다. 이즈미는 26일간 비악도 체류 동안 수집된 자료들을 기초로 모노그라

[사진 8-18] 아이보레. 서울대학교박물관 소장품으로 "뉴기니 1345 木彫品"이라고 기록되어 있다. 이즈미가 가지고 온 유물들 중 하나다. 이것은 목조품이 아니고 사고야자나무에서 식량으로 사용할 가루를 만들어 내는 도구다. 사진의 왼쪽이 손잡이이고 오른쪽 끝에 사용한 흔적이 남아 있다. 양손으로 손잡이를 잡고 반쪽으로 갈라져 있는 사고야자나무의 둥치를 내려치면 나무둥치의 연부가 가루로 만들어진다. 참고로 사고야자나무는 나이테가 없다.

[사진 8-19] 아도래로 동체를 찍어 가루를 내는 모습. 사고야자나무 동체 부분을 절반으로 나누어 땅바닥에 눕혀 놓고, 그 위에 걸터앉아 있다. 화면에 등장한 아도래는 두 나무로 조립한 것임을 알 수 있다. 반으로 잘려진 사고야자나무 기둥 속을 아도래로 파내는 작업을 한다. 가능한 한 작은 가루를 만들어야 많은 전분을 울궈 낼 수 있기 때문에, 동체를 찍을 때 섬세하게 아도래를 다루어야 한다.

프를 쓸 생각을 했던 것 같다. 이즈미는 뉴기니 남쪽 끝에서 작업을 하면서 불후의 명작인 『서태평양의 항해자들』이라는 트로브리안드 토속지(ethnography)를 남겼던 말리노브스키를 생각했을 것이고, 자신은 뉴기니 북쪽 끝에 있는 비악도의 민속지 작성에 임하고 있음을 염두에 두었을 것이다. 말리노브스키의 트로브리안드는 뉴기니 본섬에서 동남쪽으로 떨어진 곳에 있고, 이즈미의 비악은 뉴기니 본섬에서 서북쪽으로 떨어진 곳에 위치한다. 국문학교실로부터 사회학교실로 전과를 한 이즈미가 최초로 읽은 인류학 서적이 아키바 교수로부터 제공되었던 말리노브스키의 트로브리안드 민속지라는 점이 떠오르는 대목이다. 이즈미는 1915-1918년경 말리노브스키의 모습을 그리고 있었음을 목차에서 지적할 수 있다.

그의 노트에 기록된 흥미로운 에피소드 몇 가지를 소개한다.

> "스즈키(鈴木) 군이 독신이라고 하자, 부인을 맞아서 코리도에 살라는 얘기가 나왔다. (그렇게 하려면) 먼저 (처녀) 한 사람에 100-150바란(이라고). 케팔라의 아들은 와르사 지방에서 처를 데리고 왔는데 아버지가 케팔라이기 때문에 150바란이었다고. 그 여자와 같이 머리가 길고 육체미가 좋은 미인이 있다고."

혼인할 때 지급하는 신부대(新婦代)에 관련된 이야기다. "스즈키 군"이란 동료인 스즈키 마코토(당시 미혼)를 말한다. 신부대 지불은 접시로 하며, 접시의 단위가 "바란"이다. 보통은 100개의 접시로 하는데, 신랑의 아버지가 촌장(케팔라)이라는 신분을 가진 경우에는 150바란을 지급한다(신부 한 사람의 가격은 큰 접시 50매에서부터 100매(수하우딘제도가 가장 고가다.))"(泉 靖一·中山稻雄 1944.5: 23). 이즈미가 방문했던 다른 지방들에 비해서 코리도 지역 신부대가 상대적으로 비싼 편이다. 내가 비악

[사진 8-20] 이즈미 세이이치의 수채화
(Elisabet Arijor, 코리도 촌장의 며느리)

도에 체류했던 2010년에도 신부대는 접시로 통용되고 있으며, 집집마다 적지 않은 접시들을 보관하고 있었다. 이즈미는 촌장이란 단어에 대한 일본어로 표기를 "카바라 칸뽕"(泉 靖一 1971.11.10: 172)이라고 적었다. 그것은 케팔라(長) 깜뽕(村)을 말한다.

> "6월 24일 소웩(Sowek). 밤중 호우로 추웠다. 어제 감기가 심해진 것 같다. 비가 들이쳐서 스즈키 군과 모포를 머리까지 둘러썼다. 비가 적어지면서 날이 밝아졌다. 역시 노인들이 일찍 일어났고 침실의 마르가리타와 자녀들이 늘어지게 자고 있었지만 우리가 일어나니 그들도 일어났다. 오늘 돌아가는 사람들이 있다고 해서 일어나자마자 중국인이 홍편(紅片, 삐낭을 말함-필자주)을 폈고, 낭하에는 파푸아인들이 모였는데, 그렇게 나쁜 분위기는 아니었다. 오노테라 씨에게 말해 쿠레이도에 인골을 찾으러 나갔다. 마을 동쪽에 있었다. 단단한 바위섬 서쪽으로 동굴이 있었다. 그 속에는 100개 가까운 인골과 석기가 있었고, 한 개의 목

[사진 8-21] 소웩의 수상가옥

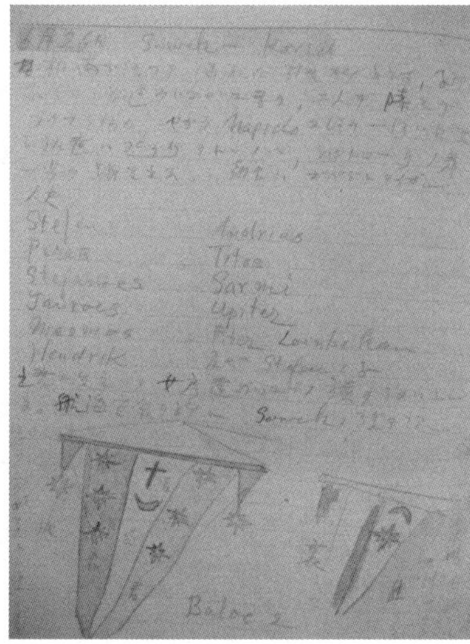

[사진 8-22] 소웩의 어선 깃발

제 인형이 옆으로 굴려져 있었다. 스즈키 군이 대단히 즐거워했다. 함께 갔던 루베칸 와키르(roebekan wakir)[17]가 강욕한(욕심이 많은) 자인데, 도저히 (인골을) 많이 가지고 나올 수가 없었다. 어떻게 어떻게 그와 협의가 되어 16-17개를 가지고 나왔다. 동굴의 이름은 아비잡(abijap)이라고 하여 오래된 매장지이고, 그것은 만조 시에는 약 50cm 정도 물에 잠긴다. 노인이 죽으면 동굴 깊은 곳에 선반을 만들어 그 위에 사체를 안치한다. 어느 정도 지나서 살이 썩고 뼈가 남는다. 집안사람이 죽으면 나무로 끄르와르라고 칭하는 목상(木像)을 만들어서 집 안에 둔다(이것은 스즈키 군이 그린 그림이다)."

소웩은 코리도의 건너편 반도 끝에 형성된 큰 마을이다. 소웩과 코리도 사이의 해안선은 깊숙하고 좁은 만으로 형성되어 있고, 이 만곡의 여러 곳에 촌락들이 존재한다. 코리도에서는 교회를 숙사로 정했지만, 소웩에서는 일반 가정집을 숙소로 사용했음을 알 수 있다. 이즈미 일행을 안내했던 사람은 코리도 주둔군의 육전대 부대장이었던 오노테라였다. 그들은 소웩의 부근에 있는 쿠레이도를 방문했고, 그곳에서 파식형 동굴을 이용한 동굴 묘지를 보았다. "스즈키 군이 대단히 즐거워했다."라고 한 것은 체질인류학자인 스즈키가 인골을 수집할 수 있는 기회가 마련되었기 때문이다.[18] 루베칸은 동행했던 원주민의 이름이고, 그의 직함이 와키르(부촌장에 해당되는 단어가 아니고 말레이어의 Wakil(輔佐役)이 사용된 것)(泉 靖一·中山稻雄 1944.5: 25)다. "强慾한"이란 강한 욕심을 부리는 사람이었다는 평이다. 즉, 스즈키는 가능한 한 많은 인골을 수집하기를 원했고, 와키르는 그에 대한 대가를 많이 요구했다.

"수피오리 자료 두개(頭蓋) 19과(髁)는 소웩 메누베바(Sowek Menoebeba, 소웩 대촌-필자주)에서 이즈미 문학사와 함께 수상가옥에서 수일간 지내면서 수집한 것이다. 이 소웩 대촌은 13개 촌이 집합된 것으로, 호수 99, 인구 1,300, 완전 수상가옥 생활. (…) (비악도로 건너와서) (…) 우리가 숙박했던 만사완촌의 부촌장 스테펜에게 우리의 희망을 이야기하여 동촌 소유의 두골 일부를 입수했다. 노인과 여자들의 반대가 있었다. 욕구를 다 채울 수는 없었다. 만사완 소속 묘소의 한 곳인 크레이섬이 있고, 크레이섬 서방의 종유동 입구는 독목주로 수분 거리였다"(鈴木 誠 1944.3: 84-85). "두골 19과를 독목주로 옮겼다"(鈴木 誠 1944.3: 86). 이 부분에 대한 스즈키의 기록에는 "골격 수집에는 동행한 이즈미 문학사의 노력에 크게 힘입었다."(鈴木 誠 1944.3: 80)라고 되어 있다.

두개골에 관련된 논의는 두 가지로 정리될 수 있다. 하나는 체질인류학적 연구 목적으로 두개골을 측정하고 수집했던 스즈키의 작업이고, 다른 하나는 두개골을 중심으로 한 사자(死者)와 관련된 의례와 끄르와르라는 목상에 대하여 중점적 관심을 표현한 문화인류학적 작업이다. "조사 기간 중에 고력(苦力)으로 사용했던 사람들을 계측 조사한 것"이 총 662명이었다. 그중에서 수피오리-파푸아가 239, 비악-파푸아가 124로 주였다(鈴木 誠 1944.3: 81). “조사로 얻은 전 자료는 경성대학 해부학교실에 보관되었지만, 오늘날 (그 행방이) 어떻게 되었는지 불명이다”(鈴木 誠 1951.4: 1). 두골 수집 장소는 헬빙크만 남부 모오르도, 서부 룸베르폰도, 스코우튼 제도 중 수피오리도(鈴木 誠 1951.4: 1), 모오르도 두개 29과, 수피오리도 두개 19과, 룸베르폰도 두개 8과, 마니키온 두개 1과, 전체 남 34, 여 23이다(鈴木 誠 1951.4: 2). 그런데 “본 자료 중에는 하악골(下顎骨)이 부속되어 있는 것이 적다”(鈴木 誠 1951.4: 3). 즉, 수집된 두개골의 대부분은 하악골이 없는 상태라는 점이 지적되었다. 두개골을 수집할 당시 그 이유에 대한 청취 조사가 되지 않았던 상황을 증언하는 것이다. 그 결과 당시 수집자들은 수집된 두개골의 하악골이 없는 이유를 모르는 상태였음을 알 수 있다.

1870년 뉴기니의 동북 해안 지방(현재 지명은 ‘마클레이 해안’의 Bonga)에서 두개골을 수집했던 미클로-마클레이의 보고에 의하면, “어떤 두개골에도 하악이 없었다. 원주민은 고심해서 하악을 분리하여 사자를 기념하는 물건으로서 비장(秘藏)하고 있었다”(Miklouho-Maclay 1982: 134). 그리고 “(…) 봉가에는 때때로 죽은 사람에 가장 가까운 친척이 하악골을 팔뚝 윗부분에 팔찌로 차고 있었다”(Miklouho-Maclay 1982: 370). 따라서 스즈키가 수집했던 뉴기니의 두개골에서 대부분의 경우에 하악골이 없는 이유의 가능성은 미클로-마클레이의 보고에 의존하는 것이 바람직하다. 뉴기니에서 두개골 수집을 했다는 점에서 동일한 작업을 했던 미클로-마클레이와 스즈키의 시간 차이가 67년인데, 그동안 뉴기니에서는 사자(死者)의 하악골에 대한 처리 방법이 어떻게 변했는지 궁금해진다. 분명한 것은 대체로 하악골이 두개골에서 분리되었다는 점이다. 이차 매장의 인골 사진이 이즈미의 저서에 게재되어 있다(泉 靖一 1971.11.10: 194).

당시 비악도특별조사반에 참여했던 사람들로서 후일 문서를 남긴 사람은 모두 수피오리도의 꼬르와르에 대하여 다음과 같은 기록들을 남기고 있다. "꼬르와르라는 것은 '사자상(死者像)'인데, 그것은 사자의 두골 숭배에서 변형된 것이라고 한다"(泉 靖一 1950.5: 48). "시체가 해변에서 탈육되어 백골이 되면, 그 목우(木偶)를 만들어 제사를 드리면 사령(死靈)이 목우로 이동한다고 생각하는 꼬르와르는 사자(死者)의 의미이자 곧 선조 숭배의 의미다"(鈴木 誠 1944.3.1). "융기된 산호초의 해식동굴 내에 다수의 사람 두개골이 산란되어 있는 것을 발견했다. 그곳은 묘장(墓場)이었다. 이야기를 들어 보니 파푸아의 장식(葬式)은 수장(水葬)으로서 사람이 죽으면 시체를 타코라는 나무의 잎사귀로 둘러싸서 강의 주변에 방치해 완전히 부패된 뒤 뼈만 남았을 때 뼈를 수습해 강물에서 씻어 깨끗하게 하여 석회동굴(石灰洞窟, 墓場)에 집어넣게 된다. 후일 가족들 중에서 사후 오랫동안 기념하고 싶은 사람이 있으면 마치 문화사회에서 동상을 건립해 흉상을 만들어서 그 사람의 영예를 오랫동안 남기려는 것이나 마찬가지로 파푸아 사람들은 죽은 사람의 두개골을 꼬르와르라고 하는 목우에 넣어서 집에 안치해 제사를 드린다. 해부학 전공의 스즈키(鈴木) 의료원은 곧바로 마을 사람의 양해를 얻어 인골 계측을 했다"(波多江信廣 1968.7.20: 65-66). 이 내용을 스즈키의 기록(鈴木 誠 1951.4: 2)과 대조하면, 호르나 탄전을 방문하기 위하여 항해 도중에 들렀던 룸베르폰섬의 얀베키리 마을에서도 계측만 한 것이 아니라 두개 8과(顆)를 수집했다는 얘기다.

> "촌장의 유해(遺骸)는 밀림 속에 있는 특정한 대목(大木)의 가지 위에 올려 풍장(風葬)한다. 세월이 지나 두개골만 남으면, 주술사가 그것에 점토(粘土)를 붙이고 색칠을 하는데, 흰색은 석회로 하고, 황색의 염료로 채색한다. 눈에는 자안패(子安貝)를 집어넣는다. 석회는 산호초를 구워서 만들고, 황색의 염료는 야생의 우콩(울금, 鬱金을 말함-필자주)의 뿌리

[사진 8-23] 비악섬의 동북쪽 해변에 위치한 산순디라는 이름의 '인골도'(2009년 촬영)

를 짜서 만든다. 이것을 꾸르와르(偶像의 뜻-필자주)라고 부른다. 추장의 영(靈)을 부르는 의식을 하여 선반 위에서 제사를 모신다"(飯山達雄 1970.7.10: 78).

이즈미와 스즈키의 기록은 비악섬 사례고, 하타에와 이이야마의 기록은 마네키온족의 경우다. 지역에 따라서 사체가 탈육되기 전까지 과정과 꾸르와르를 만드는 방법이 약간씩 달리 보고되고 있음에 주목할 수 있다.

이즈미는 스즈키와 함께 인골을 수집하면서 꾸르와르에 대한 주민들의 상식에 대한 이해를 시도했고, 그 과정에서 인골과 관련된 수채화 몇 점을 필드노트에 남겼다. "7월 3일 분디섬-소웬디에서는 베폰디섬, 일명 꾸르와르섬(死人島)에 관한 이야기를 수집했다. 그 섬에서는 조상으로 여겨지는 흑백반사(黑白班蛇, insamios)에 관한 신앙과 함께 꾸르와르는 제사의 대상이 된다." 다음 그는 수피오리섬의 가장 북쪽 끝에 있는 나피도를 방문했다. "7월 4일 소웬디-소웩에서는 소웩 남안(南岸)의 인골도(人骨島)를 수채화(사진 8-24)로 그렸다. 특히 (이즈미는) 인골이 많이 분포하고 있는 알푸이섬"(사진 8-25)을 지목했다. 사람이 거

[사진 8-24] 이즈미 세이이치의 수채화(소웩 남안에 있는 인골도)

[사진 8-25] 이즈미 세이이치의 수채화
(알푸이섬의 두개골들)

주하지 않는 작은 산호섬들은 거의 모두 인골이 있는 묘장(墓場)이었다. 인골도라는 이름은 이즈미가 붙인 것이다. 교토대학의 종교인류학자 타나세 유지는 전후에 출판한 서적에서 "난령(蘭領)뉴기니아 서부의 헤루힝쿠만제도에 사는 누-푸루족이 사자(死者)의 목상(木像 korwar, karwar)을 만들어 집에 둔다."(棚瀨襄爾 1966.4.30: 335)고 보고하였는데, 이 정보는 네델란드의 선교사였던 반 하셀트(J. L. van Hasselt 1839-1930)의 저술을 인용없이 이용한 것이었다. 반 하셀트는 1863년부터 1907년 사이에 헤루힝쿠만(현재는 첸드라와시만이라고 함)의 도서지방을 대상으로 선교를 하였다. 따라서 그가 비악섬에도 방문하였음은 확실하다. 그의 보고서가 원저이기 때문에, 앞으로의 연구자들을 위하여 이곳에 그의 저서를 명기해둔다. J. L. van Hasselt 1891 "Die Papuastämme an der Geelvinkbai (Neuguinea)", *Mitteilungen der Geographischen Gesellschaft für Thüringen zu Jena: zugleich Organ des Botanischen Vereins für Gesamtthüringen (Geographische Gesellschaft für Thüringen)* 9: 1-7.

목제의 인형이라는 것을 이곳에서는 'ㄲ르와르'라고 부른다. 아래아 발음을 분명하게 함에 유의하고 싶다. 비악도의 ㄲ르와르에 대하여는 다른 연구자들의 완벽한 오해도 발견된다. "목상의 어깨 부분에 큰 쌍익(雙翼)을 붙이면 선수식(船首飾)과 같은 조형의 일양식이라고 생각하는 것이 가장 자연스럽다. 헤르메스상의 선수식이라고 불리는 상세한 문헌을 조사한 결과 이것이 그 실례(實例)가 될 것 같다"(金關丈夫 1944.8.1: 19). 문학에 조예가 깊었던 대북제대의 체질인류학자 카나세키 타케오가 사진까지 제시하면서 엉뚱한 방향으로 상상력을 발휘해, ㄲ르와르를 배의 장식품으로 이해한 것이다.

소웩과 코리도 사이는 길고 좁은 만으로서, 코리도에서 소웩으로 가려면 반드시 배를 타야 한다. 소웩의 바깥으로는 첸드라와시만(이즈미가 방문할 당시의 이름은 힐빙크-Geelvink만)이 펼쳐진다. 요즘은 육상 교통이 발달해 자동차로 코리도를 다닐 수 있다. 소웩은 동떨어진 섬이기 때문에, 그곳을 가려면 특별하게 배를 대절해야 한다. 이즈미 일행이 그곳을 방문했을 때는 교통수단이 거의 배였기 때문에, 인근 섬들을 비교적 용이하게 왕래했을 것으로 생각된다. 나는 비용 문제 때문에 소웩섬을 방문할 수 없었다.

소웩 큰 섬의 앞바다에는 작은 산호섬들이 즐비하게 널려 있고, 아주 규모가 작은 무인도들은 집안의 공동묘지로 이용되었다. 이즈미는 공동묘지가 있는 섬을 "인골도(人骨島)"라고 표기했다. 이곳의 지형은 기본적으로 산호섬의 석회암 지대이기 때문에 해변에는 해식동굴이 많이 형성되어 있고, 이 동굴들이 주민들의 공동묘지로 이용되고 있다. 코리도에는 일본군이 2년 반 정도 주둔하고 있었으며, 소년부터 노인에 이르기까지 주민들의 노동력을 이용해 군수물자를 운반했고, 노동의 대가로 일급을 일본군이 발행했던 군표로 지급했다고 한다. 노인들은 내 앞에서 당시에 배웠던 일본 군가(日本軍歌)로 목청을 돋우는 시연을 했다.

이즈미가 주둔군 부대장인 오노테라 씨와 이야기를 나누었다는 것은 그의 도움을 얻어서 군용 배를 빌려서 소웩 큰 섬 부근의 작은 무인도들, 즉 '인골도'들을 방문했다는 이야기다. 이 지역에는 지금도 만사완(Mansawan) 가문과 루베칸(Roebekan) 가문이 존재하고 있다. 쿠레이(Koerei)섬은 이즈미의 야장에 나타난 그림 속에 이름이 기록되어 있다.

사람이 죽으면 동굴 속에 선반을 매달아 시체를 안치하고, 집에는 망자 대신의 목상을 만들어 두는데, 이것을 만드는 의례 전문가는 따로 있다. 간혹 이 목상을 시체가 있는 동굴에 넣어 두는 경우도 있다. 조상숭배 관행에서 비롯된 것임을 알 수 있고, 망자의 영혼이 끄르와르에 내재한다는 믿음이 있으며, 조상이 자손을 잘 보호해 준다는 의미도 지닌다. 따라서 해골이 있는 공동묘지인 동굴 속에는 끄르와르가 있게 마

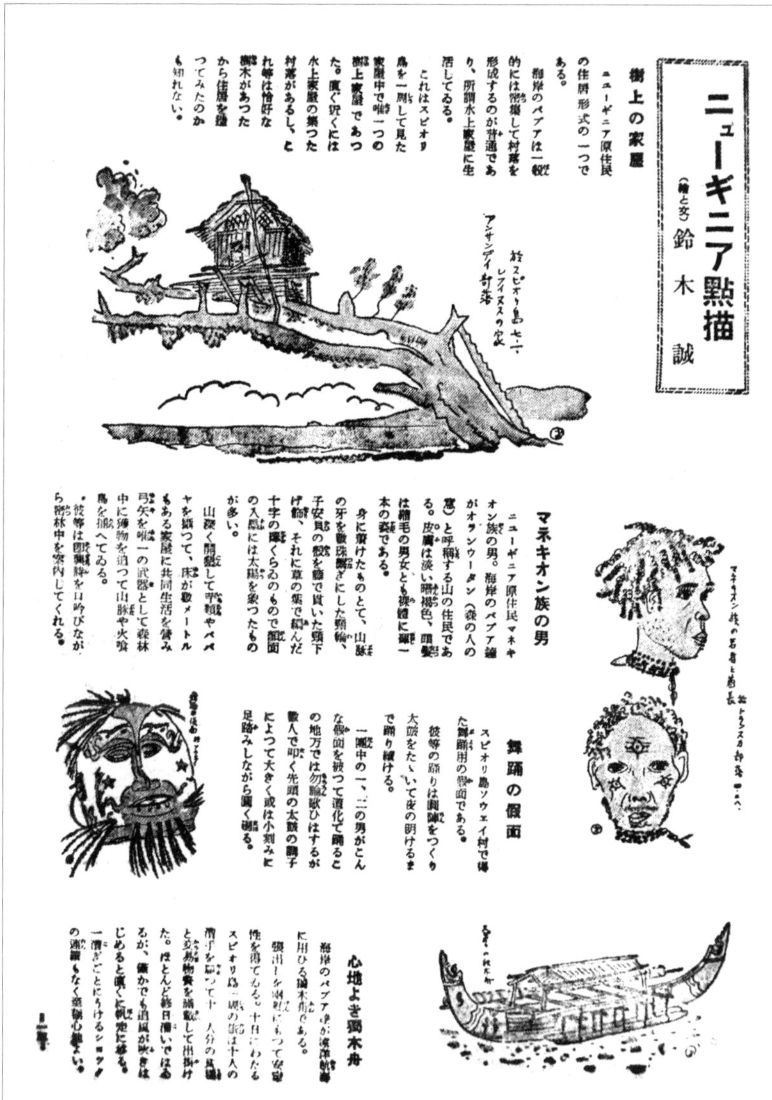

ニューギニア點描

（繪と文）鈴木誠

樹上の家屋

ニューギニア原住民の住居形式の一つである。

海岸のパプアは一般的には密集して村落を形成するのが普通であり、所謂水上家屋に生活してゐる。

これはスピオリ島を一周して見た家屋中で唯一つの樹上家屋であつた。直ぐ近くには水上家屋の集つた村落があるし、これ等は恰好な樹木があつたから住居を造つてみたのかも知れない。

マネキオン族の男

ニューギニア原住民マネキオン族の男。海岸のパプア語がオランウータン（森の人の意）と呼稱する山の住民である。皮膚は淡い暗褐色、頭髪は縮毛の男女とも裸體に褌一本の姿である。

身に着けたものとて、山豚の牙を數珠繋ぎにした頸輪、子安貝の殻を糸で貫いた頸下げ飾、それに草の葉で編んだ十字の腕くらゐのもので額面の入墨には太陽を象つたものが多い。

山深く開墾して甘藷やパパヤを植つて、床が數メートルもある家屋に共同生活を營み弓矢を唯一の武器として森林中に獲物を追つて山豚や火喰鳥を捕へてゐる。

・彼等は團體舞踊を口吟びながら密林中を案内してくれる。

舞踊の假面

スピオリ島ソウエイ村で得た舞踊用の假面である。

彼等の踊りは圓陣をつくり大鼓をたゝいて夜の明けるまで踊り續ける。

一團中の一、二の男がこんな假面を被つて道化て踊ることの地方では勿論歌ひはするが數人で叩く先頭の太鼓の調子によつて大きく或は小刻みに足踏みしながら圓く廻る。

心地よき獨木舟

海岸のパプア族が沿岸航海に用ひる獨木舟である。

猿出しを兩舷にもつて安定性を得てゐる。十日にわたるスピオリ島一周の旅は十人の漕手を雇つて十一人分の食糧と交易物資を満載して出掛けた。ほとんど終日漕いではゐるが、僅かでも追風が吹きはじめると直ぐに帆走に移る。一漕ぎごとにうけるショックの連續もなく頗る心地よい。

（誠）

[사진 8-26] 스즈키 마코토의 기고문「뉴기니 점묘」(週刊朝日 1943.12.19: 13-14)

련이다. 체질인류학을 하는 스즈키가 그런 광경을 보고 즐거워하지 않을 리가 없었고, 그들은 공동묘지를 함께 방문한 루베칸 가문의 '와키르'에게 인골과 끄르와르를 수집하기 위한 거래를 했을 것이다. 그 대표(wakil)가 요구하는 액수만큼을 충분히 지불하지 못했기 때문에, 그들은 16-17개 해골밖에 수집할 수 없었을 것이다. 체질인류학자는 인골을 수집하고, 사회인류학자는 끄르와르를 수집했다. 이렇게 두 인류학자는 전장(戰場) 속 서북부 뉴기니 비악섬의 한 낙도에서 인류학적 현지 연구를 공동으로 수행하는 경험을 했다. 경성에서 발아했던 경성학과 인류학의 싹은 성장하는 모습을 이렇게 뉴기니의 외딴 섬에서도 보여 주고 있었다.

이즈미는 그의 야장과 일기장에 수채화로 그림을 그렸다. 스즈키는 뉴기니에서 귀환 후 일반 대중잡지에 기행문 형식의 글을 기고했다. 그 기고문에도 스즈키의 스케치가 일품으로 남아 있다(사진 8-26 참조). 전쟁 당시 전장에 투입된 학자에게 필름이 제대로 공급될 수 없는 상황이었기에, 그는 사진 대신에 천연색의 수채화를 그려 토속지를 작성하는 노력을 했음을 알 수 있다.

그들이 1943년 가을에 귀환한 뒤, 경성제대 대학신문인 「성대학보(城大學報)」는 다음과 같은 기사를 남겼다. "'뉴기니 자원조사학술탐험대(ニューギニヤ資源調査學術探險隊)', 이즈미 세이이치(泉 靖一, 學生課), 핫토리 사토시(服部 敏, 整形外科), 스즈키 마코토(鈴木 誠, 解剖), 코바야시 히로시(小林宏志, 法醫), 타나카 마사시(田中正四, 衛生) 5名"이라는 이름과 함께, "스즈키 씨는 파푸아의 인골 65체를, 민속반의 이즈미 씨는 천 점이 넘는 원주민 사용의 토속품을 가지고 돌아왔다. (…) 철도국의 이이야마 타츠오 씨도 함께했고, 사진 기술이 탁월한 이이야마 씨는 다수의 우수한 현지사진을 갖고 돌아왔다. (…)," "이즈미 세이이치 씨는 민속학상의 현주민 토속 참고 자료 1천 점이 넘는 당지의 선물을 갖고 돌아왔으며, 이미 본 대학에는 민속진열관이 조성되어 일본 내에서도 유수의 수집을 과시하게 되었다. (…)"(城大學報 74號. 1943.10.1). 함께 참가했던 타나카(田中)는 "원주민의 민족학적 부문은 민속을 전문으로 한 이즈미가 보고할 것이고, 인류학적 기술은 그 분야 전문가인 스즈키가 있다."(田中正四 1944.3.1)라고 이즈미와 스즈키의 인류학적 성과에 대한 평가를 했다. 스즈키가 가지고 온 두개골은 현재 행방이 묘연한 상태이고, 이즈미가 수집했다는 토속품들은 일부가 서울대학교박물관에 보관되어, 전시(戰時)인 1943년도에 반년 넘는 기간 동안 뉴기니에서 실시되었던 두 인류학자의 업적을 증언하고 있다.

그들은 해군자원조사대의 일원으로 참가했기 때문에, 당국에 규정된 보고서를 제출했으며, 현재 도쿄대학 문학부 도서관에 앞서 언급한 「비악도특별조사반민족반중간보고 수하우딘군도 원주민의 생활과 종교(ピアク島特別調査班民族班中間報告 スハウデン群島原住民ノ生活ト宗教)」(조사원 이즈미 세이이치, 조수 나카야마 이나오-中山稻雄)가 남아 있다. 이즈미는 이 보고서를 작성하기 전에 먼저 「야-무르 지협과 헬빙크만 남부에서 원주민의 생활상황(ヤムール地峽並ヘールピンク灣南部ニ於ケル原住民ノ生活狀況)」이라는 보고서를 작성해 제출한 바 있음을 상기 보고서 내용의 범례에서 명기하고 있다. 이런 보고서들에 대한 면밀한 비교 검토가 당시 상황을 정리하는 데 도움이 될 것이다.

확실한 점은 그들이 수행했던 것은 전쟁 수행을 위한 자원 조사였고, 그 과정에서 인류학자로서 참가했던 스즈키와 이즈미가 자신들의 전문 분야를 살리는 노력을 한 결과라고 평가하는 것이 타당하다. 그들이 수집한 인류학(체질과 문화를 포함해) 자료들이 학문 성과의 일부분으로 평가될 수도 있지만, 수집품들이 획득되는 과정에 개입된 전쟁과 점령의 문제를 먼저 생각하지 않을 수 없다. 그 수집품의 입장에서 생각한다면, 그들은 노획된 전쟁 포로(戰爭捕虜)라고 말하는 것이 정확하다.

해군에 제출했던 이즈미의 보고서에는 비악섬의 종교에 대해서 다음과 같이 정리되어 있다.

> "수하우딘제도의 종교는 뉴기니에서는 희귀하게 발전된 네 가지 특징 있는 종교사적 단계를 보여 주고 있다. … (1) 미오수·베폰디(死人島) 신앙: 수하우딘제도 사람들은 죽은 다음 인간의 혼은 모름지기 이 섬으로 넘어가서 코라누 수라로이(Koranoe Soeraroi)라고 하는 촌장과 그의 처인 사신(蛇身, Insamios)의 지배하에 놓인다고 생각한다. 그 섬에는 두 개의 거대한 목우가 근사한 집 안에 안치되어 있다. (…) 그것을 특히 주목할 수밖에 없는 것은 인구 약 2만 5,000명을 갖고 있는 이 제도에 공통 신앙으로 존재한다는 점이다. 공통된 신앙으로 존재한다는 것은 통일된 정신적 단결의 존재를 의미한다. (2) 악령 신앙: (…) 원주민은 악령을 파크닉이라고 부른다. 곶, 섬, 해저 또는 강바닥에 있는 거석 등을 마로-파크닉(Maro-Faknik), 거목에 존재하는 것을 아이-파크닉(Ai-Faknik)이라고 부른다. 즉, 파크닉이 머무는 섬이나 곶 앞으로 밤에 통과하거나 해저나 강바닥에 있는 거석의 파크닉 위로 독목주로 지나가거나, 거목의 가까이에 근접할 경우엔 병을 얻어 죽음에 이른다고 알려져 있다. 악령을 보는 신력(神力)을 갖고 있는 주술사를 나비-파크닉(Nabi-Faknik)이라고 칭한다. 이전에 나비-파크닉은 의사로서 환자에 빙의되어 있는 파크닉을 쫓아내어 병을 낫게 했다. 생물 전신에 스며 있는 영(靈)을 로로(Roro)라고 부른다. 생물이 죽음과 동시에 사체를 떠나서 미오수·베폰디로 넘어간다고 한다. (3) 음식물이 하늘로부터 내려온다는 신앙: (…) 빈궁한 시기에는 반드시 음식물이 하늘로부터 내려온다고 한다. (…) 수피오리의 신앙은 기독교 도래 이전에는 어느 정도 회교의 영향이 있다고 생각할 수 있다. (4) 지상신(至上神, 만세르난기): 수하우딘제도 원주민들에게 신으로서 공통적으로 존숭되고 외경되는

신격으로 만세르난기(Mansernangi) 또는 만세르나라아(Manserrnarah) 또는 토안 아라(Toan Arah)라고 불리는 것이 있다. 이 신은 기독교 도래 이전에 있었던 오래된 신앙으로 믿어지고, 기독교 도래 이후 기독교의 압박 중에서도 사람들의 마음에 뿌리 깊이 자리하고 있었는데, 이것이 전쟁 전후의 사회 불안과 화란 권력의 급격한 후퇴와 일본 권력이 도착하는 사이에 무정부 상태의 속에서 표면화되어 소란 중 지도 원리의 동맥이 되었다"(泉 靖一·中山稻雄 1944.5: 31-32).

모두 네 가지 종교현상이 정리되었는데, 첫 번째는 이즈미가 방문하지 못했던 섬에 대해서 전언으로 기록한 것이고, 세 번째와 네 번째 것들은 천년왕국운동과 관련 있는 사항이다. 두 번째 종교현상이란 뉴기니에 보편적으로 퍼져 있는 악령에 관한 신앙이다. 즉, 해군에 제출된 이즈미의 보고서가 보여 주는 현지의 종교현상이라고 기록된 것들은 지극히 피상적일 뿐만 아니라 재확인이 필요한 문제점들을 내포하고 있다. 자원 조사와 선무공작의 차원에서 짧은 기간 이루어졌던 관찰에 의한 기록이라는 점을 감안하고 읽어야 할 내용들이다.

해군에 제출했던 보고서 중에서 가장 심도 있고 구체적인 기록을 남긴 이즈미의 기록을 천년왕국운동과 관련된 것이다. 장황하지만 인용해 보겠다.

"이 제도(諸島)에 대동아전 발발 직전 아가니타라고 불리는 노파가 나타나서 '바다가 마르면서 대전쟁이 일어나고 우리들이 행동하는 것에 올바름과 거짓이 문제가 되지 않는다. 전쟁이 일어나면, 파푸아 왕국이 출현한다.'고 사람들에게 설파했다. 많은 사람이 아가니타에 동조했고, 그녀의 이름은 널리 퍼졌다. 그로 인해 화란의 관헌이 유언비어를 죄목으로 그녀를 체포해 보스닉(Bosnik)의 감옥에 투옥시켰다. 대동아전쟁이 일어나서 황군(皇軍)의 뉴기니 감정 작전(戡定作戰)이 시작해 화란인은 도주했다. 제도의 민심은 대체로 아가니타의 예언이 진실로 나타났다고 생각하게 되었고, 옥중의 아가니타에 대한 평판이 더욱 높아졌다. 그 후 아가니타는 곧바로 마노콰리의 해군 부대로 넘겨졌다. 그즈음 마노콰리의 감옥에 있었던 스테파누스라고 하는 도적이 일본군의 폭격으로 파괴된 감옥에서 탈출해 자신이 아가니타의 대변자라고 칭하면서 유유히 파푸아 왕국의 시대가 도래했다고 주장했다. 화란의 깃발을 거꾸로 하여 파푸아 왕국의 깃발로 삼기도 했다. 아에르 카바르(Aer Kabar)라고 칭하는 물을 발밑으로 두면 불사신(不死身)이 되고, 탄환이 피해 가며, 목총에서 실탄이 발사된다고 설교했다. 다른 한편, 일할 필요가 없다고 하면서, 화란 시대에 금지되었던 야자주(椰子酒)를 만들어 마시고 종일 밤낮으로 대규모 춤판을 벌였다. 결과적으로 수하우딘제도의 영향은 야펜섬과 눈포루섬에도 전달되었고, 쇼와 17년 12월 어느 날 수피오리섬의 건너편에 있는 라니섬에 수천 명이 집합해 스테파누스를 중심으로 대무도회를 열었다. 바로 그때 제25근거지대(根據地隊)[19]가 습격해 스테파누스를 체포하고 해산을 명했다. 그 후 아가니타와 스테파누스는 마노콰리에서 처형되었다. 이런 상황에서 민정부(民政府)가 진주했는데, 그 직전 인도네시아 마을이 습격받아 1명이 살해되고 1명이 부상당한 사건이 일어났다. 그때 선무(宣撫)를 위하여 수피오리도의 코리도와 비악섬의 보수닉에 오쿠다(奧田)와 오노테라(小野寺)의 두 부대가 파견되어 수하우딘 공작이 시작되었다. 당시의 정세는 수피오리도의 코리도에 스테판이라고 칭하는 대두목(大頭目)이 있었고, 비악도 북안은 루사니와 베루모리라고 불리는 대두목이 장악했다. 보스닉에는 베루모리의 부하로 알려진 아루베루토라는 남자가 부근의 지도적 인물로 천거되어 아가니타와 스테파누스의 가르침을 기다리며, 밤낮으로 춤을 추면서 날을 보내고 있었다. 오노테라 촉탁은 수 회 건너가서 비상한 노력으로 먼저 수피오리의 스테판과 회견을 통한 선무를 행했고, 스테판을 통해 비악섬의 베루모리와 교섭을 하고 회견에 이르러 일단 양해가 이루어졌다. 쇼와 18년 6월 17일 코리도에 사무소를 개설해서 소직(小職)은 비악섬에 넘어가 약 1개월간 상세한 조사를 행했다. 그사이 베루모리와 연락이 되어서 귀순을 서약받았는데, 먼저 베루모리의 부하로 보였던 알베르토스의 태도가 수상해 조사해 보니 그 배후에 스테파누스의 형(兄) 얀이 존재하고 있다는 것이 판명되었다. 사상적 중심은 얀의 소재지 보스닉의 서방 만수암이었다. 사정이 판명되었기 때문에, 소직은 마노콰리에 귀환해 결론을 포함한 제반 사항을 복명했고, 속히 대책을 수립하지 않으면 점차 커다란 소란이 일어날 것이라 보고했다. 그 후 민정부는 고력 모집의 필요성으로 무장한 수십 명의 사람을 만수암에 상륙시켰지만 창을 든 원주민 약 5,000명에 포위되었다. 그로 인하여 일본인 희생자가 발생했을 것이라 생각되지만 소직이 귀환한 후의 일이기 때문에 상세한 것은 알지 못한다"(泉 靖一·中山稻雄 1944.5: 29-30).

문장 중의 "소직"은 이즈미 자신을 지칭한다. 비악섬을 중심으로 전개되었던 원주민들의 천년왕국운동 와중에 일본군이 비악섬에 상륙했으며, 일본군에 의해 과거의 통치자였던 네덜란드 관헌이 축출된 상태였다.

이즈미의 보고와 거의 동일한 내용이 후루노 키요토(당시 민족연구소 조사부장)의 문서에서도 발견된다.[20] "1943년 12월 30일 후루노와 오이카와 히로시(及川 宏)가 민족연구소 파견으로 자바, 수마트라, 세레베스, 마라이, 타이 방면의 조사를 위해 출발했고 (…) 후루노는 남방에서 (1944년-필자주) 5월에 귀조(歸朝)했다"(宮本馨太郎 1972: 508). 후루노가 이즈미의 보고서를 참고해 비악도의 천년왕국운동에 관한 자료를 정리했는지, 아니면 다른 곳에서 정보를 얻어서 작성했는지는 확인할 길이 없다. 민족연구소 조사부장으로 그의 직분을 수행하는 과정에서 해군의 보고서를 보았을 가능성이 높다. 이즈미는 1943년 11월에 보고서 작성을 완료해 제출했고, 그 보고서의 인쇄물은 1944년 5월에 나왔기 때문이다. 이 두 시기 사이에 후루노가 남방에 관한 자료들을 수집하면서 이즈미의 보고서를 보았을 가능성이 높다고 생각한다.

비악도의 멜라네시아적인 천년왕국운동에 대한 또 다른 관찰이 당시 대북제국대학의 카나세키 교수에 의해서 제기된 경우도 있다. "우인 하세가와 타다시(長谷川 正, 카나세키 교수의 문하생으로서 대북제대 의학부 해부학교실 근무) 군이 최근 뉴기니에서 돌아왔다. 현지에서 촬영한 사진을 보여 주었는데, 목우 사진이 있었다. 하세가와 군의 설명에 의하면, 북부 뉴기니의 헬빙크만의 입구에 옆으로 비스듬히 있는 것으로 비악도의 주민이 영험이 있는 우상으로 숭배하는 것이라고 했다. (…) 그 신체(神體)를 적신 물을 몸에 바르면 총탄에 맞지 않는다."(金關丈夫 1944.8.1: 18)고 했다. 카나세키의 경우에는 꼬르와르와 천년왕국운동을 결합한 이해를 함으로서 왜곡된 정보를 제공하고 있다. 이상과 같이 비악도의 천년왕국운동에 대한 관심은 학문적인 자리를 제대로 잡지 못하고 패전을 맞았던 것이 일본 민족학계의 상황이라고 말할 수 있다.

사실상 19세기 이래로 유행처럼 퍼졌던 멜라네시아의 천년왕국운동이 진행되던 상황이었으나, 이즈미를 비롯한 후루노 그리고 카나세키와 같은 일본의 인류학자들은 그런 종교운동 현상이 인류학의 중요한 주제였음을 눈치채지 못했다. 목전의 선무공작이 긴급했던 상황이었기 때문이다. 옥스퍼드대학 인류학과 출신으로 호주의 파푸아 정부 인류학자 역할을 하면서 1920년대 후반 파푸아의 바일라라광증(Vailala Madness)에 관한 연구를 남긴 프란시스 윌리엄스(1893-1943)[21]의 기록들도 제대로 학습되지 않았던 당시의 일본인류학계 상황, 즉 서구에서 발간되었던 인류학 논문과 보고서가 체계적으로 수입되는 과정이 전쟁으로 인해 1930년대 후반부터 차단되었던 학계의 상황을 읽을 수 있다. 1920년대의 말리노브스키와 레드클리프-브라운에 대해서 전달된 이후의 학문적 단절이 낳은 결과로 학문 후속 세대가 제대로 체계적인 학문적 축적을 이룩할 수 없었던 저간의 사정을 보여 주는 셈이다. 전쟁 이전의 시대에는 제대로 축적 과정을 경험했던 학문이 전쟁으로 차단될 수밖에 없었다는 결론이 가능하다.

천년왕국운동 내용을 소상하게 관찰하고 기록했던 이즈미의 보고서는 인류학 업적으로 연결될 수 있는 안목과 관점의 미비로, 결국 천년왕국운동 연구는 후일 피터 월슬리의 기념비적 업적(Worsley 1957)으로 돌아가고 말았다. 월슬리의 저술 제7장은 "일본군의 등장(The Coming of the Japanese)"이라는 제목으로 전쟁 상황하의 천년왕국운동을 보고하고 있고, 그 안에는 이즈미의 보고서와 유사한 내용들이 서술되어 있다. 월슬리의 보고를 요약 인용하면 다음과 같다. 1942년 1월 4일 일본군이 라바울(Rabaul)을 점령하였고, 그때는 1867년부터 멜라네시아의 모든 섬에서 유행하고 있었던 만스렌(Mansren) 신화를 배경으로 하는 천년왕국운동이 광범위하게 전파되었으며, 네델란드 뉴기니(Dutch New Guinea), 특히 비악 인근에서는 눔포르(Numfoor) 섬이 중심이었다. 비악에서는 이미 1939년에 나환자 여성인 앙가니타(Angganita)가 실질적인 행동대장인 스테파누스 시미오피아라트(Stephanus Simiopiarat) 집단과 연계되었고, 스테파누스는 1942년 6월 6일에 소웩섬을 점령한 상태였다.

이즈미 일행은 이 상태에서 비악섬으로 들어가 선무공작을 펼쳤으며, 그 과정에서 주민들은 일본군이 풍족한 물자를 제공할 것으로 기대하였던 것이다. 그러나 일본군 자체가 모든 보급품을 현지조달과 자급자족의 명령을 받고 있었기 때문에, 주민들의 물자공급 기대가 무너질 수밖에 없었다. 이즈미 일행이 선무공작 과정의 어려움을 전하고 있는 배경이 드러나는 셈이다. 이즈미의 뉴기니 조사와 관련된 인류학적 직업성과 반직업성이 교차하는 상황 전개를 보게 된다.

비악도로 들어간 특별반은 사실상 상대적으로 좁은 지역에서 활동하는 것이 허락되었을 것이며, 개인들의 관심에 집중하는 것이 어느 정도 가능하였다고 생각된다. 사선을 넘나드는 전장의 한가운데에서도 직업정신이 발동한 결과로 나타난 전문성의 일면을 보는 것 같다. 군국주의로 똘똘 영글어진 주머니 속으로부터 삐어져 나온 학문적 성과라고나 할까? 그러한 결과로 스즈키 마코토의 인골수집과 선무공작의 일환으로 연관되었던 종교운동에 관한 깊은 관찰이 가능하였을 것이다. 요미우리신문사에서 파견되었던 사와 토시지(澤 壽次) 기자가 수집한 전설에 관한 보고도 상당히 충실하게 정리되었다. 사와 기자의 보고 내용은 필자가 움베르토 아르왐(Umberto Arwam) 선생의 안내를 받아서 2009년 비악도 중부의 코렘강으로 답사를 나갔을 때 청취하였던 전설과 너무나 흡사한 내용이다. 비악도특별반의 인문학적 성과라는 의미에서 여기에 소개한다. 제목을 짓자면 '대사갈퇴치화(大蜥蜴退治話)'로서 뉴기니아 북안 '헤루횡쿠만내의 야우-루村'에서 수집한 전설이다(澤 壽次 1944.3).

"야우-루촌의 산속 깊은 곳에 '망고야-야가'라는 큰 해조(海鳥)와 '토리토리베'라는 큰 도마뱀이 살았다. 큰 해조는 공중을 날면서 야우-루촌의 사람들이 많이 살고 있다는 정보를 도마뱀에게 알려주었다. 도마뱀은 날마다 야우-루촌민들을 잡아먹기 시작하였다. 주민들은 도마뱀을 퇴치할 궁리를 하였으나 방도가 없었다. 그 촌에는 '이호마라'라는 여인이 살고 있었는데, 그녀는 임신 중이었다. 촌민들이 도마뱀에게 차례로 잡아먹히는 것을 보고, 그녀는 독목주를 타고 서쪽의 다른 마을로 피난하였다. 그리고 그곳에서 아들을 낳았는데, '무헤리라'라는 이름을 지었고, 아들은 잘 성장하였지만 아버지도 친척도 없는 것에 대해서 이

상한 생각을 하게 되었다. '왜 나는 친척이 아무도 없지요?'라고 모친에게 질문을 하였고, '이호마라'는 큰 도마뱀에 관한 얘기를 들려주었다. '무헤리라'는 '내가 이렇게 성장했으니 고향마을로 돌아가서 도마뱀을 퇴치하겠어요.'라고 말하고, 모자는 독목주를 타고 야우-루촌으로 향하였다. 촌에는 사람들이 한 명도 없었다. 모두 도마뱀에게 잡아먹혔던 것이다. 모자는 근처의 '아이이론베'라는 산으로 올라갔다. 그곳에서 모자는 돌로 담을 쌓았고, 그곳에서 불을 놓아서 인간이 있음을 도마뱀에게 알리었다. 도마뱀은 '아이이론베' 산으로부터 흰 연기가 솟는 것을 보고 사람이 있다는 것을 알아챘고, 해조가 알게 하였다. 아들은 어머니를 사중(四重)으로 둘러 쌓인 돌담 속의 가장 깊은 곳에 앉도록 했다. 그리고 먼저 가장 바깥에 있는 돌담의 꼭대기에 불을 붙여서 돌이 빨갛게 될 때까지 불을 지폈다. 그때 해조와 도마뱀이 가까이 왔다. 빨갛게 달궈진 첫 번째 돌담 안에서 해조와 도마뱀에게 돌을 던져서 공격을 방해하였으나 실패하였다. 이제는 두 번째 돌담 위에 불을 놓았다. 돌이 빨갛게 될 때까지 불을 지폈다. 그리고 돌을 도마뱀과 해조에게 던졌으나 그들은 또 돌파하여 들어왔다. 아들은 세 번째 돌담에서도 동일한 공격을 하였으나 실패하고 말았다. 도마뱀이 마지막 남은 네 번째 돌담으로 접근하였다. 아들은 최후의 네 번째 돌담 위에 불을 붙였다. 그리고 아들은 어머니와 함께 도마뱀에게 돌을 던져서 싸웠다. 아들은 기력이 소진하여 땅 위로 떨어졌다. 모친 혼자서 도마뱀과 싸움을 지속하였다. 최후로 도마뱀이 빨갛게 달궈진 돌담에서 죽게 되었다. 모친은 곧바로 물을 퍼서 아들에게 달려갔다. 아들은 숨을 쉬고 있었다. 모친은 도마뱀의 사지를 잘라서 남과 북으로 한 개씩 던졌다. 그리고 고기를 잘라서 야우-루촌으로 가지고 갔다. 마을에는 아무도 없었다. 할 수 없이 모자는 도마뱀의 고기를 사람이 없는 공가(空家)에 조금씩 걸어 두었다. 그러자 두 사람이 오래된 자신의 집으로 돌아와서 잠을 잤다. 그날 밤 모친과 아들은 부근의 집으로부터 사람들이 웅성거리는 소리를 듣게 되었다. 새벽이 되어 급히 밖으로 나가보니, 이제까지 공가였던 집들에 사람들이 돌아왔고, 야우-루촌은 과거와 같이 사람들이 살 수 있게 되었다. 큰 도마뱀을 퇴치한 아들은 야우-루촌의 추장으로 천거되었다"(澤 壽次 1944.3: 26-28).

앞서 언급했듯이 이상의 전설은 2009년 필자가 비악도를 방문하여 코렘강 부근으로 갔을 때, 주민들로부터 들은 얘기와 대동소이하였다. 현재의 첸드라와시만 일대에 구전되고 있는 전설이라고 이해할 수 있다. 전설과 옛날이야기에 정통한 분들은 유사한 화소를 한국의 전설로부터도 찾아낼 수 있을 것이다. '대사퇴치(大蛇退治)의 영웅담'이라고나 할까. 이 전설의 분포지도가 남태평양에까지 이어지고 있음에 대한 다음의 생각이 필요하다. 사와가 보고한 전설에는 또 다른 흥미로운 내용(澤 壽次 1944.4)도 들어 있으나, 여기에서는 생략한다.

『민족학연구(民族學硏究)』에 게재되었던 이즈미의 논문들 중에는 중심 주제가 '사회조직(社會組織)'인 것이 있고, 그 논문의 부제에는 "구조(構造)"라는 단어가 제시되었지만, 내용은 지역별로 어떤 부족들이 분포하고 있는가에 대한 초보적 정보를 나열한 것이다. 환언하면, 1935년 대북제국대학에서 발행했던 『대만고사족계통소속의 연구(臺灣高砂族系統所屬の硏究)』(臺北帝國大學 土俗·人種學硏究室 1935.2)에 관한 연구와 유사한 글임에도 그 내용에서는 전혀 비교되지 않을 정도로 빈약하다. 그럴 수밖에 없는 것이, 마부치 도이치(馬淵東一)가 학생 시절에 적극 참여했던 고사족(高砂族) 계통에 관한 연구는 우츠시카와 네노조(移川子之藏)를 중심으로 연구실 전체가 1930년부터 1932년 사이 약 2년간 공을 들여서 체계적으로 작업한 결과를 309매의 계통도(系統圖)와 본문 562쪽으로 정리했기 때문이다. 이즈미의 글은 '사회조직', '구조' 등

인류학적으로 중요한 단어들을 제시하고 있지만, 그 내용 면에서는 '계통'을 추구하는 글이라고 말할 수 있다. 그러나 질적인 면과 정확성이라는 면에서는 크게 떨어지는 것으로서, 후일 어느 누구도 인용하지 않는 작품이 되고 말았다. '비악도특별조사반'의 일원으로 선무공작에 치중했던 이즈미가 해군에 제출했던 보고서의 수준과 거의 대동소이한 작품이 『민족학연구』에 게재되었던 것이 1950년도 일본민족학계 수준이라고 이해할 수 있다.

미군 전투기의 폭격과 잠수함의 어뢰 공격의 위험을 감수하면서 수행했던 자원 조사와 선무공작에 부수적으로 수행했던 소위 인류학적 조사라는 것의 한계는 분명했다. 그렇다고 해서 이즈미가 전쟁 상황이라는 그 자체를 인류학적으로 조망할 수 있는 군사인류학적 식견을 갖고 있었으리라는 기대는 거의 불가능한 것이었다. 그럼에도 이즈미가 "전쟁"이라는 항목을 자신의 인류학 보고서에 포함시키고 있음에 대해서 주목할 여지를 남기고 있다. 그 내용은 전혀 미지수지만, 전쟁이라는 항목을 자신의 보고서에 담기를 희망했다는 학문적 식견에 대해 생각해 보는 것은 후진의 몫으로 남게 되었다.

3. '군속'의 학술 조사: 미완과 은폐

제1차 세계대전이 발발해 일본군이 남태평양의 독일 식민지를 점령했을 때, 일본 학자들이 1914년 11월부터 해군성 촉탁으로 파견되었다. 그때 도쿄제대 인류학교실의 마츠무라 아키라(松村 瞭 1880-1936)가 촉탁 신분으로 참가한 적이 있다(松村 瞭 1917.3.31). 대동아전쟁에 동원되었던 학자들의 규모와 작업의 종류를 제1차 세계대전 때와 비교하면, 그 양과 질의 면에서 천양지차가 난다. 대동아전쟁의 경우에는 부족한 전쟁물자 확보라는 차원에서 학자들이 동원되었기 때문에, 학자들의 작업 자체가 전장에서 군인들이 경험하는 것과 거의 동일한 상황이었다. 그럼에도 "철이다, 석유다, 악초다 하면서 자원조사대가 파견되고, 그것은 전쟁을 위한 부족 자원을 획득함이 당연한 것이지만, 그것과 병행해 순 학술 조사를 근본적으로 계획 수립하는 것이 필요하다고 생각한다. (…) 순 학술 조사도 자원 조사와 병행하는 것이 가능하다."(多田文男 1942.12.5: 127)라는 주장도 제기된 바 있었다. '해군 뉴기니 조사대' 전체 학술 조사 활동에 대해 집중적으로 논의할 생각은 없다. 그러나 그런 상황과 조건에서 수행되었던 학술 조사의 성격은 명백하게 규정할 필요가 있다. 따라서 학술 조사 전체가 아니라 그중 인류학 분야(요즈음 우리가 이해하는 수준의 범위를 말함)와 관련된 활동에 한정해 당시 조사대에 참가했던 인물의 활동과 업적에 대해서 가능한 한 심도 있게 논의해 보고자 한다.

먼저 학술 조사의 진행 과정에 대해서 구체적 기록들을 검토해야 한다. 물론 군사적 차원의 자원 조사 수행 과정에서 부차적으로 이루어졌던 학술 조사라는 점에 대한 선이해가 필요하다. "2월 6일(土) 대(隊)의 편성은 군대 편성"(佐竹義輔 1963.6.15: 52)이고, "일과표: 본부에서 다음과 같은 통고가 있었다. 1. 다음 날 9일 일과 04:00 식사당번 기상, 04:20 식사당번 본부집합, 05:50 전원 기상, 06:00 전원집합 조례(朝禮), 06:30 하역작업원 출발, 06.50 다른 작업원 출발, 08.00 측량반 본부집합, 21:00 소등(消燈)"(佐竹義輔 1963.6.15: 56). "5월 30일 스기야마(杉山), 이시리(井屍), 나가토(長戶), 이즈미(泉), 핫토리(服部)는 국장과 사령관을 방문. 귀한 인사를 했다. 25근사령관으로 부터 위로의 의미가 담긴 청주 다섯 되를 기증받았다. 3일 마노콰리 출항의 쇼코마루(桑港丸)에 승선 귀환하라는 명령을 받음"(佐竹義輔 1963.6.15: 340). 귀국 신고를 하러 간 것이었다. "25근사령관"은 마노콰리 주둔군인 제25근거지대 사령관

(第25根據地隊司令官)의 약어다.

"8월 27일부, 뉴기니민정부 조사국장으로부터 '앞으로 작전과 함께 개발에 기여할 수 있는 바를 극대화하기 위해서, 아울러 학술의 향상 발달에 공헌할 수 있는 바를 극대화하기 위해서, 중간보고(현지보고), 본보고(반장은 일반보고와 반의 일지, 조사원과 학생은 조사보고, 전원은 여행기)를 귀착 후 3개월 이내에 제출할 것. 또한 연구보고(학술보고)를 한 경우는 별쇄를 제출할 것'이라는 통지가 왔다"(佐竹義輔 1963.6.15: 328). "11월 20일, 해군성남방정무부 제4분실에서 자원조사대 보고가 있었다. 제3반에서는 이시리(井屍正二), 수기야마(杉山隆二, 지질광물반), 사다케(佐竹義輔), 나가토(長戶一雄, 농림반), 이즈미(泉 靖一, 민족지리반), 엔도(遠藤友平 대리, 측량반), 핫토리(服部 敏, 의료반)가 보고했다"(佐竹義輔 1963.6.15: 328). "앞으로의 작전과 학술 향상에 공헌할" 목적으로 보고서를 작성하라는 해군주계 대좌의 "통지"(8월 27일 자)에 이어서 조사대의 귀국 "보고"(11월 20일 자)가 해군성남방정무부 제4분실에서 개최되는 등 조사대의 귀환 후 마무리 절차까지도 모두 군사 조직이 통솔했음을 알 수 있다.

한편, 일본사회학회 제18회 대회가 1943년 10월 9일과 10일 양일간 경성제국대학 법문학부에서 개최되었는데, 제2일째 경성국제문화협회 주최 남방문제 특별보고회에서 "해남도의 이족(黎族)에 대하여"(오타카 쿠니오, 도쿄제대), "서부 뉴기니 답사보고"(이즈미 세이이치, 경성제대)의 발표가 있었다. 즉, 이즈미는 해군의 '통지'와 '보고' 사이에 뉴기니에 관한 내용을 일본사회학회에서 발표한 셈이다. 학문 활동은 군사 활동의 가운데에 갇힌 구성을 보여 주고 있음은 확실하다. 이즈미의 학문적인 발표와 해군용 보고의 내용이 얼마나 유사한지는 알 수 없지만, 해군의 작업과 일본사회학회의 작업이 한통속으로 돌아가는 전시체제에 대한 이해는 분명히 필요하다. 일본사회학회에서 이즈미와 함께 발표했던 오타카 쿠니오의 해남도에 관한 내용도 해남도 해군특무부정무국(海南島海軍特務部政務局)의 주도로 실시되었던 이족에 관한 조사 작업(1942년 11월 26일-12월 20일)의 일환이었기 때문이다.

"구일본(舊日本)의 과학 중에서 보충 보완을 요하는 부문이 다수 있는 것 같은데, 지극히 유감이지만, 그중에서 큰 것의 하나는 인류학이다. 전쟁 이래로 도외시되었던 학과가 급히 필요하게 된 것으로 인류학과 민족학이 급격히 대두되었다"(清野謙次 1942.11.1: 57). "후생과학연구소, 인구문제연구소, 자원연구소, 민족학연구소 등 인류학 혹은 인류학에 가까운 관계 학과들의 일부가 연구되는 모양새를 보여서 대단히 기쁘게 되었다"(清野謙次 1942.11.1: 61). '꿩 대신 닭'이라고 할까, 여기에 언급된 "민족학연구소"는 잘못 기록된 것으로 '민족연구소'를 말하는 것이다. '민족학'을 전문으로 하는 학자들이 다수 취직을 한 것은 사실이지만, 그 연구소가 민족학이란 학문을 전문으로 전개할 수 있는 기반을 갖춘 것은 아니었다. '학'을 전면에 내세울 만큼 한가롭지 못했던 대동아전쟁 상황이 반영되어서 점령지의 민족 정책을 전문 담당하는 연구소를 설립했던 정황을 생각해야 한다. 전시의 인류학 붐 현상을 느낄 수 있는 진술이지만, 사실상 당시 일본의 인류학 분야에서 뉴기니를 전공한 사람은 없었다.

뉴기니에 관한 저술은 모두 번역물이었고, 그중에서도 과거 네덜란드와 호주에서 발간된 것이 대부분이었다. *Nova Guinea Resultats de L'Expedition Scientifique Neederlandaise a la Nouvelle-Guinee en 1903 sous les auspices de Arkthur Wickmann* 중 토속학과 인류학 부분이 1907년 Van der Sande의 이름으로 라이덴에서 출판되었는데, 그것이 태평양협회의 실세였던 히라노 요시타로(平野義太郎 1897-1980)의 동서인 키요노 켄지(清野謙次 1885-1955)에 의해서 번역(清野謙次 1943.5.10)되었지만, 그것도 주요 부분의 초역으로서 독목주에 관련된 부분을 제외한 내용은 지극히 소략한 것이다. 즉, 태평양협회가 서둘러 작업을 진행하기는 했지만, 전쟁에 돌입하면서 뉴기니에 관한 정보의 갈증을 해소해 줄 수 없는 상황이었다.

따라서 뉴기니로 파견되는 각 분야의 전문가들은 빈약한 현지의 정보에 비해서 상대적으로 크게 짊어지게 된 민족통치와 선무공작을 전제로 하는 관점을 구비할 수밖에 없었다고 생각된다. 이런 상황에서, "인적자원에 대한 관찰과학인 민족학에 대하여"(中野朝明 1942.6.20: 309) 요구되는 관심을 충족시키기 위한 "노무 자원(勞務資源)으로서 민족의 가치"(泉 靖一 1944.4: 8)를 생각했던 이즈미는 "(팔라우) 가라스마오 광산에서 행했던 조선인 노무자에 대한 관찰"(泉 靖一 1944: 18)을 언급했다.

"수하우딘제도 소란에 관한 자료는 폭격으로 일부 소실"(泉 靖一·中山稻雄 1944.5: 29)된 후 남은 자료에 근거해 작성되었던 문서들에 대한 정밀한 검토가 당시 학술 조사 정황을 보여 주기에 적합할 것이다. 이즈미가 "소란"이라고 표현한 것이 바로 천년왕국운동이다. 그 현상을 소란으로만 인식했던 것이 선무공작이라는 임무로부터 비롯된 인식틀이다. 이 문서들 중에는 인쇄물의 형태로 출판된 것도 있고, 출판 이전 단계의 '보고'라는 이름으로 작성된 것도 있다. 가능한 문서들을 대조함으로써 당시 상황을 재구성해 보고자 한다.

「수하우딘군도 원주민의 생활과 종교」는 "조사원 이즈미 세이이치, 조수 나카야마 이나오"의 이름으로 '해군(海軍)' 용지에 세로로 타이핑된 묵지(墨紙)의 복사본으로 이즈미의 유품에 있던 것이다. 모두 25장(50면)으로 구성되어 있다. "목차 1. 조사 개황 2. 수하우딘군도 원주민의 종족관계와 그 이동 3. 생활 상황 4. 사회조직 5. 종교 6. 결론"으로 구성되어 있다. 앞에 언급했던 자료들과 중복되는 부분이 있긴 하지만, 자료 제시의 정확성을 기한다는 점에서 소상하게 소개하고자 한다.

"최근에 일어난 소란의 중심지로서, 그 영향을 넓은 서북뉴기니 각

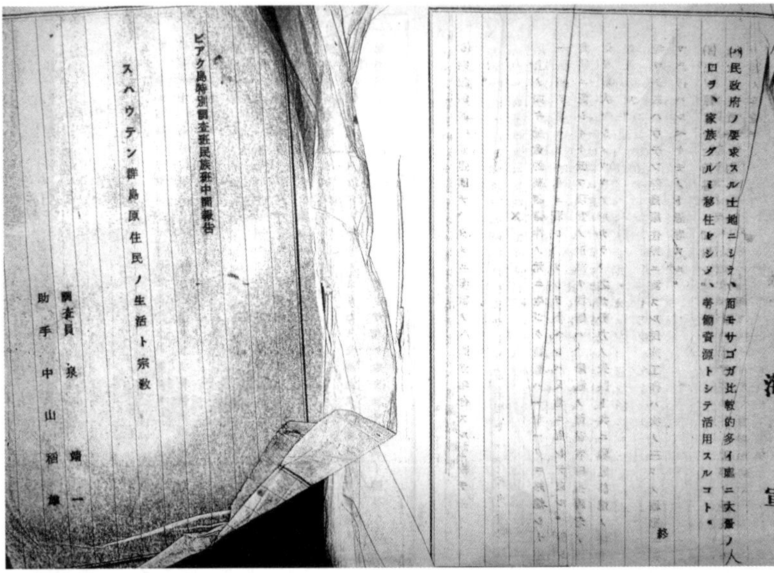

[사진 8-27] 이즈미 세이이치 · 나카야마 이나오 「수하우딘군도 원주민의 생활과 종교」, 비악도 특별조사반민족반 중간보고(泉 靖一 · 中山稲雄 「スハウデン群島原住民の生活と宗教」, ピアク島特別調査班民族班中間報告)

지에 투여 가능한 수하우딘군도 원주민의 민족학 조사를 명령받은 소직은 '비악도특별조사반'의 일원으로서 6월 16일부터 7월 11일까지 좌기와 같은 행동을 하여, 그 기간 대부분은 원시민과 침식을 함께하면서 조사에 종사했다."

6월 16일 여행, 6월 17-21일 코리도 부근 조사, 6월 22-25일 소웩 대촌 조사, 6월 23일-7월 6일 수피오리도 전촌 조사, 7월 7일 코리도에서 자료 정리, 7월 8-11일 논푸르도 경유 여행으로 일정이 명기되어 있다. 이 문서 속에서 구체적인 자료로 제시된 것들 중에서 "제1표 수하우딘군도 주식물분포표"와 "제2표 수하우딘군도에 있는 원주민 재배작물과 수확기간 일람표"는 1949년 6월에 출판된 "사고야자(椰子)"의

㊙

ニューギニア調査報告書

第 7 篇

(民族班報告)

昭和 19 年 5 月

海軍ニューギニア調査隊

西ニューギニア原住民の
民族社會學的調査

昭和 18 年 11 月

ニューギニア調査隊

調査員 海軍囑託 泉 靖一
助手 同 中山稲雄

[사진 8-28] 이즈미 세이이치 · 나카야마 이나오「(비)뉴기니아 조사보고서(제7편 민족반 보고)」(泉 靖一 · 中山稲雄 1944.5「(秘)ニューギニア調査報告書(第7篇 民族班報告)」)

논문 속 "제2표 부족별 농작물 비교표"(泉 靖一 1949.6)의 기초가 되었음을 알 수 있다.

「뉴기니아 조사보고서」는 인쇄물로 만들어진 "비(秘)" 자 도장이 찍힌 것으로서 1944년 5월의 출판 시기를 보인다. 이것이 '해군 뉴기니 조사대'에 제출된 최종 보고서[22]라고 생각된다. 총 34쪽으로 다른 특징은 결론이 제I장이라는 점이다.

"목차 제I장 결론; 제II장 조사 개황(제I절 답사지역과 기간, 제II절 답사자료의 정리); 제III장 종족과 인구의 문제(제I절 뉴기니 원주민의 인종학적 제 문제, 제II절 총인구의 문제, 제III절 노무자로 동원되어 얻은 인구 산정기초); 제IV장 경제생활(제I절 자연환경에 대한 적응, 제II절 의식주에 대한 고찰, 제III절 교역); 제V장 사회의 조직과 그 기능(제I절 가족의 조직과 그 기능, 제II절 초(超)가족집단조직과 그 기능, 제III절 동족집단과 적대의식); 제VI장 종교-수하우딘제도 소란의 분석(제I절 수하우딘제도 소란의 개황, 제II절 수하우딘제도에 나타난 종교층, 제III절 소란 지도원리의 분석)"

위의 두 문서를 직접 비교하면, 종교에 관한 내용은 양자가 거의 똑같고 표현이 약간 다른 부분이 있다. 가족 상황에 대한 기록은 전자의 것이 빈약하다. 즉, 전자의 보고서가 작성된 이후에 보완된 부분을 첨가해 인쇄용으로 제출한 것으로 생각된다. '민족 공작' 부분에 대한 기록을 대조해 보면 「수하우딘군도 원주민의 생활과 종교」는 "(1) 먼저 예언자적 지도자의 처단. (2) 다음 민정부의 힘으로 다소 선전을 가미해 그들의 최저생활을 보증. (3) 민정부가 요구하는 토지로 사고야자가 비교적 많은 장소에 대량의 인구를 가족 단위로 이주시키고, 노동자원으로 활용할 것"이라고 되어 있다. 「뉴기니아 조사보고서」에는 "수하우딘제도 원주민에 대한 민족 공작은 다음과 같은 3단계를 따라서 할 수밖에 없는 것으로 생각됨(결론3과 동일). (1) 먼저 예언자적 지도자의 처단. (2) 처단을 완료한 후 혼란스러운 시기에 일본의 온정과 위력을 충분하게 선전하고 약간의 물자적 선무를 행함. (3) 속히 인구의 소산을 행함. 그 과정에서 가족을 단위로 사고야자가 많은 지방 또는 가족 고력을 필요로 하는 농장 등에 분촌할 것"(泉 靖一·中山稻雄 1944.5: 34). 즉, 후자가 전자보다 보완된 부분이 있음을 알 수 있다.

전자의 범례에 "본 보고 중, 먼저 '야-무르 지협과 헬빙크만 남안에 있는 원주민의 생활 상황'과 중복되는 점은 가급적 생략했다."라는 내용으로 보아서, 이것은 필사본의 「야-무르 지협 횡단기」와 헬빙크에 대한 유사한 기록들을 기초로 해 작성된 것 같다. 따라서 「야-무르지협과 헬빙크만 남안의 원주민의 생활 상황」(행방불명)과 「수하우딘 군도 원주민의 생활과 종교」(현존)가 기초가 되어서 1944년 5월 발간된 「서뉴기니 원주민의 민족사회학적 조사」(쇼와 18년 11월), 「뉴기니조사보고서(제7편: 민족반보고)」가 작성되었다고 생각된다. 보고서가 작성되는 순서가 명확하게 밝혀진 셈이다. 이즈미의 「서뉴기니 원주민의 민족사회학적 조사」라는 보고서는 해군 촉탁 신분으로 전쟁 수행을 위한 목적으로 군사 조직 속에서 군사 명령 계통에 의해서 작성된 전형적인 군속인류학의 결과물임을 보여 주고 있다. [사진 8-27] 문서의 '민족'에서 이어지는 [사진 8-28] 보고서의 '민족'을 충족시키는 역할을 담당했던 것이 대동아전쟁 중 해군 촉탁으로 동원되었던 인류학자 이즈미였다고 말할 수 있다.

전후 『민족학연구』에 발표된 논문들의 내용은 위의 해군에서 발간한 보고서와는 별개인 것처럼 보인다. 양자가 따로 존재함으로 인해서 『민족학연구』에 발간된 논문만을 보면, 이즈미가 어떠한 경위로 어떠한 배경에서 그런 논문을 작성했는지에 대해서 알 수 없게 되어 있다. 그 조사 목적과 자료 수집 과정을 정확하게 밝히지 않은 논문과 보고서는 탈맥락적일 수밖에 없고, 탈맥락적 논문과 보고서는 과학성뿐만 아니라 진정성을 상실할 수밖에 없다. 과학성과 진정성을 상실한 논문과 보고서들은 허위를 내포할 가능성이 있고, 그 문건들은 후일 독자를 호도할 가능성이 높아진다. 따라서 『민족학연구』에 게재되었던 이즈미의 논문들은 그 전에 출판되었던 신문기사들과 '해군 뉴기니 조사대'의 「뉴기니아 조사보고서」 그리고 이즈미의 유품 속에서 발견된 미간 원고 및 필드노트와 일기의 기록들과 필연적으로 분리 불가능한 관계에 놓여 있다. 분명한 것은, 전후 발표되었던 뉴기니에 관한 논문과 글보다는 전중(戰中)에 발표되었던 글과 필드노트가 사실에 더욱 가까운 내용임을 알 수 있고, 전중의 글과 전후의 글로 대별되는 기록의 진실성 문제는 숙고되어야 할 부분이다.

예를 들면, '해군 뉴기니 조사대' 대원으로 참가해 수집했던 자료를 기반으로 발표한 글들을 전중과 전후로 대비하면, 극명하게 차이점이 발견된다. 전중에 발표된 글에서는 "필자 두 명은 1943년 초두부터 9월까지 해군 뉴기니 자원조사대의 대원으로 현지에서 조사에 종사했다. 해군성남방정무부와 태평양협회 히라노 요시타로(平野義太郎) 씨에게 감사한다"(泉 靖一·鈴木 誠 1944.11.10: 2). 또는 "내가 해군 뉴기니 자원조사탐험대였다는 점을 잊으면 안 된다. 끝으로 민족의 지도는 철저하게 이해를 기초로 하지 않으면 안 된다."(泉 靖一·鈴木 誠 1944.11.10: 134)라고 자료 수집 경위를 밝히고 있다. 그런데 동일한 자료를 사용해 발표한 전후의 글은 "나는 1943년 초부터 8개월간 서부 뉴기니에 대한 사회인류학상 조사에 종사하는 기회를 얻었다."(泉 靖一 1950.2: 19; 1951.6.10: 附錄 p. 1)라고 하여, 자료 수집 경위를 전혀 밝히지 않고 있다. 자료 수집 경위에 대하여 "해군"과 관련된 작업이었다는 전중(戰中)의 글과 "사회인류학상"의 작업이었다고 서술한 전후의 글은 전혀 맥락이 달라진 모습이다. 자료 수집 경위라는 것이 사회인류학상 방법론 문제의 중요한 부분이라는 점을 감안하면, 전쟁과 관련된 군속 목적을 은폐한 후자의 진술은 심각한 문제를 야기할 수 있다. 전체 맥락 내에서 개인적으로 어떤 부분에 관심을 갖고 어떻게 자료 수집을 했다는 자료 수집 과정상의 경위가 설명되지 않으면, 위에 진술된 기록만으로는 은폐된 사실이 있음을 지적하지 않을 수 없다.

그럼에도 이즈미의 진술이 보여 주는 것처럼, '사회인류학'을 지향했던 이즈미의 학문 의지에는 간과할 수 없는 부분이 있다. 그 의지가 발현된 부분들에 대해서 정리가 필요하고, 그 결과들이 일본인류학사라는 맥락 속에서 어떻게 이해될 수 있는가에 대한 논의는 우리의 과제로 남아 있다. 이즈미의 뉴기니 조사 자료들과 그것들이 담고 있는 의미를 외면하는 것은 후학들이 저지르는 또 다른 간접 은폐 과정이 될 수 있기 때문에, 전시인류학을 구성하는 대동아전쟁기의 인류학 작업에 대한 재조명이 필요하다.

민족 지도와 선무공작에 의해서 가려져 버린 학문적 공헌이 가능했던 작업들에 대해서 몇 가지 정리해야 할 과제가 남아 있다. 첫째, 부제에 "식물민족학(plant ethnology)"이란 용어를 달고 있는 사고 문화에 관한 논문(泉 靖一 1949.6)은 선례 없는 시도였다. 이즈미보다도 20여 년이나 뒤에 시도된 사라왁의 사고야자에 관한 논문(Morris 1974)도 이즈미의 논문보다 질적으로 더 낫지 않다. 이즈미의 논문이 한 단계 더 심도 있는 분석으로 이어지지 못했던 점이 아쉽다. 예를 들면, 사고라는 특정 식물과 사회조직의 관련성이 소유권이나 전분 채집을 통해 심화될 여지가 사회인류학을 기다리고 있었다고 생각한다. 패전과 함께 종식된 사고를 배경으로 한 이즈미의 '식물민족학'이 나래를 펴지 못한 것에 대한 아쉬움이 남는다. 1960년대 후반부터 등장했던 민속과학(ethnoscience)을 생각할 때, 이즈미의 사고와 관련된 식물민족학은 세계 인류학계를 향한 공헌의 가능성으로 끝나고 말았다. 그가 수집한 자료 분포도를 볼 때, 그는 상당히 넓은 지역에 걸쳐서 답사를 했음을 알 수 있고(泉 靖一 1949.6: 44), 이 논문에서 언급되는 자료의 제시 정도로 판단할 때, 그는 웨나타니자미헤자티자티자(Wenatanijamihejatijatija) 부족에서 가장 많은 시간을 보낸 것 같다.

이즈미가 동참한 "원주민의 생체 계측 자료"(鈴木 誠 1949.4: 44)와 "혈액형과 지문에 관한 민족생물학적 연구"(小林宏志 1949.4: 198)는 체질인류학 분야에서 펼칠 수 있는 학문 성과가 있었다. 그 작업은 경성제국대학 해부학교실의 이마무라 유타카 교수를 중심으로 하여 장기간 지속되었던 작업의 일환으로 수렴되었고, 일본의 선사·원사 인골을 주로 하고, 주변 지역의 사례들을 포함한 789례의 인골(清野謙次 1928.5.25: 420)은 아시아를 대표할 수 있는 골학(osteology) 분야의 업적으로 기록되기에 충분했다. 교토제대에서 키요노 켄지에게 학습을 받았던 이마무라는 골학 연구의 전통을 이어 가는 노력을 했고, "1936년 (…) 「나의 염원」라는 작은 글에는 (…) 금후 이십 년 정년까지 만몽과 시베리아의 재료까지 그 후 십 년간 조선인 전신골격 300체, 만주에서는 북지인골 100체, 몽고에서는 몽고인골 200체, 뉴기니에서 파푸아 인골두 70과를 수집 (…) 세계에 과시할 만한 수집품"(島 五郎 1957.11: i)을 시도했던 것이다. 그중에서 뉴기니 것은 스즈키 마코토가 이즈미와 함께 1943년에 수집한 것이다. 현재 그 교실의 수집품들은 행방불명 상태지만, 그들의 체질인류학적 연구 시도는 망각하지 말아야 할 업적이라고 생각한다.

이즈미가 남긴 미발표의 영문 원고가 있다. 제목은 "The Social Organization of the Natives in Netherland New Guinea: Especially on the Formation of their Stems"이며, A4 용지 30쪽으로 저자는 "Sei-ichi Izumi"라고 된 것이다. "1943년에 헬빙크만과 라카히아만 그리고 에토나만을 답사했다. 후자 두 만은 아라푸라해를 면하고 있다. stem(super-family)에 관한 연구"(Izumi 1957?)라는 설명이 붙은 이 논문은 미국 출장 명분으로 하버드대학 유학 기간(1956.8.13-1958.2.16)에 작성된 것으로 추정된다. 소웩(Sowek)촌의 경우, "3-4세대 공동생활"(泉 靖一·中山稻雄 1944.5: 25)로서 "1호당 평균 13.3명 거주. 보통 4개의 방과 각각 방에 딸린 취방(炊房)이 있다."(泉 靖一·中山稻雄 1944.5: 17)는 내용이었고, "코리도 대촌의 주민은 1,012인으로 41호"(飯山達雄 1970.7.10: 106)이기 때문에, 1호에 평균 24명이 거주하는 대가족 형태에 관한 논의였다. 소웩과 코리도의 가족 형태를 stem이란 개념으로 이해하려고 시도했던 이즈미의 접근은 그 당시 친척과 가족을 연구하던 세계 인류학계의 경향으로부터 빗나간 것이었다. 전후 사회인류학의 경향이 아프리카의 혈통(descent) 연구에서 오세아니아의 결연(alliance) 연구로 전환하고 있었던 흐름을 전혀 간파하지 못한 작품이다. 1930년대 한번 진도를 놓치고 따라잡지 못한 학계의 정체 현상이 지속적인 모습을 보여 주는 것이다.

이즈미 일행이 경성에 돌아왔을 때, 경성제대의 대학신문은 그들의 작업에 대한 기사를 게재했다. “뉴기니 자원조사학술탐험대(ニューギニヤ資源調査學術探險隊)는 이즈미 세이이치(학생과), 핫토리 사토시(服部 敏, 정형외과), 스즈키 마코토(해부), 코바야시 히로시(小林宏志, 법의), 타나카 마사시(田中正四, 위생) 5명”이고, “스즈키 씨는 파푸아인 인골 65체를 민속반의 이즈미씨는 천 점이 넘는 원주민 사용의 토속품을 가지고 돌아왔다. (…) 철도국의 이이야마 타츠오 씨도 함께했다. 사진 기술을 마음껏 발휘한 동씨는 다수의 우수한 현지 사진을 가지고 돌아왔다”, “이즈미 세이이치 씨는 민속학상의 현주민 토속 참고 자료로 천 점이 넘는 토삼을 가지고 돌아왔다. 먼저 본학에 있는 민속진열관이 일본 유수의 수집을 과시하게 되었다”(城大學報 74號 1943.10.1). 즉, 이즈미는 적지 않은 박물관용 토속품을 가지고 왔고, 그것들이 경성제국대학의 진열관에 수집되었음을 알 수 있다.

그런데 「서울대학신문」 1948년 3월 1일 자에는 “민속참고품실: 우리나라 것들은 정리 중이고, 에스키모 관계 63점(코펜하겐국립박물관에서 보낸 것), 뉴기니 관계 약 200점, 라마교 및 살만교 관계 약 20점, 오로촌 40점, 고르지 15점, 몽고인 관계 75점”이라는 기록이 있다. 5년 사이 두 기록에 뉴기니 유물의 숫자가 이렇게 큰 차이를 보이는 것은 어떤 이유에서일까? 그 5년 사이에 일본의 패전과 조선의 해방으로 대학의 주체가 바뀌었는데, 그 과정에서 어떤 문제가 개입되었기에 이렇게 큰 차이를 보이는 것일까?

현재 서울대학교박물관에는 유물번호 1258부터 1346까지 ‘뉴기니 토속품’이 정리되어 있다. 번호상으로 89가지가 수장되어 있고, 그 유물의 총수는 약 200점에 달한다. 약 200점이라고 표현할 수밖에 없는

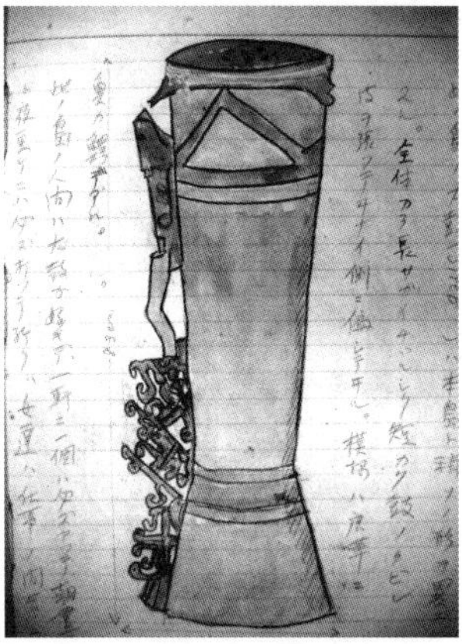

[사진 8-29] 이즈미 세이이치의 수채화(북)

[사진 8-30] 경성제대 진열관 앞의 아키바 타카시와 뉴기니 수집품(秋葉万里子 소장)

것은 유물대장에 등록되어 있는 '뉴기니 토속품' 속에 포함된 것들 중에는 분명히 '뉴기니 토속품'이 아닌 것도 포함되어 있고, 번호 하나에 여러 개의 물건들이 있는데, 어떤 것들은 하나의 물건이 관리 부실로 쪼개진 것이기 때문이다. '뉴기니 토속품'의 대부분은 비악도에서 수집된 것이고, 홀란디아(현재 지명은 자야푸라)의 것도 소수 있다. 당시 홀란디아에는 자원조사대 "제1반 전원 14명으로 야기 켄조(八木健三, 반장, 동북제대 조교수, 지질광물), 야마모토 야스오(山本保男, 왕자제지, 임업), 아베 타츠조(阿部辰三, 일본발송전, 수력), 코바야시 히로시(小林宏志, 경성제대의학부, 의학)와 고력(苦力)이 10명" 파견되었고, "6월 3일 어떤 마을"(澤 壽次 1944.1.5)에서 토속품 일부가 수집되었다고 생각된다.

[사진 8-30]은 아키바 타카시 교수가 진열관 입구인 계단에 앉아 뉴기니에서 수집되어 온 유물들을 수장고에 넣기 전에 진열한 모습이다. 그림자의 상태로 보아 이 사진은 1944년 2월 11일 오후에 찍은 것이라 생각된다. 사진 속에서 발견되는 한 가지 특징은 끄르와르다. 현재 서울대학교박물관 유물대장에는 유물번호 "1275"로 등록이 되어 있고, 모두 "10"개로서 "목우"라는 명칭이 부여되어 있다. 유물대장 설명에는 "뉴기니 토속

품, 목조 인형 좌상, 입상 등 가족이 여행이나 전쟁에 나갔을 때 또는 사망했을 때 만들어 이에 공물(供物)을 바친다."라고 적혀 있다. 이런 형태의 끄르와르는 뉴기니에서도 비악도 지방의 특징을 잘 보여 준다. 유물대장의 설명에는 오류가 포함되어 있지만, 끄르와르를 비롯한 해당 지방의 신앙에 관한 연구를 위한 중요한 유물임에 틀림없다. 사회인류학을 지향했던 이즈미가 박물관 유물이 될 수 있는 토속품들을 수집했다는 점은 이즈미의 학문이 아키바의 그것을 승계하는 점을 보인다고 말할 수 있다. 아키바의 제자로 사회학 강좌에 입문했던 이즈미는 1936년 7월 아키바의 제안으로 북만주 흥안령의 오로첸으로 유물 수집을 다녀온 적이 있다(泉 靖一 1937.1).

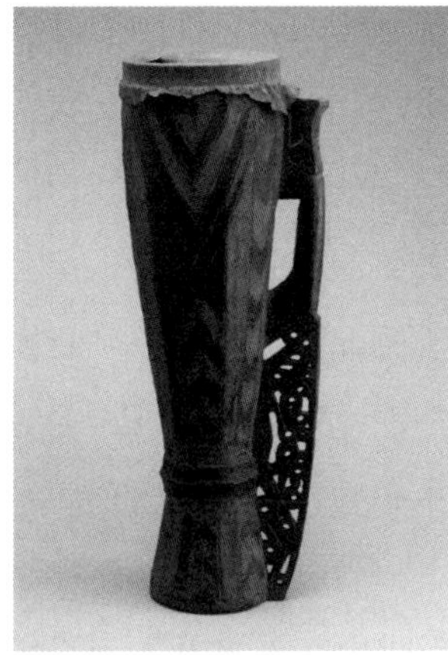

[사진 8-31] 서울대학교박물관 유물번호 1269, 뉴기니 토속품 "북"

자원 조사와 선무공작을 주요 업무로 하고 부차적으로 학술 조사를 수행했던 이즈미의 작업을 학술 측면에서만 관찰하면, 몇 가지 부문으로 요약해서 정리할 수 있다. 그의 식물민족학과 박물관학적 업적은 미완 상태로 이어졌고, 원주민의 종교에 관한 관심은 선무공작에 가려졌다. 그 작업들이 모두 완성도를 보여 주지 못하는 것은 본질적으로 뉴기니에 파견된 원래 목적으로 가려질 수밖에 없었다고 생각된다. 한 걸음 더 나아가서 이즈미의 학문적 성과는 후일 은폐라는 과정으로 포장되는 모습도 보여 준다. 이즈미의 뉴기니 조사에 대해 여태까지 어느 누구도 검토한 적이 없는 이유가 미완과 은폐를 포함하는 이상과 같은 상황에서 비롯되었을 가능성이 있다. 미완된 부분이 아쉽고, 은폐된 부분은 안타깝지만, 뉴기니와 관련된 작업은 후속 세대의 몫으로 남아 있다. 만약 후속 세대가 그것을 외면한다면 그 외면 자체가 사실 은폐의 범주에 포함될 수도 있다.

뉴기니의 마노콰리에 도착한 뒤 5개월이 채 안 되는 기간 내에 "수하우딘 제도의 도민은 거의 대부분이 말레이어를 말하기 때문에 통역의 필요도 없이 이야기가 가능했다."(泉 靖一 1971.11.10: 192)는 이즈미는 외국어 습득에 천재적인 소질을 발휘했고, 전란의 포연 속에서 짬짬이 수집한 자료로 '사회인류학'이란 학문을 지향했던 그의 작업은 대동아전쟁이라는 시대 상황의 산물이라는 점을 부인할 수 없다. 그것이 학문이었다면, 그것은 시작에서부터 종식될 때까지 군속의 일환이었음을 재확인하고 싶다.

1943년 3월 11일 뉴기니민정부 조사국장 아다치 마타히코(足立又彦)[23]의 이름으로 자원조사대 제3반장 사타케에게 내린 명령서인 "뉴기니민정부조기밀제9호"에는 해군 촉탁 이즈미 등 9명의 이름이 포함되어 있다(佐竹義輔 1963.6.15: 92). 제3반 특별반의 활동에 대한 증언 중의 반 구성을 보여 주는 "이즈미, 마스미츠 소켄(益滿增憲, 190X, 통역, 남양흥발사원), 나카야마 이나오(中山稻雄 1920?-, 연락원, 해군필생), 수병(水兵)의 코바야시(小林), 히구치(樋口), 오고탄(192X, 인도네시아 순경)"(佐藤久 2004.11.27)이라는 진술도 당시 진행되었던 학술 조사의 구성과 분위기가 군대 조직의 명령 계통과 완벽하게 동일함을 지적할 수 있을 뿐만 아니라 대원 속에는 실제로 현역 군인들도 포함되어 있었다. "대원은 모두 군속이 되었다."(泉 貴美子 1972: 83)라는 이즈미 부인의 기록은 문자 그대로 받아들일 수 있다.

따라서 뉴기니와 관련된 이즈미의 논문과 보고서는 군국주의가 주도하였던 시국하의 군속인류학이라고 말해도 무리가 없다. 이즈미의 논문들뿐만 아니라 그의 동료들이 발표했던 체질인류학 관련 모든 논문도 예외 없이 군속인류학의 범주에 속한다고 말하는 것이 정직한 표현이다. 그것이 군사인류학이 되기 위해서는 군속의 질곡을 벗어나야 하는 것이라고 생각한다.

4. '대동아'의 시뮬라크르: '상징물리학'

일본 정신사에 드러나는 일본인론(일본문화론)에 대한 설명은 "전향론(轉向論)"(鶴見俊輔 1982.5.24: 222)으로 완결될 수 있는 것인가? 필연적으로 상대를 마주치게 되는 제국주의와 전쟁이란 문제에 봉착했을 때, 내부 역동성의 기초가 되는 일본 정신사의 전향론은 어떤 방향으로 설명이 가능할 것인가? 츠루미 슌스케(鶴見俊輔 1922-2015)의 전향론이 남겨주는 여운에 대해 생각하지 않으면, 전향론에 의한 일본인론은 완결편이 아니라고 생각한다. '전향 이후'의 단계와 과정은 어떠한 추상을 지향하게 될 것인가? '전향'이 떠난 자리에는 신경생리학적 잔영만 남는 것인가? 그렇지 않다. 시뮬라크르(simulacre) 문제가 기다리고 있다. 전향 이후에는 잔영이 남고, 그다음으로 시뮬라크르 현상이 이어진다. 잔영이 신경생리학적 현상이라면, 시뮬라크르는 상징물리학적 현상이다. 전자는 사라지는 속성이 필연적이지만, 후자는 간헐적으로 솟아오르는 과정의 문제다. 1940년 8월 1일 발표된 마쓰오카(松岡洋右, 외무대신) 성명의 일부를 보자.

> "우리들의 현재 정책은 황도(皇道)의 위대한 정신에 기초해 일본, 만주국 그리고 중국을 연결하는 대동아공영권을 수립하는 것이다. (…) 대동아공영권 안에 불령(佛領) 인도지나와 난령(蘭領) 인도네시아를 포함하는 것은 당연하다"(鶴見俊輔 1982.5.24: 62 재인용).

'대동아'의 상징이 얼마나 엄청난 물리력을 동원했는지에 대해서는 부언할 필요조차 없다. 그것은 대동아라는 상징의 대두에 의해 분리되는 전과 후의 시기와 각각의 시기에 대한 총체적 비교로 어렵지 않게 증명될 수 있다. 나는 이런 현상의 설명 방법을 상징물리학이라고 부른다. 전쟁의 상징물리학은 사라지는 잔영이 아니라 확산되는 시뮬라크르로 나타남을 논증하는 작업에 동원될 수 있다. 총력전을 위한 총동원 상태의 대동아전쟁 과정 중, 학문 부문을 담당했던 학자들의 행동과 실천을 성찰적으로 조망해 보는 작업이 그 내용을 이룰 수 있다.

대동아에 의해서 구획된 실체적 영역으로서의 '공영권'이 확정되었고, "공영권 결성의 진행과 학문의 신체제가 도래했으니 학문 형식에 일대 변혁을 기하자"(淸野謙次 1942.11.1: 55)라는 주장이 제기되었다. 한술 더 떠, 리츠메이칸(立命館)대학의 역사지리학자 후지오카 켄지로(藤岡謙二郎 1914-1985)는 아이안 호빈(Ian Hogbin), 다릴 포드(Daryll Forde), 월터 조지 이븐스(W.G. Ivens 1871-1939) 그리고 해브마이어(L. Havemeyer) 등의 토속지 문서들을 참고해 남태평양의 소도(小島)가 세기의 전환 지역이라는 관점을 정리하고, 황군(皇軍)에 의한 대동아성전의 확대(藤岡謙二郎 1943.6: 134)를 학문이란 이름으로 지원했으며, 도쿄제국대학은 1941년 3월 남방자원과학연구회(회장 총장; 부회장 농학부장)를 창설하고 시리즈물로 남방자원 연구자료를 발간했다(東京帝國大學南方資源科學硏究會資源部 編 1943.9.30).

전역의 확대로 인해 발생하는 점령지 통치라는 문제가 대두되면서, 점령지의 주민들을 관리해야 하는 작업에 대한 민족학자들의 민족동원 의견들이 대두되기도 했다. 점령 대상으로서의 민족에 대한 민족학 개입은 제국주의 이래로 당연한 논리의 개진이었고, 점령 대상과 점령 주체 사이에 개입되는 민족 관계에 대한 이론적 논의라는 작업이 민족학자들의 몫으로 인정되도록 하기 위한 민족학자의 목소리가 대두되었다. "지도 민족의 피지도 민족에 대한 정책의 기조는 흡족할 때까지 피지도 민족의 민족 구조를 지도 민족의 민족 구조에 접근시키는 것이어야 한다. (…) 지도 민족에 의한 피지도 민족의 흡수 동화의 과정에 있어 한편으로는 피지도 민족의 민족 구조의 파괴가 필연적이고, 또 다른 한편으로는 지도 민족의 민족 구조의 강인화가 촉진되지 않으면 안 된다."(岩村 忍 1941.11: 13)라고 주장했다. 전쟁을 빌미로 민족 지도라는 명분하에 상승되는 학문 포기 정황을 읽을 수 있는 대목이다.

대동아의 시뮬라크르가 보여 준 확대재생산의 물리력이 이즈미라는 한 젊은 학자의 활동까지 스며들어서 진행되고 있었던 것이다. "이번 대동아전쟁의 커다란 전과(戰果)는 엄청나게 광대한 지역에서 각종 민족의 지도자로서의 책무를 국민 한 사람 한 사람에게 부담시키고 있다. 민족지도는 관념적 격정이나 깊은 감상과 로맨스로 이루어지지 않는 것은 물론이다"(泉 靖一 1944.4: 26). 지도 민족에서 파견된 민족학자가 수행하는 피지도 민족에 대한 작업은 그 자체가 하나의 시혜적 활동이라는 인식이 이즈미의 진술 속에서 읽어지는 대목이다. 1943년 현재 이즈미는 그런 사상 무장을 한 상태에서 뉴기니 조사대의 일원으로 참가했던 것이라고 생각한다. "민족 정책이라는 것은 선전 모략과 같은 것"(小山榮三 1942.11.10: 72)이었기 때문에, 이즈미는 야-무르 협곡과 비악도에서 "원주민들 상대의 선무품이 필요했고, (원주민들에게) 목면, 면포, 목걸이, 귀걸이, 일본 국기 등을 제공했다"(座談會 1944.2.21: 61).

도쿄의 민족학협회에서 1944년 9월에 개최했던 좌담회(화족회관)에서는 대동아전쟁의 마지막 결전을 앞둔 상황에서 민족학의 사명감에 대한 중지를 모았다. 출석자는 우노 엔쿠(동양문화연구소장, 문학박사), 이시다 미키노스케(石田幹之助, 일본대학교수), 타카다 야스마(高田保馬, 민족연구소장, 문학박사), 오카 마사오(岡 正雄, 민족연구소원), 코야마 에이조(小山榮三, 민족연구소원), 후루노 키요토(민족학협회 조사부장), 카리야 아키타로(守屋秋太郎, 민족학협회 조사부 주사)였고, 카리야가 사회를 보았다. 이 기록의 발행일자는 1945년 8월 30일이지만, "7월 25일 인쇄납본"이라고 적혀 있다. 즉, 발행일자와 인쇄납본일자 사이에 패전을 맞이했음을 알 수 있다. 좌담회의 기록 일부를 소개함으로써, 민족 지도라는 명분에서 대동아의 시뮬라크르가 굴러가는 모습의 일단을 관찰할 수 있다.

"카리야: 대동아전쟁 발발 이래 민족 연구 문제가 대단히 중대성을 가지게 되었기 때문에, 국립의 민족연구소도 설립되었고 이 방면의 연구가 전력의 증강과 나란히 간주되어 날로 중요함을 더하고 있다"(座談會 1945.8.30: 15).

"오카: 버마에서 전쟁을 하는 경우 카친이 상당한 역할을 할 것이라고 생각이 되지만, 다른 한편으로는 카친의 문화 정도가 낮은 입장에 대해서 문제를 제기하는 경우도 있었다. 그러나 생각해 보면, 어느 정도의 민족의식이라는 것을 가지고 있다는 점에서 바라보게 되면, 카친 연구의 필요성이 있다는 인식이 이루어진다. 이번 북버마의 전쟁에 있어서도 충분한 역할을 할 수 있을지도 모른다. 공영권 내에 있어 민족 연구는 문화 단계 연구나 문화 요소 연구만을 하는 것은 아니라고 생각한다"(座談會 1945.8.30: 27).

"오카: 결국 민족 연구라는 것도 정치적으로 보면 비차(飛車)나 뿔[角]의 크기만을 대상으로 하는 것과는 크게 다른 점이 있다"(座談會 1945.8.30: 27).

"오카: 일본에서 공영권 내 제 민족 연구는 독자적인 요청을 가지고 있다고 생각한다."

"후루노: 대동아공영권이라든가 주(州)라든가, 러시아가 하고 있는 것처럼 그런 분위기가 나는 방향의 것을 그대로 베끼는 것이 아니라 우리 나라에서도 무엇인가 가능한 것이 있다고 생각이 되는데, 예를 들면,

50만 명까지 민족의 지역에 대해서는 하나의 주로서 자치권 같은 것을 부여하든지 아니면 그와 유사한 독립을 부여하는 등 대외적으로 수용 가능한 공영권의 민족 구상이 필요하다고 생각한다."

"이시다: 공영권 연방이라는 것도 가능하지 않을까."

"후루노: 문제는 거기에 있다. 각각에 대해서 언급되는 것은 해석에 따라서는 민족자결주의에 역류하는 느낌도 있다."

"오카: 바로 그 점이다. 이건 후루노 군의 아이디어이지만, 예를 들면, 자바 공영국가라든가 또는 주 정도에 대해 공영주라든가 여러 민족이 각각 인구량과 능력에 따라서 공영권 민족 질서를 구성하도록 하는 것이 필요하다"(座談會 1945.8.30: 28).

위 내용은 패전 직전이라는 시점에서, 오카 마사오와 후루노 기요토를 중심으로 대동아공영권의 민족 정책을 어떻게 세우려는지에 대한 아이디어가 드러나는 현장이다. 자신들의 논의 내용이 "민족자결주의에 역류"한다는 점을 숙지했다는 사실에 놀라지 않을 수 없다. 1944년 1월 24일 대본영은 대륙타통작전(大陸打通作戰)을 명령했으며, 남방총군은 북버마에서 인도를 침공하는 임팔(Imphal)작전을 시도했고(3월 8일), 그 작전은 4개월 만에 무효로 돌아갔다. 민족학협회 좌담회에서 오카가 북버마 카친족의 전투 이용에 관한 발언을 하던 시기보다 이미 2개월 전에 종료된 내용이었다.

정보 통제에 의한 전황무지(戰況無知) 속에서, 민족학을 앞세운 대동아의 시뮬라크르가 신기루(蜃氣樓)와도 같이 나타났던 장면이다. 분명한 점은 그들이 민족학이란 학문을 수행하던 목적이 명백하게 드러난 셈이다. 민족학이란 학문 전체가 군속으로 전환했던 점을 지적할 수 있고, 민족학은 군속인류학의 내용을 착실하게 수행하고 있었다. 패전과 함께 대동아라는 상징은 사라졌지만, 대동아라는 상징의 시뮬라크르는 사라지지 않았다. 대동아라는 시뮬라크르의 상징물리학은 그 이후에 작동하기 위해 잠복하고 있었다.

전후 일본민족학회는 새로운 분위기를 맞았다. 1947년 가을 CIE의 인문과학주임 아브라함 할펀(Abraham M. Halpern 1914-1985)[24]이 문부성 과학교육국 인문과학 과장과 협의한 결과의 일환으로 1948년 봄, 1) 일본 인문과학 연구상황 시찰 2) 일본 인문과학자와 간담 3) 그 결과를 GHQ에 보고서로 제출할 목적으로 미국인문과학고문단을 초청할 것이라고 전언했다. 문부성은 1947년 말부터 1948년 초 사이에 그에 대한 준비를 했다.[25]

이런 대전환 분위기에서 일본민족학회는 1948년 7월부터 연구간담회를 부활시켰으며(民族學硏究 13(1): 93), 4회(1949.2.13)에 이즈미가 「사고야자 문화에 대하여」를 발표했다. 뉴기니에 관한 이즈미의 세 가지 글이 게재되었던 『민족학연구』는 13권 4호, 14권 3호, 14권 4호다. 당시 이즈미는 이시다 에이이치로(石田英一郎)를 대표로 하는 동 학술지의 편집진에 소속되어 있었고, 원고를 수집하는 임무를 수행했다. 그 과정에서 이즈미의 논문이 실리게 되었을 것이라 생각된다. 13권 4호에는 이즈미의 글 이외에도 중국 무슬림(사구치 토오루-佐口 透), 뉴브리튼도(이시카와 모토스케-石川元助), 아이누(나토리 타케미츠-名取武光과 토사바야시 요시오-土佐林義雄), 보르네오 다약족(타카누시 타케조-高主武三)의 '논문'들과 전후 대만 민족학계(미야모토 노부토-宮本延人)와 충승 연구(킨조 초에이-金城朝永)를 다룬 '학계 통신'도 게재되었다. 14권 3호에는 이즈미의 글과 함께 미크로네시아(오쿠노 히코로쿠로-奧野彦六郎)와 운남(마키노 타츠미-牧野 巽) 그리고 '훈'(우치다 긴부-內田吟風) 관계의 '논문'들이 게재되었다. 14권 4호에는 이즈미의 글이 '자료와 통신'란에 반 쪽을 할애하는 정도로 실렸다.

그 잡지의 세 책에서 뽑은 글의 주제들은 모두 이시다 에이이치로의 의도대로 '대동아권민족학(大東亞圈民族學)'의 범주에 속하는 것들이라는 공통점을 갖고 있다. 당시 논문집을 제작하기 위해 필자들을 접촉할 수 있는 범위가 전쟁 도중 '대동아'의 각처에서 활동했던 사람들이 대부분이었을 것임은 명백하다. 그렇게 수집한 '대동아권' 논문의 수는 2년이라는 짧은 기간 내에서도 시간이 흐를수록 급속하게 소멸되어 갔음을 증언해 주는 현장을 당시의 『민족학연구』 목차에서 발견할 수 있다. 더군다나 14권 4호에는 5편의 논문으로 구성된 루스 베네딕트 '특집'이 '논문' 영역을 대체하고 있다. 점령군으로 들어온 미군과 그 배경의 영향하에서 논문집이 제작되고 있음을 대변하고 있다.

패전 직후 『민족학연구』에 이즈미의 논문들이 게재된 배경이 어느 정도는 설명되었다고 생각하는데, 왜 하필 뉴기니 조사 논문들이었는가? 이즈미는 왜, 뉴기니 관련 논문들을 수록했는가? 사실 그의 전쟁 중 학문 여정 10년 동안 그가 뉴기니에 쏟은 시간은 10분의 1 정도밖에 되지 않는다. 그리고 패전 직전의 조사 사업은 경성제국대학 대륙자원과학연구소에서 파견되었던 몽강(蒙疆)에 관한 것이었는데, 왜 뉴기니 조사의 글들을 게재했는가? 몽강 지역에서 수집했던 자료들과 필드노트들이 지금도 잘 보관되고 있는데, 왜 뉴기니 관련 글들을 게재했는가? 이즈미는 1945년 8월 20일을 전후로 경성제국대학 연구실에서 몽강의 수집 자료들을 상당한 수준으로 정리한 상태로 남겨 두고, 전후처리의 인양 업무에 종사하면서 자신도 하카다(博多)로 인양되었다. 몽강 자료들은 이즈미의 최종 분석을 기다리는 채 지금도 남겨진 상태다. 작업의 연속성이라는 측면에서 보면, 이즈미는 몽강 자료들을 손질해 전후 최초 논문을 작성했을 수도 있었을 텐데, 왜 포연의 와중에서 해군의 명령으로 고력들과 함께한 자원 조사 과정에서 편린으로 수집되고 어설프게 정리된 뉴기니 자료들을 전후 최초의 작품으로 제시했을까?

만주민족학회(滿洲民族學會)는 1944년 1월 16일 좌담회를 열어서 민족연구소의 오카 마사오(岡 正雄 1898-1982)와 경성대학의 이즈미를 초청했다. 다음 날 강연회를 개최한 자리에서 이즈미는 「뉴기니 토인의 생활 조사의 상황과 오로첸족과의 비교에 대하여」를 발표했다. 당시 46세의 오카는 국립민족연구소의 실세로서 일본민족학계의 중심 역할을 수행했다. 아직 30세가 되지 않았던 이즈미가 보여 준 남선북마적 민족학 모습이 오카에게는 상당히 인상적이었을 것이다. 필드워크의 기반 없이 거시적 비교 연구를 자신의 민족학적 방법으로 생각하고 있었던 오카에게 북만(北滿)의 오로첸과 뉴기니의 파푸아에 관한 필드 자료를 비교하는 이즈미의 모습은 일종의 신선한 충격으로 받아졌을 것이라고 생각한다.

지난 이십여 년 동안 일본인류학사에 관련된 자료 수집을 위해 인터뷰 과정에서 중복으로 증언된 내용 중 하나로 전후 창설된 도립대학 사회인류학연구실 교수로서 오카가 조교수를 채용하는 과정에 관한 에피소드가 있다. 오카는 처음에 메이지대학의 이즈미를 조교수로 점찍고 이즈미로부터 구두 약속을 받았는데, 이시다 에이이치로의 부름을 받은 이즈미가 도쿄대학 동양문화연구소로 자리를 옮겼다. 그 후 오카는 이즈미 대신에 마부치 도이치(馬淵東一)를 조교수로 초빙했고 오카와 이즈미의 관계는 소원해졌다고 한다.

전후 곧바로 일본민족학계는 오카의 박사학위 논문을 중심으로 일본 민족의 기원에 관한 논의가 소용돌이쳤고, 그 상황에 직면한 이즈미는 전후 도쿄의 무대에 데뷔하는 민족학자의 퍼포먼스 전략을 생각했을 것이다. '전후'라는 새로운 판도에서 민족학자로서 살아가야 하는 이즈미로서는, 그리고 식민지 출신으로서 도쿄라는 '제도(帝都)'에서 살아남아야 하는 이즈미로서는 무엇인가 보여 주어야 할 '조커'가 필요했던 것이다. '북마(北馬)'의 경력(泉 靖一 1937.1)만[26]을 보여 주는 것보다는 '남선(南船)'을 아울러서 '남선북마'의 구도를, 필드워커로서 자신의 이미지를 어필하는 의도가 작동했다고 생각한다. 또 다른 한편, 야로에 기반한 뉴기니에 관한 일본민족학자의 논문으로서 이즈미의 논문이 최초였다는 사실도 망각하지 말아야 할 대목이다. 글의 내용보다는 필드워커로서의 구도를 먼저 생각했을 것으로 이해한다. 왜냐하면, 그의 뉴기니 관련 글들의 수준은 자신이 붙인 제목을 만족시키지 못하는 정도로 빈약하다. 야장의 군데군데를 짜깁기식으로 엮은 수준이다. 그럼에도 뉴기니의 논문을 제시한 것은 전후 도쿄의 무대에서 데뷔하는 작품이라는 의미를 부여한 것으로 이해할 수 있고, 그의 의도는 상당한 정도로 성공적이었다고 생각된다.

이즈미의 「머나먼 산들(遙かな山やま)」은 "1967년 8월부터 1970년 6월까지 산악잡지 『아루푸(アルプ)』에 연재한 것"(梅棹忠夫 1971.11.10: 351)의 일부인데, 과거에 출판되었던 자신의 글을 중심으로 재정리한 것으로 이해된다. 그런데, 문제가 되는 뉴기니 부분(159-198쪽)에서는 전운이 짙은 대동아전쟁 분위기는 모두 사라지고 낭만적인 탐험 분위기뿐이며, 선무공작에 관련된 내용은 일체 삭제되었다. 그 대신에 이즈미는 "진료를 통한 조사"(泉 靖一 1971.11.10: 192)임을 강조하고 있다. 흔히 텍스트의 의미는 "표현 욕구와 검열 사이의 타협점"(Bourdieu 1991: 137)이 만들어 낸 결과라 이해되지만, 저자의 표현 욕구 자체가 자기검열 과정에 의해서 통제된 결과물일 수 있다는 점을 망각할 수는 없다. 피에르 부르디외(Pierre Bourdieu 1930-2002)의 지적은 훨씬 더 심각한 양상으로 전개될 수 있다. 치열한 포연 속의 전장을 몸으로 체험하면서 한편으로 학문을 추구했던 이즈미와 그렇지 못했던 부르디외의 차이일 수도 있다. 남양군도의 사선(死線)을 통과했던 대동아전쟁의 체험이 더욱더 생생하게 드러나야 하는 이유가 여기에 있다. 인간 조건의 한계에 관한 문제를 어디까지 천착할 수 있는가 하는 철학적 문제 의식의 발로에서 점령지와 전쟁 체험에 관한 논의는 군속인류학을 넘어서 군

사인류학으로 승화해야 하는 이유를 발견하게 된다. 그것이 전쟁으로 인한 인간 희생의 대가로 회복되는 미래를 위한 길이 될 것이라는 기대를 해본다.

한 걸음 더 나아가 이즈미는 "화란의 지배 체제의 붕괴와 함께 무너진 건강보건관리체제의 재건에 대해서 생각하는 것과 (…) 원주민의 복지나 생활의 향상을 생각하기 위해서 인류학상 조사를 실시했다. (…) 조사대의 파견 주체였던 해군 뉴기니민정국에 대해서 이해를 시키는 것이 곤란했다. 특히 '원주민의 복지나 생활의 향상'이란 점에 지적을 당했는데, 전쟁 중에 피점령지의 주민에 대해 생각할 필요가 없다는 간단한 논리였다. 인도주의에 대해 그들을 설득하는 것은 불가능했고, 노무관리적 발상은 내가 하고 싶지 않은 것이었다. 몇 차례 논쟁을 일으켜서 마지막으로 일치한 것은 그들도 사람이고 따라서 '황화(皇化)될 권리'가 있다는 점이었다."(泉 靖一 1971.11.10: 164)라고 적었다. 위의 진술을 '해군 뉴기니 조사대'에 제출해 발간되었던 보고서 중에서 선무공작과 노무 자원으로써의 원주민 그리고 원주민 지도자 처단을 담은 내용들과 비교할 경우, 우리는 어떤 판단을 해야 할 것인가.

1971년의 서적에서는 원주민들을 대상으로 했던 신체 측정과 인골 수집을 중심으로 한 체질인류학적 작업에 대해서도 전혀 언급이 없다. 30년이 격한 세월이라는 시간대의 차이뿐 아니라 두 시간대 사이에 개입되어 있는 정치적 배경과 권력의 소재가 달라진 점을 이유로 하여 동일한 저자의 두 문서에 나타나는 관점 격차에 대한 판단을 유보할 수 있을 것인가? 그런 관점 격차는 후자에 의해 전자가 부인됨으로써 발생했음을 지적할 수 있다. 관점 격차의 원인이 된 "전문적 부인"(professional denial, Schafft 2004: 224) 현상에 대해서 관심을 갖지 않을 수 없다. 이즈미의 학문이 군속인류학의 틀 내에 머무를 수밖에 없는 이유가 분명해진다. 표현 욕구가 발동하는 시점에 이미 전문적 부인 메커니즘이 작동하고 있는 것이다.

'전문적 부인' 현상은 시간을 달리해 다른 곳에도 반복적으로 일어나고 있으며, 후속 세대에 승계되어 나타난 경우도 발견된다. 『아사히신문』(도쿄/조간)에 게재되었던 3일분의 글을 하나로 묶어 이즈미의 저작집에 게재한 경우를 살펴보면 다음과 같다. 1943년 신문기사로 게재되었던 것과 1972년 저작집에 실린 것의 내용을 비교해 보면, 『아사히신문』 기사 중 「서뉴기니의 목우」(중)(泉 靖一 1943.10.27)과 「서뉴기니의 목우」(하)(泉 靖一 1943.10.28)는 달라진 것이 없으나, 「서뉴기니의 목우」(상)(泉 靖一 1943.10.26)은 상당 부분이 삭제되었고, 고쳐진 부분도 있다. 삭제되었거나 고쳐진 부분은 주로 대동아전쟁과 민족통치에 관련된 것들임을 확인할 수 있다. 저작집의 편자는 "본권에 수록한 여러 논문의 초출 게재지명을 기록하는 동시에 수록하는 이유도 기록한다. (…) '서뉴기니의 목우'(1943년, 아사히신문)와, 물질문화에 대한 선생의 관심을 단적으로 보여 주는 것"(大給近達 1972.4.15: 396-397)이라고 부언했다. 사실상 기사의 내용은 '물질문화'를 논하려는 것이 아니라 신문기사에 큰 글씨 제목으로 적혀 있듯이 "민족통치의 중요성", "원시적 정신생활", "엄숙한 죽음행사" 등이었다. 편자인 오규 치카사토(1931-2013)가 '저작집'을 편집하는 과정에서 이즈미의 원래 의도와 달리 설명했음을 알 수 있다. 오규는 이즈미의 도쿄대학 문화인류학연구실 제자다.

왜 편자에 의해 삭제와 개고가 시행되었을까? 삭제와 개고된 부분이 정답을 제공한다. 즉, 편자는 '대동아전쟁'과 전쟁 중 '민족통치'와 관련된 부분을 드러냄으로 선생(이즈미)의 업적에 누가 될 수 있다고 생각했을 가능성이 있다. 유사한 과정은 원저자인 이즈미 자신에 의해서도 실행되었던 부분이 있음(全京秀 2005.3.25)을 상기한다면, 사제의 대를 이어서 진행되는 '전문적 부인'에 의한 사실 은폐 현상을 지적할 수 있다. 이것이 시뮬라크르 현상이며, '대동아'라는 키워드에 관련된 모든 현상으로 확산되어 시뮬라크르로 반복되어 나타날 수밖에 없다. 그 과정은 모든 문제의 원천인 군국주의와 그것과 관련된 기억과 관련되게 마련이다.

5. 소결과 과제

전시에 전장으로 동원되었던 인류학자의 작업에 대해서 평가하는 것은 위험할 수 있다. 평가의 출발점부터 선과 악을 기준으로 한 도덕적 가치판단이 개입될 가능성이 높기 때문이다. 그러므로 이 장의 작성 과정에서 가치판단에서 자유로운 입장을 견지하려고 노력했다. 그런 결과물의 도덕적 가치판단은 전혀 다른 맥락에서 충분히 이루어질 수 있기 때문에, 이 장에서는 가능한 한 사실관계를 정확하게 밝히고자 하는 것이다. 또 다른 한편, 전장에 전쟁 목적을 위해 동원된 인류학자의 작업을 인류학자의 입장에서 바라본다면, 인류학자 자신이 전쟁의 희생양일 수 있다. 이즈미는 보르네오로 파견되는 육군사정관(陸軍司政官) 자리의 제안을 피하고 해군 촉탁으로 뉴기니 자원조사대에 자원했다. '자원'이라는 현상을 지금 상황이 아니라 당시 총동원 체제하의 전시 상황에서 고려하지 않으면 우리는 개인의 입장을 희생시키는 결과를 생산하고 말 것이다. 이런 문제 때문에, 나치의 폭정에서 살아남았던 수많은 '아담'을 향한 하인리히 뵐(Heinrich Böll 1917-1985)의 "아담, 너는 어디 있었는가?(Wo wärst du, Adam?)"(1951)라는 질문 앞에서 겸허해질 수밖에 없다.

이즈미가 뉴기니에서 활동했던 시기는 연합군의 반격으로 1943년부터 태평양과 동중국해는 안전한 항해가 불가능한 상황이었다. "1943년 4월 이후, 미국 잠수함부대가 종래의 단함(單艦)에 대한 공격을 변경해 이리몰이(狼群) 전법(이리가 무리로 행동하는 것처럼 잠수함대가 집단으로 선박을 공격하는 전법)으로 수송선을 공격했다"(小林英夫 2004.10.10: 180). 연합군 잠수함과 구축함의 공격으로 민간 선박까지 침몰하는 상황이 발생했고, 대본영에서의 군수품 확보와 보급은 시행될 수도 없었고, 물자 확보도 어렵게 되었다. 일본군은 1943년 5월에는 "현재 남방 특히 뉴기니 방면에 작전 중의 부대는 철저하게 현지 자활을 이루어야 함"(竹田光次 1943.8.10: 322)이라는 명령이 하달되었다. 그래서 "목하 일본과 미국 결전의 초점이 된 뉴기니"(泉 靖一 1943.10.26)로 '해군 뉴기니 조사대'가 파견되면서, 전쟁 물자의 현지 조달을 실천하기 위한 자원 조사에 필요한 분야의 학자들이 해군 촉탁 신분으로 참가했다. 그 시기는 대체로 1943년 1월부터 8월까지 3회 조사를 실시했다. 방침은 "응급 조사"와 "백 년에 이르도록 참고가 될 자료를 획득함"(座談會 1944.2.21: 50)이었고, "자원 탐구와 학술 연구"(座談會 1944.2.21: 51)를 실천한 셈이었다.

"원주민의 민족학 부문은 민속을 전문으로 한 이즈미가 기록하기로 했고, 인류학 기술은 그쪽 전문가인 스즈키가 있어서 (…)"(田中正四 1944.3.1), '민족학'(문화인류학)에 종사하게 된 이즈미와 '인류학'(체질인류학)의 스즈키의 활동에 초점을 맞추면, 광의의 '인류학'이란 항목을 만족시킬 수 있다. 그러나 이 장에서 관심을 갖고 추구했던 전시인류학 측면에서 본다면, 이즈미를 중심으로 전개되었던 전시인류학은 전혀 성공적이지 못했다. 뉴기니 현지에 대한 사전 정보가 전혀 없는 상황이 학자들의 자료 수집 활동에 큰 장애물이었다는 점을 확인할 수 있었고, 수집된 자료 일부는 폭격으로 소실되는 경험을 했다. 비악도에서 확인된 것처럼, 조사대의 선무공작 임무가 인류학 연구를 방해한 흔적도 보여 주었다. 예를 들면, 천년왕국운동의 한가운데에 자리하고 있었던 이즈미가 선무공작에 치우친 행동으로 그 운동의 인류학적 의미를 간과

하는 결과를 가져오고 말았다. 그는 끝내 천년왕국운동을 선무공작 대상으로서의 '소란'으로 인식하고 있었다. 이즈미의 활동 중에서 인류학 연구 대상이 아닌 선무공작 대상이 되어 버린 천년왕국운동에 대한 당시의 인식을 대하는 것은 큰 아쉬움으로 남는다. 전시인류학의 경우, 현지에 관한 사전 정보의 중요성에 대해 다시 한번 확인할 수 있는 부분이다.

이즈미와 스즈키의 작업은 '경성학파 인류학'의 일부를 구성하고 있다고 이해할 수 있다. 그러나 후일 자원조사대의 보고서와 그들이 발표했던 논문은 거의 인용 대상이 아니었다. 보고서 전면에 적힌 "비(秘)"라는 글자 때문만은 아닌 것 같다. 군속으로서의 역할을 수행했던 보고서의 내용은 보고문을 작성했던 당사자 자신들도 인용하기 어려운 전시 상황을 적나라하게 보여 주기 때문에, 당사자들이 후일 작성하는 문서에서도 기피하는 대상이 되었다고 생각된다. 아무리 비 자를 선명하게 찍었더라도 기록은 공적 부문에 저장될 수밖에 없다. 감추고 싶은 사적 부문의 기억이 비 자의 질곡에 갇혀 사회적 기억으로 전환되지 못하는 상황이 진행되는 한 역사는 왜곡된다. 그 과정에 전문가의 '전문적 부인'이라는 메커니즘이 자리하고 있음도 논했다. 문자라는 수단이 없는 사회에서의 기억 능력과 문자에 의존한 사회의 기억 능력은 엄청난 차이가 난다. 기억 능력이 떨어진 문자 사회에서는 기록에 의존해 역사가 진행되는 경향이 강하다. 이런 점에서 기록은 사회적 기억을 강화해 주는 역할을 하기에 충분하다. '역사적으로 조성된 이해 양식'인 민속지 작성이 목적인 인류학자들이 비라는 도장에 가려진 기록들을 찾아야 하는 이유가 여기에 있다.

전쟁의 최말기에 장가구(張家口)의 서북연구소(西北研究所)에 근무하면서 학술 조사 활동을 했던 후지에다 아키라(藤枝 晃 1911-1998)는 후일 회고담에서 "우리들의 조사에 대해서도, 점령 시대에 일본인이 점령지에서 행했던 조사는 신용할 수 없는 (…)"(原山 晃·森田憲司 編注 1986: 64) 것이라고 진술했다. 이 진술은 진술의 역할을 하기에 충분하지 않다. 사실의 전면부만 보여 주기 때문이다. 왜 "신용할 수 없는"지 당사자의 설명이 첨부되기를 기다리는 미완의 진술일 뿐이다. 그 진술의 후면부에서 '누가, 언제, 어디에서, 무엇을, 왜, 어떻게' 했는지 구체적인 진술과 진술을 지지할 수 있는 기록과 사진들을 제시해야만 진술의 임무를 완수하는 것이다. 후면부의 진술에 적용될 수 있는 작업이 전시에 이루어진 군속인류학의 내용이 될 수 있다고 확신하면서, 이 장에서는 그런 작업의 사례로서 이즈미가 이룩했던 작업의 일부를 소개하려는 시도를 했다.

'일본 안데스학 창시자'라는 타이틀이 전쟁기 10년간 대동아권역에서 이룩한 이즈미의 인류학적 업적을 희석시킬 수는 없다. 재조명되어야 할 그의 인류학적 업적은 '남선북마'로 요약할 수 있는 만몽과 몽강 그리고 뉴기니에서의 작업이라고 생각한다. 이 장에서 조명한 '남선'에 해당되는 뉴기니의 작업은 해군 촉탁으로서 해군의 군사적 목적을 수행하기 위해 군속으로 동원된 결과를 보여 주는 것으로 만족하고자 한다. 나는 그의 작업을 한마디로 군속인류학이라고 요약했다. 그것은 전쟁기 동안에 나타난 현상으로서, 이즈미에게만 적용되는 것은 아님이 분명하다. 대동아전쟁 중 북수남진(北守南進)이라는 군사상의 틀 속에서 진행되었던 모든 작업에 적용되어야 할 문제다.

대동아전쟁과 관련된 문제들은 삶의 여정에서 침전된 일종의 감정의 잔여물로서 그리고 신경생리학의 현상인 잔영으로 볼 것인가? 일회적인 잔영이었던 것이라면, 그것의 역사성에 대해 반복적으로 논의할 가치가 없게 된다. 따라서 그것을 일종의 시뮬라크르 현상으로 이해하고 싶다. 이즈미와 그의 일행이 일시 주둔했던 수피오리도 코리도에서 내가 면접했던(2010년 1월) 70대 후반의 파푸아 노인들은 구일본군의 군가(軍歌)와 육전대 지대장의 이름을 또렷하게 기억하고 있었기 때문이다. 이 현상을 신경생리학적 잔영으로 볼 것인가? 아니면 출현과 부재 그리고 존재와 허무의 근처에서 맴도는 삶의 시뮬라크르로 볼 것인가? 그것이 시뮬라크르라고 한다면, 그 시뮬라크르가 플라톤이 언급했던 것인지, 질 들뢰즈(Gilles Deleuze)가 부언했던 것인지에 대해서 우리는 어떤 평가를 내릴 수 있을까? 내가 하고 있는 작업이 들뢰즈의 시뮬라크르 범주에 손을 들어주는 효과를 생산할 수 있을 것인가? 나는 그렇게 되길 바라고, 아무도 관심을 가져 주지 않고 지난 80여 년 동안 침묵당하고 있었던 이즈미의 뉴기니 조사에 대한 자료 정리를 시도했다.

군속인류학에도 여러 형태가 있을 수 있다고 생각한다. 그러나 이즈미가 '학술 조사'라는 이름하에 "먼저 예언자적 지도자를 처단한다. 처단이 끝난 뒤 다가오는 혼돈 상태에서 일본의 온정과 위력을 충분히 선전하고 이어서 약간의 물자적 선무를 행함"이라고 결론을 내린 점에 대해서는 생각을 달리할 필요가 있다.

군사작전과 학술 조사가 뒤섞이는 상황에 대한 반성이 필요하다. 나치 치하의 제3제국에서 운영했던 카이저-빌헬름 인류학연구소(Kaiser-Wilhelm Institut für Anthropologie, KWIA)와 독일 동부작전연구소(Institut für Deutsche Ostarbeit, IDO)가 수행했던 인류학적 작업들에 대한 비판과 평가(Schafft 2004)가 진행되었던 것처럼, 대동아전쟁 당시 '대일본제국'의 군사조직에서 수행되었던 다양한 차원과 형태의 '학술'이라는 이름의 보고서들과 문서들이 제작되는 과정에 대하여 세밀한 점검이 필요하다. 그런 작업을 동시대에 만들어졌던 연합군을 포함한 미국 측의 전략정보국(Office of Strategic Services, OSS) 및 전시정보국(Office of War Information, OWI)에 의한 작업과 심도 있는 비교를 할 수 있다면, 우리는 장래에 군속인류학의 지평을 열어 갈 여지를 마련할 수 있다. 이런 작업이 가능할 때, 인류학은 과거를 거울로 하여 미래로 나아갈 수 있는 기초를 다질 수 있다고 믿는다. 나아가 군속인류학이 그 범주를 확대해 군사인류학으로 진화할 수 있는 기틀을 마련하는 작업이 이루어지기를 희망한다.

주

1 태평양협회는 1938년 5월 11일 창립했고, 중일전쟁 후 대륙 정책의 완성을 위한 사업을 담당했다. 총무부, 국제부, 기획부(부장 히라노 요시타로-平野義太郎), 조사부, 홍보부로 구성되었고, 1942년 10월부터 1국 6부로 확장되면서 민족부를 설치했다.

2 타야마 리사부로(1897-1952). 미야기현 출신. 포나페도, 파라오군도, 마샬제도, 얍군도 북부 마리아나군도 등을 포함하는 남태평양군도의 지형 지질과 산호초의 전공자였다. 1934년 뉴기니의 '파구파구'와 '소론島'에 갔던 적이 있고, 1940년 2월 카네히라 료조(金平亮三)와 함께 뉴기니를 방문한 적이 있다. 당시 타야마는 나비레, 모미-와-렌, 앙기湖의 삼개소를 조사했고, '소론島'에 다시 갔으며, 포켈콥(Vogel Kop)의 머리에 해당되는 '마노콰리', '모미', '사루미'의 남양흥발의 조차지 시찰이 있었다(田山利三郎 1941.3: 14). 이 조사가 완료된 후 1941년 2월 20일 오후 5시 반부터 제3회 예회 발표가 연수춘(延壽春)에서 있었는데, 참가자 명단은 이시다 류지로(石田龍次郎, 東京商大豫科教授), 이마니시 킨지(今西錦司, 京都帝大理學部講師), 우치다 칸이치(內田寬一, 東京文理大助教授), 카노 타다오(鹿野忠雄, 理學博士), 스기우라 켄이치(杉浦健一, 東京帝大理學部人類學教室), 타케미 요시지(武見芳二, 東京高師教授), 다다 후미오(多田文男, 東京帝大理學部助教授), 타야마 리사부로(東北帝大助教授), 나카노 토모아키(中野朝明, 東京帝大人類學教室助手), 하나이 시게지(花井重次, 東京高師教授), 후쿠다 쇼조(福田省三, 東亞研究所所員), 야마오카 타모츠(山岡 保, 陸軍氣象部技師), 와타나베 히카루(渡邊 光, 陸軍教授), 히라노 요시타로(平野義太郎, 本協會企劃部長), 니시카타 히데오(西方秀男), 나카노 히로시(中野 弘)(田山利三郎 1941.3: 21-22). 이 명단 중 인류학자들로는 이마니시 킨지, 카노 타다오, 스기우라 켄이치, 나카노 토모아키 등이다. 타야마는 전후 1947년 해상보안청 수로부 측량과장이 되면서 모교 토호쿠대 교수를 겸임했다. 산호초와 해면 변동의 연구를 알기 위해 1952년 9월 24일 명신초(明神礁, 일본판 마의 삼각 해역) 조사 중 승선했던 배가 화산 분화로 조난되어 제5해양환과 함께 31명 전원 사망했다(55세). 전후의 논문들로는 아래와 같은 것들이 있다.

1950 "四國沖の海底地形, 特に大陸棚斜面の形態について", 水路要報(增刊) 7: 54-82.

1950 "相模湾東部の海底地形と底質の分布について", 水路要報 17: 1-26.

1952 "南洋群島の珊瑚礁", 水路部報告 11: 1-292.

1952 "日本近海深浅図について", 水路要報 32: 160-167.

3 마쓰에 슌지(1876-1954). 아이즈(會津) 출신. 미국 루이지애나대학 사탕과(砂糖科)에서 유학했다. 1921년 남양흥발주식회사(南洋興發株式會社)를 설립했고, 사이판과 티니안에 제당 공장을 지었다. '남양 개발의 아버지', '사탕왕'의 별호가 있다.

4 "11월 11일. (…) 조사반의 조직. 사람들 간의 인화가 가장 중요하기 때문에, 1반 1교(소)로서 혼성을 기피했다. 각 반의 주체는 다음과 같다. 제1반 토호쿠제대, 제2반 자원

과학연구소, 제3반 도쿄과학박물관, 제4반 교토제대, 제5반 남양청, 제6반 남양흥발주식회사"(佐竹義輔 1963.6.15: 4)라는 기록도 있다. 준비 과정에서 여러 차례 조직이 바뀐 점을 알 수 있다.

5 헬빙크(Geelvink)만은 난령 뉴기니 북안의 남쪽 만을 가리킨다. 이 이름은 1705년 그 지방을 방문한 네덜란드군함의 이름에서 온 것이고, 그 군함의 이름은 네덜란드 동인도회사의 이사 Joan Geelvink의 이름에서 나온 것(增井貞吉 1938.10: 44-45)이다. 현재는 첸드라와시만으로 개명되었다.

6 佐竹義輔(1902-2000). 아키타현 출신. 일본서산식물보호협회 회장을 역임했으며 전문은 식물분류학. 도쿄제국대학 이학부를 졸업하고 도쿄과학박물관의 식물연구 부장에 취임했다.

7 Galasmao는 Palau의 북부에 위치하며 보크사이트 광산이 있는 곳으로서 섬의 북부에 있다. 수도인 코로르는 남부에 있다.

8

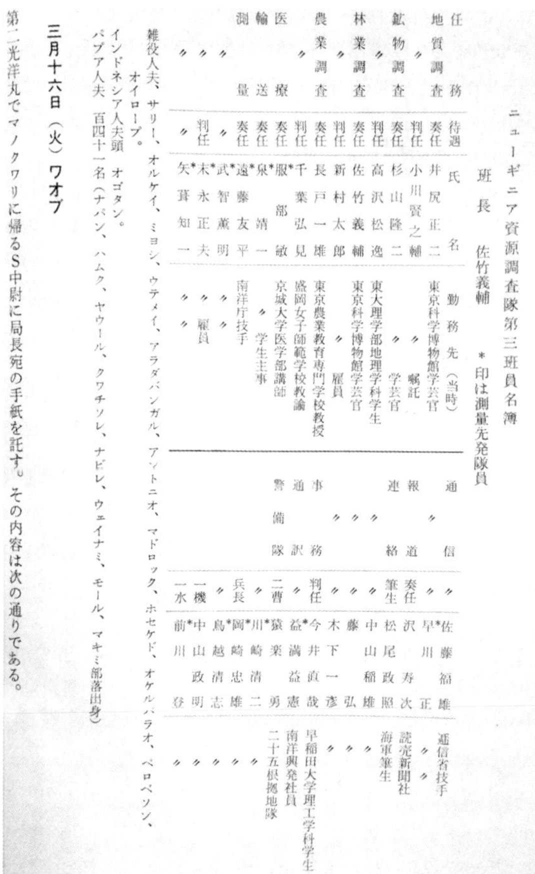

ニューギニア資源調査隊第三班員名簿

班長 佐竹義輔 ＊印は測量先発隊員

任務	待遇	氏名	勤務先（当時）
地質調査	奏任	井尻正二	東京科学博物館学芸官
〃	判任	小川賢之輔	〃 嘱託
鉱物調査	奏任	杉山隆二	〃 学芸官
〃	判任	高沢松逸	東大理学部地理学科学生
林業調査	奏任	佐竹義輔	東京科学博物館学芸官
〃	判任	新村太郎	〃 雇員
農業調査	奏任	長戸一雄	東京農業教育専門学校教授
〃	判任	千葉弘見	盛岡女子師範学校教諭
医療	奏任	*服部敏	京城大学医学部講師
輸送	奏任	*泉清一	〃 学生主事
測量	奏任	*遠藤友平	南洋庁技手
〃	〃	*武智薫明	〃
〃	判任	*末永正夫	〃 雇員
〃	〃	*矢萓知一	〃 〃
通信	〃	佐藤福雄	逓信省技手
〃	〃	*早川正	〃 〃
報道	奏任	沢寿次	読売新聞社
連絡	筆生	松尾政照	海軍筆生
〃	〃	中山稲雄	〃
〃	〃	藤弘	〃
〃	〃	木下一彦	〃
事務	判任	今井直哉	早稲田大学理工学科学生
通訳	〃	*益満益憲	南洋興発社員
警備隊	二曹	猿楽勇	二十五根拠地隊
	〃	*川崎清二	〃
	兵長	*岡崎忠雄	〃
	〃	*鳥越清志	〃
	一機	中山政明	〃
	一水	*前川登	〃

雑役人夫、サリー、オルケイ、ミヨシ、ウテメイ、アラダバンガル、アントニオ、マドロック、ホセケド、オケルバラオ、ペロペソン、オイロープ。

インドネシア人夫頭 オゴタン。

パプア人夫 百四十一名（ナパン、ハムク、ヤウール、クワチソレ、ナビレ、ウェイナミ、モール、マキミ部落出身）

三月十六日（火）ワオブ

第二光洋丸でマノクワリに帰るS中尉に局長宛の手紙を託す。その内容は次の通りである。

"뉴기니아 자원조사대 제3반원 명부(資源調査隊第三班員名簿)"(佐竹義輔 1963.6.15: 106)

9 목제 다이하츠(木製大發)는 1942년에 제작된 상륙정으로 무게 11톤, 크기 14.55×3.33m, 속력 9노트, Diesel Engine 60PS, 적재량 70명 또는 10톤 화물.

10 波多江信廣(1901-?). 후쿠오카현 다자이후 출신. 경성공업전문학교, 토호쿠제국대학 이학부를 졸업했다. 조선총독부 기사(지질조사소 지질부장), 경성제대 이과교원양성소 강사, 가고시마대학 교수를 역임했다.

11 도미 코르와(Domi Korwa, 2009년 현재 76세)와 엘리아 루마쉐(Elia Rumasew, 2009년 현재 79세). 당시 일본군은 전장에 필요한 노동력을 '노무자(勞務者)'라는 이름으로 현지에서 고용했으며, 11-14세 정도의 소년들도 동원했다.

12 전쟁 당시 비악섬 남쪽에 있는 석회암 동굴에 일본군 본대가 주둔했고, 일부는 조금 북쪽에 있는 코렘강 하구에 주둔했다. 코렘강 주둔군의 부대장은 센다 사다토시(千田貞敏 1890-1944, 1942년 5월 1일 第28根拠地隊 사령관으로 비악도에 착임) 해군 소장으로, 코리도의 오노테라(小野寺) 부대는 코렘강 주둔군의 예하에 있었던 소규모 해군육전대(海軍陸戰隊)의 일부였다. 비악의 본대는 1944년 5월 27일 공격을 시작한 미군에 의해서 6월 22일 1만 1,000명 전원이 몰살당했다. 태평양전쟁 중 뉴기니로부터 필리핀 레이티섬으로 북상 진격하는 미군의 중간 차단지 역할을 했던 비악섬 전투는 가장 처참했던 옥쇄작전(玉碎作戰)이었다. 관련 자료들은 비악의 동굴 옆에 있는 Museum Perang Dunia KEII 1942-1944 박물관에 전시되어 있다.

13 鈴木 誠(1914-1973). 1917년 일가가 경성에 전거했다. 경성공립중학교 졸업(1932), 마쓰에고등학교 이과갑류 졸업(1936), 경성제국대학 의학부 입학(1936) 및 졸업(1940), 경성제국대학 의학부 해부학 제3강좌(주임 이마무라 유타카) 부수(1940.4), 동 조수(1941.8), 대구의학전문학교 강사 촉탁(1942.10), 해군성뉴기니민정부 사무 촉탁(1942.12.1), 뉴기니 출장명령 경성 출발(1942.12.18), 요코하마항 출항(1943.1.11), 부산 상륙, 귀임(1943.9.8), 뉴기니민정부 사무 촉탁 해제 및 해군성남방정무부 사무 촉탁(1943.9.15), 아사히(旭)의학전문학교 강사 촉탁(1943.12.5), 해군성남방정무부 사무 촉탁 해제(1944.1.31), 함흥의학전문학교 사무 촉탁(1944.4.5), 경성제국대학 의학부 강사 촉탁(1944.4.27), 조선공립전문학교 교수(고등관7등) 임명, 함흥의학전문학교 교수(1944.6.22), 경성제국대학 의학부 강사 해촉(1944.9.14), 경성제국대학 의학박사 학위(1944.11.21), 결혼(1945.4.30), 경성제국대학 대륙자원과학연구소 촉탁(1945.6.1), 종전 인양(1946.1.3), 재단법인재외동포원회참사 대륙인양자 체질 연구(1946.5.15), 조선총독부폐청, 함흥의학전문학교 교수 자연 해임(1946.5.31), 히로시마현립의학전문학교 강사 촉탁(1948.1.15), 히로시마현립의과대학 강사 촉탁(1948.3.10), 히로시마현립의과대학 조교수(1948.9.14), 문부교관으로 채용되어, 신주대학 송본의과대학교수 해부학 제2강좌 담당(1951.3.1) 등의 이력이 있다. 1973년 4월 22일에 향년 58세로 서거했다(信州大學醫學部第二解剖學教室 編 1974).

14 유사한 기록이 이즈미의 필드노트에서도 발견된다. "비악도의 마녀 1인이 '이제 태양이 없어지고 해산(海山)이 사라지면서 전쟁이 일어난다.'라고 예언했다. 그때 만소렌이라고 부르는 음식물을 제공하고 생각해 본 적이 없는 신의 물을 신체에 끼얹으면 불사신

이 된다고 했다. 전쟁이 시작되어 이리오모테 본군(西表本軍)의 폭격에 의해서 마노콰리의 감옥이 파괴되었을 때, 만세이라고 부르는 남자가 이 섬으로 도망해, 마녀와 함께 만소렌을 중심으로 파푸아 왕국의 시대를 열었다. 일을 하지 않고, 야자술을 마시고 춤으로 미치는 일이 벌어졌다. 주민들이 부화뇌동해 군장과 선교사에 대항하고, 무정부 상태가 되었다. 그때 일본군이 이 섬에 들어갔고, 프라우가 일본군을 둘러쌌다. 그에 대하여 기관총을 갖다 대어도 이르지 못하자 그들의 신앙은 더욱 강하게 되었다. 그리해 일본군은 수단을 써서 만세이와 마녀를 체포해 마노콰리에 데리고 가 처형했다. 그 후 제이콥이라는 남자가 그들의 유발(遺髮)을 엮어서 수비군장을 습격하게 되었다."

15 원문: 原始民族ノ統治ハ先ヅ其ノ生活ト宗教ノ深イ理解ニ立脚シテ行ハナケレバナラヌ. 若シ斯ル理解ナシニ觀念的ナ理論ノ定規ヲ當テテ, 急激ニ生活ト宗教ニ壓迫ヲ加ヘルナウバ, 彼等ハ匪賊化シテ騷亂ヲ引起シ之ガ收拾ニ多大ノ人力ト才月ヲ空費スルニ到ルノデアル, 南方占領地區ニ於テモ ソノ兆ガ 若干見エハジメタコトハ寒心ニ耐エナイ次第デアル. 何故ニ斯ル事態ガ發生スルカト云フニ, 原始民族ノ生活ト宗教ハ我我ノソレトハ全ク別ノ仕方, 觀點ニ立ツテイテ, 而モ妥協性ニ乏シク頑迷ニ之ヲ堅持シテ, 死ニ致ル迄曲ゲヨウトシナイ. (…) 何レニセヨ原住民ノ生活ト宗教ヲ知ルコトノシニ民族統治ノ具體的方針ハ生レ得ノイノデアル. 最近ニ於ケル騷亂ノ中心地トシテ, ソノ影響ヲ廣ク西北ニユ—ギニアノ各地ニ投與ヘテキルスハウテン群島原住民ノ民族學的調査ヲ命ゼラレタ小職ハ'ピアク島特別調査班'ノ一圓トシテ六月十六日ヨリ七月十一日ニ至ル間左記ノ如ク行動シ, 其間大部分ハ原始民ト寢食ヲ共ニシツツ調査ニ從事シタ (…). (1) 六月十六日 旅行, (2) 六月十七日-仝月二十一日 コリド附近調査, (3) 六月二十二日-仝月二十五日 ソユツク大村調査, (4) 六月二十三日-七月六日 スピオリ島全村調査, (5) 七月七日 コリドニテ資料整理, (6) 七月八日-同月十一日 ノンフオール島經由旅行

從ツテスハウテン群島原住民ニ對スル民族工作ハ次ノ三ツノ段階ニ從ツテ行ハルベキモノト思考スル. (イ)先ヅ豫言者的指導者ノ切崩シ. (ロ)次ニ民政府ノ力ニヨル—多少ノ宣傳ヲ加味シテ—彼等ノ最低限生活ノ保證シ. (ハ)民政府ノ要求スル土地ニシラ, 而モサゴガ比較的多イ處ニ大量ノ人口ヲ, 家族グルミ移住セシメ, 勞動資源トシテ活用スルコト.

16 필생(筆生, scriber)은 병졸 상당의 사람이다. 소년병이나 지원병으로 눈이 나쁘거나 부상해 병업(兵業)에 적당하지 않을 자들을 임명한다. 또한 사관의 추천으로 급사로부터 전직한 자도 있다. 비서, 서기의 조수로 속기와 정서 및 인쇄와 서류 정리, 통신 전령 등의 문서 업무에 종사한다.

17 "wakir"는 wakil의 오기인 것 같다. 바하사 인도네시아로 wakil은 '부(副)'라는 뜻으로 사용되는 용례가 있다. wakil이란 단어 자체는 '누구를 대신한 사람'이란 뜻으로 사용되기 때문에, 국회의원이나 지방의회 의원은 '국민을 대신하는 사람'으로서 wakil rakyat으로 칭해지며, 부통령은 대통령을 대신하는 사람이라는 의미로 wakil presiden이라고 칭해진다. 부군수는 wakil bupati, 부현령은 wakil camat 등의 용례들이 있다. 혹은 어떤 사안으로 한 집단의 의사 표시를 대표하는 자리에 대하여 지칭되는 경우도 있다. 예를 들면, 도시 철거민의 '대표'라는 식의 사용에 wakil이 적합한 용례다. 즉, 여기 사용된

wakil은 '대표'라는 의미일 것으로 생각된다(조윤미 박사의 교시에 의함).

18 "아주 행운이 있는 날이었다. 보존 상태가 양호한 파푸아 사람의 두개골 6개를 입수했다"(Miklouho-Maclay 1982: 133). 두개골을 수집하는 사람들의 유사한 입장을 읽을 수 있다. 이즈미의 노트에는 "타모·가테(성인의 두개골)"를 못과 담배 그리고 적포의 선물과 바꾸었다고 기록되었다.

19 근거지대는 일본 해군의 육상 부대 중 하나로 점령지 등에 배치되어 임시의 해군기지를 방위 관리하는 부대였다. 제2차 세계대전기에는 특설근거지대(特設根拠地隊)와 특별근거지대(特別根拠地隊)의 두 종류가 존재했다. 광의의 해군 육전대의 일종이다. 제25특별근거지대는 1942년 말 구레(呉) 진수부에서 편성되어 마노콰리로 배치되었으며, 미군의 공격으로 비악 수비대가 동굴에서 옥쇄하는 1944년 7월에 암본으로 후퇴했다. 이즈미 일행이 만났던 사령관은 스즈키 초조(鈴木長蔵 1890-1952) 소장(재임 기간: 1942.12.29-1944.1.23)으로서, 그는 야마구치 출신이며 해군병학교 40기다.

20 "1939년 수하우딘군도에서 조금 떨어진 작은 섬에 살면서 세례를 받고 그리스도교도가 된 나환자인 노파 아가니타는 빈사 상태에서 회복되었다. 그녀는 영생의 비밀을 알고 있는 것으로 알려졌다. (…) 관헌이 두목(추장)과 만나서 그녀를 야펜섬의 세루이로 연행했고, 일반 사람들은 아가니타를 동정했다. 아가니타는 특히 바다가 없어지면서 대전쟁이 일어나서 (…) 전쟁이 일어나면 파푸아 왕국이 건설된다고 사람들에게 전했다. 그녀는 투옥되었고, 일본군의 뉴기니 감정 작전이 시작되면서 화란군이 도망했다. 아가니타의 예언이 적중한 셈이었다. 그래서 일본군이 도착하기 직전에 그 운동은 폭동적이고 혁명적이 되었다. 그녀는 진주한 일본 해군 부대에 넘겨졌고, 그 전후에 살인죄로 마노콰리의 감옥에 투옥되어 있었던 비악도 출신의 스테파누스·시미오피아레스가 일본군의 폭격으로 부서진 감옥을 탈출해, 아가니타의 대변자로서 파푸아 왕국이 대두될 것이라고 선전하면서 화란 국기를 거꾸로 한 파푸아 왕국의 깃발을 세우고, '신성한 물'을 갖고 불사신이 되어 적탄에도 감당하고, 목총에서 실탄이 날아간다고 주장했다. 그는 하늘에서 음식물이 내려오고 일할 필요도 없다고 했다. 인도네시아인을 적으로 간주해 죽이라고 사주했다. 화란 정부가 금지했던 야자술을 만들어서 마시고, 전 도는 하룻밤에 대규모의 춤과 함께 광란으로 변했다. 이 운동의 지도력은 아가니타로부터 스테파누스에게로 이전되었다. 비악섬에 돌아간 그는 대회합의 필요성을 알고, 파푸아 왕국의 건설을 시작했다. '八八八八'이라는 신비스러운 숫자를 배경으로 한 비밀군대를 조직하고, 황금시대(밀레니움)에 대비해 새로운 부락의 한가운데에 가옥을 건설했다. (…) 이 운동은 일본의 지배하에 급속히 신장되었다. 일본군에 대해서는 처음에는 해방자로서 경의를 표하는 대상이었지만, 곧바로 환멸을 느꼈다. 천황에게 파푸아 왕국의 공식적인 깃발을 인정해 달라는 희망도 사라졌다. 수 명의 지도자는 일본을 도왔지만, 많은 사람은 곧바로 심각한 갈등을 일으켜서, 화란의 치세보다 나쁘다는 비난이 쏟아졌다. 그래서 파푸아인만이 선택된 사람이라는 자신감이 강하게 되었다. (…) 스테파누스·시미오피아레스의 일단이 1942년 7월 6일 소웩도를 점령해, 화교와 암본인 교사들을 죄수로 감옥에 넣고 고문했다. 일본군은 일격을 가할 결의로서, 7월 13일

포획된 화란선으로 라니섬을 포격했다. 만세렌의 신도들은 적탄에 맞지 않는다고 확신하고 목제의 라이플총으로 무장한 카누 선단으로 조직되었지만, 기관총을 맞았고 많은 사상자가 나왔다. 그중에 스테파누스도 있었다. 일설에 그는 후에 아가니타와 함께 마노콰리에서 처형되었다고 한다. 그래도 일반적인 운동은 정지되지 못했다. 참가를 단념했던 촌락은 만세렌 집단에게 공격을 받았다. 일본군의 순시 부대에 체포되어 죽임을 당하기도 했다. 전투가 여러 섬에서 전개되었다. 일본군에 협력한 스테파누스·다운은 다음 차례로 상륙했던 미군에 협력한다는 성명을 냈다. 그래서 체포되어 (일본군에 의해) 참수당했다. 목메르 공항 활주로 가까이에 본부를 설치한 얀·시미오비아레스의 집단은 일 개월 후에 돌아온 일본군의 기관총에 소탕되어 500명 정도가 살상되었다. 비악도에는 코리누스·보세렌 지휘하의 일단이 의연히 전투를 했고, 주로 공격집단이었다. 그는 얀과 협력해 화교 상점을 습격하고 전도자를 살해했다. 북비악섬의 사람들은 와부스에 있는 얀의 동네에 집결했다. 일본군 장교가 대표로서 와부스에 가서 군도(軍刀)로 위협했다. 그때 코리누스는 무서운 나머지 도망했고, 나머지는 산도(山刀)로 대항했다. 일본군은 보복을 위해 토벌군을 파견했다. 한 마을의 주민은 소탕되었고, 많은 경우 고문을 당했다. 코리누스는 일본군에 저항하는 동안 자신의 친척들 중 한 사람에 의해 살해되었다.

서비악도도, 눈포르도, 야펜에서도 이런 운동 집단들이 있었다. 그러나 당국은 이 이상 확대하는 것을 억제함에 성공했다. 일반적으로 일본군은 그런 집단이 위험하게 되기 전에 하나씩 파괴했다. 활주로가 위험에 처함에 대한 두려움이 있었기 때문에, 사정없이 부락 전체를 이동시키고 많은 사람을 참수하고 고문했다. 더욱 남녀와 어린이들에게 중노동을 부과했다. 이런 고난의 시기에 1944년 아메리카의 비악도 공격은 그들에게 커다란 구세주 역할을 했다. (미군에 의해) 5,000명의 일본병이 신속히 무장해제 당했다(古野清人 1967.5.31: 195-196). 그러나 미군의 군사적 승리보다도 도민에게 충격을 준 것은 그 전시물자의 하물이었다. 예언대로 선박과 상륙용 주정이 해안으로 하물을 실어 날랐다. (전장으로 폐허가 된 지역에서) 제대로 사고야자를 산출하지 못하는 비아도에는 음식물이 결핍되었다. 도인들은 미군에게 음식물을 받고, 또한 일본군 낙오병을 색출하는 데 필요한 무기를 받기도 했다. 그들에게 미군은 해방자였다. 그들은 미군이 가게 되면, 모든 것이 자신들의 것이 될 것이라고 생각했다. 그런데, 그 '밀레니엄'은 남지 않았다. 아메리카의 선박 화물은 토인의 손에 건너오지 않았다. 더욱이나 가열찬 현실이 파푸아인에게 닥쳤다. 가까운 천국으로의 신앙은 빛깔뿐이었다(古野清人 1967.5.31: 191-197; 1972.9.30: 264-268).

21 전쟁 중 호주군 대위 계급이었던 윌리엄스가 뉴기니의 오웬 스탠리 산정에서 전사한 시기는 1943년 5월 12일이었다.

22 이 보고서는 현재 도쿄대학도서관에 보존되어 있다. 필자가 볼 수 있었던 다른 편들은 1944년 6월에 함께 발간된 제9편(측량반 보고)과 제10편(특별반 보고)이다. 동일하게 모두 秘 자가 보고서 제목 머리 부분에 찍혀 있다.

23 아다치 마타히코(1894-1958). 도쿄 출신. 해군경리학교 4기이며, 뉴기니민정부 조사국

장(1942.10.13-1943.4.12), 해군주계 소장 예비역을 지냈다.

24 할펀은 버클리대학에서 알프레드 크로버(Alfred Kroeber)의 제자로 석사학위를 받았고, 시카고대학의 해리 호이어(Harry Hoijer) 밑에서 인류학 박사(1947)학위를 받았다. 시카고대학에 부설되었던 Civil Affairs Training School(육군성이 1942-1945년간 스탠퍼드, 하버드, 시카고, 미시간의 4대학에서 운영했던 프로그램, CATS라고 약칭)에서 그의 첫 번째 부인(Mary Fujii Halpern, 日系)과 함께 일본어 교육에 참여했다. 전후 GHQ의 CIE에서 활동했던 할펀은 일본어의 로마자화에 심혈을 기울이기도 했다. 그 후 그는 카네기재단(Carnegie Institution)과 랜드 코퍼레이션(RAND Corporation)에서 일했다. 저서로는 *Political Trends in Japan*(1950)이 있는데, 그 내용은 1947-1949년 사이 일본 공산당의 움직임에 대한 분석을 기초로 한다.

25 1948년 9월 30일 미국인문과학고문단이 도쿄에 도착해 센다이, 후쿠오카, 히로시마, 교토를 방문했다. 1948년 10월 2일 우에노의 세이요칸(静養軒)에서 미국인문과학고문단 환영회(CIE의 뉴젠트 중좌 동행)가 개최되었고, 고문단은 1949년 1월 초에 귀국했다. 그 결과는 CIE(민간정보교육국)을 통해서 GHQ에 전달되었다. 1949년 3월 CIE는 일본 측 위원을 인선하고자 했고, 일본 측에서는 학술체제쇄신위원회에 의촉해서 그 운영위원회가 인선해, 그 결과를 CIE에 전달했다. 그 단체 이름은 '미국인문과학고문단일본측위원회'다. 미국고문단에는 Glenn T. Trewartha(University of Wisconsin, 인문지리), Edwin O. Reischauer(Harvard University, 역사학), Charles E. Martin(University of Washington, 정치학), George K. Brady(University of Kentucky, 문학), Luther W. Stalnaker(Drake University, 철학)이 포함되었다. 일본측위원회 위원장은 남바라 시게루(南原 繁, 도쿄대 총장), 부위원장은 오타카 토모오, 위원에는 야나이하라 타다오(矢内原忠雄) 등 22명이었다. 전문위원에 이시다 에이이치로(石田英一郎), 에가미 나미오(江上波夫), 야마모토 타츠로(山本達郎), 이시다 미키노스케(石田幹之助) 등 112명이 포함되었다.

26 그가 도쿄인류학회에서 최초로 발표한 것은 1939년 3월 11일 제25회 도쿄인류학회예회 강연 "내몽(内蒙)의 민속풍습견문"(多田文男·泉 靖一)이었다(民族學研究 5(2): 114, 1939.3.30 발행).

제9장 경성제국대학 제3차 몽강학술조사대 보고의 소개

이 장에서 다루는 문서는 필자가 1970년 봄 효제초등학교 입구 근처의 고서점에서 구입한 것이다. 50년간 보관하고 있었는데, 근대서지학회와 소명출판의 도움으로 햇빛을 보게 되었다. 모두 9편의 보고서가 한 묶음으로 되어 있는 것을 2010년에 목록만 소개한 적이 있다(全京秀 2010.3.26). 이것은 경성제국대학 제3차 몽강학술조사대보고(京城帝國大學第三次蒙疆學術調査隊報告)의 원본에 해당되며, 1944년 10월과 12월 사이에 만들어진 것으로 이후에 이 문건의 내용들은 학계에 소개된 적이 없는 것으로 알고 있다. 현재로는 9편이 문서의 전체인지 아닌지에 대해서도 확실하게 단언할 수가 없다. 제1호(泉 靖一·坂木和英·德永信三 공저)는 일본 국회도서관(NDL請求記號 G131-83)과 고려대학교 일본연구센터 일본 연구 아카이브에도 각각 수장되어 있음이 확인되었지만, 나머지 편들이 소장되어 있는 바에 대해서는 알 수 없다. 현재 소개하는 보고서들이 당시 조사대 보고서의 전부에 해당되는지 아닌지도 확언할 수 없다.

한 묶음으로 되어 있는 이 문서를 구성하는 내용을 순서대로 목록으로 정리하면 아래와 같다.

泉 靖一·坂本和英·德永信三 1944.10. 北方遊牧狩獵民族の人口(第一號). p. 43

岩瀨榮一 1944.12. 蒙疆に於ける稀元素鑛物と其の産地(第二號). p. 10

小林宏志·獅子目慶三·飛永大和 1944.12. 蒙疆包頭に於ける漢人及蒙古人兒童のツベルクリン反應檢査成績(第三號). p. 16

小林宏志 1944.12. 滿洲人(蒙古族通古斯族)指紋の硏究(第6報): 蒙古族(伊克昭盟)の指紋に就て(第四號). p. 25

小林宏志 1944.12. 第6回滿蒙人(蒙古族通古斯族)血液型調査: 內蒙古蒙古族の血液型に就て(第五號). p. 14

田崎龜夫 1944.12. 蒙古人の梅毒蔓延狀況に就て(第六號). p. 7

天野和武·高本 弘 1944.12. 蒙古人の智的素質(第七號). p. 37

永井莊七郎 1944.12. 黃河筋包頭に於ける流泥及べ水質(第八號). p. 15

久保昌二 1944.12. 蒙疆に於ける黃土,其の物理化學的諸性質(第九號). p. 19

경성제국대학 대륙문화연구회(京城帝國大學大陸文化研究會, 만주사변 직후, 1932년 경성제국대학 내에 창설되었던 만몽문화연구회가 중일전쟁 직후 확대재편된 기구)를 바탕으로 하여 경성제국대학 몽강학술탐험대(京城帝國大學蒙疆學術探検隊) 제1차 탐험이 시작되었고, 본대 기준으로 제1차탐험대의 기간은 1938년 7월 21일부터 9월 10일까지였다. 이제까지 수집했던 자료들을 정리하여, 도쿄로 가던 도중의 덕왕(德王)을 중심으로 몽강자치정부 요인들이 관람하였다. 제2차 탐험(1939.7.18-9.5)이 이루어진 후 대륙문화강좌가 두 차례 시행되었고(1회: 교외 3명 포함, 2회: 교외 1명 포함), 제1차와 제2차의 결과 보고서는 각각 단행본으로 발간된 적 있다(京城帝國大學大陸文化研究會 編 1939.6, 京城帝國大學大陸文化研究會 編 1943). 제3차에 참가했던 이즈미 세이이치의 야장에 의하면, 1944년

[사진 9-1] 이즈미 세이이치의「소화 19년 몽강기행(昭和 19年 蒙疆紀行)(I)」. 오른쪽 상단의 백지 메모는 후일 이 야장을 정리한 사람이 붙인 것이다(泉 拓良 소장).

8월 10일부터 9월 21일 사이에 실시되었던 것으로 생각된다. 그러나 이때 탐험대의 구성과 규모 그리고 참여자들에 대한 내용은 이즈미의 야장에 대한 분석에 의해서 어느 정도 파악할 수 있다. 이즈미의 야장에 의거해 일정만 소개한다.[1] 야장에 드러난 내용에 의하면, 탐험대는 선발대가 있었고, 본대가 나중에 출발했으며, 탐험대 전체는 몇 개의 '대(隊)' 또는 '반(班)'으로 나뉘어 운영되었다. 제각기 전문 분야에 의하여 구분된 것이라고 생각된다. 순방 일정은 이즈미를 중심으로 이루어진 것이라는 점을 참고해야 한다. 일정과 내용을 보여 주는 간략한 다른 자료들을 『조선(朝鮮)』과 『인류학잡지(人類學雜誌)』에서 확인할 수 있다.

"경성제대 제3차 몽강학술조사(城大第三次蒙疆學術調査): 1944년 8월 1일 장도. 이 조사대는 몽강자치정부가 탄생하는 1938년에 제1차 조사가 있었고, 반도와 몽강 간의 경제적 유대를 강고히 하기 위하여

[사진 9-2] 오르도스 평원에서. 소마 히로아키(왼쪽)와 이마무라 유타카(오른쪽). 8월 15일 전후 포두(包頭) 남부의 오르도스 초원을 배경으로 찍은 사진이다(소마 히로아키 제공).

[사진 9-3] 백령묘 인골 발굴 현장. 1944년 8월 22일 또는 23일에 찍은 사진으로, 앉아 있는 대원 세 명은 스즈키 마코토(정면), 이마무라 유타카(가운데 등을 보이는 사람), 소마 히로아키(오른쪽)다(소마 히로아키 제공).

1939년 제2차 조사대를 파견했다. 금회는 결전이 최고조에 달한 상태에서 파견했다. 진용은 이마무라 대장 이하 물적자원조사반(物的資源調査班)과 인적자원조사반(人的資源調査班)으로 편성했다. 조사의 범위도 과학과 문화의 종합이다. 행동 구역으로서 물적자원조사반 내의 지질희원소양반(地質稀元素兩班)은 바인보구도와 고양(固陽)을 연결하는 선(線), 광산반(鑛山班)은 대청산(大靑山) 우-라산의 00조사, 토목반(土木班)은 포두(包頭) 주변의 황하 관개조사(黃河 灌漑調査), 약초반(藥草班)은 대수만(大樹灣)과 소군묘(昭君墓) 및 백령묘(百靈廟) 부근의 조사, 인적자원반은 백령묘 대수만 소군묘 부근의 조사다"(朝鮮 351: 50).

"1944년 8월 20일 몽강포두(蒙疆包頭)에서 보내온 통신에 의하면, 법문리공(法文理工) 동료를 포함해 약 20명의 조사대와 함께 당지에 들어가서 두 번이나 황하를 건너서 오르도스 땅을 밟았다. 접적 지구이기 때문에 적기가 출현하기도 한다. 금년의 방문 목적은 오르도스 몽고인의 재료를 수집하고 한몽(漢蒙) 접촉 지대에 살고 있는 한인에 대한 조사를 하는 것이다. 8월로 일정을 끝내고 9월 일찍이 시링고르를 떠나서 만주로 들어갈 것이다"(人類學雜誌 59(10): 394).

전쟁 물자의 자원 확보를 위한 조사의 중요성을 감지할 수 있는 대목이다.

[사진 9-2]와 [사진 9-3]은 당시 탐험대의 부분적 모습을 보여 준다. 당시 의학부 3학년 졸업반 학생으로 탐험대 활동을 「성대학보(城大學報)」의 기사로 작성하기 위해서 참가했던 소마 히로아키(相馬廣明, 1922-)[2] 선생께서 제공한 것이다. 소마는 편집기자 역할 이외에 스즈키 마코토의 발굴 작업에도 직접 참가했음을 증언했다.

제국학사원동아제민족조사위원회(帝國學士院東亞諸民族調查委員會)

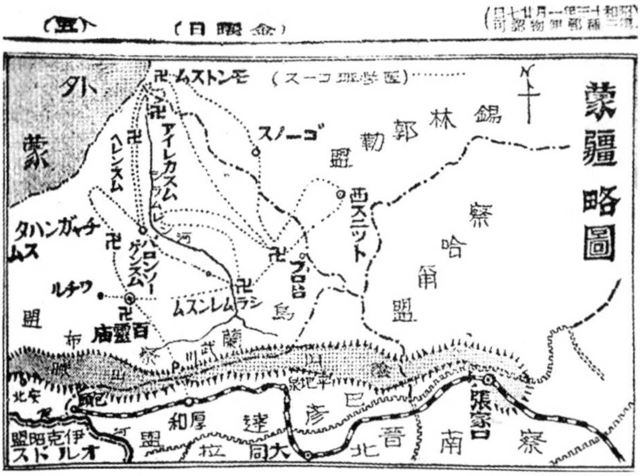

[사진 9-4] 제2차 몽강학술탐험대 직후 발간되었던「성대학보」제30호(1939년 10월 1일 발행)에 게재된 "몽강약도(蒙疆略圖)". 전체적으로 제3차에도 동일 지역을 대상으로 탐험했지만, 제2차보다 남쪽에 치중했음을 알 수 있다. 장가구(張家口)-대동(大同)-평지천(平地泉)-후화(厚和)-포두(包頭)까지 연결된 장북선(張北線)이 음산산맥(陰山山脈)과 횡주하고 있다. 음산산맥의 북쪽에 백령묘(百靈廟)와 무천(武川) 그리고 서수닛트(西スニット)가 있다. 왼쪽 하단에 포두와 황하의 남쪽으로 "オルドス(오르도스)"란 글자가 보인다.

에서 '동아민족요지(東亞民族要誌)'[3]의 연구 작업을 요청받았던 이마무라 유타카는 제4집「신성관계자료(身性關係資料)」작업 수행을 위하여 '흑하 지방에서 체질인류학적·언어학적 조사대(黑河地方に於る體質人類學的言語學的調査隊. 이마무라 교수 수반(首班). 인류학반: 이마무라 교수, 의3년 사카모토 가즈히데(坂本和英), 법의학반: 카츠메 스스무(勝目 進) 조수, 법문2년 후지노 요시헤이(藤野吉平), 언어학반: 코노(河野) 조교수, 법문1년 스기타 사부로)'를 결성해 한 달 예정으로 1944년 7월 10일 출발했다. 선발대로 이마무라 교수와 사카모토 군은 7월 10일 경성을 출발해 신경의 관동군과 만일문화협회(滿日文化協會)와 연락했다. 후속 4명은 12일 경성을 출발해 신경을 향했고, 신경에서 합류한 후 하얼빈(哈爾濱)을 경유해 17일에 흑하(黑河)에 도착했다. 국경 경비대의 연락 지원이 필요했다(帝國學士院紀事 3(2): 439). 즉, 이마무라는 제국학사원 프로젝트 일정에 연이어 경성제대의 몽강학술탐험대에 참가했다.

제3차 경성제국대학 몽강학술탐험대 대장을 맡았던 이마무라가 "1944년 10월"에 기록한 것으로 되어 있는 경성제국대학 제3차 몽강학술조사대 중간보고 "서(序)"(泉 靖一·坂本和英·德永信三 1944.10. 北方遊牧狩獵民族の人口(第一號)의 앞표지 내면지)에 의하면, "몽강(蒙疆)은 반도, 만주, 북지(北支)와 함께 일본 본토에 가장 근접한 전력보급원(戰力補給源)"이며, 조사는 "결전하(決戰下), 인적·물적자원의 전력화(戰力化)"를 목적으로 실시했음을 분명히 밝히고 있다. 전쟁 말기의 결전이라는 분위기가 지배적이었음을 알 수 있다. 이마무라의 "서"는 매 보고서마다 가장 앞부분에 동일한 내용으로 수록되었다. 유인물을 제작한 곳은 "경성부 동대문구 돈암정 420-8 공립프린트사(京城府東大門區敦岩町420-8 共立プリント社, 電話 東5292番)"이다. 이 유인물은 다양한 전공의 의학 분야를 비롯해, 지질학, 토목학, 심리학, 인구학 등의 전문적 조사 보고서로 구성되어 있다. 제1호의 앞표지 왼쪽 상단에 세로로 수기된 글씨 "근정 오우치 선생(謹呈 大內先生)"은 이즈미의 육필이다. "오우치(大內)"는 경성제대 법문학부장을 역임했던 오우치 타케시(大內武次, 경성제국대학 법문학부 교수)[4]로 통계학을 전문으로 했던 사람이다. 제1호의 오른쪽 상단에는 적색으로 "비(秘)"의 인장이 찍혀 있다.

제2호 앞표지에 적색으로 "150部中第24號, 昭和19年12月19日作製"했다고 기록되었다. 제2호 앞표지 한가운데에 있는 적색 사각 인장 "이지호인(李智皓印)"으로 보아서, 오우치에게 증정되었던 자료가 모종의 경로를 통해서 이지호(1919-1986)의 소장품이 되었다가, 고서점으로 흘러나온 것으로 생각된다. 현재 서울대학교 사범대학 지리교육과에서 관리하는 '팔역문고(八域文庫)'가 있는데, 이 문고에 소장된 서적과 자료들은 이지호 교수의 기증품을 주로 하여 구성된 것이다. '팔역'은 이지호 교수의 호다. 이 문고의 자료들 속에는 오우치 타케시의 소장이었다고 생각되는 자료들이 상당수 포함되어 있음을 팔역문고에서 확인했다. 이지호는 1941년 평양사범학교 심상과를 졸업(1941.3)한 뒤, 1년간 평양의 소학교 교원을 했고, 1942년부터 일본 릿쇼(立正)대학 전문부 역사지리과(專門部 歷史地理科)에서 지리학을 전공했다(1942.4-1944.9). 그 후 1944년 12월부터 1945년 8월까지 동양경제신보사(東洋經濟新報社) 편집국 기자를 역임했다. 해방 후, 경성여자사범학교 교사를 거쳐 1946년 국립 서울대학교 창설과 더불어 사범대학 전임강사로 출발했고, 1984년 정년퇴임했다(李 燦 1986). 오우치와 이지호 두 사람의 관계에 대해서는 앞으로 심도 있는 고찰이 필요하다.

경력이 파악되는 범위에 한정해 집필진의 이력과 업적을 간략하게 소개한다. 사카모토 카즈히데(1919-?)[5]는 외과의로 오랫동안 스스로의 장애와 체험을 바탕으로 하여, 일본 최초의 장애인 스키 교과서를 집필했다. 정형외과와 스포츠 의학 분야에서 활약했다. 토쿠나가 노부조(德永信三)는 후일 국립도쿄제2병원 피부과 의사를 역임했다.

이와세 에이이치(岩瀨榮一 1904-?)[6]는 도쿄의 이화학연구소에서 경성제국대학에 이공학부가 설립되면서 자리를 옮겼다. "1941년에 이공학부 교수 이와세 교수를 중심으로 한 이공학부 소속팀이 함북 길주 지역에서 우라늄광을 발견한 이래 '조선희원소(朝鮮稀元素)개발이용'연구반이 구성되어 방사성 광물의 탐사 및 연구가 본격적으로 추진되었(고), (…) 1944년부터 이공학부의 경우에는 예로서 '조선희귀원소의 개발이용반'(이와세 교수, 반원 5명)"(이성규 2015.12.28: 21-23)이 있었다. 일본의 패전 후, 이와세 에이이치는 원자력의 평화적 이용에 관한 연구를 한 것으로 유명하다. 이화학연구소에서 도쿄전기대학으로 자리를 옮겼고, 도쿄전기대학에서 1987년 4월 1일 정년퇴임을 하여 명예교수가 되었다.

사이토 노부후사(齋藤信房 1916-2007)[7]는 핵화학, 방사화학, 무기화학 전문가로서 도쿄대학 명예교수를 역임했다. 코바야시 히로시(小林宏志)[8]는 경성제대의학부 법의학교실 교수였고, 전후 히로시마대학 의학부 법의학교실로 자리를 옮겼으며, 동 대학 의학부장을 역임했다. 다수의 경성제대의학부 교수들이 전후 설립된 히로시마대학 의학부로 자리를 옮긴 것은 원폭 피해지라는 특수성을 반영하는 것으로 생각된다. 시시메 케이조(獅子目慶三)는 1939년 현재 평안남도 진남포 도립의원 의사로 근무한 바 있다. 타자키 카메오(田崎龜夫)[9]는 만주의과대학(滿洲醫科大學)에서 피부비뇨기과를 전공했고, 1943년 현재 그는 경성제대 의학부의 조교수였다. 그가 경성제국대학 의학부의 연구팀에 합류하게 된 경위는 알 수 없다.

아마노 토시타케(天野利武 1904-1980)[10]는 경성제국대학 법문학부의 심리학 제1강좌(心理學第一講座)를 담당했던 하야미 히로시(速水 滉 1876-1943) 교수와의 인연으로 1927년 경성제대에 부임했다. 패전 후, 교토부(京都府) 교육장으로 근무했고(1948.4-1953.3), 리츠메이칸대학과 오사카(大阪)대학에서 교수를 역임한 바 있고, 오모테몬가쿠인(追手門學院)대학 학장으로도 활약했다. 1964년도 오사카대학 동파키스탄 학술조사단 단장으로 활동했다. 그는 교육심리학자로 알려져 있다.

나가이 소시치로(永井莊七郎)[11]는 1943년 현재 경성제대 이공학부 조교수다. 1978년 논문의 주저자인 카쿠노 쇼하치(角野昇八 1947-2009)가 오사카시립대학 교수였음을 감안할 때, 카쿠노는 나가이의 제자였던 것으로 생각된다. 일본의 대동아전쟁 패전 후, 나가이는 운수성 제3항만 건설부(運輸省 第3港灣建設部, 神戶소재)의 조사과장을 역임한 후, 오사카시립대학 교수로 자리를 옮겼다. 주의 논문 목록 중에서 1944년 2월과 1946년 12월에 발행한 것들은 몽강학술탐험대의 조사 성과물이다. 따라서 이 책에서 소개하는 보고서 제8호(永井莊七郎 1944.12. 黃河筋包頭に於ける流泥及べ水質)의 자매편들인 셈이다. 1946년 12월 발행된 논문의 말미에 "(昭和 19.12.12 受付)"(永井莊七郎 1946.12: 24)라는 기록이 당시의 정황을 반영하는 증거다.

쿠보 마사지(久保昌二 1911-1994)[12]는 1932년 도쿄제국대학을 졸업했고, 대북제국대학과 도쿄제국대학 강사를 역임한 후, 경성제대와 제일고 교수를 했다. 전쟁 후 1948년 나고야대학 교수가 되었다. 1973년 미국화학회 CA 상을 수상했다. CA는 Chemical Abstracts의 준말로 일종의 문헌초록지다. 1974년 나고야대학을 정년퇴임해 명예교수가 되었다.

9편의 보고서를 중심으로 소개한 자료는 대동아전쟁 말기 경성제국대학을 중심으로 펼쳤던 북중국의 오르도스 지방, 즉 현재 내몽고자치주 장가구의 서북쪽에 해당되는 지역에서 자원 조사를 위해 실시했던 학술 조사의 일면을 보여 주고 있다. 학술탐험대의 규모로 보아서 현재 수집된 보고서가 학술 조사 보고서 전부에 해당된다고 말하기는 어렵다.[13] 그러나 대륙병참기지 역할이 부여되었던 식민지 조선의 제국대학이 제국의 전쟁에 동원된 모습을 보여 주기에 충분하다. 군기(軍旗)에 동원된 학기(學旗)의 정신대원들이 한정된 시간과 공간 내에서 전시의 물적·인적자원 확보에 주력했음을 알 수 있다. 총동원을 전제로 한 전쟁은 모든 것을 빨아들이는 블랙홀이었다. 학술탐험대의 과정과 절차를 통해 획득한 학문 성과를 어떻게 평가할 것인가 하는 문제는 우리들의 몫으로 남아 있음을 절감한다. 이 책 제1호의 주 저자인 이즈미의 야장은 당시 상황을 세밀하게 전하고 있다. 기회가 되는대로 이즈미의 야장에 대해 분석할 것이다.

나는 유족으로부터 야장 복사본을 제공받아서 보관 중이다. 패전 직전인 1945년 6월 경성제국대학은 관제를 배경으로 대륙자원과학연구소를 설립했다. 소장에는 몽강학술탐험대 대장역을 했던 이마무라를 임명했고, 탐험대의 총무 역할을 맡았던 이즈미는 이 연구소의 설립 준비를 위한 작업을 담당했고, 이어서 조교수 발령을 받았다. 제3차 몽강학술탐험대가 대륙자원과학연구소 설립의 직접 배경으로 작용했음을 생각하게 하는 대목이다.

패전 직후 1945년 8월 하순 장가구에서 피난했던 민족연구소원들이 경성제국대학을 방문했을 때, 이마무라는 대륙자원과학연구소와 민족연구소의 공동 집담회를 개최했다. 전후 사회에 기여할 수 있는 진정한 학문적 논의를 하자는 의도였는데, 어떤 논의들이 진행되었을까? 그날 밤 민족연구소원인 스기우라 켄이치(杉浦健一 1905-1954)[14]가 만취한 상태에서 이마무라 교수 댁의 대형 식탁 유리를 깬 사건도 있었다. 제국 파열의 상징이랄까!

주

1 순방 일정: 7/30 岩瀨·石原·鈴木·三浦 京城發; 8/2 全員 京城發, 總長의 歡送; 8/3 山海關通過, 北京; 8/4 張家口 着, 鈴木隊 合流; 8/5 張家口滯在; 8/6 岩瀨·相馬·三浦 大同厚和로, 泉·鈴木 包頭로, 기타 宣化에; 8/7 각각 大同, 包頭, 宣化; 8/9 挨拶; 8/10 包頭; 8/12 包頭-大樹灣; 8/15 大樹灣-包頭; 8/20 包頭-厚和; 8/21 厚和-百靈庙; 8/24 百靈庙-武川; 8/25 武川-厚和; 8/26 厚和-包頭; 8/27 包頭; 8/29 包頭-張家口; 9/2 張家口-張北; 9/5 張北-牧業試驗所; 9/7 牧業試驗所-西スニツト; 9/8 西スニツト-チマリンスム; 9/9 チマリンスム-貝子庙; 9/12 貝子庙-林西; 9/13 林西-林東; 9/18 林東-開魯; 9/19 開魯-鄭家屯; 9/20 鄭家屯-奉天.

2 산부인과 전문의로서 도쿄의과대학 명예교수(東京醫科大學名譽教授)와 사이타마의과대학 명예교수(埼玉醫科大學名譽教授)이고, 히말라야 네팔에 서식하는 야크의 태반 연구(胎盤硏究)로 유명하며, 다음과 같은 저서가 있다.

1984.5 胎盤のみかた. 医學図書 共著.

1986.9 胎盤: その進化の軌跡. 金原.

1993.1 ヒマラヤへの道. 診断と治療社.

2005.10 胎盤: 臨床と病理からの視点. 篠原出版新社.

3 "1940년 3월 조직된 "동아제민족조사사업의 종결(東亞諸民族調査事業の終結)"이 1943년 7월까지 26회 보고회로 중지되었다. 출판 인쇄 업계 사정으로 일찍 종결시켰으며, 본 위원회 종결 후에도 교정 정리 등은 당분간 지속되었다. 사업 중 『동아민족명휘(東亞民族名彙)』(증보개정판), 『동아민족요람(東亞民族要覽)』, 『몽강회교민의 연구(蒙疆回教民の硏究)』 등이 편찬완료되었고, 보고회 기록은 1944년 3월 14호 마쓰모토 노부히로(松本信廣)의 「이만명의고(夷蠻名義考)」가 최후가 되었다. 전문가에게 집필을 맡긴 「동아민족요지(東亞民族要誌)」는 4종으로서, 제1집 「기리야-쿠(ギリヤーク)」(橫尾安夫, 服部 健), 제2집 「아이누(アイヌ)」(兒玉作左衛門, 高倉新一郎, 河野廣道, 鷹部屋福平, 名取武光, 犬飼哲夫, 金田一京助), 제3집 「조선인(신체 및 언어)(朝鮮人(身體及び言語))」(今村 豊, 島 五郎, 小倉進平), 제4집 「신성관계자료(身性關係資料)」(橫尾安夫, 今村 豊, 島 五郎, 忽那將愛)"(帝國學士院紀事 3(2): 439)는 결국 빛을 보지 못했다.

4 다음과 같은 논저가 있다.

1931 "ガラスを以て覆はれた農村", 鄕土 3: 39-44.

1933 李朝末期の農村(京城帝國大學法學會論集 第1部6冊).

1937.7.1-1938.11.1 "統計學講話(1-16)", 朝鮮行政 1(7)-2(11).

5 다음과 같은 저서가 있다.

1990.11.1 身障者スキー讀本—脚がなくてもスキーはできる. 東京: 講談社.

6 다음과 같은 논저가 있다.

1942.7 "忠淸北道椒井里炭酸鑛泉に就て", 理化學研究所彙報 21(7): 763-766. 斎藤信房 共著.

1942.7 "外金剛溫井里溫泉に就て", 理化學研究所彙報 21(7): 767-773. 斎藤信房 共著.

1943.4 "京城府內藥水の地球化學的研究", 理化學研究所彙報 22(4): 370-373. 斎藤信房 共著.

1943.12 "朝鮮產霞石の鑛物化學的特性", 理化學研究所彙報 22(12): 1044-1049. 金村洋志 共著.

1944.1 "X線曝射後のアルカリ鹽の發光", 理化學研究所彙報 23(1): 15-21.

1944.6 "朝鮮產ウラン螢光性柱石に就て", 理化學研究所彙報 23(6): 328-330. 金村洋志 共著.

1944.8 "容量分析法に依る電氣石中の硼酸含量の測定に就て", 朝鮮鉱業會誌 27(3): 71-74. 斎藤信房 共著.

1946.8 "綠柱石の變質に關する一知見", 理化學研究所彙報 23(8): 393-399. 鵜飼信夫 共著.

1947 "忠淸北道丹陽產綠柱石の鑛物化學的研究", 理化學研究所彙報 24(1): 25-27. 竹中潔 共著.

1948 膠質狀態理論(P. P. von Weimarn 著). 東京: 丸善. 岩瀨榮一 譯.

1950 近代化學工業概論. 東京: 北隆館.

1953 塩: その化學. 東京: 北隆館.

1967 電気化學序說. 東京: 東京電機大學出版局.

7 다음과 같은 논저가 있다.

1943.9 "朝鮮の温泉", 温泉科學 3(2/3): 84-92.

1957.3 "本邦の温泉沈澱物, 特に放射性沈澱物について", 岡山大學温泉研究所報告 18: 28.

2010.10. うららなる湖: 斎藤信房先生の想い出. 東京: 斎藤信房先生記念誌の會. 斎藤信房先生記念誌編集委員會 編.

8 다음과 같은 논저가 있다.

1945 西ニューギニアの衛生事情(南太平洋叢書 4). 東京: 日本評論社. 服部 敏 共著. 太平洋協會 編.

1951 "祝島住民の民族生物學的研究", 広島県立医科大學論文集 3: 213-226.

1978 小林宏志教授退官記念教室業績目録. 広島大學医學部法医學教室 著.

9 다음과 같은 논문이 있다.

1933.5 "爪甲帶狀或ハ線狀色素沈着異常ニ就テ", 滿州医學雜誌 18(5): 743-749.

1934.11 "漆灰腎ノ一剖檢例", 日本泌尿器科學會雜誌 36(3).

1937.1 "鼠蹊淋巴肉芽腫症("N.F"病)ノ研究 (第3報)海猽, 家兎ニ於ケルFrei 氏 抗原性ノ免疫生物學的研究 (第4報)診斷的價値並ニ治療的効果ヨリ觀タル Frei氏抗原ノ靜脈內注射", 滿州医學雜誌 26(1): 177-196.

10 다음과 같은 저서가 있다.

1956.12 一教育長の回顧: 京都府の教育改革. 東京: 民主教育協會.

1960 日本人の國民性と教育. 東京: 民主教育協會.

1965 チッタゴン地方の丘陵人: 東パキスタン総合學術調査隊報告書. 大阪: 大阪大學. 天野利武 編.

11 다음과 같은 논문이 있다.

1942.12 "流砂 · 沈澱及洗堀(2)", 土木技術 3(12): 60-61.

1943.3 "橋脚による河床洗堀に関する実験的研究", 土木學會誌 29(8): 620-622.

1943.9 "流砂に関する研究(第2編)砂粒の浮遊理論", 土木學會誌 29(9): 646-667.

1944.2 "流砂に関する研究(第3編)遼河及び松花に於ける流砂について", 土木學會誌 30(2): 88-101.

1946.12 "流砂に関する研究(第4編)黄河筋包頭に於ける流泥に就て", 土木學會誌 31(2): 18-24.

1948.7 "河川の流れに於ける変動速度について", 土木學會誌 33(3): 18-22.

1951.9 "ジェーン台風による大阪湾諸港い於ける以上高潮について", 土木學會誌 36(9): 21-25.

1978 "隅角部を有する防波堤前面および沖合の波高分布". 日本土木學會 第25回 海岸工學講演會論文集. pp. 108-112. 角野昇八, 田 操, 久保 直, 小田一紀 共著.

12 다음과 같은 저서가 있다.

1962 化學史: 化學理論発展の歴史的背景. 東京: 白水社.

1966 原子価と分子構造(Cartmell, Fowles 共著). 東京: 丸善. 木下達彦 共訳.

13 鈴木 誠 1945 "蒙疆住民の體質人類學研究(京城帝大第三次蒙疆學術調査隊報告)"(문서 자체는 행방불명)라는 정보가 있는 점을 보더라도, 앞으로 관련 자료가 더 나올 수 있다. "경성제국대학 몽강학술탐험대의 깃발(1938년 제작, "京城帝國大學 蒙疆學術探險隊" 제1차 때 제작되었던 것)이 스즈키 마코토의 집에 보관되어 있었다는 사실이 증언하는 바가 있다. 이 깃발을 스즈키 부인이 2008년 2월 2일 자택(長野県松本市芳川野溝1139-2 鈴木淑子)을 방문했던 나에게 양도해 주어, 현재 보관 중이다. 기증된 물품들 중 대기(隊旗)는 경성 오쿠보상점(京城大久保商店)의 기증품이다(京城帝國大學大陸文化研究會 1939.5.13: 14). [사진 2-8]과 [사진 2-9]에 등장한 대기는 동일한 것이다. 80년이 넘는 세월을 격한 두 사진이라는 점을 감안하면, 대기의 보존 상태가 지극히 양호한 편이다. 스즈키 아키코(1923년생) 씨의 본가는 규슈의 야나가와(柳川)이고, 폐번 후 조부가 인천으로 이주해 선구 회사를 경영했다. 그녀는 인천 태생으로 인천고녀(仁川高女)를 졸업했다. 동기생 중에 조선인은 한 명 있었다. 인천에 "조선촌(朝鮮村)"이라고 불리는 곳도 있었다. 해방 후 '거류지(居留地)'가 존속해 인천의 거류지에 살 수 있을 것이라는 기대를 했다고 한다.

14 도쿄제대 문학부 종교학과를 졸업하고, 1939년에 설립된 도쿄제대 이학부 인류학교실의 부수를 역임했다. 민족연구소를 경유해, 전후 1953년 도쿄대학 문화인류학연구실 초대 교수로 임명되었다. 1954년 1월 15일 사망했다.

제10장 결론: 제국 일본의 식민지인류학과 전시인류학

'제국 일본과 학문'이라는 과제를 떠올리면서, 분명하게 정리해야 할 문제가 있다. 관념적 추상 차원의 문제가 아니라 경험적 실재의 문제다. 제국 일본의 쇼와 시기에 최고봉의 철학자였던 아베 요시시게가 대동아전쟁기에 내뱉었던 착종하는 요설(妖說)을 회상하게 된다. 자유주의자임을 스스로 천명했던 아베 교수는 대동아전쟁기에 전체주의자로 전향했음을 확고하게 발언했다. 아베에게 국가 존망이라는 과제 앞에서 진리 탐구를 위한 학문은 존재하지 않았다. 그것이 파시즘과 국가 폭력에 굴복했던 제국 일본의 학문이었다. 학문이라는 과제 앞에서 한계를 보였던 제국 일본의 군국주의적 문제였다.

국가라는 집단성의 폭력에 굴복한 제국 일본의 학문을 생각하면서, 이 책을 집필했다. 국가라는 집단에 대해 두 가지 질문이 가능하다. 하나는 국가라는 집단이 본질적으로 정의롭고 정당하고 이성적인 존재인가 하는 문제다. 다른 하나는 국가라는 집단이 정의롭고 정당하고 이성적으로 행동하는가의 문제다. 전자의 질문은 국가와 국가주의가 존재하는 한 영속적으로 반복될 수밖에 없다. 그러나 후자의 질문은 지금 당장이라도 전개해야 하는 문제다. 대동아전쟁기 제국 일본이라는 국가가 과연 정당하고 정의롭고 이성적인 전쟁을 수행했는가 하는 문제다. 아베가 진정한 자유주의자였다면, 그는 전체주의를 구가하는 요설(妖說)을 내뱉지 말았어야 했다. 경성제대의 '희망'과 '상황' 사이를 요리조리 빠져 다닌 아베의 글에 구역질이 난다. 그의 요설에 농락당해 꽃다운 청춘을 불살랐을 수많은 젊은이를 생각하면서, '전쟁과 인류학' 이란 과제를 다시금 떠올린다.

영국과 미국을 중심으로 인류학사에 관련된 도서들이 상당히 많이 출판되어 있지만, 21세기에 들어온 이후 주목을 받고 있는 서적은 두 가지로 요약할 수 있다. 하나는 조지 스토킹(George Stocking)이 쓴 *After Tylor*(1995)이고, 다른 하나는 한 페르뮬렌(Han Vermeulen)의 역저인 *Before Boas*(2015)이다. 양자가 겹치는 부분도 상당히 있지만, 기본적인 학사적 구도상으로 후자는 전자의 견해를 비판하는 입장에서 저작된 것이다. 타일러 이전에 이미 ethnology(독일어의 Völkerkunde를 포함)와 ethnography(동일한 뜻의 독일어와 러시아어를 포함)라는 이름으로 진행되었던 독일어권과 러시아의 탐험가들 계통에서 이루어졌던 작업들을 발굴하고, 영미권 인류학이 갖는 한계점을 지적하는 것이 후자를 발간한 저자의 숨은 뜻이라고 생각된다. 그럼에도 양자가 본질적으로 공유하고 있는 점을 지적하지 않을 수 없다. 그것은 인류학이란 학문이 태생적으로 식민지 경영과 밀접한 관련성을 갖고 있다는 점이고, 인류학은 예외 없이 식민지에서 그 실력을 유감없이 발휘했던 점이다. 식민지 개척과 획득의 후발주자였던 제국 일본도 예외가 아니었다.

이 책은 제국 일본의 식민지 정책이 실시되었던 조선에서 문화통치 기구의 하나로 자리매김했던 경성제대를 연구 대상으로 삼았다. 대학이라는 고등교육기관의 교육 제도상 차원에서 식민지대학을 연구하자는 것이 아니고, 대학 차원에서 실시되었던 학술 사업과 소속원들에 의해서 실천되었던 학술 업적들의 내용들 중에 특히 인류학 분야에 한정해 논의하는 것이 이 책의 일반 목적이다. 설립과 폐교의 사이에 경성제국대학이 존치했던 기간이 1926년부터 1945년까지였기 때문에, 대학의 학술 사업 기간은 최대 20년이었다. 그 기간에 대학 차원에서 또는 대학 구성원들에 의해 이루어졌던 인류학적 작업들을 망라해 정리하고 분석하는 것이 이 책의 구체적 목적이다.

교토에 있는 국제일본문화연구센터에서는 '제국 일본과 식민지대학'이라는 국제학술회의를 기반으로 하여 대저를 발간하였는데, 사카이 테츠야는 대동아공영권에 동원되었던 도쿄제국대학의 동양문화연구소의 활동을 사례로 하여 '전쟁(戰爭)과 연구소(硏究所)'라는 문제를 논의(酒井哲哉 2014.2.25: 476-477)하였지만, 그 연구소의 에너지 역할을 하였던 군국주의의 하수인들과 그들의 구체적인 작업에 대해서는 일언반구도 없다. 물론 "전쟁에 관한 인류학적 고찰"이란 제목의 논문을 쓰면서, 자신이 전쟁 중 민족연구소의 일원으로 직접 체험하였던 대동아전쟁 중의 전쟁 협력 내용에 관해서는 일체의 언급을 하지 않는 경우(鈴木二郎 1951.6.15)보다는 상당히 진취적인 입장을 보이긴 하지만, 하부조직들이 어떻게 결탁하고 합종연횡하여 궁극적으로 연구소에 소속된 연구원들이 전장과 총후에서 어떠한 작업들을 하였는지에 대해서 구체적인 분석이 제시되지 못하였음이 아쉽다.

사카이의 논의는 결국 어느 다른 것들이니 마찬가지로 거대담론으로서의 식민지주의 또는 식민주의의 틀 속에 안주하고 있음을 본다. 동일한 서적에서 제기된 입헌주의(松平德仁 2014.2.25)라는 명목 뒤에 실존하는 황도주의를 외면하고 '15년 전쟁' 기간 동안 황도국가주의에 희생된 사람들이 식민지에만 있었던 것은 아니다. 더 많은 사람들이 제국 일본의 내지라는 곳에서 살았고, 그들이 체험하였던 군국주의의 문제에 대해서는 일언반구도 하지 않는 입장이 일본이라는 국적을 배경으로 하는 연구자의 입장과 연계된 가능성에 대해서도 생각하게 된다.

경북대학교의 김창록은 오타카 토모오(尾高朝雄)가 조선인 제자들에 의해서 "군국주의(軍國主義)의 선봉(手先=先鋒)"으로 비판되었다는 점을 지적하였다(金昌祿 2014.2.25: 295). 김창록의 지적은 간접화법을 적용하고 있지만, 사카이와 마쓰다(酒井哲哉·松田利彦)에 의해서 편집된 서적에서 유일하게 일회적으로 '군국주의'라는 단어를 사용하였음에 주목하게 된다. 사카이와 마쓰다가 편집한 식민지대학에 관한 논의는 사실상 식민주의에 입각해서만 당시의 현실을 보려고 노력한 것이지 군국주의라는 관점은 전반적으로 회피하고 있다. 사실상 나의 책이 추구하는 관점은 그들의 편서와는 어느 정도 반대의 입장을 견지하고 있다. 문제는 경성제대와 대북제대의 비교가 필요하다는 점이다. 통치 시스템으로서의 두 가지 관점(식민주의와 군국주의)을 대만과 조선이라는 식민지의 두 대학에 함께 적용하였을 때, 어떠한 점이 공통적이고 어떠한 점이 차이점으로 드러나는지에 대한 구체적인 연구가 기대된다.

사카이와 마쓰다의 편서 대부분의 저자들의 논지에서 공유되고 있는 '식민지대학'의 '식민지'라는 용어는 군국주의의 횡포를 은폐하는 위장막의 역할을 할 뿐이다. 황도사상으로 무장한 군국주의의 선동과 동원에 의해서 징병과 징용의 절차를 밟고 정신대로 동원되었던 수많은 청소년들의 희생과정에 대한 분석이 기다려진다. 카이몬타케(開聞嶽)를 선회하고 남방으로 향했던 특공비행대원들과 카이텐(回天)의 좁은 공간에 앉아서 군함에 돌진하였던 젊은이들의 혼백은 사실이 밝혀지기를 기다리고 있다. 식민주의 또는 식민지주의라는 이름만으로는 더 이상 가려질 수 없는 전쟁상황에 대해서 적극적인 사회과학적 분석의 시각을 요청하고 싶다.

군국주의의 관점과 군사인류학의 민속지가 일말의 역할을 수행할 수 있기를 기대해본다. 소설이나 연극과 영화의 장르만으로는 희생의 과정과 대가가 제대로 이해되지 못하고 있는 현실을 직시할 필요가 있다. 대학과 학계의 전쟁협력과 전범지위의 문제를 더 이상 식민주의(또는 식민지주의)라는 방패막이의 뒤에서 조금씩 조금씩 흘리는(steam out) 모습을 보이지 않는 것이 현명하다. 누구를 위한 학문하기인가? 두 손으로 햇볕이 가려지는가? 전쟁과 관련된 문제는 엄연히 군사적인 차원에서 검증되어야 하는 군국주의라는 용어로서 대응하는 것이 정당하고도 명쾌하다.

학문적 업적이라는 차원에서 20년은 사실상 단시간이다. 아직 제대로 학문적 성숙기에 접어들지 못했던 시기에 이루어진 업적들이었다는 점을 감안하고, 경성제대에서 이루어졌던 인류학적 성과를 평가하는 것이 여러모로 안전할 뿐만 아니라 지나침에 의한 실수를 줄일 수 있을 것이다. 다른 한편에서는 1920년대 후반과 1930년대 그리고 1940년대 초반까지 실행되고 있었던 세계 인류학계의 경향에 대한 종합적인 판단이 경성제대에서 이루어졌던 인류학적 업적을 평가하는 기준으로 활용될 수 있기를 기대해본다.

이 책에서 중점적으로 다룬 학자들, 즉 주인공은 아카마쓰 치조, 아키바 타카시, 이마무라 유타카, 이즈미 세이이치 4명이다. 이들의 학문 활동이 경성제대에서 결실을 본 인류학적 조사 연구의 대부분이라고 생각한다. 경성제대의 개학은 법문학부와 의학부로 시작했다. 앞의 두 사람은 법문학부 종교 및 사회학연구실을 바탕으로 활동했고, 세 번째 인물은 의학부 해부학교실을 배경으로 체질인류학 작업을 했다. 마지막의 인물은 위 세 교수의 제자에 해당한다. 그는 경성제대 법문학부 졸업생으로 패전 후 마지막으로 경성제대 조교수에 임명되었던 사람이다. 그들은 패전 후 일본으로 귀국해 다소간에 각자의 학문 활동을 이어 갔다. 아카마쓰는 전쟁 중 교수직을 사직하고 사찰로 돌아갔고, 나머지 셋은 패전 후 인양되었다. 아키바는 규슈대학을 거쳐서 아이치대학 사회학과에 자리를 잡았고, 이마무라는 히로시마대학과 니가타대학을 거쳐서 미에대학에서 해부학 교수로 활동했다. 이즈미는 메이지대학을 거쳐 도쿄대학 문화인류학연구실 교수가 되었다. 그들은 각자의 자리에서 학문 후속 세대를 길렀다. 경성학파의 인류학이 일본의 학계에 어느 정도 기여를 했는지에 대해서는 후속 연구가 필요하다. 이들의 인간관계와 학문 연계 관계가 어우러져 '경성학파 인류학'이라는 학문적 대동맥이 완성되었다고 생각한다. 이것이 일본인류학사를 구성하는 하나의 줄기로 인식되기를 희망하며, 일본인류학사를 정리하는 한 편의 예시일 수 있다고 생각한다.

이 작업을 하는 과정에서 대만대학 인류학과와 그 부속 박물관을 찾아가 본 적이 있다. 식민지 시대 대북제국대학 시절의 토속·인종학 연구실에서 작업을 했던 흔적이 고스란히 남아 있었다. 그 학과의 2회 졸업생으로 미국 유학을 한 후, 예일대학을 경유해 하버드대학 인류학과의 교수를 역임했던 장광직(張光直) 박사의 존재가 괜히 있는 것이 아니었다. 그는 중국대륙으로부터 타이페이로 소개(疏開)되었던 남경중앙연구원의 연구유산과 아울러 대북제국대학 토속·인종학연구실의 유산을 바탕으로 훈련을 받은 경력이 있었기에, 그만한 실적을 쌓을 수 있었다는 점을 절감했다. 대격변의 정치 혼란 속에서도 식민지 시기의 학문적 유산을 잘 보존했기에 가능한 일이었다. 일본의 패전 후, 교수진은 특별한 경우를 제외하고는 유용(留用)이라는 방식을 채택함으로써 정치적 격변의 영향을 최소화하는 연착륙을 시도했다. 대략 3년간 일본인 교수들이 후속으로 등장한 중국인 학자들에게 인적·물적자원들을 승계하도록 하는 과정이 있었다.

경성제대는 전혀 그렇지 못했다. 정치적 격변의 소용돌이에서 경성제대의 교수들은 모두 인양(引揚) 방식으로 피난민들처럼 일본에 되돌아갔다. 대만에서 있었던 연착륙을 위한 인수인계 과정은 찾아볼 수도 없었고, 일본인 교수들이 떠난 빈자리에 미군정에 의해 조선인들이 이식되는 방식이었다. "경성대학예과(京城大學豫科) 편입생 모집. 자격:

외지고등학교 및 대학예과 생도(外地高等學校及大學豫科 生徒)"(中央新聞 1946년 1월 17일 자)라는 신문 광고는 학생 모집 상황도 복잡하게 진행되고 있었음을 말해 준다. 정치적 격변이 대학과 학계에 그대로 이식되면서 발생한 혼란으로 대학과 관련된 시설들과 자료들이 위기를 맞았던 것이다. 경성제대의 체질인류학교실에서 보관했던 인골들이 행방불명된 상태가 그 정황을 대변하고도 남음이 있고, 나는 학창시절에 '경성제국대학민속참고품실'의 인장이 찍힌 자료들을 동대문 부근 고서점에서 구입할 수 있었다.

의학부의 해부학교실을 위주로 실시되었던 체질인류학적 조사 연구 업적은 거의 대부분이 골학에 치중했음을 알 수 있다. 이마무라를 중심으로 한 해부학교실원들이 인골의 측정과 수집을 위해 답사했던 지역은 북으로는 아무르강이 있는 이르는 북만주에 이르렀고, 남으로는 뉴기니섬까지 당도했으며, 대동아권 확대에 따라서 태국에서도 인골 표본의 수집이 실시되었음을 알 수 있었다. 그들이 수행했던 작업은 살아있는 사람들에 대한 인체계측학(anthropometry)이었고, 이미 사망한 사람들을 대상으로 인골 수집을 실시했다. 그들의 작업을 체질인류학이었다고 말할 수도 있지만, 엄밀한 의미에서 말한다면 그것은 비교골학(comparative osteology)이었다고 생각된다. 물론 비교골학이 체질인류학을 구성하는 중요한 요인 중 하나임은 분명하다.

중일전쟁과 대동아전쟁으로 인해 전장이 확대되면서 그들의 작업 영역도 지리적으로 확대되었고, 전쟁 협력과 전시 동원에 충실한 작업들이 그들의 학문을 비켜 갈 수는 없었다. 오히려 적극적인 전쟁 협력 방안이 그들의 작업 내에서 태생하기도 했음이 본론에서 논증되었다. 인종주의자이며 나치에 협력했던 오이겐 피셔(Eugen Fisher 1874-1967)에게서 체질인류학을 학습했던 이마무라의 업적은 제국 일본의 식민지와 점령지에서 유감없이 실행되었다. 해부학교실에서 수집했던 인골 표본 약 670여 체가 현재 행방불명 상태에 있음도 확인되었다. 이 부분에 대해서는 앞으로도 꾸준히 탐색 작업과 연구가 필요함을 역설하고자 한다.

조직이라는 차원에서 일사불란하게 움직였던 해부학교실의 체질인류학적인 업적에 비할 바는 아니지만, 문화인류학적인 업적이라고 말할 수 있는 분야의 활동도 상당한 정도의 조직성을 갖추고 진행되었다. 종교학자 아카마쓰는 종교인류학적 논문들을 일찍부터 업적으로 생산했다. 그의 교토제대 학위 논문은 종교인류학이라고 해도 전혀 손색이 없는 업적으로서 일본 학계가 결코 무시할 수 없는 내용이다. 프랑스 인류학의 거장인 마르셀 모스에게 훈도를 받은 유학 기간을 감안하면, 아카마쓰는 당대 일본 학계에서 인류학 분야에 아주 밝은 사람 중 한 사람이었다. 그런 배경이 있었기 때문에, 그가 교토에서 경성으로 자리를 옮겼고, 이직한 직후의 조선에서는 무속에 대한 연구에 집중했다고 생각한다.

사회학을 배경으로 한 아키바는 도쿄제대 졸업 논문으로 '좌속(坐俗)'에 대한 연구를 했다. 말하자면 그는 윌리엄 섬너(William Sumner)류의 습속(習俗) 연구자로 자리 잡았다고 할 수 있다. 이어서 그는 혼속(婚俗)에 관심을 보였고, 2년간 조선총독부 재외연구원 자격으로 영국과 프랑스에서 학습하는 기회를 얻었다. 그의 혼속에 관한 관심은 지속적이었고, 유학 기간 중 박물관에 관한 관심의 연장이 사회학자로서는 독특한 지위를 갖게 했다고 생각된다. 아카마쓰가 경성제대로 이직한 이후, 아키바는 아카마쓰를 따라서 무속(巫俗) 현장을 답사함으로써 그의 습속 관심이 혼속에서 무속으로 확대되는 양상을 보였다.

아카마쓰와 아키바는 각자의 전공인 종교학과 사회학을 결합한 새로운 연구실을 법문학부 내에 설치했다. 이른바 '종교 및 사회학연구실'이었다. 이 연구실을 중심으로 실천했던 연구 과제들의 결과를 문화인류학적으로 평가할 만하다고 말하는 것은 전혀 과장이 아니다. 이 땅에서 일제에 의한 식민지 시대에 문화인류학 분야가 시작하는 배경에 종교학자와 사회학자가 적극 개입되어 있었다는 점을 새삼스럽게 상기하는 것이 중요하다. 양자는 제국학사원의 연구비 지원에 의해서 조선무속 연구를 했고, 외무성 문화사업부 지원을 받은 만몽의 민족과 무속에 관한 연구로 그들의 연구 지역을 대륙으로 확대했다. 그들이 이룩한 연구 업적의 주된 분야가 무속, 즉 샤머니즘에 관한 것이라는 점은 아무리 강조해도 지나치지 않다. 그들이 조선에서 대륙으로 연구 지역을 옮기는 움직임이 제국 일본의 대륙 침략 과정과 무관하지 않음에 대해서는 이 책에서 충분히 논의했다.

식민지 경영에 대한 참여라는 문제를 적용해서 아카마쓰와 아키바의 정체성과 태도를 비교해 볼 필요가 있다. 아카마쓰는 소극적이고 마지못한 차원의 태도를 보였던 반면에, 아키바는 적극적인 입장을 표현했다. 제국 일본의 전쟁이 확대되면서 양자의 입장에는 더욱 현격한 차이가 벌어지고 있음도 감지되었다. 아카마쓰는 1941년 3월 칙임관 교수직을 사임하고 고향의 승직(僧職)으로 복귀했고, 아키바는 제자들에게 전쟁 참여를 적극 권장하는 행동을 보였다.

이런 과정을 분석하면서 알게 되는 사실은, 식민과 전쟁이라는 두 현상의 연속선상에 놓인 학문이라는 사회 현상의 본질론에 관한 질문이다. 브로니슬라브 말리노브스키에 의해서 1920년대 후반에 '응용인류학'이라는 상표를 달고 식민지 경영에 참여했던 인류학이 전쟁을 만나면서 전개되는 방향에 대해서 생각하게 되는 문제다. 제1차 세계대전 중에 트로브리안드의 유배 생활 속에서 민속지(ethnography)의 의미를 재발명하고 '주민 입장'을 방법론의 최선봉으로 제시했던 말리노브스키가 아프리카의 영국 식민지를 대상으로 인류학 응용을 주장했던 점이 당대의 대체적 인식이었다고 생각할 수 있다. 그럼에도 그 후 말리노브스키는 전쟁에 대한 인류학 논문을 작성하면서 제2차 세계대전을 용인할 수 없다는 입장을 피력했음도 주목할 부분이다. 응용인류학이란 제목으로 식민지 경영을 두둔하던 학자의 입장이 전쟁 비난의 입장으로 전환하는 경우도 있지만, 식민지 경영을 지지하고 두둔하던 학자가 전쟁 협력과 전쟁 동원에 앞장을 서는 경우도 있었다. 조선이라는 식민지에서 제국 일본의 전쟁이 격화되면서 체질인류학의 이마무라와 함께 문화인류학의 아키바는 전쟁 협력과 전쟁 동원에 적극 가담하는 모습을 보였다.

나는 특히 아카마쓰에 주목했다. 그렇게 한 근본적인 이유는 '전쟁과 인류학'이라는 구도 속에서 그나마 학문하기에 가장 충실하게 매진했던 사람이 아카마쓰라고 생각하기 때문이고, 식민 지배의 헤게모니와 점령지를 확산해 나가는 침략 전쟁의 동원령에 가장 비협조적으로 대응했던 학자가 아카마쓰였다고 생각하기 때문이다. 그의 경성제대 시절은 식민지 시대의 '마지못한 참여자'에서 전시기의 교수 퇴직에 이르는 과정이었다. 식민과 전쟁 속에서 진행하는 아카마쓰의 학문하기가 외면되는 상황을 도저히 묵과할 수 없었기 때문에, 이 책의 전반부에 아카마쓰를 배치해 검토했다. 전후에 벌어진 또 다른 상황이 나로 하여금 아카마쓰의 분석에 집중하도록 했다. 전후 일본과 한국의 양쪽에서 주로 민속학을 수행했던 학자 상당수가 아키바에 집중했고, 그 결과로 아카마쓰는 상대적으로 잊혀진 인물로 남았다. 전쟁 협력과 전쟁 동원이라는 맥락에서 볼 때, 전자는 부정적 입장을 취했던 반면 후자는 긍정적 입장을 취했던 점을 본론에서 명백하게 밝혔다. 전쟁 협력과 전쟁 동원에 적극적인 입장을 취했던 아키바의 학문에 대한 논의를 전후 학계가 수용하고 승계하는 현상이 안고 있는 문제점을 지적하기 위해, 아카마쓰를 조명함으로써 대조적 현상을 제시하려고 노력했다.

대륙문화강좌의 내용 분석에 상당한 지면을 할애하면서 만주사변 이후 경성제대의 방향 전환을 논하는 정준영의 논고가 내 글에 대해 아래와 같이 지적했다. 지적과 비판을 감사히 여기면서, 지적에 대한 답을 해야 할 의무를 느끼기에 본 지면을 빌리고자 한다. "(각주 10) 경성제대가 가진 차별적 지점을 특정(特定)하지 못한 채 (…) '본질적 차이가 아니라 정도의 차이(全京秀)'라는 논의에서 멈추고 만다."(정준영 2015.12: 81)고 지적을 당했다. 이 문장만 읽으면, 내가 작업을 하다가 중단한 것 같은 인상을 받게 된다. 전혀 그렇지 않다는 점을 설명하겠다. 위의 지적에 이어서 정준영은 "다른 측면에서 찾아야 한다."고 주장했다. 다른 측면이라는 것은 "경성제대의 방향 전환은 일제의 대륙 침략이라는 시국적 상황에 대한 대응 속에서 표면화되었지만, 그 배후에는 식민지 사회 속에서의 고립을 극복하고 '문화 개발'이라는 새로운 개념 속에서 식민지라는 입지 조건이 가진 제국적 가치를 확인하려는 존재 증명이 도사리고 있었던 것이다."(정준영 2015.12: 113-114)라고 제시했다. 정준영은 자신의 논리를 지지하기 위해 "우리가 하는 역할은 이런 대륙문화전쟁을 위한 첨병 역할에 지나지 않는다."라는 오타카 토모오의 말을 인용한다. 이어서 정준영은 '문화 개발' 논리라는 것이 "착시 현상"에 지나지 않았다고 지적했다.

나는 정준영의 논리를 역순으로 거슬러 논의해 보고자 한다. 착시 현상으로 판정이 난 오타카를 비롯한 경성제대의 대륙 프로젝트를 "대륙문화전쟁"이라고 불렀던 오타카의 글에 주목한다. 그가 "대륙문화전쟁"이라고 한 말의 "문화"를 글자 그대로 받아들이고 있는 정준영의 논리가 놓치고 있는 지점이 있다. 오타카가 사용했던 "문화"라는 단어가 글자 그대로 학문을 포함하는 '문화'의 의미를 내포하고 있는 것이라고 생각하는 것이 정준영의 입장으로 읽힌다. 만약에 '놓치고' 있는 것이 없다면, 그것은 의도적으로 불필요한 중간 단계를 설정했다고 생각할 수밖에 없다. 그 중간 단계는 공격용 허수아비일 것으로 생각한다. 글쓰기에 있어서, 그러한 방식은 기피하는 것이 바람직하다. 나는 만주사변 후 경성제대의 방향 전환이라는 문제를 고려해 고심 끝에 "점령지주의(militarism)"이라는 단어를 만들었던 적이 있다(全京秀 2004.5.31).

오타카가 사용했던 "문화"라는 단어는 '침략'이란 단어를 은폐하는 장식용일 뿐이다. 마치 제2차 세계대전 후 현재에 이르기까지 '평화'라는 단어가 '전쟁'을 대체하고 있듯이. 오타카가 그런 단어 치환의 함수관계를 모르고 그랬을까? 오타카는 '문화'라는 단어의 표면적 의미에 갇힐 만큼 천진난만한 사람은 아니다. 법학과 철학 및 사회학을 공부했던 대표적인 식민지 통치를 위한 지식인이었으며, 총독부가 지원했던 국책 옹호용의 대표적인 어용 교수였다. 제국 일본의 '대륙침략전쟁'이라는 구도 속에서, 소위 대학에 몸담고 있는 학자로서 이유야 어떻든 간에 '침략'이라는 글자를 그대로 사용할 수는 없었을 것이다. '침략'이라는 글자 위에 덧씌워진 '문화'의 의미를 오해한 것이 정준영의 논리라고 생각한다. 정준영이 경성제대의 '문화 개발' 논리를 '착시 현상'이라고 지적한 배후에는 어떤 생각이 작용했을까? 그는 '문화'에 가린 '침략'이라는 단어를 생각하고 있었기 때문이 아닐까? 그는 글자상으로는 오해의 논리를 보이고 있지만, 생각상으로는 내 논리에 동의하고 있었던 것이라고 말할 수밖에 없다. 글자와 생각의 이중나선이 꼬인 현상을 보이는 것이 나에 대한 정준영의 지적이었다고 말하고 싶다. 이런 논리로 귀결될 수밖에 없는 이유가 있다.

정준영이 주목했던 만주사변 이후라는 시점은 식민지 논리에서 점령지 논리로 이행되었기 때문이다. 환언하면, 평화 시스템으로부터 전쟁 시스템으로 전환되었던 구도가 경성제대에 주어진 운명이었다. 만주사변 이후 경성제대의 방향 전환이라는 것은 제국 전쟁이라는 구도 속에서 수동적일 수밖에 없었기 때문에, 문화든 착시든 모든 과정은 점령지 논리 속에 이미 포함되어 있었다고 이해되는 것이 바람직하다.

정준영이 지적하지 않은 또 하나의 문제는 비교 관점이다. 제국 일본이라는 차원에서 고려한다면, 외지의 제국대학, 즉 조선의 경성제대와 대만의 대북제대에 대한 비교 연구가 이런 문제의 심도 있는 관찰에 도움이 될 것이라고 생각한다. 이런 문제를 고려해 이미 대북제대와 경성제대의 인류학적 조사에 대한 비교 연구를 진행한 논고의 일부(全京秀 2006.5.25)가 참고가 될 것이다.

경성제대의 활동배경으로부터 학습된 내용 중에서 가장 두드러지는 학습효과는 제국 일본의 식민주의와 군국주의의 관계라고 생각한다. 황도사상을 전제로 한 군국주의의 전개는 물적자원뿐 아니라 인적자원까지 통제하고 조종해야 하는 과정이었다. 즉 식민지 신민들의 순화를 통하여 황도주의를 세뇌시키고, 순화된 황국신민을 천황의 병사로 만들어 전장으로 보내는 과정이었다. 제국주의라는 관점에서 보면, 특이한 방식이었음을 확인할 수 있다.

이어서 제기하고 싶은 질문은 다음과 같다. 전후 학계가 왜 전쟁 협력과 전쟁 동원에 적극적이었던 아키바의 학문적 입장을 우선적으로 소개하고 승계하고 있는가? 이런 입장이 전쟁을 바라보는 관점과는 불가분의 관계에 놓여 있는가? 아카마쓰가 귀향한 뒤, 종교 및 사회학 연구실은 아키바가 주임교수 역할을 했다. 1942년 3월, 스즈키 에이타로(鈴木榮太郎)가 조교수로 영입되고,[1] 경성사회학회가 활동을 시작하면서 아키바가 경성학계의 좌장에 이르게 된 기간이 대동아전쟁기와 맞물리는 5년간이었다. 해방 직후의 혼란과 6·25전쟁의 선화(戰禍)로 인해 한국 사회의 양상이 뒤를 돌아볼 여유가 없어져 버린 것이다. 대동아전쟁 기간에 조성되었던 전쟁 구도의 사회적 분위기가 지속된 결과, 인간의 문제를 소홀하게 바라보는 관점이 생산되었다는 생각을 하게 된다. 이런 문제의식을 발전시키기 위해서는 전시인류학에 관해 적극적으로 자료를 수집하고 분석하는 작업이 필수다. 그런 의미에서 나는 군속인류학이라는 용어도 창안하며 이 책에서 군국주의적 관점의 중요성을 채용했다.

본론에서 군속인류학의 주인공으로 이즈미를 제시했다. 그 용어는 이즈미의 부인이 사용했던 "그들은 모두 군속(軍屬)이 되었다."라는 구절에서 인용해 조어(造語)한 것이다. 인류학자가 인류학 작업을 하는 과정에 신분이 군속이고, 전쟁에 필요한 군사적 업무의 보조 역할을 했다면, 그가 이룩한 것은 군국주의에 동원된 군속인류학이라고 말할 수밖에 없다. 1915년생인 이즈미가 인류학에 입문하는 시기는 1936년 봄이었다. 종교 및 사회학연구실 스승인 아키바로부터 말리노브스키의 저서 『서태평양의 항해들』의 봉독을 추천받았고, 그 후 2개월 남짓한 시기인 여름에 북만 흥안령의 오로첸 지역으로 답사 파견을 나갔다. 첩자의 하수인 역할을 수행하기 위해 소만국경을 넘나드는 오로첸 사람들과 그들을 '관리'하는 특무기관원 요시오카 요시토의 안내로 실시했던 이즈미의 답사록은 1937년 벽두의 『민족학연구(民族學硏究)』에 게재되었다.

1945년 8월 패전 소식을 전해 들은 이즈미는 당시 몽강의 오르도스에서 해당 지역의 인구와 가족에 관련된 자료를 수집하고 있었다. 1943년 그는 사선을 넘어서 뉴기니의 자원조사대로 파견되었고, 뉴기니에서 수집한 자료로 보고서와 논문 여러 편을 작성했다. 그런 자료들은 모두 해군의 군속 자격으로 해군의 지원을 받아 해군을 위해서 실시했던 답사의 결과들이었다. 그가 졸업 논문으로 작성했던 「제주도의 사회인류학적 연구」를 제외하면, 10년 동안 수행했던 거의 대부분의 현장 답사가 군대와 밀접한 관련을 갖고 있음은 사실이며, 직간접적으로 전쟁 수행을 목적으로 파견되었던 답사가 거의 대부분이었음도 명백하다. 이즈미 인류학의 태생은 군속에서 시작된 것이었음에 대해 부정할 필요는 없다.

대륙과 열도라는 구도는 경성제대인들의 인식에 자리 잡고 있었다. 아베의 제안처럼 경성제대인들의 비전은 대륙을 향했고, 열도에서 누릴 수 없는 대륙의 기상을 학풍으로 정착시키려는 시도도 있었다. 대륙을 학문의 길로 인식했던 경성제대인들과는 달리 총독부와 조선군 사령부의 대륙은 점령 대상이었음이 후일의 전쟁사가 증명하고도 남음이 있다. 제국 일본이라는 구도하에서 대륙의 관동군이 당기고 반도의 조선군이 미는 대륙 점령의 이야기는 병참기지로서 조선이라는 구도를 설정했고, 이 구도는 모든 것을 쓸어 담는 블랙홀로 작동했다. 식민지와 식민지 주민은 병참기지에 맞도록 정비되었던 군부의 각본대로 동원되는 모습이 만주사변으로 시작되는 전쟁의 전과 후에 극명하게 드러난다. 전쟁 수행을 위한 총동원의 구도 속에서 학문봉공은 학문병참화(學問兵站化)의 역할을 요구했고, 연구자들은 전쟁 협력을 위한 자원 조사에 동원되는 양상이 나타났다.

3차로 구성되었던 몽강학술탐험과 뉴기니 해군 조사대 그리고 대륙자원과학연구소 설립은 결전에 대응하는 학문 동원 방식으로 드러났다. 전쟁 협력과 관련된 체질인류학자들과 민족학자들의 활약상이 상당한 정도로 밝혀졌으며, 그 과정에서 이즈미가 중심적인 역할을 했음도 알게 되었다. 체계적인 학문적 요구에 의한 학술 조사의 사례는 전혀 찾아볼 수 없었다. 전시 동원에 임기응변식으로 대응하는 학술 자료의 수집이 갖는 한계는 불을 보듯 뻔하다. 군속이 된 학문은 진리 탐구라는 학문의 사명으로부터 멀어진 지 오래다.

전후 일본학계에서 회자되었던 '경성학파'라는 용어의 등장 배경이 흥미를 끈다. 그 용어는 주로 체질인류학자들 사이에서 사용되었으며, 학파의 좌장은 이마무라였고, 사무국장격 역할을 이즈미가 맡았다. 전후 1950년대 전쟁으로 피폐화된 일본학계의 상황에서 추심된 용어임은 분명하고, 그 용어에는 일정한 정도의 노스탤지어 감정도 포함되어 있는 것 같다. 전자는 체질인류학자였고, 후자는 문화인류학자였다.

단순한 도식을 설정하는 것이 허락된다면, 경성학파는 체질인류학과 문화인류학의 결합상을 보이는 셈이다. 학파라고 하는 것은 학문적 성과로 평가되는 것일진대, 경성학파라는 용어의 경우는 그런 맥락과 닿는 부분을 찾아내기가 쉽지 않다. 경성학파의 특징을 지적한다면, 북만(흥안령과 아무르강)에서부터 남양(뉴기니)에 이르기까지 다양한 분야의 학자들이 함께 참여해 현지 조사에 의한 자료 수집으로 학술적인 성과들을 남겼다. 그러나 그들의 글은 새로운 지역으로의 연구 영역 확대와 종합 학술 조사 성격을 보여 주는 것 외에 뚜렷하게 학술적으로 기여할 수 있는 발견이나 보고는 드물었다. 경성학파의 특징은 구성원들이 지적하듯이 내부 결속력의 강도에 있었다고 평가할 수밖에 없다. 일본문화론의 특징으로 지적되어 온 '오야붕-꼬붕(親分-子分)'식의 결속력이 외부인들에게도 느껴질 만큼 강렬했다는 점이 회자되어 왔다. 그런 결속력 형성 배경에는 전장(戰場)의 사선(死線)을 함께 넘은 전우애와 같은 분위기가 내재되어 있다는 생각을 하게 된다.

조직이라는 차원에서 본다면, [표 2-1]의 "'경성학파' 인류학의 관련 인물과 내력"에 등장하는 사람들은 엄밀하게 내집단과 외집단으로 구분되는 것이 필요하다. 경성학파의 내집단을 구성하는 핵심 인물들은 극히 소수다. 그 속에는 아키바도 포함되지 않는다. 내집단 핵심에는 이마무라, 시마 고로, 코하마 모토츠구, 스즈키 마코토의 체질인류학자들과 문화인류학자인 이즈미가 포함된다. 이들의 직계 제자 두세 명 정도(예를 들면, 가모 마사오와 코하라 유키나리 등)가 내집단에 포함될 수 있을 정도다. 경성학파란 인간관계로 영글어진 내집단 결속력으로 특징지어진 인적 집단일 뿐, 그것이 학문 집단은 아니라고 말하는 것이 안전할지도 모른다. 따라서 구성원들이 순차적으로 사망하는 시기를 계기로, 경성학파와 이름이 소멸되는 것은 지극히 자연스러운 현상이다.

경성학파의 업적에서 계승 가능하거나 계승해야만 하는 학문 성과는 어떻게 요약될 수 있을까? 가장 많은 양을 보이는 체질인류학 쪽의 업적은 본질적으로 인종주의를 지지하고 구축하면서 전쟁 동원에 인적자원을 어떻게 활용할 것인가 초점을 맞춘 것으로 귀결되었음이 구체적 자료로 확인되었다. 문제는 경성제대 해부학교실에서 수집했던 방대한 양의 인골 표본이다. 제국주의 시대에 수집되었던 인골을 대상으로 원적지 반환과 관련된 연구와 운동이 진행되고 있지만, 경성제대 해부학교실의 인골들은 현재 행방을 알 수 없는 상태가 되었다. 이 인골들을 찾아내 수집된 경위와 절차 등에 대해서 구체적 연구가 이루어지기를 희망하는 바다. 그리고 수집된 인골들을 대상으로 어떠한 연구가 이루어질 수 있을 것인가에 대한 논의가 필요하다. 그다음에 원적지 반환에 관한 논의가 진행되기를 바라 마지않는다.

문화인류학 측의 업적들로는 아카마쓰를 중심으로 축적된 종교학적 관점의 샤머니즘에 관한 연구가 있다. 전후 한국의 문화인류학과 민속학계에서 상당한 정도로 진행된 바 있는 무속 관련 연구들이 음으로 양으로 경성제대의 업적에 연결되어 있음을 부정하지 못한다. 다만 한 가지 명확하게 정리해야 할 부분은 한국학계의 연구 승계 노력이 사회조직에 중점적 관심을 두었던 아키바를 중심으로 진행되어 버렸다는 점이다. 그것이 안고 있는 문제점을 이 책에서 누누이 강조했다. 제대로 된 연구 계보를 정리하고, 무속에 관한 연구가 종교학적 측면의 만주와 몽고 그리고 시베리아 지역의 샤머니즘과 체계적으로 연구되는 것이 바람직하다. 그렇게 하기 위해서는 샤머니즘 연구사의 진체를 시발점부터 재검토해 보아야 한다.

부리야트 몽골인인 도르지 반자로프(Dorji Banzarov, Доржи Банзаров 1822-1855)(Ulymzhiev 1993)가 카잔대학(Kazan University) 학위(kandidat)를 위해서 제출했던 샤마니즘에 관한 논문이 샤머니즘에 관한 최초의 학술적인 논문이라고 인정할 수 있다. 이 논문의 지도교수인 요제프 코왈레브스키(Josef Kowalewski 1801-1878)는 1933년 카잔대학에 몽골학과를 설립하고 몽골어와 티벳불교에 관한 연구를 하였다. 반자로프는 그의 논문에서 샤머니즘에 관한 논의의 선구를 요한 고틀립 게오르기(Johann Gottlieb Georgi 1729-1802)의 *Opisanie vsax obitayuscix u Rossiiskom gosudarctve naroder*(A Description of All the People inhabiting the Russian State, 1776-1777 발행)으로 지목하였다. 반자로프는 당시 중앙아시아 연구자들이 몽골의 군사에 관한 부분에만 관심을 두었고, 몽골사람들의 관습과 종교에 대해서는 무관심하였다고 전제하고 샤머니즘에 관한 논문을 작성하였다. "몽골의 오래된 종교를 유럽사람들이 샤머니즘이라고 명명한 것이고, 몽골에는 특별한 이름이 없었다. 불교가 몽골에 들어온 이후에 불교와 구분하기 위해서 붙인 이름이 흑교(黑敎 qara šajin; Black Faith)다. 이에 대해서 불교는 황교(黃敎 sira šajin; Yellow Faith)라고 하였다. 분명한 것은 몽골사람들의 입장에서 보면, 샤머니즘은 몽골사람들 속에 있는 것이지, 불교나 다른 종교에서 온 것도 아니고, 미신도 아니고, 샤먼의 속임수도 아니다. 몽골의 흑교는 다른 고대종교를 구성하는 많은 신앙들과 마찬가지로 동일한 원천을 갖고 있는 것이다. 즉 외부세계, 자연, 내면세계, 그리고 인간의 영혼, 자(自)와 타(他)의 현상, 이런 것들이 흑교의 원천"(Banzarov 1846: 56)이라고 결론지었다. 이어서 "몽골사람들은 샤만을 boge, 여성 샤만을 iudayan 또는 iduyan이라고 부른다."(Banzarov 1846: 66)라고 소개하였다.

경성학파의 중요한 공헌으로서 샤머니즘에 관한 연구를 거론하자면, 반자로프의 제안과 논의로부터 아카마쓰와 아키바로 이어지는 샤머니즘 연구사를 재정리할 필요가 있다. 그 과정에서 적지 않은 오해들이 해소될 수 있을 것으로 생각한다. 그 과정에서 이능화와 최남선으로부터 현재에 이르는 어문학과 역사학 분야를 비롯한 조선학(한국학)의 연구자들이 추론하였던 문제들의 이해와 오해의 계보가 어느 정도 정리될 수 있다.

경성제대의 체질인류학과 문화인류학이 공통으로 지향했던 야연과 야로의 전통은 앞으로도 부단하게 이어질 수밖에 없다. 그것은 세계 인류학이 축적했던 업적과도 맥이 닿아 있다는 점에서 경성학파 인류학의 전통으로 인식되는 것이 바람직하다.

'전쟁과 인류학'이라는 주제는 이제 인류학자들에게 필수 과제로 대두되어 있다. 인류 역사상으로 볼 때, 전쟁이란 현상은 점점 더 역사 만들기의 주역으로 자리 잡아 온 것 또한 사실이다. 인간이 자리 잡아야 할 자리를 인간이 만든 전쟁이 찬탈해 온 것이 인류 역사이기도 하다. 인간과 필연적으로 함께해야 하는 문화의 영역들 중에서, 전쟁이 문화 속에 자리를 잡은 것도 엄연한 현실이다. 인간이 만든 전쟁 문화에 의해서 인간이 멸망하게 되는 현상이 전혀 새로운 예측도 아니다. 아이러니이긴 하지만, '문화로서의 전쟁'은 인간의 역사에서 살모사와 같은 존재가 되어 있다는 점에 대해서도 모두가 동의할 것이다. 이에 적극적으로 임하는 것이 미래에 인류학을 이어 가는 후학의 책무라고 생각된다. 만약에 이 길을 의도적으로 피해 간다면, 인류학이란 학문으로 전쟁이라는 문제에 적극적으로 대처하지 않는다면, 인류학의 수혜자가 되어야 할 '인간'은 전쟁의 굴레 속에 영원한 패자로 남게 될 것이다.

경성학파가 경험했던 '전쟁과 인류학'은 지극히 초보 수준의 학문 업적이었지만, '전쟁과 인류학'이란 구도 속에서 인간의 문제와 인류학의 미래를 생각하게 한다는 점에서는 선구적 업적을 체험적으로 남긴 것이다. 지금 경성학파를 재조명하는 이유는 '전쟁과 인류학'이란 절체절명의 과제를 안게 된 인류학에 새로운 전기를 제공할 기회가 왔다는 점을 환기시키는 데 있다. 경성학파의 '전쟁과 인류학'이란 구도가 진정한 의미의 군사인류학과 전쟁인류학으로 발전될 수 있는 계기가 되기를 희망하는 것이 이 책의 의도이기도 하다. 전쟁을 이길 수 있는 인류학이 전쟁인류학으로 등장하기를 희망한다.

아베의 '희망'과 '상황'의 대비 논리로 이 책을 시작했다. 제국의 전쟁 '상황'이 경성제대의 '희망'을 앗아간 자초지종 과정이 이 책의 이면에 깔린 본론이라고 말해도 모자람이 없다. '상황'에 대해서 많은 지면을 할애해 논의했다. 그러나 제국 일본의 패전이라는 '상황'하에서 한 가닥의 진정한 '희망'을 보았다. 1945년 7월 민족연구소(民族研究所) 몽강반(蒙疆班)의 일원으로 도쿄에서 몽강에 파견된 뒤 "8월 15일 종전으로 몽강반에 속한 오노 시노부, 스기우라 켄이치, 토쿠나가 야스모토, 사구치 토오루 5명이 행동을 함께해 안동(安東)을 탈출, 8월 17일 경성에 피난했다"(佐口 透 1976: 33). 그들은 9월 1일 일본으로 향하는 날까지 이즈미의 도움을 받았다. "8월 25일 오후 3시부터 경성제대대륙과학연(城大大陸科學研) 주최로 인류학민족학좌담회(人類學民族學座談會)를 열어서, 오노, 스기우라, 사구치가 출석해 경력을 소개했고, 모인 사람은 모두 20여 명이었다"(佐口 透 1976: 45). "8월 29일 대학에 가서 이즈미 씨와 만나 진열관(陳列館)에 가서, 조선토속자료(朝鮮土俗資料), 뉴기니 토속품을 참관했다"(佐口 透 1976: 47). 당시 경성제대 대륙과학연구소의 조교수였던 이즈미는 연구소의 업무로 몽강의 오르도스에서 귀환한 직후였다.

이즈미는 한편에서는 민족연구소원들과 인류학민족학좌담회를 준비했고, 다른 한편에서는 자신이 오르도스에서 수집했던 자료들을 정리하고 있었다. 그 자료들은 미분석 상태이며, 현재 오사카 국립민족학박물관에 소장되어 있다. 오르도스 지역의 가족 관계표와 인구 관계 자료다. 통계 처리의 도중에 정지된 상태를 보이며, 패전의 와중에 조용히 자료들을 분석하고 있었던 이즈미의 모습을 떠올리기 충분하다. 흘림체의 연필로 기록된 숫자들과 지명들을 보면서 이즈미의 손길을 느끼게 된다. 준엄한 패전의 '상황'에서도 '희망'의 화톳불은 타고 있었던 것이다.

군국주의적 이념의 질곡으로부터 해방된 시점에 학문의 나래가 비상하고 있었음을 본다. 경성학파 인류학이 진정한 빛을 발광하였던 순간이었다. 순간이 영원으로 치달을 수 있는 인간의 힘이 학문에 있음을 느낀다.

나는 식민지 조선에서 경성제국대학을 배경으로 기획되었고 실천되었던 학술적인 내용들 중에서 특히 인류학과 관련된 부분을 경성학파의 성과로 이해하였다. 그래서 그것을 경성학파의 인류학이라고 명명하였다. 그렇게 한 이유는 경성제대의 인류학 연구가 일본인류학사의 정리를 위한 작업의 일환으로 시도되었기 때문이고, 그것은 이 땅에서 이룩되었던 근대학문의 도입과 착근의 역사적 과정을 이해하는데 기여하고 있다. 내가 특히 중요하게 생각한 것은 식민주의와 군국주의의 명확한 구분이다. 35년간의 일제 식민지 시기 중 최소한 후반부 15년간은 제국 일본의 전쟁과 밀접한 관련성이 있음을 지적할 필요가 있다. 만주사변을 기점으로 전쟁을 주도했던 세력은 일제의 군부였고, 군부에 의해 식민지뿐만 아니라 제국 일본 전체의 삶이 좌지우지되었음은 의문의 여지가 없다.

'전쟁과 평화'의 인간사라는 구도 속에서 일상생활과 학문을 생각하면, 전쟁하의 인생과 학문은 군부에 의한 통제와 지배가 당연하였다. 구태여 구체적인 문제로서 공출이다 징용이다 징병이다라고 적시하지 않더라도 군사 위주 정책이 만연했던 사실은 명백하다. 나는 이러한 현상을 설명하기 위한 용어로서 군국주의를 선택하였다. 그동안 세계인류학계에서 채택하였던 소위 식민주의 인류학이란 용어만으로는 군국주의하의 인류학적 현상을 담아낼 수 없었다는 점을 경성학파 구성원들의 업적으로부터 확인할 수 있었다. 따라서 나는 경성학파가 실천하였던 인류학적인 성과는, 전부는 아니지만 대체로 군국주의 인류학을 만족할 수 있는 내용이라는 결론에 이르렀다.

군국주의 인류학은 경성학파에만 적용되는 것이 아니다. 제국 일본의 '15년 전쟁'이 적용되는 지역에서는 물론이고 다른 학문 분야에도 충분히 적용될 수 있다고 생각한다. '15년 전쟁'이 적용되는 제국 일본의 모든 현상에 군국주의라는 개념을 적용하는 것이 바람직하고, 이 용어와 개념은 인간의 삶을 설명하는 문화현상에 보편적으로 확산될 여지가 충분히 있다. 끊이지 않는 전쟁의 인간사를 목도하면서 군국주의라는 문제의 천착에 정면으로 매진하고 싶다.

주

1 『경성제국대학학보』 181호(1942.4.5)에 의하면 1942년 3월 31일 자로 기후고등농림학교 생도주사 겸 정오위 훈육 등 스즈키 에이타로(鈴木榮太郎)는 서고등관 3등(내각)·법문학부근무명으로 되어 있다.

참고문헌

* 참고: 저자 중심으로 한국, 일본, 중국, 기타 서양 자료 순으로 정리했다. 출판물의 발행일자까지 기록한 것은 날짜별로 달라지는 기록물의 내용에 깃든 의미를 살리기 위함이다. 연도만 기록하는 것으로는 선후 관계가 불분명해 출판물의 내용이 충분히 전달되지 않은 경우들이 적지 않다.

김성례 1999.12 "한국무교연구의 역사적 고찰", 한국종교문화연구 100년: 역사적 성찰과 전망. 김성례 外 지음. 서울: 청년사. pp. 139-207.

김성학 1996.4.30 "경성제국대학에서의 교육학 교육 및 연구", 한국교육사학 18.

김옥주 2008.12 "경성제대 의학부의 체질인류학 연구", 醫史學 17(2): 191-203.

金昌祿 2014.2.25 "尾高朝雄と植民地朝鮮", 酒井哲哉 · 松田利彦 編, 帝國日本と植民地大學. 東京: ゆまに書房. pp. 285-304.

羅世振·張信堯 1967 "黃石里第13號支石墓에서 出土한 古墳骨의 一例", 韓國支石墓硏究, 國立博物館古蹟調査 報告書 6: 125-135.

南根祐 1998.9 "植民地主義 民俗學의 一考察", 정신문화 21(3): 55-76.

박광현 2003 京城帝國大學と朝鮮學. 名古屋大學 博士學位論文.

______ 2005.3.31 "경성제국대학 안의 동양사학: 학문제도, 문화사적 측면에서", 한국사상과 문화 31: 283-314.

______ 2007.12.31 "다카하시 도오루와 경성제대 '조선문학' 강좌", 한국문화 40: 27-57.

박순영 2006 "일제 식민주의와 조선인의 몸에 대한 '인류학적' 시선: 조선인 신체에 대한 일제 체질인류학자들의 작업을 중심으로", 비교문화연구 12(2): 67-68.

孫晉泰 1926.1.1 "西伯利亞 各民族의 結婚形式", 新女性 4(1): 41-45.

______ 1926.3.1 "世界珍奇한 結婚形式(西伯利亞 各民族의 結婚形式)", 新女性 4(3): 27-30.

______ 1926.5.1 "土俗硏究旅行記", 新民 13: 85-95.

______ 1926.8.1 "朝鮮上古文化의 硏究(1): 朝鮮家屋形式의 人類學的土俗學的硏究", 新民 16: 22-35.

______ 1926.9.1 "朝鮮上古文化의 硏究(2): 朝鮮家屋形式의 人類學的土俗學的硏究", 新民 17: 26-40.

______ 1927.4.1 "溫突文化傳播考", 新民 24: 68-73.

______ 1927.7.1 "朝鮮民間說話의 硏究: 民間說話의 文化史的考察(1)", 新民 27: 122-130.

______ 1927.8.1 "朝鮮民族의 構成과 其文化", 新民 28: 51-65.

______ 1927.9.1 "朝鮮民間說話의 硏究: 民間說話의 文化史的考察(2)", 新民 29: 48-59.

______ 1927.10.1 "朝鮮民間說話의 硏究: 民間說話의 文化史的考察(3)", 新民 30: 43-52.
______ 1927.11.1 "朝鮮民間說話의 硏究: 民間說話의 文化史的考察(4)", 新民 31: 41-51.
______ 1933.11 "村山智順氏の朝鮮民間信仰四部作を讀みて", 民俗學 5(10): 103-104.
______ 1936.2 "抱川松隅里 長性調查記", 朝光 4: 246-249.
宋錫夏 1925.12.1 "新羅의 民俗", 朝光 1: 302-313. (石南山人이라는 筆名)
______ 1925.12.1 "神話傳說의 新羅", 朝光 1: 302-313.
______ 1933.7.1 "朝鮮(出産と藥との關係)", 旅と傳說 1933年 7月號. pp. 324-328.
______ 1934.9.1 "朝鮮の舞踊", 旅と傳說 7(9): 22-32.
淑明女子專門學校 技藝科 卒業[앨범] 1941.3.
신창건 2007.12.31 "경성제국대학에 있어서 한약 연구의 성립", 사회와 역사 76: 105-139.
유홍렬 1971.3.30 흐르는 강물따라. 서울: 휘문출판사.
윤대석 2007.9.30 "경성제대의 교양주의와 일본어", 대동문화연구 59: 111-134.
이경민 2002.3 "아키바의 사진 아카이브와 재현의 정치학", 황해문화 34: 399-406.
李能和 1928.5.1 "朝鮮の巫俗(一)", 朝鮮 156: 19-34.
______ 1928.6.1 "朝鮮の巫俗(二)", 朝鮮 157: 21-42.
______ 1928.8.1 "朝鮮の巫俗(三)", 朝鮮 159: 36-64.
______ 1928.9.1 "朝鮮の巫俗(四)", 朝鮮 160: 32-60.
______ 1928.10.1 "朝鮮の巫俗(五)", 朝鮮 161: 57-71.
______ 1928.11.1 "朝鮮の巫俗(六)", 朝鮮 162: 53-72.
______ 1928.12.1 "朝鮮の巫俗(七)", 朝鮮 163: 69-89.
______ 1929.1.1 "朝鮮の巫俗(八)", 朝鮮 164: 25-35.
이성규 2015.12.28 "理工學部를 중심으로 본 京城帝國大學의 植民史的 의미", 한국사론 42(3): 1-37.
이준식 2002.5.30 "일제 강점기의 대학제도와 학문체계: 경성제대 조선어문학과를 중심으로", 사회와 역사 61: 6-218.
李 燦 1986 "八域 李智皓敎授", 대한지리학회지 21(2): 82-85.
이하중 1994 "李能和年報", 李能和硏究: 韓國宗敎史學을 중심으로. 이종은 외 공저. 서울: 집문당. pp. 199-204.
張利郁 1950.2.1 "解放關頭의 京城師範", 희망 1: 24-27.
全京秀 1999 "韓國博物館史における表象の政治人類學", 國立民族學博物館硏究報告 24(2): 247-290.
______ 1999.12.25 한국인류학 백년. 서울: 일지사. (岡田浩樹·陳大哲 譯 2004.3.20 韓國人類學の百年. 東京: 風響社)
______ 2003.12 "〈서울大學敎博物館〉의 初期沿革에 관한 몇 가지 斷想", 서울대학교박물관연보 15: 99-115.
______ 2004.1.5 "日本の植民地/戰爭人類學はいま: 台北帝大と京城帝大の人脈と活動を中心に", 思想 957: 73-91.

______ 2004.5.31 “식민지주의에서 점령지주의로: 일본인류학 ‘進化’과정의 일면”, 한국문화인류학 37(1): 105-149.

______ 2005.3.25 “阿片と天皇の植民地/戰爭人類學: 學問の對民關係”, 先端社會研究 2: 127-159.

______ 2005.9.30 “學問과 帝國 사이의 秋葉 隆; 京城帝國大學敎授論(1)”, 韓國學報 120: 133-192.

______ 2005.10.15 “赤松智城の學問世界に關する一考察: 京城帝國大學時代を中心に”, 韓國-朝鮮の文化と社會 4: 156-192.

______ 2006.5.25 “植民地の帝國大學における人類學的研究: 京城帝國大學と臺北帝國大學の比較”, 岸本美緒 編, 〈帝國〉日本の學知(第3巻 東洋學の磁場). 東京: 岩波書店. pp. 99-134.

______ 2008.1.30 “‘宗教人類學’と‘宗教民族學’の成立過程: 赤松智城の學史的意義についての比較檢討”, 季刊 日本思想史 72: 107-129.

______ 2010.3.26 “京城帝國大學の學術調査と‘京城學派’の誕生: 人類學分野にフオーカスを合わせて”, 朝鮮學報 214: 1-62.

______ 2013.3.1 “泉靖一のニユーギニア調査と軍屬人類學: 大東亞戰爭と學問”, 第二次大戰中および占領期の民族學.文化人類學(國際常民文化研究叢書 第4巻). 神奈川: 國際常民文化研究機構. pp. 99-140.

______ 2013.3.29 “京城學派の人骨研究と戰時人類學-今村豊の南柯一夢と絆(?)”, 酒井哲哉. 松田利彦 編. 帝國と高等教育-東アジアの文脈から. 京都: 國際日本文化研究センター. pp. 73-113.

______ 2015.3.20 이즈미 세이이치와 군속인류학. 서울: 서울대학교출판문화원.

______ 2015.10.25 “行動する良心, 泉 靖一の災難人類學”, 季刊 民族學 154: 44-49.

______ 2018.10.10 인류학자 말리노브스키. 서울: 눌민.

______ 2020.12.21 “京城帝國大學第三次蒙疆學術調査隊報告〈油印本〉에 대하여”, 근대서지 22: 310-323.

정규영 1995 京城帝國大學に見る戰前日本の高等教育と國家. 東京大學博士論文.

정근식 외 2011.10.31 식민권력과 근대지식: 경성제국대학 연구. 서울: 서울대학교출판문화원.

정선이 1998 경성제국대학의 성격 연구. 연세대학교 박사학위 논문.

정준영 2009 경성제국대학과 식민지 헤게모니. 서울대학교 박사학위 논문.

______ 2015.12 “군기(軍旗)와 과학: 만주사변 이후 경성제국대학의 방향전환”, 만주연구 20: 75-116.

趙興胤 1998.8 “巫教思想史”, 韓國宗教思想史: 甑山教·大倧教·巫教 篇, 金洪喆·金相日·趙興胤 共著. 서울: 延世大學校出版部. pp. 221-333.

崔吉城 1983 “秋葉隆의 한국무속연구”, 한국무속논집. 서울: 오성사.

______ 2000 “日帝植民地時代と朝鮮民俗學”, 植民地人類學の展望. 中生勝美 編. 東京: 風響社.

______ 2003.3 "植民地朝鮮の民族學·民俗學", 世界の日本研究 2002: 日本統治下の朝鮮(研究の現状と課題). 國際日本文化研究センター. pp. 67-94.

______ 2004.12 "아키바 다카시(秋葉 隆)의 식민지주의 朝鮮觀", 韓國民俗學 40: 509-536.

______ 2020.3.29 "植民地研究の斷絶と繼承-秋葉隆を中心", 帝國日本における越境·斷絶·殘像-人の移動. 東京: 風響社. pp. 61-90.

최재석 2002.6 한국 초기사회학과 가족의 연구. 서울: 일지사.

惠庵柳洪烈博士華甲紀念事業委員會 1971.4 柳洪烈博士華甲紀念論叢. 서울: 探求堂.

曉城趙明基博士追慕佛敎史學論文集刊行委員會 編 1988.7 曉城趙明基博士追慕佛敎史學論文集. 서울: 東國大學校出版部.

曉城趙明基先生遺文稿刊行委員會 編 1989.11 曉城趙明基先生遺文稿韓國佛敎史學論集. 서울: 民族社.

京城日報 8847號, 1932.7.14.

京城帝國大學學報 039호, 1930년 6월 5일 발행

東亞日報 1921.6.3, 1921.6.15.

每日新報 12928號, 1943.8.8.

釜山日報 11668號, 1940.8.25.

서울大學新聞 1948.3.1.

朝鮮日報 1939.6.15.

中央新聞 1946.1.17.

栗飯原晋 1927.5.1 "馴鹿民族の生活", 民族 2(4): 135-140.

アイヌ文化振興研究推進機構 2000.3.30 收蔵品目録 1. 札幌: 中西印刷.

赤松徹眞 1996 "總力戰下佛敎教團と政治-西本源寺教團の場合", 佛教大學総合研究所紀要 3: 115-161.

赤松智城 1911.7.1 "宗教起源論の主要問題", 藝文 2(7): 78-89.

______ 1912 "呪文と祈禱", 密教講演 2: 14-22.

______ 1914.11.15 "社會學と現代宗教學との交涉", 日本社會學院年報 2(1.2): 26-50.

______ 1915.9.1 "汎神論起源", 藝文 6(9): 23-47.

______ 1916.4 "最近の宗教心理學と宗教社會學", 宗教研究 1(1): 1-42.

______ 1916.7 "宗教に於ける個人化的傾向の起源", 宗教研究 1(2): 417-421.

______ 1917.3 "宗教的規範意識", 哲學研究 12: 44-64.

______ 1917.9 "神聖觀念論", 宗教研究 2(6): 1-24.

______ 1917.12 "神聖觀念論", 宗教研究 2(7): 83-114.

______ 1918.8 "神聖觀念論", 宗教研究 2(8): 99-152.

______ 1919.1.1 "'タブー'論: 穗積及榊博士の論文を讀みて", 哲學研究 4(1): 70-112.

______ 1924.2 "回教徒の復興精神", 龍谷大學論叢 254: 45-57.

______ 1924.3/4 "回教思想の特色", 哲學研究 9(3)/9(4).
______ 1926.1.1a "回教と人種問題", 中外日報 7892號. pp. 1-3.
______ 1926.1.1b "近東に於ける回教民族の動亂に就いて(上)", 宗教研究(新) 3(1): 45-58.
______ 1926.3 "古代文化民族に於けるマナの觀念に就て", 民族 1(3): 1-15.
______ 1926.3.1 "近東に於ける回教民族の動亂に就いて(中)", 宗教研究(新) 3(2): 85-97.
______ 1926.5 "古代文化民族に於けるマナの觀念に就て", 民族 1(4): 65-76.
______ 1926.5.1 "近東に於ける回教民族の動亂に就いて(下)", 宗教研究(新) 3(3): 124-133.
______ 1926.7 "古代文化民族に於けるマナの觀念に就て", 民族 1(5): 53-68.
______ 1926.9 "古代文化民族に於けるマナの觀念に就て", 民族 1(6): 41-52.
______ 1928 "回教思想", 世界思潮(岩波講座). 東京: 岩波書店. pp. 381-393.
______ 1929a "北方民族の巫術の起源に就いて", 宗教研究(新) 6(3): 79-88.
______ 1929b "北方民族の巫術の起源に就いて(承前)", 宗教研究(新) 6(5): 95-104.
______ 1929c 輓近宗教學說の研究. 東京: 海野文庫.
______ 1930.11.25 "現代回教の危機", 現代宗教批判(宗教研究臨時特輯號), 宗教研究會編輯部編. 東京: 同文館. pp. 268-280.
______ 1931.9 "朝鮮の聖樹", 宗教學紀要-東京帝國大學宗教學講座創設二十五年記念. 東京: 同文館. pp. 17-22.
______ 1932.12 宗教史方法論(現代史學大系 第五卷). 東京: 共立社.
______ 1936.11.25 "蒙古薩滿の行事", 京城帝國大學文學會論纂第四輯. 東京: 大阪屋號書店. pp. 113-130.
______ 1937.4.11 尚白斎詩集. 徳山: 赤松智城.
______ 1939.11.15 "滿蒙の宗教に就いて", 密教研究 71: 57-70.
______ 1941.3.20a "赫哲族踏査報告", 滿蒙の民族と宗教, 赤松智城·秋葉 隆著. 東京: 大阪屋號書店. 161-178.
______ 1941.3.20b "喇嘛廟の行事", 滿蒙の民族と宗教, 赤松智城·秋葉 隆 著. pp. 315-326.
______ 1941.3.20c "滿洲國の回教", 滿蒙の民族と宗教, 赤松智城·秋葉 隆 著. pp. 405-416.
______ 1941.7 "滿洲の回教に就いて", 宗教研究 季刊3(2): 34-45.
______ 1942.7.20 "回教の近代思想", 姉崎博士古稀記念論文集(季刊宗教研究第四年第二·三輯). 東京: 日本宗教學會. pp. 1-12.
赤松智城·秋葉 隆 1937.6 朝鮮巫俗の研究(上). 東京: 大阪屋書店.
______ 1938.10a 朝鮮巫俗の研究(下). 東京: 大阪屋書店.
______ 1938.10b 朝鮮巫俗參考圖錄. 東京: 大阪屋書店.
______ 1941.3.20 滿蒙の民族と宗教. 東京: 大阪屋號書店.
赤松智城·泉 靖一 1938.7 "赫哲族踏査報告", 民族學研究 4(3): 12-33.
赤松秀景 1927.5 "パリ大學土俗學研究所の新設", 民族 2(4): 110-114.
秋葉 隆 1921 "巫俗の研究", 日本社會學院年報 8: 1-52.
______ 1924 "遊牧民の購買婚姻に就いて", 社會學雜誌 3: 1-25.

______ 1925 "ロンドン通信", 社會學雜誌 17: 100-101. (匿名)
______ 1927.9 "博物館巡禮", 民族 2(6): 123-128.
______ 1927.10.15 "社會學之現況", 警務彙報 258: 10-23.
______ 1927.11 "博物館巡禮", 民族 3(2): 87-96.
______ 1928 "女國の多夫婚姻に就いて", 社會學雜誌 51: 1-26.
______ 1928.1.25 "朝鮮の祭に就いて", 朝鮮研究 7: 20-24. (朝鮮研究社 發行).
______ 1928.4.1 "朝鮮民俗研究に就いて", 朝鮮 155: 23-26.
______ 1928.7 "奠雁考-朝鮮婚姻風俗の一研究", 民族 3(5): 63-86.
______ 1928.9 "博物館巡禮", 民族 3(6): 159-171.
______ 1929a "女人國の神聖婚姻", 宗教研究 新6(2): 1-14.
______ 1929b "Intensive Methodについて", 社會學雜誌 57: 1-11.
______ 1929.11 "藥水信仰の一面", 民俗學 1(5): 15-21.
______ 1930.1 "無有談會のこと", 民俗學 2(1): 53.
______ 1930.3 "宗教の民族學的研究への一寄與", 宗教研究 新7(1): 136-138.
______ 1931 "朝鮮の巫稱に就て", 宗教研究(新) 8(1): 74-93.
______ 1931.2 "朝鮮の巫稱に就て", 靑丘學叢 3: 192-194.
______ 1931.4 "朝鮮巫人の入巫過程", 宗教研究(新) 8(4): 1-26.
______ 1931.5.1 "朝鮮巫俗に於けるヂュアリズム", 朝鮮 192: 108-116.
______ 1931.11 "德物山都堂祭", 民俗學 3(11): 1-9.
______ 1932 "踊る巫と踊らない巫: 朝鮮における巫の一分類", 宗教研究 新9(3): 27-41.
______ 1932.2 "濟州島に於ける蛇鬼の信仰(遮歸文化圈の試み)", 靑丘學叢 7: 100-110.
______ 1932.4.20 "朝鮮に巫の一分類", 京城帝大史學會報 2: 6-8.
______ 1932.7 "朝鮮の同姓部落", 季刊社會學 4(東洋諸民族の研究): 70-91.
______ 1933.1.1 "假面を祀る",ドルメン(假面特輯號). 1933年 1月號. pp. 9-11.
______ 1933 "朝鮮巫俗へのヂュアリズム", 朝鮮總覽 1933.3. 6p.
______ 1933.4.1 "巫女の家", ドルメン 4: 116-118.
______ 1933.7.1 "千葉縣山武郡二川村境部落", 旅と傳說 1933年 7月號. pp. 258-260.
______ 1934 "朝鮮巫家の母系的傾向", 小田先生頌壽記念朝鮮論集. 38p.
______ 1934.1.1 "滿洲人の文化と社會", 朝鮮 224: 158-165.
______ 1934.5 "村祭りの二重組織", 朝鮮民俗 2.
______ 1934.9.1 "朝鮮の星祭-特に七星神仰について", 旅と傳說 7(9): 17-21.
______ 1934.12.1 "松隅里の長栍", 朝鮮 235: 106-111.
______ 1935.1.1 "見學日記より", 朝鮮 236: 238-243.
______ 1935.2.11 "近代社會の一傾向", 綠人 創刊號: 44-46.
______ 1935.4a "薩瑪の巫祭と大仙の巫術: 滿洲巫俗踏査報告", 民族學研究 1(2): 15-35.
______ 1935.4b "朝鮮巫俗文化圈", 朝鮮 239: 39-50.
______ 1936.3 "大興安嶺踏査の旅: 日記の一節", 朝鮮 250: 138-146.

______ 1936.7.1 "トケブ吉岡君オロチョン踏査記(一): 興安山中六百日", 滿蒙 17(7): 140-147.
______ 1936.8.1 "トケブ吉岡君オロチョン踏査記(二): 興安山中六百日", 滿蒙 17(8): 138-151.
______ 1936.9.1 "トケブ吉岡君オロチョン踏査記(三): オロチョン民俗斷篇", 滿蒙 17(9): 109-119.
______ 1936.10.1a "オロチョン工作記", 東洋 9: 107-111.
______ 1936.10.1b "島の自然と女性: 多島海巡航記", 朝鮮 259: 79-85.
______ 1936.10.10 "オロチョン·シャーマニズム: 大興安嶺東北部オロチョン族踏査報告(2)", 民族學研究 2(4): 30-42.
______ 1936.11.25 "大興安嶺東北部オロチョン族踏査報告(1)", 京城帝國大學文學會論纂第四輯. 東京: 大阪屋號書店. pp. 130-182.
______ 1937.1 "オロチョンの民具解說: 大興安嶺東北部オロチョン族踏査報告(3)", 民族學研究 3(1): 107-131.
______ 1937.2 "蒙古人と漢文化: 文化傳播の一統計", 青丘學叢 27: 1-30.
______ 1937.8.1 "德物山と鷄龍山", 朝鮮 267: 20-25.
______ 1937.12.15 "阿城紀行", 朝鮮教育新聞 183: 8.
______ 1938a "滿洲青年の職業意識", 社會學 5(秋季號): 288-290.
______ 1938b 朝鮮巫俗の研究(下), 赤松智城と 共著, 大阪屋書店.
______ 1938.4.10 "朝鮮の巫团", 社會學 5: 1-21.
______ 1938.9.1 "江原道の踏査紀行", 朝鮮 280: 69-74.
______ 1939 "多島海巡航記", 朝鮮多島海旅行覺書, アチック·ミューゼアム 編. 東京: アチック·ミューゼアム. pp. 1-7.
______ 1939.12.25 "民族の同化と都鄙の環境", 第二回人口問題全國協議會報告書(人口問題資料 第三十五輯). 人口問題研究會. pp. 426-433.
______ 1940.3.1 "朝鮮學童の内地化の測定", 文教の朝鮮 175: 41-46.
______ 1940.3.19 "原始社會の流動性: エスキモウの場合", 京城帝國大學文學會論纂 九: 397-420.
______ 1941.3.20 "オロチョン族", 滿蒙の民族と宗教, 赤松智城·秋葉 隆 共著. 東京: 大阪屋號書店. pp. 55-126.
______ 1941.8.10 "內鮮一體とは何か", 金湖 2: 6-11. 京城商業實踐學校.
______ 1942.10.1 "民俗の研究と社會學", 朝鮮 329 : 84-89.
______ 1943.2.1 "君が征く", 朝鮮 333: 61-63.
______ 1943.7 "朝鮮巫俗の現地研究序說: 對象と方法", 宗教研究 季刊5(2): 48-58.
______ 1943.12.1 "總出陣の研究室", 朝鮮 343: 36-38.
______ 1944 大東亞民族誌: 北方篇. 東京: 近澤書店.
______ 1944.4 "鮮滿民間信仰", 日本文化 23: 79-92.

______ 1944.6.1 "同族部落とは何か(上)-京畿道抱川郡蘇屹面直洞里踏査報告", 朝鮮 349: 16-29.

______ 1944.6.10 "オロチョン族の社會と文化", 社會學研究 1: 342-355.

______ 1944.6.13 "農民娛樂の問題", 京城日報 13165號.

______ 1944.8.1a "山村を訪ねて", 內鮮一體 5(8): 14-17.

______ 1944.8.1b "同族部落とは何か(下)-京畿道抱川郡蘇屹面直洞里踏査報告", 朝鮮 351: 42-50.

______ 1945.2.1 "雪の農村を訪れて", 興亞文化 11(2): 42-44.

______ 1947.1 "奠雁-婚禮の贈物について", 人文 1: 44-56.

______ 1948.9 "山臺戲", 日本民俗學のために(柳田國男先生古稀記念論文集). 7·8·9輯合本. 東京: 民間傳承の會. pp. 1-12.

______ 1949.9 "巫と火: 朝鮮シャマニズムにおける聖火の行事", 民族學研究 14(1): 13-16.

______ 1950.11 "朝鮮の家祭: 文化社會學の見地から", 文學論叢 3: 41-48.

______ 1952.5.31 "新研究年度を迎えて", 所報 3: 1. (愛知大學綜合鄕土研究所 發行)

______ 1954.3a "社會學に於ける民族の研究", 文學論叢 9: 1-15.

______ 1954.3b 朝鮮民俗誌. 東京: 六三書院.

______ 1954.7.25 "習俗", 社會學大系(第七卷 習俗と道德). 東京: 石泉社. pp. 9-51.

______ 1954.10.15 "渥美の地の神: 研究ノート", 村落研究の成果と課題, 村落社會研究會. 東京: 時潮社. pp. 234-235.

______ 1957 "A Study on Korean Folkways", *Folklore Studies* 16: 1-106.

秋元律郎 1979 日本社會學史. 東京: 早稻田大學出版部.

淺川四郎 1941 興安嶺の王者: オロチョンへの理解. 新京: 滿洲事情案內所.

阿部 彰 1982.3 "教育長 天野利武論: 戰後教育改革と一教育長の足跡", 大阪大學人間科學部紀要 8: 1-35.

荒木亮子 2018.3.10 "考古學者 横山将三郎", 愛知大學綜合鄕土研究所紀要 63: 67-73.

荒瀨進 · 小濱基次 · 田辺秀久 · 高牟礼功 1934 "朝鮮人の体質人類學的研究-第一回報告(北鮮の部)", 朝鮮医學會雜誌 24: 60-110.

荒瀨 進 · 小濱基次·島五郎·西岡辰蔵 · 田邊秀久·高牟禮功·川口利次 1934 "朝鮮人の体質人類學的研究-第二報告", 朝鮮医學會雜誌 24: 111-153.

天野利武 1939.10.1 "學生大陸學術調査團の'行動と收穫'に就て", 城大學報 30號.

天沼ないみ 1939.5. "軍國子守唄", 旅 16(5): 37-37.

安倍能成 1926.6 "京城帝國大學に寄する希望", 文教の朝鮮 24: 13-17.

______ 1928.11 "京城とアテーネ", 文藝春秋 6(11): 10-13.

______ 1932.9.25 青丘雜記. 東京: 岩波書店.

______ 1935.2.1 "問題に充ちた朝鮮", 東洋 38: 118-125.

______ 1938.10 朝暮抄. 東京: 岩波書店.

______ 1943.3.20 巷塵抄. 東京: 小山書店.

______ 1946.6.15 戰中戰後. 東京: 白日書院.

安藤礼二 2004.12 神々の闘争 折口信夫論. 東京: 講談社.
飯山達雄 1970.7.10 山族·海族. 東京: 每日新聞社.
______ 1979.10.20 敗戰·引揚けの慟哭. 東京: 國書刊行會. p. 146.
飯島光孝 1996.7 "あの頃: 昭和十九年の法文學部", 紺碧 128: 7-8. (京城帝國大學·京城帝國大學豫科同窓會 發行).
石川健治 2006.2.24 "コスモス—京城學派公法學の光芒", '帝國'編成の系譜(岩波講座'帝國'日本の學知 第1巻), 酒井哲哉 編. 東京: 岩波書店. pp. 171-230.
飯島光孝 1996.7 "あの頃: 昭和十九年の法文學部", 紺碧 128: 7-8. (京城帝國大學·京城帝國大學豫科同窓會 발행)
石森久彌 1942.3.10 "篠田城大總長を語る", 文化朝鮮 4(2): 18-19.
伊藤亞人 1988 "秋葉 隆: 朝鮮の社會と民俗研究", 綾部恒雄 編, 文化人類學群像(3)-日本編. 京都: アカデミア出版會. pp. 211-223.
稲葉君山 1922.10.30 "儒教と家族制度", 足利學校釈奠講演筆記 11: 25-41.
稲葉君山 1926.6.1 "支那史に見ゆる制度の二重體系(下)", 朝鮮 133: 3-12.
稲葉繼雄 2004 "京城帝國大學豫科について", 九州大學大學院教育學研究紀要 7.
井上哲次郎 1939.4. "皇道主義の本質", 教育學術界 79(1): 1-14.
井上哲次郎 1944.3.1 "尊攘精神と大東亞戰爭の歸趨", 言論報國 2(3): 37-52.
今村 豊 1935.7.15 "圖寧舊北鐵東部沿線巡廻診療報告", 滿鮮之醫界 172: 43-54.
______ 1935.10.1 "內蒙古人計測旅行雜記", ドルメン. pp. 11-15.
______ 1942.8.24 "跋", 京城帝國大學衛生調査部 編, 土幕民の生活·衛生. 東京: 岩波書店. pp. 313-314.
______ 1945 "設立趣旨", 大陸資源科學研究所要覽(昭和20年). 京城: 大陸資源科學研究所.
______ 1962.9 "形質と文化", 民族學研究 26(3): 63-64.
石田英一郎 1948.3 "民族學の發展のために: 編輯後記", 民族學研究 12(4): 81-86.
______ 1964.7 "?", 研究室たより 9: 12.
泉 貴美子 1972 泉 靖一と共に. 東京: 芙蓉書房.
泉 靖一 1937.1 "大興安嶺東南部オロチヨン族踏査報告", 民族學研究 3(1): 39-106.
______ 1943.10.26 "西ニューギニアの木偶(上)", 朝日新聞(東京/朝刊).
______ 1943.10.27 "西ニューギニアの木偶(中)", 朝日新聞(東京/朝刊).
______ 1943.10.28 "西ニューギニアの木偶(下)", 朝日新聞(東京/朝刊).
______ 1944.4 "西ニユーギニア原住民の經濟生活", 興亞文化 1944年 4月號. pp. 26-31.
______ 1944.5 "西ニユーギニア原住民の經濟生活(中)", 興亞文化 1944年 5月號. pp. 32-38.
______ 1944.8.21 南方民族論(大東亞經濟講座前期第二輯). 京城: 社團法人東亞經濟懇談會朝鮮委員會.
______ 1949.6 "サゴ椰子の生み出す文化: ニユ-ギニアの植物民族學", 民族學研究 13(4): 36-49.
______ 1950.2 "西部ニユーギニア原住民の社會組織", 民族學研究 14(3): 19-28.

______ 1950.5 "ニユーギニアの南北文化横斷線", 民族學研究 14(4): 48.
______ 1950.11.1 "メラネシア社會の不安定性", 人類科學(八學會年報第二輯). pp. 81-87.
______ 1951.6.10 "未開社會の政治集團", 社會學講義資料 II(或る文化變遷モノグラフ). 東京: 敬文堂. "附錄".
______ 1954.7 "故杉浦健一教授と人類學民族學; 追悼評傳", 民族學研究 18(3); 72-78.
______ 1964.7 "?", 研究室だより 9: 14-17.
______ 1966.2 "文化人類學者の世界的使命を", 展望 86: 150-151.
______ 1969.6 "赤松智城先生", 東京新聞(泉靖一著作集 6). pp. 12-13.
______ 1969.7.29 "思い出の人々: 文化人類學の步み(3)", 東京新聞.
______ 1969.12 "私の沙漠", 圖書 244: 12-16.
______ 1971.11.10 遙かな山やま. 東京: 新潮社.
______ 1972.4.15 "西ニューギニアの木偶", 泉靖一著作集 2. 東京: 讀賣新聞社. pp. 146-151.
泉 靖一·鈴木 誠 1944.11.10 西ニユーギニアの民族, 太平洋協會 編. 東京: 日本評論社.
泉 靖一·村武精一 1966.3 "朝鮮", 日本民族學會 編, 日本民族學の回顧と展望. 東京: 財團法人民族學振興會. pp. 258-265.
泉 靖一·中山稻雄 1944.5 "西ニユーギニア原住民の民族社會學的調查(昭和18年 11月)", ニユーギニア調查報告書(第7篇: 民族班報告). 海軍ニユーギニア調查隊.
今西錦司·伴 豊 1948.7 "大興安嶺におけるオロチョンの生態(一)", 民族學研究 13(1): 21-39.
今村 鞆 1910.3 韓國警察一般. 韓國內部警務局.
今村 豊 1931 "朝鮮雄基貝塚及び新羅古墳骨に就て", 解剖學雜誌 4(4).
______ 1932 "朝鮮咸鏡北道雄基近郊で發掘された石器時代人骨についこ", 人類學雜誌 47(12): 447-469.
______ 1933 "樂浪古墳骨の一例", 人類學雜誌 48(1): 38-42.
______ 1934 "內蒙古人計測旅行雜記", ドルメン 3(10): 725-729.
______ 1938.1.11 "巨人會と光頭會", 大阪朝日新聞(南鮮版) 20196號.
______ 1943.2.9 "頭寒足熱(上)", 京城日報 12677號.
______ 1943.2.10 "頭寒足熱(下)", 京城日報 12678號.
______ 1943.5.30 "決戰體制下の學徒體育", 京城日報 12787號.
______ 1943.6.20 "序言", 朝鮮厚生協會 編, 朝鮮に於ける人口にすゐ關諸統計. (朝鮮總督府警務局內 朝鮮厚生協會 發行)
______ 1943.12.7 "決戰第三年の心構へ", 京城日報 12977號.
______ 1944.10(?) "京城帝國大學第三次蒙疆學術調查隊 中間報告 序", 泉 靖一·坂本和英·德永信三 1944.10 北方遊牧狩獵民族の人口(第一號).
______ 1945 "設立趣旨", 大陸資源科學研究所要覽(昭和20年). 京城: 大陸資源科學研究所.
______ 1954 "對馬島民の形質人類學的研究", 對馬の自然と文化. 東京: 古今書院.
以和(明基) 1943.1.25 "研究室通信", 學叢 1: 118-129. (京城帝國大學文學會 發行).
岩井大慧 1949.9 "わがシャマニズム研究回顧", 民族學研究 14(1): 51-57.

______ 1950 成吉恩汗の郎位と巫現に京太いて", 東洋史論叢: 羽田博士頌壽記念. 京都: 東洋史研究會. pp. 107-131.
岩崎繼生 1934.8.1 "吉林宗教概況", ドルメン 3(8): 25-33.
______ 1945.3 民族文化の探究. 熊本: 東洋語專門學校.
岩武照彦 1989 南方軍政論集. 東京: 巖南堂書店.
岩村 忍 1941.11 "民族政策についての若干の原理的考察", 思想 234: 9-17.
岩波書店 編 1925.2.1 岩波哲學辭典(增訂版). 東京: 岩波書店.
馬越 徹 1995.2 韓國近代大學の成立と展開. 名古屋: 名古屋大學出版會.
梅棹忠夫 1971.11.10 "泉靖一における山と探險", 泉靖一 著, 遙かな山やま. 東京: 新潮社. pp. 349-374.
江間俊太郎 1932.12.8 "京城大學論(その二)", 朝鮮及滿洲 301: 49-53.
大內武次 1937.7.1 "統計學講話(1)", 朝鮮行政 1(7): 184-195.
______ 1937.8.1 "統計學講話(2)", 朝鮮行政 1(8): 181-194.
______ 1937.9.1 "統計學講話(3)", 朝鮮行政 1(9): 169-176.
______ 1937.11.1 "統計學講話(5)", 朝鮮行政 1(11): 163-175.
______ 1938.2.1 "統計學講話(7)", 朝鮮行政 2(2): 169-179.
______ 1938.3.1 "統計學講話(8)", 朝鮮行政 2(3): 157-161.
______ 1938.4.1 "統計學講話(9)", 朝鮮行政 2(4): 155-164.
______ 1938.5.1 "統計學講話(10)", 朝鮮行政 2(5): 153-162.
______ 1938.6.1 "統計學講話(11)", 朝鮮行政 2(6): 161-168.
______ 1938.7.1 "統計學講話(12)", 朝鮮行政 2(7): 161-168.
______ 1938.8.1 "統計學講話(13)", 朝鮮行政 2(8): 141-151.
______ 1938.9.1 "統計學講話(14)", 朝鮮行政 2(9): 139-144.
______ 1938.10.1 "統計學講話(15)", 朝鮮行政 2(10): 139-146.
______ 1938.11.1 "統計學講話(16)", 朝鮮行政 2(11): 111-117.
大給近達 1972.4.15 "編者あとがき", 泉靖一著作集(2). 東京: 讀賣新聞社. pp. 389-398.
小田幹治郎 1926.1 "婚女因に關する朝鮮の習俗", 朝鮮彙報 6(6): 8-14.
大貫良夫 1988.12.10 "泉 靖一: 日本アンデス學の創始者", 綾部恒雄 編, 文化人類學群像(3, 日本編). 東京: アカデミア出版會. pp. 411-432.
尾川正二 2002.9 東部ニューギニア戰線. 東京: 光人社.
岡 正雄 1926.7 "書評: 西村眞次氏著 〈文化移動論〉を讀みて", 民族 1(5): 98.
______ 1968.8 "國際人類學民族學會議の思い出", 學燈 65(8): 28-31.
岡本濱吉 1937.6.5 "城大教授評判記(五)", 朝鮮及滿洲 355: 41-42.
小口偉一 1941.7 "シャマニズム研究への寄與: 書評", 宗教研究 季刊3(2): 179-187.
______ 1981.3.30 "序章: 宗教と宗教學", 小口偉一 編, 宗教學. 東京: 弘文堂. pp. 1-6.
大澤広嗣 2023.2 中國占領地の宗教對策: 興亞院華北連絡部の武田熈と中野義照", 武藏野大學文化研究所紀要 39: 33-62.

小田省吾 1928.1.1 "朝鮮のドルメンとは何おものなおか?", 朝鮮佛教 45: 19-23.

尾高朝雄 1939.6.14 "京城帝國大學蒙疆學術探險隊の成立と探險旅行の經過", 蒙疆の自然と文化: 京城帝國大學蒙疆學術探險隊報告書, 京城帝國大學大陸文化研究會 編. 東京: 古今書院. pp. 3-17.

______ 1940.5.20 "全體主義に就いて(一)", 朝鮮電氣雜誌 29(5): 2-12.

______ 1940.6.20 "全體主義に就いて(二)", 朝鮮電氣雜誌 29(6): 7-15.

______ 1941.10.17 "時代は青年の雙肩に", 京城日報 12201號.

______ 1942.2.11 "學徒に望む(上)", 京城日報 12317號.

______ 1942.2.12 "學徒に望む(下)", 京城日報 12318號.

______ 1942.5.19 "道義の理念の徴兵制度", 京城日報 12413號.

______ 1943.4.30 "大東亞共榮圈の文化理念", 續大陸文化研究, 京城帝國大學大陸文化研究會 編. 東京: 岩波書店. pp. 1-24.

______ 1944.4.1 "發刊の辭", 戰時科學叢書 末尾. 京城: 近澤書店.

小澤親光 1976 秘史滿洲國軍. 東京: 柏書房.

大西雅郎·鈴木 誠 1941.11 蒙古人, 支那人及び朝鮮人頭蓋諸骨の人類學的研究(人類學叢刊: 甲. 人類學: 第3冊). 東京: 日本人類學會.

大山彦一 1943.7.1 "滿洲民族學會についての所感", 滿洲民族學會會報 1(1): 14-15.

金澤庄三郎 1915.11.1 "東洋の研究と京城大學", 朝鮮及滿洲 100: 42-44.

金關丈夫 1944.8.1 "ビアック島のヘルメス", 民俗臺灣 4(8): 18-19.

金平亮三 1942.1.20 ニューギニア探險(訂正版). 東京: 養賢堂.

蒲生正男 1966 "社會人類學", 日本民族學の回顧と展望, 日本民族學會 編. 東京: 日本民族學協會. pp. 27-49.

上坪 隆 1979.8.10 水子の譜: 引揚孤兒と犯された女たちの記錄. 東京: 現代史出版會.

河上 肇 1909.5 人類原始ノ生活. 京都: 京都法學會.

川口卯橘 1927.2.28 開城郡面誌 第五輯. 開城: 開城圖書館.

川村 湊 1996.7.10 '大東亞民俗學'の虛實. 東京: 講談社.

黑田嘉一郎 1975.8.31 研究と教育. 德島市: 私家出版.

菊地 曉 2007.2 "赤松智城論ノオト一德應寺所藏資料を中心に", 人文學報 94: 1-35.

木下眞澄 1939.5.1 "興安東省内に居住する民族並に衛生地誌の概況", 滿洲國軍醫團雜誌 27: 85-97.

木村健二 2005.5.25 "引揚者援護事業の推移", '帝國'と植民地: '大日本帝國'崩壞六0年(年報. 日本現代史 第10號). pp. 123-151.

木村義昌 1973.7.10 "城山正三さんを追悼して", 山 337: 5-5.

清野謙次 1928.5.25 日本石器時代人研究. 東京: 岡書院.

______ 1942.11.1 "日本人類.民族學の方法論", 改造 24(11): 52-61.

______ 1943.5.10 "西部ニューギニア民俗誌", 太平洋協會 編, ニューギニアの自然と民族. 東京: 日本評論社. pp. 77-118.

圀下大慧 1925 "シャマン教の世界観に表はれたる仏教的要素に就て", 東洋史論叢: 白鳥博士還暦記念. 池内宏 編. 東京: 岩波書店. pp. 351-376.

久保 武 1919.2.10 "朝鮮人の人種解剖學的研究", 現代之科學 7(1): 81-90.

久保田裕次 2019.3.20 "大東亜學術協會の設立と活動", 京都大學大學文書館研究紀要 17: 35-55.

黒田嘉一郎 1975.8.31 研究と教育. 徳島市: 私家出版.

郡司 彦 1970.11.3 終りあれ滿洲帝國: 興安友愛の記(下). 私家版.

______ 1974.1 滿洲におけるオロチョン族の研究: 興安友愛の記·別冊. (私家版).

京城帝國大學大陸文化研究會 1939 京城帝國大學大陸文化研究會パンプレット 第三冊.

______ 1939.5.13 昭和十三年度 會報 第五號. 京城: 京城帝國大學.

______ 1939.6.14 蒙疆瞥見: 京城帝國大學蒙疆學術探検隊寫眞集. 東京: 古今書院.

______ 1939.6.14 蒙疆の自然と文化: 京城帝國大學蒙疆學術探検隊報告書. 東京: 古今書院.

______ 1943.4.30 續大陸文化研究. 東京: 岩波書店.

京城帝國大學豫科 1925.6 "各高等專門學校入學試驗向題", 受驗と學生 8(6): 124-126.

京城帝國大學法文學部 第九回卒業生 九七會 1937 卒業紀念アルバム. 京城: 獨立寫眞館(朴晩達).

現代佛教を知る大事典編集委員會 1980.7.14 現代佛教を知る大事典. 東京: 金花舍.

香原志勢 1970.2 "日本人の顔と表情 顔は人格と行動予定の表現である", 科學朝日 30(2): 111-117.

______ 1971.8 "ヒトのたどった'動き'の歴史 旅路のなかで適応分散をくり返す", 科學朝日 31(8): 39-45.

小林宏志 1949.4 "パプア人(西ニユーギニア)の民族生物學的研究", 廣島縣立醫科大學論文集 1: 197-215.

小林宏志·服部 敏 1945 西ニューギニアの衛生事情. 東京: 日本評論社.

小林英夫 2004.10.10 帝國日本と總力戰體制. 東京: 有志舍.

小堀 巖 1951.5 "八學會の對馬調査はどのようにして行われたか", 人文 1(1): 4-21.

小村不二男 1988.4 日本イスラーム史. 東京: 日本イスラーム友好聯盟.

高野山大學百年史編纂室 1986.10.15 高野山大學百年史.

小山榮三 1928.4.23 "'人類起源論': 淸野·金關兩氏の新著を讀む", 帝國大學新聞 249號.

______ 1942.11.10 "民族政策に就いて", 民族政策と南方の人口問題(井上民族政策研究所研究資料第二輯). 東京: 刀江書院. pp. 7-41.

近藤時司 1943.4.30 "北支及中支に於ける日本語問題", 續大陸文化研究, 京城帝國大學大陸文化研究會 編. 東京: 岩波書店. pp. 203-222.

酒井哲哉 2014.2.25 "研究所という装置", 酒井哲哉·松田利彦 編, 帝國日本と植民地大學. 東京: ゆまに書房. pp. 469-497.

彩雲學人 1936.4.5 "城大醫學部の横顔(五)", 朝鮮及滿洲 341: 36-38.

佐口 透 1976 "1945年滿鮮紀行: 終戰前後の日本海域", 日本海文化 3: 33-51.

佐々木清治 1939.6.1 "時局と朝鮮·內地: 銃後地理の諸問題續稿", 地理學 7(7): 37-56.

佐々木宏幹 1981.3.30 "宗教現象の諸形態", 小口偉一 編, 宗教學. 東京: 弘文堂. pp. 7-35.
佐竹義輔 1963.6.15 西イリアン記. 東京: 廣川書店.
座談會 1942.2 "大東耳文化圈の構想", 民族文學 2(2): 34-55
______ 1942.4.1 "南方開發の研究", 新亞細亞. pp. 54-81.
______ 1944.2.21 "ニユウ·ギニア學術探檢", 改造 26(3): 49-63.
______ 1944.7.1 "朝鮮の今昔を語る", 內鮮一體 5(7): 20-35.
______ 1945.8.30 "民族學の問題-日本に於ける歷史と題課", 民族研究彙報 3(1.2): 15-29.
______ 1996.3 "〈泉 靖一伝〉の著者藤本英夫氏を囲む座談會", 紺碧 127: 6-7. (京城帝國大學·京城帝國大學豫科同窓會 發行)
佐藤 久 2004.11.27 "地図と空中写真' 見聞談: 敗戦時とその後", 第6回外邦図研究會日本地図センター. (講演記錄, 未出版)
佐野眞一 2000.12.6 ニッポン發情狂時代: 性の王國. 東京: ちくま文庫.
佐野 學 1924.6.1 "軍國主義に就て", 我等 5(6): 389-392.
澤 壽次 1944.1.5 "ホランディア探検行 甘露を出す竹(ニューギニア學術探検報告 4)", 讀賣新聞 240062號. 朝刊 3面.
______ 1944.2 "ニューギニヤ學術探檢記", 科學画報 33(2): 54-57.
______ 1944.3. "ニユーギニアの傳說", 興亜教育 3(3): 25-31.
______ 1944.4. "ニューギニアの傳說(二)", 興亜教育 3(4): 30-33.
重岡材輔 1936.3.1 "オロチョン民族の現狀", 大亜細亜 4(3): 61-64.
重松俊明 1972 "碓井隆次教授の退官記念論文集刊行に際して", 社會問題研究 26(3.4): 3-4.
島 五郎 1957.11 "今村豊先生還曆祝賀論文集の發刊に際して", 人類學輯報 18: i-ii.
島本彦次郎 1955 "秋葉 隆博士の生涯と業績", 朝鮮學報 9: 303-322.
白鳥庫吉 1920.11. "皇道の根本義に就て", 弘道 344: 2-17.
信州大學醫學部第二解剖學教室 編 1974 故鈴木誠先生略年譜及主要著作目錄.
新明正道 1942 "新日本の理想", 皇國思想の本源(皇國精神叢書; 第2輯), 紀元二千六百年奉祝會 編. 東京: 皇國青年教育協會. pp. 241-257.
心田開發座談會 1936.1.1 朝鮮の教育研究 88: 19-57.
杉目 昇 2008.7.8 蒙古高原の櫻. 大分: 春日印刷所.
鈴木二郎 1951.6.15 "戰爭に関する二, 三 の人類學的考察", 人文科學研究 10: 39-58.
鈴木 昇 1939.10.1 "蒙疆の'民族と政治'", 城大學報 30號.
鈴木 誠 1939.10.1 "百靈廟から百靈廟へ", 城大學報 30號.
______ 1943 赫哲調查報告: 頭蓋骨(人類學叢刊: 甲. 人類學: 第5冊). 東京: 日本人類學會.
______ 1943.12.19 "ニューギニア點描", 週刊朝日. pp. 13-14.
______ 1944.3 "西ニユーギニア原住民の人類學的研究豫報", 人類學雜誌 59(3): 79-89.
______ 1944.3.1 "原住民: 鼻棒·首飾·獨木船等", 城大學報 79號.
______ 1949.4 "パプア人の體質人類學的研究", 廣島縣立醫科大學論文集 1: 44-65.
______ 1950.4 "移住民體質の研究", 廣島縣立醫科大學論文集 2: 41-46.

______ 1951.4 "パプア頭骨の人類學的研究", 廣島縣立醫科大學論文集 3: 1-16.

鈴木 誠·平野伍吉 1942 "赫哲調査報告", 人類學雜誌 57(4): 147-154.

篠田城大總長 1941.4.1 "城大を語る", 朝鮮 310: 1-3.

篠田治策 1943.4.30 "序", 續大陸文化研究, 京城帝國大學大陸文化研究會 編. 東京: 岩波書店. pp. 1-3.

相馬廣明 1993.1.29 ヒマラヤへの道. 東京: 診斷と治療社.

______ 1995.3 "藤本英夫著〈泉靖一伝〉: 書評", 紺碧 124: 10-11.

臺北帝國大學 土俗·人種學研究室 1935.2 臺灣高砂族系統所屬の研究. 東京: 刀江書院.

大陸文化研究會 編 1940 大陸文化研究. 東京: 岩波書店.

高田 實 1942.6 "朝鮮に於ける京城帝大理工學部の使命と內容", 朝鮮電氣雜誌 31(6): 6-8.

高橋 亨 1950.11.26 "朝鮮信仰文化の二重性と之を統合するもの", 天理大學學報 2(1/2): 1-16.

竹田光次 1943.8.10 南方の軍政. 東京: 川流堂 小林又七.

建部遯吾 1944.2.1 "萬國救濟の皇戰聖戰", 弘道 53(2): 4-9.

竹松良明 2000.2.25 "喪失された〈遙かな〉南方", 戰時下の文學. 東京: 文學出版會. pp. 77-87.

多田文男 1942.12.5 "大東亞共榮圈の學術調査", 地理學研究 1(12): 126-128.

田中正四 1944.3.1 "適應性: カナカ族.インドネシア族.パプア族.日本人", 城大學報 79號.

______ 1949 "蘭領ニユーギニアの人口問題管見", 廣島醫學 9/10: 40-42.

______ 1972.3.15 片地書: 今村豊先生書翰集(編).

棚瀨襄爾 1949.6 "宗教民族學者としての故宇野圓空先生", 民族學研究 13(4): 81-93.

______ 1966.4.30 他界觀念の原始形態. 京都: 中西印刷株式會社. (東南アジア研究叢書 1)

田山利三郎 1941.3 "ニユーギニア探險談 ", 太平洋協會學術委員會第一部(謄寫). 印刷所: 東亞謄寫院. pp. 14-20.

鶴見俊輔 1982.5.24 戰時期日本の精神史. 東京: 岩波書店.

齊齊哈爾事務所 1934.7 "興安北分省內に於けるオロチヨン民族概況: 時事雜錄", 滿鐵調査月報 14(7): 215-218.

帝國學士院 1931.4 學術研究獎勵資金及事業一覽(昭和六年度). pp. 33-35.

帝國學士院東亞諸民族調査委員會 1944.7 帝國學士院紀事 3(2).

寺田和夫 1975.8.5 日本の人類學. 東京: 思索社.

融 道男 2013.12 祖父 融 道玄の生涯. 東京: 勁草書房.

德應寺 1992.2.29 寺史. 德山: 德應寺.

德永重康 1940.5 "結文", 第一次滿蒙學術調査研究團報告. pp. 1-4.

通堂あゆみ 2008 "京城帝國大學法文學部の再檢討: 法科系學科の組織·人事·學生動向を中心に", 史學雜誌 117(2).

東京帝國大學南方資源科學研究會資源部 編 1943.9.30 南方資源研究資料 第一號. 東京: 成美堂書店.

東洋文庫 1939.11 東洋文庫十五年史. 東京: 東洋文庫.

內藤三男 1935.12.12 “オロッチョン族に就て”, 拓殖文化 15(3): 121-132.

中生勝美 1993 “植民地主義と日本民族學”, 中國-社會と文化 8: 231-242.

______ 2006.4.26 “日本占領期の社會調査と人類學の再編: 民族學から文化人類學へ”, 末廣昭 編, 地域研究としてのアジア. 東京: 岩波書店. pp. 143-177.

______ 2014.2.25. “臺北帝國大學文政學部の土俗·人種學教室のおけるフイールドワーク”, 酒井哲哉·松田利彦 編, 帝國日本と植民地大學. 東京: ゆまに書房. pp. 221-250.

______ 2016.3.20 近代日本の人類學史. 東京: 風響社.

永田珍馨 1939.9.15 滿洲に於ける鄂倫春族の研究(第一篇). 奉天: 治安部參謀司調査課.

永島廣紀 2019.9 “蒙疆の‘探檢’と京城帝國大學”, 韓國朝鮮文化研究 19: 1-18.

中野朝明 1942.3.1 “ニユーギニア島の發見とその民族學的研究業績”. pp. 120-133.

______ 1942.6.20 “南部諸民族の生態, 附 文化變化の問題”, フィリッピンの自然と民族. 東京: 河出書房. pp. 307-326.

中見立夫 2007.3.30 “‘內モンゴル’という東部空間: 東アジア國際關係史の視点から”, 近現代內モンゴル東部の變容, モンゴル研究所 編. 東京: 雄山閣. pp. 21-46.

中山太郎 1942.10.20 戰爭と生活の歷史. 東京: 弘學社.

南方研究會 1943.1.1 “?”, 南方情勢 75: 46. (南方情勢社 發行)

日本人類學會 編 1955.7.15 人類學の槪觀(1940-1945). 東京: 日本學術振興會.

野村了本 譯 1930.4.20 先靈觀: 原始の超自然觀. 東京: 岡書院.

秦 郁彦 1981.11.30 戰前期日本官僚制の制度·組織·人事. 東京: 東京大學出版會.

波多江信廣 1968.7.20 西イリアンの思い出. 東京: 川島書店.

羽溪了諦 1960.3 “赤松智城博士を悼む”, 宗教研究 33(4): 129-132.

原山 晃·森田憲司 編注 1986 “西北研究所の思い出: 藤枝 晃博士談話記錄”, 奈良史學 4: 56-93.

速水 滉 1939.3.1 “日本學術振興會朝鮮委員會の設置に就て”, 朝鮮 286: 5-9.

______ 1940.7.30 “序言”, 大陸文化研究, 京城帝國大學大陸文化研究會 編. 東京: 岩波書店. pp. 1 5.

______ 1940.8.5 “退官挨拶”, 京城帝國大學學報 161: 890.

服部 敏 1944.3.1 “マナミ湖の水蓮”, 城大學報 79號.

秀村研二 2002.4 “秋葉 隆: 朝鮮民俗社會の體系的研究”, 韓國·朝鮮と向き合つた36人の日本人, 飯野 哲 編 . 東京: 明石書店. pp. 98-103.

平井三男 1926.4.1 “京城帝國大學の規模組織と其の特色”, 朝鮮 131: 41-44.

福武 直 1952.6.1 “日本社會學”, 社會學史, 阿閉吉男·內藤莞爾 編. 東京: 學苑社. pp.378-436.

藤本英夫 1994 泉靖一傳: アンデスから濟州島へ. 東京: 平凡社.

布施知足 譯 1936.11 “西比利亞土民のシャーマン習俗(一): チャプリカ女史の〈土俗西比利亞〉より”, 善隣協會調査月報 54: 61

______ 1936.12 “西比利亞土民のシャーマン習俗(二): チャプリカ女史の〈土俗西比利亞〉より”, 善隣協會調査月報 55: 38-43.

______ 1937.1 “西比利亞土民のシャーマン習俗(三): チャプリカ女史の〈土俗西比利亞〉より”, 善隣協會調査月報 56: 44-52.
______ 1937.2 "西比利亞土民のシャーマン習俗(四): チャプリカ女史の〈土俗西比利亞〉より", 善隣協會調査月報 57: 25-31.
______ 1937.3 "西比利亞土民のシャーマン習俗(五): チャプリカ女史の〈土俗西比利亞〉より", 善隣協會調査月報 58: 104-109.
______ 1937.4 "西比利亞土民のシャーマン習俗(六): チャプリカ女史の〈土俗西比利亞〉より", 善隣協會調査月報 59: 93-97.
______ 1937.5 "西比利亞土民のシャーマン習俗(七): チャプリカ女史の〈土俗西比利亞〉より", 善隣協會調査月報 60: 122-127.
______ 1937.9 "男女兩性の相互入代り: 西比利亞土民のシャーマン習俗(十)", 善隣協會調査月報 64: 112-119.
______ 1938.1 "西比利亞土族の社會組織", 善隣協會調査月報 68: 103-112.
______ 1938.2 "西比利亞土族の社會組織", 善隣協會調査月報 69: 117-132.
______ 1938.3 "西比利亞土族の社會組織: チャプリカ女史の著より", 善隣協會調査月報 70: 66-81.
______ 1938.4 "西比利亞土民の神: チャプリカ女史の著より", 善隣協會調査月報 71: 119-124.
______ 1938.5 "西比利亞土民の神(完): チャプリカ女史の著より", 善隣協會調査月報 72: 33-44.
保柳睦美 1943.8.1 "大陸科學の基地", 朝鮮 339: 64-65.
藤岡謙二郎 1943.6 "ソロモン群島とその住民: 未開人種地理誌の問題と關聯して", 立命館大學論叢 14輯(地理歴史編 第四號). pp. 120-135.
古野清人 1939.9 "右手の優越: 一つの宗教民族學的探求", 思想 208: 76-85.
______ 1967.5.31 原始文化ノート. 東京: 紀伊國屋新書.
______ 1972.9.30 古野清人著作集4(原始文化の探求). 東京: 三一書房.
古野直也 1990.12 朝鮮軍司令部: 1904-1945. 東京: 國書刊行會.
編輯部 1938.7.1 "朝鮮の博物館と陳列館(其二)", 朝鮮 278: 109-116.
北漢山人 1938.10.1 "學園展望(1): 城大法文學部を語る", 朝鮮の話 創刊號. pp. 25-32.
堀井五十雄·正木正明·宮本 潔 1942 "赫哲族調査報告", 人類學雜誌 57(9): 377-385.
堀內竹次郎 1929.3.1 "鄂倫春人に接して", 滿蒙 10(2): 51-60.
ポノソフ, ヴイ.ヴイ. 1942.6 "興安嶺のソロン族", 大陸科學院彙報 6(3): 109-110.
幕內滿雄 1996.4.15 滿洲國警察外史. 東京: 三一書房.
增井貞吉 1938.10 ニユーギニア地名集成. 東京: 南洋經濟研究所.
增井寛也 2017.3 "清初の滿洲人サマンsamanとその変容-シャマンshamanから祭司priestへ—", 立命館文學 651: 57-88.
町田經宇 1913.2. "軍事上より觀たる祖先崇拜と家族制度", 戰友 28: 9-15.
松江春次 1938.12.1 "日滿支南大ブロックの形成: 小林一三氏の資源滿足論に就て", 南洋

24(12): 2-7.
松田利彦 2014.2.25 "京城帝國大學の創設", 酒井哲哉 · 松田利彦 編, 帝國日本と植民地大學. 東京: ゆまに書房. pp. 107-148.
松平德仁 2014.2.25 "植民地主義と立憲主義の齟齬と共振", 酒井哲哉·松田利彦 編, 帝國日本と植民地大學. 東京: ゆまに書房. pp. 187-218.
松村 瞭 1917.3.31 "南洋占領地ニ於ケル人類學上ノ調査概略", 南洋新占領地視察報告書. 東京: 文部省專門學務局. pp. 117-118.
松本誠一 1978.7 "秋葉隆博士について", 房總の鄉土歷史,千葉縣鄉土史研究連絡協議會 編. pp. 147-148.
松本潤一郎 1943.5 戰時社會文化. 東京: 積善館.
松本信廣 1926.1 "學友書信集", 民族 1(2): 149-153.
______ 1927.3 "學友書信集", 民族 2(3): 144.
滿洲民族學會 1943.1.1 會員名簿.
三川克己 1942.11.5 "支那事變後に於ける勞務統制の發展", 警察研究 13(11): 47-64.
三田村泰助 1958 "滿洲シャニズムの祭神と祝詞", 東洋學論叢·石浜先生古稀記念. pp. 536-550.
三品彰英 1960.4 "朝鮮民俗學-學史と展望", 日本民俗學大系 第1卷(民俗學の成立と展開). 東京: 平凡社. pp. 131-145.
南の會 1937 ニユーギニア土俗品圖集(上). 東京: 南洋興發株式會社.
宮永 孝 2009.3 "社會學傳來考: 昭和の社會學(5)", 社會志林 55(4): 286-139.
宮本延人 1938.1 "新刊紹介: 南の會編 1937 ニユーギニア土俗品圖集 上卷", 民族學硏究 4(1): 182-184.
______ 1949.6 "戰後の臺灣民族學界を省みて", 民族學硏究 13(4): 115-118.
宮本馨太郎 1972 "古野先生と日本のおける民族學の成立時期", 古野清人教授古稀紀念會 編, 現代諸民族の宗教と文化. 東京: 社會思想社. pp. 499-510.
三吉朋十 1942.1.10 "日章旗下の太平洋(四): 共栄圈內の土俗", 滿州日日新聞.
村武精一 1955.12.25 "故秋葉隆博士の遺著〈朝鮮民俗誌〉をめぐつて: 社會人類學的斷想", 愛知大學綜合鄉土研究所 2: 103-110.
______ 1972.12 "〈兄弟子〉としての泉先生", 泉靖一著作集 月報 7: 5-6.
______ 1977.10.30 "末弟子からみた〈秋葉 隆〉像", 社會人類學年報 3: 179-195.
村山智順 1929.7.31 朝鮮の鬼神(民間信仰 第一部: 調查資料 第二十五輯). 京城: 朝鮮總督府.
蒙疆新聞社 1941 蒙疆年鑑.
森田芳夫 1964 朝鮮終戰の記錄. 東京: 嚴南堂書店.
森谷克己 1940.7.30 "東亞新秩序の建設", 大陸文化研究, 京城帝國大學大陸文化研究會 編. 東京: 岩波書店. pp. 39-64.
文部省科學研究生體測定班 n.d. 昭和26年度第一回 生體測定班會議記錄. (油印物)
山路勝彦 編 2011.7 日本の人類學. 西宮: 關西學院大學出版部.

山家信次 1941.6.1 "朝鮮産業科學硏究院(假稱)の設置", 朝鮮 312: 40-46.
______ 1944.1 "戰力增强と朝鮮科學技術の使命", 朝鮮 344. 10p.
山口昌男 1966.10 "人類學的認識の諸前提: 戰後日本人類學の思想狀況", 思想 508: 21-33.
山本 昇 1940.9.1 "オロチョン族の醫學的調査報告(1, 2, 8, 9)", 滿洲國軍醫團雜誌 35: 1-42.
吉田熊次 1941.11 "戰時體制 學問", 文化日本 5(11): 10-13.
吉田三郎 1943.7. "戰力としての「家」", 中央公論 58(7): 88-94.
米內山庸夫 1940.1 "東亞大陸に於ける日本の文化事業", 東洋 43(1): 58-62.
匿名 1923.12.1 "?", 朝鮮と建築 2(9): 9.
匿名 1935.8.1 "北滿の屋根裏に棲む原始民族を探る(前)", 大亜細亜 3(8): 53-59.
______ 1935.9.1 "北滿の屋根裏に棲む原始民族を探る(後)", 大亜細亜 3(9): 53-56.
匿名 1936.6.1 "昭和十年滿洲國秋季治安肅正工作の概況", 東洋 39(5): 56-64.
匿名 1939.5.1 "速水城大總長放談", 金融組合 128: 28-36.
匿名 1943.5.15 "戰時體制に即應する國民體育", 通報 140: 10-13.
敍勳裁可書 1922 敍勳巻二 · 内國人二; 朝鮮総督府京城医學專門學校教授久保武敍勳取消ノ件.
愛知大學新聞 8號(1949.7.1), "教授プロフイール: 秋葉教授の巻". 21號(1951.2.14). 24號(1951.9.15).
大阪朝日新聞(南鮮版) 1941.8.26 "東部シバルアを覗く".
學藝 1巻3號. (1943.8.10 發行)
慶應義塾大學 亞細亞硏究所概要(昭和十八·十九年度). p. 26.
京城帝大史學會報 8號. (1935.5.25 發行)
京城帝國大學學報 001號(1927.4.5), 002號(1927.5.5), 004號(1927.7.5), 006號(1927.9.5), 013號(1928.4.5), 014號(1928.5.5), 019號(1928.10.5), 026號(1929.5.5), 036號(1930.3.5), 048號(1931.3.5), 050號(1931.5.5), 062號(1932.5.5), 087號(1934.6.5), 097號(1935.4.5), 100號(1935.7.5), 112號(1936.7.5), 129號(1937.12.6), 183號(1942.6.5), 187號(1942.10.5).
京城日報 11557號(1940.1.8), 11635號(1940.3.26), 13106號(1944.4.15), 1943.11.19 & 1943.11.23.
建國大學硏究院月報 第三號 康德7年 10月 25日字.
九州帝國大學時報 第650號(1943年 1月 25日), 第651號(1943年 2月 10日), 第734號(昭和二十一年七月二十五日), 第786號合併號(昭和二十四年五月十日, 昭和二十四年五月二十五日)
社會學徒 8巻 7號(1934年 7月號). (社會學徒社 發行)
鮮滿醫藥時報 2(7)(1938.7.15).
人類學雜誌 48(7): 419-420(1933.7).
朝鮮 351號(1944.8.1).
朝鮮時報 9305號(1927.1.24).
朝鮮新聞 10322號(1930.2.14), 12700號(1936.9.22).

朝鮮思想通信 850號(1929.1.14)
朝鮮總督府官報 第3917號(1940.4.26).
城大學報 74號(1943.10.1).
人類學雜誌 59(10)(1944.10).
大正大學學報 20(1935.7).
本願寺新報 1024號(1944.9.25).
每日申報 6077號(1924.11.13), 10522號(1936.12.22), 11013號(1938.4.29), 11534號(1939.10.5), 11537號(1939.10.8), 12689號(1942.12.10).
民族學研究 5(2)(1939.3.30).
民族學研究 新1(11)(1943.11).
民族學研究 16(3-4).
山口大學 〈學報〉(1951.5.11).
惠化專門學校 1941.12.20 "現職員", 一光 10號.
日本民族學會 1937.6 學報 IV.

關小云 2003.7 大興安嶺鄂倫春. 哈爾濱: 哈爾濱出版社.
王建民 1997.9 中國民族學史(上卷). 昆明: 雲南教育出版社.
魏建功 1930.9 "朝鮮景教史料鈔(附鈔後記)", 女師大學術季刊 1(3): 1-27.

Asad, Talal (ed.) 1973 *Anthropology and the Colonial Encounter*. London: Ithaca Press.
Banzarov, Dorji 1846 "The Black Faith, or Shamanism among the Mongols", *Mongolian Studies* 7: 53-91 (trans. By Jan Nattier & John R. Krueger 1981).
Berger, Gordon Mark 1977 *Parties out of Power in Japan, 1921-1941*. Princeton, NJ: Princeton University Press (坂野潤治 譯 2000 大政翼賛會: 國民動員をめぐる相剋. 東京: 山川出版社).
Bourdieu, Pierre 1991 "Censorship and the Imposition of Form", *Language and Symbolic Power*. Cambridge: Harvard University Press. pp. 137-159.
Braae, Christel 2017 *Among Herders of Inner Mongolia*. Aarhus, Denmark: Aarhus University Press.
Chomsky, Noam 1985 *Turning the Tide*. Boston: South End Press.
Comaroff, John & Jean Comaroff 1992 *Ethnography and the Historical Imagination*. Boulder: Westview.
Doi, Naomi 1991 "Morphological Data on the Skeletons of the Kanaseki-family", *Journal of Anthropological Society in Nippon* 99(4): 483-496.
Draghicesco, D. 1914 "Essai sur l'interprétation sociologique des phènomènes conscients",

Revue Philosophique de la France et de l'Etranger 128: 225-250, 305-344.

Durham, William 1991 *Coevolution: Genes, Cultures and Human Diversity*. Stanford: Stanford University Press.

Feldman, Jonathan 1989 *Universities in the Business of Repression: The Academic-Military-Industrial Complex and Central America*. Boston, MA: South End Press.

Fitzhugh, William W. 1999 "Ainu Ethnicity: A History", *Ainu: Spirit of a Northern People*, ed. by William W. Fitzhugh & Chisato O. Dubreuil. National Museum of Natural History. pp. 9-26.

Fortes, Meyer 1974(1953) "Social Anthropology at Cambridge Since 1900", *Readings in the History of Anthropology*, ed. by Regna Darnell. New York: Harper & Row. pp. 426-439.

Gough, Kathleen 1968 "Anthropology and Imperialism", *Monthly Review* 19(1): 12-27.

Guillemoz, Alexandre 1991-1992 "Manuscrits et Articles Oublies d'Akiba Takashi", *Cahiers d'Extrême-Asie* 6: 115-149.

Hickey, Gerald 2002 *Window on a War: An Anthropologist in the Vietnam Conflict*. Lubbock, TX: Texas Tech University Press.

Imamura, Yutaka 1952 "Die Kopflange, die Kopfbreite und der Langen=Breiten=Index der Volker in China, in der Mongolei, Mandschurei und in Korea", *Actes du IV Congres International des Sciences Anthropologiques et Ethnologiques, Vienne 1952, Tome 1*. pp. 285-288.

Kodama, Mari 1999 "Clothing and Ornamentation", *Ainu: Spirit of a Northern People*, ed. by William W. Fitzhugh & Chisato O. Dubreuil. National Museum of Natural History. pp. 313-326.

Loukashkin, Anatole S. 1967(7/8) "With the Orochons in Manchuria", *Pacific Discovery* 20(4): 1-9.

Mauss, Marcel 1966 "Essai sur les variations saisonnières des sociétés Eskimos: Étude de morphologie sociale", *Sociologie et Anthropologie*. pp. 389-477 (originally 1904-1905 *Anne Sociologique, Tome IX*. pp. 39-132).

Mcfate, Montgomery 2018 *Military Anthropology: Soldiers, Scholars, and Subjects at the Margins of Empire*. Oxford: Oxford University Press.

Miklouho-Maclay, Nikolai 1982 *Travels to New Guinea*. Moscow: Progress Publishers (畑中幸子·田村ひろ子 譯 1989.8.11 ニユーギニア紀行: 19世紀ロシア人類學者の記錄. 東京: 平凡社).

Mizuno, Hiromi 2009 *Science for the Empire: Scientific Nationalism in Modern Japan*. Stanford, CA: Stanford University Press.

Morris, H. S. 1974 "In the Wake of Mechanization: Sago and Society in Sarawak", *Social Organization and the Application of Anthropology*, ed. by Robert J. Smith. Ithaca: Cornell University Press. pp. 273-301.

Nakao, Katsumi 2007 "Shared Abodes, Disparate Vision: Japanese Anthropology during the Allied Occupation", *Social Science Japan Journal* 10(2): 175-196.

Nakayama, Shigeru 1971 "Survey of Science in Colonialism", *Japanese Studies in the History of Science* 7: 17-21.

Peattie, Mark R. 1988 *Nan'yo: The Rise and Fall of the Japanese in Micronesia, 1885-1945*. Honolulu: University of Hawaii Press.

Pels, Peter & Oscar Salemink (eds.) 2000 *Colonial Subjects: Essays on the Practical History of Anthropology*. Ann Arbor, MI: University of Michigan Press.

Price, David 1998 "Gregory Bateson and the OSS: World War II and Bateson's Assessment of Applied Anthropology", *Human Organization* 57(4): 379-384.

______ 2002 "Lessons from Second World War anthropology", *Anthropology Today* 18(3): 14-20.

Schafft, Gretchen 2004 *From Racism to Genocide: Anthropology in the Third Reich*. Urbana: University of Illinois Press.

Shillony, Ben-Ami 1981 *Politics and Culture in Wartime Japan*. Oxford: Clarendon Press.

Spencer, Robert 1959 *The North Alaskan Eskimo: A Study in Ecology and Culture*. Smithsonian Institution, Bureau of American Ethnology Bulletin 171. Washington, D.C: United States Government Printing Office.

Ulymzhiev, Dashi 1993 "Dorzhi Banzarov-the First Buryat Scholar", *Mongolian Studies* 16: 55-57.

van Bremen, Jan 2003 "Wartime Anthropology: A Global Perspective", *Wartime Japanese Anthropology in Asia and the Pacific*, ed. by Akitoshi Shimizu & Jan van Bremen. Osaka: National Museum of Ethnology. pp. 13-48.

Wax, Murray 2003 "Defending the Nation? Ethics and Anthropology After 9/11", *Anthropology Today* 19(3): 23-24.

Worsley, Peter 1957 *The Trumpet Shall Sound: A Study of "Cargo" Cults in Melanesia*. London: MacGibbon & Kee.

Wikimedia commons (검색일 2007.6.13).

Wikipedia (검색일 2020.10.25).

찾아보기

〈인물〉

ㅌ

ㅍ

ㅎ

〈용어〉

ㄱ

ㅂ

ㅅ

ㅇ

ㅈ

발간사

아시아의 시대가 열렸고, 동시에 아시아연구의 전성시대가 도래했습니다. 서울대학교 아시아연구소는 2009년 9월 출범한 이래 '지역과 주제를 결합한 아시아 연구의 글로벌 허브'를 목표로 아시아 연구 기반 구축 및 기초연구 활성화를 위해 노력해 왔습니다. 아시아연구소는 지난 10년의 활동을 겸허히 돌아보며 '아시아의 미래, 교류와 협력, 그리고 지역 정보 공유'를 키워드로 '아시아와 세계를 잇고, 새로운 미래를 빚는 세계적 아시아 연구 플랫폼'이 되고자 합니다.

물론 아시아의 시대가 온다고 해서 아시아 사람들이 잘살고 평화롭게 협력하는 공동체가 이루어진다는 것은 아닙니다. 아시아 지역 혹은 국가 사람들이 어떤 공동체를 만들어 가고 싶은가, 아시아 공동체가 인류에게 어떤 도움이 되는 것인가를 꾸준히 질문하고 이에 대한 답을 찾아야 합니다. 서구 식민지 경험 이후 아시아 각국은 지속적인 내부 갈등과 적대, 민족주의와 인종차별, 혐오가 심해지고 있는 상황입니다. 아시아를 중심으로 교역, 이동, 그리고 협력이 꾸준히 증가하고 있음에도 불구하고 갈등 요인은 오히려 확대되고 있습니다. 이런 견지에서 서울대학교 아시아연구소는 아시아를 둘러싼 다양한 이슈와 도전 과제에 대한 이론적 연구는 물론 실천 및 정책적 대안을 제시하여 아시아 공동체를 형성하는 데 기여하고자 합니다.

서울대학교 아시아연구소는 이미 시작된 4차 산업혁명에 부응하는 지식의 생산과 공유, 그리고 후속세대 양성에도 책임을 다하고자 합니다. 이를 위해 이론적으로는 학문 간 융합, 교류, 미래 창발적 지식 창출에 힘을 다하며, 실천적으로는 아시아의 교류와 상호작용에 주목하고, 정책적으로는 아시아 지역 정보의 수집과 공유를 통해 적합한 정책 대안을 발굴하는 데 초점을 맞추고자 합니다.

이러한 연구 및 학술 활동 과정의 결실이 서울대학교 아시아연구소총서입니다. 지난 10년의 연구 축적을 토대로 서울대학교 아시아연구소는 국내외 연구자 간 연구 협력을 적극적으로 지원하여, 여기서 양산된 우수한 연구 성과 및 결과물을 지속적으로 발간해 나갈 것입니다. 아시아연구소총서가 아시아의 새로운 미래와 아시아 공동체를 이루어 가는 데 중요한 밑거름이 되기를 기대합니다.

서울대학교 아시아연구소

전경수(全京秀)

1949년생. 서울대학교 문리과대학 고고인류학과에서 고고학 학사, 동 대학원에서 인류학 석사, 미국 미네소타대학 대학원에서 인류학 박사학위를 취득했다. 1982년부터 2014년까지 서울대학교 사회과학대학 인류학과 교수를 역임하면서 문화이론, 생태인류학, 인류학사를 가르치고 연구했다. 2011년 서울대학교 학술연구상을 받았다. 학문사의 중요성을 감안해 일제 식민지 시기의 인류학사를 정리한 것이 이 책이다. 대표 저술로 『문화의 이해』(1994), 『환경친화의 인류학』(1997), 『한국인류학 백년』(1999), 『이즈미 세이이치와 군속인류학』(2015) 등이 있다.

한국문화인류학회, 제주학회, 진도학회, 근대서지학회 회장으로 봉사했다. 객원교수, 방문교수, 특빙교수, 연구원 등의 신분으로 도쿄대학, 국립민족학박물관, 규슈대학, 야마구치대학, 가고시마대학, 오키나와국제대학, 야마구치현립대학(이상 일본), 운남대학, 상해대학, 귀주대학(이상 중국), 예일대학(미국), 오클랜드대학(뉴질랜드), 중앙연구원 민족학연구소(대만), 유이떤대학(베트남) 등에서 교수와 연구를 수행했고, 2023년 가나가와대학 일본상민문화연구소 객원 연구원을 거쳐 현재 예일대학 객원교수로 있다.

korancks@hotmail.com